青阳瑞木

历史考古青年论集

第四辑 / 张剑葳　彭明浩　主编

上海古籍出版社

目　录

青年考古学者的责任（代序）……………………………………… 沈睿文（1）

陵墓·制度

西周时期楚国青铜乐钟制度初探 ……………………………… 柴政良　张闻捷（5）
中国古代帝陵的保护传统与启示 …………………………………… 朱　津（21）
东汉陵墓制度的考古学研究 ………………………………………… 付龙腾（37）
东汉帝陵"钟虡"考 ………………………………………………… 王　煜（55）
汉代赐茔制度研究 …………………………………………………… 周繁文（72）
汉唐时期陵墓神道石刻的发现与研究 …………………………… 孙天顺　沈丽华（83）
巩义唐墓：在两京与河北之间 ……………………………………… 卢亚辉（94）
齐鲁间殊：略论山东地区宋金墓葬形制与装饰 …………………… 张保卿（121）

墓葬·观念

关中地区东汉时期同墓合葬问题研究
　　——基于数据统计和个案分析 ……………………………… 李云河（135）
考古发现汉墓随葬明器印研究 ……………………………………… 魏　镇（147）
南朝墓葬礼乐符号的建构
　　——再论"竹林七贤与荣启期"题材拼砌砖画 ……………… 周　杨（153）
重庆忠县刘宋泰始五年神道石柱探微 ……………………………… 耿　朔（173）
达克玛与纳骨器：考古学视野下的袄教丧葬观念研究 …… 达吾力江·叶尔哈力克（190）

城市·建筑

桓仁与集安地区高句丽山城防御体系的形成 …………………… 赵俊杰　朱思棋（207）
考古学视角下的唐代庭州军政建置考述 …………………………… 任　冠（223）

燕都旧闻录二则 …………………………………………… 王子奇（236）
陕西凤翔雍城遗址出土铜制建筑构件补论 ………… 彭明浩　王凤歌（244）
新疆米兰遗址穹顶建筑渊源略论 ………………………… 陈晓露（260）
试析洪洞西孔村M33砖雕墓的形制年代 ………………… 俞莉娜（277）
全真初兴：晋东南地区蒙元时期的道教宫观 ……………… 陈　豪（298）
《圆明园内工则例》初释 ………………… 赵雅婧　张剑葳　张中华（315）

陶瓷·社会

从考古发现看明代晚期御用瓷器生产的"官搭民烧"制度 ……… 高宪平　吴闻达（341）
景德镇早期瓷业生产札记三题
　　——"饶州尝贡瓷器""景德元年置""瓷窑博易务" ………………… 丁　雨（352）

后记 ……………………………………………………………………（361）

青年考古学者的责任（代序）

尊敬的各位专家、各位同行：

大家上午好！

首先我代表主办方北京大学考古文博学院对各位专家的莅临指导表示衷心的感谢！对参会的各位同行表示热烈的欢迎！非常抱歉！这次会议原本应该在去年召开，但是因为疫情拖到今天，把一些参会同行也拖成"超龄"了，去年名单上有几位没能来参会。

这次会议叫作"历史考古青年论坛"。在座的都是同龄中的翘楚，是不久之后中国考古的中坚和骨干力量，未来的中国考古学、世界考古学要靠大家共同撑起来。我相信，后一种局面应该是大家更愿意看到的，因为这至少意味着中国考古学深入融为世界考古学的一部分。到了中国考古学成为世界的中国考古学的那一天，其中肯定离不开在座各位的贡献。

当下，中国考古学正处于教学、科研的转型期。青年考古学者应该怎么做？今天，因为时间关系，我简单谈谈两点想法，请各位同行批评指正。

首先，要放眼学科内外，放眼世界，积极追求多样性。

考古学是文理交叉的人文学科。人类社会包罗万象，丰富多彩，这一点古今无异。要对它进行深刻揭示，只有考古本学科内的训练是远远不够的。在座的各位同行都清楚，现行的考古院系的学科训练和教育对于实现运用考古材料来构建较为完整的历史事件是比较困难的，更谈不上进行历史叙事。再加上考古大数据、AI、虚仿等信息化技术的驱动，共同加剧了改进、提升当前考古学教学和研究的紧迫性，这是摆在我们当前的一大问题和难点，也是我们共同面对的一大责任和任务。

放眼世界，必须清楚国外考古学的发展状况，了解我们的国外同行都在做些什么、怎么做？其中哪些可以为我所用？哪些可以促进学科的发展？哪些并不适合国内考古学？我想，可以肯定的一点是，将来的中国考古学不能各种名词、口号满天飞，而是应该更为踏实、务实、有效，否则那将是我们事业的梦魇。

其次，考古学是常为新的。作为青年考古学者，除了继承学科的优秀传统之外，我认为更重要的是创新、出新，只有这样考古学科才能有勃勃生机，而不是一成不变地、日复一日地重复。

这里面至少包括两层意思。

第一层意思，对新方法和新技术的掌握和钻研。作为一个考古学者，一方面，必须掌握一种乃至几种跟自己研究方向相关的科学技术方法。这应该成为我们今后对考古学者的一项基本要求。另一方面，要善于敏锐地吸纳、尝试相关学科的技术和方法，把它运用到考古学研究中来，而且有能力、有条件的话，还要进行技术的创新、调适、研创出适合考古学的科学分析方法。在这方面，夏鼐先生为我们树立了很好的榜样，他就是这样将碳十四测年技术引进到中国考古学的。希望我们都能始终保有青年人的朝气，对学科始终心怀这种渴望、冲动和激情。

第二层意思，就是要扎根田野，开创新的研究领域。在田野中发现问题，提出问题。毋庸多言，田野考古工作是学科发展最为重要的源头活水。我们的责任除了锐意进取、完善已有考古学认知之外，更有责任开拓新的研究领域，否则，我们的研究迟早免不了陷入老生常谈，甚至僵化的境地。相信大家已经意识到了，现在研究选题的重复和乏力。当然，这并非只是考古学面临的困境。

近年来，很遗憾地看到中国考古学的教学科研中有这么一股潜流、潮流，忽视，甚至轻视考古学的基础研究，或者不注重基础的训练和写作，动辄大加阐释，以为这样就很有"文化"了。这个问题在历史时期考古中更为明显。现在好些号称的考古论文，但是实在看不出作者在研究中运用了什么考古学的方法，更不知道他们是否拿得起手铲、下得了探方。这种情况还有一定占比，这种苗头很不好。

我不是一位学科本位主义者，各位同行从我的研究就可以轻易地做出这个判断。在这里，我想强调的是，在追求多样性的同时，不能忘却，甚至以损害学科根本为代价。

我曾说过：并非只要在研究中使用了考古资料，就是"××考古"。考古学有它独特的研究方法。比如，脱离了对研究对象分区分期的基础认识，忽视，甚而对研究对象在时空中的分布与嬗变茫然不清，阐释很容易陷入只见树木不见森林的状态，在此基础上的研究不仅易于夸大其词，也缺乏一定的系统性，其立论大多难以做到思考细密、令人信服，即便说得是多么地悦耳动听。令人担忧的是，这样的研究导向会损害考古学科的健康发展。因此，作为将来中国考古学的骨干和中坚力量、要撑起中国考古学未来的你们，应该自觉承担起引领后学、引领学科健康发展的责任和使命。

最后，希望此次会议各位同行敞开心扉、畅所欲言，讨论出青年考古学者的新风范，讨论出中国考古的新气象。预祝会议取得丰硕的学术成果。祝大家身体健康，工作顺利！谢谢大家！

沈睿文
2022年12月3日

陵墓・制度

西周时期楚国青铜乐钟制度初探

柴政良　张闻捷[①]

厦门大学历史与文化遗产学院

西周时期的楚国青铜乐钟发现可以追溯至宋清两代的金石著录。宋代崇尚复古,金石之学兴盛,南宋金石学家薛尚功最早在《历代钟鼎彝器款识法帖》中收录了一件"楚公钟","楚公"之后一字不可辨,薛氏将楚公钟定年为楚武王熊通之前的器物[②]。南宋王厚之的《钟鼎款识》又收录了西周晚期的重要青铜乐钟"楚公逆钟"[③]。有清一代,乾嘉之学蔚然成风,金石考据研究成为了当时的显学,清中期大儒阮元又在《积古斋钟鼎彝器款识》中收录了西周时期的楚公豪钟[④]。

金石著录中的楚公逆钟与楚公豪钟均非孤品。《钟鼎款识》所载的楚公逆钟,宋代出土于湖北嘉鱼县[⑤],旧藏于宫廷,后去向不明,其形制纹饰亦无从得知。至1993年,山西曲沃北赵晋侯墓地M64发掘时,又出土了1组8件编钟,自铭为"楚公逆钟",均为甬钟[⑥]。《积古斋钟鼎彝器款识》所载的楚公豪钟,出土地点不明,原件业已流失。现日本泉屋博古馆藏有3件楚公豪钟,均为传世钟[⑦],1999年周原发掘时,又在召陈村窖藏中发现了1件楚公豪钟[⑧]。

田野考古发掘所得自铭为楚钟的乐钟仅有万福垴编钟,也是首次考古发掘出西周时期楚国分封范围内的青铜乐钟。2012年,湖北宜昌万福垴遗址的发掘,出土了12件云纹甬钟。遗憾的是该遗址地层受施工破坏,万福垴编钟的具体出土单位难以确定。万福垴编钟其中之一TN03E20:1号钟钲部至侧鼓部可见铭文"楚季宝钟厥孙乃献于公公其万年受厥福",器主人显然为楚国公族[⑨]。

---

* 本文为国家社科基金艺术学重大项目《礼乐文化传承创新的当代音乐实践与理论研究》(23ZD09)的阶段性成果。
① 柴政良,厦门大学历史与文化遗产学院博士研究生;张闻捷,厦门大学历史与文化遗产学院教授、博士生导师。
② (宋)薛尚功:《历代钟鼎彝器款识法帖》,《宋人著录金文丛刊》,北京:中华书局,1985年。
③ (宋)王厚之:《钟鼎款识》,北京:中华书局,1985年。
④ (清)阮元:《积古斋钟鼎彝器款识》,杭州:浙江古籍出版社,2019年。
⑤ 李学勤:《试论楚公逆编钟》,《文物》1995年第2期。
⑥ 山西省考古研究院、北京大学考古学系:《天马——曲村遗址北赵晋侯墓地第四次发掘》,《文物》1994年第8期。
⑦ [日]滨田耕作:《陈氏旧藏十钟(泉屋清赏别集)》,日本住友家族,1918年。
⑧ 罗西章:《陕西周原新出土的青铜器》,《考古》1999年第4期。
⑨ 湖北省文物考古研究所、武汉大学历史学院考古系、宜昌博物馆:《湖北宜昌万福垴遗址发掘简报》,《江汉考古》2016年第4期。

楚公逆钟、楚公豪钟、楚季宝钟（万福垴钟）是当前学界可以确定族属、国别的西周时期楚国青铜乐钟,学界有关这三组楚钟的讨论已经取得了大量成果。孙怡让、李学勤、张亚初、李零、刘绪、张昌平、郭德维、袁艳玲、黄文新、笪浩波、靳健、刘彬徽等人先后对这三组楚钟进行了专题讨论,对器主人身份、器物年代、器物形制纹饰、早期楚文化等方面形成了系统的认识①。另有高至喜、孙海宁等人在综合研究西周青铜乐钟时涉及了西周时期的楚钟②,邵晓洁、黄莹对西周时期的楚钟进行过综合讨论③。

尽管学界对三组明确族属的楚国青铜乐钟业已取得了丰硕的研究成果,但西周时期的楚钟研究仍存在诸多悬而未决的问题。首先,西周时期楚国青铜乐钟形制纹饰方面的整体面貌如何,与其他地区有何异同？其次,南方地区湖南湖北两省零星出土了一定数量的西周时期甬钟,但其族属却始终不明,独特的埋藏方式可以反映出什么样的祭祀活动？最后,作为西周时期周代南土具有独特文化面貌的楚国,其青铜乐钟的音律音列有何种特色？本文将针对上述问题,提出粗浅的认识,敬请方家指正。

一、西周时期楚国青铜乐钟的类型学研究

重视成套礼乐器的个体差异是青铜乐钟类型学讨论的必要前提。周代青铜乐钟往往以成套编钟的形式存在,套内各钟大小相次,但形制纹饰基本一致。以往的乐钟类型学讨论一般以标本组为单位,兼而考虑其形制数据的平均情况,这种方法强调了成编乐钟的整体性,却忽视了编列内的形制纹饰差异。必须认识到,即使是由单一种类乐钟组成的"一元组合"编钟,也可能由多个型式组成。以曾侯乙编钟为例,45件甬钟可分为四类：10件长枚甬钟、11件短枚甬钟、12件无枚甬钟、12件大型无枚甬钟,其形制纹饰均有显著差异。

囿于西周楚钟数量较少,形制纹饰分析需尽可能详尽,并适当参照同时期宗周地区的青铜乐钟。明确自铭为楚钟的西周楚钟共3套25件,均为圆柱状甬和柱状枚,仅正鼓部纹饰可分为卷云纹与夔龙纹两大类,不同型式之间的差异仅为某一功能区（甬柱、钟枚、篆带纹饰、鼓部纹饰）的细微差异。中原宗周地区出土的大量的西周乐钟,对西周楚钟的类

---

① a. 李学勤：《试论楚公逆编钟》,《文物》1995年第2期。b. 张亚初：《论楚公豪钟和楚公逆镈的年代》,《江汉考古》1984年第4期。c. 李零：《楚公逆镈》,《江汉考古》1983年第2期；李零：《再谈楚公钟》,《江汉考古》1986年第3期。d. 刘绪：《晋侯邦父墓与楚公逆编钟》,《长江流域青铜文化研究》,北京：科学出版社,2002年。e. 张昌平：《吉金枚系——楚公豪钟》,《南方文物》2012年第3期；张昌平：《论西周时期楚国的政治中心——从宜昌万福垴遗址谈起》,《江汉考古》2021年第6期。f. 郭德维：《楚季宝钟之我见》,《江汉论坛》2012年第11期。g. 袁艳玲：《楚公豪钟侧鼓鸟纹研究——兼及商周时期的鸟纹和鸟形饰》,《中原文物》2006年第3期。h. 黄文新、赵芳超：《湖北宜昌万福垴遗址出土甬钟年代及相关问题研究》,《江汉考古》2016年第4期。i. 笪浩波：《楚季宝钟与宜昌万福垴遗址》,《考古学集刊（22）》2019年。j. 靳健、谢尧亭：《"楚公逆"的年代及相关问题新探》,《江汉考古》2022年第2期。k. 刘彬徽：《楚季编钟及其他新见钟铭铜器研究》,《湖南省博物馆刊》2013年。
② a. 高至喜：《论商周铜镈》,《湖南考古辑刊》3,长沙：岳麓书社,1986年。b. 孙海宁：《论西周甬钟的年代、形制及编列》,《考古学报》2022年第3期。
③ a. 邵晓洁：《楚钟研究》,北京：人民音乐出版社,2010年。b. 黄莹：《礼乐文化与西周楚钟》,《社会科学动态》2020年第10期。

型学研究裨益有二：首先，数量规模足以展示西周时期乐钟形制纹饰发展的大趋势；其次，部分有铭乐钟可以在形制纹饰和年代研究中作为标准器。

另外，为丰富形制纹饰研究对象，全面认识西周楚钟的文化因素特征及其影响，引入南方地区出土的西周甬钟亦有必要。建国以来，南方地区尤其是湖北、湖南两省，出土了大量西周时期的青铜乐钟。学界较早地关注到了这些西周时期青铜乐钟与中原地区的甬钟在形制纹饰上有较大差异，并且具有前瞻性地指出西周时期的甬钟或许发源于南方。高至喜最早提出西周甬钟由南方大铙演化而来，并推测具体出现地区为湘江中下游地区[①]。殷玮璋、曹淑琴对长江流域出土的早期甬钟做了专题研究，指出了不同地域文化对西周时期甬钟形制纹饰的影响[②]。遗憾的是，因为缺乏明确的考古背景和铭文资料支持，南方地区出土的西周时期青铜乐钟的族属和年代始终难以确定。

2013年，湖北随州叶家山墓地最大的一座墓M111发掘出土了4件甬钟和1件镈钟，年代为西周早期，墓主人为曾侯犺。其中4件甬钟与中原地区西周时期的甬钟形制纹饰类似，而与南方出土的其他早期甬钟差别较大[③]，由此可知，西周初年周王室分封的南方诸侯曾国的青铜乐钟面貌仍然以姬周中原风格为主，受南方地域文化的影响较小。楚国非姬姓诸侯国，其分封地较之曾国也更偏南，是否存在受南方地区西周甬钟影响的情况呢？

综上所述，笔者将在本文讨论中引入南方地区零星出土的部分早期甬钟，并适当选择同时期中原地区的标准器协助确定其年代，将西周时期楚国青铜乐钟置于一个更大的讨论范围内，这有助于进一步了解西周时期楚国青铜乐钟所包含的文化因素，还有利于确定南方地区出土早期甬钟的族属与年代。本文研究对象如下表（表一）。

表一 西周时期楚国青铜乐钟与部分南方地区西周甬钟

名　称	类　别	数量	出　土　地　点
楚季宝钟（万福垴钟）	甬钟	12	宜昌万福垴遗址，地层中出土12件
楚公逆钟	甬钟	9	晋侯墓地M64出土8件，传世流失1件
楚公家钟	甬钟	4	周原召陈村窖藏出土1件，传世3件
武昌木头岭编钟	甬钟	3	武昌县木头岭砖瓦厂，无出土单位和共出器物
钟祥花山编钟	甬钟	5	钟祥县花山水库，无出土单位和共出器物
通山南城畈大钟	甬钟	1	通山县南城畈，无出土单位和共出器物

---

① a. 高至喜：《中国南方出土商周铜铙概论》，《湖南考古辑刊》2，长沙：岳麓书社，1984年。b. 高至喜：《论早期甬钟起源于湘江中下游地区》，《湖南省博物馆馆刊》第六辑，长沙：岳麓书社，2010年。
② a. 殷玮璋、曹淑琴：《长江流域早期甬钟的形态学分析》，《文物与考古论集》，北京：文物出版社，1986年。b. 曹淑琴、殷玮璋：《早期甬钟的区、系、型研究》，《考古学文化论集》2，北京：文物出版社，1989年。
③ 湖北省文物考古研究所、随州市博物馆：《湖北随州叶家山M111发掘简报》，《江汉考古》2020年第2期。

续表

名　　称	类别	数量	出　土　地　点
通山下泉钟	甬钟	1	通山县下泉,无出土单位和共出器物
大悟雷家山编钟	甬钟	7	大悟雷家山铜器窖藏
湖北云雷纹钟	甬钟	1	湖北省博物馆藏
湖北连珠纹钟	甬钟	1	武汉大学历史系陈列室藏
湖北云纹钟	甬钟	1	恩施博物馆藏
宁乡回龙铺钟	甬钟	1	宁乡回龙铺村出土,无无出土单位和共出器物
浏阳澄潭钟	甬钟	1	浏阳县澄潭出土,出土单位不明
湘乡马龙钟	甬钟	1	湘乡市马龙出土,出土单位不明
湘潭钟	甬钟	1	湘潭市出土,出土单位不明
湖南云雷纹钟	甬钟	1	湖南省博物馆藏
湘潭洪家峭钟	甬钟	2	一长方形土坑中出土,伴出少许木炭、卵石
湘潭小托钟	甬钟	1	青山桥窖藏出土
湘乡坪如钟	甬钟	1	湖南省博物馆藏
士父钟	甬钟	1	湖南省博物馆藏,传世品
湖南长枚钟	甬钟	1	湖南省博物馆藏

西周时期的青铜甬钟有如下特征:钟体上宽下窄,呈合瓦状,柱状甬,平舞,有36枚,腔体中空。钲部、篆带可见分区界隔,甬部、舞部、篆带、鼓部有纹饰。与钮钟、镈钟最大的区别是其为柱状甬,甬垂直立于舞上,柱状甬下段可见环状旋,旋上有扣状斡(又称"干"或"旋虫"),通过斡悬挂敲击演奏。

根据既往对青铜乐钟的研究,用以调节音长的钟枚在发展演变过程中为并列关系,即同时期同一种类的乐钟使用不同形状的钟枚来调节发音效果,单类枚本身的形制较为稳定。而甬部形态、鼓部纹饰、侈度(铣间与舞修之比)等因素则存在明显变化,是先后承继的关系。因此,钟枚往往作为青铜乐钟分型的依据,而甬部形态、鼓部纹饰、侈度则多用作式的划分。必须承认,这种常用的分型方法适用于时空范围较广、标本数量较多的情况,但不适用于西周时期楚国甬钟与南方早期甬钟的类型分析。原因在于本文的研究对象均为柱状钟枚,仅有钟枚长短之分,而长短之分对青铜乐钟的形式划分并无裨益。因此,需在本文研究对象的形制纹饰中寻找出具有并列发展关系的特征。通览本文材料并与商代小铙形制纹饰进行比较后,选择以钲、篆、枚之间的分区界隔为分型依据,并以正鼓部纹饰、钲部纹饰为分式依据。

A 型 阴线纹界隔

Ⅰ式 正鼓部、篆带均饰云纹

标本组1：楚公逆钟A组，2件。舞部饰阴刻云纹，篆带饰阴线云纹，正鼓部饰阴刻卷云纹，右鼓部饰凤鸟纹作第二基音标志①。

标本组2：湘乡坪如钟，1件。瓦形钟体，柱状甬，有36根柱状枚。舞部、正鼓部均饰阴刻云纹，篆带饰三角云纹，侧鼓部可见凤鸟纹作第二基音标志②。

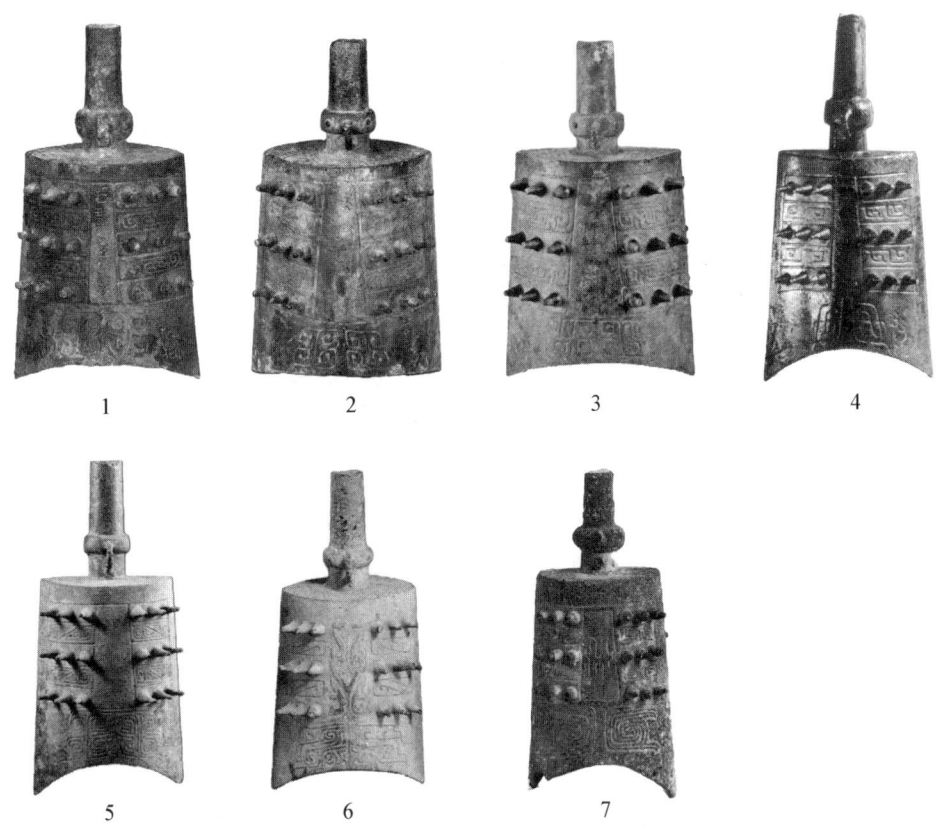

图一 A型

1. 楚公逆钟A组 2. 湘乡坪如钟 3. 楚季宝钟（万福垴钟）C组 4. 湖北云纹钟
5. 钟祥花山钟A组 6. 钟祥花山钟B组 7. 通山下泉钟

Ⅱ式 正鼓部饰云纹，篆带饰窃曲纹

标本组1：楚季宝钟（万福垴钟）C组，4件。合瓦形钟体，柱状甬，有36根柱状枚。舞部饰阴刻云纹，篆带饰阴刻窃曲纹，钲、篆、枚间以阴线纹界隔，正鼓部饰细阳线云纹，侧

---

① a. 山西省考古研究院、北京大学考古学系：《天马——曲村遗址北赵晋侯墓地第四次发掘》，《文物》1994年第8期。b. 山西省文物局编：《山西珍贵文物档案1：山西博物院青铜器卷》，北京：科学出版社，2018年8月。
② 高至喜：《湖南省博物馆馆藏西周青铜乐器》，《湖南考古辑刊》2，1984年。

鼓部可见凤鸟纹作第二基音标志①。

标本组2：湖北云纹钟，1件。合瓦形钟体，柱状甬，有36根柱状枚。篆带饰阴刻窃曲纹，正鼓部饰变形夔龙纹，侧鼓部可见凤鸟纹作第二基音标志②。

Ⅲ式 正鼓部饰变形龙纹，篆带饰窃曲纹、三角云纹或顾首龙纹，钲间或饰有蝉纹

标本组1：钟祥花山钟A组，1件。合瓦形钟体，钟体较瘦长，柱状甬，有36根柱状枚。舞部素面，篆带饰阴刻三角云纹，正鼓部饰阴刻变形夔龙纹③。

标本组2：钟祥花山钟B组，4件。合瓦形钟体，柱状甬，有36根柱状枚。舞部饰云纹，钲间饰变形蝉纹，篆带饰阴刻三角云纹，正鼓部饰变形夔龙纹④。

标本组3：通山下泉钟，1件。合瓦形钟体，钟体较瘦长，柱状甬，有36根柱状枚。篆间饰云纹，正鼓部饰变形夔龙纹，钲间有阴刻纹饰，仅单面有纹饰⑤。

B型 阳线纹界隔

Ⅰ式 正鼓部、篆带均饰云纹

标本组1：泉屋藏楚公豪钟A组，2件。合瓦形钟体，柱状甬，有36根柱状枚。篆带饰阴刻云纹，正鼓部饰阴刻卷云纹⑥。

Ⅱ式 正鼓部饰云纹，篆带饰窃曲纹、三角云纹或顾首龙纹

标本组1：湘潭小托钟，1件。合瓦形钟体，柱状甬，有36根柱状枚。篆带饰窃曲纹，正鼓部饰阴刻卷云纹⑦。

标本组2：湖北云雷纹钟，1件。合瓦形钟体，柱状甬，有36根柱状枚。舞部饰阴刻云纹，篆带饰阴刻三角云纹，正鼓部饰阴刻云纹⑧。

标本组3：泉屋藏楚公豪钟B组，1件。合瓦形钟体，柱状甬，有36根柱状枚。篆带饰阴刻三角顾首龙纹，正鼓部饰阴刻卷云纹，侧鼓部有一鳞甲小兽纹⑨。

标本组4：召陈出土楚公豪钟，1件。合瓦形钟体，柱状甬，有36根柱状枚。篆带饰阴刻三角云纹，正鼓部饰阴刻卷云纹，侧鼓部有凤鸟纹作第二基音标志⑩。

Ⅲ式 正鼓饰夔龙纹，篆带饰三角顾首龙纹

标本组1：士父钟，1件。合瓦形钟体，柱状甬，有36根柱状枚。舞部饰阴刻云纹，篆带饰三角顾首龙纹，正鼓部饰夔龙纹，侧鼓部可见凤鸟纹作第二基音标志⑪。

---

① 黄文新、赵芳超：《湖北宜昌万福垴遗址出土甬钟年代及相关问题研究》，《江汉考古》2016年第4期。该文作者将楚季宝钟（万福垴钟）分为A、B、C三型，本文为方便相关研究者查阅对照，遂沿用此种分组方法。
② 《中国音乐文物大系》总编辑部：《中国音乐文物大系（湖北卷）》，郑州：大象出版社，1999年。
③ 荆州专署文教局：《钟祥县发现古代铜钟》，《文物参考资料》1958年第6期。
④ 荆州专署文教局：《钟祥县发现古代铜钟》，《文物参考资料》1958年第6期。
⑤ 《中国音乐文物大系》总编辑部：《中国音乐文物大系（湖北卷）》，郑州：大象出版社，1999年。
⑥ 张昌平：《吉金类系——楚公豪钟》，《南方文物》2012年第3期。
⑦ 袁家荣：《湘潭青山桥出土窖藏商周青铜器》，《湖南考古辑刊》1，长沙：岳麓书社，1982年。
⑧ 《中国音乐文物大系》总编辑部：《中国音乐文物大系（湖北卷）》。
⑨ 张昌平：《吉金类系——楚公豪钟》，《南方文物》2012年第3期。
⑩ 罗西章：《陕西周原新出土的青铜器》，《考古》1999年第4期。
⑪ 高至喜：《西周士父钟的再发现》，《文物》1991年第5期。

陵墓·制度

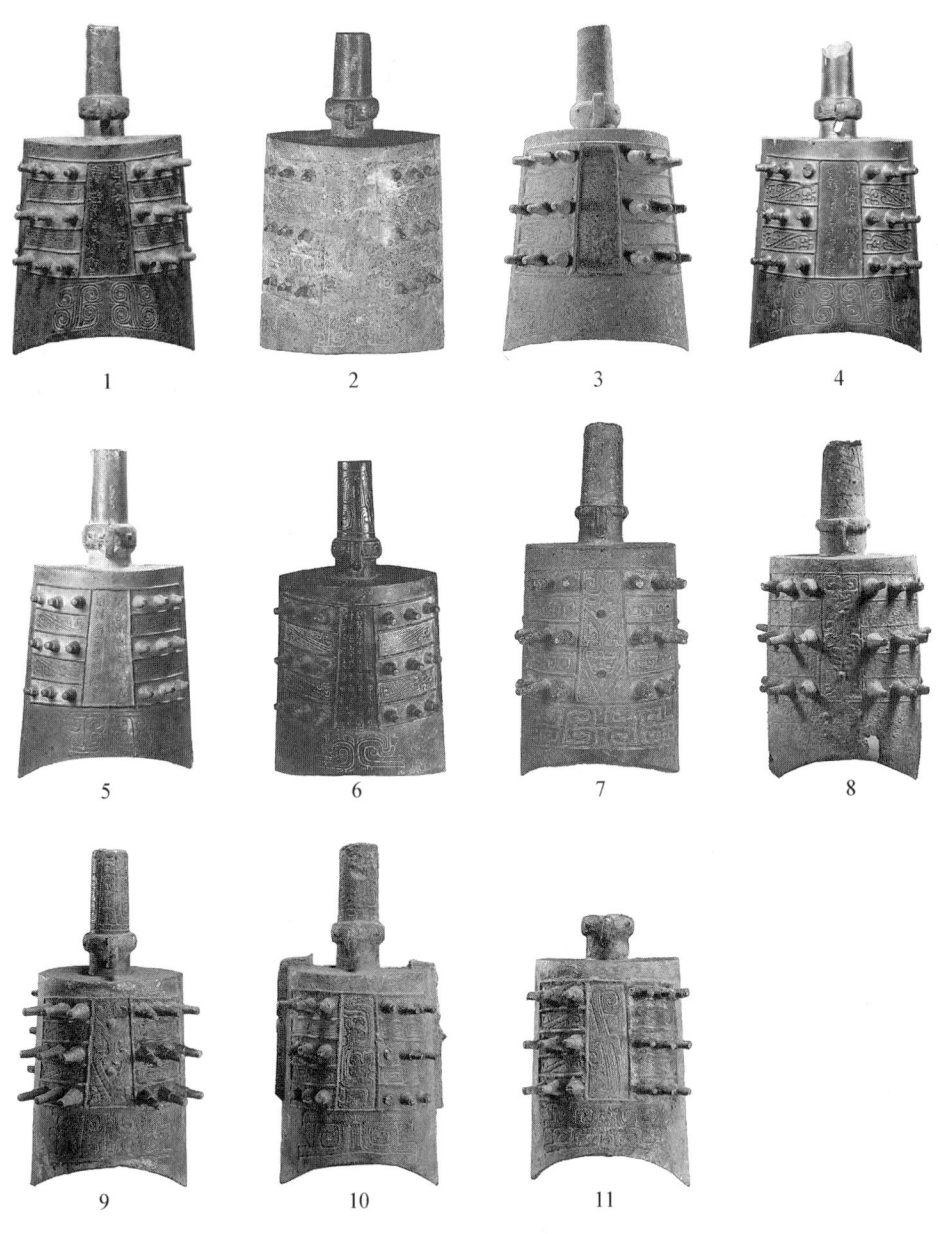

图二 B 型
1. 泉屋藏楚公豪钟 A 组　2. 湘潭小托钟　3. 湖北云雷纹钟　4. 泉屋藏楚公豪钟 B 组
5. 召陈出土楚公豪钟　6. 士父钟　7. 湖南长枚钟　8. 通山南畈大钟　9. 武昌木头岭编钟 A 组
10. 武昌木头岭编钟 B 组　11. 武昌木头岭编钟 C 组

Ⅳ式 正鼓部饰变形龙纹,篆带饰窃曲纹、三角顾首龙纹,钲部饰蝉纹、夔龙纹

标本组 1：湖南长枚钟,1 件。合瓦形钟体,钟体瘦长,柱状甬,有 36 根柱状枚。篆带饰窃曲纹,钲间饰变形蝉纹,正鼓部饰窃曲纹组成的复合纹饰①。

---

① 高至喜：《湖南省博物馆馆藏西周青铜乐器》,《湖南考古辑刊》2,1984 年。

标本组 2：通山南畈大钟，1 件。合瓦形钟体，钟体瘦长，柱状甬，有 36 根柱状枚。甬部、舞部饰兽面纹，篆带饰三角顾首龙纹，钲部饰变形蝉纹，正鼓部饰阴刻云纹①。

标本组 3：武昌木头岭编钟 A 组，1 件。合瓦形钟体，柱状甬，有 36 柱状枚。甬部饰阴刻波曲纹，舞部素面，篆带饰三角顾首龙纹，钲部饰变形蝉纹，正鼓部饰细阳线卷云纹②。

标本组 4：武昌木头岭编钟 B 组，1 件。合瓦形钟体，柱状甬，36 根柱状枚，两铣有扉棱，甬部饰阴刻波曲纹，舞素，篆带饰窃曲纹，钲部饰夔龙纹，正鼓部饰阴刻龙纹③。

标本组 5：武昌木头岭编钟 C 组，1 件。合瓦形钟体，柱状甬，有 36 根柱状枚。甬部饰阴刻波曲纹，舞部素面，篆带饰三角顾首龙纹，钲部饰夔龙纹，正鼓部饰阴刻龙纹④。

C 型 乳丁纹界隔

Ⅰ式 素面

标本组 1：湖北连珠纹钟，1 件。此件编钟"连珠纹"即钲、篆、枚间使用乳丁纹界隔。合瓦形钟体，柱状甬，有 36 根柱状枚。甬、舞、篆、钲、鼓部均素面⑤。

Ⅱ式 正鼓部、篆带均饰云纹

标本组 1：楚季宝钟（万福垴钟）A 组，2 件。合瓦形钟体，柱状甬，有 36 根柱状枚。舞部素面，篆带、正鼓部饰细阳线云纹⑥。

标本组 2：楚公逆钟 B 组，4 件。合瓦形钟体，柱状甬，有 36 根柱状枚。舞部素面，篆带、正鼓部饰细阳线云纹⑦。

标本组 3：湖南云雷纹钟，1 件。合瓦形钟体，柱状甬，有 36 根柱状枚。篆带、正鼓部饰细阳线卷云纹⑧。

标本组 4：浏阳澄潭钟，1 件。合瓦形钟体，柱状甬，有 36 根柱状枚。舞部饰云纹，篆带、正鼓部饰细阳线云纹⑨。

标本组 5：湘潭钟，1 件。合瓦形钟体，柱状甬，有 36 根柱状枚。舞部饰阴刻粗线云纹，篆带、正鼓部饰细阳线云纹⑩。

标本组 6：湘乡马龙钟，1 件。合瓦形钟体，柱状甬，有 36 根柱状枚。舞部饰粗云纹，篆带、正鼓部饰细阳线云雷纹，侧鼓部饰凤鸟纹作第二基音标志⑪。

---

① 《中国音乐文物大系》总编辑部：《中国音乐文物大系（湖北卷）》。
② 杨锦新：《武昌县发现西周甬钟》，《江汉考古》1982 年第 2 期。
③ 杨锦新：《武昌县发现西周甬钟》，《江汉考古》1982 年第 2 期。
④ 杨锦新：《武昌县发现西周甬钟》，《江汉考古》1982 年第 2 期。
⑤ 《中国音乐文物大系》总编辑部：《中国音乐文物大系（湖北卷）》。
⑥ 黄文新、赵芳超：《湖北宜昌万福垴遗址出土甬钟年代及相关问题研究》，《江汉考古》2016 年第 4 期。
⑦ a. 山西省考古研究院、北京大学考古学系：《天马——曲村遗址北赵晋侯墓地第四次发掘》，《文物》1994 年第 8 期。b. 山西省文物局编：《山西珍贵文物档案 1：山西博物院青铜器卷》，北京：科学出版社，2018 年。
⑧ 《中国音乐文物大系》总编辑部：《中国音乐文物大系Ⅱ（湖南卷）》，郑州：大象出版社，2006 年。
⑨ 高至喜：《湖南省博物馆馆藏西周青铜乐器》，《湖南考古辑刊》2，1984 年。
⑩ 《中国音乐文物大系》总编辑部：《中国音乐文物大系Ⅱ（湖南卷）》。
⑪ 高至喜：《湖南省博物馆馆藏西周青铜乐器》，《湖南考古辑刊》2，1984 年。

Ⅲ式 正鼓部饰变形龙纹,篆带饰三角云纹,钲间饰变形蝉纹

标本组1:大悟雷家山编钟,7件。合瓦形钟体,钟体瘦长,柱状甬,有36根柱状枚。舞部素面,篆带饰阴刻三角云纹,钲间饰阴刻变形蝉纹,正鼓部阴刻变形夔龙纹,侧鼓部可见凤鸟纹作第二基音标志①。

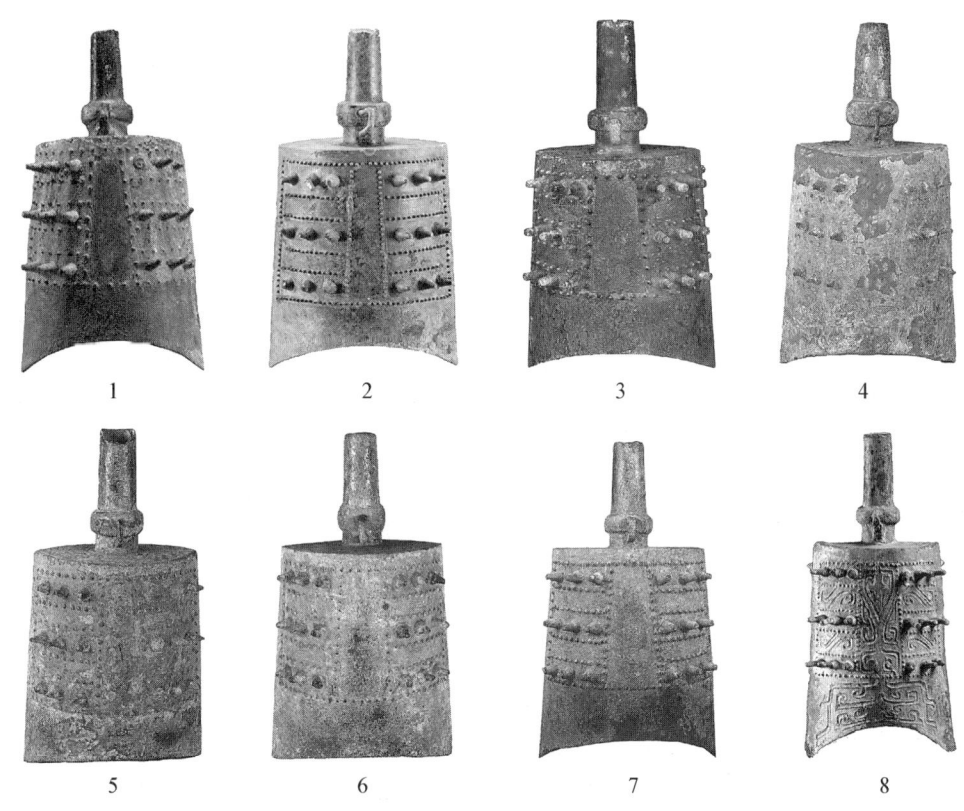

图三 C型
1. 湖北连珠纹钟 2. 楚季宝钟(万福垴钟)A组 3. 楚公逆钟B组 4. 湖南云雷纹钟
5. 浏阳澄潭钟 6. 湘潭钟 7. 湘乡马龙钟 8. 大悟雷家山编钟

D型 细阳线圈点纹界隔

Ⅰ式 正鼓部、篆带均饰云纹

标本组1:楚季宝钟(万福垴钟)B组,6件。合瓦形钟体,柱状甬,有36根柱状枚。舞部、篆带饰阴刻云纹,正鼓部饰细阳线云纹②。

标本组2:宁乡回龙铺钟,1件。合瓦形钟体,柱状甬,有36根柱状枚。篆带、正鼓部饰细阳线云纹③。

标本组3:湘潭洪家峭钟,1件。合瓦形钟体,柱状甬,有36根柱状枚。舞部、篆带、正

---

① 熊卜发、刘志升:《大悟发现编钟等铜器》,《江汉考古》1980年第2期。
② 黄文新、赵芳超:《湖北宜昌万福垴遗址出土甬钟年代及相关问题研究》,《江汉考古》2016年第4期。
③ 《中国音乐文物大系》总编辑部:《中国音乐文物大系Ⅱ(湖南卷)》。

鼓部均饰阴刻云纹,侧鼓部饰凤鸟纹作第二基音标志①。

Ⅱ式 正鼓部饰夔龙纹,篆带饰阴刻蝉纹

标本组1：楚公逆钟C组,2件。合瓦形钟体,柱状甬,有36根柱状枚。舞部饰阴刻云纹,篆带饰阴刻蝉纹,正鼓部饰阴刻龙纹。右鼓部饰披鳞小兽纹作第二基音标志②。

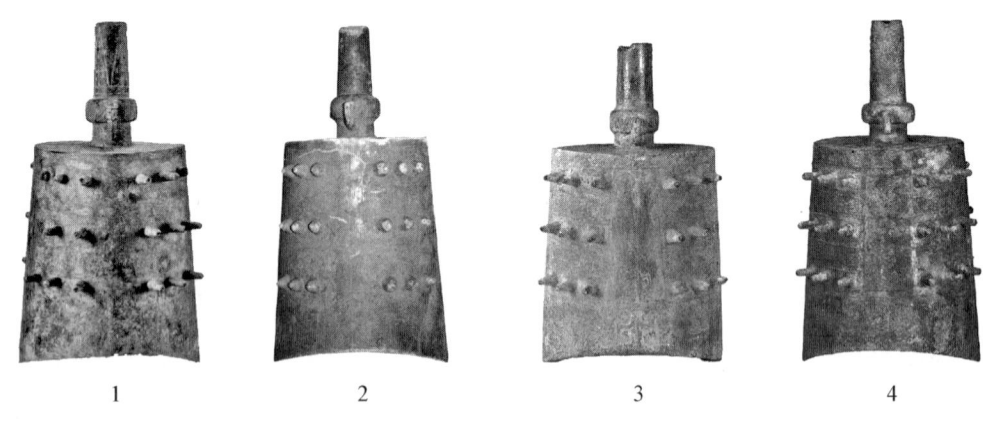

图四 D型
1. 楚季宝钟(万福垴钟)B组　2. 宁乡回龙铺钟　3. 湘潭洪家峭钟　4. 楚公逆钟C组

综上,将西周时期楚国青铜乐钟以及南方地区部分早期甬钟分为了四型十二式。

四型青铜乐钟里,B型钟即以阳线界隔枚、篆、钲功能分区的青铜乐钟数量最多、延续时间最长。这种界隔方式在周代乐钟发展过程中始终占据主流,并延续至秦汉时期。以东周时期为例,甬、镈、钮三类乐钟的钲、篆、枚间均以阳线界隔。回顾商代晚期以及西周早期甬钟的前身——小铙,可知以阳线为界隔方式并非渊源于小铙,而是西周时期周代青铜乐钟文化成型后才出现的装饰潮流③。A型、C型、D型三种类型的青铜乐钟均有一定数量标本。其中D型相对较少,即以细阳线圈点纹界隔的青铜乐钟,此类装饰多见于西周早期乐钟,如叶家山M111曾侯尨钟M111∶8和M111∶13、翼城大河口M1017霸伯钟M1017∶84和M1017∶86,其延续时间也相对较短。

形制方面,西周时期楚国乐钟与南方早期甬钟最显著的变化便是钟体侈度变小。侈度,即铣间与舞修之比,体现在钟体外观上便是钟体逐渐瘦长。参看A型Ⅰ式、B型Ⅰ式钟与A型Ⅲ式、B型Ⅳ式钟,可以看出西周时期,这一地区的甬钟存在显著的两铣内收、钟体瘦长化的现象。根据既往研究可知这种变化是楚地楚系甬钟的地域特色,反映出的是

---

① 湖南省博物馆：《湖南省博物馆新发现的几件铜器》,《文物》1966年第4期。
② a. 山西省考古研究院、北京大学考古学系：《天马——曲村遗址北赵晋侯墓地第四次发掘》,《文物》1994年第8期。b. 山西省文物局编：《山西珍贵文物档案1：山西博物院青铜器卷》,北京：科学出版社,2018年。
③ a.《中国音乐文物大系》总编辑部：《中国音乐文物大系(湖北卷)》,郑州：大象出版社,1999年。b.《中国音乐文物大系》总编辑部：《中国音乐文物大系Ⅱ(湖南卷)》,郑州：大象出版社,2006年。

楚地礼乐文化对甬钟音乐性能的独到理解和"甬钟"偏好①。

纹饰方面,可以观察到主题纹饰由几何形纹饰(如云纹)向抽象化动物纹饰(如夔龙纹)转变的趋势。以标本数量、形式较多的 B 型钟为例,正鼓部纹饰由云纹发展至夔龙纹再至变形龙纹,篆带纹饰由云纹发展至窃曲纹、三角云纹、三角顾首龙纹,钲间则由素面或刻印铭文发展至变形蝉纹。西周时期南方楚地乐钟纹饰的发展大趋势与其他地区基本类似②,可知周代各地区之间存在着密切的礼乐文化交流。

大趋势之外,楚国乐钟与南方早期甬钟在纹饰方面也存在着地域独有特征。其一,部分楚国青铜乐钟侧鼓部第二基音标志与中原地区迥异。西周时期,双音钟多在侧鼓部"一钟双音"的侧鼓音敲击位置上装饰凤鸟纹,已有学者认识到这类凤鸟纹饰存在着地域差异③。楚国乐钟在侧鼓音纹饰的选用上更加独特,泉屋藏楚公豪钟 B 组侧鼓部饰象纹、楚公逆钟 C 组侧鼓部则饰批鳞小兽作第二基音符号。尽管楚国乐钟与南方早期甬钟多数仍使用主流的凤鸟纹,但这类兽形纹饰不见于中原地区,或许与楚国所居的南方自然环境相关,是楚人在青铜乐器纹饰上独有的审美风格。其二,西周晚期南方甬钟多在钲部装饰蝉纹。大悟雷家山编钟、湖南长枚钟、武昌木头岭编钟、钟祥花山钟等均在钲部装饰变形蝉纹,这类纹饰流行于商末周初,但在西周晚期的南方楚地又再度流行。在青铜乐钟钲部装饰变形蝉纹并非南方楚地的独有特征,另有扶风博物馆藏蝉纹钟、临潼零口出土蝉纹钟等中原地区标本亦采用此类纹饰④,但相较之下,西周晚期的南方地区钲间装饰蝉纹的风格显然占据了主流。另外,楚公逆编钟 C 组在篆带部位饰阴刻蝉纹较为特殊。纵观两周时期青铜编钟的篆带纹饰,蝉纹往往出现于乐钟甬部和钲部,篆带部位则多饰几何云纹或各类龙纹(如三角顾首龙纹或蟠螭纹)。楚公逆编钟 C 组篆带饰蝉纹是具有显著地域特色的装饰风格,属于楚人对周人甬钟形制纹饰的在地化改造。

年代方面,学界对三组明确族属的楚国乐钟已有较多讨论。李学勤先生根据钟体纹饰和铭文记载的"祀首"之礼认为楚公逆钟年代为西周晚期⑤。张亚初先生根据铭文字形和器物纹饰认为楚公豪钟年代为西周中期,楚公豪钟年代早于楚公逆钟⑥。张昌平先生则根据乐钟功能分区界隔形态认为楚公豪钟年代晚于楚公逆钟,又根据侧鼓部纹饰认为楚季宝钟(万福垴钟)年代最早⑦。刘彬徽先生在将楚季宝钟(万福垴钟)与中原地区西周甬钟对比后认为该套钟年代为西周早期后段至西周中期前段⑧。靳健先生则以山西绛县

---

① 柴政良:《曾国乐钟与葬钟制度》,厦门:厦门大学硕士学位论文,2021 年。
② 孙海宁:《论西周甬钟的年代、形制及编列》,《考古学报》2022 年第 3 期。
③ 袁艳玲:《楚公豪钟侧鼓鸟纹研究——兼及商周时期的鸟纹和鸟形饰》,《中原文物》2006 年第 3 期。
④ a. 罗西章:《扶风出土的商周青铜器》,《考古与文物》1980 年第 4 期。b. 临潼县博物馆:《陕西临潼发现武王征商簋》,《文物》1977 年第 8 期。
⑤ 李学勤:《试论楚公逆编钟》,《文物》1995 年第 2 期。
⑥ 张亚初:《论楚公豪钟和楚公逆镈的年代》,《江汉考古》1984 年第 4 期。
⑦ 张昌平:《论西周时期楚国的政治中心——从宜昌万福垴遗址谈起》,《江汉考古》2021 年第 6 期。
⑧ 刘彬徽:《楚季编钟及其他新见楚铭铜器研究》,《湖南省博物馆馆刊》2013 年。

横水墓地 M2055 号墓出土楚公逆戈为线索,重新将三套楚国乐钟与西周时期其他地区的乐钟对比后,认为楚公逆钟年代为西周中期偏晚至厉王时期①。

学界已认识到西周时期的乐钟编列存在"拼凑"现象②,即器主人会根据不同使用场景、不同礼仪规范将自己的乐钟拼凑成编后再行使用,这种现象广泛存在于西周时期的甬钟编列里,不同类型的乐钟铸造年代也不同。因此,为保证年代界定的准确性,本节将为每一型式的钟确定年代。

楚季宝钟(万福垴钟)分为 A、B、C 三组,A 组与西周早期的叶家山 M111：7、11、宝鸡竹园沟墓地 M7：11、12 等相似③；B 组与西周早期叶家山 M111：8、13、翼城大河口 M1017：84、86 相似④；C 组与西周中晚期的晋侯稣钟、陕西扶风北桥钟乙、陕西扶风吊庄钟 06⑤ 等相似。楚公豪钟分为泉屋藏 A 组、泉屋藏 B 组、召陈组三组,泉屋藏 A 组、B 组和召陈组均以粗阳线为钲部功能区界隔,与西周晚期的柞钟、师㝨钟⑥类似。楚公逆编钟分为 A、B、C 三组,A 组与西周中晚期的晋侯稣钟、陕西扶风北桥钟乙、陕西扶风吊庄钟 06⑦ 等相似；B 组与西周早期的叶家山 M111：7、11、宝鸡竹园沟墓地 M7：11、12 等相似⑧；C 组界隔形态与西周早期叶家山 M111：8、13、翼城大河口 M1017：84、86 相似⑨,但其正鼓部、篆带纹饰显然属于西周中晚期。综上,楚季宝钟(万福垴钟)的年代为西周早期后段至西周中期前段,楚公豪钟的年代为西周中期后段至晚期前段,楚公逆钟的年代为西周中期后段至晚期前段,但其形制纹饰具有较多西周早期风格,或许属于器主人楚公逆有意为之的复古行为。

根据西周时期甬钟形制纹饰变化情况结合本文类型学研究情况,并以三套明确族属的楚国乐钟为标准器,可制下表。

---

① 靳健、谢尧亭:《"楚公逆"的年代及相关问题新探》,《江汉考古》2022 年第 2 期。
② a. 任宏:《西周早期至穆王时期编甬钟成组规范考》,《中国音乐》2015 年第 1 期。b. 张闻捷:《周代葬钟制度与乐悬制度》,《考古学报》2017 年第 1 期。c. 孙海宁:《论西周甬钟的年代、形制及编列》,《考古学报》2022 年第 3 期。
③ a. 湖北省文物考古研究所、随州市博物馆:《湖北随州叶家山 M111 发掘简报》,《江汉考古》2020 年第 2 期。b. 卢连成、胡智生:《宝鸡強国墓地》,北京:文物出版社,1988 年。
④ 湖北省文物考古研究所、随州市博物馆:《湖北随州叶家山 M111 发掘简报》,《江汉考古》2020 年第 2 期。b. 山西省考古研究所、临汾市文物局、翼城县文物旅游局联合考古队、山西大学北方考古研究中心:《山西翼城大河口西周墓地 1017 号墓发掘》,《考古学报》2018 年第 1 期。
⑤ a.《中国音乐文物大系》总编辑部:《中国音乐文物大系(上海卷)》,郑州:大象出版社,1996 年。b. 扶风县文化馆:《陕西扶风县北桥出土一批西周青铜器》,《文物》1974 年第 11 期。c. 高西省、侯若斌:《扶风发现一铜器窖藏》,《文博》1985 年第 1 期。
⑥ a. 曹玮:《周原出土青铜器》,成都:巴蜀书社,2005 年。b. 李学勤:《西周中期青铜器的重要标尺——周原庄白、强家两处青铜器窖藏的综合研究》,《中国历史博物馆馆刊》1979 年第 1 期。
⑦ a.《中国音乐文物大系》总编辑部:《中国音乐文物大系(上海卷)》。b. 扶风县文化馆:《陕西扶风县北桥出土一批西周青铜器》,《文物》1974 年第 11 期。c. 高西省、侯若斌:《扶风发现一铜器窖藏》,《文博》1985 年第 1 期。
⑧ a. 湖北省文物考古研究所、随州市博物馆:《湖北随州叶家山 M111 发掘简报》,《江汉考古》2020 年第 2 期。b. 卢连成、胡智生:《宝鸡強国墓地》,北京:文物出版社,1988 年。
⑨ a. 湖北省文物考古研究所、随州市博物馆:《湖北随州叶家山 M111 发掘简报》,《江汉考古》2020 年第 2 期。b. 山西省考古研究所、临汾市文物局、翼城县文物旅游局联合考古队、山西大学北方考古研究中心:《山西翼城大河口西周墓地 1017 号墓发掘》,《考古学报》2018 年第 1 期。

表二　西周时期楚国青铜乐钟与部分南方地区甬钟类型分类、分期表

时　代	类　型			
	A型	B型	C型	D型
西周早期		Ⅰ、Ⅱ	Ⅰ、Ⅱ	Ⅰ
西周中期	Ⅰ、Ⅱ	Ⅰ、Ⅱ	Ⅱ	Ⅰ、Ⅱ
西周晚期	Ⅲ	Ⅲ、Ⅳ	Ⅱ、Ⅲ	Ⅱ

二、南方地区的青铜甬钟与山川祭祀

前文已述及，中国南方地区尤其是湖北、湖南地区出土了大量西周时期的甬钟，这些甬钟因为缺乏明确的考古背景和铭文，无法判断其族属和用途。近年来，长江中游地区的西周考古工作获得了较多新进展，辅以本文对南方地区青铜乐钟类型学的分析，或许可以确定部分南方青铜甬钟的族属及其用途。

周灭商后，形成了以甬钟为代表的周人礼乐文化，甬钟在周王朝势力辐射范围内迅速替代了商人常用的铜小铙。南方地区出土的青铜甬钟应当都属于周人乐器的范畴，参看三组明确族属的西周楚国青铜乐钟，其形制与中原宗周地区的乐钟形制基本一致，仅纹饰细部受到了南方地域文化的影响。根据类型学研究结果，部分南方地区青铜甬钟在西周晚期时存在钟体瘦长化、钲部装饰变形蝉纹的特征，而这种特征亦见于西周中晚期中原宗周地区的乐钟，如陕西临潼零口编钟、山西洪洞永凝堡M11甬钟等。因此，南方地区出土青铜甬钟的主要文化因素当为广义上的周文化，族属则为周人（包括扩张时期的楚人）。

出土情境是了解南方青铜甬钟用途的重要线索。两周时期，大多青铜乐钟出土于墓葬和窖藏之中，前者代表了周人事死如生的丧葬文化，后者则多属于受战争影响后贮存重器的情况。另有少部分青铜乐钟出于祭祀需求而被埋藏于地下，新郑郑韩故城祭祀坑中的乐器坑便是最为知名的案例。除此之外，还有一定数量的青铜乐钟"零散"出土于乡野田间、山川湖泽。本文的研究对象中，墓葬出土的有楚公逆钟；铜器窖藏出土的有楚公䚟钟、大悟雷家山编钟、湘潭小托钟；"零散"出土的有武昌木头岭编钟、钟祥花山编钟、通山南城畈大钟、通山下泉钟、宁乡回龙铺钟、浏阳澄潭钟、湘乡马龙钟、湘潭钟、湘潭洪家峭钟。

何为"零散"出土？即偶然发现于乡野田间、山川湖泽，无相关遗迹，无共出器物的情况。已有学者对零散出土的西周青铜乐钟做过统计，发现这一类型的埋藏方式多分布于两湖地区，并且指出这种情况或许与南方地区独特的祭祀行为有关[①]。本文将就几组典

---

① 张潇静：《西周青铜甬钟出土背景的考古学研究》，太原：山西大学硕士学位论文，2019年。

型乐钟的出土情境进一步展开对祭祀行为的讨论。

楚季宝钟（万福垴钟）出土于湖北宜昌枝江万福垴遗址,该处遗址位于长江左岸的一级台地上,因施工后暴露出 2 座灰坑而展开考古发掘。考古人员共布设 33 个探方,发现灰坑 30 座,灰沟 2 条,窑 1 座。楚季宝钟的出土位置还伴出有一件铜鼎①。根据考古发现,此处遗址位于长江左侧堆积岸,因此在距今两千多年前遗址使用的年代,万福垴遗址当更贴近于长江边,属于一处临岸遗址。与常见生活类遗址不同,万福垴遗址的遗迹类型多为灰坑,少见生活必需的房址和灶。综上,不妨对出土楚季宝钟的万福垴遗址做出一个大胆的推测:该处遗址是楚人用于山川祭祀之礼、祭拜长江的遗址,而楚季宝钟则是用作山川江河祭祀的祭器。

湘潭洪家峭钟出土于湖南湘潭花石镇金桥村洪家峭,因农民开荒发现了这两件青铜乐钟。原报告称出土单位为一长 4.5、宽 1.3、深 1.6 米的"墓坑"②,但笔者认为该出土单位应当为祭祀坑。首先,该"墓坑"内无任何其他共出器物,而墓葬中的随葬品往往不止于两件编钟。其二,据原报告称两件编钟均"置于墓底中间",但西周时期墓葬中的乐器往往陈列于墓室四周,墓室中部多为墓主人遗骸陈列处。其三,这一"墓坑"周边均经过开荒处理,并未发现其他同时期墓葬,而西周时期随葬青铜乐钟的墓葬往往等级较高,多为族墓地。其四,"墓坑"内夹杂的木炭屑和卵石,或许指示编钟埋藏时存在用火相关的仪式。综上所述,湘潭洪家峭钟出土于祭祀坑中,而非墓葬中,进而推测洪家峭钟是专用于祭祀行为的祭器。

另有武昌木头岭编钟、钟祥花山编钟、通山南城畈大钟、通山下泉钟、宁乡回龙铺钟、浏阳澄潭钟、湘乡马龙钟、湘潭钟等乐钟也应当是出土于祭祀坑中。这些青铜乐钟被农民开荒发现表明其埋藏较浅,且均无共出器物,出土情境提醒我们这些青铜乐钟或是用于祭祀活动的。

商周时期,国有大事则需祭祀山川,楚国亦然。文献中记载了诸多楚国祭祀山川江河的活动,如《左传》哀公六年载:"(昭王曰)三代命祀,祭不越望,江、汉、雎、漳,楚之望也。"③又葛陵楚墓出土卜筮祭祷简载:"及江、汉、沮、漳,延至于淮,是日就祷楚先老童、祝""渚沮、漳、及江,上逾取。"④又有《左传》宣公十二年载:"(庄王)祀于河,作先君宫,告成事而还。"山川祭祀在两周时期的国家祭祀体系中当是重中之重,列举于文献中的个别祭祀活动仅为冰山一角。与其他祭礼不同,山川祭祀多需亲临山川现场再举行仪式,这正符合南方青铜乐钟"零散"出土于山川江河之间的出土情境。

北赵晋侯墓地 M64 出土的楚公逆编钟铭文,直观地记载了楚国"祀首""作龢钟"祭祀

---

① 湖北省文物考古研究所、武汉大学历史学院考古系、宜昌博物馆:《湖北宜昌万福垴遗址发掘简报》,《江汉考古》2016 年第 4 期。
② 周世荣:《湖南省博物馆新发现的几件铜器》,《文物》1966 年第 4 期。
③ 杨伯峻:《春秋左传注》,北京:中华书局,1990 年。
④ 武汉大学简帛研究中心、河南省文物考古研究所编著:《楚地出土战国简册合集(二)》,北京:文物出版社,2013 年。

四方山川的活动。器铭："唯八月甲午，楚公逆祀厥先高祖考、敷工、四方首。楚公逆出，求厥用祀四方首，休，多擒。欽融内享赤金九万钧，楚公逆用自作龢燮锡钟百肆。楚公逆其万年用，保厥大邦，永宝用。"①铭文清楚地记载了楚公逆为祭祀先祖、四方之神，寻求祭祀人牲并获得了大量铜料，遂制作百肆编钟以行祭祀之礼。

综上，我们可以对西周时期南方地区出土的青铜乐钟族属和用途有初步认识：其主要文化因素为广义上的周文化，族属则为周人和扩张时期的楚人，其零散出土的现象反映的正是楚国祭祀山川江河的活动。

三、西周时期楚国青铜乐钟的编列组合

周灭商后，为维护周王室统治，建立了一套以等级制度为内核的"礼乐并重"的身份制度，由成编成列的青铜器加以体现。青铜礼器又可分为礼容器和礼乐器两大类，礼容器以鼎簋为代表形成了列鼎制度，礼乐器则以甬、钮、镈钟三类乐钟为代表形成了乐悬制度。

文献对乐悬制度有一些简单的描述。《周礼·春官·小胥》载："正乐悬之位，王宫悬，诸侯轩悬，卿大夫判悬，士特悬，辨其声。"郑玄注："乐悬，谓钟磬之属悬于筍虡者。郑司农云：'宫悬四面悬，轩悬去其一面，判悬又去其一面，特悬又去其一面。四面象宫室四面有墙，故谓之宫悬。'轩悬三面，其形曲，故《春秋传》曰'请曲悬繁缨以朝'，诸侯礼也，故曰惟器与名不可以假人。玄谓轩悬去南面，辟王也。判悬左右之合，又空北面。特悬悬于东方，或于阶间而已。"由此可以看出乐悬制度，即不同身份等级所对应的不同乐钟悬挂摆放方式，王对应"宫悬"，诸侯对应"轩悬"，卿大夫对应"判悬"，士对应"特悬"，呈现逐级递减的趋势，这与列鼎制度的形式相一致。

但随着考古资料日益丰富，我们发现乐悬制度并不能完全与考古所得的青铜乐钟相契合，显然青铜乐钟在丧葬埋藏、祭祀仪式中存在其他编列组合制度，即"庙制"与"葬制"的区别。同一类礼容器具备的是相同的盛储功能，因此数量仅受礼制规范的约束，但礼乐器具备音乐演奏功能，需依托不同的音响效果得以实现，成编数量还要受到音律约束。

西周时期处于南方地区的楚国，长期被中原诸夏认为是南蛮而鄙夷，对于周王朝以青铜器为代表的礼乐制度，一般采取效仿的态度，这种态度也同时反映在楚国乐钟的制作上。参看前文类型学讨论，楚钟在基本形制与音响设计方面与中原地区的周式钟并没有什么差异，但在纹饰的选择上表现出较强的地域特征，如侧鼓部纹饰、写实动物纹等方面。另外，楚国铜鼎也和中原地区的周式鼎存在部分形制差异。由此看来，楚国在效仿周王朝的基础上，会在一些特征方面做出改变，而这种改变同样体现在乐钟音律组合方面。

依据祭祀形式调整编列，是楚国青铜乐钟编列组合的首要特征。回顾西周时期的葬钟制度，西周初期的甬钟编列继承了商代的编铙制度，以三件成编，至西周穆王前后突破

---

① 李学勤：《试论楚公逆编钟》，《文物》1995年第2期。

商人旧俗，形成四件成套的"宫—角—徵—羽"固定音律，又至西周晚期形成八件成编的乐钟制度。楚国单件乐钟埋藏的形式显然与葬钟制度格格不入。前文已述及，南方地区零散出土的青铜乐钟或与楚人的山川祭祀相关，山川祭祀所使用的编列组合与随葬编钟所反映出的葬钟制度显然有较大差异。这一差异出现的原因与祭祀的多样性有关，随葬编钟属于丧葬器用制度的范畴，周王朝影响范围内均需遵守明确的丧葬器用制度，故葬钟的编列组合较为固定，而祭祀则需要应对多种仪式形式，"国之大事在祀与戎"，各诸侯国每年都会举行大量的祭祀仪式，特定祭祀内容需选择特定的乐钟编列组合以完成仪式。十二件组的楚季宝钟（万福垴钟）、两件组的洪家峭钟以及大量单件出土的青铜编钟，或许反映的正是楚国不同祭祀活动下的编列组合。

编列组合存在拼凑现象，是楚国青铜乐钟编列组合的另一特征。楚公逆钟为八件一套组合形式，符合春秋早期晋侯邦父墓的八件组葬钟制度。这八件钟又可分为A组两件，B组四件，C组两件，三组编钟的形制纹饰皆不同，可以推断该套楚公逆钟也有拼凑的可能性。参看楚公逆钟的测音数据，D#与G#在三个八度内规律性地连续出现，其四度结构可构成五正声音列，由于西周时期乐钟正鼓音不用商音，因此楚公逆编钟的正鼓音音列为："宫—角—羽—角—羽—角—羽"。但若是将其按形制、纹饰分开以分组确定音律，则楚公逆钟很难形成完整的音列，显然属于拼凑而成。铭文内容记载楚公逆铸钟数量甚至多达百肆，晋侯所获取的楚公逆钟或许并非一套，遂于随葬时拼凑组合成为当时流行的八件套。

总而言之，西周时期楚国青铜乐钟的编列组合并非一成不变，而是随着时代的变化以及祭祀仪式的不同而有所差异。乐钟铸造之初，应遵循当时较为流行的编列方式，而在具体使用时，则会需依据具体情况选用特定音高的钟，拼凑成套后再行使用。

小　结

通过与中原宗周地区和引入南方地区出土的西周甬钟的比照，本文着重探讨了西周时期楚国青铜乐钟的形制纹饰特征、功能用途和编列制度。

西周楚国贵族对青铜乐器和礼乐制度的使用均与中原地区有所不同。西周时期楚国青铜乐钟在纹饰和形制方面均具有显著的地域特色。饰于钲部和篆带的蝉纹、饰于侧鼓部的鳞兽纹和象纹，均属于南方地区的地域风格。西周晚期乐钟侈度渐小、钟体瘦长化的风格亦不见于其他地区，为两周时期楚国甬钟形制渐瘦长的总体趋势奠定了基础。

与其他地区常见葬钟不同，常见的西周楚国乐钟多为祭祀用钟。南方两湖地区零散出土的青铜乐钟可以体现出楚人对山川江河祭祀的重视。这类零散发现的、用于四方山川祭祀的乐钟里不乏西周早期的型式，而西周早期楚国的势力范围对学界来说仍悬而未决，相信随着更多的考古发现和研究的深入，青铜乐钟能够成为解读早期楚文化的重要线索。

中国古代帝陵的保护传统与启示

朱 津

郑州大学历史学院

中国古代帝陵的保护活动由来已久,自秦始皇陵确立中国古代陵墓制度的基本内容后,陵墓便成为国家和王朝的代表和象征,相应的保护措施随之产生,这种保护活动大体分为两类,第一类是对本朝帝陵的保护,此类活动同日常祭祀活动是一体的,如秦汉时期的园寺吏舍、陵邑等,唐宋时期的下宫亦有同样的功能,该方面学界已有大量的论述,本文不再赘述;第二类是对前代帝陵的保护,是中国古代传统文化的重要体现。本文将从帝陵的破坏、历代王朝对先代帝陵的保护祭祀活动和主要动因,以及对当代考古工作的启示等几个方面进行阐述。不当之处,敬请方家指正。

一、中国古代帝陵的破坏

随着一个王朝的灭亡,帝陵失去了原有的保护措施,尤其是在社会局面剧烈动荡的时期,往往会遭受巨大的破坏。根据目前的考古资料,帝王陵墓的大规模破坏可追溯至晚商时期,殷墟王陵以及带墓道的大墓均有被盗掘和破坏的现象,根据其上发现的早期盗掘坑、瓮棺葬和小型墓葬等遗迹现象,学者们判断这种现象发生于西周初年,其目的是"以绝殷祀",起到了从心理层面打击殷遗民的政治目的[1]。同样的情况也出现在了东周时期韩灭郑之后,郑国王陵区的"中"字形大墓墓道中发现一具残疾人骸骨,结合郑国祭祀区内发现的成排小型墓和瓮棺葬,均可能与韩国破坏郑人社稷宗庙的政治行为有关[2]。秦国大将白起拔楚郢都后,"烧先王墓夷陵"[3]。

随着春秋晚期以来大作丘陇和陵园设施的建设,高等级王陵和贵族墓的标识性更加明显,这就导致相关的盗掘和破坏活动更加频繁。《吕氏春秋·安死篇》载:"亡国不可胜数,是故大墓无不抇也","宋未亡而东冢抇,齐未亡而庄公冢抇。国安宁而犹若此,又况百世之后国已亡乎?"[4]伍子胥毁冢鞭尸的事件更为著名,《史记·伍子胥列传》载:"及吴

---

[1] 井中伟:《殷墟王陵区早期盗掘坑的发生年代与背景》,《考古》2010年第2期;何毓灵:《殷墟王陵早期被盗年代研究》,《考古》2014年第6期。
[2] 河南省文物考古研究所:《新郑郑国祭祀遗址》,郑州:大象出版社,2006年。
[3] (汉)司马迁:《史记》卷四十《楚世家》,北京:中华书局,1959年,第1735页。
[4] 许维遹撰,梁运华整理:《吕氏春秋集释》,北京:中华书局,2009年,第225、228页。

兵入郢,伍子胥求昭王。既不得,乃掘楚平王墓,出其尸,鞭之三百,然后已。"①

秦汉以后,政权更迭和战争对帝陵的破坏更为明显,其中政治报复是重要的因素。《史记·高祖本纪》载:"项羽烧秦宫室,掘始皇帝冢,私收其财物。"②《水经注》进一步提到:"项羽入关发之。以三十万人三十日运物不见穷。"③近年来的考古发现中,秦始皇陵陵园遗址内有大量被火烧的痕迹,地面建筑体现得最为明显,寝殿、门阙、食官和园寺吏舍等遗址均发现有大量的红烧土、木炭等,大量的陪葬坑亦有被火烧的痕迹④,其中K9901陪葬坑,平面呈东西向长条形,主体部分为由二层台、隔墙分隔而成的三条过洞,其中南边的两个过洞有明显的火烧痕迹,其中出土有烧熔的青铜鼎、铅器等⑤(图一)。陵园西部内外城之间的K0004亦有被火烧破坏的迹象,坑体的西半部焚烧严重,坑内堆积着大量的红烧土,东半部被暗火烧毁,坑内木炭较多⑥。两汉帝陵同样也遭受过王朝末年政权更迭所带来的毁坏。新莽地皇四年(23年),王莽"遣使坏渭陵、延陵园门罘罳,曰:'勿使民复思也。'又以墨洿色其周垣"⑦。

图一　K9901陪葬坑
(引自《西安市秦始皇帝陵》,《考古》2014年第7期)

十六国至南北朝时期,由于战争和政权更迭频繁,毁陵成为打击敌国或政治对手的手

---

① (汉)司马迁:《史记》卷六十六《伍子胥列传》,第2176页。
② (汉)司马迁:《史记》卷八《高祖本纪》,第376页。
③ (北魏)郦道元:《水经注》卷一九《渭水下》,上海:上海古籍出版社,1990年,第377页。
④ 陕西省考古研究所、秦始皇兵马俑博物馆:《秦始皇帝陵园考古报告(2000)》,北京:文物出版社,2006年。
⑤ 秦始皇帝陵博物院:《2011—2012年度秦始皇帝陵K9901考古简报》,《秦始皇帝陵博物院》(总叁辑),西安:三秦出版社,2013年;秦始皇帝陵博物院:《西安市秦始皇帝陵》,《考古》2014年第7期。
⑥ 陕西省考古研究所、秦始皇兵马俑博物馆:《秦始皇帝陵园考古报告(2000)》,2006年。
⑦ (汉)班固:《汉书》卷九十九《王莽传》,北京:中华书局,1962年,第4186页。

段之一。十六国时期前燕烈祖景昭帝慕容儁发后赵太祖石虎的陵墓具有一定的代表性，《晋书·慕容儁载记》载："儁夜梦石季龙啮其臂，寤而恶之，命发其墓，剖棺出尸，蹋而骂之曰：'死胡安敢梦生天子！'遣其御史中尉阳约数其残酷之罪，鞭之，弃于漳水。"① 前燕征高丽同样将掘冢作为政治征服的手段之一，"（慕容）元真征高丽，大破之，遂入丸都，掘高丽王钊父利墓，载其尸，并其母妻、珍宝，掠男女五万余口，焚其宫室，毁丸都而归。钊单马遁走，后称臣于元真，乃归其父尸"②。南朝萧梁后期，在梁元帝萧绎与岳阳王萧詧的争权中，萧詧拔广平，"尽诛诸杜宗族亲者，幼弱下蚕室，又发其坟墓，烧其骸骨，灰而扬之，并以为漆髑"，杜崱等人攻下建邺后，"崱兄弟发安宁陵焚之，以报漆髑之酷，元帝亦不责也"③。

唐末五代初期，梁、晋之争是中原地区政治格局的主流，李存勖赢得最后胜利并以"尊唐"为名建立后唐政权，"欲发梁祖之墓，斫棺燔柩"，"河南尹张全义上章申理，乞存圣恩，帝乃止，令铲去阙室而已"④。南宋皇陵遭受了元僧官杨琏真加几乎毁灭性的破坏，这种破坏除了盗取财物，亦有宗教和政治因素，《元史》载："（至元二十一年九月）丙申，以江南总摄杨琏真加发宋陵冢所收金银宝器修天衣寺。"⑤"（二十二年正月）桑哥言杨琏真加云，会稽有泰宁寺，宋毁之以建宁宗等攒宫；钱唐有龙华寺，宋毁之以为南郊，皆胜地也，宜复为寺，以为皇上东宫祈寿。时宁宗等攒宫已毁，建寺。敕毁郊天台，亦建寺焉。"⑥"（二十九年三月）壬戌，给还杨琏真加土田、人口之隶僧坊者。初，琏真加重赂桑哥，擅发宋诸陵，取其宝玉，凡发冢一百有一所，戕人命四，攘盗诈掠诸赃为钞十一万六千二百锭，田二万三千亩，金银、珠玉、宝器称是。"⑦ 金代帝陵的毁坏原因显得较为滑稽，据清人于敏中等编撰《日下旧闻考》卷一三二引清康熙二年《圣祖仁皇帝御制金太祖世宗陵碑文》："惟金朝房山二陵，当我师克取辽阳，故明惑形家之说，谓我朝发祥渤海，气脉相关。天启元年，罢金陵祭祀。二年，拆毁山陵，劚断地脉，三年，又建关庙于其地，为厌胜之术。"⑧ 根据目前的考古调查和发掘资料，北京房山金代帝陵确实遭受了巨大的破坏（图二），目前所保留的大多数遗迹为清代所重修⑨。明代末年，凤阳明皇陵遭受战火的焚毁，《明史·方孔炤传》载"（崇祯）八年正月，贼遂攻陷凤阳，焚皇陵，烧龙兴寺，燔公私邸舍二万二千六百五十，戮中都留守朱国相、指挥使程永宁等四十有一员，杀军民数万人"⑩，极大地震动了明王朝，"帝素服哭，遣官告庙……贼乃大书帜曰：'古元真龙皇帝'，合乐大饮"⑪。

---

① （唐）房玄龄等：《晋书》卷一一〇《慕容儁载记》，北京：中华书局，1974年，第2841页。
② （北齐）魏收：《魏书》卷九五《徒何慕容廆传》，北京：中华书局，1974年，第2060页。
③ （唐）李延寿：《南史》卷六十四《杜崱传》，北京：中华书局，1975年，第1558页。
④ （宋）司马光：《资治通鉴》卷二百七十二《后唐纪》，北京：中华书局，1956年，第9025页。
⑤ （明）宋濂等：《元史》本纪一三《世祖十》，北京：中华书局，1976年，第269页。
⑥ （明）宋濂等：《元史》本纪一三《世祖十》，第271—272页。
⑦ （明）宋濂等：《元史》本纪第十七《世祖十四》，第362页。
⑧ （清）于敏中等：《日下旧闻考》卷一三二《京畿》，北京：北京古籍出版社，1981年，第2122页。
⑨ 北京市文物研究所：《北京金代皇陵》，北京：文物出版社，2006年。
⑩ （清）张廷玉等：《明史》卷二六〇《方孔炤传》，北京：中华书局，1974年，第6745页。
⑪ （清）张廷玉等：《明史》卷三〇九《流贼列传·李自成》，第7552—7553页。

图二　金太祖睿陵地宫
(引自《北京金代帝陵》彩版一二)

古代帝陵埋藏丰厚的随葬品是遭到盗掘的重要因素，尤其在战乱时期便成为军阀或起义军获取财物的一种手段，这种现象在历史上屡见不鲜。东汉建武二年(26年)，"赤眉遂烧长安宫室市里，害更始。民饥饿相食，死者数十万，长安为虚，城中无人行。宗庙园陵皆发掘，唯霸陵、杜陵完"①。《后汉书·刘盆子传》："盆子乘王车，驾三马，从数百骑。乃自南山转掠城邑，与更始将军严春战于郿，破春，杀之，遂入安定、北地。至阳城、番须中，逢大雪，坑谷皆满，士多冻死，乃复还，发掘诸陵，取其宝货，遂污辱吕后尸。凡贼所发，有玉匣殓者率皆如生，故赤眉得多行淫秽。"②东汉末年，盗掘、破坏活动更为严重，董卓于"初平元年(190年)，乃徙天子都长安。焚烧洛阳宫室，悉发掘陵墓，取宝物"③，至长安，"又使吕布发诸帝陵，及公卿已下冢墓，收其珍宝"④。袁绍讨伐曹操的檄文中提及："又特置发丘中郎将、摸金校尉，所过毁突，无骸不露。"⑤这是魏晋时期实施薄葬的关键原因，魏文帝曹丕终制："汉文帝之不发，霸陵无求也；光武之掘，原陵封树也。霸陵之完，功在释之；原陵之掘，罪在明帝……自古及今，未有不亡之国，亦无不掘之墓也。丧乱以来，汉氏诸陵无不发掘，至乃烧取玉匣金缕，骸骨并尽，是焚如之刑，岂不重痛哉！祸由

---

① (汉)班固：《汉书》卷九十九《王莽传》，第4193页。
② (刘宋)范晔：《后汉书》卷十一《刘盆子列传》，北京：中华书局，1965年，第483—484页。
③ (晋)陈寿：《三国志》卷六《魏书·董卓传》，北京：中华书局，1959年，第176页。
④ (刘宋)范晔：《后汉书》卷七四《袁绍传》李贤注引《献帝春秋》，第2386页。
⑤ (晋)陈寿：《三国志》卷六《魏书·袁绍传》，第198页。

乎厚葬封树。"①

类似的状况在唐末五代时期屡次出现，其中以温韬最为臭名昭著。《新五代史·温韬传》载："韬在镇七年，唐诸陵在其境内者，悉发掘之，取其所藏金宝，而昭陵最固，韬从埏道下，见宫室制度闳丽，不异人间，中为正寝，东西厢列石床，床上石函中为铁匣，悉藏前世图书，钟、王笔迹，纸墨如新，韬悉取之，遂传人间。"②北宋皇陵在赵宋皇室南迁后遭到了伪齐刘豫的严重盗扰，《宋史·叛臣列传·刘豫》载："（绍兴二年四月丙寅）分置河南、汴京淘沙官，两京冢墓发掘殆尽。"③《大金国志》亦载："西京兵士卖玉注椀与三路都统，豫疑非民间物，勘鞫之，知得于山陵中，遂以刘从善为河南淘沙官，发山陵及金人发不尽棺中水银等物。"④另一个广为人知的例子是近代军阀孙殿英盗掘裕陵和定东陵，将其中的珍宝洗劫一空。

二、古代帝陵的保护活动

古代帝陵的保护措施是随着帝陵制度的完善而逐步确立的，汉高祖十二年，下诏祭祀秦始皇、楚隐王陈涉、魏安釐王、齐缗王、赵悼襄王等帝王，"其与秦始皇帝守冢二十家，楚、魏、齐各十家，赵及魏公子亡忌各五家，令视其冢"⑤，开启了对先代帝陵的保护传统。

东汉对西汉帝陵的保护、祭祀活动较多，由于西汉末年对帝陵的巨大破坏，光武帝刘秀于建武五年"秋七月丁丑，幸沛，祠高原庙，诏修复西京园陵"⑥。次年，"夏四月丙子，幸长安，始谒高庙，遂有事十一陵"。李贤注曰："有事谓祭也。"⑦自此，东汉王朝对西汉帝陵的祭祀基本形成了较为固定的形式，光武帝刘秀分别于建武十年、十八年、二十二年三次祭祀十一陵，随后的章帝、和帝、安帝、顺帝和桓帝对西汉十一陵均有祭祀活动⑧。从目前的考古资料看，西汉帝陵的封土有明显的后期"修复"现象，焦南峰先生认为汉高祖长陵和吕后陵的封土位置与地宫存在较大的偏移，并没有起到封护的作用，这应该是西汉以后对长陵及吕后陵修复活动所产生的迹象⑨（图三）。

曹魏代汉后，魏文帝曹丕黄初二年，"（正月）甲戌，校猎至原陵，遣使者以太牢祠汉世

---

① （晋）陈寿：《三国志》卷二《魏书·文帝纪》，第81—82页。
② （宋）欧阳修：《新五代史》卷四十《温韬传》，北京：中华书局，1974年，第441页。
③ （元）脱脱等：《宋史》卷四百七十五《叛臣列传上·刘豫》，北京：中华书局，1985年，第13796页。
④ （宋）宇文懋昭撰，崔文印校证：《大金国志校证》卷三十一《齐国刘豫录》，北京：中华书局，1986年，第436页。
⑤ （汉）班固：《汉书》卷一《高帝纪》，第76页。
⑥ （刘宋）范晔：《后汉书》卷一《光武帝纪》，第39页。
⑦ （刘宋）范晔：《后汉书》卷一《光武帝纪》，第48页。
⑧ 相关活动均为"祠高庙，遂有事十一陵"，时间均为"十一月"。分别见《后汉书》卷三《肃宗孝章帝纪》，第144页；《后汉书》卷四《孝和孝殇帝纪》，第172页；《后汉书》卷五《孝安帝纪》，第240页；《后汉书》卷六《孝顺孝冲孝质帝纪》，第267页；《后汉书》卷七《孝桓帝纪》，第306页。
⑨ 焦南峰：《秦、西汉帝王陵封土研究的新认识》，《文物》2012年第12期。

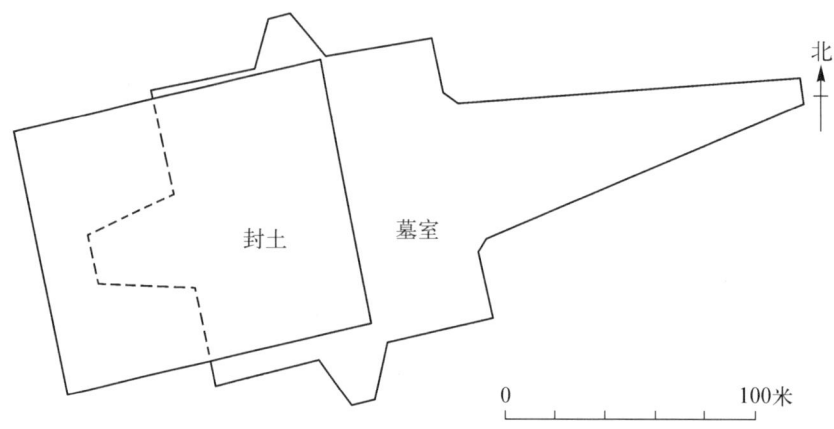

图三　汉高祖长陵考古勘探平面示意图

（引自《秦、西汉帝王陵封土研究的新认识》，《文物》2012 年第 12 期）

祖。"①青龙二年，魏明帝规定"高祖、光武陵四面百步，不得使民耕牧樵采"②，确立了对先代帝陵维护的主要措施。随着司马氏政权的南迁，中国进入南北政权对立的时代，北方少数民族逐渐融入到中华民族的大家庭之中，同时吸纳了诸多汉晋文化传统。北魏孝文帝在恢复祭陵制度的同时，对汉、魏、晋诸陵的维护沿袭了曹魏明帝的做法，并以太牢之礼祭汉光武及明、章三帝陵③。东汉帝陵 M722 陵园遗址中发现有一定数量的北魏时期遗存，包括莲花纹瓦当、青瓷碗、青瓷虎子等④（图四）。

图四　东汉帝陵 M722 陵园遗址出土晚期瓦当和瓷碗

（引自《洛阳孟津朱仓东汉帝陵陵园遗址》，《文物》2011 年第 9 期）

---

① （晋）陈寿：《三国志》卷二《魏书·文帝纪》，第 77 页。
② 裴松之注引《魏书载戊子诏》曰："昔汉高祖创业，光武中兴，谋除残暴，功昭四海，而坟陵崩颓，童儿牧竖践踏其上，非大魏尊崇所代之意也。其表高祖、光武陵四面百步，不得使民耕牧樵采。"（晋）陈寿：《三国志》卷三《魏书·明帝纪》，北京：中华书局，1959 年，第 112 页。
③ 《魏书·高祖孝文帝纪》载："（太和二十年）五月丙戌，遣使者以太牢祭汉光武及明、章三帝陵，又诏汉、魏、晋诸帝陵，各禁方百步不得樵苏践踏。"见（北齐）魏收：《魏书》卷七《高祖孝文帝纪》，第 179 页。
④ 洛阳市第二文物工作队：《洛阳孟津朱仓东汉帝陵陵园遗址》，《文物》2011 年第 9 期。

隋代建立后,"(大业二年)十二月庚寅,(炀帝)诏曰:'前代帝王,因时创业,君民建国,礼尊南面。而历运推移,年世永久,丘垄残毁,樵牧相趋,茔兆堙芜,封树莫辨。兴言沦灭,有怆于怀。自古已来帝王陵墓,可给随近十户,蠲其杂役,以供守视。'"①唐代建立后,"诏隋帝及其宗室柩在江都者,为营窆,置陵庙,以故宫人守之"②。2013年,扬州市文物考古研究所在扬州邗江区曹庄发掘了2座墓葬,经论证M1墓主为隋炀帝杨广,出土的墓志内容显示出"贞观"的年号,证实了唐代初年修建隋炀帝陵的史实③。唐武德至贞观年间,国家对上至帝喾、颛顼,下至汉高祖修庙祭祀,将祭祀对象进一步具体化④。开元十二年将历代帝陵的祭祀和修缮活动作为国家吉礼的重要组成部分,"敕有司:所经名山大川、自古帝王陵、忠臣烈士墓,精意致祭,以酒脯时果用代牲牢"⑤。

　　宋太祖取代后周建立北宋,建隆元年便下诏"前代帝王陵寝、忠臣贤士丘垄,或樵采不禁、风雨不庇,宜以郡国置户以守,隳毁者修葺之"⑥,并根据历史功绩将先代贤明帝王分为四个等级,分别配以不同的维护和祭祀规格⑦;开宝三年再次下诏,对周文王等二十七座被盗掘之陵,"有司备法服、常服各一袭,具棺椁重葬,所在长吏致祭"⑧。北宋王朝对历代帝陵的修葺和祭祀留下了一些考古遗存,较为显著的有两处:其一为河南新郑的后周皇陵,作为被后周王朝"禅让"者,宋太祖登基后颁布诏书,"制封周帝为郑王,以奉周祀,正朔服色一如旧制,奉皇太后为周太后"⑨。"乾德六年八月,诏于周太祖、世宗陵寝侧各设庙宇塑像,命右赞善大夫王硕管勾修盖"⑩。经考古调查,于周世宗庆陵东南约500米处,发现一处夯土建筑遗址(图五),出土有板瓦、筒瓦、瓦当、脊兽等大量的建筑

---

① (唐)魏征:《隋书》卷三《炀帝纪》,北京:中华书局,1973年,第66—67页。
② (宋)欧阳修:《新唐书》卷一《高祖本纪》,第11页。
③ 南京博物院、扬州市文物考古研究所、苏州市考古研究所:《江苏扬州市曹庄隋炀帝墓》,《考古》2014年第7期。
④ 《旧唐书·礼仪志》载:"武德、贞观之制,神祇大享之外,每岁立春之日,祀青帝于东郊,帝宓羲配,勾芒、岁星、三辰、七宿从祀。立夏,祀赤帝于南郊,帝神农氏配,祝融、荧惑、三辰、七宿从祀。季夏土王日,祀黄帝于南郊,帝轩辕配,后土、镇星从祀。立秋,祀白帝于西郊,帝少昊配,蓐收、太白、三辰、七宿从祀。立冬,祀黑帝于北郊,帝颛顼配,玄冥、辰星、三辰、七宿从祀。每郊帝及配座,用方色犊各一,笾、豆各四,簠、簋各二,俎各一。勾芒已下五星及三辰、七宿,每宿牲用少牢,每座笾、豆、簠、簋、俎各一。孟夏之月,龙星见,雩五方上帝于雩坛,五帝配于上,五官从祀于下。牲用方色犊十,笾豆已下,如郊祭之数。帝喾,祭于顿丘。唐尧,契配,祭于平阳。虞舜,咎繇配,祭于河东。夏禹,伯益配,祭于安邑。殷汤,伊尹配,祭于偃师。周文王,太公配,祭于邦。周武王,周公、召公配,祭于镐。汉高祖,萧何配,祭于长陵。三年一祭,以仲春之月。牲皆用太牢。"(后晋)刘昫:《旧唐书》卷二十四《礼仪志》,北京:中华书局,1975年,第910页。
⑤ (宋)王钦若:《册府元龟》卷三十三《帝王部·崇祭祀》,南京:凤凰出版社,2006年,第341—342页。
⑥ (元)脱脱等:《宋史》卷一百六十二《礼八》,第2558页。
⑦ "乾德四年,诏曰:'历代帝王,或功济生民,或道光史载,垂于祀典,厥惟旧章。兵兴以来,日不暇给,有司废职,因循旷坠。或庙貌攸设,牲牷罔荐;或陵寝虽存,樵苏靡禁。厌席兴念,兹用恻然。其太昊,葬宛丘,在陈州……太宗昭陵,在京兆醴泉县北九嵕山。十六帝,各给守陵五户,蠲其他役,长吏春秋奉祀,他处有祠庙者亦如祭享。商中宗太戊,葬大名内黄县东南……隋高祖太陵,在凤翔扶风县东南。十帝,各给三户,岁一飨。秦始皇帝,陵在京兆昭应县……晋高祖显陵,在河南寿安县西北。十五帝,各给二户,三年一祭。周桓王,葬河南渑池县东北……后唐末帝,葬河南洛阳县东北。已上三十八帝陵,常禁樵采,着于甲令。'其后又诏曾经开掘者,重制礼衣、常服、棺椁重葬焉。东晋以降六朝陵寝,多在金陵、丹阳之间,皆可考识,制书不载者,当时江左未平耳。"见(清)徐松辑:《宋会要辑稿》礼三八,北京:中华书局,1957年,第1358页。
⑧ (元)脱脱等:《宋史》卷二《太祖本纪》,第31页。
⑨ (宋)薛居正等:《旧五代史》卷一百二十《周书·恭帝纪》,北京:中华书局,2015年,第1853页。
⑩ (元)脱脱等:《宋史》卷一百一十九《礼二十二》,第2796页。

构件,以及年代信息更为明确的瓷盘、瓷壶等,时代均为北宋前期,显然该处遗址与北宋乾德六年所建"庙宇"有密切关系①;其二为洛阳孟津的"刘秀坟",保存至今的还有《大宋新修后汉光武皇帝庙朝碑铭》,由于时代久远,北宋时期光武帝原陵的具体位置已不可考,经考古证实该处为假的光武帝陵,但也证实了北宋祭祀原陵的相关记载。

图五　后周皇陵陵上遗址夯土建筑基址

明代沿袭了北宋王朝的传统,明太祖洪武三年,"遣使访先代陵寝,仍命各行省具图以进,凡七十有九。礼官考其功德昭著者,曰伏羲、神农、黄帝、少昊、颛顼、唐尧、虞舜、夏禹、商汤、中宗、高宗、周文王、武王、成王、康王、汉高祖、文帝、景帝、武帝、宣帝、光武、明帝、章帝、后魏文帝、隋高祖、唐高祖、太宗、宪宗、宣宗、周世宗、宋太祖、太宗、真宗、仁宗、孝宗、理宗,凡三十有六。各制衮冕,函香币。遣秘书监丞陶谊等往修祀礼,亲制祝文遣之。每陵以白金二十五两具祭物。陵寝发者掩之,坏者完之。庙敝者葺之。无庙者设坛以祭。仍令有司禁樵采。岁时祭祀,牲用太牢"②。清代入关前便继承了祭祀前代帝陵的传统,《清史稿》载:"陵寝之祭,太宗征明,至燕京,即遣贝勒阿巴泰等赴金太祖、世宗陵致祭",顺治建元"礼葬明崇祯帝、后,复诏明十二陵絜禋祀,禁樵牧,给地亩,置司香官及陵户。岁时祭品,户部设之。明年,定春、秋仲日致祭,遣官行。六年,定明陵仍设太监,并置房山、金陵陵户","(顺治)八年,定帝王陵寝祀典,淮宁伏羲,滑县颛顼、帝喾……昌平明宣宗、孝宗、世宗,各就地飨殿行之,或因陵寝筑坛,惟元陵望祭"③。

明清时期的保护活动留下了大量的实物遗存,大体可分为两类,第一类是陵前立碑,

---

① 郑州大学历史学院、郑州市文物考古研究院、新郑市文物局:《河南新郑后周皇陵考古调查与勘探简报》,《考古与文物》2021年第1期。
② (清)张廷玉等:《明史》卷五十《礼志四》,第1291—1292页。
③ 赵尔巽等:《清史稿》卷五十九《礼三》,北京:中华书局,1977年,第2529页。

目前保存的数量较为丰富;第二类是陵前或陵旁设置祭祀性建筑。陵前立碑在明清时期十分常见,其中较为著名的人物是清乾隆年间的毕沅,在其担任陕西巡抚期间,对关中的187座陵墓进行了立碑祭祀,包括56座帝陵和131座名臣贤士墓①,"令各守土者即其丘陇茔兆,料量四至,先定封域,安立界石,并筑券墙。墙外各拓余地,守陵人照户给单,资其口食。春秋享祀,互相稽核"②。这些措施的实施同清代所颁布的相关谕令有一定的关系。乾隆十一年,慧中奏请保护陕西帝王陵墓,乾隆皇帝谕令:"历代帝王陵寝及圣贤、忠烈坟墓,向来俱令修葺防护。陕西为自古建都之地,陵墓最多,有不在会典之内者,既无围墙,又无陵户,着交与该督抚查明,酌筑围墙,以禁作践,以资保护。"③汉文帝霸陵前保留了多通石碑,其中包括毕沅于"凤凰嘴"所立的"汉文帝霸陵"标识碑,随着近年来汉文帝霸陵考古工作的开展,霸陵的准确位置得以揭示,"凤凰嘴"为霸陵之说实为金元以后的误传④。"但是,凤凰嘴下元代以后的祭祀遗迹和遗物,也已进入霸陵相关的遗产保护体系,我们可以将其看作霸陵文化遗产的'纪念封',开展研究,使其存续下去"⑤。河南新郑后周世宗庆陵前目前还保留了36通明清时期的"御制祝文"和"御制祭文"碑刻(图六),目前可见时代最早的为明宣德元年(1426年)⑥,显示出明清王朝对后周世宗的尊重。

图六　周世宗庆陵及陵前明清碑刻

---

① 陈斯亮:《毕沅与陕西古迹保护》,西安:西安建筑科技大学博士论文,2020年。
② (清)毕沅撰,张沛校点:《关中胜迹图志》卷八,西安:三秦出版社,2004年,第267页。
③ (清)慧中:《奏为敬筹保护历代帝王陵寝事(乾隆十一年三月十六日)》,《宫中档乾隆朝朱批奏折》,中国第一历史档案馆藏,档号04-01-14-0012-039。
④ 马永嬴、曹龙:《"凤凰嘴"误传为汉文帝霸陵的原因分析》,《秦汉研究》2022年第1期,第187—194页。
⑤ 韩国河:《确认汉文帝霸陵的历史价值和意义》,《光明日报》2021年12月20日第14版。
⑥ 郑州大学历史学院、郑州市文物考古研究院、新郑市文物局:《河南新郑后周皇陵考古调查与勘探简报》,《考古与文物》2021年第1期。

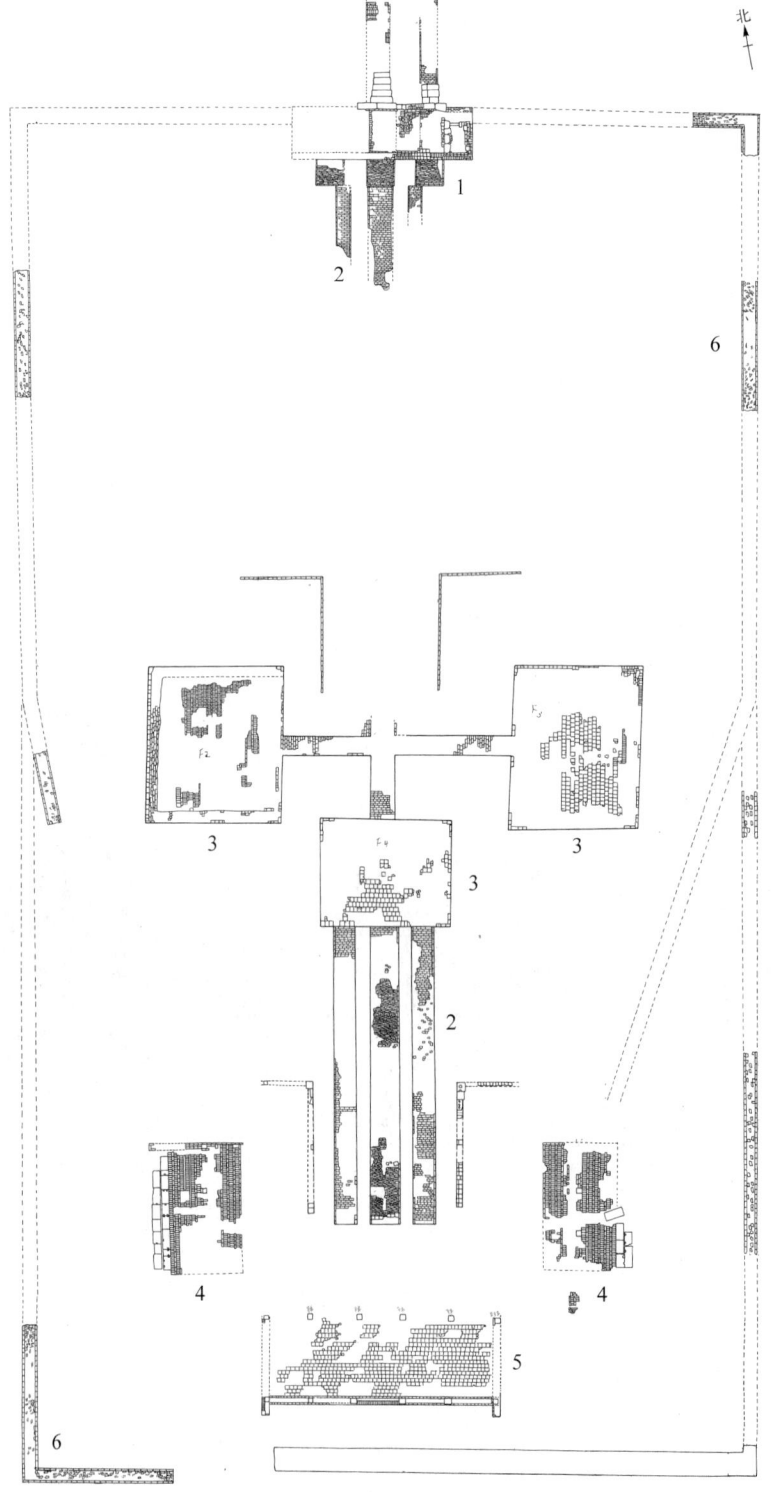

图七　明清时期昭陵祭坛遗址
（引自《2002年度唐昭陵北司马门遗址发掘简报》，《考古与文物》2006年第6期）
1. 明清山门　2. 道路　3. "品"字形明清庑殿　4. 庑殿　5. 大殿　6. 围墙

第二类为陵前设置祭坛,其中唐太宗昭陵北司马门外发现有明清时期设置的祭坛遗址,遗址平面呈长方形,外围为青砖砌墙,围墙南北纵长95米,东西宽54米。围墙内建筑北端的山门到南端大殿间的通道为中轴东西对称,建筑遗存包括山门、"品"字形庑殿、东西庑殿和大殿等①(图七)。北宋永昭陵上宫内清理出了位于陵台南侧的明清时期"祭台"遗存②。清代入关后,多次对北京房山金陵进行维修和祭祀,目前保留了大量的清代建筑遗存,包括宝城、宝顶、享殿、碑楼等③。

另外一个值得注意的是传说时代"三皇五帝陵"的问题,其中陕西的黄帝陵是最为突出的案例,自汉武帝"祭黄帝冢桥山"④以来,黄帝陵的祭祀便成为了两千年来历代王朝的"吉礼"之一,并延续至今,同样类似的祭祀活动还见于太昊伏羲陵、颛顼帝喾二帝陵等。

通过以上梳理可知,中国古代帝陵的保护活动大致可分为四个阶段:第一阶段是初始阶段,以汉高祖修缮保护秦始皇陵为发端,配置守陵户;第二阶段是魏晋南北朝时期,曹魏时期规定了更为具体的保护措施,即"高祖、光武陵四面百步,不得使民耕牧樵采",并为迁都洛阳后的北魏王朝所延续;第三阶段是隋唐时期,随着大一统王朝的再次建立,国家重修五礼,将对历代帝王、忠臣贤士陵墓的保护祭祀纳入国家吉礼之中;第四阶段是北宋以后,将祭祀对象进一步系统化和体系化,最终在明代形成了与历代帝王庙类似的功能。

三、古代帝陵保护的主要动因

古代王朝对先代帝陵的保护主要有四个动因:

第一,避免被后世盗掘是最为直接的原因。魏文帝曹丕目睹汉末乱局,认为"汉文帝之不发,霸陵无求也;光武之掘,原陵封树也。霸陵之完,功在释之;原陵之掘,罪在明帝。""自古及今,未有不亡之国,亦无不掘之墓也。丧乱以来,汉氏诸陵无不发掘,至乃烧取玉柙金缕,骸骨并尽,是焚如之刑也,岂不重痛哉",随即下诏"寿陵因山为体,无为封树,无立寝殿,造园邑,通神道",以求"安君定亲,使魂灵万载无危"⑤。五代时期,温韬"为耀州节度,唐诸陵在境者悉发之,取所藏金宝",当时舆论"此劫陵贼,罪不可赦"⑥。王子今先生认为,"守陵""守冢"等政策的宣传意义超过实际的功效,但能对陵墓保护起到一定的作用⑦。

第二,集中体现了中国古代王朝"兴灭继绝"的政治思想。《论语·尧曰》载:"兴灭

---

① 陕西省考古研究所、昭陵博物馆:《2002年度唐昭陵北司马门遗址发掘简报》,《考古与文物》2006年第6期。
② 孙新民、郭培育:《宋仁宗永昭陵上宫考古获丰硕成果》,《中国文物报》1998年10月14日第1版。
③ 王世仁:《北京房山金陵清代遗迹考略》,北京市文物研究所编:《北京金代皇陵》,北京:文物出版社,2006年。
④ (汉)司马迁:《史记》卷十二《孝武本纪》,第473页。
⑤ (晋)陈寿:《三国志》卷二《魏书·文帝纪》,第81—82页。
⑥ (宋)薛居正等:《旧五代史》卷七十三《唐书·温韬传》,第1119页。
⑦ 王子今:《两汉"守冢"制度》,《南都学坛》2020年第3期。

国,继绝世,举逸民,天下之民归心焉。"①承续断绝王朝的世族,是中华民族传统民本思想的重要组成部分。《册府元龟·帝王部》载:"自古受命及中兴之君,莫不兴灭继绝,以归天下之心焉。"②历代开国君主将前代陵墓的修缮和祭祀视为稳定民心的重要举措。楚汉战争期间,刘邦将"掘始皇帝冢"列为项羽的十大罪状之一,入主关中随即下诏"与秦始皇帝守冢二十家";曹丕代汉之初,便"校猎至原陵,遣使祠汉光武帝";赵匡胤陈桥兵变后,"制封周帝为郑王,以奉周祀"③,"其周朝嵩、庆二陵及六庙,宜令有司以时差官朝拜祭飨,永为定式。仍命周宗正卿郭玘行礼"④;清代顺治建元,"礼葬明崇祯帝、后,复诏明十二陵絜禋祀,禁樵牧,给地亩,置司香官及陵户。岁时祭品,户部设之。明年,定春、秋仲日致祭,遣官行。"⑤清康熙、乾隆皇帝多次赴江南拜祭明孝陵,致使"父老从者数万人",被时人誉为"足超轶百代",基本实现了"清继明统""满汉一家"的政治诉求⑥。

第三,充分体现对历代贤明君主历史贡献的尊重。各王朝对先代帝陵的祭祀对象有较强的针对性,并非包含所有的帝王陵墓。《礼记·祭法》云:"夫圣王之制祀也,法施于民则祀之,以死勤事则祀之,以劳神定国则祀之,能御大灾则祀之,能捍大患则祀之。"⑦唐代长孙无忌、许敬宗等议先代帝王祭祀之礼,"汉高祖祭法无文,但以前代迄今,多行秦、汉故事。始皇无道,所以弃之。汉祖典章,法垂于后","祭汉高祖于长陵,以萧何配"⑧。宋太祖对历代帝王的祭祀分为四个规格,同样是对其历史功绩的考量。明太祖对祭祀对象的选择,先是"命各行省具图以进,凡七十有九",随后"礼官考其功德昭著者……凡三十有六"⑨。这种历史传统持续至近代,1912年2月12日清帝退位、南北议和成功,孙中山先生于15日在南京举行统一大典,亲率民国政府各部部长及都尉以上将校拜祭明孝陵,表达对明太祖"河山再造、光复大义"的敬重,并告慰革命英灵,号召全国民众团结一心、共建中华。

第四,维护自身王朝的正统性。东汉建立后,光武帝刘秀作为汉室正统的延续,为了显示对刘姓王朝的继承,"(建武元年)六月己未,即皇帝位,……谶记曰:'刘秀发兵捕不道,卯金修德为天子'","八月壬子,祭社稷。癸丑,祠高祖、太宗、世宗于怀宫"⑩;"(建武五年)秋七月丁丑,(光武)幸沛,祠高原庙,诏修复西京园陵","(建武六年)夏四月丙子,幸长安,始谒高庙,遂有事十一陵",李贤注:"有事谓祭也。"⑪同时,刘秀又要维持南阳出

---

① (清)阮元校刻:《论语注疏》卷二十《尧曰》,《十三经注疏》,北京:中华书局影印版,1980年,第2535页。
② (宋)王钦若等:《宋本册府元龟》卷一百七十三《帝王部·继绝》,北京:中华书局影印版,1989年,第403页。
③ (宋)薛居正等:《旧五代史》卷一百二十《周书·恭宗纪》,第1853—1854页。
④ (元)脱脱等:《宋史》卷一百一十九《礼二十二》,第2796页。
⑤ 赵尔巽:《清史稿》卷八十四《礼三》,第2529页。
⑥ 郑玉超:《康乾二帝拜谒明孝陵原因探析》,《中国石油大学学报(社会科学版)》2008年第24卷第5期。
⑦ (清)阮元校刻:《礼记正义》卷四十六《祭法》,《十三经注疏》,北京:中华书局影印版,1980年,第1590页。
⑧ (后晋)刘昫:《旧唐书》卷二十四《礼仪志四》,北京:中华书局,1975年,第915页。
⑨ (清)张廷玉:《明史》卷五十《礼志四》,第1291页。
⑩ (刘宋)范晔:《后汉书》卷一《光武帝纪》,第23页。
⑪ (刘宋)范晔:《后汉书》卷一《光武帝纪》,第39、48页。

身的血统,"(建武三年春正月)辛巳,立皇考南顿君已上四庙","(建武十一年三月)己酉,幸南阳,还,幸章陵,祠园陵"①。这正反映了刘秀"维汉统又别于汉统"的心理,这也是东汉帝陵布局、形制与内涵发生转变的重要原因②。

　　南北朝的"正统之争"贯穿始终,南齐明帝修缮晋陵的目的便在于此,"昔中京沦覆,鼎玉东迁,晋元缔构之始,简文遗咏在民,而松441夷替,埏路榛芜。虽年代殊往,抚事兴怀。晋帝诸陵,悉加修理,并增守卫"③。陈文帝以五德之说强调南朝传承的政治合法性,"江左肇基,王者攸宅,金行水位之主,木运火德之君,时更四代,岁逾二百"。"维前代王侯,自古忠烈,坟冢被发绝无后者,可检行修治,墓中树木,勿得樵采,庶幽显咸畅,称朕意焉"④。南朝宋开国君主刘裕为"汉高帝弟楚元王交之后",义熙十三年(422年),刘裕率军北伐,取得了一系列辉煌的胜利,收复洛阳、关中后,"谒汉高帝陵,大会文武于未央殿"⑤,对于刘裕北伐和拜祭汉高祖长陵,《魏书》认为"裕志倾僭晋,若不外立功名,恐人望不许,乃西伐姚泓"⑥,这一说法虽然失之偏颇,但从一定程度上也反映出刘裕意图代晋的一种心态。另一个突出例子是清代多次对金陵的维护和祭祀。明天启年间由于战事不利,便认为"金朝之陵在房山","疑与清朝王气相关",于是"罢金陵祭祀,二年拆毁山陵厮断地脉,三年又建关庙于其地,为厌胜之术"。清代入关后,顺治皇帝认为"夫不达天命之有归,而谬委灵于风水,移灾于林木,何其诞也。金代垂祚百有余年,英王哲辟,实光史册",于是"祭告立碑,以志不朽"。此后清帝多次对金陵进行修缮和拜祭,显示出对金朝的尊崇和认同,以证明入主中原的合法性和正统性。

　　汉、唐作为中国历史上的两大强盛王朝,后世数个政权多有假借汉、唐后裔之名,以确立其正统地位。西晋末年,匈奴人刘渊"乃为坛于南郊,僭即汉王位……乃赦其境内,年号元熙,追尊刘禅为孝怀皇帝,立汉高祖以下三祖五宗神主而祭之"⑦。这种状况在五代时期表现得最为突出,唐代灭亡后,"尊唐"之名便成为各政权争天下的重要口号,宋人尹源在《唐说》一文中提到,"及广明之后,关东无复唐有,方镇相侵伐者,犹以王室为名"⑧。后唐庄宗即位于魏州,"时百官多缺,乃求访本朝衣冠,友谦令赴行台"⑨。"本朝衣冠"充分体现了李存勖以"复唐"为名的政治诉求。"(天祐十七年九月)王师略地至奉先,嗣昭因谒唐帝诸陵而还","(同光三年六月)丙戌,诏曰:'关内诸陵,顷因丧乱,例遭穿穴,多未掩修。其下宫殿宇法物等,各令奉陵州府据所管陵园修制,仍四时各依旧例荐飨。每陵仰差近陵百姓二十户充陵户,以备洒扫。其寿陵等一十陵,亦一例修掩,量置陵户。'戊子,以刑

---

① (刘宋)范晔:《后汉书》卷一《光武帝纪》,第32、57页。
② 韩国河:《东汉北魏陵寝制度特征和地位的探讨》,《文物》2011年第1期。
③ (南朝梁)萧子显:《南齐书》卷六《明帝纪》,北京:中华书局,1972年,第88页。
④ (唐)姚思廉:《陈书》卷三《世祖本纪》,北京:中华书局,1972年,第59页。
⑤ (南朝梁)沈约:《宋书》卷二《武帝本纪中》,北京:中华书局,1974年,第42页。
⑥ (北齐)魏收:《魏书》卷九十七《岛夷刘裕列传》,第2133页。
⑦ (唐)房玄龄等:《晋书》卷一百一《刘元海载记》,第2649—2650页。
⑧ (元)脱脱等:《宋史》卷四百四十二《文苑列传四》,第13082页。
⑨ (宋)薛居正等:《旧五代史》卷六十《唐书·列传第十二》,第939页。

部尚书李琪充昭宗、少帝改卜园陵礼仪使。己丑，以工部郎中李途为京兆少尹，充修奉诸陵使"①。后汉高祖刘知远于乾祐元年下诏："恭维列祖园陵，诸圣祠庙，桑田变海，当时之弓剑犹存；精爽在天，终古之威灵不泯。载惟追感，诚切永怀。其雍州、西京及诸州府应有诸帝陵庙，仰所在修奉，务令完葺。"隐帝刘承祐的敕令更为具体，"我国家肇迹丰沛，膺箓并汾，盖承积德之灵，再享配天之业。四百年之洪绪，一千载之遗风，乃祖陵园，先时庙貌，属累朝之隔越，谅如在之因循，将明追孝之心，当尽奉先之敬。天下州府，应有两汉诸帝王陵园庙宇，宜令所属长吏检讨，量加修饰，其陵园侧近，禁止刍牧樵采"②。

四、中国古代帝陵保护的启示

古代王朝对历代帝陵的保护措施以及所遗留下的各类遗存，为我们开展考古和文化遗产保护工作提供了一定的思路，并具有重要的社会价值。

在一个古代王朝覆灭后，随着桑田变海和年代疏往，帝陵的日常维护祭祀随之没落，一些古代帝陵的记忆会随之变得模糊不清，这就使得较多帝陵的位置、布局和特征为后世所遗忘或误认，其中有关东汉、曹魏、西晋以及南朝帝陵的历史记载更是扑朔迷离，使得古代帝陵在一定程度上遭受了精神层面上的破坏。在中国古代"兴灭继绝"以及追求正统思想的影响下，对先代王朝陵墓的修缮和祭祀便成为了"吉礼"的一种表现内容，陵前立碑和修建坛庙等活动使得历代帝陵呈现出层累的历史面貌，可视为对"精神破坏"的一种弥补。随着中国帝制的结束和现代社会体制的建立，帝陵更多地成为了历史遗产的代表，是中华民族传统文化的重要物证，揭示历代帝陵面貌与内涵的任务需要更多的考古工作进行证实和阐释。

第一，古代帝陵的保护活动为探寻早期陵墓提供了一定思路。较为典型的例子是东汉帝陵，从目前的资料看，北宋时期有关汉光武帝原陵的记忆已出现错误。从魏晋以后对东汉帝陵的保护活动看，东汉末年惨遭董卓的大肆破坏，随后孙坚入洛阳后"修诸陵，平塞卓所发掘"③，曹魏时期多有保护和祭祀活动，东汉帝陵的相关信息得以保留。经过十六国时期的动荡，北魏孝文帝迁都洛阳，有关东汉帝陵的保护祭祀得以持续，除了文献中所记载的对原陵、显节陵等帝陵的拜祭修缮活动外，北魏帝陵的修建基本沿袭了东汉帝陵的布局和理念④，包括圆形封土、地宫形制、陵寝设施的模仿（图八），以及上陵礼、族葬礼俗的恢复等，说明北魏政权迁洛后对于东汉帝陵保存了相对准确的记忆。及至唐代，这种状况开始发生了一定的变化，唐高祖《神尧遗诏》载："其服轻重，悉从汉制，以日易月，于事为宜。其陵园制度，务从俭约，斟酌汉魏，以为规矩。"⑤《唐会要·陵议》记载了议定修建

---

① （宋）薛居正等：《旧五代史》卷三十二《唐书·庄宗纪六》，第511页。
② （北宋）宋钦若等：《册府元龟》卷一七四《帝王部·修废》，第1940页。
③ （晋）陈寿：《三国志》卷四十六《孙破虏讨逆传》，第1097页。
④ 韩国河：《东汉北魏陵寝制度特征和地位的探讨》，《文物》2011年第1期。
⑤ （宋）宋敏求：《唐大诏令集》卷十一"神尧遗诏"词条，北京：中华书局，2008年，第67页。

唐高祖献陵的状况，"司空房玄龄等议曰：'谨按高祖长陵，高九丈，光武陵高六丈，汉文、魏文并不封不树，因山为陵。窃以长陵制度，过为宏侈，二丈立规，又伤矫俗。光武中兴明主，多依典故，遵为成式，实谓攸宜。伏愿仰遵顾命，俯顺礼经。'"①根据遗诏和陵议的结果可知，唐高祖献陵是以汉光武帝原陵为参照，但从献陵封土呈覆斗形、方形陵园四面辟门以及神道石刻等规制看，献陵陵园制度应该是对隋文帝泰陵的直接继承②，对于东汉原陵的参考主要突出"务从俭约"，有关陵园的具体设置已经模糊不清。根据文献记载，唐代以前对于东汉帝陵的保护活动集中于光武帝原陵、明帝显节陵和章帝敬陵等，后世的修缮祭祀为我们判断确定东汉帝陵的陵主提供了一定的依据。

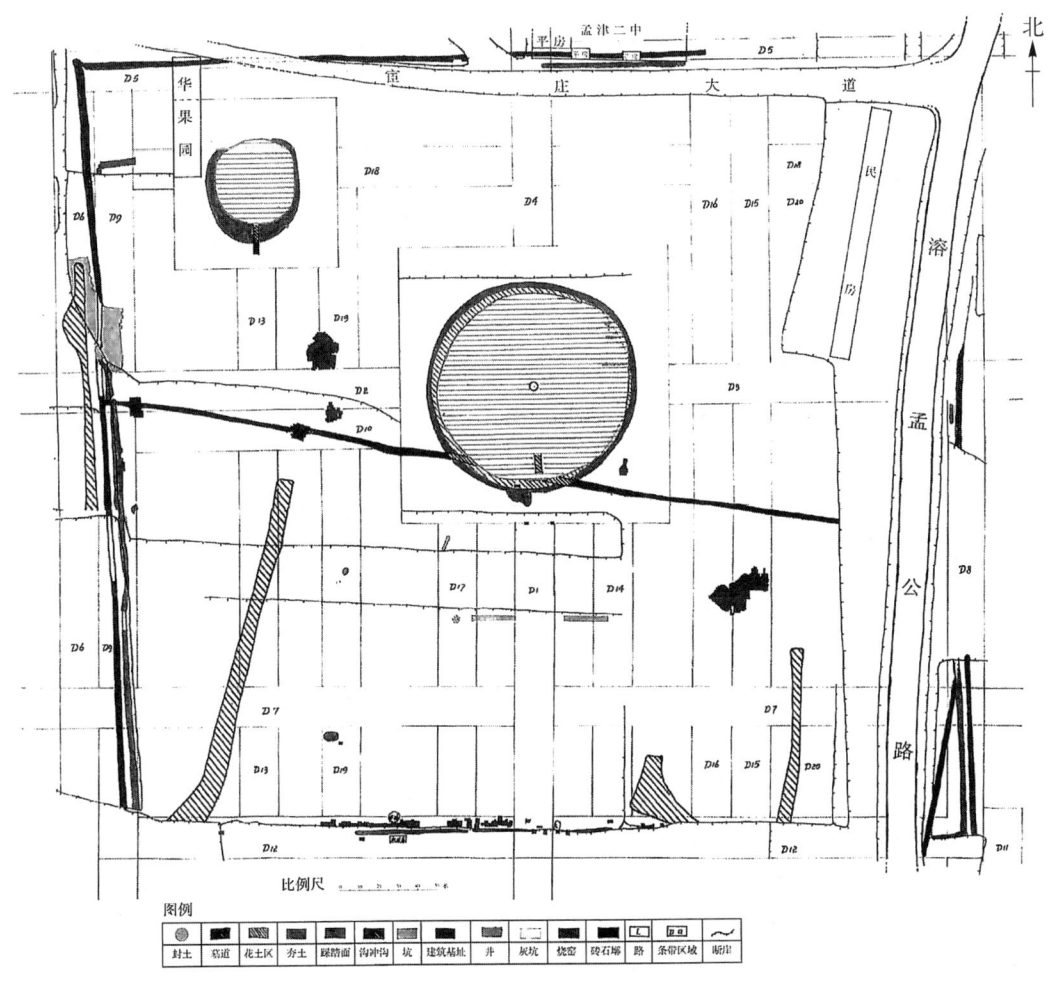

图八　北魏长陵陵园平面图
（引自《邙山陵墓群考古调查与勘测第一阶段考古报告》，文物出版社，2018年）

---

① （宋）王溥：《唐会要》卷二十"陵议"词条，北京：中华书局，1959年，第394页。
② 张建林：《"斟酌汉魏"还是"唐承隋制"——唐高祖献陵与隋文帝泰陵的比较》，《考古与文物》2021年第1期。

第二，为进一步完善帝陵遗址的保护、利用工作提供借鉴。1991年，国家文物局出台了《全国重点文物保护单位保护范围、标志说明、记录档案和保管机构工作规范》，"保护范围根据文物保护单位的类别、规模、内容及周围环境的历史与现实情况合理划定。确定保护范围的原则是保证下列文物的完整性，并在文物保护单位本体之外保持一定的安全距离"。并规定了建设控制地带，"建设控制地带是指保护范围外需要保护环境风貌及对建设项目加以限制的区域。建设控制地带根据保护对象的格局、安全、环境和景观的需要合理划定。建设控制地带内不得安排直接或间接从空中或地下对文物构成危害和破坏文物保护单位环境风貌的建设项目。在这一地带内修建新建筑物或构筑物时，其形式、高度、体量、色调等应与文物保护单位的气氛相协调"。对于保护范围和建设控制地带的具体划定，现在并没有统一的标准，这与各文物保护单位的具体保存现状有一定的关系。帝陵考古与保护规划需重视古代王朝的保护传统。国家文物局出台的《全国重点文物保护单位保护规划编制审批办法》中指出，"编制文物保护单位保护规划应当对文物保护单位的历史沿革、现存状况、保护和管理状况、考古工作状况以及研究的历史和成果等进行深入的调查分析。"文化遗产的保护规划需秉承真实性、完整性和可持续性的原则，帝陵陵园的考古调查、发掘和后续的保护规划，要充分考虑历代王朝的修缮和祭祀遗存，将陵墓本体与后世遗存视为一个整体，全面展示帝陵的文化内涵。在具体的实施方案中，古代王朝的保护措施可提供一定的参考，如西晋将汉陵的保护范围定为"四面百步"、北宋将陵园及神道两侧植松柏以示范围等，使得帝陵陵园的保护与展示更具针对性和历史性，并体现对古代保护传统的尊重与传承。

第三，从整个中华文明的发展历程看，历代王朝对前代帝陵的保护与祭祀，不单单是起到了维持政权稳定的作用，更重要的是对前代文化传统的传承和发展。中国自古至今便是一个多民族国家，文明的演进建立在各民族（族群）相互借鉴和认同的基础上。帝陵的建设理念虽然呈现出不断创新的趋势，但其核心内涵是传承与借鉴，一方面是中原王朝所体现的"汉承秦制""唐承隋制、斟酌汉魏"，另一方面是少数民族政权"华夏"或"中国"意识的形成，北魏孝文帝"诏迁洛之民，死葬河南，不得还北"，并亲作表率，"及迁洛阳，乃自表瀍西以为山园之所"[1]，丧葬礼仪均参照华夏礼仪；辽代帝陵所修明殿，"若中国陵寝下宫之制"[2]；同时少数民族政权的帝陵建设理念对中原王朝的陵墓制度也产生了重要的反馈作用，其中较为典型的便是辽、金和西夏陵墓对明代皇陵规制的影响[3]。历代王朝祭祀前代帝陵的活动，是对前朝作为"中国正统"的一种认同，同时也体现出了古代王朝逐步构建"中华民族共同体"的过程与内涵。

---

[1] （北齐）魏收：《魏书》卷十三《皇后列传》，第330页。
[2] （宋）欧阳修：《新五代史》卷七二《四夷附录第一》，第898页。
[3] 详细论述见刘毅：《辽西夏金陵墓制度的新因素及其影响》，《南方文物》2015年第3期。

东汉陵墓制度的考古学研究

付龙腾

山东大学历史文化学院

受制于文献资料的疏略和考古材料的缺乏,学界长期以来未对东汉陵墓进行充分讨论。近年来,随着田野考古资料的大量涌现,东汉陵墓制度的概貌乃至部分细节已经有所显示,只是尚未有学者对其进行系统论述。本文拟对东汉帝、王陵墓的陵园、墓葬形制、随葬品、玉衣敛葬等方面所展示出的制度内涵进行初步研究,论断不当之处,敬祈方家指正。

一、陵园形制的主要模式

根据文献记载,东汉帝陵陵园的整体布局形式存在四种模式[1]:模式1,显节陵、敬陵、慎陵、恭陵一类,"无周垣,为行马,四出司马门。石殿、钟虡在行马内。寝殿、园省在东。园寺吏舍在殿北";模式2,仅原陵一例,"垣四出司马门。寝殿、钟虡皆在周垣内";模式3,康陵、怀陵、静陵一类,"行马四出司马门。寝殿、钟虡在行马中。因寝殿为庙。园吏寺舍在殿北"。另外,文献对宪陵陵园布局的描述较为特殊。《古今注》所记"无周垣,为行马,四出司马门。石殿、钟虡在司马门内"的特点与模式1相同;但"寝殿、园省寺吏舍在殿东"一句不可通解,或为"寝殿、园省在东,园寺吏舍在殿北"的讹误。所以,宪陵可能也属于模式1;故文献记载的四种模式实际为三种,即上述模式1—3。

近年来,针对大汉冢、二汉冢、三汉冢、刘家井冢、朱仓M707、朱仓M722、白草坡M1030等陵园的勘探、发掘工作陆续开展,积累了一些重要材料[2]。韩国河、张鸿亮先生将上述陵园内的建筑分为五个单元(图一):1号单元位于封土东侧,对应文献中的"石殿";2号单元位于封土南侧,对应文献中的"钟虡";3号单元位于陵园东北区域的南侧西部,对应文献中的"寝殿";4号单元位于陵园东北区域的南侧东部,对应文献中的"园省";

---

[1] 陵园形制记载见(南朝宋)范晔撰,(唐)李贤等注:《后汉书》,北京:中华书局点校本,1965年,第3149—3150页。

[2] 相关资料见于以下几处:一是邙山陵区地区的调查、钻探资料,部分成果已经在《邙山陵墓群考古调查与勘测第一阶段考古报告》(北京:文物出版社,2018年)中集中发表。二是独立陵园的局部发掘资料,包括朱仓M722陵园、M707陵园(《洛阳朱仓东汉陵园遗址》,郑州:中州古籍出版社,2014年)和白草坡陵园(《偃师白草坡东汉帝陵陵园遗址》,《文物》2007年第10期),先期成果已以简报或报告的形式进行了公布。另外,通过洛阳考古院严辉先生、王咸秋先生在学术会议或沙龙的无私分享,部分未正式发表的资料开始进入学界视野;郭姣姣:《洛阳东汉帝陵发现与研究学术史考察》(郑州:郑州大学硕士学位论文,2015年)对这些资料的部分内容进行了整理和公开发表。

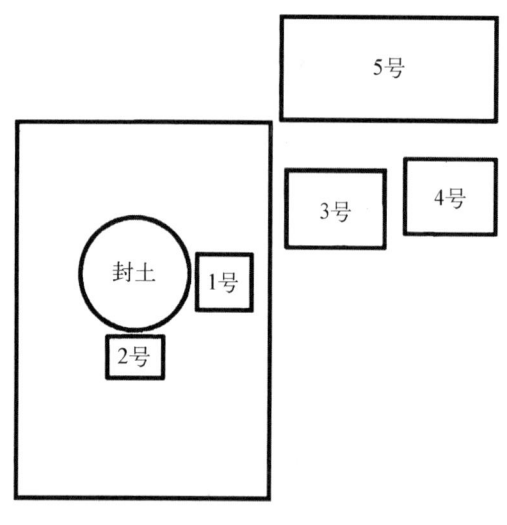

图一　东汉帝陵陵园建筑单元
（采自《考古与文物》2019 年第 6 期）

5 号单元位于陵园东北区域的北侧，对应文献中的"园寺吏舍"①。笔者对上述推论基本认同。但是，封土南侧建筑（2 号单元）的性质似有待商榷。封土南侧建筑区的形制多数为"柱网"结构；其中二汉冢该位置的建筑细节已被探明，其北侧为南北两道夯土墙，南侧为南北 10 列、东西 16 行夯土墩②。上述建筑结构确实容易让人联想到成排钟架的景观。但东汉上陵礼有"昼漏上水，大鸿胪设九宾，随立寝殿前。钟鸣，谒者治礼引客，群臣就位如仪"③的程序，这种情况下，作为钟鸣源头的钟虡，位置不在寝殿内就应在寝殿附近。现有考古材料表明，陵园主要宫殿式建筑区均集中在封土东侧、陵园东北部位置。若单独将钟虡孤立出来设置在封土南侧，无论在视觉还是听觉上都是对上陵礼仪式感的割裂。由于尚未有详细的发掘资料，我们无法获知该处建筑的具体结构，文献中又缺乏"钟虡"的详细位置，此时对此区域的建筑定性为时尚早。

韩国河、张鸿亮两位学者还依据各陵园内五个建筑单元的组合情况，将陵园布局分为了标准模式和简化模式两大类④。笔者将陵园建筑相关的考古材料进行列表汇总（表一）后发现，所谓"标准模式"实际包括了两种形式。因此，本文将东汉帝陵陵园分为以下三种模式。

模式一：以大汉冢（图二）、二汉冢为代表，五组建筑单元兼备，1、3、4、5 号单元的性质，也应与上文提及的结论一致。这种布局形式基本对应了文献记载的"模式 1"，但这就又与学者普遍认为大汉冢为原陵的观点产生了冲突。对此，韩国河、张鸿亮先生解释，大汉冢最初的布局当如文献所记只有寝殿（1 号单元）和钟虡；明帝时期，寝殿被改作施行上陵礼的"石殿"，同时又扩建了新的寝殿（3 号单元）和园省（4 号单元）、园寺吏舍（5 号单元）⑤。此种解释的问题在于，假如大汉冢的 1 号单元最初的性质为"寝殿"，何以其建筑形制没有采用院落式，反而与二汉冢陵园内最初即作为石殿设计的 1 号单元一致，均为方形台基式？这样看来，大汉冢更有可能并非原陵，而是采用了文献所记形制为"模式 1"的陵园之一。

---

① 韩国河、张鸿亮：《东汉陵园建筑布局的相关研究》，《考古与文物》2019 年第 6 期。
② 郭姣姣：《洛阳东汉帝陵发现与研究学术史考察》，第 56 页。
③ 《后汉书》，第 3103 页。
④ 韩国河、张鸿亮：《东汉陵园建筑布局的相关研究》，《考古与文物》2019 年第 6 期。
⑤ 韩国河、张鸿亮：《东汉陵园建筑布局的相关研究》，《考古与文物》2019 年第 6 期。

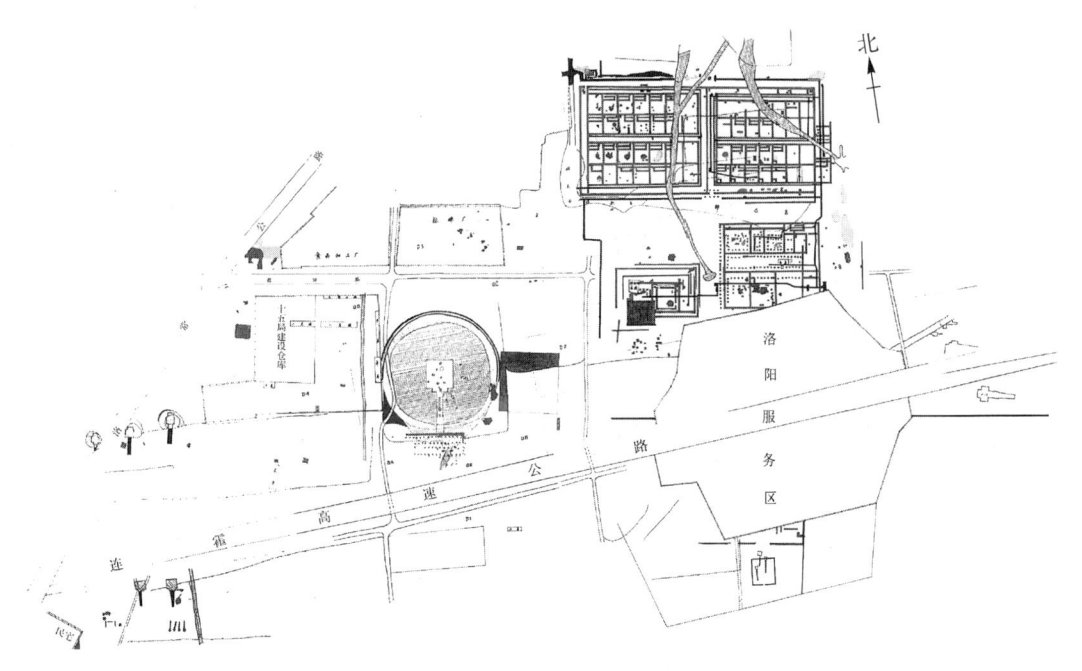

图二　大汉冢陵园勘探图（采自《邙山陵墓群考古调查与勘测第一阶段考古报告》，第187页）

模式二：以朱仓M722（图三）为代表，同样五组建筑单元兼备，其与上述模式一的不同之处，主要有以下几点。其一，封土西侧、东侧发现基槽，这代表陵园可能设有垣墙。其二，1号单元为带天井的院落式建筑，并非模式一陵园内的方形台基式。王咸秋先生已注意到了这一点，认为这代表此处的1号单元的性质，并非是渊源自"陵庙"的"石殿"，而更有可能是模仿生人居所的"寝殿"[①]。其三，陵园内各组建筑之间的距离非常紧凑，甚至因此看不出明显的分组。上述第一、二两点，恰好对应了文献所记"模式1"原陵陵园有"周垣"，垣内设有"寝殿"的特征。至于第三点，可能是因为3、4、5号建筑为后来所增修，因东侧有朱仓M707的限制而面积不够所致；这就似乎又对应了原陵在明帝时期或被改造的推测。因此，模式二当就是文献中"模式2"经过扩建后的形制。此一点，可视作朱仓M722或为原陵的证据之一。

模式三：以三汉冢为代表，仅有1、2、5号单元。1号单元为院落式的"寝殿"，对应了文献中"因寝殿为庙"的记载；5号单元为园寺吏舍。此类陵园可对应文献所记"模式3"，即未成年天子的简化陵园。

结合上述论述，东汉帝陵陵园布局演变的大致线索如下：东汉初期，光武帝原陵的最初布局为文献中的"模式2"。至明帝时期，原陵中的寝殿功能发生了转变，成为了施行上陵礼的场所，由此导致了"形制"与"功能"上的分离。同时，原陵陵园的扩建也当大致发生在此时，由此形成了考古材料所反映的"模式二"。自和帝以后，陵园布局形制逐步稳

---

① 王咸秋：《邙山东汉五陵考》，《考古与文物》2021年第1期。该文章认为朱仓M22、M707分别为光武帝原陵和阴皇后陵，笔者认同这一观点。

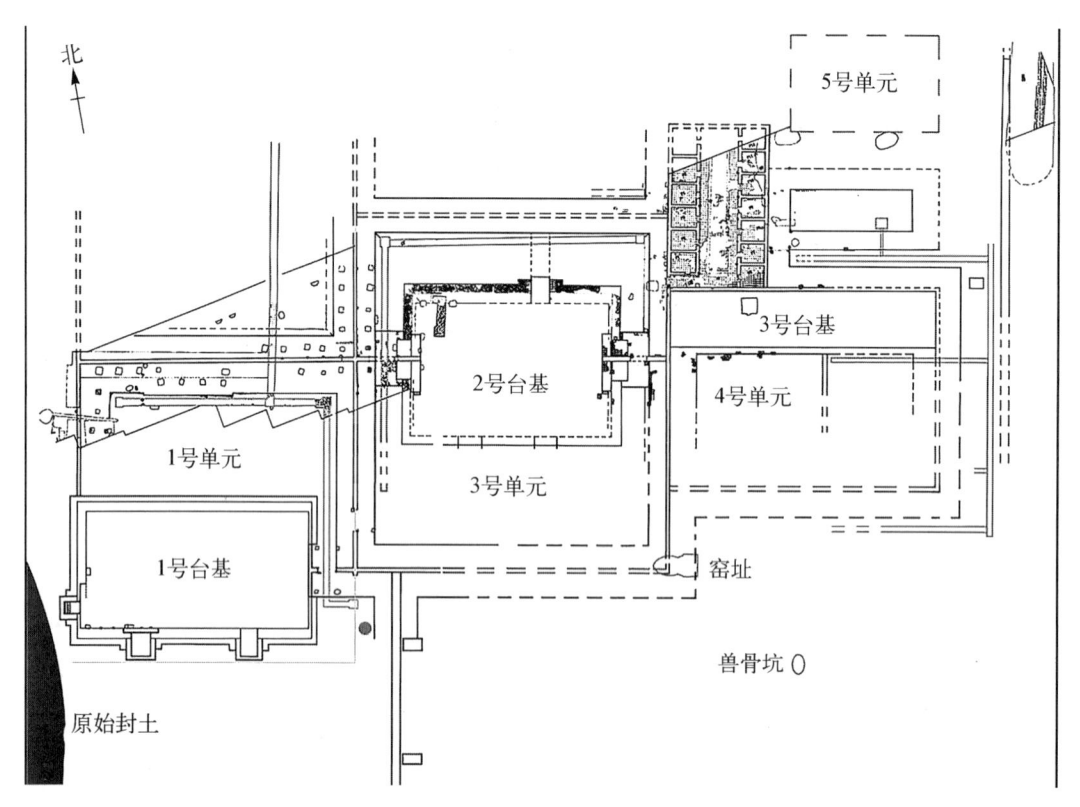

图三 朱仓M722陵园发掘平面图(采自《考古与文物》2019年第6期)

定,主要包括两种模式:一是模式一(对应文献中的模式1),是成年天子陵园的标准形式,其中的"石殿"为方形台基式,由此达到了"形制"与"功能"的统一;二是模式三(对应文献中的模式3),即未成年天子的简化陵园。

表一 东汉帝陵陵园考古资料一览表

陵园名称	陵垣相关遗迹	封土原始直径(米)	封土东侧建筑区(1号单元)	陵园南侧建筑区(2号单元)	陵园东北部建筑区(3、4、5号单元)	其他
大汉冢	封土外侧构建夯土环沟	156	高台式建筑	柱网结构建筑	北侧院落;南组台基+院落	封土南侧2公里处有东西对称建筑基址,或为门阙
二汉冢	未见	150	方形台基	柱网结构建筑	北侧院落,南侧台基+院落	
三汉冢	未见	84	仅公布勘探图,未公布具体细节			
刘家井冢	未见	130	现代建筑占压较多,仅在陵园东北部、封土南侧探出零星建筑迹象			

续表

陵园名称	陵垣相关遗迹	封土原始直径（米）	封土东侧建筑区（1号单元）	陵园南侧建筑区（2号单元）	陵园东北部建筑区（3、4、5号单元）	其他
朱仓M707	未见	86	夯土台基		仅知有院落建筑	
朱仓M722	西侧、东侧发现基槽，东侧外围有壕沟	136	南侧1号台基，北侧为天井式院落结构，再北侧还有建筑被高速路占压	有一组建筑，保存较差，仅存夯土墙基槽	北侧被公路占压；南侧2台基+2院落	封土东侧有门址；3号台基南墙外有窑址1处；3号台基以南区域有祭祀坑1处
白草坡（M1030）	外围有夯土垣墙基槽	125	有，细节未知	民居占压	已发掘建筑分东、中、西三组	封土东侧、北侧有道路，封土北部有夯土墩（门阙？）

　　洛阳陵区陪葬墓及洛阳城附近的东汉墓亦见设置陵（墓）园者，如邙山陪葬墓区的M529、M683①、朱仓M708、M709②；洛南陪葬墓区的阎楼墓园③；以及"泛陪葬墓区"的白马寺墓园④（图四）等。仅就陵园的建筑形式而言，这些墓园均为与帝陵陵园相似的"院落式"结构。有学者将东汉时期的墓地建筑分为两大传统，即上述这类"院落式"和中小型墓葬的"单体式"，前者的等级高于后者⑤。关于单体式墓园建筑的墓主身份，最高可能至列侯一级。《后汉书》载安成孝侯刘赐卒后，其墓地所营为"冢堂"，应该就是单体祠堂建筑⑥。而洛阳地区的上述几例"院落式"墓园，据封土规模、墓葬形制看，除M683外，其余墓主的身份在礼制系统中大致可与列侯相比附。由此似可判断，东汉两种陵（墓）园建筑存在"院落式""单体式"的等级差异；同时，安葬于京师的中小型陪葬墓，又可"升格"采用高等级的"院落式"。

　　通过上述东汉帝陵陵园的几种主要模式不难发现，两汉帝陵陵园的布局形式区别显著。这主要表现在：东汉帝陵陵园新增加了"石殿"的建制；同时，各建筑的布局更为集中，除性质暂不明确的2号单元外，均位于封土东侧和陵园东北部。一些西汉时期列侯级别的墓园已被发现，资料较完整的主要有海昏侯墓园⑦和张安世墓园⑧等。海昏侯墓园内

---

① 洛阳市文物考古研究院：《邙山陵墓群考古调查与勘测第一阶段考古报告》，第109—115页。
② 洛阳市文物考古研究院：《洛阳朱仓东汉陵园遗址》，第104—105页。
③ 洛阳市第二文物工作队、偃师市文物管理委员会：《偃师阎楼东汉陪葬墓园》，《文物》2007年第10期。
④ 中国社会科学院考古研究所洛阳汉魏城队：《汉魏洛阳城西东汉墓园遗址》，《考古学报》1993年第3期。
⑤ 魏镇：《东汉墓地建筑的两种传统及其互动》，《东南文化》2019年第4期。
⑥ 《后汉书》，第565页。
⑦ 江西省文物考古研究所、首都博物馆：《五色炫曜——南昌汉代海昏侯国考古成果》，南昌：江西人民出版社，2016年，第1—10页。
⑧ 丁岩、张仲立、朱艳玲：《西汉一代重臣张安世家族墓考古揽胜》，《大众考古》2014年第12期。

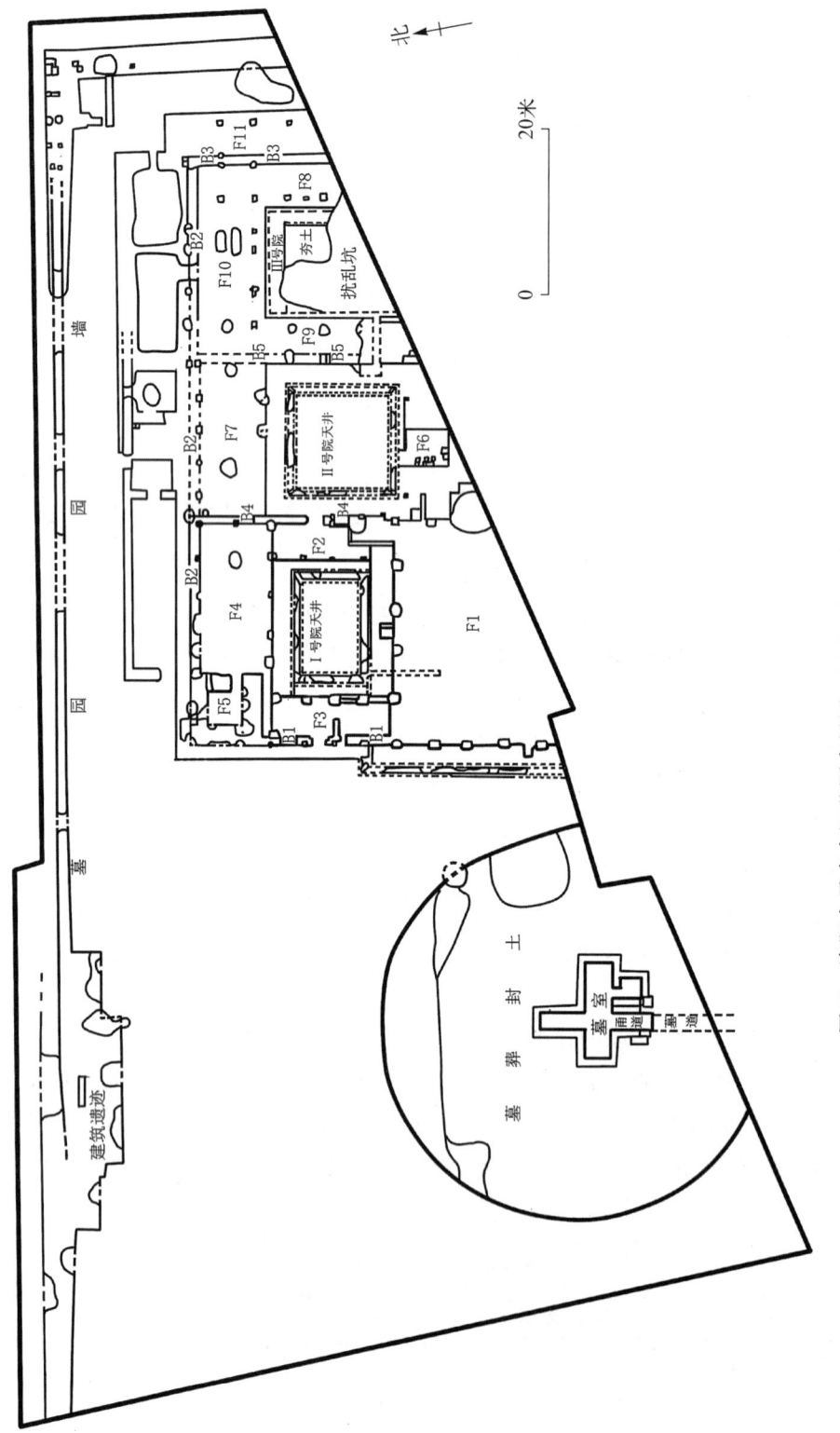

图四 洛阳白马寺东汉墓园布局图（采自《考古学报》1993 年第 3 期）

主墓M1、M2的附属建筑,包括F1、F2、F13、F14等,集中分布于墓葬南侧附近;张安世墓园内仅发现一处建筑基址,即位于主墓M8东侧的祠堂基址。这种集中于墓葬一侧的布局形式,无疑和东汉帝陵陵园有着很强的相似性。另外,海昏侯墓园M1南侧的F1,张安世墓园内的祠堂建筑,在形制上又都和东汉帝陵陵园内的方形台基式"石殿"有相似之处。因此,本文认为,东汉帝陵陵园的布局、建筑形制,或许在一定程度上受到了西汉列侯墓园葬制的影响。

二、"黄肠石+回廊"葬制的等级与演变

过往,学界对东汉时期帝、王陵墓形制的大致认知就是使用黄肠石筑墓和墓室四周设置回廊[①]。实际上,这种葬制内部还存在一定的等级区分,并且其具体形制在东汉的不同时期又有不同特点。本文拟对帝、王陵墓这两个葬制的等级与演变情况进行如下详细分析。

《续汉书·礼仪志》记"方石治黄肠题凑便房如礼"[②],可知东汉帝陵以"方石"修筑墓室以模拟西汉黄肠题凑之制。罗振玉先生根据《周礼·夏官·方相氏》郑注及《水经·济水》篇注,将此类石材定为"黄肠石"[③]。学界沿用此说至今,并且将模仿黄肠题凑的建筑结构称为"黄肠石题凑"或"石材题凑"。近代以来,洛阳东汉陵区范围内频繁有黄肠石因盗掘而出土。赵振华先生对这些黄肠石进行了搜集整理,归纳出黄肠石上的题铭包括石工、尺寸、序号、年号年月、验记与衔署主管(黄肠掾、黄肠史)等信息[④]。从这些信息中可以看出,帝陵所用的黄肠石由中央官署监造、官方工匠操作;石材规格一致,题铭格式统一、完整。

邙山陵区内的六座帝陵级大墓(大汉冢、二汉冢、三汉冢、刘家井冢、朱仓M722、朱仓M707)的勘探资料已被披露[⑤](表二)。除三汉冢外为双横室外,其余五座墓葬土圹均呈甲字形。参考诸侯王墓的形制特征,甲字形土圹很有可能是在墓室外围环绕一周石砌回廊。另外,帝陵土圹的墓道、墓室结合部分有很大范围地向外突出,说明其"甬道部位"比诸侯王墓常见的前后室墓制多出一个部分,很有可能因此形成了前、中、后三室墓。由此可推测,帝、王陵墓回廊葬制内部,或以墓室数量区分等级。所推测三室中的前室,形式由"外扩"土圹台阶的外加宽(图五,1、2、4)向"斩断"台阶的内加宽(图五,5)转变,说明前室的空间被缩小,这有可能说明帝陵的"三室"制度也在被弱化。

---

① 徐州土山二号墓所出券砖文字表明此类"回廊"结构名称为"徼道"。该墓发掘资料尚未正式公布,相关信息见于网络报道和领队耿建军先生的讲座,故本文这里暂时沿用旧称。
② 《后汉书》,第3144页。
③ 罗振玉:《雪堂类稿》丙《金石跋尾·汉黄肠石拓本跋》,沈阳:辽宁教育出版社,2003年,第349—351页。
④ 赵振华:《洛阳东汉黄肠石题铭研究》,北京:国家图书馆出版社,2008年。
⑤ 洛阳市文物考古研究院:《邙山陵墓群考古调查与勘测第一阶段考古报告》,第178—186页。

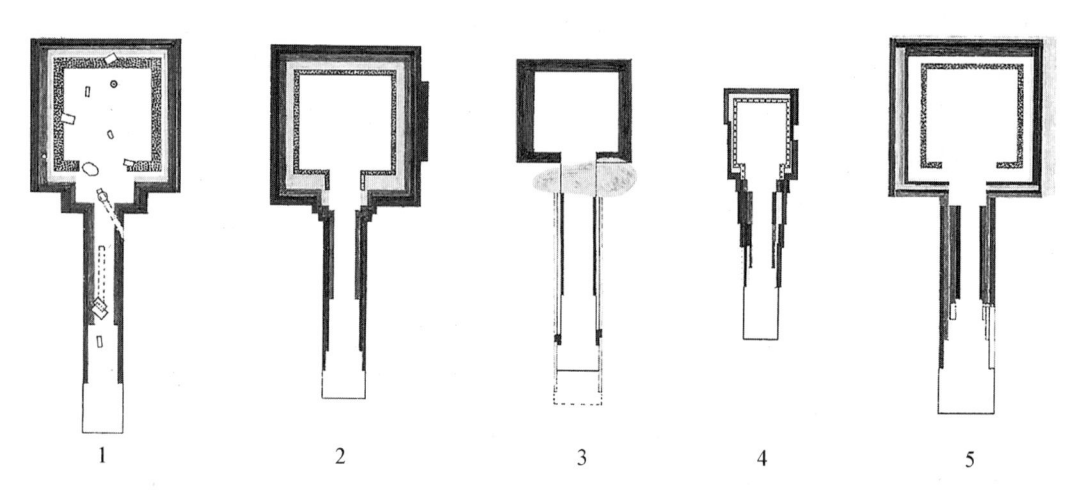

图五 东汉帝陵墓葬形制勘探结果(采自《邙山陵墓群考古调查与勘测第一阶段考古报告》第174页)
1. 大汉冢 2. 二汉冢 3. 朱仓M722 4. 朱仓M707 5. 刘家井冢

表二 邙山陵区帝陵级大墓勘探资料一览表(单位：米)

	墓　　道	甬道土圹	墓葬形制	墓室土圹
大汉冢	长斜坡，长53、宽10	长5、宽21.4	甲字形土圹	长37、宽37.6
二汉冢	长斜坡，长45、宽11.6	长4、宽11.4—17.2	甲字形土圹	长41、宽41.6
三汉冢	长斜坡，长32、宽7		双横室	前室外圹长13.7、宽8，后室外圹长9.2、宽5.9
朱仓M722	长斜坡，残长50、宽8.8—10.4	破坏	甲字形土圹	残长25、宽28.8
朱仓M707	长斜坡，长40、宽8.8—13.6	内加宽	甲字形土圹	长23、宽18—19
刘家井冢	长斜坡，长53、宽14.4	内加宽	甲字形土圹	长40、宽42.4

东汉时期的诸侯王墓，《中国考古学·秦汉卷》概括其大致具有以下共同特征：均为一条墓道的竖穴土坑砖石墓，墓室大多用砖和石材构筑而成，也有只用砖或石材砌筑墓室的。一般墓道或甬道附设1—2个耳室，墓室分前后室，有的为两个并列的后室。墓室周围多环绕回廊，有的墓在回廊外围砌石墙[1]。

结合现有材料，本文依据墓室结构对东汉诸侯王墓的形制进行如下类型学分析。

A型，墓室主体结构为前后室，外围围绕有回廊，墓道或甬道两侧设置1—2个耳室。

---

[1] 中国社会科学院考古研究所：《中国考古学·秦汉卷》，北京：中国社会科学出版社，2010年，第373—374页。

根据墓室是否设置黄肠石墙，以及回廊的结构，进一步可分为以下亚型：

Aa型，墓室四周以黄肠石垒砌石墙，顶部加盖石块封顶。主要墓例有定县北庄汉墓①（图六，1）、济宁肖王庄一号墓②、徐州土山二号墓等。与帝陵类似，此亚型的墓葬也使用黄肠石垒砌石墙。但是，北庄汉墓、肖王庄汉墓黄肠石上的题铭较为简略，除少数记录石材的尺寸外，基本均是记载工匠的籍贯与姓名。根据后一类题铭可知，这些黄肠石的制作者多为从不同郡国征调而来的民间工匠。徐州土山二号墓的详细材料尚未公布。据发掘领队耿建军先生介绍，石材题铭的工匠姓名前常见"官工"字样，这和洛阳出土黄肠石的题铭格式有相似之处。与二号墓位于同一封土之下的一号墓，虽然在墓室四周未筑有石墙，但其封门墙和甬道前端墓壁处也可见部分黄肠石；这些黄肠石也带有"官工"题铭，甚至还出现了与孟津送庄汉墓黄肠石相同的工匠姓名——"宋巨"③。由此可推测，徐州土山两座汉墓的黄肠石建材，有可能是由皇室派遣中央的官吏与工匠监造、制作的。

Ab型，墓室主体为前后室加回廊，回廊与前室相通，外围不设石墙。依据回廊结构的不同，可分为Ⅰ、Ⅱ两式。

Ⅰ式，回廊仅围绕在后室三面，可以概括其基本形制就是Aa型墓葬省去石墙的样式，墓例为临淄金岭镇一号墓④（图六，2）。

Ⅱ式，回廊围绕在甬道、前室、后室四周，回廊结构复杂，内部设有若干小墓室，墓例为淮阳北关一号墓⑤（图六，3）。

Ac型，墓室主体也为前后室加回廊，外围不设石墙；与Ab型相较，区别在于回廊不与前室相通，且耳室设置在前室两侧，济宁普育小学汉墓⑥（图六，4）即属于此亚型。

另外，邗江甘泉二号墓⑦（图六，5）也可归入此类型，但与其他墓例相比，回廊结构非常简略，仅仅是略具其意。发掘简报推测该墓墓主为卒于永平十年（67年）的广陵思王刘荆夫妇⑧；该墓回廊结构简略，或与墓主刘荆自杀墓葬修造较为仓促有关。

除上述发掘材料外，邙山陵区内陪葬墓有所谓"甲字形明券砖室墓"，包括M232、M502、M508、M683、M782、M877、M892、M896等⑨，应该也属于A型。只是墓葬结构细节

---

① 河北省文化局文物工作队：《河北定县北庄汉墓发掘报告》，《考古学报》1964年第2期。
② 济宁市文物管理局：《山东济宁市肖王庄一号汉墓》，《考古学集刊（12）》，北京：中国大百科全书出版社1999年。
③ 南京博物院：《徐州土山东汉墓清理简报》，《文博通讯》1997年9月。
④ 山东省文物考古研究所：《山东临淄金岭镇一号东汉墓》，《考古学报》1999年第1期。
⑤ 周口地区文物工作队、淮阳县博物馆：《河南淮阳北关一号汉墓发掘简报》，《文物》1991年第4期。
⑥ 济宁市博物馆：《山东济宁发现一座东汉墓》，《考古》1994年第2期。
⑦ 南京博物院：《江苏邗江甘泉二号墓》，《文物》1981年第11期。
⑧ 汪俊明认为该墓年代为东汉晚期，附近出土的"广陵王玺"金印为东汉晚期或使用至东汉晚期的可能性都存在，详见：《扬州甘泉山二号墓年代献疑》，《东南文化》2012年第2期。但是，《后汉书》载"广陵王荆有罪，自杀，国除"。如果说刘荆之子刘元寿，尚能因明帝的特殊礼遇"服王玺绶"，其后人断然没有再使用"王玺"金印的资格了。因此，该玺为东汉晚期或使用至东汉晚期的可能性太小。更加特殊的是，甘泉二号墓内还出土虎钮玛瑙印，与汉代"白玉螭虎钮"皇帝玺制相近，这颇与刘荆生前曾有反意的记载相符。综上，关于该墓墓主问题，笔者还是赞同发掘简报的观点。
⑨ 洛阳市文物考古研究院：《邙山陵墓群考古调查与勘测第一阶段考古报告》，第146页。

未知，难以参与到详细型式的讨论中。参考其封土规模，这些墓葬的墓主包括了葬于京师的诸侯王，以及在礼制系统上可与诸侯王地位接近的人群。

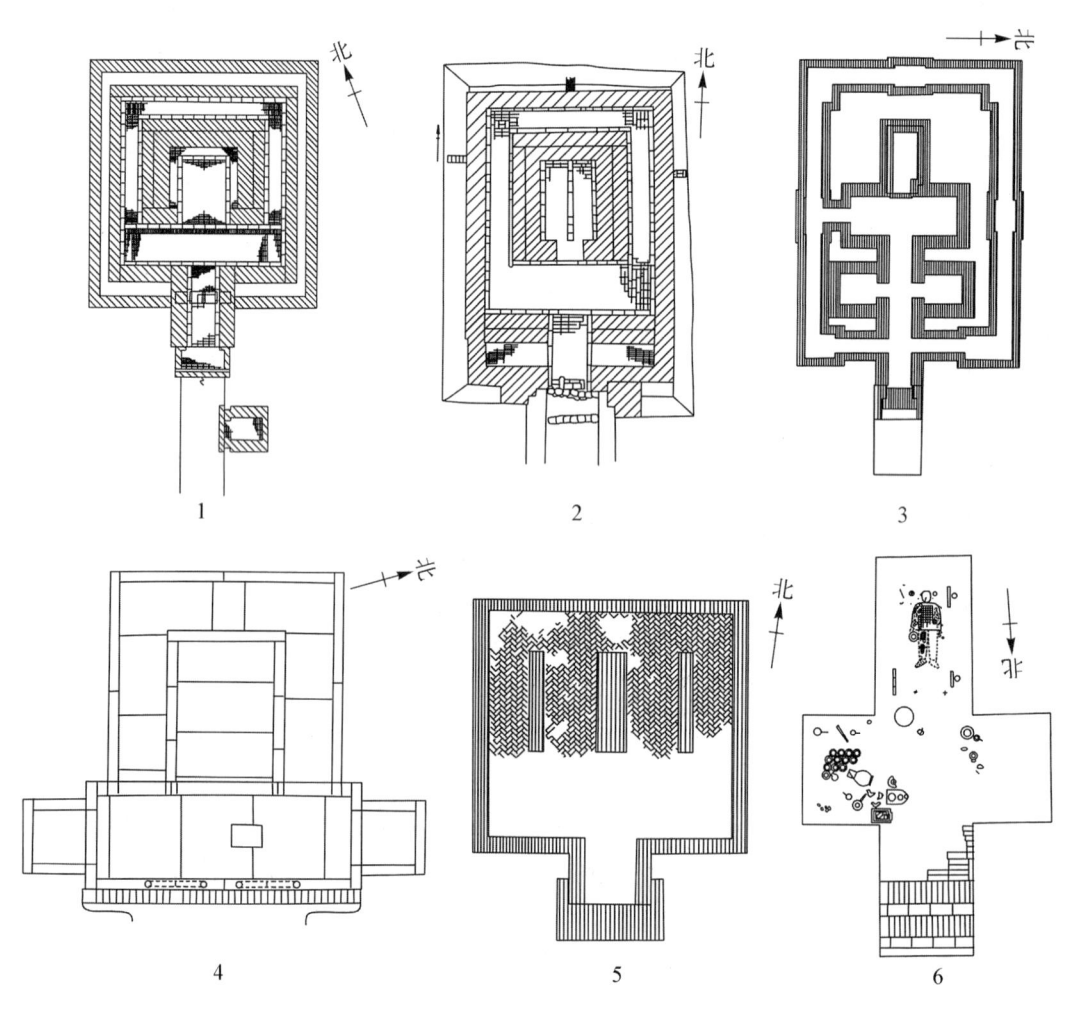

图六 东汉诸侯王墓墓葬形制（1采自《考古学报》1964年第2期，2采自《考古学报》1999年第1期，3采自《文物》1991年第4期，4采自《考古》1994年第2期，5采自《文物》1981年第11期，6采自《文博通讯（十五）》1977年9月）

1. 北庄汉墓　2. 金岭镇汉墓　3. 北关1号汉墓　4. 普育小学汉墓　5. 甘泉2号汉墓　6. 土山M1

B型，主室为前后室，有的在前室两侧设有耳室，外围无回廊。根据墓室的平面形状，又可分为以下两个亚型。

Ba型，前室为横长方形，后室为纵长方形。主要包括徐州土山M1[①]（图六，6）、M3[②]等。如上文所述，土山M1内封门墙和甬道前端的墓壁处部分使用黄肠石，石材上常见"官工"题铭。

---

① 南京博物院：《徐州土山东汉墓清理简报》，《文博通讯》1997年9月。
② 刘尊志：《徐州两汉诸侯王墓研究》，《考古学报》2011年第1期。

Bb型，前、后室均为横长方形。目前所发掘的此类型墓葬，未见有明确属于诸侯王一级的。经勘探，邙山陵区M514、M560、M886、M891、M903①等墓室结构属于此类；参考这些墓葬的封土规模，墓主身份当与诸侯王接近。

C型，主室为前、中、后三室，有的在墓道、墓室两侧设有耳室，外围无回廊。定县M43②、邯郸张庄桥M1③等属于此类型。

结合发掘资料对上述墓例墓主或年代的推测，本文对东汉诸侯王墓墓葬形制的演变做出如下归纳：东汉前期至中期，诸侯墓的墓形以Aa型、Ab型为主。其中，Aa型应该是最为接近帝陵的葬制，仅有少数诸侯王可以使用。但是其回廊内部的墓室数量，是与帝陵"前、中、后三室"不同的"前、后室"，或为等级之别的体现。此型墓葬所使用的黄肠石，有的是从不同郡国征调而来的民间工匠所造，有的是由皇室派遣中央的官吏与工匠监造、制作的。Ab型为诸侯王墓的主要墓形，基本形态就是Aa型墓葬省去石墙；同时外围回廊结构向复杂化发展，这是Ⅰ式演变到Ⅱ式的主要表现。东汉中期以后，诸侯王墓葬形制发生了较大变化，Aa型、Ab型趋于消失，逐步流行Ac型、Ba型、Bb型和C型。回廊结构简化乃至被省去，黄肠石构筑石墙的现象也基本消失；墓葬形制的主体结构为前后室墓以及前、中、后三室墓，已经与列侯、二千石官吏甚至地方豪族墓葬的葬制区别不大了。

三、随葬品的主要种类及其制度意义

《续汉书·礼仪志》"大丧"条记"东园武士执事下明器"相关内容④，所列举的明器主要有以下几类：设奠器具，主要包括盛放谷物的筲⑤，盛放调味品的瓮，连同黍饴放置于同一木桁之上，用疏布覆盖；盛放酒的甒，也被置于木桁之上，用功布覆盖。兵器类，包括彤矢、彤弓、干、戈、笮、甲、胄。饮食用具类，包括卮、牟、豆、箧、方形酒壶、盘匜。庖厨器具类，包括瓦灶、瓦釜、瓦甑、瓦鼎、瓟勺、瓦大杯、瓦小杯、瓦饭盘、瓦酒樽、瓟勺。乐器类，包括钟、镈、磬、埙、箫、笙、篪、柷、敔、瑟、琴、竽、筑、坎侯。车马器类，包括挽车、臬灵。起居类，包括瓦镫、瓦案。

东汉诸侯王墓内的出土器物，为我们了解当时帝王陵墓随葬制度提供了重要的实物资料。按照质地划分，诸侯王墓内所出随葬品，以陶器为大宗，还包括铜、铁、玉、石、漆等，以及金、银、骨、玛瑙、琉璃等贵重质地的器物。依据功能划分，大致可以分为礼乐器、车马器、兵器、生活明器、模型明器、日用器等。前五类基本囊括了文献中"明器"的各个方面，日用器则是具有实用功能的器物。另外，诸侯王还出有一些以金银器、鎏金铜器、玉器为

---

① 洛阳市文物考古研究院：《邙山陵墓群考古调查与勘测第一阶段考古报告》，第148—150页。
② 定县博物馆：《河北定县43号汉墓发掘简报》，《文物》1973年第11期。
③ 陈光唐、王昌兰：《邯郸历史与考古》，北京：文津出版社，1991年，第93—95页。
④ 《后汉书》，第3146页。
⑤ 陈公柔先生考证筲为筒状，汉墓随葬的陶仓可能就模仿自筲（《士丧礼、既夕礼中所记载的丧葬制度》，《考古学报》1956年），此说恐有误。《仪礼·既夕礼》有"苞二筲三"，郑玄注"筲，畚种类也"，故筲形状或类似今日之畚箕。

代表的贵重物品,可以单独列为一类。

上述各种类器物中,鎏金铜器、金银饰品、玉饰品、玛瑙、琥珀、绿松石等贵重物品几乎是每墓必备。考虑到这类器物是历代盗墓者"关照"的重点,东汉诸侯王墓随葬此类物品的丰富程度应该相当可观。这些器物可以在一定程度上体现墓主人的经济实力,也在一定程度上反映了东汉诸侯王逐渐向食封地主转变的趋势。此外,在制度层面意义重大的随葬品主要包括以下几类。

第一,礼乐器类。在组合形式上,东汉早中期的诸侯王墓,包括甘泉二号墓、金岭镇一号墓、定县汉墓、肖王庄一号墓,大致仍保留了仿鼎、壶、盒的组合形式,并且零星出有铜铃、铜铎、陶钟等乐器(图七)。形制上,鼎、壶、盒的造型和青铜器器类仍有相似之处,可谓保留了"仿铜陶礼器"的意义。东汉晚期,原本数量有限的礼乐器类变得更加稀少,组合上仅剩鼎、壶两大类。并且在形制方面基本脱离了对铜器的模仿,与生活用具差别不大,可以普育小学汉墓出土陶鼎、陶壶为例①。该墓出有陶鼎1件,器身呈圜底盆状,兽蹄足低矮,腹部饰简单的凸弦纹;陶壶6件,形制略有差别,以扁圆腹、高圈足或假圈足为共同特征,颈部、腹部装饰凸弦纹。除了器表见涂有朱砂彩绘的现象外,和一般庖厨、饮食类

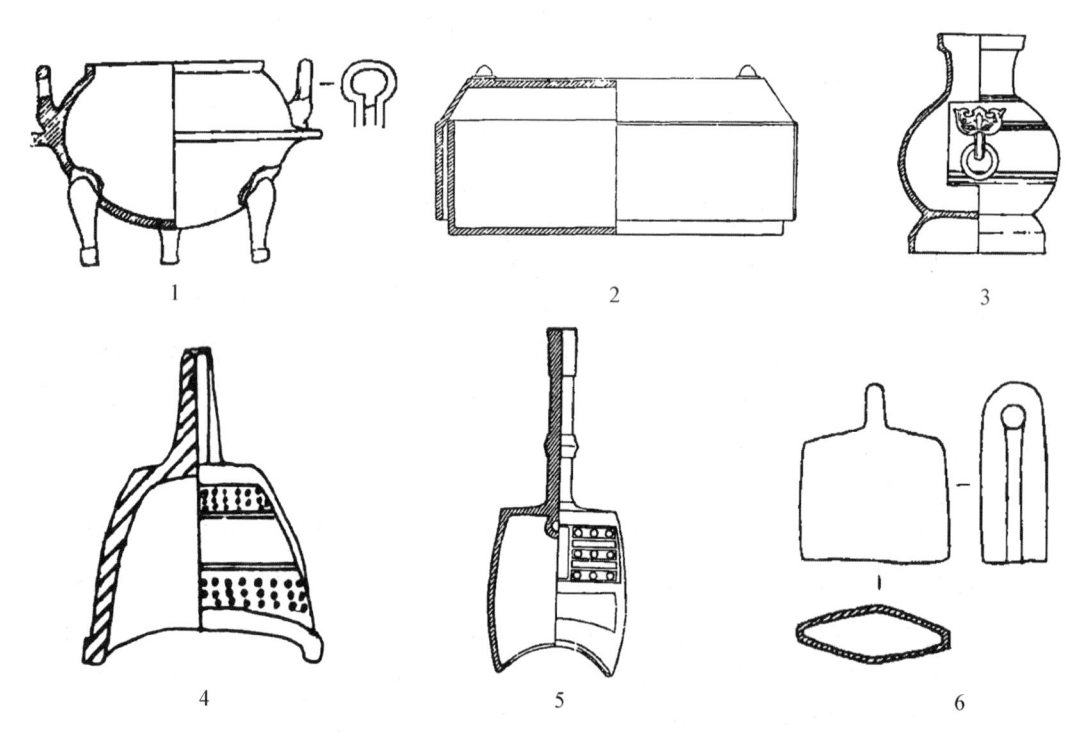

图七 东汉诸侯王墓出土礼乐器(1、3采自《文物》1981年第11期,2、5采自《考古学报》1964年第2期,4采自《考古学集刊(12)》,6采自《考古学报》1999年第1期)
1. 陶鼎 2. 陶盒 3. 陶壶 4. 陶钟 5. 铜铎 6. 铜铃
(1、3出自甘泉二号墓,2、5出自定县北庄汉墓,4出自肖王庄汉墓,6出自金岭镇一号墓)

---

① 济宁市博物馆:《山东济宁发现一座东汉墓》,《考古》1994年第2期。

的鼎、壶基本没有差别。另外,金岭镇一号墓、定县北庄汉墓、定县43号墓均出有玉璧。玉璧本是先秦礼仪用玉的"六器"之一,但在汉代,玉璧的使用范围变广,除用于祭祀外,也用于敛葬、装饰等。因此,表三所列玉璧的性质是否属于礼器尚难以明确。

总体上,东汉时期的诸侯王墓内虽然仍随葬有礼乐器,但其在数量、种类上均大为衰落,形制上也逐渐"生活化"。虽然后世墓葬偶有"复古"礼乐器的行为,但综合这些特点,我们基本可以将东汉时期视为墓葬礼乐器制度发展的尾声。

第二,车马器类。出有车马器类随葬品的东汉诸侯王墓,自东汉早期贯穿至晚期。墓内所见车马器类的随葬品均为车器、马具构件,未见车马模型、真车马。据所出车马器构件的材质和尺寸判断,基本应为不具实用功能的明器。所出车马器构件的种类主要有:车轮轴构件的辖、軎,车盖部件的伞顶、盖弓帽(圆顶、梅花顶),马具配件的衔镳、承弓器等。肖王庄一号墓还出有完整鎏金铜车轮一件,构件基本齐全,车轮直径8.8厘米[①]。上述车马构件均为铜器,较精致者器表有一层鎏金。在空间配置方面,各墓葬所保留的相关信息多不完整,唯有定县43号墓相关情况大致明确:墓内所出车马器位于东西耳室内,东耳室内与车马器共出的为箱具和宴饮器具;西耳室内与车马器共出的为非实用的兵器[②],或许共同构成了出行仪仗的空间表达。这种甬道两侧耳室内随葬车马器的现象或许是前代外藏椁葬制的孑遗。总体上,与礼乐器的情况类似,车马器的种类、数量也处于低落的状态,但仍是东汉时期诸侯王葬制的组成要素之一。

第三,兵器类。东汉诸侯王墓所出兵器有铜质、铁质两大类,以铁质兵器更为常见。铜兵器主要有铜弩机、矛、戟、鐏、削、镞、刀等形制。北庄汉墓出有弩机3件、矛9件、戟5件、鐏18件、刀1件;定县M43出有弩机2件、矛8件、削2件、镞15件;土山M1另出有弩机3件。据铜兵器的大小、器身厚薄看,多数为明器。沈睿文先生分析,随葬弩机与"大丧"礼中的"彤弓""彤矢"内涵接近;但因弓矢容易腐朽,且所占空间较大,故以弩机代替[③]。其余铜兵器,应与出行仪仗有关。

铁质兵器以刀、剑最为常见,另有钩镶、铁铤等。另外,虽未有完整形态的玉具剑出土,据玉具剑的剑首、格、璏、珌等所附锈迹看,其所装饰的剑身应均为铁质。除去锈蚀、残损严重的几件难以判断外,目前诸侯王墓内所出刀、剑当可用于随身佩戴,或并非明器。定县43号墓出有错金铁刀3件,其中1件完整者长105厘米,另两件残长分别为51、79厘米,剑身残留有刀鞘和丝织品残迹,格部以上刀背及两侧有错金涡纹、流云纹图案[④]。此类错金铁刀应该就是文献所记汉代诸侯王的"黄金错"佩刀[⑤]。东汉诸侯王墓中,铁剑亦不少见,且出有铁刀者基本皆共出铁剑或玉具剑上的配饰。《晋书·舆服志》载"汉制,自

[①] 济宁市博物馆:《山东济宁发现一座东汉墓》,《考古》1994年第2期。
[②] 定县博物馆:《河北定县43号汉墓发掘简报》,《文物》1973年第11期。
[③] 沈睿文:《葬以殊礼:弩机与世家大族墓葬》,《故宫博物院院刊》2015年第5期。
[④] 定县博物馆《河北定县43号汉墓发掘简报》,《文物》1973年第11期。
[⑤] 《后汉书》,第3672页。

天子至于百官,无不佩剑,其后惟朝带剑"①;又《春秋繁露·服制象》记"剑之在左,青龙之象也。刀之在右,白虎之象也"②。由此可见,佩剑在日常生活和礼仪教化方面均扮演着重要角色。经过发掘的东汉诸侯王墓内出现"佩剑"遗存的频率,和文献所记汉代佩剑的礼制地位基本相符。

第四,生活明器类。诸侯王墓内普遍出有案、几等起居类明器和耳杯、盘、杯等饮食类明器,以陶质为主,也见有部分石质者;这些器物多和墓内设奠的行为有关,是体现丧葬礼俗的重要组合。

除此之外,淮阳北关一号墓、定县43号墓出有不少石质明器,包括石虎形座、石狮形座、石双兽座、石天禄承盘、石凭几、石砚、石俑等③(图八),这在同时代的诸侯王墓中比较少见,但却对后来南北朝时期的陵墓制度有一定影响。

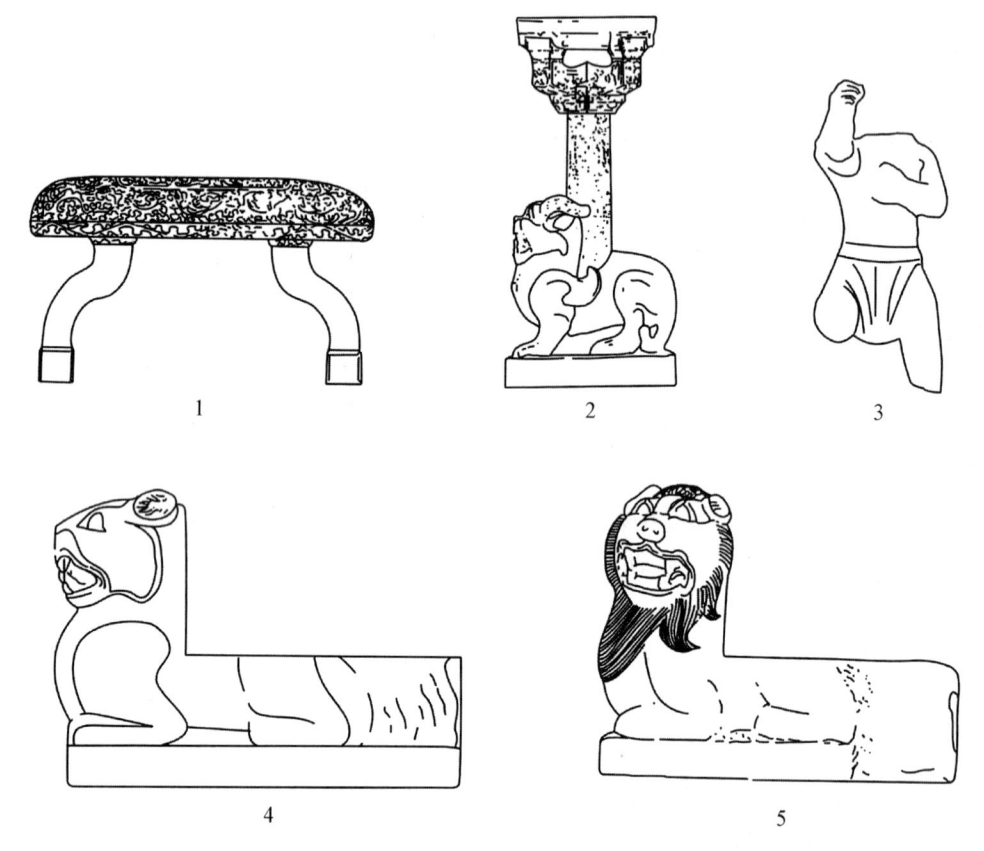

图八 淮阳北关汉墓出土石质随葬品(采自《文物》1991年第4期)
1. 凭几 2. 承露盘 3. 俑 4. 虎形座 5. 狮形座

---

① 《晋书》,北京:中华书局点校本,1974年,第771页。
② (汉)董仲舒撰,朱方舟整理:《春秋繁露》卷六《服制象第十四》,上海:上海书店出版社,2012年,第140页。
③ 定县博物馆:《河北定县43号汉墓发掘简报》,《文物》1973年第11期;周口地区文物工作队、淮阳县博物馆:《河南淮阳北关一号汉墓发掘简报》,《文物》1991年第4期。

综上，东汉诸侯王墓随葬品中能够体现制度意义的器物主要为礼乐器、车马器、兵器几大类。其中，礼乐器、车马器虽然渊源久远，但均已式微；铜质兵器一般与车马器组成出行仪仗，在空间上也有一定的固定表达；铁质兵器，以铁刀、铁剑为代表，是反映当时诸侯王舆服制度的重要器类；生活明器中陶质或石质的案、几、耳杯、盘、勺等器物较为常见，代表了墓内设奠的丧葬礼俗；最后，个别墓葬内的石质明器制度意义"超前"，或许与后来的陵墓制度有一定关联。

四、玉衣制度的实际执行状况

《续汉书·礼仪志》对东汉帝王所用敛葬器用进行了记载。葬具方面，天子之丧用"东园秘器"，其特征为"表里洞赤"，棺身"虡文画日、月、鸟、龟、龙、虎、连璧、偃月"[①]；诸侯王、公主、贵人则使用樟棺，特征为"洞朱，云气画"[②]。孙机先生考证，"东园秘器"为彩绘漆棺，虡纹就是指"汉代文物中常见的各类灵禽异兽穿插奔驰于云气间的图案"[③]。敛服方面，天子用"黄绵、缇缯、金缕玉柙"[④]；诸侯王及以下级别的贵族则用"银缕""铜缕"玉柙[⑤]。这里的玉柙，也就是今天考古文献惯称的玉衣。

已发掘的诸侯王墓中，也出有不少与敛葬器具有关的遗物（表三），以玉衣片、玉窍塞、玉琀、玉握为主，另有木棺的残痕和饰件。本文拟对出土数量最多的玉衣相关遗存展开详细讨论。

表三　东汉诸侯王墓所出敛葬器具相关遗物

	年　代	衣　片	塞、琀、握	棺木遗痕、饰件
金岭镇一号墓	永平十三年（70）	银缕玉衣片 37	玉塞	
定县北庄汉墓	永元二年（90）	鎏金铜缕玉、石衣片 5162	玉眼盖 1、石眼 1、玉塞 2、石塞 1、盖玉蝉 2、石蝉 1、石豚 4、玉豚 1	
肖王庄一号墓	永元十三年（101）	银缕玉衣片 32		木炭、灰烬
淮阳北关一号墓	延光三年（124）		石窍塞 3	

---

① 《后汉书》，第 3142 页。
② 《后汉书》，第 3142 页。
③ 孙机：《"温明"不是"秘器"》，《文物》1988 年第 3 期。
④ 《后汉书》，第 3141 页。
⑤ 《后汉书》，第 3152 页。

续表

	年 代	衣 片	塞、琀、握	棺木遗痕、饰件
定县43号墓	熹平三年（174）	银缕玉衣片1 100余,铜缕石衣片400余	石塞	漆皮（有朱绘花纹），棺椁大理石饰片
土山M1	东汉中晚期	银缕玉衣片2 600余	玉豚2	朽木、漆皮、铁钉、铁环
普育小学汉墓	东汉晚期	铜缕玉衣片15	玉眼盖1、玉塞1	朽木、棺钉

有学者提出东汉时期玉衣的使用存在较严格的等级制度①。诚然，通过上述文本所呈现的"金缕—银缕—铜缕"适用阶层来看，东汉时期应存在主要依靠玉衣缕丝质地区分等级的制度体系。但是，结合相关考古发现，笔者认为玉衣制度的实际执行状况，还需结合等级、时代两个方面的因素进行综合考虑。

首先，东汉对金缕玉衣确实存在较严格的约束，很有可能仅限于皇帝使用。金缕玉衣的出土数量非常有限，这和帝陵基本未经发掘的现状相符，也可说明其余阶层墓主"僭越"使用金缕玉衣的现象比较罕见。迄今所知明确出有金缕玉衣的墓葬只有华润电厂M89一座，有学者推测该墓墓主是葬入赵忠墓穴的少帝刘辩②。若推论成立，可以证明即便在皇权夷陵的东汉末年，葬以金缕玉衣仍是不可缺少的天子葬仪。

其次，鎏金铜缕玉衣的使用最初当是地位特殊的诸侯王的"发明"，但在后来却被普遍僭越。东汉中期以前，使用鎏金铜缕玉衣的墓葬仅限定县北庄汉墓一例。考虑到诸侯王墓内习惯使用鎏金铜器炫耀财富，这种材质的出现，当是刘焉这类地位非凡的诸侯王，在"金缕—银缕—铜缕"的中央体系之外对自身权利的表达。至东汉晚期，使用鎏金铜缕玉衣敛葬的墓葬增多，且墓主身份多数在诸侯王级别以下，如定州35号汉墓③、洛阳商业局M4904、机车厂M1、机车厂C5M346④等。

再看银缕、铜缕玉衣。关于这两者，《续汉书·礼仪志》所载存在不可通解之处：其先是记"诸侯王、列侯、始封贵人、公主薨，皆令赠印玺、玉柙银缕"，紧接着却述"大贵人、长公主铜缕"；显然，前后文对"贵人""公主"玉衣制度的记载存在矛盾。卢兆荫先生结合墓葬材料，归纳诸侯王、列侯使用银缕玉衣，诸侯王、列侯配偶或嗣列侯使用铜缕玉衣⑤，可在一定程度上补充银缕、铜缕的等级制度。不过也应该注意，在认定一批东汉晚期墓葬墓

---

① 卢兆荫：《试论两汉的玉衣》，《考古》1981年第1期。
② 张鸿亮、史家珍：《偃师华润电厂东汉墓相关问题探析——兼谈洛阳东汉高等级墓的特点》，《洛阳考古》2014年第4期。
③ 定州市文物管理所：《定州35号汉墓清理简报》，《文物春秋》1997年第3期。
④ 洛阳市文物工作队：《洛阳发掘的四座东汉玉衣墓》，《考古与文物》1999年第1期。洛阳商业局M4904、机车厂M1、机车厂C5M346等三座墓葬材料均见于此简报。
⑤ 卢兆荫：《试论两汉的玉衣》，《考古》1981年第1期。

主身份时,学界普遍接受墓室数量不具太多参考价值,从而将墓内出有铜缕玉衣作为判断墓主为列侯级别的重要甚至唯一证据。以这些资料为考察对象,再去论证铜缕玉衣的使用等级,似乎在逻辑上有循环论证的嫌疑。另外,可以补充说明的是,望都二号汉墓据买地券判断墓主为"太原太守"刘公,墓内出有铜缕玉衣片 452 片[①]。买地券并未提及墓主拥有侯爵,这样该墓或可作为二千石官吏也可使用铜缕玉衣片的例证。只是由于文献本身记载得不详细,这是合乎制度还是有所僭越就不得而知了。不过,这还是提示我们,铜缕玉衣的实际使用范围可能会更广泛。

综上所述,考古材料所反映的东汉玉衣制度大致如下:金缕玉衣被严格限制,直至东汉末年还是天子葬仪的重要内容;鎏金铜缕玉衣是地位特殊的诸侯王炫耀权势的"发明",但在东汉晚期遭到普遍僭越;银缕玉衣、铜缕玉衣的等级体系相对稳定,但铜缕玉衣的使用范围或许比文献所记要更广泛。

五、结　　语

东汉陵墓制度的演变趋势,主要表现在对西汉丧葬文化的继承与革新上。一方面,东汉对西汉中晚期的陵墓制度有所延续;另一方面,西汉时期地方的上、中下阶层的丧葬习俗也成了东汉陵墓制度建设的重要参考。这在陵墓制度的各组成要素中均有所体现。综合分析东汉帝陵陵园的几种主要模式,可以看出其和西汉列侯墓园形制之间的关联。地下埋葬制度方面的情况相对复杂,"黄肠石+回廊"葬制包含了南阳地方豪族墓葬的墓形特征和梁地诸侯王墓的"技术传统";随葬品的主要种类中,旧有礼乐器、车马器式微,过往中小型墓内常见的生活类明器较为流行;玉衣敛葬方面,则在沿用西汉制度的基础上,衍生出了新的等级体系。另外,东汉时期发展迅速的陵墓祭祀,无论是陵园祭祀、还是墓内设奠,都与西汉时期的中下层丧葬文化关联密切。

东汉陵墓制度上述演变趋势背后的历史成因,主要包括以下两个方面:

首先,"汉室中兴"是刘秀集团得以从新莽之后乱局中脱颖而出的重要理论武器,自然也是在建国后至少要在名义上践行的政策。所以,东汉的制度建设必然要直接从西汉礼制中获得经验。同时,东汉初期的制度建设存在务求简约的整体风向。"益州传送公孙述瞽师、郊庙乐器、葆车、舆辇,于是法物始备。时兵革既息,天下少事,文书调役,务从简寡,至乃十存一焉"[②],即是这种情形的反映。这些倾向决定了东汉帝陵必然表现出务求简约的态度,西汉晚期退化简省的帝陵制度就成了东汉可兹参考的汉家制度模板。

其次,中下阶层丧葬文化的普遍"升格"与两汉礼制的发展状况和东汉皇室出身有关。有学者指出:两汉时期的礼制是"推士礼而至于天子之说";所谓"推士礼",即以《士

---

① 河北省文化局文物工作队:《望都二号汉墓》,北京:文物出版社,1959 年,第 12—13 页。
② 《后汉书》,第 62 页。

礼》作为礼制的基础和出发点,所谓"及天子",即形成整个国家的礼仪制度①。至东汉晚期,虽有曹褒所制《新礼》,但因遇到很大阻力未广泛推行,这种状况并没有改变。由此可知,两汉天子之礼与其他阶层礼制之间不存在较大阻隔,这就使得中下层丧葬文化逐步"升格"至"天子礼"成了可能。另外,与西汉布衣将相开国的局势不同,东汉缔造者刘秀集团出身舂陵宗室,是地方丧葬文化之引领者。这也就决定了东汉皇室有能力选择依中下层丧葬文化来改造帝陵制度。

  在本文的最后,笔者拟从更宽广的视野切入,对东汉陵墓制度的历史地位作简要总结。春秋晚期至秦代是陵墓制度的初步形成时期。一方面封土和陵园建筑在列国从出现到普及,打破了"不封不树"的常规,意在挑战周王室权威。另一方面,地下埋藏系统却并无新事,墓制上仍依据墓道数量与棺椁数量区分等级,随葬品保留以鼎为核心的宗庙礼器体系。秦始皇陵对之前陵墓制度发展的所有成果进行了总结,是上古陵墓之巅峰。西汉中期以前,主要是对上古陵墓制度的继承,沿用四墓道作为墓制的最高级别,仿铜陶礼器在诸侯王墓中也较为普遍,同时逐步将陵墓建筑组成模式化。西汉中期以后,陵墓制度开始有简省和世俗化的趋势,上古陵墓制度体系开始动摇。东汉一代,陵墓制度的简化与世俗化成为大势所趋,传统墓葬形制已不复存在,昔日庙堂宝器已鲜有人问津。与此同时,豪族已无视等级以墓葬规格炫耀政治经济实力,世族专心家族经营表达构建自身礼俗规范的诉求。于人间世界消融汉室皇权的两大势力,在冥界秩序革新上亦不遑多让。旧有制度将彻底退出历史舞台,新的秩序呼之欲出。接下来的事情,就需要在三国两晋时段内进行讨论了。

---

① 杨英、杨振红、梁满仓、袁宝龙:《礼与中国古代社会·秦汉魏晋南北朝卷》,北京:中国社会科学出版社,2016年,第248页。

东汉帝陵"钟虡"考

王 煜

四川大学考古文博学院

相对西安周边的西汉帝陵,学界目前对于洛阳周边的东汉帝陵的认识还比较模糊和薄弱。讨论也主要集中在具体陵墓的位置、归属,对其设施、布局和制度的研究尚处于起步阶段。这自然主要是由于基础工作和基本材料的局限。东汉帝陵制度与义化研究的重要性自不待言,而认识的最终推进必须依靠考古工作的系统开展。但在此之前,对文献中记载的重要帝陵设施和制度的进一步辨析和考察,必将对今后考古工作的开展、考古材料的认识及研究问题的推进提供重要的启示和帮助。于是笔者不揣浅薄,欲就东汉帝陵"钟虡"的问题做一些尝试,以求正于学界。

一、"钟虡"之制度

萧梁刘昭注《续汉书·礼仪志》时,所引西晋崔豹《古今注》[1]对东汉帝陵的记载,由于时代临近,内容较为具体,且成系统,一向为学界注意。其云:

> 光武原陵,山方三百二十三步,高六丈六尺。垣四出司马门。<u>寝殿、钟虡皆在周垣内</u>。堤封田十二顷五十七亩八十五步。
>
> 明帝显节陵,山方三百步,高八丈。无周垣,为行马,四出司马门。<u>石殿、钟虡在行马内</u>。寝殿、园省在东。园寺吏舍在殿北。堤封田七十四顷五亩。
>
> 章帝敬陵,山方三百步,高六丈二尺。无周垣,为行马,四出司马门。<u>石殿、钟虡在行马内</u>。寝殿、园省在东。园寺吏舍在殿北。堤封田二十五顷五十五亩。
>
> 和帝慎陵,山方三百八十步,高十丈。无周垣,为行马,四出司马门。<u>石殿、钟虡在行马内</u>。寝殿、园省在东。园寺吏舍在殿北。堤封田三十一顷二十亩二百步。
>
> 殇帝康陵,山周二百八步,高五丈五尺。行马,四出司马门。<u>寝殿、钟虡在行马中</u>。因寝殿为庙。园吏寺舍在殿北。堤封田十三顷十九亩二百五十步。

---

[1] 今本崔豹《古今注》三卷中无此内容,但与之同名的其他书籍要晚到唐以后才有出现,如马缟《中华古今注》,南朝人刘昭所引的《古今注》恐怕只能是崔豹的书。且今本《古今注》中有"都邑""舆服"的题目,原本有陵墓的内容也颇合理。《隋书·经籍志》"子部"在崔豹的《古今注》后,又紧接有张显的《古今训》,未明时代。但观其书名或与再下一条刘宋范泰的《古今善言》类似,为记载言论之书。

安帝恭陵，山周二百六十步，高十五丈。无周垣，为行马，四出司马门。<u>石殿、钟虡在行马内</u>。寝殿、园吏舍在殿北。堤封田一十四顷五十六亩。

顺帝宪陵，山方三百步，高八丈四尺。无周垣，为行马，四出司马门。<u>石殿、钟虡在司马门内</u>。寝殿、园省寺吏舍在殿东。堤封田十八顷十九亩三十步。

冲帝怀陵，山方百八十三步，高四丈六尺。为寝殿，行马，四出门。园寺吏舍在殿东。堤封田五顷八十亩。

质帝静陵，山方百三十六步，高五丈五尺。为行马，四出门。<u>寝殿、钟虡在行马中</u>。园寺吏舍在殿北。堤封田十二顷五十四亩。因寝为庙①。

学者因之总结出东汉成年和未成年皇帝的两种陵园布局制度：前者由封土、行马（简易性、标识性边界）、司马门、石殿、钟虡、寝殿、园寺吏舍、园省组成，石殿和钟虡在行马内，园寺吏舍、寝殿、园省在其外；后者由封土、行马、司马门、钟虡、寝殿、园寺吏舍组成，寝殿和钟虡在行马内，园寺吏舍在其外②。其说可从。

石殿大致相当于陵庙③。《礼记·丧服小记》在记述祭祀方法时云："殇与无后者从祖祔食。"④未成年皇帝即属于"殇与无后者"，因此不设石殿。但毕竟为一朝天子，且有独立陵园，在其陵园中又不可能将其祔祭于祖先，故而将寝殿移入行马内，合寝、庙的功能，即"因寝为庙"。比较特殊的是光武帝原陵，不仅可能具有正式的垣墙（周垣），而且将寝殿设在垣墙内，未提及有石殿。这一方面或许与一开始制度尚未成熟有关，另一方面可能是原陵寝殿中要举行盛大的上陵礼，需要突出寝殿的位置及其与陵墓的密切关系。永平十七年（74年）正月，明帝"当谒原陵，夜梦先帝、太后如平生欢。既寤，悲不能寐，即案历，明旦日吉，遂率百官及故客上陵"⑤，创制了东汉的上陵礼。《续汉书·礼仪志》中详述上陵礼的过程：

东都之仪，百官、四姓亲家妇女、公主、诸王大夫、外国朝者侍子、郡国计吏会陵。昼漏上水，大鸿胪设九宾，随立寝殿前。钟鸣，谒者治礼引客，群臣就位如仪。乘舆自东厢下，太常导出，西向拜，折旋升阼阶，拜神坐。退坐东厢，西向。侍中、尚书、陛者皆神坐后。公卿群臣谒神坐，太官上食，太常乐奏食举，舞文始、五行之舞。礼乐阕，群臣受赐食毕，郡国上计吏以次前，当神轩占其郡国谷价，民所疾苦，欲神知其动静。孝子事亲尽礼，敬爱之心也。周遍如礼。最后亲陵，遣计吏，赐之带佩。八月饮酎，上

---

① 见《后汉书》，北京：中华书局，1965年，第3149—3150页。
② 韩国河、张鸿亮：《东汉陵园建筑布局的相关研究》，《考古与文物》2019年第6期。
③ 由于不同文献中记载的帝陵祭祀建筑的问题较为复杂，此点恐怕容易引发争论。但笔者认为，上述文献是较为系统地介绍陵墓的基本布局和主要设施，并非一般的只言片语可比。就大面而言，最重要者不过陵庙与寝殿，寝殿既有明言，那么"石殿"最可能为陵庙。上述文献在成年皇帝帝陵的记载中皆为寝殿在外，"石殿"在内；未成年皇帝则无"石殿"，而寝殿移入内部，且明言"因寝为庙"，说明被省去的"石殿"就应该是原本的"庙"。后文中还要提到受到东汉陵墓制度影响的北魏方山永固陵，其中的永固堂主要为石质建筑，且明言其为"庙"，可以参照。
④ 《礼记正义》卷四十二《丧服小记》中册，上海：上海古籍出版社，2008年，第1302页。
⑤ 《后汉书》卷十《光烈阴皇后纪》，第407页。

陵，礼亦如之①。

可见，上陵礼在原陵寝殿中举行，礼毕还要"亲陵"，寝殿与陵墓的关系自然需要更为紧密。

不论寝殿、石殿的关系和位置具体如何，上述文献中，除了享年不到三岁、在位不及半年的冲帝的怀陵外，垣墙、行马内的"钟虡"都是最为核心的设施之一②。"虡"为悬挂钟、磬的架子两旁的立柱。《礼记·檀弓上》云："有钟磬而无簨虡。"郑玄注："不县（悬）之也。横曰簨，植曰虡。"③也特指钟、磬架子立柱下的底座。《说文·虍部》云："虡，钟鼓之柎也。"④《急就篇》颜师古注："柎，谓下施足也。"⑤东汉帝陵中的"钟虡"，有意见将其与目前所见封土南侧的方形遗址相联系，认为可能代表悬置钟、鼓等礼乐器具的场所⑥。由于东汉帝陵考古工作的局限，是否将其与目前所见的一些遗迹现象直接联系，或可待将来进一步验证。但认为所谓"钟虡"与陵墓的礼乐设施有关，则是可能的。上述上陵礼中就有"钟鸣，谒者治礼引客，群臣就位如仪"，"公卿群臣谒神坐，太官上食，太常乐奏食举，舞文始、五行之舞。礼乐阕，群臣受赐食毕"的记载，说明鸣钟和礼乐活动确实是当时陵墓祭祀中的重要仪式，"钟虡"的设施也可能与之有关。

更进一步的是，从文献上看，在宫殿中设置"钟虡"，确实是当时帝王或拟于帝王身份的重要象征。《后汉书·光武帝纪》载建武二十八年（52年）："赐东海王彊虎贲、旄头、钟虡之乐。"⑦同书《光武十王列传》载此事为："赐（东海恭王刘彊）虎贲、旄头，宫殿设钟虡之县（悬），拟于乘舆。"⑧《三国志·魏书·武帝纪》载建安十九年（214年）："三月，天子使魏公（曹操）位在诸侯王上，改授金玺、赤绂、远游冠。……十二月，公至孟津。天子命公置旄头，宫殿设钟虡。"⑨同书《三少帝纪》载咸熙二年（265年）五月，"又命晋王（司马昭）冕十有二旒，建天子旌旗，出警入跸，乘金根车、六马，备五时副车，置旄头云罕，乐舞八佾，设钟虡宫县（悬）。"⑩自此之后，"乐舞八佾""钟虡宫悬"成了政权禅代过程中关键节点的标志，在魏晋南朝的历史舞台上反复出场。既然与"八佾"（即八列舞队）对举，那么这里的"宫悬"确实可能与钟、磬的悬挂数量（面数）有关。《周礼·春官·小胥》云："正乐县之位，王宫县，诸侯轩县，卿大夫判县，士特县。"郑玄注引郑众云："宫县四面县，轩县

---

① 见《后汉书》，第3103页。
② 殇帝享年和在位时间更短，而其康陵中设有"钟虡"。按：殇帝之后为安帝，继位时十三岁，在位近20年，前期由邓太后摄政，朝廷政局较为稳定。而冲帝之后为质帝，继位时不足八岁，次年即被梁冀毒杀，引起政局动荡。当时不太可能举行大规模祭祀活动，或许与此有关。不过，文献记载也可能有错漏，究竟为何种情况，有待今后进一步验证。
③ 《礼记正义》卷十《檀弓上》上册，第305页。
④ （汉）许慎撰，（清）段玉裁注：《说文解字注》，上海：上海古籍出版社，1981年，第210页。
⑤ （汉）史游撰，（唐）颜师古注：《急就篇》，四部丛刊续编本，上海：商务印书馆，1934年，第35页。
⑥ 韩国河、张鸿亮：《东汉陵园建筑布局的相关研究》，《考古与文物》2019年第6期。
⑦ 《后汉书》卷一《光武帝纪》，第79页。
⑧ 《后汉书》卷四十二《东海恭王彊传》，第1423页。
⑨ 《三国志》卷一《魏书·武帝纪》，北京：中华书局，1975年，第43—44页。
⑩ 《三国志》卷二《魏书·三少帝纪》，第153页。

去其一面,判县又去其一面,特县又去其一面。四面象宫室四面有墙,故谓之宫县。"①不过,从上引文献可以看到,曹魏以后才出现"设钟虡宫悬"的说法,且与"乐舞八佾"对举,东汉时的同类文献只说"宫殿设钟虡",但没有与"八佾"相组合。笔者推测,曹魏以前宫殿中的"钟虡"可能未必按照乐悬制度四面悬挂(宫悬),而是夹道设置(后详)。与虎贲(武士)、旄头(仪仗)的组合,正说明其更可能是与道路、出行有关的仪仗设施,而不尽是模拟宫室的乐悬②。陵墓中的"钟虡",当然应与宫殿中的"钟虡"制度直接相关,主要还是对帝王身份的强调。

二、"钟虡"之形制

虡本是树立钟、磬的架子或其底座,只是钟、磬的附属设施。但上述文献皆单独强调"钟虡",反而忽略钟、磬。说明具有帝王或拟帝王等级标识意义的宫殿、陵墓"钟虡",必然不能只是平淡无奇的架子或座子,而是具有突出的规格和形制,才足以成为一种需要特指的物品。而从目前所见身份明确的汉代墓葬中出土的实物、明器和图像来看,诸侯王以下墓葬中所见的钟、磬虡多为简单的两根支架或配有曲腿形、方形、覆斗形底座(图一、二、三),而诸侯王以上墓葬中所见的钟、磬虡则多为精美的兽形,特别是有翼神兽形(图四)。近年发掘的江西南昌海昏侯墓中也出土了翼兽形钟虡③,不过,一方面墓内的随葬品具有一定的隐秘性,其对制度的遵循往往不如直接可见的地面设施严格,另一方面海昏侯(汉废帝)的身份也比较特殊。笔者认为,东汉帝陵"钟虡"应该更多的是此种大型的兽形和翼兽形特征(后详)。

《史记·秦始皇本纪》载统一六国后:"收天下兵,聚之咸阳,销以为钟鐻,金人十二,重各千石,置廷宫中。"又云:"收天下之兵,聚之咸阳,销锋铸鐻,以为金人十二,以弱黔首之民。"④《说文·虍部》云:"鐻。虡或从金、豦。"⑤《周礼·春官·典庸器》云"设笋虡",郑玄注引杜子春曰"横者为笋,从(纵)者为鐻"⑥。充分说明《史记》中的"钟鐻"即为"钟虡"。秦始皇在宫中设置的"钟虡"或许就是前述汉代宫殿"钟虡"制度的来源。上引《史记》中对"钟虡"与"金人"的关系语焉不详,由于可能存在不同的断句方式,"金人"究竟是"钟虡"的造型(合称为"钟鐻金人"),还是分开的两种东西?恐怕难以确证。从司马迁的后一种表述"销锋铸鐻,以为金人十二"来看,"销锋"是手段,"铸鐻"是结

---

① 《周礼注疏》卷二十六《春官宗伯·小胥》,上海:上海古籍出版社,2010年,中册,第874页。
② 曹魏以来的这一变化,或许与王肃的礼制改革有关,因为王肃的郊庙祭祀中正式增设了以往没有的"宫悬之乐,八佾之舞"。《南史·姚察传》:"旧魏王肃奏祀天地,设宫悬之乐,八佾之舞,尔后因循不革。至梁武帝以为事人礼缛,事神礼简,古无宫悬之文。陈初承用,莫有损益。宣帝欲设备乐,付有司议,以梁武为非。时硕学名儒,朝端在位,咸希旨注同。察乃博引经籍,独违群议,据梁乐为是。"
③ 王子初:《海昏侯时代的编钟——它们见证了"礼乐"的复古与没落》,《中国国家地理》2016年第3期。
④ 《史记》卷六《秦始皇本纪》,北京:中华书局,1959年,第239、281页。
⑤ (汉)许慎撰,(清)段玉裁注:《说文解字注》,第210页。
⑥ 《周礼注疏》卷二十七《春官宗伯·典庸器》中册,第911页。

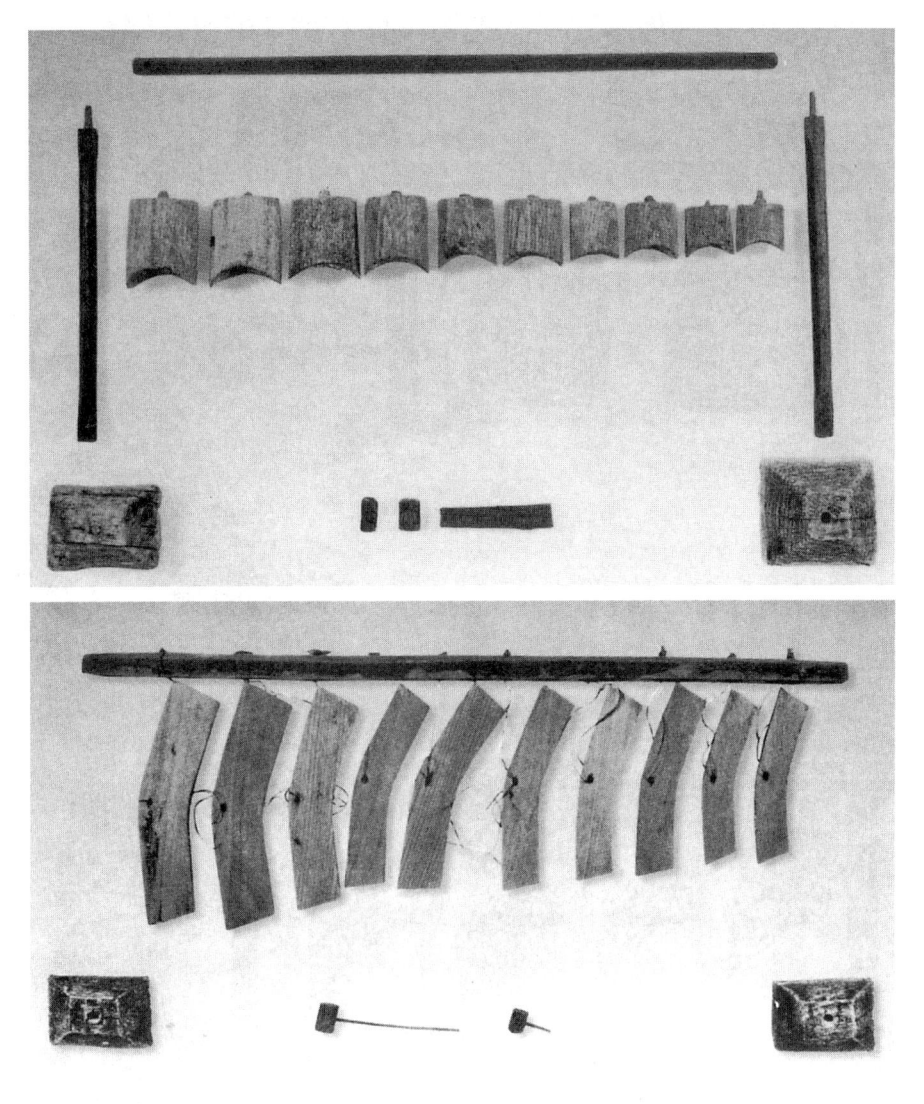

图一　长沙马王堆三号西汉墓出土编钟、磬及笋、虡（木质明器）
（采自湖南省博物馆、湖南省文物考古研究所：《长沙马王堆二、三号汉墓》第一卷，北京：文物出版社，2004年，图版八〇）

果，"以为金人十二"确实有可能是"铸鐻"的表现形式①。但由于语句简略模糊，文言本身也不重语法，未必完全能以语法来判断。扬雄《甘泉赋》云："金人仡仡其承钟虡兮，嵌岩岩其龙鳞。"②明确表示西汉甘泉宫的"金人"是承载"钟虡"的。西汉宫殿中的"金人"显然是继承自秦的传统和制度，那么，秦始皇所铸的"钟虡""金人"更大可能也是一体的。

---

①　汪受宽：《"钟鐻金人十二"为宫悬考》，《文史》第40辑，1994年。不过，该文认为其设置方式为"宫悬"，与本文不同，第一部分文中已论及，第三部分还要讨论。
②　费振刚、胡双宝、宗明华辑校：《全汉赋》，北京：北京大学出版社，1993年，第171页。

图二　山东沂南北寨东汉墓编钟、磬画像拓片

(采自曾昭燏、蒋宝庚、黎忠义著,王培永等增补:《沂南古画像石墓发掘报告(增补本)》,济南:齐鲁书社,2021年,图版89、90)

先秦时期确实有以人形为钟虡者,战国早期的曾侯乙墓出土编钟即以铜人作虡。(图五)但自西汉以来,出土的具有突出造型的钟、磬虡基本为兽形,且多为翼兽。(图四、六、七、八)此时各种文献对钟虡尤其是宫殿"钟虡"的描述,也基本为翼兽。《说文·虍部》云:"虡,钟鼓之柎也。饰为猛兽。"① 将猛兽作为虡的标准形制。贾谊《簴赋》云:"妙雕文

---

① (汉)许慎撰,(清)段玉裁注:《说文解字注》,第210页。

图三　济南无影山西汉墓出土乐舞俑（右后有编钟及笋、虡）
（四川大学考古文博学院顾大志先生摄于济南市博物馆）

图四　江苏盱眙大云山一号西汉墓（江都王刘非墓）出土钟、磬虡
（采自南京博物院、盱眙县文化广电和旅游局：《大云山：西汉江都王陵1号墓发掘报告》，北京：文物出版社，2020年，彩版三一四、三二五）

以刻镂，象巨兽之屈奇兮。戴高角之峨峨，负大钟而顾飞。"[1]这里"巨兽"的动作是"顾飞"，结合下引文献来看，贾谊所赋的"簴（虡）"应该就是带角的翼兽形的。张衡《西京

---

[1]　费振刚、胡双宝、宗明华辑校：《全汉赋》，第15页。

赋》云："洪钟万钧,猛虡趡趡。负笋业而余怒,乃奋翅而腾骧。"①"笋业"为钟、磬架的横竿,张衡描写的长安宫殿"钟虡"既称"猛虎",又能"奋翅",显然是有翼猛兽。繁钦《建章凤阙赋》亦云："华钟金兽,列在南廷。"②其虡也为兽形。

图五　湖北随州曾侯乙墓出土编钟
（采自湖北省博物馆：《曾侯乙墓》,北京：文物出版社,1989年,彩版三）

1　　2

图六　西安医疗设备厂西汉墓出土钟、磬虡（陶明器）
1. M120：7　2. M92：45
（采自西安市文物保护考古所：《西安龙首原汉墓》,西安：西北大学出版社,1999年,图版二、四六）

另外,也要注意一个问题。一方面,如上所述,汉代的宫殿"钟虡"主要是大型兽形和翼兽形。另一方面,秦始皇铸造"金人"并设置于宫廷的传统仍有延续,东汉灵帝、献帝,曹魏明帝时都有专门制作宫殿"金人"的记载③。但是,此时制作的"金人"是否仍然具有

---

① 费振刚、胡双宝、宗明华辑校：《全汉赋》,第413页。
② 费振刚、胡双宝、宗明华辑校：《全汉赋》,第638页。
③ 参见齐广：《宫殿与墓葬传统的交融：东汉地上石人的起源与意义》,《形象史学》第21辑,2022年。

图七　陕西泾阳大堡子西汉墓 M68 出土编钟、磬及虡
（四川大学考古文博学院齐广先生摄于陕西考古博物馆）

图八　美国波特兰艺术馆藏汉代编钟、磬及虡（陶明器）
（采自波特兰艺术馆官网①）

钟虡功能是值得讨论的。《后汉书·灵帝纪》载："复修玉堂殿，铸铜人四，黄钟四。"②这里的"铜人"有可能作为"黄钟"的虡，如此仍是以"金人"为"钟虡"，但从语意上也未必肯

---

① http://www.portlandartmuseum.us/mwebcgi/mweb.exe?request=record;id=33117;type=101(2022/10/26).
② 《后汉书》卷八《孝灵帝纪》，第353页。

定。班固《西都赋》云："列钟虡于中庭,立金人于端闱。"①卞兰《许昌宫赋》云："坐金人于
闱闼,列钟簴于广庭。"②"端闱"即为正门。《三辅黄图·杂录》云："闱闼,宫中小门
也。"③"端闱"与"中庭","闱闼"与"广庭"并不重合,这里的"金人"与"钟虡"似乎又是两
种对举的事物。

虽然由于传统的叠加性和变化性,文献的简略性和模糊性,其中的一些具体情况恐怕
已难辨明。但总体上仍可以得到进而推导出一些较为确定的认识:秦始皇统一天下后铸
造"钟虡",列于宫殿,这应该是汉代宫殿"钟虡"制度的来源。秦始皇所铸的"钟虡"很有
可能与"金人"是一回事,也就是人形的铜钟虡。但西汉以来,高等级钟虡的形制更流行
兽形尤其是翼兽形,宫殿"钟虡"的主流当然也应该为兽形和翼兽形。然而,以"金人"为
"钟虡"的传统可能并未完全消失,人形与兽形也可以并存,但不影响此时"钟虡"的主流
形制和主要观念为兽形者。东汉的帝陵"钟虡"当然直接受到此时宫殿"钟虡"的影响,其
主流形制自然为兽形,尤其是翼兽形,但也不完全排除人形者。

三、"钟虡"之设置

既然,宫殿"钟虡"或许仍未完全摆脱与钟和礼乐仪式的关系,那么,其设置方式仍有
按照乐悬制度的可能。张衡《东京赋》云："春日载阳,合射辟雍。设业设虡,宫悬金镛。
鼖鼓路浅,树羽幢幢。"④前文已述,所谓"宫悬"即是四面悬挂,作为乐悬制度的最高等级。
不过,这里使用乐钟的环境是在"大射"的礼仪中,文中也说"设业设虡",其主体是讲乐
钟,并不是单独强调钟虡,与宫殿设置"钟虡"作为标志物的情况还有所不同。前文已论,
就目前所见的材料来看,宫殿"钟虡"在曹魏以后应该是"宫悬"的设置形式,并与"乐舞八
佾"对应,以乐制的列数来体现等级,这也许与王肃的礼制改革有关⑤。但在东汉时期,似
乎尚见不到采用"宫悬"的设置方式,也不与"乐舞八佾"并列,而是与"虎贲""旄头"组
合,似乎更偏向于道路和出行仪仗。笔者推测,秦汉时期的宫殿"钟虡"更可能是在门前、
庭中,夹道设置。

左思《魏都赋》云："长庭砥平,钟虡夹陈。"⑥明确说宫殿"钟虡"的设置方式为"夹陈"
于"长庭"。《魏都赋》所述的是东汉建安十八年(213年)曹操兴建的邺城,其宫殿中的
"钟虡"恐怕与次年十二月"天子命公(曹操)置旄头,宫殿设钟虡"的事件直接相关。而曹
魏咸熙二年(265年)五月,司马昭"乐舞八佾,设钟虡宫县"则已是魏末洛阳之事了。秦汉

---

① 费振刚、胡双宝、宗明华辑校:《全汉赋》,第313页。
② (清)严可均辑:《全三国文》卷三十《许昌宫赋》,见《全上古三代秦汉三国六朝文》,北京:中华书局,1958年,第2册,第1223页。
③ 何清谷校释:《三辅黄图校释》卷六《杂录》,北京:中华书局,2005年,第389页。
④ 费振刚、胡双宝、宗明华辑校:《全汉赋》,第443页。
⑤ 见第58页注①。
⑥ (清)严可均辑:《全晋文》卷七十四《魏都赋》,见《全上古三代秦汉三国六朝文》第2册,第1887页。

时期宫殿"钟虡"可能为门前、庭中,夹道设置,还可从与之密切相关的"金人"来类比。

如前所述,秦始皇所铸"金人"可能就是"钟虡",并为汉代宫殿"钟虡"制度的来源。虽然汉代"钟虡"更主要为兽形,但"金人"的传统仍然有所保留,可能也并没有完全与"钟虡"脱离。二者既然一脉相承,即使有所演变和分化,其使用制度和设置方式恐怕仍是类似的。秦汉"金人"毫无疑问是夹置于宫门的。《三辅黄图》云:"(秦始皇)销锋镝以为金人十二,以弱天下之人,立于宫门。"①《史记》正义引《三辅旧事》云:"铜人十二,各重三十四万斤,汉代在长乐宫门前。"②张衡《西京赋》云:"高门有闶,列坐金狄。"③"金狄"即"金人"(后详)。《后汉书·张让传》载:"(灵帝)又使掖庭令毕岚铸铜人四,列于仓龙、玄武阙。"④应为仓龙、玄武二阙前各夹置二枚,正合四枚之数。前引《西都赋》"列钟虡于中庭,立金人于端闱"、《许昌宫赋》"坐金人于闱阓,列钟簴于广庭",或许"金人"与"钟虡"同列时,"金人"更靠近宫门,"钟虡"置于庭中。前引《后汉书·张让传》叙述"铜人"后,接着说"又铸四钟,皆受二千斛,县(悬)于玉堂及云台殿前"⑤。既是悬钟,必有钟虡,也说明此时"金人"和"钟虡"更多时候已经不是一体了,"金人"在门前,"钟虡"在殿前(庭中)。

既然夹陈于门前、庭中,其本身的承钟功能恐怕就会大打折扣,其重点恐怕也不仅仅甚至不在于承钟,这应该从宫殿"钟虡"一开始出现便是如此了。前引关于秦始皇的相关记载,都只说他铸造"钟虡",而丝毫不提及相配套的钟的情况,对其目的也一向认为是"以弱黔首之民""以弱天下之人"。而从其"重各千石""各重三十四万斤"等记载来看,虽然未必确切,但体量相当巨大必无疑问。如此巨大的"钟虡"是否确实承钟,也值得怀疑,至少可以说相当独立了。汉代提及宫殿"钟虡"的文献中,有些也同时提到钟。如前引张衡《西京赋》云:"洪钟万钧,猛虡趪趪。"繁钦《建章凤阙赋》云:"华钟金兽,列在南廷。"《后汉书·灵帝纪》载:"复修玉堂殿,铸铜人四,黄钟四。"因此,笔者并不排斥宫殿"钟虡"仍然具有承钟的功能,在特别的仪式中或许尚能悬钟,参与礼乐活动。但更多的文献中都是独立提及和强调"钟虡"的。一方面,如前所述,可能是因为其造型独立且突出;另一方面,结合前述在门前、庭中夹陈"钟虡"并以之表示身份的情况来看,宫殿"钟虡"更重要和更常规的设置方式恐怕并不承钟,其更重要和更常规的意义也不是乐钟附属,而是作为门前、庭中、道旁的仪仗性、标志性设施。东汉帝陵中的"钟虡"亦应作如是观。

此种标志性设施是否有相配属的特殊建筑,目前不得而知。按唐陵同样前列于两侧,以显示"普天之下,莫非王土;率土之滨,莫非王臣"的帝王身份的"蕃酋像",现已发现本

---

① 何清谷校释:《三辅黄图校释》卷一《秦宫》,第46页。
② 《史记》卷六《秦始皇本纪》,第240页。
③ 费振刚、胡双宝、宗明华辑校:《全汉赋》,第413页。
④ 《后汉书》卷七十八《张让传》,第2537页。
⑤ 同上。

有廊房建筑配属①，东汉的帝陵"钟虡"也不排除有类似情况。具体问题，尚待今后的考古工作来解决。

四、"钟虡"之影响

既然东汉帝陵"钟虡"应该是一种夹道设置的标志性设施，其与乐钟相对独立，常规设置方式也不承钟，其造型主要为兽形尤其是翼兽形。这就不得不令人与东汉墓葬前出现的石兽产生联想。

目前所见的东汉墓葬石兽，多保存在河南洛阳、南阳，山东济宁，四川雅安、渠县和峡江地区，基本为狮虎形猛兽，也有个别加入了羊头等造型，大多为头上有角、肩上生翼的所谓"天禄""辟邪"的翼兽形象（图九、十）。从现存嘉祥武氏墓地和雅安高颐墓等的情况来看，石兽均为夹道设置在墓阙（墓地大门）附近。这些石兽与上述的东汉帝陵"钟虡"有许多明显的相似点：一是皆为兽形尤其是翼兽形，二是夹道设置于门前，三是为墓地的标志

图九　洛阳孙旗屯出土东汉石翼兽
（扬州大学美术与设计学院王磊先生摄于洛阳博物馆）

---

① 张建林、张博：《唐代帝陵蕃酋像的发现与研究》，载罗丰主编：《丝绸之路考古》第4辑，北京：科学出版社，2020年，第116—133页。

性设施。但也具有不同点：一是墓地石兽皆不具有钟虡功能，完全为独立设施；二是墓地石兽虽然仍然可能具有身份的象征意义，但目前尚不见明确的制度特征；三是在细部特征上，墓地石兽头部的狮虎形猛兽形象更显著一些。

图十　四川雅安益州太守高颐阙旁石兽
（笔者摄于雅安雨城区）

关于东汉墓地石兽的兴起，其背景恐怕比较多元。有学者根据其有翼神兽的造型，着眼于中西文化交流的方面①。笔者曾经也讨论过洛阳、南阳地区自西汉晚期开始出现于墓葬中的一种翼虎食鬼魅的图像，认为后来兴起于墓前的石兽可能延续了守卫和保护墓主尸体和灵魂的意义②。东汉应劭《风俗通义》即说："墓上树柏，路头石虎。《周礼》：'方相氏，葬日入圹，殴魍象。'魍象好食亡者肝脑，人家不能常令方相立于墓侧以禁御之，而魍象畏虎与柏，故墓前立虎与柏。"③笔者目前仍持此观点。但从更高层面总结起来，这些石刻猛兽的意义恐怕不外两个维度：一是守卫墓主，二是彰显身份。守卫墓主的意义自然可以从笔者上面的叙述中来理解，彰显身份的意义恐怕还是受到了宫殿尤其是帝陵的类似设施的影响。而其形制和制度的变化可以作以下理解：其一，就东汉的历史发展而言，先秦的礼乐制度虽在最高统治阶层中仍有延续、改造和建设，但对于更广大的社会基本失去了意义。因此，本已式微的乐钟制度在整个社会层面失去了存在基础，如此彻底从"钟虡"中解放出来，成为一种完全独立的设施，是很容易理解的。其实，只需要减省翼兽背上

---

① 如霍巍：《四川东汉大型石兽与南方丝绸之路》，《考古》2008年第11期。
② 王煜：《汉墓"虎食鬼魅"画像试探——兼谈汉代墓前石雕虎形翼兽的起源》，《考古》2010年第12期。
③ （汉）应劭撰，王利器校注：《风俗通义校注》下册，北京：中华书局，1981年，第574页。

的插口即可,并没有什么复杂的形制变化。其二,一方面,东汉的官僚和世家大族尤好标榜,墓地也出现了大量体现身份、家世的设施,如高大的石碑和雕梁画栋的石阙、祠堂,石兽当然也是其中之一;另一方面,由于豪强和世家大族的雄厚实力,奢侈、僭越之风无法禁止,进而成为一定阶层的习俗,因此,石兽总体上仍是对身份、家世的标榜,但具体恐怕已无严格的制度可言了。其三,目前所见的钟虡神兽以西汉时期居多,而墓地石兽则主要在东汉中晚期,细部特征有所差别在所难免,也正反映出"天禄""辟邪"翼兽形象在东汉时期的定型。而且,墓地石兽还有守卫墓主的另一维度,其狮虎猛兽形象更为突出也显合理。

不过,笔者仍要强调的是,这只是就石兽形制特点和彰显身份的一面而言,如上所述,汉代墓前石兽的兴起应该是多种传统和理念的交织,恐怕不是简单的一条演进线条。因此,只能说帝陵"钟虡"的形制、设置和功能影响到了墓前石兽的兴起,尚不敢说墓前石兽就是帝陵"钟虡"的直接流变。

除了石兽外,与之有关的可能还有石人。有学者已经讨论过,东汉中晚期山东、河南、河北等地出现的一种呈跪坐状的大型胡人石雕应为墓前石人,而此种形象和设置,当是受到了宫殿"金人"传统的影响(图十一)①。《汉书·五行志》载:"秦始皇帝二十六年,有大人长五丈,足履六尺,皆夷狄服,凡十二人,见于临洮。……销天下兵器,作金人十二以象之。"②可见,秦始皇所铸的"钟虡""金人"为北方少数民族形象。汉魏也承此传统,所以文献中往往又称为"金狄"。且秦汉"金人"为跪坐姿态。《汉书·王莽传》载:"(王)莽梦长乐宫铜人五枚起立。"③据前引文献,西汉长乐宫门前的铜人应该就是秦始皇所铸"金人"。前引张衡《西京赋》云:"高门有闶,列坐金狄。"卞兰《许昌宫赋》云:"坐金人于闱闳,列钟簴于广庭。"何晏《景福殿赋》说金人:"坐高门之侧堂。"④《三国志·明帝纪》裴注引《魏略》记:"(魏明帝)大发铜铸作铜人二,号曰翁仲,列坐于司马门外。"⑤因此,将跪坐状的大型胡人石雕与宫殿"金人"传统相联系,是有依据的。前文已述,东汉的帝陵"钟虡"主要为兽形尤其是带角的翼兽形,但也不能完全排除受秦以来"钟虡""金人"的影响,尚保留一些"金人"形象的可能。那么,东汉墓前胡人形象的石人的出现,也应该考虑从宫殿到陵墓,再影响到其他墓葬的可能性。不过,从目前的材料来看,墓前的胡人石雕(还有一种为汉人门吏、亭长形象石雕⑥)远不及翼兽流行,也从侧面说明,东汉宫殿和帝陵"钟虡"的主要形象确实是翼兽了。

东汉墓地还流行石祠堂,目前多见于山东地区,从现存较完整的墓地来看,石祠堂临近墓葬,石兽夹置于门阙。恐怕与帝陵"石殿""钟虡"的设施有关,而从前引《古今注》来

---

① 齐广:《宫殿与墓葬传统的交融:东汉地上石人的起源与意义》,《形象史学》第21辑,2022年。
② (汉)班固:《汉书》卷二十七《五行志》,北京:中华书局,1962年,第1472页。
③ 《汉书》卷九十九《王莽传》,第4169页。
④ (清)严可均辑:《全三国文》卷三十九《景福殿赋》,见《全上古三代秦汉三国六朝文》第2册,第1272页。
⑤ 《三国志》卷三《明帝纪》,第110页。
⑥ 齐广:《宫殿与墓葬传统的交融:东汉地上石人的起源与意义》,《形象史学》第21辑,2022年。

图十一　山东地区东汉大型石雕胡人
1. 临淄徐家庄　2. 青州
（采自中国陵墓雕塑全集编辑委员会：《中国陵墓雕塑全集3》，西安：陕西人民美术出版社，2009年，第12、13页，图一〇、一一）

看，"石殿"都是靠近封土的，其位置也有可类比之处。

最后，在论及东汉帝陵制度的影响时，学界往往还会注意到北魏陵墓[①]。由于魏晋反对东汉墓葬制度和文化，提倡薄葬，禁断碑兽，陵墓地面设施极大衰微，南北朝又各自根据自己的需要和理解恢复汉代的墓葬制度，以建设"正统文化"[②]，东汉墓葬的封土、墓上设施等得到了不同程度的"恢复"和发展[③]。北魏占据着中原的天时、地利，能直接借鉴东汉陵墓当时尚可见的部分。《水经注·㶟水》记：

> 羊水又东注于如浑水，乱流径方山南。岭上有文明太皇太后陵，陵之东北有高祖陵，二陵之南有永固堂。堂之四周隅，雉列榭、阶、栏及扉、户、梁、壁、椽、瓦，悉文石也。檐前四柱，采洛阳之八风谷黑石为之，雕镂隐起，以金银间云矩，有若锦焉。堂之

---

① 如韩国河、张鸿亮：《东汉陵园建筑布局的相关研究》，《考古与文物》2019年第6期。
② 倪润安：《南北朝墓葬文化的正统争夺》，《考古》2013年第12期。
③ 金弘翔、王煜：《墓道的"延伸"：魏晋南北朝墓葬制度演变的一个关键点》，《南方文物》2020年第1期。

内外,四侧结两石趺,张青石屏风,以文石为缘,并隐起忠孝之容,题刻贞顺之名。庙前镌石为碑、兽,碑石至佳,左右列柏,四周迷禽暗日①。

冯太后方山永固陵是孝文帝改制后营建的第一座陵墓,其中比较突出的佛教内容当然是时代和个人的新因素(相关记载在上引文献之后),但其他内容无疑多有东汉帝陵和墓葬的影响。如上引文献中的石阙、碑,尤其是庙(永固堂)主要以石为之,并设置有石兽,这些陵墓制度和文化设施显然不是拓跋鲜卑的固有传统,恐怕不能排除东汉帝陵"石殿""钟虡"和其他墓葬石祠堂、阙、碑、兽的影响。

五、结论与余论

综上所述,笔者认为:

东汉的帝陵"钟虡"直接源自宫殿"钟虡"制度,秦始皇"收天下兵,聚之咸阳,销以为钟鐻(虡),金人十二,重各千石,置廷宫中"可能是其起源。东汉宫殿"钟虡"为帝王和拟于帝王的等级标志,与"虎贲""旄头"等相组合,于门前、庭中,夹道设置。虽然仍有承钟功能,或许也能作为钟虡参加一些大型的礼乐活动,但在其更常规更重要的设置方式中,并不以之承钟,而是作为门前、道旁的仪仗性、标志性设施。那么,其自身形象的宏伟和突出就比其原本作为底座的功能更加重要。秦始皇所铸的"钟虡""金人"可能是一体的,也就是人形的铜钟虡,这在汉代宫廷中仍有继承,但汉代"钟虡"更主要为兽形尤其是翼兽。帝陵"钟虡"亦是如此。东汉中晚期以来,墓前石兽尤其是翼兽的流行,就其形制、设置和彰显身份的一面来说,可能就受到了帝陵"钟虡"的影响。石人尤其是跪坐胡人形象者可能也有类似情况,只是远不如石兽普遍,正如"钟虡"中"金人"的传统已远远不如翼兽普遍一样。由于在广大社会中,先秦的礼乐制度已被抛弃,它们也就可以彻底从钟虡中解放出来了,进一步减省掉上面的插口,成为完全独立的一种设施。其制度性也遭到了破坏,成为官僚、豪强和世家大族显示身份、家世的一种设施。当然,墓前石兽的兴起还与墓葬信仰发展的另一条线索相交织。魏晋薄葬之后,北魏陵墓恢复的石堂、石兽制度可能正好受到了东汉帝陵"石殿""钟虡"和一般墓葬相应设施的影响。

以上是笔者目前的一些粗浅认识,其中还有三个问题未能形成观点,但需要提出来,留待日后讨论。

一、本文所论的东汉帝陵"钟虡",皆是着眼于其作为钟虡的制度、形制、设置和影响等方面来展开的。"钟虡"在宫廷中本是宫殿的配属,那么,在帝陵中其是否也有配属的建筑?或是如同唐陵那样的保护性建筑?目前仅从文献上无法推测,本文开始所引《古今注》对帝陵的介绍中,其他内容讲的都是建筑,也暗示了其可能性。另外,曹魏以后的宫殿"钟虡"为"宫悬"制度,史有明文。"宫悬"即四面悬挂,也更容易与传统的方形殿堂相配

---

① (北魏)郦道元著,陈桥驿校证:《水经注校证》卷十三《漯水》,北京:中华书局,2007年,第312页。

属。但本文中,笔者根据前后记载的一些差别,认为秦汉时期的宫殿"钟虡"可能不是"宫悬",而是"夹陈"于门前、庭中,这与其他文献讲到"钟虡"时几乎都使用"列"一词也是相应的。这是笔者目前的倾向性观点,至于前后文献中的这种差异是否要做出其设置方式发生转变的解释,还可以继续讨论。

二、如果东汉帝陵的"钟虡"确实是以翼兽为主的标志性设施,墓前石兽的兴起一方面就受其影响,那么,其完全脱离钟虡功能是影响到社会其他阶层后才出现的新变化,还是帝陵中本身就有变化或就有变化的趋势?就目前所见的材料,尚无法形成哪怕仅仅是倾向性的认识。

三、东汉的帝陵"钟虡"到底是何种材质?宫殿"钟虡"毫无疑问为铜铸,帝陵是否也一致,则无法知晓。我们知道,恐怕从汉代开始,宫殿和陵墓前的设施就形成了相互联系又有区别的特点。同类事物,宫殿多为铜制,而陵墓则多石刻[1]。而可能受到了东汉帝陵"钟虡"影响的墓前翼兽也都是石刻,后来的陵墓石兽亦是如此。因此,还不能以宫殿"钟虡"的情况,就断言陵墓的同类设施也是铜铸。前引《古今注》中皆言"石殿、钟虡",参照东汉其他墓葬和北魏方山永固陵的情况来看,殿(庙、祠堂)主要为石质,当无疑问。但"钟虡"是否承前省了"石"字,则无法推测了。由于洛阳的石材,在东魏迁都营造邺城时被大量拆运[2],两千年来该地区的政治变动频繁,人类活动剧烈,至今规模宏大的汉魏洛阳城遗址中甚至连石柱础都罕有遗留,要想从目前的遗存去解决这一问题具有难度。

这些都不是现在能解决的问题,只有留待今后的考古工作去检验和解决。

---

[1] 参见李零:《翁仲考》,见氏著《入山与出塞》,北京:文物出版社,2004年,第65页。
[2] 此点承中国社会科学院考古研究所洛阳工作站刘涛先生告示。

汉代赐茔制度研究

周繁文

中山大学社会学与人类学学院

赐茔地[①]是两汉时期助丧制度[②]中的法定赠赐内容之一，可惜相关的成文条例几乎不见。齐书深[③]、杜林渊[④]、王文涛[⑤]、张鹤泉[⑥]、刘卫鹏、张红玲[⑦]等学者对汉代助丧礼俗进行整体研究时，兼及赐茔。焦南峰[⑧]、韩国河[⑨]、曹龙[⑩]、张鸿亮、卢青峰[⑪]等则专门从考古材料着手讨论了帝陵陪葬墓亦即赐茔陪陵的制度。在前人研究的基础上，系统梳理赐茔对象的身份、赐茔陪陵的标准及制度演变、赐茔的规格等级，有助于深化对两汉国家助丧制度和帝陵陪葬制度的理解，并可能有助于厘清对帝陵陪葬墓主身份乃至对帝陵名位的认识。

一、赐茔对象

诸侯王、后妃等不在赐茔之列，最明显的证据是文献中皆称他们"葬"于帝陵，而非

[①] a."（鸿嘉二年）赐丞相、御史、将军、列侯、公主、中二千石冢地、第宅"。（汉）班固撰，（唐）颜师古注：《汉书》卷十《成帝纪》，北京：中华书局，1962年，第317页。b."（丞相）即薨，移居第中，车驾往吊，赐棺、敛具、赠钱、葬地"。（汉）卫宏撰，（清）孙星衍校：《汉旧仪》卷上，孙星衍等辑、周天游点校：《汉官六种》，北京：中华书局，1990年，第71页。c."天子即位，明年，将作大匠营陵地……已营陵，余地为西园后陵，余地为婕妤以下，次赐亲戚、功臣"。《汉官六种·汉旧仪补遗》卷下，第106页。

[②] 东周以来的丧葬礼仪中包含有向死者或其家庭成员馈赠钱物的环节，因相关礼仪制度名称"芜杂"，学界遂有"赗赠""丧赠""赗赙""助丧""丧归"等各种定义。其中以"助丧"一词更具概括性，故从之。

[③] a. 齐书深：《汉代赗赠初探》，《社会科学战线》1989年第2期，第184—189页。b. 齐书深：《汉代丧赠刍议》，《求是学刊》1995年第2期，第110—112页。

[④] a. 杜林渊：《东汉赗赙制度研究》，《东南文化》2007年第2期，第49—54页。b. 杜林渊：《汉代丧归制度初步研究》，《江汉考古》2009年第3期，第85—94页。c. 杜林渊：《西汉赗赙礼俗研究》，《延安大学学报》（社会科学版）2013年第35卷第3期，第100—104页。

[⑤] 王文涛：《从丧葬福利看汉代社会的等级性特征》，《河北师范大学学报（哲学社会科学版）》2007年第4期，第125—129页。

[⑥] 张鹤泉：《东汉时期的丧葬赏赐——从丧礼的仪节透视东汉的丧葬活动》，《人文杂志》2013年第1期，第97—106页。

[⑦] 刘卫鹏、张红玲：《东周至晋赠赙制度的变化》，秦始皇帝陵博物院编：《秦始皇帝陵博物院·2018年》，西安：西北大学出版社，2018年，第28—42页。

[⑧] 焦南峰：《试论西汉帝陵的建设理念》，《考古》2007年第11期，第78—87页。

[⑨] 韩国河：《东汉帝陵有关问题的探讨》，《考古与文物》2007年第5期，第10—17页。

[⑩] a. 曹龙：《西汉帝陵陪葬制度初探》，西安：西北大学硕士学位论文，2009年。b. 曹龙：《西汉帝陵陪葬制度初探》，《考古与文物》2012年第5期，第82—85页。

[⑪] 张鸿亮、卢青峰：《略谈东汉帝陵陪葬墓茔域问题》，《华夏考古》2014年第3期，第93—98、135页。

"陪陵"①。修陵人、无人收敛的庶民等虽由官方统一葬于帝陵旁或"官壖地"②，但也不在赐茔之列。两汉时期赐茔的对象主要分为八类：

1. 最高官秩③为万石且爵为列侯者，包括惠帝时亡故的萧何（相国、酂侯）④、曹参（相国、平阳侯）⑤，武帝时亡故的霍去病（大司马骠骑将军、冠军侯）⑥、卫青（大司马大将军、长平侯）⑦、李蔡（丞相、安乐侯）⑧，昭帝时亡故的金日磾（车骑将军、秺侯）⑨、上官桀（左将军、安阳侯）⑩，宣帝时亡故的霍光（大司马大将军、博陆侯）⑪、张安世（大司马卫将军、富平侯）⑫，成帝时亡故的王凤（大司马大将军、阳平侯）⑬，哀帝时亡故的张禹（丞相、安昌侯）⑭，光武帝时亡故的卓茂（太傅、褒德侯）⑮，灵帝时亡故的胡广（太傅、安乐乡侯）⑯。

2. 最高官秩为万石者，包括章帝时亡故的太尉牟融⑰、前司空伏恭⑱，和帝时亡故的司徒袁安⑲、司徒张酺⑳，顺帝时亡故的前司空张晧（退任廷尉）㉑，桓帝时亡故的太尉杨秉㉒。

3. 最高官秩为中二千石、二千石且爵为列侯者，包括宣帝时亡故的建章卫尉、都成侯金安上㉓，章帝时亡故的宗正、朝侯刘般之妻㉔，顺帝时亡故的前廷尉、定颍侯郭镇㉕，桓帝

---

① a. 宣帝之子中山哀王刘竟，"建昭四年，薨邸，葬杜陵，无子，绝"。《汉书》卷八十《宣元六王传》，第3326页。b. 光武帝族兄之子城阳恭王"（刘）祉薨，年四十三，谥曰恭王，竟不之国，葬于洛阳北芒"。（南朝宋）范晔撰，（唐）李贤等注：《后汉书》卷十四《宗师四王三侯列传》，北京：中华书局，1965年，第562页。
② "十一月甲申，诏曰：'……今京师厮舍，死者相枕，郡县阡陌，处处有之，其违周文掩骼之义。其有家属而贫无以葬者，给直，人三千，丧主布三匹；若无亲属，可于官壖地葬之，表识姓名，为设祠祭。'"《后汉书》卷七《孝桓帝纪》，第294页。
③ 各官职的官秩皆参考安作璋、熊铁基：《秦汉官制史稿》，济南：齐鲁书社，2007年。
④ a.《汉书》卷十六，第541页。b.《后汉书》卷四，第172页。
⑤ a.《汉书》卷十六，第531页。b.《后汉书》卷四，第172页。
⑥ a.《汉书》卷十八，第687页。b.《汉书》卷五十五，第2478—2489页。
⑦ a.《汉书》卷十八，第686页。b.《汉书》卷五十五，第2471—2490页。
⑧ a. 本传为"乐安侯"，《汉书·景武昭宣元成功臣表》为"安乐侯"。参见《汉书》卷十七，第644页。b.《汉书》卷五十四，第2446、2449页。
⑨ a.《汉书》卷十七，第666页。b.《汉书》卷六十八，第2959—2962页。
⑩ a.《汉书》卷十八，第691页。b.《汉书》卷九十七上，第3957—3960页。其子上官安夫妇祔葬。
⑪ a.《汉书》卷十八，第691页。b.《汉书》卷六十八，第2931—2948页。
⑫ a.《汉书》卷十八，第692页。b.《汉书》卷五十九，第2647—2653页。
⑬ a.《汉书》卷十八，第702页。b.《汉书》卷九十八，第4016—4025页。
⑭ a.《汉书》卷十八，第706页。b.《汉书》卷八十一，第3347—3352页。
⑮ 《后汉书》卷二十五，第869—871页。
⑯ 《后汉书》卷四十四，第1504—1511页。
⑰ 《后汉书》卷二十六，第915—916页。
⑱ 《后汉书》卷七十九下，第2571—2572页。
⑲ a.《后汉书》卷四十五，第1517—1522页。b. "备位宰相，当陪山陵，不得归骨旧葬"。（清）严可均编：《全上古三代秦汉三国六朝文·全后汉文》卷三十《袁安·临终遗令》，北京：中华书局，1958年，第637页。
⑳ 《后汉书》卷四十五，第1528—1534页。
㉑ 《后汉书》卷五十六，第1815—1816页。
㉒ 《后汉书》卷五十四，第1769—1775页。
㉓ a.《汉书》卷十七，第671页。b.《汉书》卷六十八，第2963页。
㉔ 《后汉书》卷三十九，第1303—1306页。
㉕ 《后汉书》卷四十六，第1545页。

时亡故的中常侍、武原侯徐璜①。

4. 最高官秩为中二千石、二千石者，包括宣帝时亡故的太后师傅、太子太傅、关内侯夏侯胜②，成帝时的中二千石③，光武帝时亡故的大司农高诩④、前并州牧郭伋（致仕为太中大夫）⑤，明帝时亡故的前太常、关内侯桓荣（致仕为二千石、五更）⑥，章帝时亡故的光禄勋召驯⑦，献帝时亡故的颍川太守盖勋⑧。

5. 公主。鲁元公主（与张敖合葬）、平阳公主（与卫青合葬）分别陪葬于安陵、茂陵⑨。成帝鸿嘉二年赐冢地的对象也包括公主⑩。

6. 齐楚旧贵，包括田氏⑪与王氏⑫。

7. 低秩或无秩的列侯，皆为外戚，包括宣帝许皇后之父平恩侯许广汉⑬、章帝梁皇后之父褒亲愍侯梁竦⑭等。

8. 有特殊功勋或关系的比二千石，包括哀帝时的董贤（赐茔时为驸马都尉、侍中）⑮、光武帝时"义死"的护羌校尉温序⑯、因公事而亡的光禄大夫伏隆⑰、章帝时亡故的侍中祭酒承宫⑱。

综合来看，西汉时期，官秩万石的列侯、公主始终享有赐茔的待遇。宣帝开始，官秩二千石以上或爵为列侯，满足其中一项者也可赐茔。东汉时期的赐茔对象主要是二千石以上。此外，还有两类较为特殊的赐茔对象：汉初六国故地的旧贵族、特殊情况下的比二千石。前述官秩皆指死者曾担任的最高官职，如张禹、董贤、郭镇皆已免官，郭伋、桓荣、伏恭、张晧在退任后皆以低于二千石的官秩禄养，但都不影响待遇。

赐茔时有两条原则：一是茔地一旦赐出可能不会收回。武帝时李蔡因罪自裁，昭帝

---

① 《后汉书》卷七十八，第 2520—2522 页。
② 《汉书》卷七十五，第 3155—3159 页。
③ "（鸿嘉二年）赐丞相、御史、将军、列侯、公主、中二千石冢地、第宅"。《汉书》卷十《成帝纪》，第 317 页。
④ 《后汉书》卷七十九下，第 2569 页。
⑤ 《后汉书》卷三十一，第 1091—1093 页。
⑥ 《后汉书》卷三十七，第 1249—1253 页。
⑦ 《后汉书》卷七十九下，第 2573—2574 页。
⑧ 《后汉书》卷五十八，第 1879—1884 页。
⑨ a. 咸阳市文物考古研究所编著：《西汉帝陵钻探调查报告》，北京：文物出版社，2010 年，第 24—26 页。b. 陕西省考古研究院、咸阳市文物考古研究所、茂陵博物馆：《汉武帝茂陵考古调查、勘探简报》，《考古与文物》2011 年第 2 期，第 3—13 页。
⑩ 《汉书》卷十《成帝纪》，第 317 页。
⑪ "及平原君薨，从田氏葬长陵，亦置园邑如共侯法"。《汉书》卷九十七上《外戚传上》，第 3947 页。
⑫ a. "初，邛成太后外家王氏贵，而侍中王林卿通轻侠，倾京师。后坐法免，宾客愈盛，归长上冢，因留饮连日"。《汉书》卷七十七《何并传》，第 3266 页。b. "后二年，（王）奉光薨，谥曰共侯，葬长门南，置园邑二百家，长丞奉守如法"。《汉书》卷九十七上《外戚传上》，第 3969—3970 页。
⑬ a.《汉书》卷十八，第 696 页。b.《汉书》卷九十七上，第 3964—3968 页。
⑭ 《后汉书》卷三十四，第 1170—1174 页。
⑮ a.《汉书》卷十八，第 713 页。b.《汉书》卷九十三，第 3733—3741 页。
⑯ 《后汉书》卷八十一，第 2672—2673 页。
⑰ 《后汉书》卷二十六，第 898—900 页。
⑱ 《后汉书》卷二十七，第 944—945 页。

时上官桀父子因反被诛,仍可葬于所赐茔地。二是赐茔可以拒受,像温序①、承宫②的家人都选择将其归葬乡里。

二、赐茔位置与标准

赐茔可分为陪陵茔地和其他茔地。文献记载中西汉时期所赐的茔地皆在帝陵。东汉时期,自比二千石至万石皆有受赐者获赐的茔地不在帝陵。光武帝时的卓茂,本传中仅称"赐冢地",据《魏书·地形志》注,可能在密县③。温序受赐的茔地在"洛阳城傍",伏隆在"琅邪",桓荣在"首山之阳",张晧在"河南县"。但制度并不明确。赐茔陪陵则有明确的制度,结合陪陵者的仕宦经历,能推测其概貌。

赐茔长陵的除王氏、田氏等旧贵族外,还有萧何、曹参,他们皆于惠帝时亡故,初仕二千石以上官职、始封侯、担任最高官职的时间皆在高帝时。

赐茔安陵的可能有鲁元公主及其丈夫张敖。另有亡故于献帝时的颍川太守盖勋,初仕二千石(汉阳太守)是在灵帝时。

赐茔阳陵的李蔡初仕二千石官职在景帝时,晋升最高官职、始封侯、亡故时间皆在武帝时。此外还有周应、吴信、"般邑"、高宛制侯等列侯级别的陪陵者④,但仕宦经历不明。

赐茔茂陵的霍去病、卫青初仕二千石以上官职、封侯、担任最高官职、亡故时间都为武帝时;金日䃅、上官桀则死于昭帝时,霍光死于宣帝时,此三人初仕二千石以上官职、晋升最高官职都在武帝时,始封列侯均在昭帝时。

赐茔平陵的夏侯胜在昭帝时初仕比二千石官,任最高官职、封侯、亡故时间皆在宣帝时;张禹在元帝时初仕比二千石官,成帝时任万石、封侯,死于哀帝时。

赐茔杜陵的外戚许广汉在宣帝时始封列侯并亡故;金安上初仕中二千石、始封侯和亡故也都是在宣帝时;张安世则在武帝时初仕比二千石,昭帝时封侯,宣帝时任万石并亡故。

赐茔渭陵的王凤在元帝时初仕中二千石、始封侯,晋升万石、亡故则在成帝时。王莽之妻虽也葬于渭陵,但系由王莽即位后指定,应不属赐茔⑤。

赐茔义陵的董贤在初仕比二千石时即获得陪陵资格。

赐茔原陵的胡广初仕中二千石是在顺帝时,始封侯年代不详,晋升万石、亡故皆在灵帝时。

---

① "光武闻而怜之,命(王)忠送丧到洛阳,赐城傍为冢地……长子寿,服竟为邹平侯相。梦(温)序告之曰:'久客思乡里。'寿即弃官,上书乞骸骨归葬。帝许之,乃反旧茔焉"。《后汉书》卷八十一《独行列传·温序》,第2673页。
② "建初元年,卒,肃宗褒叹,赐以冢地。妻上书乞归葬乡里,复赐钱三十万"。《后汉书》卷二十七《承宫传》,第945页。
③ (北齐)魏收撰:《魏书》卷一百六中《地形志·北豫州》,北京:中华书局,1974年,第2537页。
④ a. 焦南峰:《试论西汉帝陵的建设理念》,《考古》2007年第11期,第78—87页。b. 刘尊志:《西汉列侯墓葬墓园及相关问题》,《考古》2020年第1期,第83页。
⑤ "是月,莽妻死,谥曰孝睦皇后,葬渭陵长寿园西,令永侍文母,名陵曰亿年"。《汉书》卷九十九下《王莽传下》,第4165页。

赐茔显节陵的臣属中,刘般妻亡故于章帝时,当时刘般任宗正(中二千石),而他初封侯是在光武帝时,初仕中二千石(执金吾)在明帝时,晋升宗正则在章帝时。伏恭、牟融皆卒于章帝时,在明帝时初仕中二千石,但伏恭晋升万石是在明帝时,牟融则在章帝时。

赐茔敬陵的梁竦死于章帝时,和帝时被追封为侯。

由此看来,西汉时期所赐的陪陵茔地一般位于受赐者初仕比二千石或以上官职时在位的皇帝之陵,东汉早期则位于受赐者初仕中二千石或以上官职时在位的皇帝之陵,章帝以后,召驯、杨秉等人皆只称"陪陵"而不明载何陵。公主多在其兄弟之陵。低秩外戚则在其女或其妹祔葬的帝陵。

不过也有例外:张禹初仕比二千石在元帝时,理应陪葬渭陵,却以"近延陵"的理由求得平陵葬地。张安世于武帝时初仕比二千石,却陪葬宣帝杜陵。这两个特例中,前者为帝师,后者为关系亲厚的重臣,或许君臣关系起到了决定作用。

东汉灵帝以后的赐茔逻辑不明,譬如顺帝时初仕中二千石的胡广陪葬于原陵,灵帝时初仕二千石的盖勋却陪葬于安陵。

三、赐茔陪陵的秩序

赐茔陪陵的秩序于史并无详载。汉代帝陵陵园内外均分布有大量墓葬,陕西省考古研究院在近年的西汉帝陵勘探报告中明确区分了陵园内的祔葬墓和陵园外的高等级陪葬墓[①]。张鸿亮、卢青峰也认为应区分东汉帝陵中的后妃陪葬墓和贵族官吏陪葬墓[②]。因此,可从帝陵陵园外高等级墓葬的分布来概括陪陵制度。

长陵的陪葬墓主要在陵园外东部偏北,排列较规整,从南至北有十余行。已探明的有39座,墓向以南向、东向居多,个别北向。但东向者基本分布在一条轴线上,且距长陵越近,东向者越多,疑为萧何夫妇墓的M1、2和疑为曹参墓的M3均为东向[③]。杨家湾4、5号墓也是东向,墓主有周勃与周亚夫父子说[④]、周勃或周亚夫夫妇说[⑤]。

安陵的陪葬墓也主要在陵园外东部,已探明19座,大部分在东马门道北侧,仅3座在南侧。墓向以东向为主,南向其次,个别西向。在疑为鲁元公主的墓园中,主墓M1为东向,M2(或为张敖墓)为西向,M3-5均为南向[⑥]。

阳陵的陪葬墓区主要在陵园外东部,总面积约3.5平方公里,东、西侧各以壕沟为界。

[①] a. 陕西省考古研究院、咸阳市文物考古研究所:《西汉成帝延陵考古勘探调查简报》,《考古与文物》2019年第4期,第23—35页。b. 陕西省考古研究院、中国社会科学院考古研究所、西安市文物保护考古研究院:《汉宣帝杜陵考古调查勘探简报》,《考古与文物》2021年第1期,第40—52页。
[②] 张鸿亮、卢青峰:《略谈东汉帝陵陪葬墓茔域问题》,《华夏考古》2014年第3期,第93—98、135页。
[③] 咸阳市文物考古研究所编著:《西汉帝陵钻探调查报告》,第11—17页。
[④] 陕西省文管会、博物馆、咸阳市博物馆杨家湾汉墓发掘小组:《咸阳杨家湾汉墓发掘简报》,《文物》1977年第10期,第10—16页。
[⑤] 黄展岳:《秦汉陵寝》,《文物》1998年第4期,第24页。
[⑥] 亦有观点认为该"墓园"其实是秦代的宫殿基址。参见咸阳市文物考古研究所编著:《西汉帝陵钻探调查报告》,第24—26页。

区内各陪葬墓园呈棋盘格状规则排列于东司马道两旁,以壕沟分隔成16排107座,其中司马道南侧10排92座,北侧6排15座。墓园年代从西汉早期延续至东汉中期。早期墓园距司马道近,规模大,壕沟宽而深,墓葬规模大,排列有序,墓园内主墓的墓向多朝向司马道。中期墓园位于早期墓园的南北两侧,晚期墓园又在中期墓园的南北外侧,各间隔10米,这两期墓园的壕沟都较窄浅,墓葬规模较小,排列不太规整①。据焦南峰介绍,司马门道南侧第二排自西向东的第9个墓园(97YPⅡYGM130)可能属于郸侯或绳侯周应;同一排还有"吴信"墓园,身份可能是恭侯;南侧第一排则有"般邑"墓园(97YPⅠYGM144),身份可能是列侯或公主②。据曹龙称,南侧还有高宛侯丙武墓园(NP1Y8M760)。另有部分墓园未经使用③。焦南峰的文章中还提到陵园外北部也有陪葬墓区,其中有2座墓园可能属于诸侯王级别。

茂陵陵园外的陪葬墓分布于各个方向,共探明113座(组)。东部较为集中,规模也较大,已探明大、中型墓葬26座。其中司马道北侧的墓以北向居多,包括近陵园端的卫青、霍去病墓和陵邑东部的上官桀墓。司马道南侧的墓以南向居多,其中霍光墓在陵邑东部,墓道东向④。

平陵陵园外的东部已钻探出9座墓葬,皆在东司马道北侧,墓向多朝东,极少数朝南。西部、南部可能也有陪葬墓⑤。

杜陵的陪葬墓主要在陵园外的东南部和东北部。东南部经调查有53座,主要是大型墓,有成组聚集和排列成行两种分布形式。东北部发现54座,规模较小,其中有17对东西向或南北向并穴墓,靠近帝陵一侧的墓规模皆略大于另一侧⑥。张安世墓园位于陵园外西部,主墓墓道北向⑦。

渭陵陵园外的陪葬墓多位于陵园的西南、东南和南部,已勘探26座,成组分布,墓向主要为南向,个别北、东、西向⑧。

延陵的陪葬墓共发现36座,主要分布在陵园外南司马门道、东司马门道、西司马门道的两侧。南司马门道两侧有14座,墓道多朝东。东司马门道的南侧有东西两组,各有5座墓,墓向朝东或朝南。西司马门道的南侧有3座,墓道朝北。北侧有7座,墓道朝南。

---

① 咸阳市文物考古研究所编著:《西汉帝陵钻探调查报告》,第41—42页。
② 焦南峰:《试论西汉帝陵的建设理念》,《考古》2007年第11期,第78—87页。
③ 曹龙:《西汉帝陵陪葬制度初探》,《考古与文物》2012年第5期,第83页。
④ 陕西省考古研究院、咸阳市文物考古研究所、茂陵博物馆:《汉武帝茂陵考古调查、勘探简报》,《考古与文物》2011年第2期,第3—13页。
⑤ a. 咸阳市文物考古研究所:《西汉昭帝平陵钻探调查简报》,《考古与文物》2007年第5期,第3—5页。b. 咸阳市文物考古研究所编著:《西汉帝陵钻探调查报告》,第77—78页。
⑥ a. 中国社会科学院考古研究所编著:《汉杜陵陵园遗址》,北京:科学出版社,1993年。b. 咸阳市文物考古研究所编著:《西汉帝陵钻探调查报告》,第99—101页。c. 陕西省考古研究院、中国社会科学院考古研究所、西安市文物保护考古研究院:《汉宣帝杜陵考古调查勘探简报》,《考古与文物》2021年第1期,第40—52页。该报告中称杜陵的陪葬墓为75座,但未详细描述。
⑦ 陕西省考古研究院:《西安凤栖原西汉墓地田野考古发掘收获》,《考古与文物》2009年第5期,第111—112页。
⑧ a. 咸阳市文物考古研究所编著:《西汉帝陵钻探调查报告》,第106—107页。b. 陕西省考古研究院、咸阳市文物考古研究所:《汉元帝渭陵考古调查、勘探简报》,《考古》2013年第11期,第22—34页。

陵园外西南角有2座墓,皆朝南①。

义陵陵园外的陪葬墓主要在东、南部,南部较多。墓向四面均有②。

东汉帝陵邙山陵区外围的东部密集分布着陪葬墓群,初步确定290多座,目前公布的勘探结果中,墓向多为南向,极个别为东向、西向③。距帝陵较近的是孟津送庄④、平乐、朱仓⑤一带的东汉墓。张鸿亮等认为陪葬茔域随着时间推移有向外围扩散的趋势⑥,因此洛阳瀍河区一带的机车工厂墓群⑦、白马寺墓园⑧、东关汉墓⑨、荣康医院汉墓群⑩以及偃师的华润电厂汉墓群⑪、永宁路 M4⑫等距帝陵核心区域4—8公里的高等级墓群应也可纳入陪葬墓范围。这些墓葬的墓向也多以南向为主,部分建有墓园,部分则成组分布。

洛南陵区的陪葬墓群主要在帝陵核心区外围的东北部、东南部和西部,调查发现近160座,经勘探的18座大中型墓多数为南向⑬。已发掘的阎楼墓园(编号M1107)⑭、吴家湾汉墓(编号M1151)⑮均为南向。分布特点与邙山陵区类似。

张鸿亮、卢青峰从陪葬墓与帝陵的关系角度总结了两汉陪陵制度的演变:西汉时的陪葬以单个帝陵为中心,而东汉时则以整个帝陵区为中心⑯。结合布局规划和空间位置,

---

① a. 陕西省考古研究院、咸阳市文物考古研究所:《西汉成帝延陵考古勘探调查简报》,《考古与文物》2019年第4期,第23—35页。b. 陕西省考古研究院、咸阳市文物考古研究所:《汉成帝延陵考古调查勘探报告》,北京:文物出版社,2019年,第165—166页。

② 陕西省考古研究院、咸阳市文物考古研究所:《汉哀帝义陵考古调查、勘探简报》,《考古与文物》2012年第5期,第18—27页。

③ a. 洛阳市第二文物工作队:《洛阳邙山陵墓群的文物普查》,《文物》2007年第10期,第43—59页。b. 洛阳市文物考古研究院编:《邙山陵墓群考古调查与勘测第一阶段考古报告》,北京:文物出版社,2018年。c. 洛阳市文物考古研究院:《"洛阳邙山陵墓群"东区古墓冢调查勘探报告》,《洛阳考古》2020年第1期,第3—13页。

④ 郭建邦:《河南孟津送庄汉黄肠石墓》,《文物资料丛刊(4)》,北京:文物出版社,1981年,第121—124页。

⑤ a. 郭培育、王利彬:《洛阳朱家仓汉墓群考古取得重要收获》,《中国文物报》2004年7月21日。b. 郑州大学历史学院、洛阳市文物考古研究院:《洛阳孟津朱仓东汉墓发掘简报》,《文物》2015年第4期,第28—38页。c. 洛阳市文物考古研究院:《洛阳孟津朱仓东汉墓园遗址》,《文物》2012年第12期,第4—15页。d. 郑州大学文物考古研究院(洛阳)、洛阳市文物考古研究院:《河南孟津朱仓村东汉墓M8、M9发掘简报》,《考古与文物》2021年第3期,第33—45页。

⑥ 张鸿亮、卢青峰:《略谈东汉帝陵陪葬茔域问题》,《华夏考古》2014年第3期,第93—98、135页。

⑦ a. 洛阳市文物工作队:《洛阳机车工厂东汉壁画墓》,《文物》1992年第3期,第27—34、26页。b. 洛阳市文物工作队:《洛阳发掘的四座东汉玉衣墓》,《考古与文物》1999年第1期,第3—26页。

⑧ 中国社会科学院考古研究所洛阳汉魏城队:《汉魏洛阳城西东汉墓园遗址》,《考古学报》1993年第3期,第351—380页。

⑨ 余扶危、贺官保:《洛阳东关东汉殉人墓》,《文物》1973年第2期,第55—62页。

⑩ 洛阳市文物工作队:《河南省第二荣康医院新院址工地陶窑和汉唐墓葬发掘简报》,《洛阳考古发现(2007)》,郑州:中州古籍出版社,2010年,第361—390页。

⑪ a. 洛阳市文物考古研究院:《偃师华润电厂考古报告》,郑州:中州古籍出版社,2012年。b. 张鸿亮、史家珍:《偃师华润电厂东汉墓相关问题探析——兼谈洛阳东汉高等级墓的特点》,《洛阳考古》2014年第4期,第51—59页。

⑫ 洛阳师范学院历史文化学院等:《河南偃师永宁路东汉墓M4发掘简报》,《中国国家博物馆馆刊》2018年第11期,第6—13页。

⑬ 洛阳市文物考古研究院:《洛阳偃师东汉洛南陵区2008年考古勘探简报》,《洛阳考古》2015年第2期,第10—34页。

⑭ 洛阳市第二文物工作队、偃师市文物管理委员会:《偃师阎楼东汉陪葬墓园》,《文物》2007年第10期,第74—78页。

⑮ 洛阳市第二文物工作队、偃师市文物局:《河南偃师市吴家湾东汉封土墓》,《考古》2010年第9期,第37—45页。

⑯ 张鸿亮、卢青峰:《略谈东汉帝陵陪葬茔域问题》,《华夏考古》2014年第3期,第93—98、135页。

则可以分为三个阶段：

第一阶段是长陵、安陵和阳陵，陪葬墓主要在陵园外的东部，长陵陪葬墓大致沿一条西南—东北向的轴线分布，安陵、阳陵陪葬墓则规整排列于东司马门道的两侧。长陵、安陵的墓向以东向为主，阳陵早期墓园的墓向则以南、北向也即朝向司马门道为主。在排列秩序上，大致趋势是越靠近帝陵者地位越高。长陵的萧何墓、曹参墓，安陵的鲁元公主墓都可能在陪葬墓群中位于距帝陵最近的位置，而萧、曹二人皆死于惠帝时，不排除有提前规划的可能性。阳陵陪葬茔域更是呈现出了极强的整体规划性。在埋葬方式上，长陵陪葬墓可见并穴合葬墓，安陵陪葬墓可见家族墓园，阳陵陪葬墓则几乎均为墓园形式。

第二阶段是从茂陵到康陵，陪葬墓分布在陵园外的各个方位，渭北陵区的陪葬墓相对集中于东部与南部，长安东南郊杜陵的陪葬墓则主要集中在东部与北部，在分布上延续以东为主的位置，同时又呈现对都城长安的向心性[1]。墓向以南向、北向居多，但并非都朝向司马门道。墓主身份较明确的卫青、霍去病、上官桀、张安世等墓均为北向。在排列秩序上，死亡年代相近的似以地位排列，譬如卫青较霍去病晚死十余年，但霍墓在卫墓之西，亦即离帝陵较远的位置。除此之外，似乎无特定规律。上官桀和霍光分别死于昭、宣年间，后者死时地位尊崇，但都葬在较其他陪葬墓离帝陵远的位置。张安世死于宣帝时，却距杜陵陵园较远。陪葬茔域的整体规划性弱化，陪葬墓多以家族为单位成组分布或葬于同一墓园内。

第三阶段是东汉时期，陪葬墓密集分布在陵外东部，但其他各个方位也有一定数量的陪葬墓，整体规划性进一步弱化。陪葬墓较难与特定的帝陵对应，陪葬茔域的排列上也较难发现规律。陪葬墓的墓向以南向居多，似乎多以家族为单位成组分布或葬于同一墓园内。

总体来看，两汉赐茔陪陵的墓地位置始终以东为主[2]，墓向则从以东向为尊转向以北向为尊，再到以南向为主。西汉时期陪葬墓与帝陵之间有严格的对应关系，早期将陪葬茔域作为整体进行规划的意味较强，武帝以后则各个（组）陪葬墓的独立规划性更强，到东汉时期，陪葬墓与特定帝陵之间的对应关系已不明显。

四、赐 茔 规 格

从相关记载来看，面积应是赐茔规格的主要衡量标准。而考古发现中能确认茔地面积的主要是有壕沟或垣墙等明确界限的墓园[3]。

---

[1] 刘庆柱、李毓芳：《关于西汉帝陵形制诸问题探讨》，《考古与文物》1985年第5期。
[2] 刘庆柱、李毓芳：《西汉十一陵》，西安：陕西人民出版社，1987年，第210页。
[3] 刘尊志将西汉列侯墓园分为三类，其中陪葬于帝陵的主要是垣墙围绕、壕沟围绕、无垣墙或围沟三类。参见刘尊志：《西汉列侯墓葬墓园及相关问题》，《考古》2020年第1期，第82—92页。

安陵陪葬墓中,疑似鲁元公主的墓园以垣墙为界,面积约 337 亩①(155 184 平方米)②。

　　阳陵的陪葬墓园皆以壕沟为界。西汉早期的 30 座,面积一般是 9—28 亩(4 200—13 000 平方米),也有个别特大者达到 113 亩(51 875 平方米),面积特小者仅约 0.9 亩(420 平方米),其中周应墓园的面积约为 16 亩(7 490 平方米)③。55 座西汉中晚期和 22 座西汉末至东汉中期陪葬墓园的面积多为 5—11 亩(2 500—4 900 平方米)④。

　　茂陵发现的 6 座独立陪葬墓园均以垣墙为界,卫青、霍去病、霍光和 M14 的墓园总面积不明。卫青墓北的 M15 墓园占地约 28 亩(12 894 平方米)。上官桀墓园(M28)约有 70 亩(32 286 平方米)⑤。

　　杜陵陪葬墓中,垣墙围绕和壕沟围绕的墓园并存。M74、75 在同一墓园中,以垣墙为界,面积约 81 亩(37 400 平方米)⑥。张安世墓园以兆沟为界,围合面积约为 67 亩(31 005 平方米)⑦。

　　渭陵陪葬墓中未报道有明确界限设施者。王莽妻子的"亿年园"面积可能约 75 亩(34 650 平方米)⑧。

　　延陵发现的陪葬墓园皆以垣墙为界,M13 墓园面积约 11 亩(4 872 平方米),M14 墓园约 13 亩(5 956 平方米),M15 墓园约 12 亩(5 460 平方米)⑨。

　　东汉邙山陵区的 M91 墓园外有垣墙及环壕,面积约为 143 亩(65 886 平方米)。M144 和 M145 同在一座墓园内,外有垣墙,面积至少有 28 亩(12 956 平方米)⑩。M683 墓园外有双重环壕,占地约 219 亩(100 800 平方米)。M529 墓园外有垣墙及壕沟,占地约 143 亩(66 000 平方米)。M708 和 M709 均采用分离墓园的形制,以垣墙为界,面积不明⑪。白马寺墓园外有夯土垣墙,面积约 56 亩(25 650 平方米)⑫。

---

① 汉代 1 亩为 240 步,1 步为 6 尺,按 1 尺为 0.231 米计,则 1 亩 = $(\sqrt{240} \times 6 \times 0.231)^2$ 平方米,即约等于 461.04 平方米,下文凡折算亩制时皆按此标准。参见黄盛璋:《历代度量衡里亩制度的演变和数值换算(续二)》,《历史教学》1983 年第 3 期,第 30—31 页。
② 咸阳市文物考古研究所编著:《西汉帝陵钻探调查报告》,第 24—26 页。
③ 焦南峰:《试论西汉帝陵的建设理念》,《考古》2007 年第 11 期,第 78—87 页。
④ 咸阳市文物考古研究所编著:《西汉帝陵钻探调查报告》,第 41—42 页。
⑤ 陕西省考古研究院、咸阳市文物考古研究所、茂陵博物馆:《汉武帝茂陵考古调查、勘探简报》,《考古与文物》2011 年第 2 期,第 3—13 页。
⑥ a. 中国社会科学院考古研究所编著:《汉杜陵墓园遗址》,1993 年;b. 陕西省考古研究院、中国社会科学院考古研究所、西安市文物保护考古研究院:《汉宣帝杜陵考古调查勘探简报》,《考古与文物》2021 年第 1 期,第 40—52 页。
⑦ 陕西省考古研究院:《西安凤栖原西汉墓地田野考古发掘收获》,《考古与文物》2009 年第 5 期,第 111—112 页。
⑧ 咸阳市文物考古研究所编著:《西汉帝陵钻探调查报告》,第 106—107 页。
⑨ 陕西省考古研究院、咸阳市文物考古研究所:《汉成帝延陵考古调查勘探报告》,第 165—166 页。
⑩ 洛阳市文物考古研究院:《"洛阳邙山陵墓群"东区古墓冢调查勘探报告》,《洛阳考古》2020 年第 1 期,第 3—13 页。
⑪ 《邙山陵墓群考古调查与勘测第一阶段考古报告》,第 109—121 页。
⑫ 中国社会科学院考古研究所洛阳汉魏城队:《汉魏洛阳城西东汉墓园遗址》,《考古学报》1993 年第 3 期,第 351—380 页。

洛南陵区的阎楼墓园以双重壕沟为界,占地约334亩(15.4万平方米)①。

综合相关记载和发现,可大致梳理出两汉赐茔规格的几个级别:

(一) 100—300亩级,包括安陵的疑似鲁元公主墓园,阳陵的早期特大墓园,邙山陵区M91、M683、M529墓园,洛南陵区阎楼墓园。该级墓园可能属于公主一级,也可能有个别属于诸侯王。对比各地的诸侯王墓园,西汉早期的保安山梁王墓园约合146亩(6.75万平方米)②,西汉中期的大云山江都王墓园约合520亩(24.01万平方米)③,马坡山—庙坡山长沙王墓园约合264亩(12.19万平方米)④,可见公主级别的赐茔面积大致与诸侯王相当。

(二) 50—80亩级,包括茂陵的上官桀墓园,杜陵的M74、75墓园和张安世墓园,渭陵的王莽之妻墓园,邙山陵区的白马寺墓园。上官桀、张安世是昭宣时期的万石兼列侯,而王莽之妻可能以相当于这一级别的身份陪葬。

(三) 20—30亩级,包括阳陵的周应墓园,茂陵的M15墓园,延陵的M13、M14和M15墓园,邙山陵区的M144、145墓园。周应的身份是较确定的,应是列侯。西汉早期的《葬律》规定,列侯茔地东西长45丈(≈103.5米⑤)、南北长42丈(≈96.6米)⑥,总面积约折合21.88亩。武帝时,丞相兼列侯的李蔡受赐茔地20亩⑦。面积与该级相当。据此推测,武帝以前的列侯或万石赐茔规格约为20亩左右。至于武帝之后的同等规格茔地,归属暂且不明。

由此可见,公主级别的赐茔规格为100—300亩,列侯级别在武帝以前的赐茔规格为20—30亩,昭宣以后则提高到了50—80亩。其余级别情况不清。

结　　论

两汉时期建立了较为严密的赐茔制度,政治身份是首要的决定因素,其次是社会关系、道德秩序。赐茔资格由官、爵并重逐渐转向以官秩为主,且对官秩的要求似乎在逐步降低,从西汉早期的万石降到了宣帝以后的二千石。在此之外,旧贵族、个别比二千石也在赐茔之列,前者是基于社会身份,后者则多因符合道德伦理或存在优厚的君臣关系。赐茔陪陵者,一般是在初任比二千石(西汉)、中二千石(东汉)或以上官职时所仕之帝的陵

---

① 洛阳市第二文物工作队、偃师市文物管理委员会:《偃师阎楼东汉陪葬墓园》,《文物》2007年第10期,第74—78页。
② 河南省商丘市文物管理委员会等:《芒砀山西汉梁王墓地》,北京:文物出版社,2001年。
③ 南京博物院、盱眙县文广新局:《江苏盱眙县大云山汉墓》,《考古》2012年第7期,第53—39页。
④ 龙文涣、张竹青:《汉代长沙国王陵遗址探明首个陵园的基本结构》,《湖南日报》2019年6月14日。
⑤ 两汉尺度单位量值存在浮动,就标准量值而言,西汉尺和新莽尺为23厘米,东汉尺为23.4厘米。参见白云翔:《汉代尺度的考古发现及相关问题研究》,《东南文化》2014年第2期,第85—94页。
⑥ "(彻侯)荣(茔)东西四十五丈,北南四十二丈……"参见彭浩:《读云梦睡虎地M77汉简〈葬律〉》,《江汉考古》2009年第4期,第130—134页。
⑦ "广死明年,李蔡以丞相坐诏赐冢地阳陵当得二十亩,蔡盗取三顷,颇卖得四十余万,又盗取神道外堧地一亩葬其中,当下狱,自杀。"《汉书》卷五十四《李广苏建传第二十四》,第2449页。

墓,也有个别陪于关系亲厚之君的陵寝,章帝以后则是无特定对象的"陪陵"。公主一般在其兄弟的陵墓。低秩或无秩的外戚则在其女或其妹祔葬的帝陵。但东汉灵帝以后的赐茔逻辑不明。

从考古材料来看,两汉陪葬墓地皆主要在帝陵之东,同时发生了两个重要的变化:陪葬墓与特定帝陵的对应关系从西汉时的严格转向东汉时的不明确;陪葬茔域逐渐从西汉早期的统一规划转变到武帝以后的独立规划。这种变化可能有两个原因:一是武帝以前的陪陵茔域仍被视为与帝陵一体的公墓,进行整体规划。建安二十三年,曹操之令中就提到:"《周礼》冢人掌公墓之地,凡诸侯居左右以前,卿大夫居后,汉制亦谓之陪陵。其公卿大臣列将有功者,宜陪寿陵,其广为兆域,使足相容。"①可见东汉末年的主流观念也认为陪陵之制与先秦的公墓制度不无渊源。二是赐茔陪陵者都属于高等级人群,其墓葬或受到了帝陵"独立陵园制"②的影响,也作为"独立墓园(地)"进行规划。这背后也或许反映了两汉高级官员从仕帝到仕国家的性质转变。

赐茔的规格取决于受赐者的官秩或爵级。大致在昭宣年间,可能万石或列侯一级受赐茔地的面积较之前有大幅增长。但制度实施的监管至少在武帝早年并不严格,甚至出现了如李蔡这种侵占帝陵并变卖葬地的案例③。不过最终仍被查处。

对汉代赐茔制度的考察,对今后两汉帝陵的考古工作,尤其是陪葬墓身份的确定,应当有一定的助益。

---

① (晋)陈寿撰,(南朝宋)裴松之注:《三国志》卷一《魏书·武帝纪》,北京:中华书局,1982年,第51页。
② 赵化成:《从商周"集中公墓制"到秦汉"独立陵园制"的演化轨迹》,《文物》2006年第7期,第41—48页。
③ "广死明年,李蔡以丞相坐诏赐冢地阳陵当得二十亩,蔡盗取三顷,颇卖得四十余万,又盗取神道外壖地一亩葬其中,当下狱,自杀。"《汉书》卷五十四《李广传·李蔡》,第2449页。

汉唐时期陵墓神道石刻的
发现与研究

孙天顺
河北大学历史学院考古文博系
沈丽华
中国社会科学院考古研究所

  陵寝制度是中国古代国家礼制的重要组成部分。作为推崇皇权和宣示封建礼仪的一种手段，在"事死如事生"理念的引导下，古代陵寝多模仿帝王生前所居都市和宫廷布局进行规划建设。陵寝组成又包括了地下墓葬和地上设施两个部分，其中神道石刻即属于地上设施的主要组成。神道石刻的出现与神道之开设互为因果。神道在文献中的记载始见于《汉书·霍光传》："太夫人显改光时所自造茔制而侈大之。起三出阙，筑神道。"[1]《后汉书·中山简王焉传》载："大为修冢茔，开神道。"李贤注："墓前开道，建石柱以为标，谓之神道。"[2]大概自神道出现后，神道石刻就逐渐开始阵列于神道之上或两侧，"汉以后，天下送死奢靡，多作石室、石兽、碑铭等物"[3]。至唐代，开始将神道石刻与宫廷仪卫对应，并渐成制度。唐人封演在《封氏闻见记》卷六"羊虎"条记："秦汉以来帝王陵前有石麒麟、石辟邪、石象、石马之属，人臣墓前有石羊、石虎、石人、石柱之属，皆所以表饰坟垄如生前之仪卫耳。"[4]

  汉唐时期的神道石刻发现数量颇多，主要包括石阙、石柱（石表）、石碑、石兽和石人等，不过因受后代扰动破坏以及文献记载的缺失，唐代以前的神道石刻制度并不是很清晰。继往研究认为，神道石刻起源于战国至秦，西汉至唐是神道石刻制度形成规制的时期，特别是唐在继承北朝规制后全面确立的造型体系，为宋以后历朝所承继，并大致不变[5]。

  本文拟综合梳理这一时期的主要考古发现和研究成果，并尝试勾勒出汉唐时期神道石刻的发展脉络，重点关注帝陵神道石刻制度的形成，并从中发现薄弱环节，为下一步深入研究奠定基础。

---

[1] （东汉）班固撰：《汉书》卷六十八《霍光金日磾传第三十八》，北京：中华书局，1962年，第2950页。
[2] （南朝宋）范晔撰，（唐）李贤注：《后汉书》卷四十二《中山简王焉》，北京：中华书局，1973年，第1450页。
[3] （南朝梁）沈约撰：《宋书》卷十五《礼二》，北京：中华书局，1974年，第407页。
[4] （唐）封演撰，赵贞信校注：《封氏闻见记校注》，北京：中华书局，2005年，第58页。
[5] 王鲁豫：《汉晋南北朝墓前石雕艺术》，北京：北京广播学院出版社，1992年。

一、汉晋时期

陵墓石刻起源甚早，一般认为与"人殉人牲"制度淡化并为各类"象生"所替代相关[①]，而陵墓石刻从地下墓室或墓道走向地面，则无疑与墓葬结构的变迁关系密切。西汉以后，传统的竖穴椁墓逐步演变为横穴室墓，从"椁内开通"到"向外界开放"的墓中"通道"的形成与发展，使得墓内与墓外通道形成，中轴线配置型墓室逐渐完善并确立[②]。"从整个墓葬建筑空间上考量，这种中轴形墓室构造的形成与逐渐完善，导致了墓葬空间与祭祀空间在结构上完全分离，在祭祀空间中开始形成了墓前神道，也开始有了墓前石兽存在的空间和理由"。在为死者及其亡魂辟邪压胜、镇墓驱祟思想的指引下，北方草原民族的立石传统为神道石刻的出现提供了形式上的参照，于是早期墓地石兽便应运而生[③]。

根据田野调查和考古发现可知，西汉时期神道石刻初露端倪，发现数量较少，其中以"霍去病"墓前石刻群最受学者关注，近年贺西林[④]和沈琍[⑤]均对研究史进行了全面总结和深刻反思。霍去病逝于西汉元狩六年（117年），武帝为表彰其征服匈奴战功，亲自在茂陵东北为其选址建墓，"天子悼之，发属国玄甲军，陈自长安至茂陵，为冢象祁连山。姚氏案：冢在茂陵东北……上有竖石，前有石马相对，又有石人也"[⑥]。"霍去病"墓前原有石刻具体数量已不可考，1955年时墓前保存有9件，1957年勘探发现5件，此外还有4件文字刻石。其中圆雕石兽共14件，现陈列于陕西茂陵博物馆，分别为立马、卧马、跃马、卧牛、卧虎、卧象、猪、蟾、鱼、蛙、野人、怪兽食羊、野人搏熊等[⑦]。杨宽认为"霍氏墓所列石兽、石人，与东汉时期各陵墓前对称设列在神道两旁的石兽并无制度及形态上的渊源关系"[⑧]。除此之外，在陕西咸阳、甘肃天水、山西安邑等地还有少量发现[⑨]，不过较为零散，且由于没有明确纪年支撑，时代与性质均存疑。

东汉神道石刻发现数量较多，除少量保存于世界各地博物馆外，余分散见于山东、安徽、河南、河北、陕西、四川、重庆等地，其中以河南、四川数量为多[⑩]。这批石刻分布广、种类多，具有一定的地域特征。石刻种类有石祠堂、石阙、石碑、石柱、石人和石兽，组合形式主要有石庙（石祠堂）、石阙、石碑、石柱、石人和石兽，石庙（石祠堂）、石阙、石碑、石柱和

---

① 李玉洁：《先秦丧葬制度研究》，郑州：中州古籍出版社，1991年，第169页。
② 黄晓芬：《汉墓的考古学研究》，长沙：岳麓书社，2003年，第90—93页。
③ 秦臻：《汉晋陵墓石兽制度的起源与发展》，《大足学刊》第三辑，重庆：重庆出版社，2020年，第374页。
④ 贺西林：《"霍去病墓"的再思考》，《美术研究》2009年第3期。
⑤ 沈琍：《霍去病墓及其石雕研究的回顾及思考》，《考古与文物》2010年第6期。
⑥ （汉）司马迁：《史记》卷一百一十一《卫将军骠骑列传》，北京：中华书局，1982年，第2939页。
⑦ 梁佐：《汉武帝茂陵与霍去病墓》，《文博》1985年第3期。
⑧ 杨宽：《中国古代陵寝制度史》，上海：上海人民出版社，2008年，第78、148页。
⑨ 秦臻：《汉代陵墓石兽研究》，北京：文物出版社，2016年，第24—30、59页；刘连香：《汉魏南北朝墓上石刻研究》，北京：中国社会科学院研究生院博士学位论文，2008年，第8—10页。
⑩ 秦臻：《汉代陵墓石兽研究》，第30—63页；刘连香：《汉魏南北朝墓上石刻研究》，第10—52页。

石兽,石祠堂、石阙、石碑和石兽(图一东汉墓地复原图),石阙(石柱)、石碑、石兽,石碑、石兽①,石阙、石柱、石人②等。其中石兽以虎、羊、马为主,来自西域的狮子和添加双翼融合狮虎特征的神兽开始进入序列,并逐渐成为大宗。虽然东汉时期帝王陵墓前的神道石刻尚无实物遗存可证实,但综合考古发现和文献记载来看,不同等级的墓葬对于神道石刻的使用应该已渐成制度(表一)。杨宽据《水经注》描写的东汉官僚地上石刻群的情况,总结指出:"第一个特点是,墓地上的石刻群往往布置在祠堂或祠庙的前面,说明石刻群的出现该与当时盛行的上墓祭祀的礼俗有关。……第二个特点是,墓地上石刻群往往成对布置在墓前大道的两旁。……这种普遍在墓前开筑神道,也该和当时盛行上墓祭祀的礼俗有关。……"③

东汉晚期战乱频仍,两汉帝陵和贵族墓葬频遭盗掘。看着坟陵崩颓,童儿牧竖践蹈其上,曹魏政权提出了薄葬观念,并身体力行,陵墓"不封不树"④,与之对应的是神道石刻几近绝迹。西晋继承了曹魏的"不封不树"制度,武帝司马炎于咸宁四年下诏禁:"此石兽碑表,既私褒美,兴长虚伪,伤财害人,莫大于此。一禁断之。其犯者虽会赦令,皆当毁坏。"⑤惠帝又诏令"子弟及群官并不得谒陵"⑥。在"碑禁"制度的影响下,西晋时大量墓碑被缩小并埋入地下,开启了墓志盛行的新时代,神道石刻仅见少量石柱。东晋定都建康后,碑禁不断,"流寓"帝陵"多不起坟",陵前亦不见石刻设施⑦。魏晋时期从国家层面颁发严禁厚葬的政令,直接导致了神道石刻数量骤减,与东汉神道石刻形成了强烈对比。

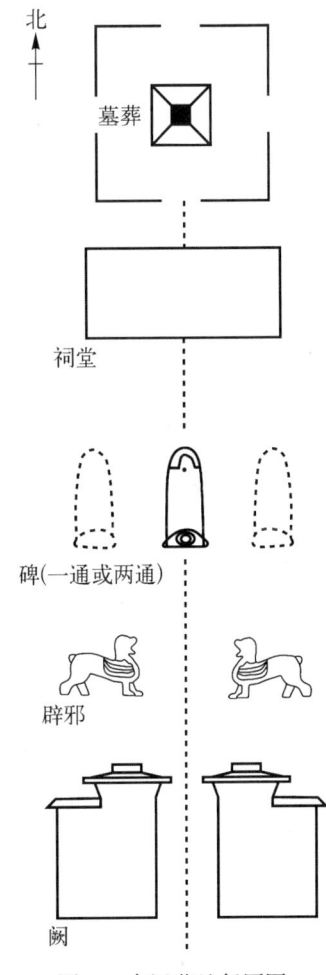

图一 东汉墓地复原图
(引自[美]巫鸿,李清泉等译:《中国古代艺术与建筑中的"纪念碑性"》,上海:上海人民出版社,2009年,第250页)

汉晋时期神道石刻研究主要集中在起源、发展和造型艺术等多个方面,其中以秦臻的研究最为全面系统。他在《汉代陵墓石兽研究》一书中全面搜集了国内外现存的汉代石兽材料,通过考古学观察,初步建立起了汉代陵墓石兽的类型学谱系;然后基于考古学分

---

① 刘连香:《汉魏南北朝墓上石刻研究》,第88—90页。
② 北京市文物工作队:《北京西郊发现汉代石阙清理简报》,《文物》1964年第11期。
③ 杨宽:《中国古代陵寝制度史》,上海:上海人民出版社,2008年,第79页。
④ (晋)陈寿撰,裴松之注:《三国志》卷一《武帝纪》:"古之葬者,必居瘠薄之地。其规西门豹祠西原上为寿陵,因高为基,不封不树。"北京:中华书局,1959年,第51页。《三国志》卷二《文帝纪》:"自古及今,未有不亡之国,亦无不掘之墓也。丧乱以来,汉氏诸陵无不发掘……祸由乎厚葬封树。"北京:中华书局,1959年,第82页。
⑤ (南朝梁)沈约撰:《宋书》卷十五《志礼二》,第407页。
⑥ (唐)房玄龄:《晋书》卷四《惠帝纪》:"又诏子弟及群官并不得谒陵。"北京:中华书局,1974年,第90页。
⑦ 李蔚然:《东晋帝陵有无石刻考》,《东南文化》1987年第3期。

析探讨了汉代陵墓石兽与陵寝制度的关系,通过陵墓石兽的考古学材料来理解、印证中国古代陵寝制度、丧葬观念的变革与形成。同时以陵墓石兽当中的有翼神兽为出发点,讨论了汉代艺术中有翼神兽形象的艺术源流问题,以及对流传线路、图像意义等问题做了初步的论证。最后从陵墓石兽来看汉代丧葬艺术中的艺术赞助人问题,进而研究了丧葬艺术的赞助机制、墓主人的身份地位、被赞助工匠的地位及艺术品的商品化等问题①。

表一 文献所见东汉神道石刻主要组成

(据杨宽《中国古代陵寝制度研究》,上海:上海人民出版社,2016年,第77—80页)

陵　　墓	石刻种类	出　　处
光武帝陵	石象、石马	《水经注·阴沟水》
太尉桥玄墓	石庙、石柱、石羊、石虎、石驼、石马	《水经注·睢水》
长水校尉蔡瑁墓	石天鹿	《水经注·汋水》
桂阳太守赵越墓	石碑、石柱、石牛、石羊、石虎	《水经注·清水》
弘农太守张伯雅墓	石庙、石碑、石人、石柱、石兽	《水经注·济水》
安邑县长尹俭墓	石庙、石阙、石碑、石狮、石碣、石羊	《水经注·涑水》
襄阳坞某君	石狮、石天鹿	《水经注·沔水》
汝阳彭氏	石兽、石人	《风俗通义·神怪篇》

二、南北朝时期

南北朝时期神道石刻较魏晋时期有较多发现,无论是石刻种类抑或使用数量,都有所发展,并形成了两大鲜明的地域特色。其中南朝陵墓前设置石柱、石碑和石兽,石兽种类主要有天禄、辟邪和狮子;北朝陵墓前设置有石人、石碑和石兽,石兽种类有狮/虎、羊。

南朝陵墓神道石刻主要是指宋、齐、梁、陈四朝帝王陵墓前的神道石刻遗存,集中分布于江苏南京、句容及丹阳等地。江苏南京现存南朝陵墓石刻共29处(含句容1处),分布在原地的有21处,失考的南朝石刻3处,另有5处南朝石刻残件迁入博物馆(南京博物馆1件、六朝博物馆2件、江宁区博物馆2件),主要包括:宋武帝刘裕初宁陵、陈武帝陈霸先万安陵以及萧融、萧统等梁代宗室墓葬和失考陵墓②。丹阳市现存南朝陵墓石刻11处26件,散置在陵口、荆林、胡桥、前艾、建山和埤城等六个乡镇,分别是:齐宣帝萧承之永安陵

---

① 秦臻:《汉代陵墓石兽研究》,北京:文物出版社,2016年。
② 陈刚、段森然、于丙辰:《无人机遥感技术支持下的南京六朝陵墓石刻调查与数字化研究——以狮子冲南朝大墓神道石兽三维建模为例》,《中国古都研究》第32辑,西安:陕西师范大学出版社,2017年。

(石兽2)、齐武帝萧赜景安陵(石兽2)、齐景帝萧道生修安陵(石兽2)、齐明帝萧鸾兴安陵(石兽1)、梁文帝萧顺之建陵(石兽2、石建筑基础2、石柱2、石龟趺2)(图二)、梁武帝萧衍修陵(石兽1)、梁简文帝萧纲庄陵(石兽2)、金王陈村齐失名陵石刻(石兽2)、烂石弄南齐失名墓石刻(石兽2)、水经山南齐失名墓石刻(石兽2)、陵口石刻(石兽2)[1]。

图二 丹阳三城巷梁文帝萧顺之建陵神道石刻(东-西)
(许志强拍摄)

南朝陵墓石刻组合通常为三种六件,由外向内依次为石兽、石柱、石碑各一对,对称列置于陵墓前神道两侧,个别墓葬或略有增加。帝陵为有角石兽一对、石柱一对、石碑一对,王侯墓为无角石兽一对、石柱一对、石碑一对。

南朝陵墓神道石刻的整体调查和研究始于法国人张璜,他于民国十二年(1923年)以法文撰成《梁代陵墓考》,随后汇集朱希祖、朱偰、滕固、罗香林诸学者之手而成的《六朝陵墓调查报告》则是这一领域的集大成之作。2010年,邵磊对近百年的南朝陵墓神道石刻研究进行了详细总结,南朝陵墓神道石刻的定名与艺术源流、墓主归属始终是学界关注的重点[2]。

此外,重庆巴县的东晋隆安三年石柱和忠县的刘宋泰始五年石柱[3]、石辟邪[4]亦较为

---

[1] 杨再年:《丹阳南朝陵墓石刻》,《东南文化》1992年第2期;杨再年:《镇江地域六朝陵墓石刻研究述略》,《南京晓庄学院学报》2011年第1期。
[2] 邵磊:《对南朝陵墓神道石刻研究的回顾与反思》,《南京晓庄学院学报》2010年第1期。
[3] 孙华:《重庆忠县泰始五年石柱》,《文物》2006年第5期。
[4] 霍巍:《神兽西来——重庆忠县新发现的石辟邪及其意义初探》,《长江文明》第一辑,重庆:重庆出版社,2008年。

重要，忠县石柱是已发现石柱中铭文字数最多的一件。霍巍通过分析忠县石辟邪与川渝地区发现的汉晋石阙、石兽之间的关系，指出这类带翼石兽应是受到西来文化影响的"有翼神兽"的一种类型，对南朝时期的陵墓神道石刻中的有翼神兽产生了重要影响，由此指出长江上游很可能也是南朝石兽的重要来源，通过"峡江水道"传播到了长江中下游地区①。

相对南朝而言，北朝的神道石刻发现数量较少，多集中于当时的帝陵附近甚或直接与帝陵相关。河南洛阳邙山的北魏陵墓群发现有多件石人，均身形巨大，还见有石狮等②、石虎③、石羊④等，其中比较重要的有：宣武帝景陵石人（1）⑤（图三）、孝庄帝静陵石人（2）⑥，这两例是目前帝陵前神道使用石人最早的发现。

公元534年，孝武帝元修为高欢所逼，西奔关中宇文泰，高欢则挟孝静帝东迁于邺，至此北魏一分为二。以邺为都的东魏北齐逐渐在都城西北的岗坡地带形成了范围广阔的陵墓群⑦，现地表保存了少量神道石刻，其中特别重要的如：湾漳北朝壁画墓前石人、兰陵王墓碑⑧（图四）、元景植墓碑、申庄石虎等，但也有少量石刻因为免于盗扰破坏而被转移到了磁县北朝考古博物馆保存和展示，如：司马兴龙墓石羊、高盛和高翻残碑等。这些石刻中以湾漳北朝壁画墓前石人最为重要，该墓据研究或为北齐文宣帝高洋的武宁陵⑨。

河北内丘距离邺城不远，亦属于以邺城为中心的京畿文化圈，此地曾发现四件大型带翼石兽。据王鲁豫研究，美国费城大学博物馆收藏的两件出自内丘县吴村，法国巴黎吉米特博物馆收藏的一件出自内丘县十方村，这三件均于1937年7月前后被外国人倒卖出境，而至1952年在十方村北又发现一件，当时发现后旋即被填埋⑩。这一件于1999年在基建工程中再度被发现，石兽残高140、体长180、身宽90厘米，现藏于内丘县文物保管所⑪。从发现情况来看，这四件应为两对，分属于两个不同的墓葬。此外，还有定兴义慈惠石柱、赞皇李希宗墓前石人等。

西魏北周神道石刻发现更少，主要有现藏于西安碑林博物馆的西魏文帝永陵石兽、北周恭帝成陵蹲狮以及北周上柱国尉迟运墓前石人（3）、石羊（2）和石狮（2）⑫等。

有关北朝神道石刻的研究较少，具有代表性的如林通雁关于北朝石刻和初唐石刻关系的讨论，北朝是汉至唐时期陵寝制度的过渡阶段，通过对陵墓神道石刻个体样式及种类组合方面的对比，可以发现北朝陵寝神道石刻吸取了汉代的制度，并对初唐陵园雕刻产生

---

① 霍巍：《神兽西来——重庆忠县新发现的石辟邪及其意义初探》，《长江文明》第一辑，2008年。
② 宫大中：《试论洛阳关林陈列的几件北魏陵墓石刻艺术》，《文物》1982年第3期。
③ 现藏于洛阳古代艺术博物馆（洛阳古墓博物馆）。
④ 陈长安：《洛阳邙山北魏定陵钟宁陵考》，《中原文物》1987年特刊。
⑤ 中国社会科学院考古研究所洛阳汉魏城队、洛阳古墓博物馆：《北魏宣武帝景陵发掘报告》，《考古》1994年第9期。
⑥ 黄明兰：《洛阳北魏景陵位置的确定和静陵位置的推测》，《文物》1978年第7期。
⑦ 沈丽华：《邺城地区东魏北齐墓群布局研究》，《考古》2016年第3期。
⑧ 马忠理：《北齐兰陵王高肃墓及碑文述略》，《中原文物》1988年第2期。
⑨ 中国社会科学院考古研究所、河北省文物研究所：《磁县湾漳北朝壁画墓》，北京：科学出版社，2003年。
⑩ 王鲁豫：《河北内丘石雕神兽考察小记》，《美术研究》1987年第4期。
⑪ 巨建强：《河北内邱出土北朝石神兽》，《文物》2005年第7期。
⑫ 负安志：《中国北周珍贵文物》，西安：陕西人民美术出版社，1993年，第93—109页。

图三　北魏宣武帝景陵神道石人

图四　兰陵王墓碑正面
（孙天顺制作三维正射影像）

了影响。北朝作为中国神道石刻发展的一个环节，是神道石刻在北方发展不可或缺的一部分，对中国神道石刻的发展具有承上启下的作用[①]。此外，赵克礼从石兽形态和文献引

---

① 林通雁：《初唐陵园雕刻与汉制及北朝模式》，《陕西师大学报》1991年第4期。

证方面入手,对西魏永陵石兽的名称问题进行了探讨,认为永陵石兽应为天鹿(天禄)而非獬豸,进而延伸到南朝陵墓石兽名称的考证,通过对石兽外在特征以及造型风格的研究,认为南朝帝王陵墓前的石兽应是"天禄"和"辟邪",而非"麒麟"①。

三、隋唐时期

隋唐是中国古代社会发展史上最鼎盛的时期之一,这一时期陵墓规模宏大,神道石刻类型丰富,基本涵盖了后代的石刻类型,是神道石刻制度的形成时期。这一时期最具代表性的是位于陕西关中平原北部的帝陵石刻,即"关中十八陵"。唐陵石刻因保存相对较好、文献记载也较为丰富,相关调查研究显得较为充分深入②。特别是2006年开始的"唐陵大遗址保护"考古调查项目,历经7年,先后对唐高宗乾陵、唐肃宗建陵、杨氏顺陵、唐德宗崇陵、唐玄宗贞陵、唐睿宗桥陵、唐玄宗泰陵、唐宪宗景陵、唐穆宗光陵、唐高祖献陵进行了地面调查、考古钻探、局部发掘和全面测绘,取得了不少较为重要的新发现③。唐陵石刻主要分布在南神道两侧,从南向北依次是石柱一对、翼马一对、鸵鸟一对、石马五对、石人十对、石碑(仅乾陵和定陵)、蕃酋像和石狮,此外可能还有少量特殊的石刻种类。

20世纪80年代,周景濂在白寿彝、史念海、李绵等先生领导下,仔细考察了唐代的帝王陵墓,拍摄照片近4 000张,在初步研究的基础上编写出油印本《唐陵石刻研究》,田有前据油印本对原文进行了整理和补充。周景濂通过实地调查,对唐陵的建筑设计、石刻分布和保存情况进行了全面介绍,并就华表、朱雀、仗马、翁仲、石狮等石刻进行了详细考释,探讨其渊源和唐人对石刻造型的发展。他根据唐陵石刻不同时期的特征,将石刻发展分为六个时期④。

李毓芳对唐陵神道石刻的种类、位置与组合分别进行了探讨,认为中国墓前设置石兽受到了北非、西亚陵墓制度的影响,又结合考古和文献记载,把唐陵石刻组合分为初唐、盛唐和中晚唐三个时期。初唐以献陵和昭陵为例,这一时期的陵墓石刻组合制度属草创时期;盛唐时期包括高宗乾陵、中宗定陵和睿宗桥陵,陵园四门外各置石狮一对,神道石刻由北向南依次有:蕃像、石碑(桥陵无石碑)、石人十对、仗马五对、鸵鸟、翼马(桥陵为翼兽)、华表各一对,北门外仗马三对。中晚唐时期包括玄宗泰陵至僖宗靖陵,神道石刻组合与盛唐时期基本相同,但不见石碑,蕃像数量也较少,石刻规模卑小,但仍

---

① 赵克礼:《天禄、獬豸、麒麟考辨——从永陵石兽为"天禄"谈起》,《文博》2003年第4期。
② 贺梓城:《"关中十八陵"调查记》,《文物资料丛刊(3)》,北京:文物出版社,1980年;刘庆柱、李毓芳:《陕西唐陵调查报告》,《考古学集刊》第5辑,北京:中国社会科学出版社,1987年;陈安利:《唐十八陵》,北京:中国青年出版社,2001年;沈睿文:《唐陵的布局:空间与秩序》,北京:北京大学出版社,2009年。
③ 张建林:《唐代帝陵陵园形制的发展与演变》,《考古与文物》2013年第5期。
④ 周景濂、田有前:《唐陵石刻研究》,《西部考古》2018年第1期。

追求严格的对称布局,这一特点被后朝所沿用①。

  讨论唐陵神道石刻的发展演变,需置身于唐代陵园制度发展的大背景之下,这一点毋庸置疑。张建林通过对唐高祖献陵与隋文帝帝陵的比较,对文献所谓唐高祖遗诏"斟酌汉魏"、唐太宗遗诏"依汉长陵故事"提出质疑。综合封土形制、墓道、陵园、四方四门及门阙特征的比较来看,隋文帝泰陵在很大程度上模仿的是西汉帝陵陵园布局,但在玄宫、陵园门及门阙等方面多有变通。唐高祖献陵以隋文帝陵为范本,综合了汉陵陪葬制度、南朝及北朝陵墓石刻做法,以为新制,为初唐陵寝制度奠定了基础②。而归结到神道石刻制度方面,张建林认为唐陵石刻的发展过程可分为四个阶段:第一阶段献陵、昭陵,属于借鉴南北朝石刻制度的探索、创新阶段;第二阶段乾陵、定陵、桥陵,石刻制度正式确立,形成了"乾陵模式"(图五);第三阶段泰陵—简陵,发生了文官执笏、文武对立的新变化,并出现了十二生肖石刻;第四阶段靖陵,石刻形象稳定,神道变短,石刻变小,石柱变细。唐陵石刻制度不仅对周边的突厥、吐蕃、新罗、渤海产生了深刻的辐射影响,还对后世西夏、北宋的帝陵石刻制度也产生了深远的影响③。

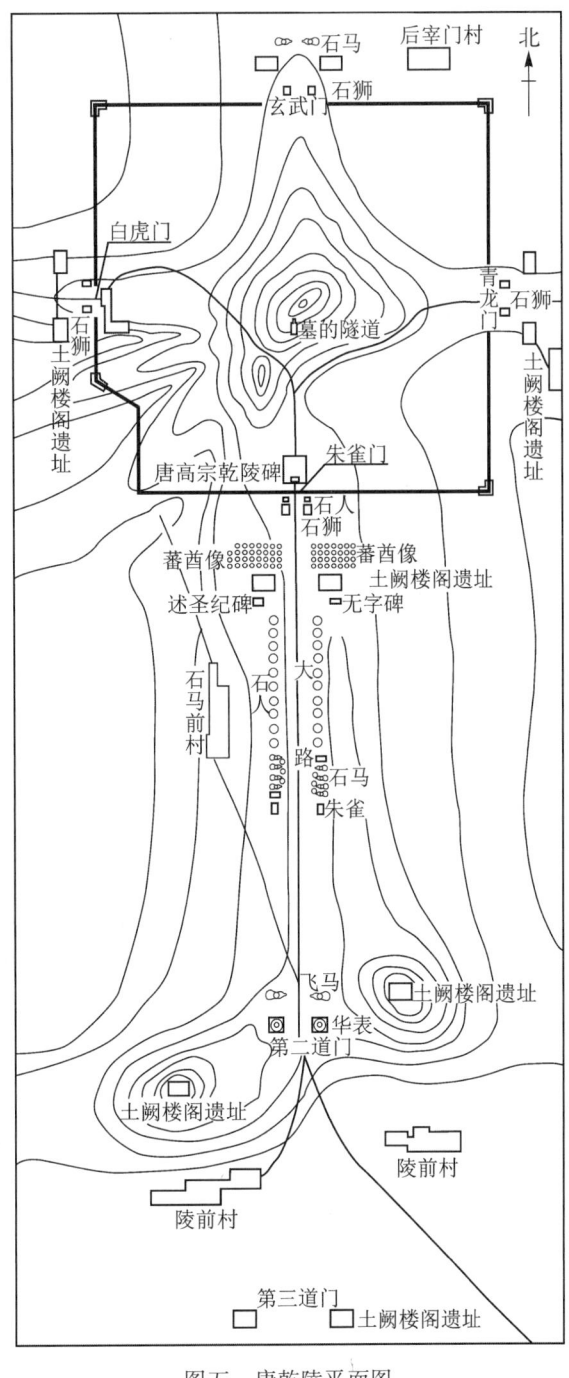

图五 唐乾陵平面图

(引自王巍主编:《中国考古学大辞典》,上海:上海辞书出版社,2014年,第537页。略作更正)

---

① 李毓芳:《唐陵石刻简论》,《文博》1994年第3期。
② 张建林:《"斟酌汉魏"还是"唐承隋制"——唐高祖献陵与隋文帝泰陵的比较》,《考古与文物》2021年第1期。
③ 张建林:《唐代帝陵陵园形制的发展与演变》,《考古与文物》2013年第5期。

四、结　　语

综上所述,在古代陵寝制度发展和上墓祭祀礼俗的双重影响下,神道石刻应运而生。东汉、南朝和唐代是中古时期神道石刻发展的三个高峰,不仅考古发现数量多,文献记载丰富,也因其与陵墓制度之间的密切关系以及自身所呈现出的高超的造型艺术,而备受历史、考古和艺术史等各界学者的广泛关注。在诸多研究论述中,无疑以杨宽为最,他于20世纪80年代对中国古代陵墓的神道石刻进行了系统研究,言简意赅地梳理出从西汉至明清神道石刻的发展变化及与墓葬等级的对应关系①。之后伴随着考古发现的不断增多,相关研究也渐为深入。

神道石刻不同于地下墓葬,就研究而言既有其便利性,同时也存在一些隐形的弊端。便利性无疑是指其或散布于田野,或陈列于博物馆,无论是历史、考古还是艺术史学者,都可以直接进行观摩调查。而弊端一方面在于散布于田野的石刻因自然风化和人为盗扰等诸多因素,保存状况不容乐观,不少细节内容逐渐消逝于历史时光之中。另一个更重要的弊端则在于神道石刻虽然大多形体巨大,不易移动,但不易移动并不等同于不能移动,这样不少神道石刻与墓葬之间的对应关系往往是值得思考的,更遑论在未经发掘证实的情况下墓葬时代与墓主人属性的不确定性。此外,历朝历代都有修葺和祭祀前代帝陵的情况见诸于文献记载②,田有前通过对永康陵与兴宁陵神道石刻特征的比较研究,就发现有后代补刻的现象,唐初武德时可能只设置了石狮和独角兽,至晚到玄宗时才补刻了石柱、石马和石人③。这样无疑给学者讨论神道石刻的组成和布局又增加了一重难度。

神道石刻的定名不仅是这一领域研究的热点,也是分歧最大、争论最久,却始终无法定论的一个研究方向。名不正则言不顺,以南朝陵墓神道石刻中石兽的定名为例,历代研究者众说不一,但基本不出朱希祖、朱偰父子所持的观点,多认为无角石兽称"辟邪",不同点只在于是否要将双角和独角石兽分开(表二)。然而正如杨晓春所指出的"天禄、辟邪这样的名称并非区别种属的需要,乃是出于一种祈福的考虑。我们在考察南朝陵墓石兽名称时,存在着两方面的问题:一是当时人的称呼,一是当时人的误解(相对于南朝之前的称呼)。这其实是名称使用中一个谈不上孰是孰非的问题,被大家接受了的就是有了足够的理由,印第安人、西印度群岛不就是这么叫的吗?然后对于今天的研究者来说,关键就是要揭示出名称的来源"④。

---

① 杨宽:《中国古代陵寝制度史研究》,上海:上海人民出版社,2016年。
② 朱津:《中国古代帝陵的保护传统》,《光明日报》2022年7月18日14版。
③ 田有前:《关中唐祖陵神道石刻的年代》,《考古与文物》2019年第5期。
④ 杨晓春:《关于南朝陵墓神道石兽的名称问题》,《东南文化》2009年第3期。笔者和杨泓先生在聊天时也曾讨论过类似关于古代名物的定名问题。不同学者有着不同看法,如扬之水就进行着非常细致的名物考证。定名无疑是研究的基础,但之所以争论不休,其间存在的问题显见也是非常复杂的。

表二 关于南朝陵墓神兽定名的分歧

观点提出者	双角石兽	独角石兽	无角石兽	出　处	主要支持者举例
朱希祖	辟邪	天禄	符拔、扶拔	《天禄辟邪考》，1935	
	桃拔		桃拔类		
朱希祖	麒麟		辟邪	《六朝陵墓调查报告》，1935	腾固、罗宗真、刘敦桢、林树中、杨宽、梁白泉、张学锋
朱偰	天禄	麒麟	辟邪	《建康兰陵六朝图考》，1935	罗宗真
姚迁、古兵	天禄（天鹿）	麒麟	狮子	《南朝陵墓石刻》，1981	
曾布川宽	麒麟		狮子	《六朝帝陵——以石兽和砖画为中心》，1991	
杨晓春	辟邪	天禄	狮子（翼狮）	《关于南朝陵墓神道石兽的名称问题》，2009	赵克礼

综合已有调查与研究，总体来看与实际发现数量对应，学者们对于东汉、南朝和唐代三个时段的神道石刻研究较为充分和深入，并因此产生了不少研究论文和专著，但是其中还是存在一些缺环，如北朝。在对唐代帝陵陵园制度的研究中，学者们逐渐开始重视北朝的影响，正如陈寅恪指出："隋唐之制度虽极广博纷复，然究其因素，不出三源：一曰（北）魏、（北）齐，二曰梁、陈，三曰（西）魏、周……在三源之中，此（西）魏、周之源远不如其他二源之重要"[①]。倪润安从墓葬形制、文化特征、佛教因素和神道石刻几个方面论证了南北朝墓葬文化的正统争夺，认为以北朝全面压倒南朝而结束[②]，这也从一个侧面说明了北朝神道石刻在中国墓葬制度史上的重要地位，这大概就是将来需要重点关注的方向。

[①] 陈寅恪：《隋唐制度渊源略论稿·唐代政治史述论稿》，北京：生活·读书·新知三联书店，2001年。
[②] 倪润安：《南北朝墓葬文化的正统争夺》，《考古》2013年第12期。

巩义唐墓：在两京与河北之间

卢亚辉

中国社会科学院考古研究所，北京大学中国考古学研究中心

本文研究的巩义地区唐墓是指今日巩义行政辖区内发掘的唐墓。巩义地处河南中部，伊洛河东岸的谷地，西邻唐东都洛阳，越过黄河，便可抵达唐代河北道地区。若置于中古中国的视野之下，巩义地区的唐墓，徘徊于唐王朝墓葬制度的"两京模式"和"河北山东地方因素"之间[①]。巩义唐墓在墓葬形制上受两京地区影响，出现了多天井斜坡墓道土洞墓；在葬俗方面，与河北山东地区紧密互动。处于二者之间的巩义地区，也将该地生产的三彩器如三彩三足罐向外辐射，成为他者墓葬随葬品的一份子。

目前发表的巩义唐墓葬材料，是20世纪90年代之后配合基本建设，由郑州市文物考古研究所和巩义市文物保管所发掘的。截止到2018年，墓葬集中出土于巩义芝田镇和站街镇两地，具体而言：芝田镇24座[②]，站街镇21座[③]。另外，出土唐墓的地点还有巩义铝厂4座[④]，城东新区4座[⑤]，巩义孝义镇食品厂3座[⑥]，涉村镇1座[⑦]（附表一、附表二）。

---

* 本文系国家社科基金中国历史研究院重大历史问题研究专项重大招标项目《隋唐洛阳城遗址考古发掘资料的整理和综合研究》（LSYZD21019）的阶段性成果，国家社会科学基金青年项目"北朝隋唐五代墓葬出土神煞俑的考古学研究"（20CKG025）的阶段性成果。

① 案：河北地区则相当于唐代的河北道。另，本文所使用的唐帝国墓葬制度"两京模式"和"河北山东地方因素"相关概念和地理范围的界定，分别据齐东方：《隋唐考古》，北京：文物出版社，2002年，第75—91页；沈睿文：《中国古代物质文化史·隋唐五代卷》第三章和第四章，北京：开明出版社，2015年。

② 24座墓，其中芝田镇第二电厂及巩义耐火材料总厂唐墓23座，另外1座为巩义市芝田镇益家窝村天宝五年（746年）杨氏墓07HGZM1。分别见于郑州市文物考古研究所编：《巩义芝田晋唐墓葬》，北京：科学出版社，2003年；郑州市文物考古研究院：《巩义芝田唐墓发掘简报》，《文物春秋》2013年第2期。案：下文中相同资料的出处，恕不再指出，余同。

③ 21座墓，其中站街镇北姚湾村唐墓19座，站街镇老城砖厂2座。分别见载于河南省文物考古研究所、巩义市文物保管所：《巩义市北窑湾汉晋五代墓葬》，《考古学报》1996年第3期；郑州市文物考古研究所、巩义市文物保护管理所：《河南巩义市老城砖厂唐墓发掘简报》，《华夏考古》2006年第1期。

④ 4座墓，即巩义铝厂M1、巩义铝厂M2、巩义铝厂M3、95HGLM2。分别参见郑州市文物考古研究所、巩义市文物保护管理所：《巩义市铝厂唐墓发掘简报》，《中原文物》1998年第4期；郑州市文物考古研究所、巩义市文物保护管理所：《巩义铝厂唐墓发掘简报》，《中原文物》2004年第4期。

⑤ 4座墓，1座为04HGXM8。参见郑州市文物考古研究所、巩义市文物管理局：《河南巩义唐墓发掘简报》，《文物》2014年第8期。另外3座为天玺尚城M226、M234、M235，见于北京大学赛克勒考古与艺术博物馆展览，其中天玺尚城M234参见河南省文物考古研究院、巩义市文物考古研究所：《巩义市东区天玺尚城唐墓M234发掘简报》，《中原文物》2016年第2期。

⑥ 3座墓，即92HGSM1、93HGSM1、93HGSM2。分别参见郑州市文物考古研究所、巩义市文物保护管理所：《河南省巩义市孝西村唐墓发掘简报》，《文物》1998年第11期；郑州市文物考古研究所、巩义市文物保护管理所：《巩义市食品厂唐墓发掘简报》，《中原文物》2003年第4期。

⑦ 1座墓，即06HGSM1。参见郑州市文物考古研究院、巩义市文物管理局：《巩义涉村唐墓发掘简报》，《中原文物》2011年第2期。

一、巩义唐墓的发现和研究

1986年4月,河南省巩义市康店镇砖厂唐墓中,出土了两件镇墓兽。其中兽面者背部墨书"祖明"二字。1991年,巩义市黄冶村南岭唐墓中,出土了一件镇墓兽,高67厘米,背部墨书"祖名"二字①。这两件镇墓兽的出土,证实了王去非有关唐墓中镇墓兽之一是"祖明"的论断②。

1991年7月,郑州市文物考古研究所和巩义市文物保管所,配合巩义市铝厂第二电解车间建设,清理了3座唐墓。其中M2、M3均为斜坡状土洞墓,年代在隋唐之交。M1为竖井式墓道土洞墓,简报据出土瓷碗的形制与偃师杏园唐墓出土器物的对比,将其年代定在晚唐③。1995年4月,又在巩义市铝厂基建工地清理出1座斜坡墓道的单室土洞墓(编号95HGLM2),根据《巩义芝田晋唐墓葬》的分期结果,发掘者将其年代定在公元675—680年之间④。

1992年10月,巩义市芝田镇唐墓92HGNM35、92HGNM36⑤,由郑州市文物考古研究所、巩义市文物保护管理所进行考古发掘。两墓均为长斜坡墓道土洞墓,东西平行排列,前者位于后者西侧,相距4米,应属同一家族同辈分的墓葬。根据出土器物与偃师唐墓的比较,简报将其年代定在公元672年至694年前后,其中M35可能略早⑥。其后正式发掘报告根据巩义芝田唐墓分期结果,两墓年代有所修正,将M35定在650—675年,M36为675—680年⑦。需要注意的是,M35随葬有陶牛、陶车各1,陶马4,应是唐墓中的牛车鞍马出行组合。

因巩义毗邻洛阳,二地墓葬互动紧密,依靠洛阳地区较为成熟的分期结果,来判断巩义唐墓的年代,无疑是正确可行的做法。1992年11—12月,为配合开封至洛阳国道310的修建,河南省文物考古研究所、巩义市文物保管所对巩义市站街镇的北窑湾村古墓群进

---

① 以上两座墓葬未见公开发表,相关资料参见张文霞、廖永民:《隋唐时期的镇墓神物》,《中原文物》2003年第6期。巩义市康店镇砖厂唐墓"祖明"镇墓兽图片,见郑州市文物考古研究所:《中国古代镇墓神物》,北京:文物出版社,2004年,第181页。
② 王去非:《四神·巾子·高髻》,《考古通讯》1956年第5期。案,王去非有关镇墓兽之一是"地轴"的判断恐误。白彬等据广东海康元墓阴线刻砖题铭的两人首共一龙(蛇)身的"地轴"形象,推测唐宋时期的地轴应是两人首共一龙(蛇)身,蛇身平卧之明器,参见白彬、张勋燎:《中国道教考古》,北京:线装书局,2016年,第1705—1709页。另外,朝鲜德兴里壁画墓前室墓顶北侧也有自铭"地轴"的画像,该画像为双头连体四足。详见朝鲜民主主义人民共和国社会科学院、朝鲜画报社:《德兴里高句丽壁画古坟》,东京:讲谈社,1986年,第124页,图版27。案:承沈睿文教授告知,唐墓随葬品中两人首共一龙(蛇)身,龙(蛇)身平卧之明器为地轴。而两人首共一龙(蛇)身,龙(蛇)身圆拱起者则为墓龙。
③ 郑州市文物考古研究所、巩义市文物保护管理所:《巩义市铝厂唐墓发掘简报》,《中原文物》1998年第4期。
④ 郑州市文物考古研究所、巩义市文物保护管理所:《巩义铝厂墓发掘简报》,《中原文物》2004年第4期。
⑤ 两墓原编号为92HGZM35、92HGZM36,郑州市文物考古研究所、巩义市文物保护管理所:《河南省巩义市芝田两座唐墓发掘简报》,《文物》1998年第11期。此据郑州市文物考古研究所编:《巩义芝田晋唐墓葬》。
⑥ 郑州市文物考古研究所、巩义市文物保护管理所:《河南省巩义市芝田两座唐墓发掘简报》,《文物》1998年第11期。
⑦ 郑州市文物考古研究所编:《巩义芝田晋唐墓葬》,第293—294页。

行了发掘,其中唐墓19座,纪年墓有永淳二年(683年)种氏墓92GZBM7、大中五年(851年)薛泰墓M1、薛华墓M18、咸通八年(867年)蔺从则墓M10。简报以墓葬为单位,详细介绍了M6、M3、M1、M18四座唐墓,其中M6随葬器物丰富,墓葬等级较高。简报根据墓葬形制和出土遗物,参考洛阳地区的唐墓分期①,对未有明确纪年的唐墓进行断代②。北窑湾村唐墓的时代跨越李唐一朝,出土的4座纪年墓,无疑为巩义唐墓的分期提供了精确的年代坐标。在此需要指出的是,其中92GZBM5出土白陶莲花座、白陶陶罐各2件③,此二者实为2件塔式罐。同理,92GZBM3出土器座2件、器盖1件也应是塔式罐的一部分。结合塔式罐的形制演变以及墓葬形制和镇墓兽的互动关系④,上述两墓葬年代宜在唐玄宗开元至天宝年间,开元时期的可能性更大。

1992年12月,发掘的巩义市孝义镇孝西村食品厂唐墓92HGSM1,为一坐北朝南的长斜坡土洞墓,根据与偃师杏园唐墓和河洛地区唐墓的类比,发掘者初推断其年代为咸亨三年(672年)至神龙二年(706年)之间⑤,后又参考芝田唐墓分期,将其年代修正在690—700年⑥。该墓出土了一件狮虎形镇墓兽(图一),沈睿文认为是太一出行图式中的长颈怪兽,亦称畏兽⑦。1993年11月,又在此地清理出两座唐墓93HGSM1、93HGSM2,前者位于后者东4米。两墓均为斜坡墓道单室土洞墓,发掘简报参考巩义芝田唐墓的分期结果,将两墓年代定在公元675—690年之间,简报推测两墓可能是家族墓葬⑧,同时注意到93HGSM1所出的2件堆塑罐、2件莲花灯,器大精美,在唐墓中十分罕见⑨。就其形制而言,此二者实组合为一塔式罐(图二),其组合高度约69.5厘米。该数据也与唐代塔式罐多数高60厘米左右相符合⑩。

图一 巩义唐墓92HGSM1出土畏兽
(《河南省巩义市孝西村唐墓发掘简报》,《文物》1998年第11期,第39页图二:1)

---

① 徐殿魁:《洛阳地区隋唐墓的分期》,《考古学报》1989年第3期。案:徐殿魁将洛阳地区的隋唐墓分成四期,即隋至初唐时期(隋文帝至唐高宗)、盛唐时期(武则天光宅元年至玄宗开元年间)、中唐期(玄宗开元之末至德宗贞元年间)、晚唐期(宪宗以后至唐亡)。
② 河南省文物考古研究所、巩义市文物保管所:《巩义市北窑湾汉晋唐五代墓葬》,《考古学报》1996年第3期。
③ 河南省文物考古研究所、巩义市文物保管所:《巩义市北窑湾汉晋唐五代墓葬》,图版十九:4。
④ 袁胜文:《塔式罐研究》,《中原文物》2002年第2期。
⑤ 郑州市文物考古研究所、巩义市文物保护管理所:《河南省巩义市孝西村唐墓发掘简报》,《文物》1998年第11期。
⑥ 郑州市文物考古研究所编:《巩义芝田晋唐墓葬》,第293页。
⑦ 沈睿文:《中国古代物质文化史·隋唐五代卷》,第262页。
⑧ 郑州市文物考古研究所、巩义市文物保护管理所:《巩义市食品厂唐墓发掘简报》,《中原文物》2003年第4期,第4—9页。
⑨ 郑州市文物考古研究所、巩义市文物保护管理所:《巩义市食品厂唐墓发掘简报》,第9页。
⑩ 袁胜文:《塔式罐研究》,《中原文物》2002年第2期。

陵墓·制度

图二 巩义食品厂93HGSM1塔式罐
(《中原文物》2003年第4期封二)

1998年,在巩义市第二造纸厂基建工地发现唐墓1座,出土了1件彩绘镇墓神物,俯卧状,体形似鼠,面部似狮,体内中空墨书"地吞"二字,应是其题名,此墓另出双面蛇身俑、器皿等[①]。

2001年1月,郑州市文物考古研究所与巩义市文物保护管理所在巩义市站街镇老城砖厂联合发掘了2座唐墓,分别编号为01ZGLCM1、01ZGLCM2。两墓均被盗,M1出土器物零乱破碎,多数不能修复;M2器物种类较为齐全,且有一定数量的三彩俑与陶俑。M2为长斜坡墓道土洞式墓。发掘简报根据巩义芝田唐墓的分期结果,将其年代定在675—680年间[②]。

2003年出版的《巩义芝田晋唐墓葬》一书,详细报道了1988—1994年郑州市考古研究所在巩义市芝田镇第二电厂及其北的巩义耐火材料厂发掘的23座唐墓和巩义食品厂的2座唐墓。对芝田唐墓形制、墓葬随葬品进行了细致的类型学分析,探讨唐墓中的明器神煞制度,确定了唐高宗至玄宗天宝时期巩义芝田唐墓的年代框架[③]。此书虽于2003年出版,但芝田唐墓的分期结果已用于1993年之后发掘的巩义唐墓年代的断定上。然芝田唐墓年代集中于650—750年之间——即初唐至盛唐时期,中晚唐墓葬材料的缺失,使巩义芝田唐墓的分期留下缺憾的同时,也为本文巩义唐墓的研究提供了一个契机。

2004年4月,郑州市文物考古与研究院与巩义市文物保护管理所联合,对巩义市城

[①] 该墓未见公开发表,相关资料参见张文霞、廖永民:《隋唐时期的镇墓神物》,《中原文物》2003年第6期,第69页。
[②] 郑州市文物考古研究所、巩义市文物保护管理所:《河南巩义市老城砖厂唐墓发掘简报》,《华夏考古》2006年第1期。
[③] 郑州市文物考古研究所编:《巩义芝田晋唐墓葬》,第285页。

东新区的巩义市行政中心大楼地基内的 8 座墓葬进行了发掘。其中 04HGXM8 为一斜坡墓道的土洞墓,简报根据出土的镇墓兽、武士俑及文武官俑将其年代定在 720 年前后[1]。

2006 年 4 月,巩义市涉村镇发掘出一座半斜坡墓道的土洞墓(06HGSM1),墓主推测是常景之妻,简报根据出土武士俑和镇墓兽的形制,将其年代定在公元 700—720 年之间[2]。

2007 年 7 月,巩义市芝田镇益家窝村发掘出一座斜坡墓道土洞墓(07HGZM1),据墓志记载,墓主为杨氏,曾任吴兴郡司户参军,天宝四载(745 年)去世,次年下葬[3]。

2015 年 5 月,为配合巩义城东新区天玺尚城项目建设,巩义市文物考古研究所清理出 24 座墓葬,发掘了唐代大和六年(832 年)墓三座,即司马进夫妇合葬墓(M234)、司马仲举(莒)夫妇合葬墓(M235)以及张氏夫人墓(M226)。这三座墓葬出土的碾、炉、鍑、盂、执壶、盘及盏等茶具及茶人坐俑,为研究茶文化提供了珍贵的实物资料。

从早期多借鉴两京地区和安阳隋唐墓分期结果来推定巩义唐墓的年代,到后来巩义北窑湾墓群和芝田唐代墓群的发掘,巩义唐墓的年代框架基本得以确立。已有的学术成果,也为本文进一步研究巩义唐墓的分期、葬俗等相关问题,奠定了良好的基础。

二、巩义唐墓的形制演变

根据墓道形制的不同,巩义唐代墓葬形制大体可分为三类:第一类为斜坡墓道土洞墓,第二类为竖井式半斜坡墓道土洞墓,第三类为竖井式土洞墓。

结合纪年墓和器物形制的演变,参考已有的分期结果和出土墓志,可将巩义唐墓分为三期:第一期是隋至唐高祖、太宗时期,第二期是高宗至玄宗时期,第三期是肃宗至唐末。

第一期:隋至唐高祖、太宗时期。历经"隋运告终,三川纷鲠"的动荡[4],"王充窃号晋京,李密称师巩洛"的兵戈[5],社会人口锐减,此期墓葬发现较少,固有考古发掘的偶然,而战乱更是不可忽视的因素。

此期仅见巩义铝厂唐墓 M2、M3。巩义铝厂 M3 为斜坡墓道土洞墓,出土的镇墓兽、女侍俑、瓷瓶、四系罐多具隋末唐初的风格[6]。M3 坐北朝南,墓主人头向南(图三),也与巩义地区第二期唐墓(88HGZM89、88HGZM151、88HGZM38)墓主朝向有别。因巩义铝厂 M2、M3 墓葬形制相同,出土器物相似,二者年代相近[7],故将巩义铝厂唐墓 M2、M3 列入第一期。

---

[1] 郑州市文物考古研究所、巩义市文物管理局:《河南巩义唐墓发掘简报》,《文物》2014 年第 8 期。
[2] 郑州市文物考古研究院、巩义市文物管理局:《巩义涉村唐墓发掘简报》,《中原文物》2011 年第 2 期。
[3] 郑州市文物考古研究院:《巩义芝田唐墓发掘简报》,《文物春秋》2013 年第 2 期。
[4] 周绍良主编:《唐代墓志汇编》,上海:上海古籍出版社,1992 年,第 371 页。
[5] 周绍良主编:《唐代墓志汇编》,第 263—266 页。
[6] 郑州市文物考古研究所、巩义市文物保护管理所:《巩义市铝厂唐墓发掘简报》,《中原文物》1998 年第 4 期。
[7] 郑州市文物考古研究所、巩义市文物保护管理所:《巩义市铝厂唐墓发掘简报》,《中原文物》1998 年第 4 期。

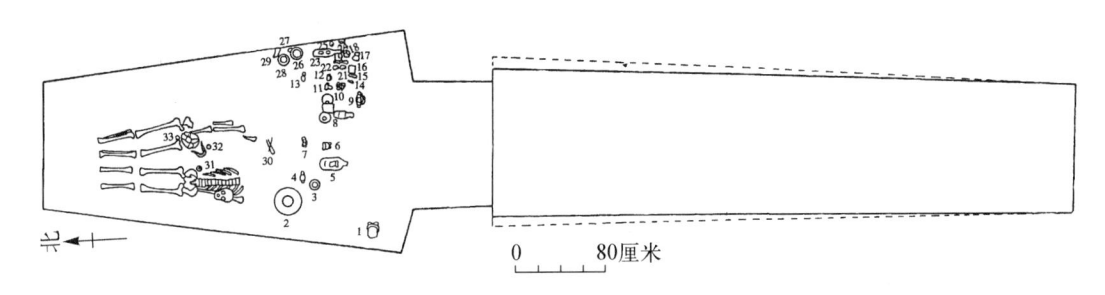

图三　巩义铝厂M3
(《巩义市铝厂唐墓发掘简报》第3页图四)

此期男女陶俑造型修长，眉目清秀，且巩义铝厂唐墓M3出土的瓷瓶、武士俑、男女侍俑、四系罐与安阳张盛墓相似[1]。女持箕俑与河北磁县茹茹公主墓出土的奴仆俑在造型上有内在的一致性[2]。这都昭示着巩义地区唐墓的部分文化因素受河北地区的影响。

第二期：高宗至玄宗时期。自高宗迄至玄宗末年，是巩义地区出土唐墓最多的时期。受两京地区唐墓的影响，此期墓葬以斜坡墓道带天井的单室土洞墓居多，墓室为方形或长方形。竖井式半斜坡墓道土洞墓和竖井式土洞墓开始出现。

此期纪年墓虽多，然多遭严重盗扰，有：永淳二年(683年)种氏墓(92GZBM7)(图四，1)[3]、北窑湾92GZBM6(图四，3)[4]、开元二十年(732年)郭神鼎(88HGZM4)(图四，2)[5]、开元二十一年(733年)窦纳言墓(92HGZM12)(图四，4)[6]、天宝五年(746年)杨氏墓(07HGZM1)[7]。

出土的随葬品根据功用可分为出行仪卫类、盟器神煞类、宴居类、实用器物或墓主人生前玩好、家养驯化动物与井灶类[8]。出行仪卫类又可细分为文武官俑、牛车、驼马俑、牵夫俑、骑马俑等；盟器神煞类主要包括镇墓兽、镇墓天王俑、塔式罐、地轴、俯听俑等；宴居类则涵盖建筑模型、男女侍立俑、侏儒俑、坐俑、生活用具类；家养驯化动物与井灶模型明器主要有猪、羊、鸡、狗等。其中镇墓兽、文武官俑等典型器物的台座呈现出逐渐增高的趋势[9]。

在该期墓葬中，巩义芝田唐墓92HGZM4室内大部随葬品位置未动[10]，可知其随葬品的位置和组合关系(图五)。

此外，此期个别墓葬中出土的器物，模仿了金银器造型。如88HGZM13出土的三彩杯

---

[1] 郑州市文物考古研究所、巩义市文物保护管理所：《巩义市铝厂墓发掘简报》，《中原文物》1998年第4期。
[2] 磁县文化馆：《河北磁县东魏茹茹公主墓发掘简报》，《文物》1984年第4期。
[3] 河南省文物考古研究所、巩义市文物保所：《巩义市北窑湾汉晋唐五代墓葬》，《考古学报》1996年第3期。
[4] 河南省文物考古研究所、巩义市文物保所：《巩义市北窑湾汉晋唐五代墓葬》，《考古学报》1996年第3期。
[5] 郑州市文物考古研究所编：《巩义芝田晋唐墓葬》，第208页。
[6] 郑州市文物考古研究所编：《巩义芝田晋唐墓葬》，第208页。
[7] 郑州市文物考古研究院：《巩义芝田唐墓发掘简报》，《文物春秋》2013年第2期。
[8] 此五分法依据沈睿文的相关研究而略有变动，详所撰《中国古代物质文化史·隋唐五代卷》，第261—262页。
[9] 郑州市文物考古研究所编：《巩义芝田晋唐墓葬》，第54—298页。
[10] 郑州市文物考古研究所编：《巩义芝田晋唐墓葬》，第55—56、91页。

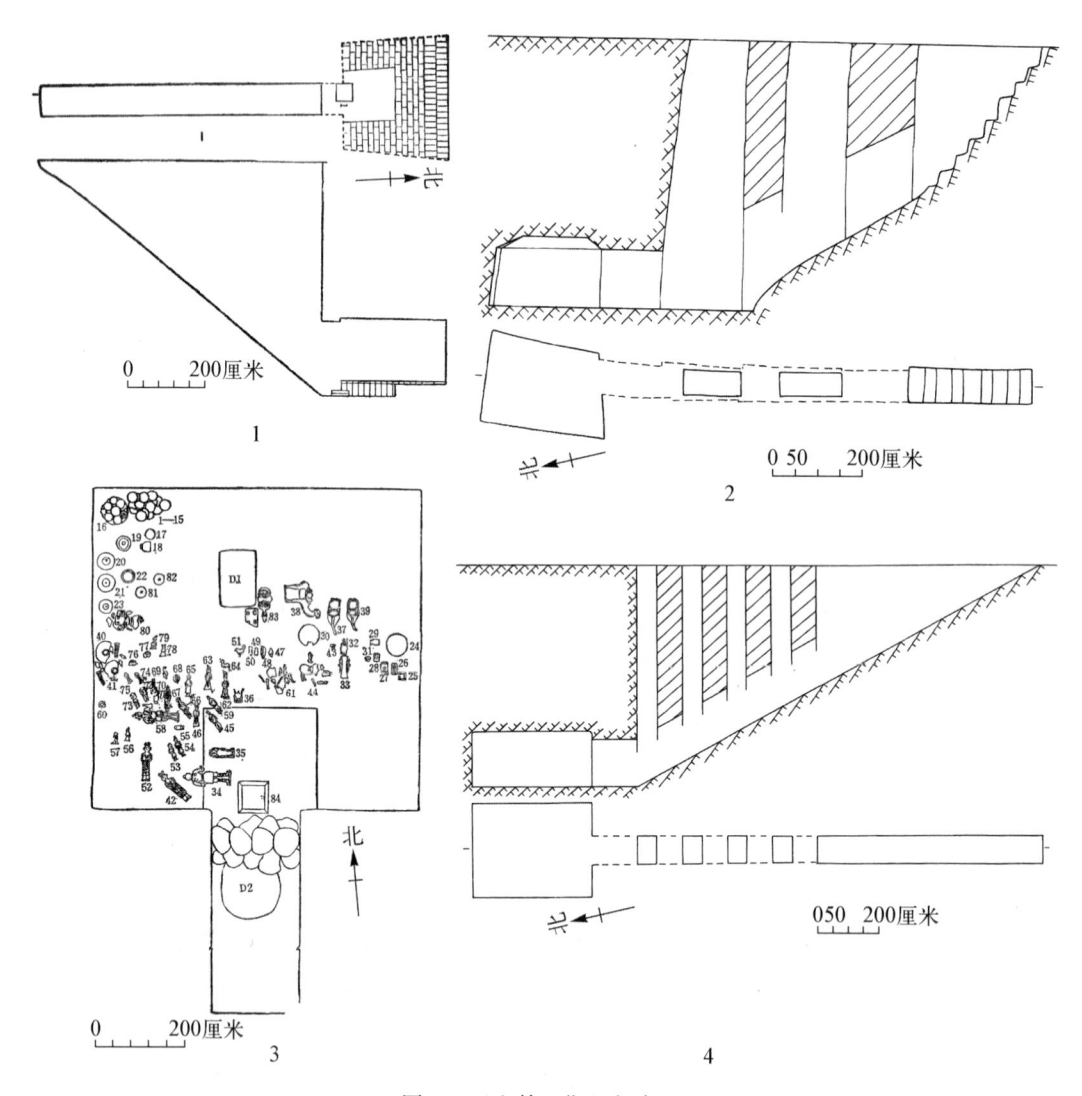

图四 巩义第二期纪年唐墓
1. 永淳二年(683年)种氏墓 2. 开元二十年(732年)郭神鼎(《巩义芝田晋唐墓葬》第58页图四七)
3. 北窑湾92GZBM6 4. 开元二十一年(733年)窦纳言墓(《巩义芝田晋唐墓葬》58页图四四)

(图六,1)①,其造型仿粟特式银带把杯②,而88HGZM66出土的青铜杯(图六,2)③、92GZBM6出土的高足杯(图六,3)④,其造型来源则来自罗马——拜占庭系统⑤。

在巩义唐墓第二期墓葬中,个别墓葬随葬品呈现出浓厚的河北山东地区的墓葬因素,

---

① 郑州市文物考古研究所编:《巩义芝田晋唐墓葬》,彩版二四: 3。
② 齐东方:《唐代金银器研究》,北京:中国社会科学出版社,1999年,第346页。
③ 郑州市文物考古研究所编:《巩义芝田晋唐墓葬》,彩版二四: 4。
④ 河南省文物考古研究所、巩义市文物保管所:《巩义市北窑湾汉晋唐五代墓葬》,《考古学报》1996年第3期,第374页,图版一九: 2。
⑤ 齐东方:《唐代金银器研究》,第316—317页。

陵墓·制度

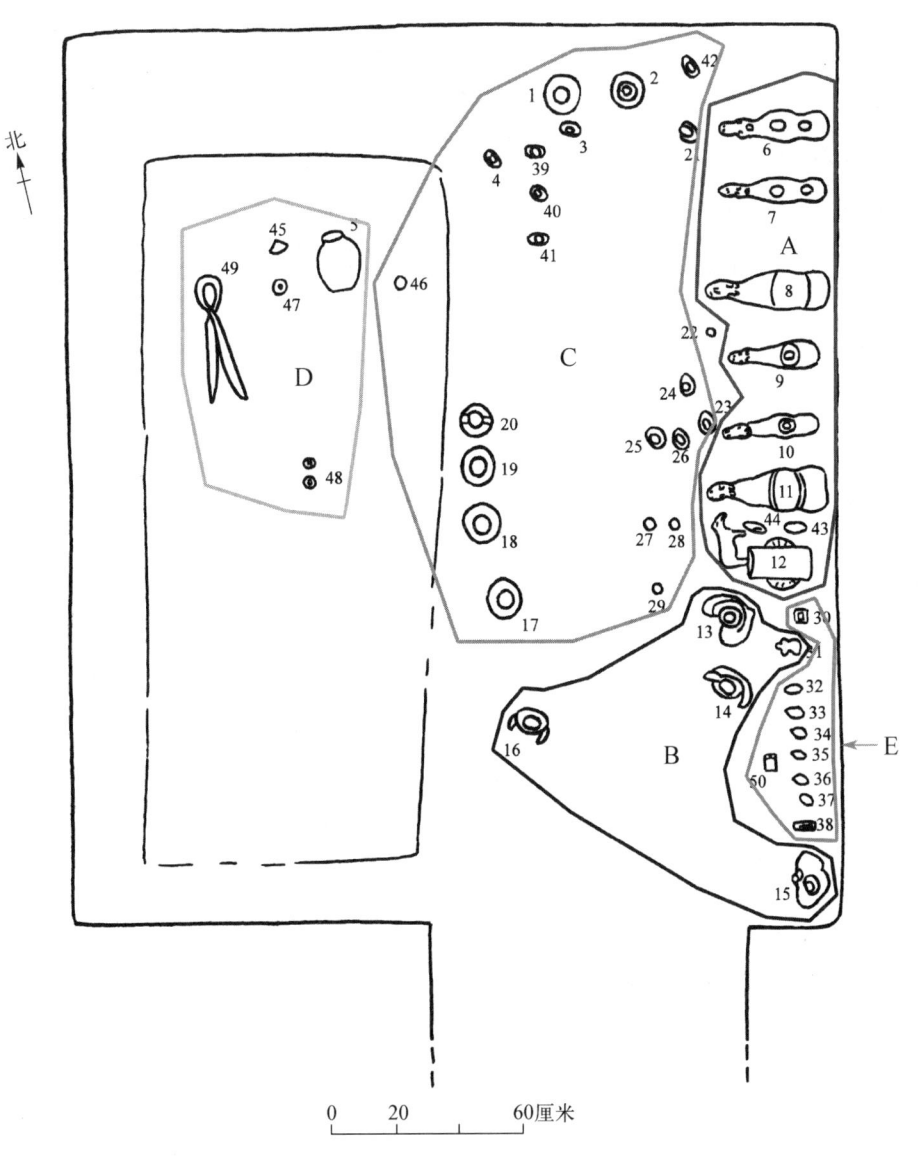

图五　92HGZM4 随葬品位置示意图

1、5. 白瓷罐　2. 烛台　3、21、22、39、40、41. 男俑　4、20、23、42. 女俑　6、7. 骆驼　8、11. 马
9、10. 女骑俑　12. 牛车　13、15. 武士俑　14、16. 镇墓兽　17、18、19. 瓷罐　24—29、46. 酒盅
30. 井　31. 伏听俑　32、33. 鸡　34、35. 鸳鸯　36. 羊　37. 狗　38. 碓　43、44. 猪
45. 蚌壳　47. 铜镜　48. 铜钱　49. 铁剪　50. 灶
（据《巩义芝田晋唐墓葬》第 91 页图九四改绘，A 区为出行仪卫俑，B 区为盟器神煞俑，C 区为宴居
类器物，D 区为实用或生前玩好，E 区为家养驯化动物与井灶类）

如巩义芝田 88HGZM90（图八，6）和孝西村唐墓 92HGSM1（图八，1）出土披戴兽头盔帽的镇墓武士俑[①]，除尉迟敬德墓、节愍太子墓之外，此类镇墓武士俑都出于河北地区唐代的

---

① a. 郑州市文物考古研究所、巩义市文物保护管理所：《河南省巩义市孝西村唐墓发掘简报》，《文物》1998 年第 11 期。b. 郑州市文物考古研究所编：《巩义芝田晋唐墓葬》，彩版九：3、彩版九：4。

图六　巩义唐墓中出土的仿金银器型式的随葬品
1. 88HGZM13出土的三彩杯(《巩义芝田晋唐墓葬》彩版二四∶三)
2. 88HGZM66出土的青铜杯(《巩义芝田晋唐墓葬》彩版二四∶四)
3. 92GZBM6出土的高足杯(《巩义市北窑湾汉晋唐五代墓葬》第374页,图版一九∶2)

圆形墓葬。这是以赫拉克勒斯[①]的造型来表现镇墓武士,这不仅同希腊化元素进入佛教艺术有关,而且跟唐代河北山东地区的胡化现象是紧密联系[②]的。其中88HGZM90出土位置不清,披戴兽头盔帽的镇墓武士俑的性质是毗沙门天下的神王,还是表现乾闼婆无法进一步判断;而孝西村唐墓92HGSM1出土武士俑6件,其中戴虎头兜鍪者2件,从出土位置来看,该墓披戴虎头盔帽的镇墓武士俑表现的是乾闼婆。

巩义 88HGZM89(图八,2)[③]、92HGNM35(图八,4)[④]、92GZBM6[⑤]、常景之妻06HGSM1[⑥]、92HGZM4(图八,3)[⑦]、天宝五年(746年)杨氏墓[⑧],各出土伏听俑1件;92HGSM1出土地轴(图八,5)、伏听俑各1件[⑨]。墓龙、伏听俑在西安、洛阳发掘的大量唐墓中极少出现,可能不属于政府规定的埋葬明器,也不属于两京地区的风俗,而是属于唐

---

① 栗田功、谢明良、邢义田等人将唐墓此类武士俑考订为缘自希腊和罗马神话赫拉克勒斯(Heracles)造型的影响。栗田功:《ガソダーラ美术Ⅱ:佛陀の世界・解说》,东京:二玄社,第298—301页。谢明良:《希腊美术的东渐?从河北献县唐墓出土陶武士俑谈起》,《故宫文物月刊》1997年第175期。邢义田:《赫拉克勒斯(Heracles)在东方——其形象在古代中亚、印度与中国造型艺术中的流播与变形》,荣新江、李孝聪主编:《中外关系史:新史料与新问题》,北京:科学出版社,2004年,第15—48页;增订后收入邢义田:《画为心声:画像石、画像砖与壁画》,北京:中华书局,2011年,第458—513页。
② a. 沈睿文:《唐镇墓天王俑与毗沙门信仰推论》,樊英峰主编:《乾陵文化研究》第5辑,西安:三秦出版社,2010年,第148页。b. 沈睿文:《中国古代物质文化史・隋唐五代卷》,第141页。c. 沈睿文:《安禄山服散考》,上海:上海古籍出版社,2015年,第48—60页。
③ 郑州市文物考古研究所编:《巩义芝田晋唐墓葬》,第85页载该墓随葬品分布图,可知尚有谷物和不明器物。
④ 郑州市文物考古研究所、巩义市文物保护管理所:《河南省巩义市芝田两座唐墓发掘简报》,《文物》1998年第11期。
⑤ 河南省文物考古研究所、巩义市文物保管所:《巩义市北窑湾汉晋唐五代墓葬》,《考古学报》1996年第3期。
⑥ 郑州市文物考古研究院、巩义市文物管理局:《巩义涉村唐墓发掘简报》,《中原文物》2011年第2期。
⑦ 郑州市文物考古研究所编:《巩义芝田晋唐墓葬》,第55—56、91页。
⑧ 郑州市文物考古研究院:《巩义芝田唐墓发掘简报》,《文物春秋》2013年第2期。
⑨ 郑州市文物考古研究所、巩义市文物保护管理所:《河南省巩义市孝西村唐墓发掘简报》,《文物》1998年第11期。

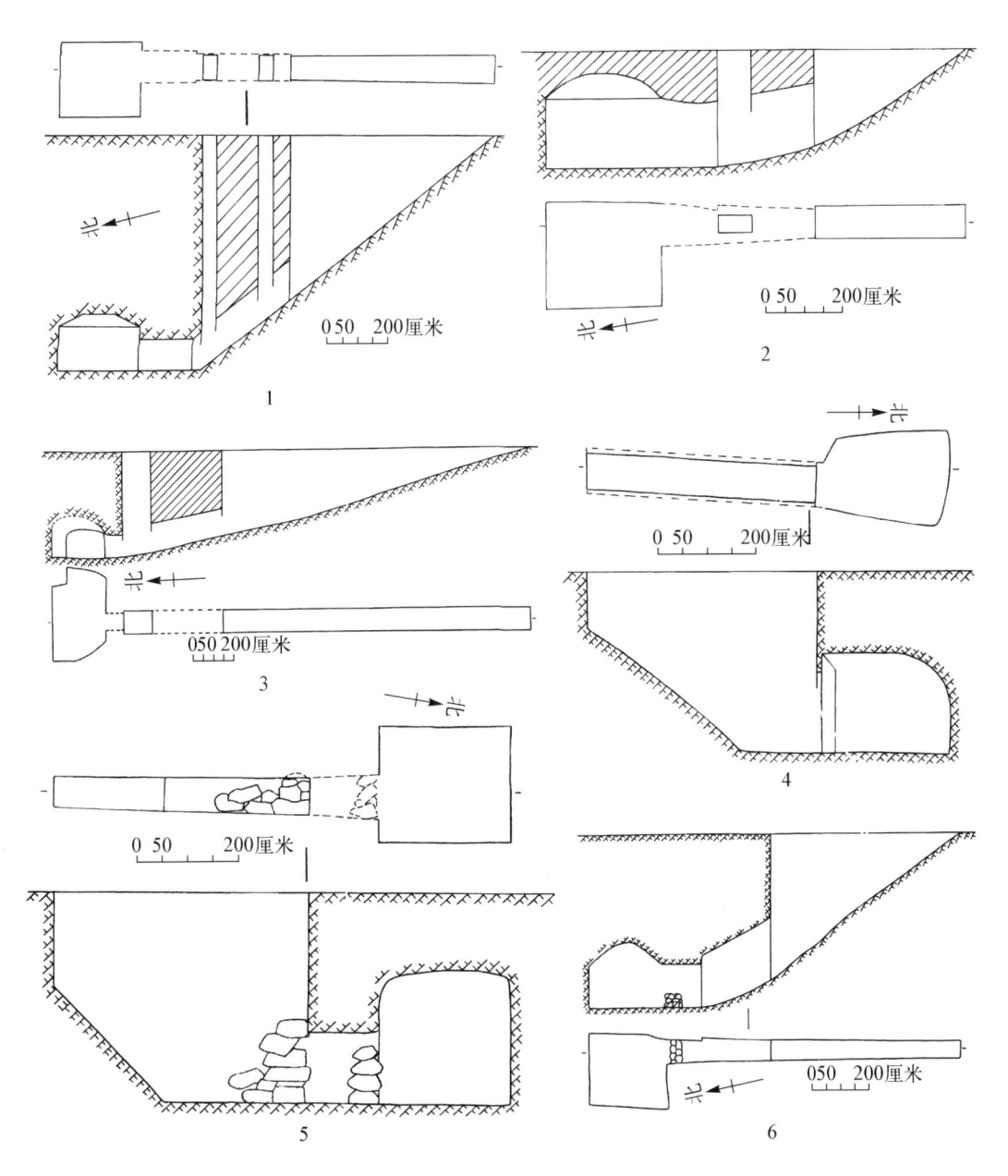

图七　巩义第二期唐墓举例

1. 92HGZM4（《巩义芝田晋唐墓葬》,第56页）　2. 88HGZM66（《巩义芝田晋唐墓葬》,第62页）
3. 92HGSM1（《巩义芝田晋唐墓葬》,第59页）　4. 88HGZM1（《巩义芝田晋唐墓葬》,第81页）
5. 88HGZM13（《巩义芝田晋唐墓葬》,第78页）　6. 88HGZM71（《巩义芝田晋唐墓葬》,第68页）

代北方地区的葬俗[1]。

以上墓葬的年代集中在650—720年之间,即高宗武后及玄宗时期。

---

[1] 齐东方：《隋唐考古》,第90页。

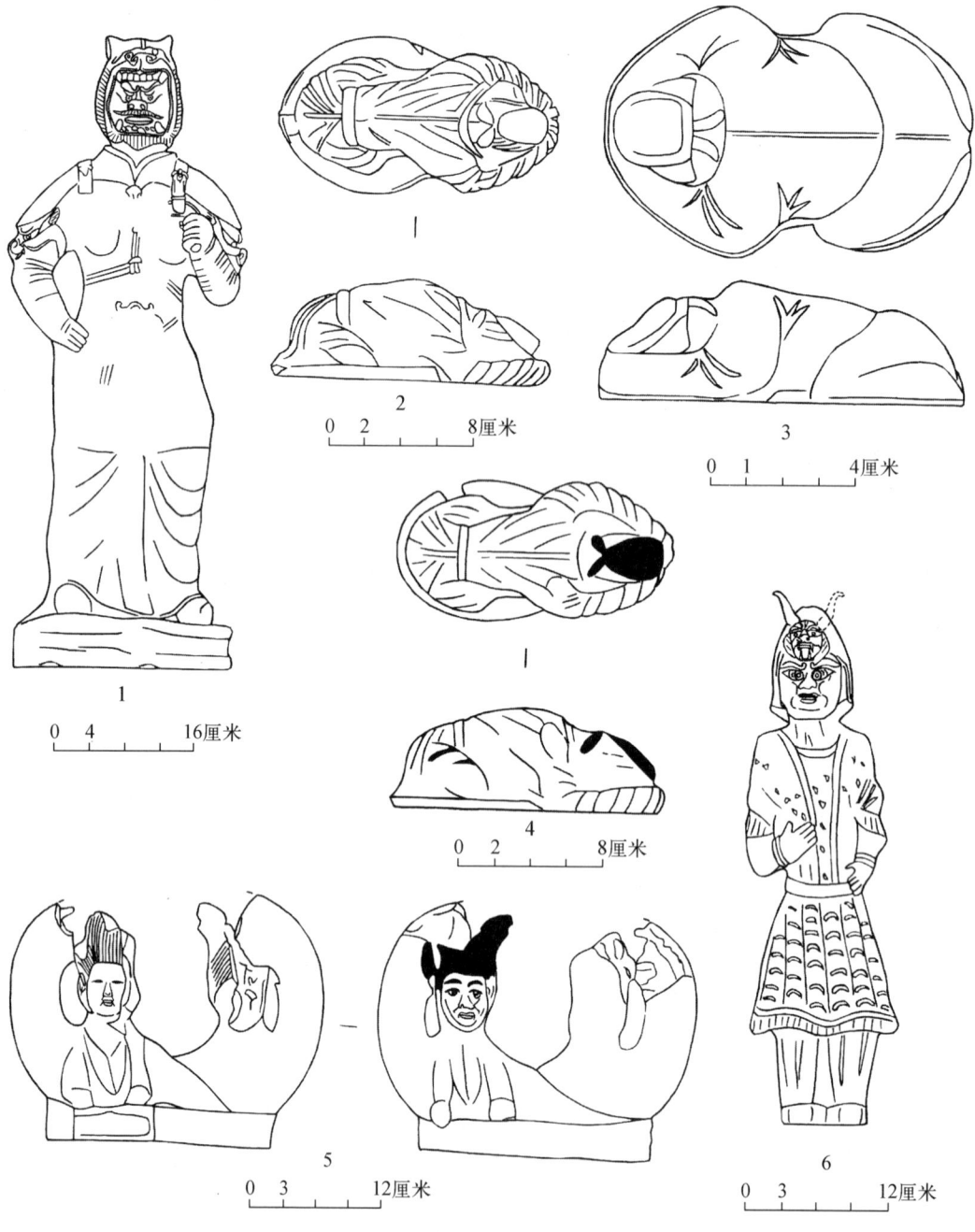

图八　巩义唐墓中的河北山东因素

1. 92HGSM1 出土武士俑（《巩义芝田晋唐墓葬》,第110页）
2. 88HGZM89 出土伏听俑（《巩义芝田晋唐墓葬》,第130页）
3. 92HGZM4 出土伏听俑（《巩义芝田晋唐墓葬》,第130页）
4. 92HGNM35 出土伏听俑（《巩义芝田晋唐墓葬》,第130页）
5. 92HGSM1 出土地轴（《巩义芝田晋唐墓葬》,第130页）
6. 88HGZM90 出土武士俑（《巩义芝田晋唐墓葬》,第110页）

在第二期唐墓中 88HGZM38 出土半身俑 9 个(图九：1、2)[①],此类半身俑在西安郊区隋唐墓中亦有发现[②],此俑当为唐代木明器的一种[③]。随葬半身俑的有元和二年(807年)董楫墓[④]、贞元十七年(801年)李良墓[⑤]。董楫之女为唐德宗的"良媛",后顺宗时封为德妃;李良为兴元功臣,死后诏葬,二人身份显赫。木明器如木门、木俑、木车马器等在唐墓中是等级较高的随葬品[⑥]。因墓志的缺失,88HGZM38 得以随葬木明器的原因不得而知。

1　　　　　　　　2

图九　88HGZM38 出土的半身俑
1. 反绾髻俑 88HGZM38：30(《巩义芝田晋唐墓葬》彩版一六：一)
2. 低髻俑 88HGZM38：27(《巩义芝田晋唐墓葬》彩版一六：三)

巩义第二期唐墓中的丧葬元素与唐代河北地区的互动,还体现在以石块封堵墓门和随葬"垫背钱"上。如,92HGNM35 墓门封门石块全部滚入墓室[⑦]、88HGZM71 甬道北端靠近墓室口处残存有封门石,高 0.45 米(图七：6)[⑧];88HGZM90 墓门口有封门石块[⑨];88HGZM13 在甬道两端用石块封堵,甬道极短,可看作是墓门封门石[⑩];88HGZM112 墓门

---

① 郑州市文物考古研究所:《巩义芝田晋唐墓葬》,第 58—59、92 页。
② 出土半身俑的墓葬还有 M526、M562、M604、M581,分别见于中国科学院考古研究所:《西安郊区隋唐墓》图版一六：1,图版二〇：4、5,图版二一：2,图版二三：5,北京:科学出版社,1966 年。其中 M562、M526、M604 年代在七世纪晚期到八世纪中叶,M581 年代在八世纪中叶到十世纪初。郑州市文物考古研究所:《巩义芝田晋唐墓葬》,彩版一六 1、3。
③ 郑州市文物考古研究所:《巩义芝田晋唐墓葬》,彩版一六 1、3。
④ 中国科学院考古研究所:《西安郊区隋唐墓》,图版二三：6。
⑤ a. 俞伟超:《西安白鹿原墓葬发掘报告》,《考古学报》1956 年第 3 期。b. 周绍良:《唐代墓志汇编》,第 1909—1910 页。
⑥ 卢亚辉:《唐代木明器初步研究》,齐东方、沈睿文等主编:《两个世界的徘徊:中古时期丧葬的观念风俗与礼仪制度学术研讨会论文集》,北京:科学出版社,2016 年,第 97—135 页。
⑦ 郑州市文物考古研究所、巩义市文物保护管理所:《河南省巩义市芝田两座唐墓发掘简报》,《文物》1998 年第 11 期。
⑧ 郑州市文物考古研究所:《巩义芝田晋唐墓葬》,第 67、86 页。
⑨ 郑州市文物考古研究所:《巩义芝田晋唐墓葬》,第 70—71 页。
⑩ 郑州市文物考古研究所:《巩义芝田晋唐墓葬》,第 77—78 页。

处有封门石,存高 0.7 米[①];92GZBM6 墓门用石块封堵,上部石块被墓道北端直径 0.68 米的圆形盗洞破坏(图四:3)[②];92GZBM12 用半截石块封门[③];常景之妻 06HGSM1 墓门与甬道连接处用石块封堵[④]。这些墓葬的年代集中在唐高宗至玄宗开元年间,在巩义唐墓第三期中未见,然类似的葬俗却见于卫辉大司马墓地宋墓[⑤],至于二者之间是否有联系还需更多考古材料的出土予以证明。

在巩义唐墓中铜钱有随葬尸骨头部者,如 88HGZM43[⑥] 和 88HGZM146[⑦] 墓室西部尸骨头部葬有铜钱,而一些唐墓中的铜钱却出土在墓主人的背部或腰部,俗称"垫背钱",一般一到四枚不等。例如,92HGNM36 平面图上显示铜钱与铜带具在墓室西部中间,原来随葬位置当在墓主人腰部或背部靠下[⑧];92HGZM4 从墓葬平面图可以看出,墓主人头朝北,而铜钱的出土位置当在其背部或腰部[⑨];88HGZM88 男性尸骨盆骨处有铜钱,其原始随葬位置也当在腰部或背部[⑩]。92HGZM4 还随葬有伏听俑,伏听俑具有河北地区丧葬因素的特征。

如上所言,92HGNM36 位于 92HGNM35 的东侧,仅相距 4 米,应属同一家族同辈分的墓葬[⑪]。92HGNM35 同样出土有伏听俑,则暗示 92HGNM36 葬俗同样受到了来自河北地区影响的可能性。此"垫背钱"习俗在唐宋之后,亦见于河北地区,如卫辉大司马墓地宋墓[⑫]、卫辉大司马明墓[⑬],是地理位置的相互接近而受其影响,还是葬俗的传承,虽因材料的缺环尚无法具体证明,但巩义第二期唐墓中的丧葬元素与唐代河北地区的互动则是毫无疑问的。

促使巩义唐墓出现河北山东地区葬俗的原因是什么呢?

当然,最有可能的原因则是"唐代士族的中央化"[⑭],在这一进程中,河北地区的大士族向两京一带迁移的迹象甚为明显,清河崔氏悉数迁移至河南府附近;范阳卢氏、赵郡李氏、博陵崔氏绝大多数迁向河南府,少数迁向京兆府;渤海高氏迁移京兆与河南者各半[⑮],

---

① 郑州市文物考古研究所:《巩义芝田晋唐墓葬》,第 63 页。
② 河南省文物考古研究所、巩义市文物保管所:《巩义市北窑湾汉晋唐五代墓葬》,《考古学报》1996 年第 3 期。
③ 河南省文物考古研究所、巩义市文物保管所:《巩义市北窑湾汉晋唐五代墓葬》,《考古学报》1996 年第 3 期。
④ 郑州市文物考古研究院、巩义市文物管理局:《巩义涉村唐墓发掘简报》,《中原文物》2011 年第 2 期。案:出土的牵马俑似是胡俑。
⑤ 河南省文物局:《卫辉大司马墓地》,北京:科学出版社,2015 年,第 161—173 页。
⑥ 郑州市文物考古研究所:《巩义芝田晋唐墓葬》,第 79 页。
⑦ 郑州市文物考古研究所:《巩义芝田晋唐墓葬》,第 77 页。
⑧ 郑州市文物考古研究所编:《巩义芝田晋唐墓葬》,第 90 页。
⑨ 郑州市文物考古研究所编:《巩义芝田晋唐墓葬》,第 55—56、91 页。
⑩ 郑州市文物考古研究所编:《巩义芝田晋唐墓葬》,第 79—80 页。
⑪ 郑州市文物考古研究所、巩义市文物保护管理所:《河南省巩义市芝田两座唐墓发掘简报》,《文物》1998 年第 11 期。
⑫ 河南省文物局南水北调文物保护办公室、四川大学考古学系:《河南卫辉大司马墓地宋墓发掘简报》,《华夏考古》2011 年第 4 期。
⑬ 《卫辉大司马墓地》,第 179 页图 5-5、第 183 页图 5-8、第 186 页图 5-10、第 191 页图 5-13 等。
⑭ 毛汉光:《中国中古社会史论》,上海:上海书店出版社,2002 年,第 234—333 页。
⑮ 毛汉光:《从氏族籍贯迁移看唐代士族之中央化》,第 330—332 页。

绝大多数著房著支在安史乱前完成"新贯"（唐两京地区），最大的迁徙风潮却在高宗武后及玄宗期间[①]。这也与出土河北山东因素的巩义唐墓的年代多集中在高宗武后及玄宗时期是一致的。作为洛阳东大门的巩义地区，则成为了河北山东人士迁徙两京的跳板，或现实的最后归宿。伴随他们而来的，则是在吸收两京地区带天井斜坡墓道方室土洞墓的墓葬形制之下，以特殊的随葬品寄托着他们的某种信仰的葬俗。

巩义地区唐代墓志的出土也给我们理解该现象提供了另一个突破口。2007年，巩义市出土的天授三年（692年）边桢墓志，记载其祖父边略有为官济南郡的经历，其父边昂卷入隋末李密军队，后定居巩县，并葬于巩县东五里之山原[②]。这表明在隋唐变革之际，河北山东地区的葬俗，有可能随战争中人口的迁徙，出现在巩义唐墓中。

2006年，巩义市孝义镇出土的天册万岁二年（696年）李吉暨夫人刘氏墓志，其中提及李吉祖、父都有为官河北地区的经历，李吉本人则因参与到了唐灭高句丽的战争，有着"授翊麾校尉，行安东都护府万金镇副"的戎马生涯，因此不能排除巩义之人因参与战争，而得以了解河北地区葬俗的可能性。

第三期：肃宗至唐末，非纪年墓座9座，墓葬集中在巩义北窑湾。纪年墓有6座，即大和六年（832年）司马进（图十，2）、司马仲举（莒）墓（图十，3）及张氏夫人墓（图十，1），大中五年（851年）薛崟墓（图十，4）、薛华墓、咸通八年（867年）蔺从则墓（图十，5）。

此期墓葬形制以竖井墓道式土洞墓为主，个别墓葬墓室底部铺砖。墓葬规模偏小，水平长度在10米以下。随葬品简化，出行仪卫俑、盟器神煞俑消失，宴居类也只剩下生活用具类及同类性质的明器。出现如此情况，不能排除中晚唐政局动荡、经济衰落的影响，更可能是丧葬活动重点的转移，即墓葬本身及其内部表现失去了魅力，整个丧葬活动的外化形式得到了前所未有的重视[③]。

崔玄亮临终提及"自天宝已还，山东士人皆改葬两京，利于便近。唯吾一族，至今不迁"[④]。可见安史乱后，迁徙两京的风潮仍在继续。崔氏只是"逆大潮流"而动，更多的还是选择归葬北邙。在归葬两京的漫长途中，巩义地区则成为了一些死者的权厝之地，只是受限于此期墓葬的简单，无法提供进一步阐释的实物资料。而巩义地区出土的墓志则提供了新的认识，如张正则贞元年间气殁于恩州阳江县，其丧自南方归来，权葬于巩，后会昌元年（841年）与夫人李氏合葬于洛阳县清风乡郭村之原[⑤]。这种状况提示我们在发掘中，若碰到空无一物的唐墓，或许并非盗扰所致。

经唐初整顿，长安、洛阳地区逐渐建立起一套糅合关中北周土洞墓的结构和北齐砖砌绘制壁画的建筑形式的全新墓葬形式[⑥]，即两京模式，因洛阳地区的唐制墓葬制度的建立

---

① 毛汉光：《从氏族籍贯迁移看唐代士族之中央化》，第332页。
② 赵君平、赵文成编：《秦晋豫新出土墓志搜佚》，北京：国家图书馆出版社，2011年，第301页。
③ 齐东方：《唐代的丧葬观念习俗与礼仪制度》，《考古学报》2006年第1期。
④ 周绍良主编：《全唐文新编》第3部第3册，长春：吉林文史出版社，1999年，第7675—7676页。
⑤ 周绍良主编：《唐代墓志汇编续集》，上海：上海古籍出版社，2001年，第944页。
⑥ 沈睿文：《中国古代物质文化史·隋唐五代卷》，第107页。

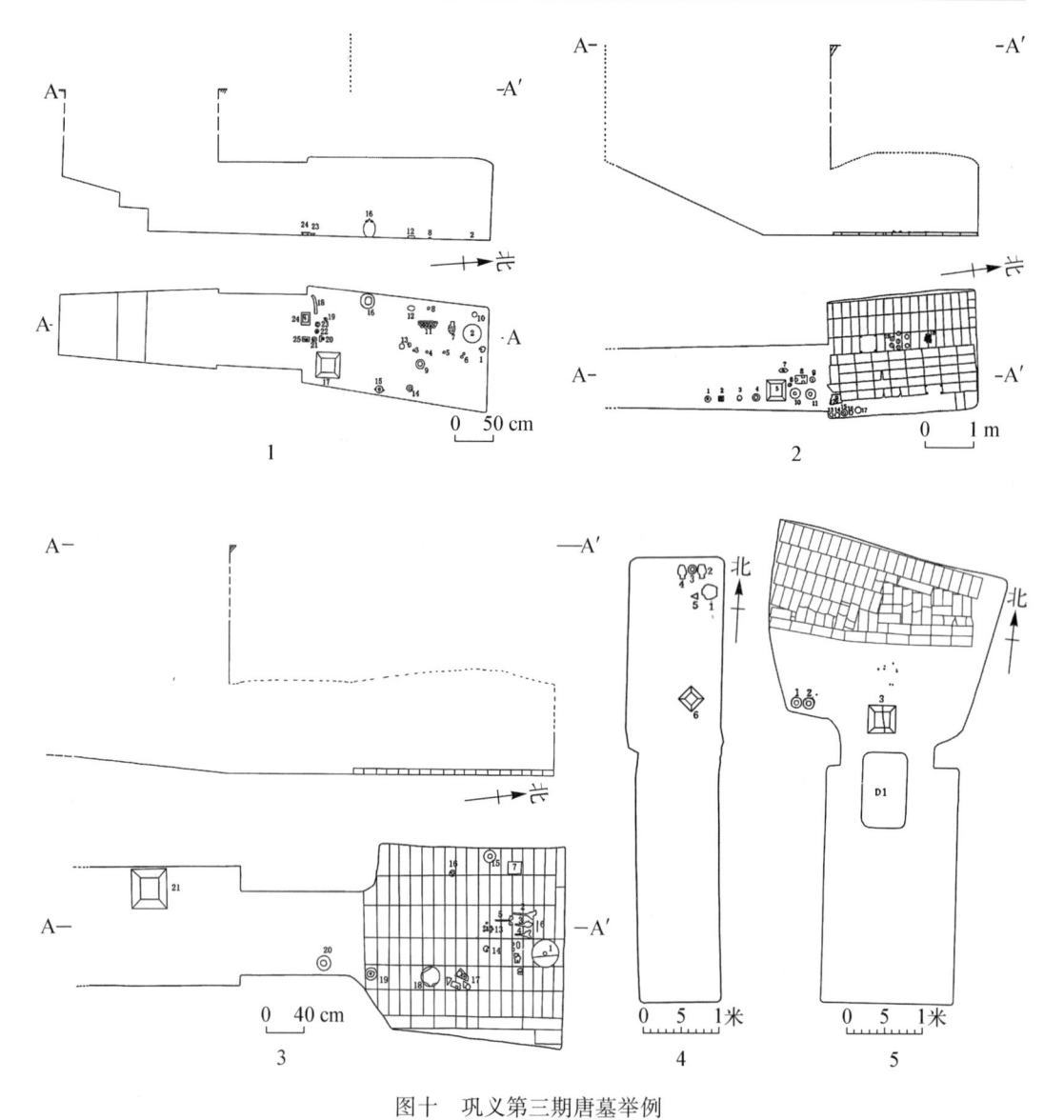

图十 巩义第三期唐墓举例
1. 大和六年(832)张夫人墓 2. 大和六年司马进墓 3. 大和六年司马仲举墓
4. 大中五年(851)薛㮥墓 5. 咸通八年(867)蔺从则墓

稍晚于西安地区,就很好地解释了直到唐高宗时期巩义地区才出现多天井斜坡墓道土洞墓的原因。而自高宗武后时期河北山东士族向两京地区大规模迁徙的风潮,也使得巩义唐墓中出现了河北地区的葬俗。唐代河北大族移向中央,对于晚唐五代北宋初的人事变迁及政局发展产生了重大影响[1]。伴随河北军人在唐末五代的强势崛起,以及天水一朝的建立,加之赵宋王朝信奉"五音姓利之说"[2],将永安诸陵选址在巩义西南部,巩义也得

---

[1] 毛汉光:《从氏族籍贯迁移看唐代士族之中央化》,第332页。
[2] 河南省文物考古研究所编:《北宋皇陵》,郑州:中州古籍出版社,1997年,第4页。

以成为赵宋皇室最后的理想家园①。

附录　巩义出土唐代墓志辑录

1. 上元三年(676年)王仁端暨夫人蔡氏墓志。拓片见《秦晋豫新出土墓志搜佚》第224页。

2. 垂拱二年(686年)陈冲暨夫人张氏墓志。录文见《全唐文补遗》第3辑第466页。《全唐文新编》第5部第4册第14498页。

3. 永淳二年(683年)种氏墓,墓葬简报见《巩义市北窑湾汉晋唐五代墓葬》,《考古学报》1996年第3期。

4. 天授三年(692年)边桢暨夫人孙氏墓志。拓片见《秦晋豫新出土墓志搜佚》第301页。

5. 天授三年(692年)张养墓志。《大周故□□卫府果毅都尉张养墓志》,出土于站街镇瑶湾岭上,志文写:唐天授三年(692年),正月廿五日,墓主人"葬于巩县东南六里平原"②。

6. 天册万岁二年(696年)李吉暨夫人刘氏墓志。拓片见《秦晋豫新出土墓志搜佚》第318页。

7. 万岁通天二年(697年)高义隆暨夫人韩氏墓志。拓片见《秦晋豫新出土墓志搜佚》第318页。

8. 长安元年(701年)刘君墓志,《大周故处士刘君墓志铭》,出土于成功学院工地,志文中写:长安元年(701年)十二月廿八日,葬于"巩县西南十二里之平原"。

9. 长安二年(702年)闫君墓志,《大周故处士闫君墓志铭》,出土于北山口镇常庄变电站工地。墓志记:长安二年(702年)葬墓主人于"巩县西南十五里接候山原候之影龟川"。

10. 长安三年(703年)杨元亨暨夫人裴氏墓志。拓片见《秦晋豫新出土墓志搜佚》第367页。

11. 神龙二年(706年)王希晋墓志。拓片见《秦晋豫新出土墓志搜佚》第379页。

12. 景云二年(711年)刘宪墓志。拓片见《秦晋豫新出土墓志搜佚》第414页。

13. 开元二十年(732年)郭神鼎墓志,墓葬简报和墓志录文分见《巩义芝田晋唐墓葬》第57、208页。

14. 开元二十一年(733年)窦纳言墓志,墓葬简报和墓志录文分见《巩义芝田晋唐墓葬》第54—55、208页。

---

① 有关北朝至宋元时期神怪俑的梳理,详见卢亚辉:《北朝至宋代墓葬出土地轴的考古学研究》,《四川文物》2020年第5期;卢亚辉:《中古墓葬出土伏听的考古学研究》,《文博》2019年第5期。

② 天授三年(692)张养墓志、长安元年(701)刘君墓志、长安二年(702)闫君墓志,见于王振江、孙宪周、贺宝石等主编:《史话巩义》上,郑州:中州古籍出版社,2007年,第138页。

15. 开元二十六年(738年)刘宪妻卢氏墓志。拓片见《秦晋豫新出土墓志搜佚》第591页。
16. 天宝四年(745年)卒,天宝五年(746年)葬杨氏墓。简报和墓志录文见《巩义芝田唐墓发掘简报》,《文物春秋》2013年第2期。
17. 贞元十八年(802年)明演塔铭,石在河南巩县石窟寺,录文见《全唐文新编》第3部第1册第5720—5721页。
18. 元和十四年(819年)薛巽妻崔蹈规墓志。录文见《全唐文新编》第3部第2册第6706页;《隋唐五代墓志汇编》河南卷第96页;《唐代墓志汇编续集》第853—854页;《新中国出土墓志·河南卷(壹)》第287页。
19. 元和十五年(820年)薛巽墓志,见《隋唐五代墓志汇编》河南卷第97页;吴钢主编《全唐文补遗》第4辑第97—98页;《秦晋豫新出土墓志搜佚》第902页。
20. 大和六年(832年)卒张夫人墓,参见北京大学考古文博学院昔年茶事展览。
21. 大和六年(832年)司马进夫妇合葬墓。司马进元和八年(813年)卒,妻杨氏元和十二年(817年)卒,大和六年(832年)合葬。
22. 大和六年(832年)司马仲莒夫妇合葬墓。大和六年(832年)葬,司马仲莒为司马进之子。
23. 会昌元年(841年)张正则暨夫人李氏墓志。见《洛阳出土历代墓志辑绳》第668页;《唐代墓志汇编续集》第944页;《全唐文新编》第13册第9032页;《全唐文补遗》第6册第152页。
24. 大中五年(851年)薛华墓,墓葬简报见《巩义市北窑湾汉晋唐五代墓葬》,《考古学报》1996年第3期。
25. 大中五年(851年)薛泰墓,墓葬简报见《巩义市北窑湾汉晋唐五代墓葬》。薛泰为薛华之子。
26. 咸通八年(867年)蔺从则墓,墓葬简报见《巩义市北窑湾汉晋唐五代墓葬》。录文见《全唐文补遗》第7辑第145页。
27. 大中十一年(857年)马攸墓志。录文见《全唐文补遗》第4辑第210—211页。
28. 咸通十四年(873年)杨收墓志,墓志拓片见《秦晋豫新出土墓志搜佚》第1066—1067页。

附表一 巩义纪年唐墓一览表

墓葬	形制（土洞墓）	墓向	年代	出行仪卫 文武官俑	牛车	驼马俑	车夫胡俑	骑马俑	盟器神煞 镇墓兽	镇墓武士俑	俯听俑	男女侍立俑	侏儒俑	宴居 建筑模型	坐俑	生活用具类明器	动物模型明器	实用或生前玩好	备注
和氏墓92GZBM7①	斜坡	182°	永淳二年(683年)葬																盗扰严重
鄂神鼎墓88HGZM4②	斜坡	190°	开元二十年(732年)葬		牛1											陶塔罐		小铜镜、碎铁片	明威将军，石墓志1，陶俑，蚌壳
窦纳言墓92HGZM12③	斜坡	195°	开元二十一年(733年)葬													陶罐1	陶驴1	铜镜1	濮州司功参军，石墓志1
杨氏墓07HGZM1④	斜坡	184°	天宝四年(745年)卒，746年葬	文1，武1	1	驼3，马2	胡俑4	男1，女1	2	2	1	男18，女12		磨碓、井各1		瓷罐2；双龙柄壶、碗、钵各1；盘1套	猪羊各2；狗1	铜带具，铜钗各1；铜钱8	吴兴郡司户参军；铜泡钉17，铁钉1枚；砖墓置1
张夫人墓M226⑤	竖穴	185°	大和六年(832年)卒													瓷罐2，器盖1；三彩炉及坐俑、茶盘、盂、执壶、敛口罐、碾各1		铜镜1，铜钗2，银臂钏2，铜钱70	铜泡钉6，铁镰刀1，贝壳1，墓书砖

① 《巩义市北窑湾汉晋唐五代墓葬》，《考古学报》1996年第3期。
② 《巩义芝田晋唐墓葬》，第57、208页。
③ 《巩义芝田晋唐墓葬》，第54—55、208页。
④ 《巩义芝田唐墓发掘简报》，《文物春秋》2013年第2期。
⑤ 北京大学考古文博学院举办的昔年茶事展览。

续表

墓葬	形制（土洞墓）	墓向	年代	出行仪卫 文武官俑	出行仪卫 牛车	出行仪卫 驼马俑	出行仪卫 牵夫	出行仪卫 骑马俑	盟器神煞 镇墓兽	盟器神煞 镇墓武士俑	盟器神煞 俯听俑	盟器神煞 男女侍立俑	宴居 庖厨俑	宴居 建筑模型	宴居 坐俑	宴居 生活用具类明器	宴居 动物模型明器	实用或生前玩好	备注
司马进夫妇合葬墓M234①	?	186°	司马进元和八年（813年）卒、妻杨氏元和十二年（817年）卒，大和六年（832年）合葬。													瓷罐3，器盖2，碟2，器座1，盏8；三彩器：单彩器、盘1，盂1，执壶1，碾1		开元通宝94，乾元重宝4	铜泡钉4，铁泡钉7，石墓志1
司马仲昚夫妇合葬墓M235②	?	190°	大和六年（832年）葬，司马进之子。													瓷罐2，器盖2，器座1；三彩及单彩器：三彩炉、坐器1，茶盘、执壶、凤首瓶各1		银头饰1，银臂钏3	铜钗5，铜合页1，铜镜2，开元通宝45，蚌合1，石墓志1
薛秦墓M13③	竖穴	175°	大中五年（851年）													三彩罐3，黄釉罐1			铜兽面饰1，铜泡钉5，铜钱2，石墓志1
薛华墓M18④	竖穴	175°	大中五年（851年）													三彩罐1，蓝釉罐1，白瓷盒1			铜兽面饰1，铜泡钉8，石墓志1
南从则墓M10⑤	竖穴	185°	咸通八年（867年）													瓷罐2			盗扰严重，石墓志1

① 《巩义市东区天玺尚城唐墓M234发掘简报》，《中原文物》2016年第2期。
② 北京大学考古文博学院举办的昔年茶事展览。
③ 《巩义市北窑湾汉晋唐五代墓葬》，《考古学报》1996年第3期，第377—396页。
④ 《巩义市北窑湾汉晋唐五代墓葬》，《考古学报》1996年第3期，第377—379页。
⑤ 《巩义市北窑湾汉晋唐五代墓葬》，《考古学报》1996年第3期，第380—382页。

附表二 巩义未纪年唐墓一览表[①]

墓葬	形制（土洞墓）	墓向	期别	出行仪卫 文武官俑	出行仪卫 牛车	出行仪卫 驼马俑	出行仪卫 车夫俑	出行仪卫 骑马俑	镇墓神煞 镇墓兽	镇墓神煞 镇墓武士俑	明器 塔式罐	地轴	俯听俑	男女侍立俑	休憩俑	宴居 建筑模型	宴居 坐俑	宴居 生活用具及生活用具明器	动物模型明器	实用或生前玩好	备注
巩义铝厂 M3[②]	斜坡	184°	一期		1	各1	牵驼俑1		2					男3、女2		井、臼、灶、磨各1	女2；持箕1	陶纺轮、瓶、罐、灯、壶盖各1；瓷碗3；瓷甑1；小瓷罐1；瓷三彩罐3	猪1、羊3、鸡2	金铜管子、银戒指、五铢钱2	
巩义铝厂 M2[③]	斜坡		一期																		
92HGNM35[④]	斜坡	185°	二期	文2	1	驼1、马4	胡俑2	女2	2	4		1		男1、女4				壶盖1；瓷碗3；瓷甑1；小瓷罐1；瓷罐3	鸳鸯3；狗、猪各1		雄具
88HGZM89[⑤]	斜坡	175°	二期	文1	1	马2			2	1		1				塔、磨、碓、井、灶1		瓷罐3；盘、瓷器盖、三彩炉、杯各1	鸡1、鸭2	铜镜1	
88HGZM71[⑥]	斜坡	192°	二期			驼1、马2			2					男2		磨、碓、灶、臼		器盖、釉陶罐、盘、小瓷罐各1，瓷罐2	狗猪鸡各1，羊2	铜带具、铜钗、铜钱、铁镜、铁剪各1	

① 巩义未纪年唐墓一览表说明：a. 为方便参阅和进一步研究，每座墓以脚注形式列出参考文献；b. 画√者，器物数量不明；c. 在"宴居类"生活用具类明器"有些器物如瓷碗等可能是生前使用过的器物，"实用或生前玩好类"在内涵上有重合指出，这里实用或生前玩好类多指金银铜的金属器物；d. 为表格简便计，格式未能完全一致；e. 因材料分散，疏漏之处或不能避免，引用时务必核实原简报或报告；f. 结合纪年墓分期结果和出土墓志，将巩义唐墓分为三期：第一期是隋至唐高祖、太宗时期，第二期是高宗至玄宗时期，第三期是肃宗至唐末。
② 《巩义市铝厂唐墓发掘简报》《中原文物》1998年第4期。
③ 《巩义市铝厂唐墓发掘简报》《中原文物》1998年第4期。
④ 《河南省巩义市芝田两座唐墓发掘简报》，《文物》1998年第11期。
⑤ 《巩义芝田晋唐墓葬》第85页载该墓随葬品分布图，可知尚有合谷物和不明器物。
⑥ 《巩义芝田晋唐墓葬》第86页载该墓随葬品分布图，可知尚有合谷物、铁片，其中14件陶俑，未能详细说明，故性质和形制均不明。

续表

墓葬	形制(土洞墓)	墓向	期别	文武官俑	牛车夫	驼马俑	骑马俑	镇墓兽	镇墓武士俑	塔式土罐	地轴	俯听俑	男女侍立俑	伏禽俑	建筑模型	坐俑	生活用具及生活用具明器	动物模型明器	实用或生前玩好	备注
88HGZM90①	斜坡	180°	二期	文√		马	女√	√					男√女√		碓、灶、井		壶、唾壶各2；红陶罐三彩瓶、盘各1	鸳鸯、鹏		
88HGZM66②	斜坡	190°	二期			驼2、马2		1	2				粉彩女俑6，男8，女2		磨、碓、灶各1			猪羊共4；鸽子、狗各2	铜带具，铜钱，铁镜，铁剪各1	
88HGZM13③	竖井半斜坡	170°	二期			驼√马√		√					男√				瓷酒盏；瓷罐，陶壶各1		铜镜	
88HGZM42④	斜坡	180°	二期			驼√马√		√							陶灯盏、瓷碗				铜带具1	
88HGZM151⑤	斜坡	192°	二期			驼2、马2	胡俑1	2	2				女2	1	磨、碓、灶各1		罐2	羊3，猪鸡各2；狗1	铜带具1，铜钱1	
92HCNM36⑥	斜坡	186°	二期	文1，武1	1	驼2、马2		2	2				6		磨、碓、灶各1		瓷钵1瓷酒盏6，瓷罐2、瓷盘1	鸳鸯、鸡、狗各1	铜带具1，铜钱1	砖2

① 《巩义芝田晋唐墓葬》，第70—71页。
② 《巩义芝田晋唐墓葬》，第87页载该墓随葬品分布图，可知另有不明器物4件，蚌壳。
③ 《巩义芝田晋唐墓葬》，第77页。
④ 《巩义芝田晋唐墓葬》，第71页。
⑤ 《巩义芝田晋唐墓葬》，第88页从随葬品分布图上，可知胡俑当为牵驼俑。
⑥ 《巩义芝田晋唐墓葬》，第90页随葬品分布图上立俑6，未见具体说明，似为侍立俑。

续表

墓葬	形制（土洞墓）	墓向	期别	文武官俑	牛车俑	驼马俑	牵夫俑	骑马俑	镇墓兽	镇墓武士俑	塔式土罐	地轴	厕所俑	男女侍立俑	侏儒俑	建筑模型	坐俑	生活用具及生活用具明器	动物模型明器	实用或生前玩好	备注
92GZBM13①	斜坡	165°	二期															壶1,四系罐1,瓷壶盖1,瓷器器			北窑湾
92GZBM12②	斜坡	170°	二期											男1女1				四系罐1,瓷器罐盖1			墓底放5块砖
92GZBM23③	斜坡	185°	二期																		北窑湾
95HGLM④	斜坡	170°	二期			马2			1	2								罐2;双龙柄壶2;盘3;子母盘,注子,熏炉,盒各1		铁罐1,铁板1,铜钱4	
01ZGLCM1⑤	斜坡	192°	二期																		不明
01ZGLCM2⑥	斜坡	192°	二期		驼2,马2			1	1				男4女6		磨、碓、井、灶各1		碗,多子盘各1;陶罐2	羊猪狗鸡各1;鹅2		
88HGZM112⑦	斜坡	205°	二期	文1	驼√马√			√					男√				灯盏,瓷钵,瓷罐	猪	铁片,铜镜	

① 《巩义市北窑湾汉晋唐五代墓葬》,《考古学报》1996年第3期。
② 《巩义市北窑湾汉晋唐五代墓葬》,《考古学报》1996年第3期。
③ 《巩义市北窑湾汉晋唐五代墓葬》,《考古学报》1996年第3期。该墓被盗一空。
④ 《巩义铝厂唐墓发掘简报》,《中原文物》2004年第4期。
⑤ 《河南巩义市老城砖厂唐墓发掘简报》,《华夏考古》2006年第1期。
⑥ 《河南巩义市老城砖厂唐墓发掘简报》,《华夏考古》2006年第1期。
⑦ 《巩义芝田晋唐墓葬》,第63—64页。

续表

墓葬	形制(土洞墓)	墓向	期别	出行仪卫 文武官俑	驼马俑	牵夫俑	骑马俑	盟器神煞 镇墓兽	镇墓武士俑	塔式罐	地轴	俯听俑	宴居 男女侍立俑	侏儒俑	建筑模型	坐俑	生活用具及生活用具明器	动物模型明器	实用或生前玩好	备注
88HGZM43①	竖井半斜坡	192°	二期		马1												子母陶盘、瓷罐、瓷碗各1		铜钗、铜钱、铜带具，铁板各1	
93HGSM1②	斜坡		二期		驼2、马2	2		2	1	2			女3	2			双龙柄壶1、盏1	羊1	开元通宝11	
93HGSM2③	斜坡		二期		马2	2④		2	1	2			男1、女4	2	磨、灶各1			狗1		
88HGZM115⑤	斜坡	195°	二期		马2												瓷罐2、子母陶盘1		铜镜、铜钱	
88HGZM146⑥	竖井半斜坡	190°	二期	文1	驼1、马1			1	1				男1、女7		磨、碓、井、灶各1		子母盘1、瓷罐2	鸭、鹅、羊、猪、狗各1	铜镜铜钱各1；铜钱	鹅卵石3
92GZBM6⑦	斜坡	187°	二期	文4	驼2、马2		4	2	2			1	男5、女14	2	碓、井各2；灶2；帐形器1		瓷碟15、杯2、睡盂1、水盂2、罐4、小瓷罐1、瓷器盖7；三彩七星盘1；三彩杯2	猪羊各2；鸡鸭鹅狗各1	铜钗铜镜各1；铜钱	胡俑3，女乐俑6，女舞俑1

---

① 《巩义芝田晋唐墓葬》，第79页。
② 《巩义市食品厂唐墓发掘简报》，《中原文物》2003年第4期。
③ 《巩义市食品厂唐墓发掘简报》，《中原文物》2003年第4期。
④ 《巩义市食品厂唐墓发掘简报》，《中原文物》2003年第4期，第8页介绍的牵马俑为1胡俑。
⑤ 《巩义芝田晋唐墓葬》，第67页。
⑥ 《巩义芝田晋唐墓葬》，第77—78页。
⑦ 《巩义市北窑湾汉晋唐五代墓葬》，《考古学报》1996年第3期。

续表

墓葬	形制（土洞墓）	墓向	期别	出行仪卫 文武官俑	车	驼马俑	牵夫	骑马俑	镇墓神煞 镇墓兽	镇墓武士俑	塔式罐	地轴	俯听俑	男女侍立俑	侏儒俑	宴居 建筑模型	坐俑	生活用具及生活用具明器	动物模型明器	实用或生前玩好	备注
92HGSM1①	斜坡墓道	181°	二期	文4	牛2、车1	驼4、马4		女2	3	6		1		男7、女6	2	磨、碓、井各1	1	陶盆、陶碗各1；三彩子母盒2、砚1、唾盂1、双龙柄壶1、碗2；瓷罐3、双龙柄壶1	狗猪各3；鸡鸭各1；羊、鸳鸯2	铜合页2、铜扣1、开元通宝1	胡俑1
92CZBM9②	竖井式		二期													灶1					
88HCZM38③	斜坡		二期	文1、武1		驼1、马1			2	2		1				磨、碓、井各1		灯1	狗4、鸡3、猪1		
06HGSM1（常景之妻）④	竖井半斜坡	185°	二期			驼1、马2	1			1			1	男6、女4		碓、灶、井各1		三彩铁2、陶罐1、盘口壶1、瓷碗2	鹅1、猪1	铜钱23枚	蟆头俑2、刻字砖1、墓志1
92HGZM4⑤	斜坡	195°	二期	文1、武1	1	驼2、马2		女2	2	2			1	男6、女4		碓、灶、井各1		白瓷罐2、烛台2、瓷碗3、酒盏7	鸡、鸳鸯、猪各2、羊1、狗1	铜镜1、铜钱1、铁剪1	蚌壳1

① 《河南省巩义市孝西村唐墓发掘简报》，《文物》1998年第11期。
② 《巩义市北窑湾汉晋唐五代墓葬》，第395页介绍92CZBM9被盗严重，仅出土瓷片4、陶俑头残块1。
③ 《巩义芝田唐墓简报》，《考古学报》1996年第3期，第58—59，92页。
④ 《巩义涉村唐墓发掘简报》，《中原文物》2011年第2期。出土的牵马俑似胡俑。
⑤ 《巩义芝田晋唐墓葬》，第55—56，91页。

续表

墓葬	形制(土洞墓)	墓向	期别	文武官俑	驼马俑	牛车	牵夫	骑马俑	镇墓兽	镇墓武士俑	塔式土罐俑	地轴	俯听俑	男女侍立俑	朱雀俑	建筑模型	坐俑	生活用具及生活用具明器	动物模型明器	实用或生前玩好	备注
04HGXM8①	斜坡	187°	二期	文1、武1	驼2、马2				2	2				男3、女5		雒1		罐1、双龙柄壶1、盘1；瓷罐1	猪、羊各2；狗、鸡、鸳鸯、牛各1		
88HGZM47②	斜坡	188°	二期																狗、羊各1		陶塔罐罐、小陶俑
88HGZM5③	斜坡	187°	二期											男1				三彩莲花盆		铜镜	陶鸱吻
88HGZM88④	竖井半斜坡	177°	二期											男1、女1				陶罐1、盘口壶1、瓷盒1		铜钱	铁板、蚌、贝
88HGZM10⑤	竖井半斜坡	174°	二期		驼1、马1																
88HGZM1⑥	竖井半斜坡	184°	二期															白瓷罐1		铜钱1	蚌1

① 《河南巩义唐墓发掘简报》，《文物》2014年第8期。
② 《巩义芝田晋唐墓葬》，第63页。
③ 《巩义芝田晋唐墓葬》，第70页。88HGZM5遭严重盗扰，在填土中出土方砖、瓦当、瓦。
④ 《巩义芝田晋唐墓葬》，第79—80页。
⑤ 《巩义芝田晋唐墓葬》，第80页。
⑥ 《巩义芝田晋唐墓葬》，第80页。

续表

墓葬	形制(土洞墓)	墓向	期别	文武官俑	牛车	驼马俑	牵夫	骑马俑	镇墓兽	镇墓武士俑	塔式罐	地轴	俯听俑	男女侍立俑	朱雀俑	建筑模型	坐俑	生活用具及生活用具明器	动物模型明器	实用或生前死好	备注
88HGZM126①	竖井半斜	178°	二期																	铜钱7,铜带具1	
92GZBM3②	斜坡	165°	二期?			驼1,马1			1	1	2?			男7,女6		磨、灶、井、碓各1			狗、羊、鸡各1	铜钱30枚	三彩捧圆盒女俑2
92GZBM5③	斜坡	180°	二期?							2	2?							陶罐1			俑头1
92GZBM14④	竖井	174°	三期															器盖1,陶盆2,盆2		铜钱45枚,铜镜1	砖墓志1
92GZBM17⑤	竖井	185°	三期															带盖黄釉罐1			砖墓志1
92GZBM19⑥	竖井	190°	三期															带盖黄釉瓷罐1			砖墓志1
92GZBM22⑦	竖井	200°	三期																		砖墓志1
92GZBM4⑧	竖井	175°	三期															陶罐1、盆、器盖1;瓷罐2		铜钱2	铁板1

① 《巩义芝田晋唐墓葬》,第82页。
② 《巩义市北窑湾汉晋唐五代墓葬》,《考古学报》1996年第3期。其中92GZBM3器盖1,器座2,就其形制而言,当为塔式罐。
③ 《巩义市北窑湾汉晋唐五代墓葬》,《考古学报》1996年第3期。
④ 《巩义市北窑湾汉晋唐五代墓葬》,《考古学报》1996年第3期。
⑤ 《巩义市北窑湾汉晋唐五代墓葬》,《考古学报》1996年第3期。
⑥ 《巩义市北窑湾汉晋唐五代墓葬》,《考古学报》1996年第3期。
⑦ 《巩义市北窑湾汉晋唐五代墓葬》,《考古学报》1996年第3期。
⑧ 《巩义市北窑湾汉晋唐五代墓葬》,《考古学报》1996年第3期。

续表

墓葬	形制(土洞墓)	墓向	期别	文武官俑	牛车	驼马俑	牵夫俑	骑马俑	镇墓兽	镇墓武士俑	塔式土罐	地轴	俯听俑	男女侍立俑	侏儒俑	建筑模型	坐俑	生活用具及生活用具明器	动物模型明器	实用或生前玩好	备注
巩义铝厂M1①	竖井	186°	三期															罐1,碗1		开元通宝2,铜帽圆1	
92GZBM2②	斜坡	185°	三期															白瓷罐2,瓷碗5,瓷盒1,瓷盂1		铜钱6	砖墓志1
92GZBM21③	竖井	170°	三期															陶罐1,瓷碗1		铜钱12	
92GZBM15④	斜坡	175°	三期															瓷罐1,碗2	昂芊1	铜钱5	

（出行仪卫 / 盟器神煞 / 宴居）

① 《巩义市铝厂唐墓发掘简报》,《中原文物》1998年第4期。
② 《巩义市北窑湾汉晋唐五代墓葬》,《考古学报》1996年第3期。
③ 《巩义市北窑湾汉晋唐五代墓葬》,《考古学报》1996年第3期。
④ 《巩义市北窑湾汉晋唐五代墓葬》,《考古学报》1996年第3期。

齐鲁间殊：略论山东地区宋金墓葬形制与装饰

张保卿

北京师范大学历史学院

山东地区地处黄河下游，北通幽冀，南接淮泗，东抵大海，西与中原地区相邻。北宋时期，山东地区是东京开封府的东部屏障，宋朝统治集团高度重视本区域，视其为"中国根干，畿甸屏蔽"①，青、齐、沂、密、郓等州均为时之重镇；北宋为金所灭之后，天会八年（1130年），金人册封原知济南府降官刘豫为"大齐皇帝"，建都河北大名，"沿河、沿淮及陕西、山东等路，皆驻北军，由是赋敛甚重，刑法太峻，民不聊生"②；此后金人认识到山东地区有"名藩巨邑膏腴之地，盐铁桑麻之利"③，持续组织猛安谋克户迁入，加强了对本区的控制和开发，也客观促进了汉族与少数民族的融合；金贞祐二年（1214年），蒙古骑兵大举伐金，攻破山东地区，焚毁无计，本区受到严重破坏。

山东地区地形复杂，位于中部的山东丘陵将山东地区分隔开来，形成若干小的地理分区，主要包括鲁东的半岛、鲁中南的丘陵和鲁西北的平原区域。鲁东地区地处三面环海的山东半岛，被丘陵地形阻隔，形成了独特的墓葬文化面貌；鲁中南地区位于丘陵地带，该地的墓葬特征与淮泗乃至于长江中下游地区比较相似；鲁西北地区相对而言比较复杂，位于地势平缓的河水冲积平原，不仅与河北地区地形面貌一致，也与中原地区相毗邻，本地的墓葬面貌受到了两大文化区的双重影响，客观上融汇并形成了自身的墓葬风格。

由此，依据宋金墓葬形制和装饰的差异，并结合地理分区，可将山东地区的宋金墓葬划分为三个小区，即以济南为中心的鲁西北地区，以临沂、枣庄为中心的鲁中南地区和以烟台为中心的鲁东地区。本文将以此分区为前提，着眼于墓葬形制与装饰，对山东地区宋金墓葬的时段特征和区域特征进行探索。

---

* 本文得到中央高校基本科研业务费专项资金资助（项目号：2021NTSS16），是北京师范大学青年教师发展资助项目研究成果。

① （宋）李焘撰：《续资治通鉴长编》卷一百五十九《仁宗庆历六年》，中华书局，1995年，第3849页。

② （宋）李心传编撰：《建炎以来系年要录》卷五十三《庚寅伪齐刘豫移都汴京》，上海古籍出版社，1992年，第717页。

③ （宋）徐梦莘撰：《三朝北盟会编》卷一百九十七《炎兴下帙九十七》，上海古籍出版社，1987年，第1421页。

一、山东中西部砖室墓的时代特征

山东地区的宋金墓葬包括砖室墓、石室墓、土洞墓等多种形制,其中以带有壁饰的中小型砖室墓最为重要、数量最多,能够体现出本区墓葬的时代差异。由于鲁东地区位于半岛之上,相对比较独立,墓葬的时代特征也与另外两个小区不同,本节暂不讨论鲁东地区的墓葬,而主要对位于山东中西部的鲁西北和鲁中南地区砖室墓进行讨论。

目前看来,本区域发现的北宋早期墓葬包括青州仰天山路墓、临沂药材店M1、济南山大南校区墓等,大致可以通过这些墓例对山东地区北宋早期砖室墓的主要特征进行观察。青州仰天山路墓为圆形穹窿顶砖室墓,四根仿木壁柱环绕墓室壁面,壁柱上砌柱头铺作一朵,墓壁砌出假门窗、桌椅、柜、架、灯檠等仿木结构装饰,发掘者根据出土器物判断其为北宋早期墓葬[1];临沂药材店M1的形制和装饰与青州仰天山路墓近似[2];建隆元年(960年)济南山大南校区墓是带有明确纪年的北宋早期砖室墓,同样为圆形穹窿顶,墓室内壁饰以丰富的彩绘,以影作木构和壁画的形式绘出仿木构件和假门窗、桌椅、柜、架、灯檠等题材,所表现题材和壁面布局与前述二墓类似。试将本区域北宋早期典型墓例的壁面装饰情况列图表如下(表一、图一)。

表一 山东中西部北宋早期部分墓例的壁面装饰情况

墓 例	时代	北	西	东	南	备注
青州仰天山路墓	北宋早期	砌假门、柜	砌衣架	砌一桌二椅	券门西侧砌窗、东侧砌窗和灯檠	圆形墓,墓室直径2.8米,4壁柱。彩绘脱落
临沂药材店M1	北宋早期	砌假门	砌一桌二椅	砌衣架、灯檠	券门	圆形墓,墓室直径2.28米,4壁柱。未见彩绘
济南山大南校区墓	960年	绘一门二窗、假门两侧凳上各绘三个纱笼	绘箱架、瓷罐	绘一桌二椅	券门西侧绘二架子、东侧绘灯檠、箱子	圆形墓,墓室直径2.55米,4壁柱。壁面有彩绘与壁画

根据上表可以大致归纳出本区域北宋早期砖室墓的主要特征。这一时期墓葬多采取圆形穹窿顶的形制,以四根壁柱将墓室壁面分隔,形成"四分式"的壁面布局,侧壁重点雕

---

[1] 庄明军、李宝垒、王岩:《山东青州市仰天山路宋代砖室墓的清理》,《考古》2011年第10期。
[2] 发掘者认为该墓为唐代晚期墓葬,笔者根据墓葬形制的对比,判断其下限有可能为北宋早期。参看邱播、苏建军等:《山东临沂市药材站发现两座唐墓》,《考古》2003年第9期。

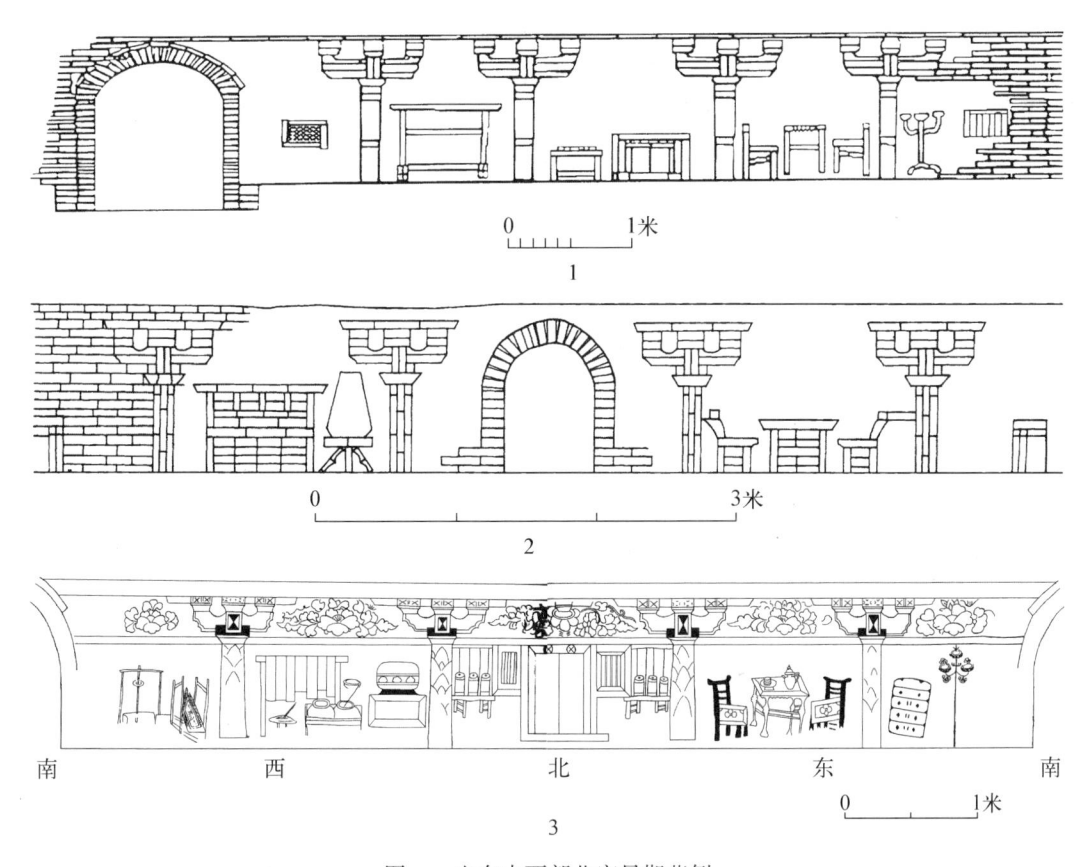

图一 山东中西部北宋早期墓例

1. 青州仰天山路墓(《考古》2011年第10期,第95页) 2. 临沂药材店M1(《考古》2003年第9期,第94页)
3. 济南山大南校区墓(《文物》2008年第8期,第34—35页)

绘出衣架、柜和桌椅等家具,这些特征与河北地区北宋早、中期砖室墓比较相似[1],应该是区域间密切联系和互动的表现。不过,本区域北宋早期墓葬壁面装饰多以彩绘形式表现,甚至以壁画来代替砖雕,壁面题材形象复杂,有走向繁缛华丽之势,这种现象与河北地区差别较大。

进入北宋中期,本区域砖室墓同样倾向于采取绘制壁画的形式来装饰墓壁,壁画细节愈加精细、形象愈加生动,具体的纪年墓例包括治平年间(1064—1067年)的济南青龙桥西墓和熙宁八年(1075年)的济南青龙桥东墓。尽管二墓的具体壁面布局不详,仅知有炊事、旅行等壁画题材,但根据公布的现场照片,仍可看出二墓壁画在墓葬装饰中的比重比较高,且出现了人物的形象[2]。人物形象与假门、家具等壁面装饰相结合,使得墓室壁面不再是单调的实物罗列,而更加鲜活生动,富有表现力,出行题材的壁画也是首次出现在

---

[1] 河北地区北宋早、中期砖室墓的形制特征可参看张保卿:《宋金时期中原北方地区砖室墓研究》第38—40页,北京大学博士研究生学位论文,2019年。
[2] 佚名:《济南发现带壁画的宋墓》,《文物》1960年第2期。

本区墓葬中。

在北宋晚期至金代早期长达百年的时间内,本区域纪年砖室墓材料出现了缺环。根据相关墓葬材料和相邻的河北地区砖室墓壁面布局的演变规律,可以大致归纳出本时期墓葬的基本特点。在这一时期,墓葬平面依旧为圆形,四根壁柱将墓壁分隔成"四分式"的壁面布局,可将比较符合以上特征的砖室墓例列图表如下(表二、图二)。

表二　山东中西部北宋晚期至金代早期部分砖室墓例的壁面装饰情况

墓例	墓室平面和尺寸	北	西	东	南	备注
济南洪家楼墓	圆形,直径2.55米	一门二窗	衣架、柜	一桌二椅	券门东侧灯檠	4壁柱,倒凹形棺床,彩绘脱落
济南郑家庄墓	圆形,直径2.6米	一门二窗	衣架、箱柜、灯檠	一桌一椅	券门	4壁柱,倒凹形棺床,未见彩绘
济南实验中学墓	圆形,直径2.3米	假门、窗	衣架	一桌一椅	券门东侧镜架	4壁柱,棺床不详,彩绘不详
济南铁厂墓	圆形,直径不详	假门	橱、方桌	一桌二椅、镜架、茶几	券门两侧各一窗	不详

济南洪家楼墓出土了带有北宋特征的器物,被发掘者判断为北宋时期墓葬;济南郑家庄墓则被断为金元时期[①];济南实验中学墓[②]和济南铁厂墓[③]均因附近出土了金代纪年墓

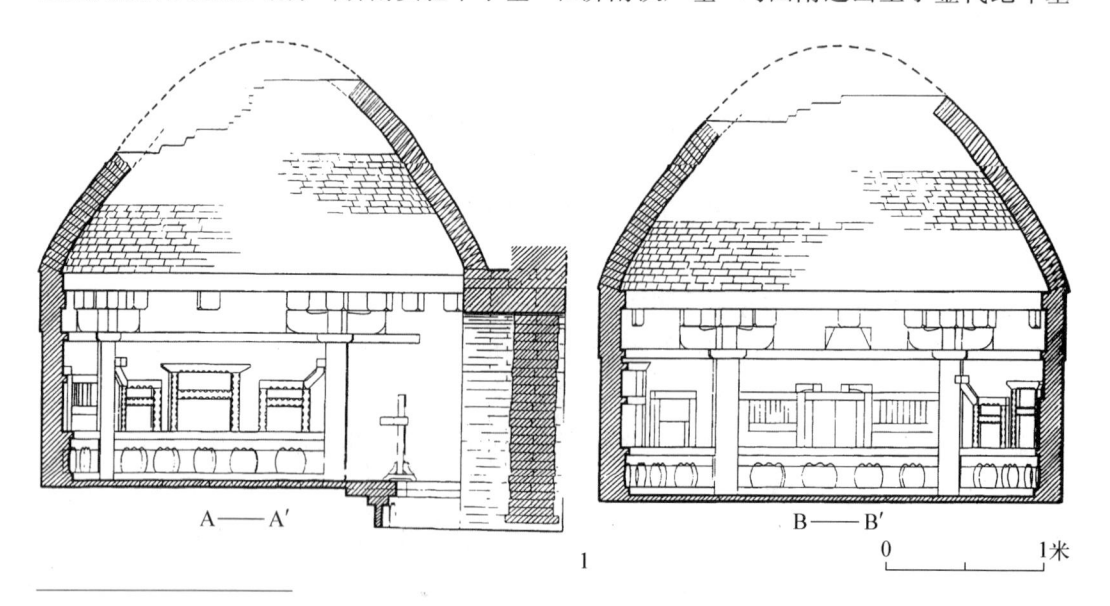

① 刘善沂、王惠明:《济南市历城区宋元壁画墓》,《文物》2005年第11期。
② 济南市博物馆、济南市考古所:《济南市宋金砖雕壁画墓》,《文物》2008年第8期。
③ 济南市博物馆:《济南市区发现金墓》,《考古》1979年第6期。

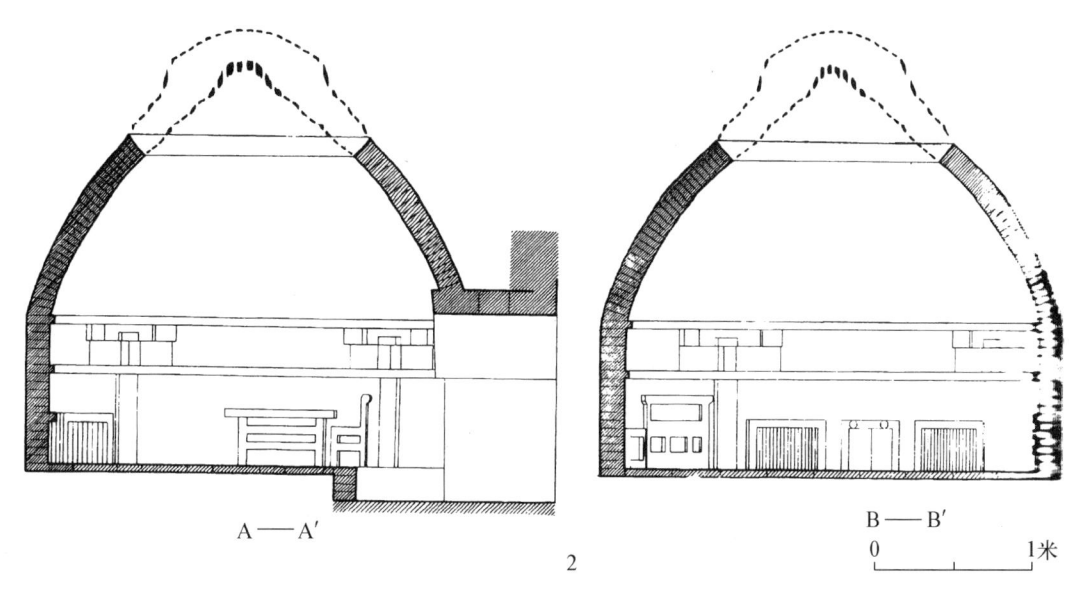

图二　山东中西部北宋至金代早期墓例
1. 济南洪家楼墓　2. 济南郑家庄墓
（来自《文物》2005年第11期，第50、52页）

葬，而被断为金代。由于缺乏更多的纪年材料以资比对，上述断代结论仍有探讨空间。目前看来，这批砖室墓的形制、装饰特点与北宋早、中期相近，壁面布局和题材没有太大的变化，大致可以说明本区墓葬在北宋晚期至金代早期之间应该保持了较长时间的稳定性。

金代中期，本区域纪年砖室墓葬材料较多，典型墓例包括明昌三年（1192年）济南商阜三十五中学墓①、承安二年（1197年）聊城高唐虞寅墓②、泰和元年（1201年）济南大官庄M1③等，其特征相对较易总结（表三、图三）。

表三　山东中西部金代中期纪年砖室墓例的壁面装饰题材

墓例及年代	北	西北	东北	西南	东南	南	备注
济南商阜三十五中学墓（1192年）	格子门	不详	一桌二椅	桌、几、侍女	镜台	券门	六边形，墓室边长1.93—2.1米，6壁柱，四铺作单杪
聊城高唐虞寅墓（1197年）	带檐假门	砌窗，绘伎乐和床帐	砌窗，绘桌椅和盆架	灯檠、牵马、备车	屏风、备侍、出行	券门东侧绘骑马	圆形，墓室直径5米，6壁柱

---

①　济南市博物馆：《济南市区发现金墓》，《考古》1979年第6期。
②　聊城地区博物馆：《山东高唐金代虞寅墓发掘简报》，《文物》1982年第1期；李方玉、龙宝章：《金代虞寅墓室壁画》，《文物》1982年第1期。
③　济南市博物馆、济南市考古所：《济南市宋金砖雕壁画墓》，《文物》2008年第8期。

续表

墓例及年代	北	西北	东北	西南	东南	南	备注
济南大官庄M1(1201年)	二层门楼、妇人启门	假门	一桌二椅、夫妇对坐	方桌、衣架、三侍者	灯檠、三侍女	券门两侧各砌一方亭	圆形,墓室直径2.8米,6壁柱,把头绞项造。甬道西壁绘牵马、东壁绘赶车。铺作层上砌砖雕和莲花藻井

聊城高唐虞寅墓的尺寸远较其他砖室墓为大,壁面装饰布局也稍有不同,可能受到了墓主官员品级和墓葬等级制度的影响。观察上表所列三座纪年墓,很容易发现其共性,即墓室内壁均作六根仿木壁柱,呈现出"六分式"的壁面布局。其中,济南商阜三十五中学墓的墓室平面为六边形,使得这种人为划分的壁面布局更加明显。这种"六分式"的壁面布局形式应该源自北宋早、中期的"四分式"。壁面布局形式的改变,是本区域金代中期砖室墓的重要标志之一。

这一时期,砖室墓的壁面装饰也发生了较大变化。一方面,墓葬装饰样式更加复杂,以正壁的假门为例,出现了格子门、版门和二层门楼多种样式。但无论样式如何变化,壁面装饰的题材本体基本没有改变,仍旧在正壁雕绘假门,在侧壁雕绘桌椅、盆架、镜台和灯檠等家具,延续了之前的传统做法。另一方面,墓葬的壁面装饰采取砖雕、彩绘和壁画等多种方式相结合,壁画所占装饰的比重较大,人物形象的塑造使得装饰题材变得更加生动而富有指向性,墓葬的甬道两侧也开始绘制壁画,铺作层上砌出装饰性的砖雕和藻井,共同营造出复杂、华丽的墓葬景象。这也与北宋早、中期砖室墓相呼应,属于本区域宋金墓葬的地区传统。

根据目前的考古发现,区域内金代晚期墓例的数量不多,这可能与蒙金战争的动荡政治形势有关。进入元代之后,本区砖室墓明显出现了新的特点[1]。其一,墓室壁面布局和壁柱的数量有所变化。元代早中期的砖室墓一般以四根壁柱划分壁面,又回到了北宋时期"四分式"的壁面布局,墓室内壁开始出现补间铺作;元代晚期,壁柱趋于消失,但墓壁布局的主体形式仍为"四分式"。其二,墓室壁面题材的基本组合形式发生重大变化。本区域宋金墓葬普遍在墓室正壁表现假门,侧壁雕绘桌椅、箱柜等家具;而元代墓葬则在墓室正壁、侧壁都重点突出假门题材,家具题材所占比重逐渐降低。其三,新增了诸多装饰题材。元代山东地区墓葬装饰更加繁缛,盛行满绘于四壁及墓顶的多层繁密式装饰格局,且出现了粮仓帛库、孝行等壁画题材,侧壁的墓主人像也出现了居中表现的情况,铺作之上常雕绘流苏垂饰和币串。这些都是不见于宋金时期的新特点。

---

[1] 对山东地区元代砖石室墓装饰布局情况的详细讨论可参看袁泉:《蒙元时期中原北方地区墓葬研究》,文物出版社,2020年,第132—142页。

陵墓·制度 · 127 ·

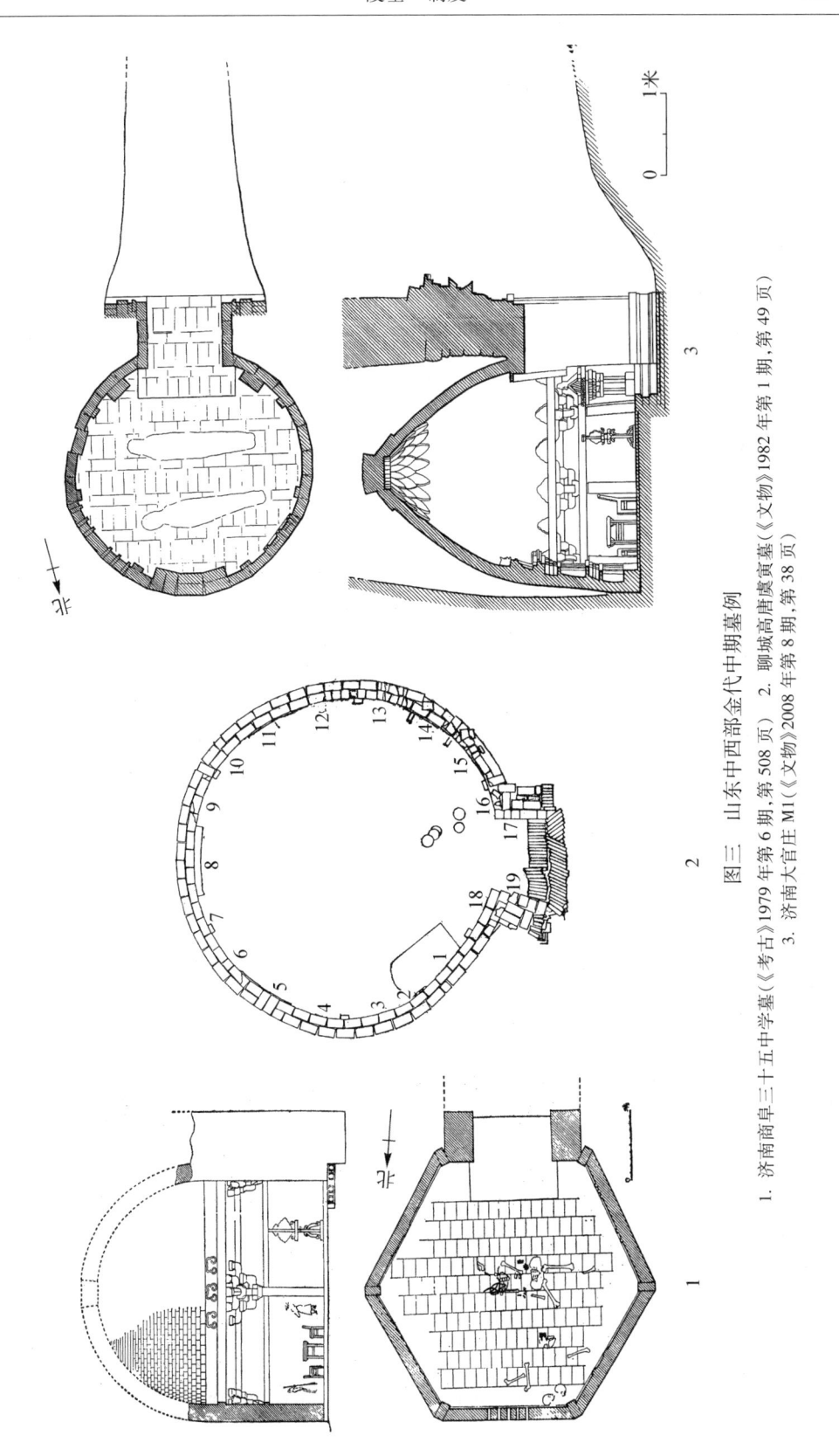

图三 山东中西部金代中期墓例
1. 济南商阜三十五中学墓(《考古》1979年第6期,第508页) 2. 聊城高唐虞寅墓(《文物》1982年第1期,第49页) 3. 济南大官庄M1(《文物》2008年第8期,第38页)

综合上述讨论,结合元代墓葬的情况,大致可以梳理出本区域宋金砖室墓形制与装饰的变化趋势(表四)。北宋早中期,本区砖室墓以圆形墓居多,墓室多为"四分式"的壁面布局,壁面题材主要表现为正壁假门、侧壁家具的组合形式,常以壁画和砖雕相结合的形式进行墓壁装饰。北宋晚期至金代前期的墓葬材料不多,可能和北宋早中期类似,保持了较长时间的稳定性。金代中期,本区墓葬多为圆形和六边形,墓室内壁多作出六根仿木壁柱,呈现出"六分式"的壁面布局,壁面题材变化不大,而墓葬装饰样式更加复杂,壁面装饰采取砖雕、彩绘和壁画等多种方式,共同营造出复杂、华丽的墓葬景象。金代晚期的墓例较少。元代墓葬装饰愈加繁缛,逐渐向"四分式"的壁面布局重新靠拢,墓室正侧壁均突显假门题材的中心地位,家具题材在壁面中的比重降低,孝行图等新的装饰题材在本区开始出现。

表四　山东中西部宋金砖室墓形制与装饰的整体变化趋势

时　　段	墓葬平面形制	壁面布局	壁面题材组合
北宋至金代早期	圆形为主	"四分式",有壁柱	正壁假门、侧壁家具
金代中期		"六分式",有壁柱	
金代晚期		不详	
元代		"四分式",晚期不见壁柱	正侧壁均突出假门

二、鲁西北、鲁中南和鲁东地区的墓葬区域特征

由于唐、五代的墓葬在本区发现数量有限,对山东地区宋金墓葬传统和渊源的讨论不易展开。就宋金时期墓葬发展的整体趋势而言,本区受到河北地区、中原地区的文化因素影响,地区间的交流和融汇使之形成了相对独特的墓葬区域特征。山东地区的地理分区比较明显,即鲁西北的平原、鲁中南的丘陵和鲁东的半岛,地缘因素影响了不同区域的文化,进而使得本区域内部各小区之间的墓葬差别相当显著。

鲁西北和鲁中南地区宋金砖室墓平面布局、内部格局和壁面装饰题材相对统一,与中原地区和河北地区比较接近。墓葬绝大多数为圆形墓,少见六边形墓,方形墓基本不见;墓葬的壁面装饰题材除正壁假门以外,均以桌椅、衣架、箱柜、灯檠等家具为主。这些特征均与相邻的河北地区宋代墓葬十分相近,应该是同样受到晚唐以来河北地区圆形墓传统的影响[1]。就壁面布局而言,宋金时期由以壁柱划分的"四分式"向"六分式"过渡,随后在

---

[1] 崔世平:《河北因素与唐宋墓葬制度变革初论》,见《两个世界的徘徊:中古时期丧葬观念风俗与礼仪制度学术研讨会论文集》,科学出版社,2016年,第282—312页。

元代又回归"四分式"的壁面布局,后来壁柱不再出现,这一发展脉络与河北地区也很相似。此外,区域内发现了数座石室墓,如济宁嘉祥钓鱼山 M2 为带石藏的方形石室墓①、济南长清崮云湖 M1 和 M3 为圆形石室墓、济南长清崮云湖 M2 为双室方形石室墓②等,这些墓葬形制特殊,分别位于北宋官员家族晁氏和宋氏墓地,可能和墓主人官员身份和品级相关。值得提及的是,一些石室墓重新利用了汉代画像石构件,多将其置于墓室后壁、画面朝向墓内③,可以反映出宋金时期的地区风俗和建墓者心理。

鲁中南地区与淮泗地区相接,一定程度上受到了南方地区墓葬因素的影响。这一地区发现了竖穴土坑墓若干座,均无墓道,土坑内砌筑砖棺或石椁,砖棺顶部偶以石板覆盖,石椁内一般有木棺。如金代承安四年(1199年)枣庄滕县苏瑀墓为竖穴土坑墓,土坑内置石椁,椁长2.2、宽0.97米,内有朽棺,随葬纪名石、铜镜、木梳、骨笄、残纸卷、钱币等④;又如临沂沂水县城南 M3 为竖穴土坑墓,土坑内置砖棺,长2.15、宽0.55—0.74米,棺顶以石板覆盖,随葬陶罐、铜头钗、钱币等⑤。进入元代,本区域内的竖穴土坑石椁墓的数量更多。这类墓葬远较鲁西北地区等地的砖室墓简单,而与南方地区更为相似。

鲁东地区的宋金墓葬与前述两个地区差别较大。大概是因地处相对偏远的半岛地区,在一定程度影响了相互联系和交流,使得半岛地区的文化独立性尤其明显。这一区域的宋金墓葬以砖室墓为主,墓室平面经常采用方形或弧方形。如元丰七年(1084年)莱州南五里墓为弧方形砖室墓,墓室东西壁绘青龙、白虎,南侧绘伎乐、备宴、备侍、舞蹈等,甬道两壁绘牵马图⑥;又如宣和二年(1121年)莱州张家村 M1 为方形砖室墓,墓室北壁砌假门,两侧绘有青龙、白虎,西壁绘一桌二椅、二侍者等⑦;再如大安二年(1210年)淄博博山区墓为方形砖室墓,墓室北壁为妇人启门,西壁砌绘假窗、备马、备侍,东壁砌绘灯檠、夫妇对坐、衣架,南壁绘备马、花卉(图四)⑧。将上述纪年墓葬的墓室壁面装饰情况列如下表(表五)。

表五 山东半岛地区宋金部分纪年砖室墓例的壁面装饰题材

墓例和年代	墓室平面及尺寸	北	西	东	南	甬道
莱州南五里墓(1084年)	弧方形,边长2.65米	不详	白虎、伎乐	青龙、备宴	券门西侧舞蹈、东侧侍女	两侧牵马图

---

① 山东嘉祥县文管所:《山东嘉祥县钓鱼山发现两座宋墓》,《考古》1986年第9期。
② 济南市考古研究所:《山东济南长清崮云湖宋墓发掘简报》,《文物》2016年第2期。
③ 邹城市文物局:《山东邹城峄山北龙河宋金墓发掘简报》,《文物》2017年第1期。
④ 滕县博物馆:《山东滕县金苏瑀墓》,《考古》1984年第4期。
⑤ 孔繁刚、宋贵宝、秦搏:《山东沂水县金代墓葬》,见《考古学集刊(11)》,北京:中国大百科全书出版社,1997年,第308—310页。
⑥ 闫勇、张英军、杨文玉、许盟刚、赵娟:《胶东地区首次发现宋代纪年壁画墓》,《中国文物报》2013年12月6日。
⑦ 闫勇、张英军、侯建业:《山东莱州发现两座宋代壁画墓》,《中国文物报》2014年7月4日。
⑧ 李鸿雁:《山东淄博市博山区金代壁画墓》,《考古》2012年第10期。

续表

墓例和年代	墓室平面及尺寸	北	西	东	南	甬道
莱州张家村M1（1121年）	方形，边长2.5米	假门两侧青龙、白虎	一桌二椅、二侍者	不详	不详	不详
淄博博山区墓（1210年）	方形，边长1.91—1.96米	妇人启门，左右各一侍者	砌窗，左侧备马挑担、右侧侍者	砌灯檠，左侧夫妇对坐、右侧衣架	券门西侧牡丹、东侧备马	墨书题记

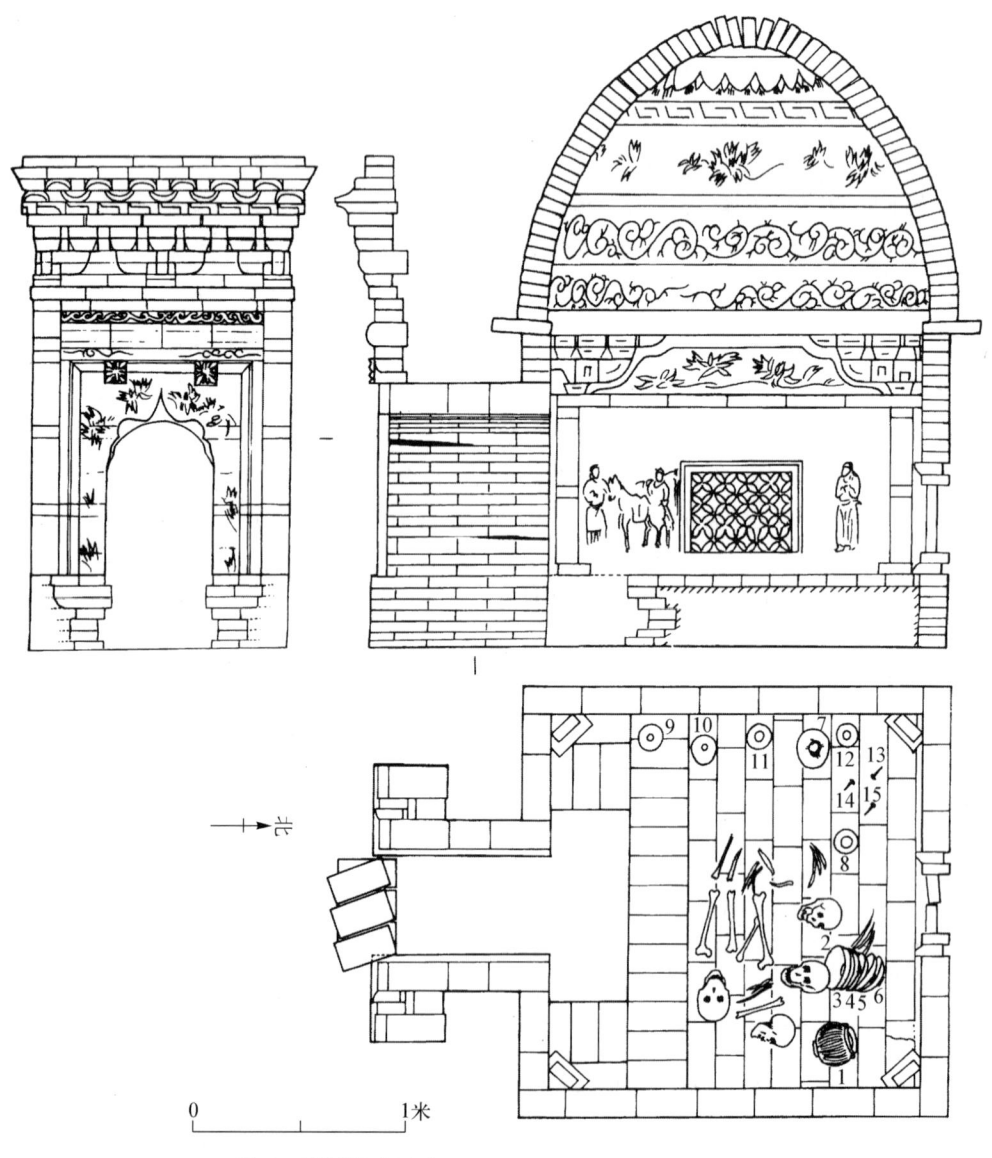

图四　淄博博山区墓（《考古》2012年第10期，第53页）

本区域除墓室平面多为方形之外，墓葬壁面布局和题材也呈现出自身特点。壁画所占墓室装饰的比重相当大，色彩绚丽，分层布局，出现了青龙、白虎等不见于附近地区的题材，墓室南壁常墨书题记和绘制出行、备马图像。区域内还出现了使用圆形墓的做法，如政和六年（1116年）栖霞慕仉墓的墓室平面为圆形，壁面有八根仿木壁柱，墓室斗栱为四铺作（图五）①，比较特殊，应与墓主身为朝奉大夫的级别身份相关。

进入金代，本区墓葬壁面布局和平面形制发生了新变化，如青岛即墨东障 M1、M6 均为六边形砖室墓，墓壁装饰较少②。元代后期到明代，胶东半岛地区流行石塔墓，多以家族墓群的形式成片分布③，这种墓葬也颇具地域特色。由于总体数量发现不多，本小区宋金墓葬演变规律不易总结，但其自身鲜明的特点和与邻近区域的互动情况值得进一步研究和重视。

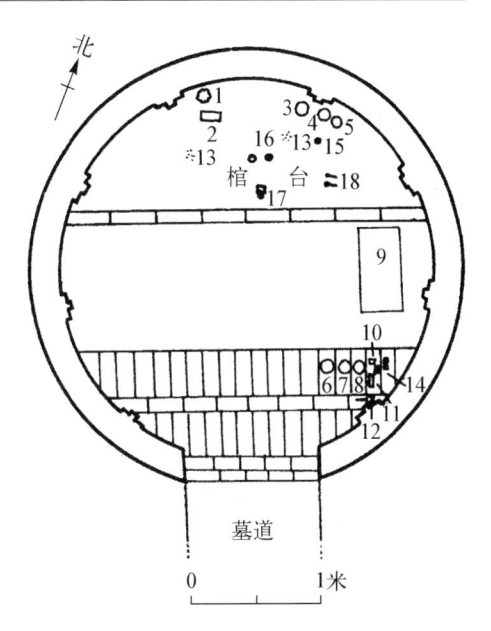

图五　栖霞慕仉墓（《考古》1998年第5期，第45页）

三、余论：地缘因素下的墓葬区域性

对于不同的两座墓葬而言，抛开诸如身份等级、主观意志、偶发事件等相对较为特别的因素，其墓葬面貌出现差异的原因普遍可以归结于两方面：其一为时代性的差异，其二为区域性的差异。研究历史时期墓葬的时代性和区域性，需要结合纪年标尺材料将不同墓葬进行深度对比，这有助于继续探究墓葬文化及其所反映的深层次问题。总体来看，山东中西部地区宋金砖室墓发展脉络比较清晰，其形制与装饰在不同时段呈现出不同的特点，前文已归纳了其时代特征；鲁西北、鲁中南和鲁东地区的墓葬区域特征比较明显，前文也结合具体墓例逐次进行了介绍。此处将从地缘因素的角度，对山东地区墓葬区域性的形成原因略作探讨。

山东地区宋金墓葬的内部区域性表现得比较明显，不同小区之间的墓葬面貌差别较大。鲁西北地区墓葬特征更趋近于河北地区和中原地区，鲁中南地区墓葬的文化面貌呈现出融南汇北的特征，鲁东地区墓葬则极具地域特色。这种内部区域性差异的出现和地

---

① 李元章：《山东栖霞市慕家店宋代慕仉墓》，《考古》1998年第5期。
② 青岛市文物保护考古研究所、即墨市博物馆：《即墨东障墓地发掘报告》，《中国国家博物馆馆刊》2013年第6期。
③ 袁泉：《继承与变革：山东地区元代墓葬区域与阶段特征考》，《考古与文物》2015年第1期。

理环境有较大关系。不同区域的墓葬面貌受到该区域文化传统和区域间文化因素传播的影响,而归根结底上与地缘因素密切相关。

地缘因素影响着区域文化传统的定型,形成了不同的墓葬文化分区。中国自古便有"禹贡九州"说法,九州文化各自不同,这种文化分区与地缘因素密切相关。以山东地区为例,山东地区中部的丘陵将其分为鲁西北、鲁中南与鲁东三个区域,"九州"中的兖州、徐州、青州便与前述三个区域的范围大致相合。这种区域划分对文化面貌的形成产生着重要的影响,不同的地理区域催生了不同的文化区域,在山东地区则表现为齐文化与鲁文化彼此共存的格局。现今的山东地区常被称为"齐鲁地区",人们常以"齐鲁文化"指代山东地区的社会风俗和文化面貌,齐鲁文化也是齐文化与鲁文化相互选择、渗透、交融的结果。但是需要重视的是,齐文化与鲁文化的风习存在着显著的差异,这也导致区域间存在着相异的地域性格,如《宋史·地理志》中记载"兖、济山泽险迥,盗或隐聚。营丘东道之雄,号称富衍,物产尤盛。登、莱、高密负海之北,楚商兼凑,民性悁戾而好讼斗"[1]。这类评价带有一定的偏见,但可反映出山东地区存在显著文化分区的客观事实。前述鲁东、鲁西北地区墓葬面貌截然不同,其应当受到了齐、鲁两地的不同地域文化的影响,本质上是源于地缘因素影响下的文化分区的差异。

地缘因素还影响着区域墓葬文化因素的传播。随着人群的流动,相邻区域间持续发生文化交流,墓葬的形制与装饰等也在不断融合的基础上形成了自身的特点。在山东地区,前文所述鲁西北、鲁中南地区砖室墓所普遍使用的圆形平面形制和仿木结构装饰等具体做法与河北地区墓葬面貌比较相似,一定程度上说明了这些区域间的密切互动。如果将视野回到中晚唐,可以发现地缘位置接近的河北、山东地区同属于藩镇控制的核心地区,位于山东地区的淄青镇与河朔三镇联系密切,相互呼应,结成政治军事联盟,这也使得河朔风俗文化向山东地区传播开来,墓葬文化因素也得到充分的交流。在宋金时期,山东地区是受到河北地区墓葬文化影响最大的地区之一,直至元代仍保留了相当程度的宋金传统做法[2]。因此,在讨论唐宋时期河北地区墓葬文化因素向外输出的过程之中,山东地区墓葬应当受到更多重视。

---

[1] (元)脱脱:《宋史》卷八十五《地理一》,中华书局,1985年,第2112页。
[2] 袁泉:《继承与变革:山东地区元代墓葬区域与阶段特征考》,《考古与文物》2015年第1期。

墓葬·观念

关中地区东汉时期同墓合葬问题研究

——基于数据统计和个案分析

李云河

北京大学考古文博学院，北京大学中国考古学研究中心

关中地区是两汉时期的政治、经济、文化核心区域之一，拥有着丰富的墓葬材料。就该地区的中小型汉墓而言，合葬现象在西汉早期就已存在，以异穴合葬为主。西汉中晚期，同墓合葬逐渐兴起和发展。东汉时，同墓合葬已经非常流行且形式多样，一墓当中除了合葬二人，还出现了埋葬三人甚至更多的。关于汉墓的同墓合葬问题，学者们已开展了一些具有启发性的研究[1]。近年来，几部以单独墓葬为单位详细公布信息的汉墓考古报告相继出版，为相关研究提供了大量的新材料，也为更加细化地研究创造了条件[2]。笔者选择同墓合葬盛行的东汉时期进行研究，通过数据统计、个案分析来讨论合葬墓埋葬人数以及年代判断等关键问题，并从合葬功能的角度对斜坡墓道台阶的功能提出了新的看法。

一、关中地区东汉墓的葬人数目统计分析

关于汉代合葬的相关概念，研究者普遍引用杨树达在《汉代婚丧礼俗考》中的论述，即"妇从其夫葬为合葬，凡夫妇以合葬为常""子孙从其父祖葬为祔葬，所谓归旧茔是也"[3]。汉代多人葬于同一座墓中的情况究竟为"合葬"还是"祔葬"？根据现有的材料和方法，并不容易做出准确的判断。正如齐东方所说，汉墓中缺少能够反映不同墓主人关系的材料，而到了汉代以后，伴随着墓志的流行方才得以更准确地判断祔葬[4]。综合这些观点和本文的研究目的，在这里将同墓中埋葬人数超过一人的情况统称为合葬。

---

[1] 见徐承泰：《汉代非单棺墓葬的考古学意义观察——以中小型墓葬为观察对象》，《江汉考古》2008年第4期，第51—56页；此外在《白鹿原汉墓》的结语部分有一节"合葬墓的性质与年代"，尝试讨论了这批墓葬中的并穴、同穴合葬问题，见陕西省考古研究所：《白鹿原汉墓》，西安：三秦出版社，2003年，第253—259页。

[2] 西安市文物保护研究所：《西安东汉墓》，北京：文物出版社，2009年；陕西省考古研究院、宝鸡市周原博物馆：《周原汉唐墓》，北京：科学出版社，2014年；陕西省考古研究院：《临潼新丰——战国秦汉墓葬考古发掘报告》，北京：科学出版社，2016年。

[3] 杨树达：《汉代婚丧礼俗考》，上海：上海古籍出版社，2013年，第171、179页。

[4] 齐东方：《三国两晋南北朝时期祔的葬墓》，《考古》1991年第10期，第943—949、938页。

笔者选取了已公布的关中东汉墓中埋葬人数清楚且资料详细的 76 座进行统计[①]，一墓之中埋葬的人数，从 1 人到 9 人不等，统计如下（表一，图一）：

表一　关中地区东汉墓埋葬人数统计表

期别＼葬人数	1人	2人	3人	4人	5人	6人	8人	9人	合计
东汉早	6	5	3						14
东汉中	15	17	1	5	1				39
东汉晚	10	7	1	1	1	1	1	1	23
合　计	31	29	5	6	2	1	1	1	76
百分比	40.79%	38.16%	6.58%	7.89%	2.63%	1.32%	1.32%	1.32%	100.00%

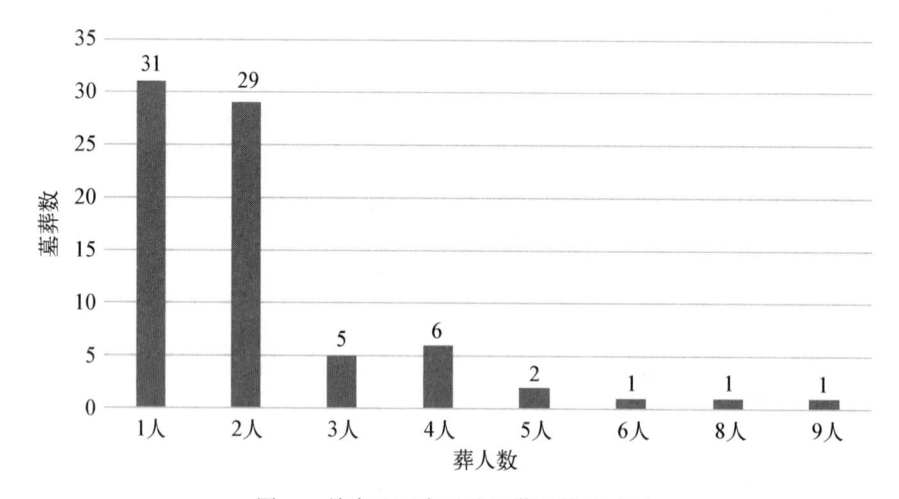

图一　关中地区东汉墓埋葬人数统计图

通过统计，可以明显看出以下三大特点：

第一，在所有墓葬中，单人葬与双人合葬最常见。一墓当中埋葬一人及两人的，合计比例达到了 78.9%；

第二，合葬墓以二人合葬的形式为主，此类墓占所有合葬墓的 64.4%；

第三，埋葬三人及三人以上的现象并不占主流，同墓埋葬五人以上的情况则非常罕见。

尽管没有墓志等文字资料，也缺少人骨性别、年龄等方面的鉴定信息，但根据常理推

[①] 本文所选择的墓葬资料主要来自三部考古报告，见前页②，其余简报兹不详述。有些曾被其他研究引用的典型墓例，如埋葬 8 人的西安净水厂 M18，因随葬品资料公布不详，不纳入统计。

断,并结合汉代文献的记载和前人的研究成果①,笔者认为这些二人合葬大多数应为夫妻合葬。也就是说,关中东汉时期的埋葬方式以单人葬或夫妻合葬为主。长期以来,多代合葬于一墓之中曾经被认为是汉代墓葬文化的一个典型特征,具体而言是从西汉末期开始越来越流行的,起初为两代合葬,东汉中期以后出现三四代的合葬,其诞生背景和家族关系的强化有关②。一般来说,在不能借助其他材料明确墓主人关系的情况下,想要推断一座墓葬为多代合葬,至少需要墓中葬有三人,即夫妻二人再加一位子女。但从上面的统计结果看,关中地区的东汉墓并未表现出强烈的多代合葬特征,埋葬三人以上的多人葬不是常态,反而如同"特例"一般。杨哲峰曾对洛阳地区汉墓的葬人数量进行过统计研究,结果显示,在洛阳地区单人葬和双人葬是汉墓的主流,多人葬所占比例极小③,这一点和关中地区的统计结果一致。

那么应当如何理解汉墓多代合葬的习俗呢?笔者认为,多代合葬的具体呈现形式,除了受到地方习俗的影响,还跟墓葬形制、自然环境等因素有着密切的关系。例如多代合葬的典型代表——四川地区的崖墓,依托天然山体,可以在一个墓道和前室之后开凿出多个后室和侧室,先后埋葬多代家庭成员。例如成都天回山 M3,共有 7 个墓室,葬 14 棺④。一般而言,崖墓选择的山体相对稳固,也便于继续开凿扩建,因此一墓之中可以埋葬多人。而在关中和洛阳地区,无论采用土洞墓还是砖室墓,都需要在地下修建,墓内空间相对有限,能够容纳的人数自然也不会太多。如果为了多代合葬的需求而让墓室过大、过多,就提高了坍塌的风险。因此我们会看到在这种墓葬里,如无特别原因便不会埋葬多人。在关中地区,多代合葬主要还是以家族墓地的形式来体现,即像已发掘的杨震家族墓、刘崎家族墓那样,不同辈分的家族成员分别修墓,按照一定的顺序整齐排布⑤。

此外,如果将墓葬的具体时代纳入考虑就会发现,东汉早期的墓葬,一墓中最多埋葬三人。到了东汉中晚期,三人以上的多人葬才有所增加。这种现象和墓葬形制的变化应有一定的联系。关中地区东汉早期以单室墓或单主室附带耳室的墓型为主。在单室墓中,埋葬一人或两人是正常的,如《西安东汉墓》中的曲春 M24(图二,1)⑥,为砖券结构单室墓,墓室长 4.40、宽 1.88 米,后部并列放置双棺。在这样的单室墓中,若埋葬三人就显得拥挤了,如曲春 M15(图二,2)⑦,为土洞结构单室墓,墓室长 5.40、宽 1.46 米,无论如何都不能横向并置三棺,因此后部并排葬二人,前部又葬一人,如此一来剩下能够放置随葬

---

① 可参看韩国河:《试论汉晋时期合葬礼俗的渊源及发展》,《考古》1999 年第 10 期,第 69—78 页;徐承泰:《汉代非单棺墓葬的考古学意义观察——以中小型墓葬为观察对象》,《江汉考古》2008 年第 4 期,第 51—56+87 页。
② 俞伟超:《考古学中的汉文化问题》,《古史的考古学探索》,北京:文物出版社,2002 年,第 180—190 页。
③ 杨哲峰:《洛阳地区汉墓所见"多人葬"问题——以烧沟和西郊墓群为中心》,《洛阳汉魏陵墓研究论文集》,北京:文物出版社,2009 年,第 180—189 页。
④ 刘志远:《成都天回山崖墓清理记》,《考古学报》1958 年第 1 期,第 87—103 页。
⑤ 陕西省文物管理委员会:《潼关吊桥汉代杨氏墓群发掘简记》,《文物》1961 年第 1 期,第 56—66 页;杜葆仁、夏振英、呼林贵:《东汉司徒刘崎及其家族墓的清理》,《考古与文物》1986 年第 5 期,第 45—56 页。
⑥ 西安市文物保护研究所:《西安东汉墓》,第 558—563 页。
⑦ 西安市文物保护研究所:《西安东汉墓》,第 551—554 页。

品的空间就很少了。到了东汉中晚期，随着多室墓的流行，才给埋葬多人提供了更为便利的条件。

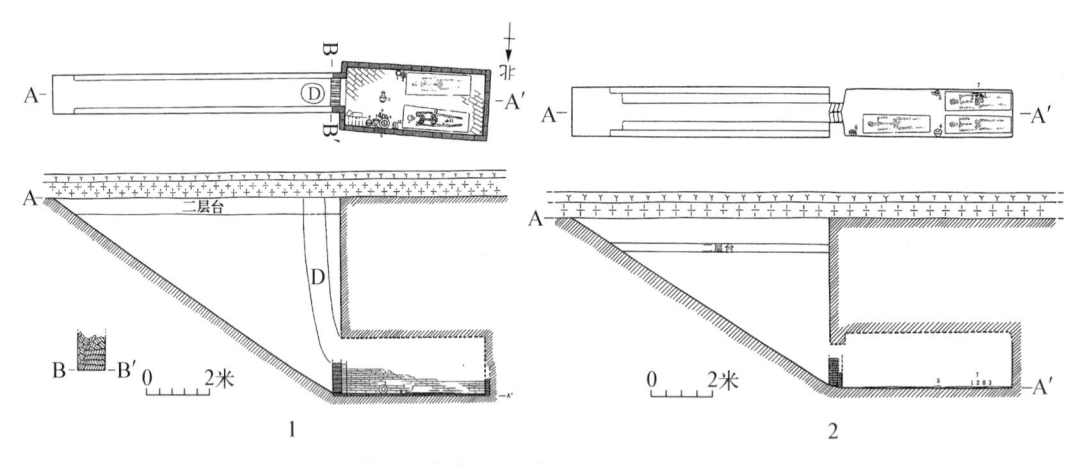

图二 曲春 M24、曲春 M15 平剖面图

同时埋葬五人以上的合葬墓，主要属于东汉晚期。虽然此类墓葬颇受关注，但就总体比例而言实属个别现象。研究者经常因为其特殊性而专门引用，容易使读者误认为它们比较常见。这类合葬现象出现的成因值得探讨，如前所述，家族观念对丧葬习俗的影响是过去研究者提出的一个可能原因。东汉时期的一些家族屡世不分家并因此而受到赞誉[1]，假如这些人死后也倾向于合葬在同一座墓葬中，那么确实会引发多人合葬的现象。但需要考虑的是，为何在家族观念强化的社会背景下，此类合葬墓总体仍然如此稀少呢？或者说，所谓同居共财与多人合葬是否能够直接对应？比如"三世共财"的樊氏家族的重要成员樊宏，在遗嘱中要求"与夫人同坟异藏"[2]，夫妻合葬尚且不采用同穴的形式，更不用说跨代的家族成员了。再如前面提到的东汉杨震家族，弘农杨氏属于典型的世家大族，但杨震家族墓也未采用同墓合葬多人的形式。因此，不能不寻找其他的可能原因。关于洛阳地区东汉中晚期多人葬的出现原因，杨哲峰曾指出，除了政治或宗教因素之外，还可能跟当时盛行的疫病情况有关，瘟疫导致的"灭户""阖门而殪""举族而丧"时有发生[3]。另外，在同墓中先后多次埋葬的行为本身也可能推动疾病的传播，尤其是当有死者曾经染疾而且埋葬间隔时间较短的时候。以关中和洛阳地区东汉墓中常见的镇墓瓶、镇墓罐为例，有研究者从医学角度考量，提出镇墓文的内容实际上是表达对于"注病"，即传染病的避免意识，即"古人防治疾病的原始医学意识"[4]。还有学者进一步指出，"注病"的传播或

---

[1] 例如东汉樊氏家族"三世共财"，见《后汉书》卷三十二《樊宏阴识列传》，北京：中华书局，1965年，第1119页。
[2] 《后汉书》卷三十二《樊宏阴识列传》，第1121页。
[3] 杨哲峰：《洛阳地区汉墓所见"多人葬"问题——以烧沟和西郊墓群为中心》，《洛阳汉魏陵墓研究论文集》，北京：文物出版社，2009年，第188—189页。
[4] 易守菊、和中浚：《解注文之"注"与注病——从解注文看古代传染病》，《四川文物》2001年第3期，第34—36页。

与合葬习俗有关,即如果有人患恶性传染疾病死亡并下葬,子孙家人在一段时间之后打开墓室埋葬新死者,可能会被前葬者所带的病菌感染,从而染疾甚至死亡①。因为缺乏病理学鉴定的相关研究成果,目前尚无法判定这批关中东汉墓中的多人葬是否也因疫病造成。尽管如此,通过前面的统计和分析,我们可以对东汉时期的合葬获得更为准确的认识,在面对东汉中晚期那些超过三人的合葬墓时,需要意识到它们的非常规性并更加谨慎地判断其成因,而不宜轻易地将其视为一个时代的代表性特征。

二、合葬墓的年代判断及下葬过程复原

在同墓合葬习俗出现之前,一墓之中大多只埋葬一人,也就是说埋葬行为在一座墓中只发生一次,之后如无特殊缘故,墓葬不会再被打开。这种墓葬的时代对应的是一个具体的"时间点"。但是当合葬习俗出现之后,墓葬的使用就发生了变化。以夫妻二人合葬为例,徐承泰将其分为同时合葬与异时合葬两大类②,具体而言,夫妻合葬一般包括以下四种可能情况:

第一,夫妻同时死亡或前后相隔时间很短,故而同时下葬;

第二,夫妻中一方先亡故,暂时停厝于某处,待另一方死亡后,修墓,同时下葬于墓中;

第三,夫妻中一方先亡故,因某种原因先埋葬于某处,待另一方死亡后,再次修墓,将先死者迁葬,二人同时下葬于新墓中;

第四,夫妻中一方先亡故,修墓下葬,若干年后待另一方死亡,重新打开墓穴后葬入。

第一种可能,在现实中尽管存在,但显然并不是常态。第二、三种可能,即杨树达归纳的"取前丧至新丧之所与新丧合葬"③,更符合女方先死亡的情况。第四种可能,即"取新丧送至前丧葬所合葬"④,更符合男方先死亡的情况。在这四种可能里,第一、二、三种从结果上看,都只将墓葬使用了一次,唯有在第四种情况里墓葬会被重复打开,下葬活动不止一次。若为二人以上的合葬墓,情况就更为复杂了,但无论多人合葬的人数具体有多少,在墓葬的使用上都可归纳为一次使用与多次使用这两种情况。那么,其中多次使用的墓葬,其使用时代就不应当是"时间点",而是一个"时间段"。因此,不能简单地以墓中年代最晚的器物来判定墓葬的时代。

那么,如何判断一座墓葬是一次使用还是多次使用呢?关中东汉墓尚未发现墓志类的文字材料,除了镇墓瓶外无法利用现成的文字证据,而镇墓瓶的文字内容又很少详细记述墓主人的关系。因此只能根据墓葬、遗骨、随葬品的情况来进行推测。东汉时,关中及中原地区的墓葬大多带有墓道。若墓葬被反复打开,则墓道处容易留下痕迹,仔细发掘是

---

① 张勋燎、白彬:《道教考古》,北京:线装书局,2006年,第15—16页。
② 徐承泰:《汉代非单棺墓葬的考古学意义观察——以中小型墓葬为观察对象》,《江汉考古》2008年第4期,第52—53页。
③ 杨树达:《汉代婚丧礼俗考》,第176页。
④ 杨树达:《汉代婚丧礼俗考》,第176页。

有可能辨认出来的。例如新郑坡赵 M1,发掘者根据墓道存在的打破现象,将墓道分为"始建墓道"与"二次墓道",该墓墓道至少被重新打开过一次①。通过人骨的摆放及保存状况,有时也可辨认出迁葬行为。例如烧沟 M1026,此墓未被盗扰,后室之中有双棺合葬,发掘者注意到其中一个棺材内尸骸的腿骨上下倒置,不是自然状态,由此判断这是迁葬的现象②。

尽管在理论层面可以这样进行区分,但面对具体的墓葬时并不容易辨别。首先,限于种种客观条件,实际发掘墓葬时往往难以对墓道进行细致的清理。其次,作为半封闭空间的洞室墓,墓内空气无法排空,也难以阻止地下水的渗入,因而很不利于人骨的保存,像烧沟 M1026 这样的例子并不多,大多数墓葬的人骨保存欠佳,加之后来的盗扰破坏,发掘时辨认葬人数目尚且不易,遑论骨骼细节。因此,可以考虑充分利用类型学,将随葬的典型陶器的时代与墓葬形制、人骨等信息结合起来进行分析,这也是徐承泰所提出的汉代非单棺葬墓葬的研究方法之一③。在这里,笔者选取一个较为典型的墓例进行个案分析,即《西安东汉墓》中收录的雁南 M22④,此墓坐西向东,由前室、后室、右耳室组成,基本信息如下:

表二 雁南 M22 基本信息

形制	墓道	墓室结构	葬人数	随葬陶器	其他随葬品
斜坡墓道砖室墓,前后室结构	斜坡+台阶	砖室,前室、后室、右耳室、假耳室	3	壶 3、罐 20、仓 6、樽 4、灶 1、釜 3、甑 3、盆 1、井 3、案 3、盘 7、碗 9、耳杯 13、勺 2、灯 1、猪 1、狗 1	铜带钩 2、泡钉 6、四叶连弧纹镜 1、鸟纹博局镜 1、连弧云雷纹镜 2、不明铜镜 1、五铢钱 183、货泉 5、铁剑 1、铁锛 1

雁南 M22 中合葬三人,其中后室一人,编号墓主①,前室北壁之下一人,编号墓主②,前室右耳室中一人,编号墓主③。墓葬未被盗扰,随葬陶器散布在前、后室中,人骨保存状况不佳(图三,a)。在这里首先运用类型学的方法,根据陶器的器型特征进行分组,结果显示此墓当中的随葬陶器可以分为 3 组:

第 1 组,主要包含假圈足壶(如雁南 M22∶11)、束颈罐(如雁南 M22∶28)、无足仓(如雁南 M22∶13)、井(雁南 M22∶41)、三足樽(雁南 M22∶1)(图三,b);

第 2 组,主要包含假圈足壶(如雁南 M22∶15)、陶井(雁南 M22∶65)、三足仓(雁南 M22∶14)、三足樽(雁南 M22∶7),此外还包括大陶甑与模仿铁器的釉陶釜形成的组合(图三,c);

---

① 河南省文物考古研究院:《新郑坡赵一号墓》,北京:中国社会科学出版社,2016 年。
② 洛阳区考古发掘队:《洛阳烧沟汉墓》,北京:科学出版社,1959 年。
③ 徐承泰:《汉代非单棺墓葬的考古学意义观察——以中小型墓葬为观察对象》,《江汉考古》2008 年第 4 期,第 54 页。
④ 西安市文物保护研究所:《西安东汉墓》,第 584—606 页。

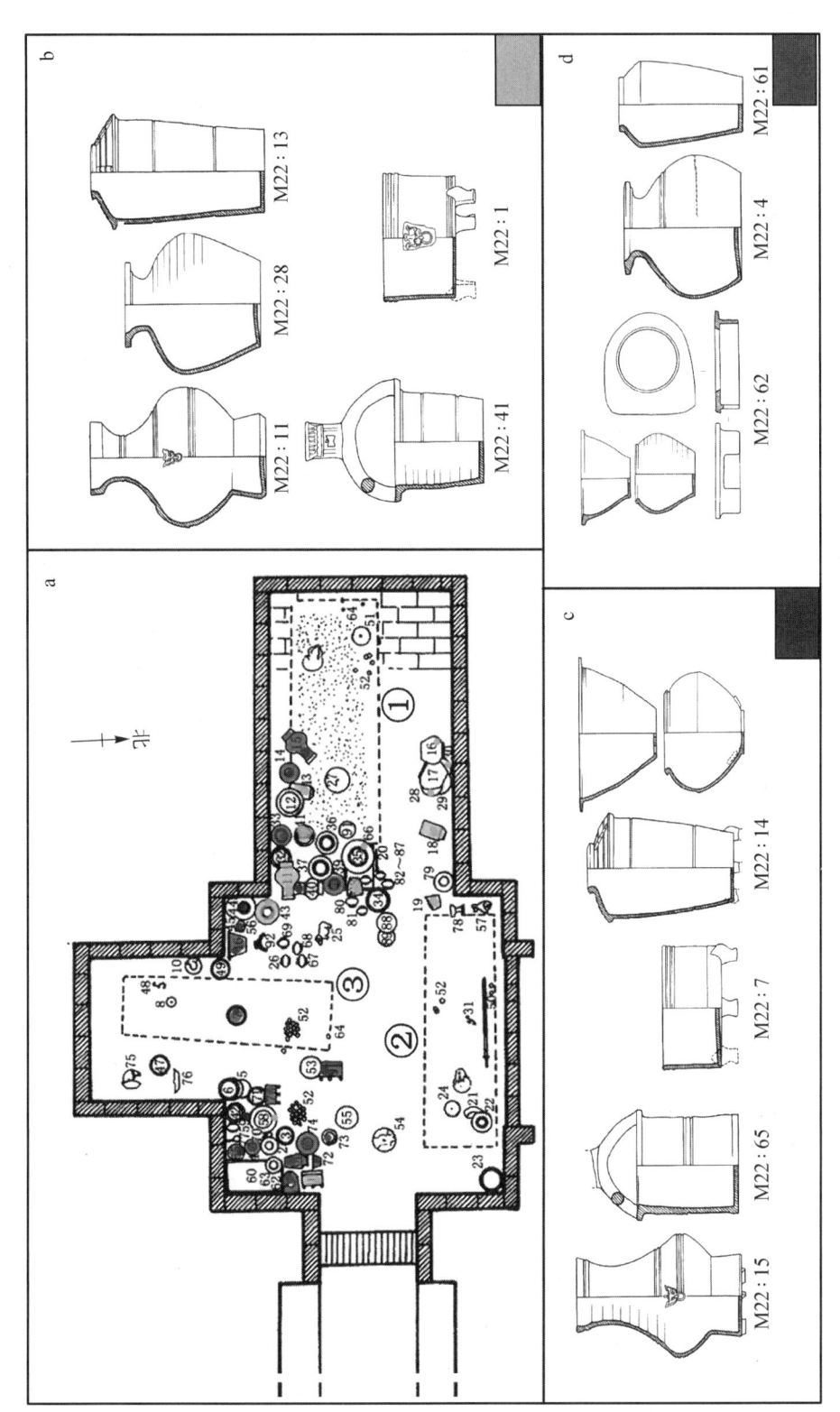

图三 雁南 M22 墓葬平面图及出土遗物

第3组，主要包含束颈罐（雁南 M22：4）、无足仓（雁南 M22：61）、灶（雁南 M22：62）（图三，d）。

尽管陶器整体分布较为分散，但是将这3组陶器标注在墓葬平面图上，仍可以看出一定的规律：

第1组陶器大多分布在后室中，处于墓主①的棺材周围；

第2组陶器相对较分散，主要分布在前室南部，在墓主③棺材的两侧均有；

第3组陶器大多分布在前室的东南角（图三，a）。

通过对比关中地区东汉墓的分期标准，如《西安东汉墓》或《中国考古学·秦汉卷》的"关中地区汉墓"一节可知，第1、2、3组陶器分别符合东汉早期、中期、晚期的时代特征①。那么，陶器的时代特征是否等同于墓葬的使用时间呢？根据已有的考古材料可知，东汉时期同一座墓的不同墓主人下葬间隔可达数十年之久，如长安县三里村东汉墓，除了主室外，在墓道尽头一侧还连接有一个侧室，也用于葬人，墓道侧室中的镇墓瓶纪年比主室中的纪年晚了40年②。但是放在雁南 M22 的具体例子中来看，明确从东汉早期延续使用到晚期的墓例在此前尚未发现，造成墓中同时出现时代跨度大的三组陶器的原因也可能包含迁葬，即某位或者某几位墓主人曾经暂时埋葬于其他地方，后来连同随葬器物一起迁入此墓中。可惜这三具人骨保存不佳，无法判断是否存在迁葬的情况，因而依照现有的材料尚不能判断这三位墓主是否真的从东汉早期至东汉晚期依次葬入，抑或是存在从别处迁葬而来的可能。在这里，假设不存在迁葬，可将雁南 M22 的下葬过程推测复原如下：

1. 墓主①最先死亡，修墓下葬，棺材放在后室，随葬的第1组陶器摆放在前室中，这也符合后室葬人、前室置物的一般习惯；

2. 若干年后，墓主②死亡，丧家重新打开墓道后进入墓室，或因后室的剩余空间不足，故将墓主②的棺材放置在前室北壁下，同时将第2组陶器放置在前室的南部或右耳室中；

3. 墓主③最后死亡，丧家再次打开墓道进入墓室，由于墓室内可用空间已经很小，只得利用原本并不葬人的耳室。将第1组陶器挪至后室，将第2组陶器挪向两边，腾出空间。放置墓主③的棺材后，把第3组陶器集中放置在前室的东南角。

在判断墓主先后下葬时间时，墓主①最先下葬是没有太大问题的。墓主②、③均在前室，判断他们的先后关系，的确存在困难。但墓主③的棺材内有一枚简化特甚的博局镜（雁南 M22：8），比墓主②棺内的连弧纹镜（雁南 M22：24）出现的时间晚，因此判断墓主③是最后下葬的。

当然也要注意到，雁南 M22 未被盗扰，葬人数目清楚，且随葬品基本保持在原先的位置，因而可以对它进行细致的研究。但这样的墓例同样极少，近年来发掘的大多数墓葬被

---

① 西安市文物保护研究所：《西安东汉墓》，第 1012—1018 页；中国社会科学院考古研究所：《中国考古学·秦汉卷》，北京：中国社会科学出版社，2010 年，第 382—389 页。

② 陕西省文物管理委员会：《长安县三里村东汉墓葬发掘简报》，《文物参考资料》1958 年第 7 期，第 62—65 页。

盗扰过，人骨的保存情况也不够好，尽管能够通过类型学观察到陶器中存在不同时期的组合，却很难判断出其具体成因。因此在对合葬墓进行分期断代时，可以考虑对随葬品的跨代特征专门予以识别和标注，但是墓葬的使用年代判定则需要更多的参考因素。

三、斜坡墓道台阶功能蠡测

前面提到的有合葬行为的曲春 M15、曲春 M24 以及雁南 M22 在墓道上有一个共同的特点，即斜坡墓道开口下方都带有台阶，亦有称之为"二层台"者。在关中地区，斜坡墓道两侧带台阶的现象早在西汉中期前段就已经出现了，如《白鹿原汉墓》中的绕 M14（图四）[1]，在其墓道开口向下 2.15、4.6 米处分别设有台阶，逐层内收。这种台阶的基本功能应是让墓道两壁形成收分，起到防塌的作用。与之相比，关中东汉墓葬的墓道台阶发生了明显的变化，主要在于台阶距地表的深度变浅。如曲春 M15（图二，2）的墓道两侧带有两级台阶，距离地表的深度分别为 0.8、1.05 米，远不如绕 M14 的台阶深。墓道台阶开口过浅，便不具备收分防塌的功能了。若将台阶以上的墓道部分去除，那么和不带台阶的墓道并无区别。

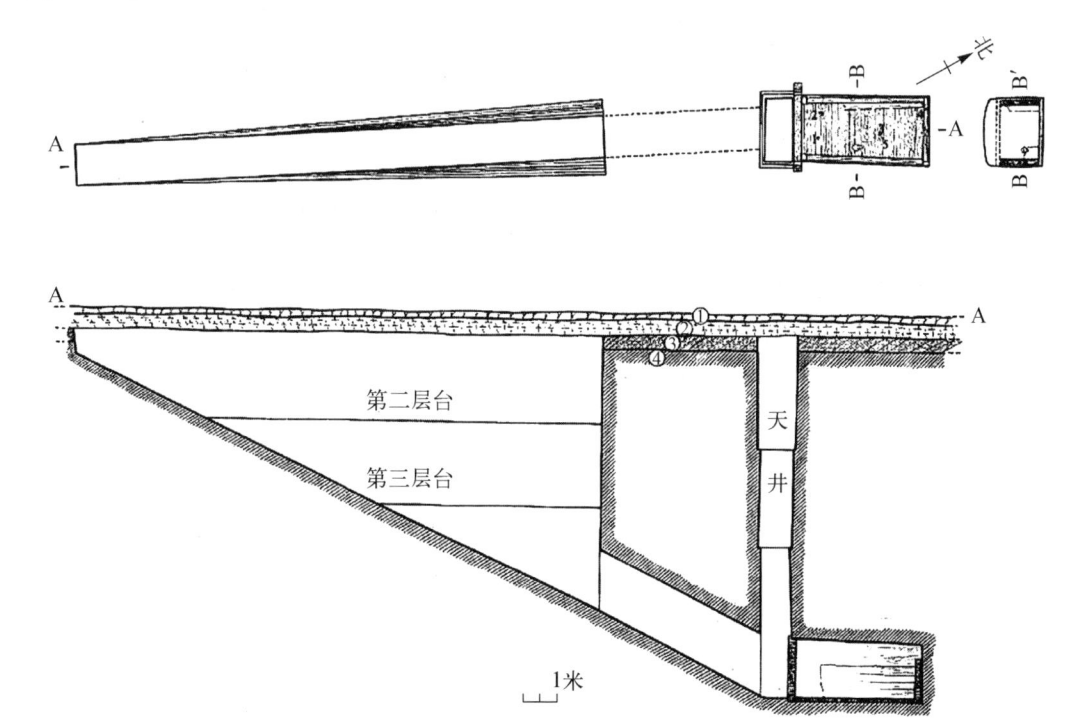

图四 绕 M14 平剖面图

洛阳地区东汉至西晋时期的大中型墓葬也存在台阶式墓圹、台阶式墓道的现象。有

---

[1] 陕西省考古研究所：《白鹿原汉墓》，第 44—47 页。

研究者指出，台阶墓圹与墓道的基本功能是防塌，此外也是身份等级的象征，还推测墓道的台阶或许为会葬时的观礼提供了场所①。但是，关中地区中小型墓葬的此类台阶宽度仅为0.2—0.25米，而且墓道本身较深，根本无法在台阶上站人，因此难以将其与施工过程或者会葬行为联系起来。

笔者推测，这种浅而窄的台阶很可能是为先后合葬或预先修墓的需求而设置的。在汉代，皇帝、诸侯王在生前预作寿陵已成定制，而普通臣民也有在生前预先修墓的。例如东汉末赵岐"先自为寿藏，图季札、子产、晏婴、叔向四像居宾位，又自画其像居主位，皆为赞颂"②。关于先后合葬，前文提到的东汉樊宏的例子也很重要，在《后汉纪》中也有相似记载，只是樊宏作"樊密"，应为同一人，他临死前嘱咐诸子"与夫人同冢异藏，各自一延道。以死生各异，棺柩一藏，不当复见，如有腐败，伤孝子心"③，所谓延道即墓道，结合这两条文献可知，樊宏希望自己跟妻子采用同坟异穴的埋葬方式，其原因在于担心子孙重新打开墓道进入墓室时发现先葬者的棺柩及尸骸已经腐败。

樊宏卒于建武二十七年，为东汉早期。此时在中原地区，同墓合葬流行，同坟异穴反而是一种较为"复古"的埋葬方式。从上面的记载可以看出，樊宏所倡导的同冢异藏，其实是与当时流俗所不同的行为，也恰好反映出在当时先后合葬已经比较常见。无论是预先修墓还是先后合葬，都存在重新挖开墓道的需要。关中地区东汉墓的斜坡墓道普遍长达10余米，亦有长至20余米者，墓道中填土的土方量较大。假如将墓道整个填埋起来，再次挖开时难免费时、费工，还有可能挖偏位置，即出现新郑坡赵M1二次墓道打破始建墓道的现象。但是，如果在墓道开口以下不深的位置设置台阶，便可以借助台阶来铺设木板一类的遮挡设施。这样一来，只在木板以上填土就可以了，而不需要将整个墓道都填埋（图五）。需要再打开墓道时，只将这层土挖开并揭开木板即可，可以大大节省工作量。

以雁南M22为例，假若这座墓是在最先下葬的墓主①死亡之前就修

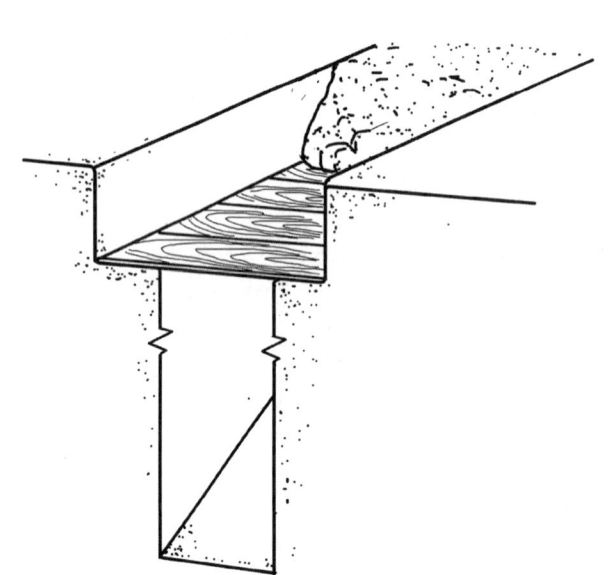

图五　墓道台阶使用示意图

---

① 张鸿亮：《略论东汉至西晋时期的台阶式墓圹——以洛阳大中型墓葬为中心》，《洛阳考古》2016年第4期，第51—59页。
② 《后汉书》卷六十四《吴延史卢赵列传》，第2124页。
③ （晋）袁宏：《后汉纪·光武皇帝纪》，第129页。

好了的,那么在墓主①下葬之前,可以利用木板,仅将台阶以上的部分填埋起来(图六,1)。在墓主①下葬以后,丧家知道该墓还要继续使用,那么仍可采用这个办法,在封闭墓门之后部分填埋墓道。当最后一位墓主下葬以后,墓室中已无可以再利用的空间,此时便可将整个墓道回填,完全封闭起来(图六,2)。

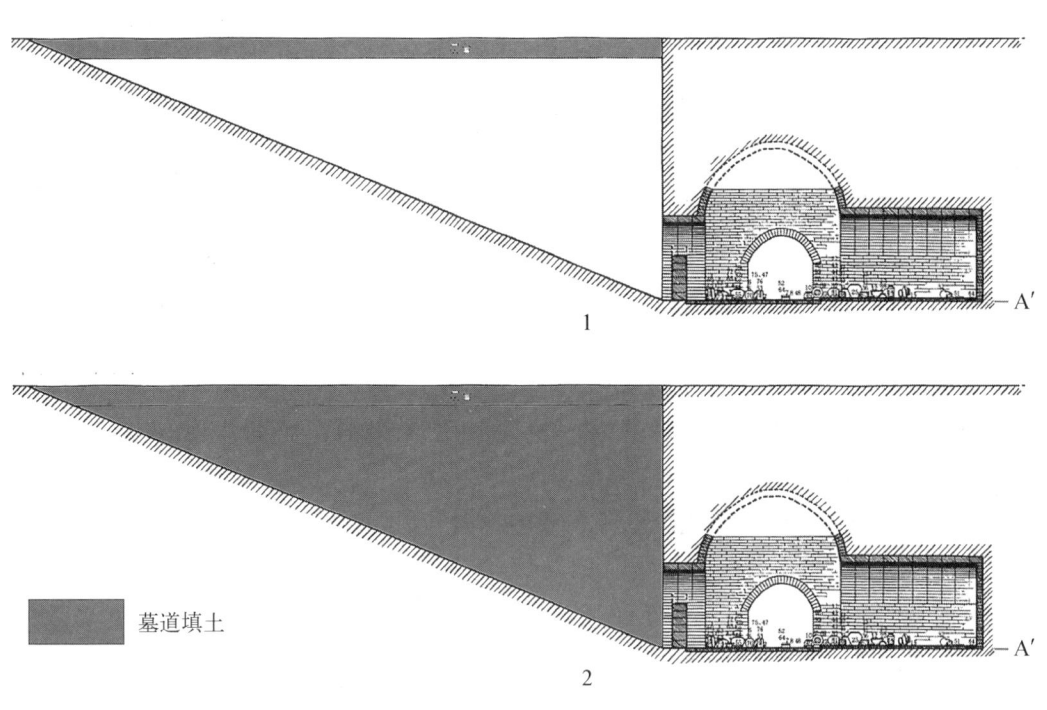

图六 墓道使用过程推测

我们在考古发掘中所见到的合葬墓,大多已经完成了最后一次埋葬行为,因此墓道都是完全封闭的,难以找到曾经架设木板的痕迹。即便有少数墓葬可能未完成最后一次埋葬便被废弃,但时间久远,木板腐朽,填土塌陷,在发掘时仍然很难找到上述推测的实证,而文献中也未见这方面的具体记载。

不过在更早期的墓葬中,却发现了类似的迹象。例如,在甘肃临潭齐家文化的磨沟墓地中有不少竖穴墓道偏洞墓,墓中往往合葬多人,时间跨度很长。发掘者发现,在已经营建好的偏洞墓中经常有封门板的痕迹,根据迹象推测,首次将尸骨下葬以后,曾用木板或者石板封好偏洞,一般并不填埋墓道或者不完全填埋墓道。在进行二次合葬之时,将封门打开,便可埋葬新的尸骨。在墓道中发现过用石头垒砌而成的二层台,据推测是用来架置棚木的①。

尽管临潭磨沟墓地与汉墓相隔时间久远,墓道的形制也存在区别,二者之间并无直接的承继关系,但应注意到半封闭墓道的行为存在很强的共通性,而这种共通性恰恰是由同

---

① 钱耀鹏、朱芸芸、毛瑞林、谢焱:《略论磨沟齐家文化墓地的多人多次合葬》,《文物》2009年第10期,第62—69页。

墓合葬的基本需求所决定的。在商周时期，中原地区流行的墓葬结构为竖穴式椁墓，完成一次下葬之后便难以再挖开填土进行同墓合葬，故而夫妻合葬大多表现为同茔异穴合葬。横穴式室墓的出现，为同墓合葬提供了条件。多次合葬需要多次打开墓道，面对体量较大的墓道，这一工程无疑是繁琐、费力的。因此，在完成最终的埋葬行为之前将墓道临时封闭，便成了现实的做法。故而借助墓道台阶架设木板来临时封闭墓道的方式，又重新被"发明"出来。

根据笔者的发掘经验，在关中地区的东汉墓葬中，墓道台阶的实际比例应比目前已知的更高一些。这是因为，一方面，由于这一时期的墓道台阶普遍距离开口不深，后期平整土地、开挖基槽时台阶以上的部分很容易被整体铲掉；另一方面，受到现实条件的约束，很多时候无法细致清理墓道，因而未发现台阶。

四、结　　语

以上是对关中东汉同墓合葬问题的讨论，通过统计墓葬数据可以发现，在关中地区的东汉墓中，单人葬占有不小的比例，同墓合葬以双人葬为主，三人以上的多人葬十分少见，其具体成因是否为家族观念的强化，值得重新思考。在人骨保存欠佳且缺少文字材料的情况下，通过分析陶器特征、出土位置可以对合葬墓的年代和使用过程进行推测复原。关中东汉时期的墓道台阶过去受到的关注较少，本文将其与先后合葬的行为联系起来考虑，推测其设置源于反复挖开墓道的实际需求。尽管限于客观条件，目前可用于研究诸如墓葬多次使用、墓主人关系等问题的墓葬标本数量非常有限，但意识到合葬墓的年代可能为"时间段"，便可在考古发掘中留意更多的遗迹现象，从而推进合葬相关问题的研究。

考古发现汉墓随葬明器印研究

魏　镇

北京师范大学历史学院

据于省吾先生书中收录的商代三玺,可知印章在殷商时期就已经出现①。随葬印章的传统在西周时期可能就已经发端,战国时期开始有较多的考古发现。从秦代开始,考古发现的随葬印章明显增多,到汉代则达到了一个高峰。文献中对汉代的葬印习俗有很多相关记载,特别是对贵族、官吏赐赠印绶随葬的记录,已经备受学界关注。李如森先生较早对汉墓随葬玺印的制度进行了梳理②,萧亢达先生则在梳理汉代印绶制度的基础上,对汉墓内随葬官印的形制、字体、质地等问题进行了论述③。陈龙海先生整体论述了古代墓葬殉葬印的情况,并总结了殉葬印的部分特点④。目前的相关研究虽取得了丰富的成果,但多是基于历史文献以及传世收藏品的研究,对明器印与实用印之间的具体差别认识较为模糊,对明器印流行的背景与原因等问题尚未深入讨论。

一、汉墓随葬明器印的考古发现

建国以来,考古出土的汉代印章数量庞大,先后有多位先生或单位进行了整理。《湖南省博物馆藏古玺印集》⑤、《秦汉印章研究》⑥、《二十世纪出土玺印集成》⑦等著作中都对相关材料进行了梳理,但汉代明器印的整理尚不系统。目前考古发现的汉代随葬明器印,主要有官印、私印及无字印。官印的种类最多,经过笔者统计目前考古发现的明器官印有近百枚,材质有铜、玉、木、滑石、玛瑙等。如长沙马王堆二号汉墓出土的"长沙丞相"铜印(图一)⑧、青岛土山屯一四七号汉墓出土的"堂邑令印"墨书玉印(图二)⑨、常德南坪

---

① 于省吾:《双剑誃古器物图录》,北京:中华书局,2009年,第127—131页。
② 李如森:《汉墓玺印及其制度试探》,《社会科学战线》1996年第5期。
③ 萧亢达:《汉代印绶制度与随葬官印问题》,《广州文物考古集》,北京:文物出版社,1998年。
④ 陈龙海:《中国古代殉葬印述略》,《书法之友》1997年第1期。
⑤ 湖南省博物馆:《湖南省博物馆藏古玺印集》,上海:上海书店出版,1991年。
⑥ 赵平安:《秦汉印章研究》,上海:上海古籍出版社,2012年。
⑦ 周晓陆:《二十世纪出土玺印集成》,北京:中华书局,2010年。
⑧ 湖南省博物馆、湖南省文物考古研究所:《长沙马王堆二、三号汉墓(第一卷·田野考古发掘报告)》,北京:文物出版社,2004年。
⑨ 青岛市文物保护考古研究所、黄岛区博物馆:《山东青岛土山屯墓群四号封土与墓葬的发掘》,《考古学报》2019年第3期。

汉代土墩墓出土的"长沙郎中令"滑石印（图三）①等。近百枚官印中除了两枚乡吏印为长方形，其他印面均为正方形。目前考古发现的汉墓随葬官印大都未发现明显的使用痕迹，应该是专门制作的明器印。前辈学者多将文献中"赠以本官印绶"解读为以生前实用印下葬，但从考古发现来看，汉墓中几乎未见实用官印随葬，"本官印绶"可能指的是制作与官职名称相同的明器印而非以实用印随葬。

图一　长沙丞相　　　图二　堂邑令印　　　图三　长沙郎中令

二、汉墓随葬明器印的明器化特征

考古发现汉墓随葬的私印情况与官印恰恰相反，私印大都是实用印，而只有少量的明器印。明器私印的材质主要是滑石和木质，目前都仅发现数枚。例如沅水下游二——三号汉墓出土的"蔡但"滑石印②（图四），乐浪王光墓出土的"王光"木印③等。这些明器私印有一个明显的特点，就是墓内大都同时随葬了相同材质的明器官印，几乎未见单纯以明器私印随葬的情况。如此来看，明器私印或许是在制作明器官印时的顺手之举。汉代随葬明器印中之所以多官印而少私印，是因为汉代对官印的管理十分严格。诸侯王丢失官印都会受到严厉的处分，东汉时"夕阳侯邢崇孙之为贼所盗，亡印绶国除。"④对于普通官吏来说，离职或逝后其官印都要上交。私印的使用则没有明显的限制，随葬私印也没有重新制作明器的必要，因而随葬官印多为明器印而私印多是实用印。

第三类随葬明器印是无字印，由于这类印章没有印文，学界少有关注，在传统印学研究中没有引起足够的重视。传世无字印更由于脱离了考古情境，缺乏相应的历史信息，往往被当作饰品或章料。考古发现的汉代随葬无字印已有近百枚，之所以呈现无字的状态，一方面是因为部分明器印的印文是墨书的，印文不易保存；另一方面是因为部分明器印应该原本就没有刻写印文。无字印的材质有玉、铜、滑石、玛瑙、绿松石等，如河北中山王刘

---

① 常德博物馆：《湖南常德市南坪汉代土墩墓群的发掘》，《考古》2014 年第 1 期。
② 湖南省常德市文物局等：《沅水下游汉墓》，北京：文物出版社，2016 年。
③ 东京帝国大学文学部编：《乐浪五官掾王盱之坟墓》，东京：刀江书院，1930 年。
④ （汉）刘珍等撰，吴树平校注：《东观汉记校注》，北京：中华书局，2008 年，第 881 页。

胜墓随葬的玉无字印①（图五）、江苏邗江姚庄 102 号汉墓随葬的玛瑙无字印②、西安西汉壁画墓随葬的铜无字印③、湖南常德南坪赵玄友墓随葬的滑石无字印④等。无字印虽然没有印文，但其作为一种文化符号却是墓主社会身份的重要塑造方式，也是汉代印学文化发展的重要物质遗存。

图四　蔡但　　　　图五　刘胜墓无字玉印　　　　图六　广信令印

虽然汉代出土印章的整理研究工作取得了很大的进展，但学界对明器印与实用印之间的差别还未形成系统的认识，而整理研究工作也仅限于有印文的印章，对于汉代随葬的无字印没有特别关注。陈龙海先生曾在研究中指出，在汉代随葬的私印和官印中既有专门为随葬制作的明器印也有墓主生前的实用印，但是很难将其区分开来⑤。诚然，部分明器印由于仿制精细与实用印之间较难区分，但是通过系统整理考古材料仍然可以对明器印的明器化特征形成一些整体性的认识。

首先就材质而言，汉代对官印有着严格的等级管理制度，《汉旧仪》载："王、公、侯金，两千石银，千石以下铜印。"⑥除帝后还会用玉印外，其他材质均未纳入官印体系中。因而材质成为识别明器官印的重要途径，滑石印、玛瑙印、木印以及鎏金铜印都不是常规的官印材质，从材质上就可以判定它们是明器印。例如长沙市郊汉墓出土的"长沙仆"玛瑙印⑦，秩级千石的长沙仆应使用铜印，玛瑙亦不属于常规的官印材质，因此通过材质就可判定其为明器印。东汉司徒刘崎墓中发现的铜鎏金龟钮"司徒之印章"⑧，也不符合三公使用金印的规制，应该是朝廷策赠的明器印。除以上几种材质外，传世的汉代官

---

① 中国社会科学院考古研究所、河北省文物管理处：《满城汉墓发掘报告》，北京：文物出版社，1980 年。
② 扬州博物馆：《江苏邗江县姚庄 102 号汉墓》，《考古》2000 年第 4 期。
③ 西安市文物保护考古研究院：《西安西汉壁画墓》，北京：文物出版社，2017 年。
④ 龙朝彬：《湖南常德南坪汉代赵玄友等家族土墩墓群发掘简报》，《湖南省博物馆馆刊（第九辑）》，长沙：岳麓书社，2013 年。
⑤ 陈龙海：《中国古代殉葬印述略》，《书法之友》1997 年第 1 期。
⑥ （清）孙星衍等辑，周天游点校：《汉官六种》，北京：中华书局，1990 年，第 188 页。
⑦ 湖南省文物管理委员会：《被盗掘过的古墓葬，是否还值得清理？——记 55、长、候、中 M018 号墓发掘》，《文物参考资料》1956 年第 10 期。
⑧ 杜葆仁、夏振英、呼林贵：《东汉司徒刘崎及其家族墓的清理》，《考古与文物》1986 年第 5 期。

印中还见有炭精、铅质等[1]，从材质看应该也是明器印。私印的材质在汉代并没有相关的限制，但是滑石、木材等材质本身并不适合作为印材，可以根据材质推断其为明器印。

其次，从印章的形制来看，明器印与实用印也有着较大差别。官印在钮式上不允许僭越，但在明器印中则常有发生。例如汉代规定千石以上的官印才可以用龟钮，但是秩级百石乡吏的"兴里乡印"[2]却使用了龟钮，就此可以判断此非实用印。此外，贵州交乐汉墓随葬有一枚麒麟钮"巴郡守丞"子母印[3]，麒麟钮不见于文献记载，子母印形式也较为特殊，因而有学者认为这种子母印就是一种随葬印的形式[4]。汉代一般官印的印面为边长2.3厘米左右的正方形[5]。目前考古发掘的汉代随葬明器印中，铜印的尺寸较为规整，接近标准尺寸。玉印虽然也较为规整，但是其尺寸多小于一般的官印。而其他材质的印面边长不仅尺寸较大，而且很不规整。如前文提到的"长沙仆"玛瑙印的印面长3.1厘米，宽则是2.8厘米[6]。铜质明器印之所以较为规整，应该与铜印胚需要到专门的作坊进行采买有关。

就印文而言，明器印与实用印在刻写方式上也有着较大的差别。无论不刻写印文还是墨书印文，本身都是非正常的印文表现方式。正常刻写的明器印与实用印也有差别，首先是刻写十分潦草，例如马王堆二号汉墓出土的"长沙丞相"虽然印章形制规整，但是印文十分潦草。此外，实用印刻写后多有修整，明器印则多是匆匆而为。部分明器印的印文甚至还存在反刻的情况，例如"广信令印"（图六）[7]将印文全部反刻。就明器官印的印文内容而言，还有一些特殊的表达，例如"故陆令印"[8]等。而对于汉代官印中姓氏加职官的形式，以往学者因其形式与常规官印不同多将其列入明器印[9]。但杜晓先生通过和封泥印文的对比，认为实际上部分属吏确实在使用这类印章[10]，因而不能将这种印文形式全部归入明器印。由此可见，对于部分印章性质的判定，要结合印文、形制、材质等多个方面进行，不能依赖单一的标准。

三、汉墓随葬明器印的背景与意义

东周到两汉之际，社会结构与礼制秩序发生了很大的转变，传统的丧葬礼俗受到了很

---

[1] 叶其峰：《汉魏南北朝官印随葬制度与随葬印》，《古代铭刻论丛》，北京：文物出版社，2012年。
[2] 湖南省博物馆：《湖南省博物馆藏古玺印集》，上海：上海书店出版，1991年。
[3] 贵州省考古研究所：《贵州兴仁交乐汉墓发掘报告》，《贵州田野考古四十年：1953—1993》，贵阳：贵州民族出版社，1993年。
[4] 陈龙海：《中国古代殉葬印述略》，《书法之友》1997年第1期。
[5] 孙机：《汉代物质文化资料图说》，上海：上海古籍出版社，2011年，第35页。
[6] 湖南省文物管理委员会：《被盗掘过的古墓葬，是否还值得清理？——记55、长、候、中M018号墓发掘》，《文物参考资料》1956年第10期。
[7] 陈松长：《湖南古代玺印》，上海：上海辞书出版社，2004年，第52页。
[8] 陈松长：《湖南古代玺印》，第55页。
[9] 叶其峰：《汉魏南北朝官印随葬制度与随葬印》，《古代铭刻论丛》，北京：文物出版社，2012年。
[10] 杜晓：《汉代官用私印小议——以职官姓名印和"名印"私印为中心》，《出土文献（第十四辑）》，上海：中西书局，2019年。

大的冲击。在从爵本位向官本位的社会转型中①，新兴的官僚阶层对于丧葬活动中标明身份的随葬器物有了新的需求。在鼎、璧等前朝礼制随葬品逐渐被弃用的大背景下，官僚阶层在寻找丧葬活动中新的塑造身份的方式时，作为该阶层日常所用的印章，自然就成为了其丧葬活动中塑造身份的新选择。而且无论是相对于前朝还是后代，汉代墓葬随葬印章的数量、种类都是一个巅峰，这与汉代处在社会结构转型和新旧丧葬礼制衔接的特殊阶段密切相关。

印章之所以能成为墓主身份的象征，是因为在现实生活中印章是身份和权力的代表。《说文》曰："印，执政所持信也。"②虽然由于私印的存在，印章并不为掌权者所独享，但同样由于官印的存在，印章具有了权威性。因此在汉代文献中，"解印绶""佩印绶"即成为了辞官与上任的同义词。由于印章形制较小，不同等级的官印还配备了不同颜色和质地的绶带。《汉官仪》载："绶者，有所受也。以别尊卑，彰有德也。"③汉代印绶的重要地位不仅体现在部分王公大臣由于弃印绶、丢印绶被处分，在实际生活中印章也要具有不可取代的作用。恰如东汉李尤《印铭》所言："赤绂在躬，非印不明。棨传符节，非印不行。"④因而两汉贵族、官僚也把随葬墓内的印绶看得很重要。

此外，明器印之所以呈现出了与实用印的明显差别，一方面符合汉代随葬品整体"貌备而不可用"的明器化趋势，另一方面则由于明器印大都是仿制受到了严格管控的官印，明器化的制作方式也可以尽量躲避被控告伪刻官印的风险。此外，现实生活中印章本身与保密、信用、权力行为密切相关，这种相关性根源于印章的印文，本质上印章的权威性是文本的作用。但与此同时，作为客观存在的物质载体，印绶还具有视觉作用，所谓等级不同的官印赐予不同绶带即是寻求通过视觉上的差异表达不同的身份。因此，对于用以塑造墓主社会身份的随葬印章而言，刻画潦草的明器印甚至无字印本身具有的符号化意义已经能够达到使用者想要塑造身份与权力的效果了。

四、结　　语

所谓"印宗秦汉"，汉代之所以是中国印学大发展和大繁荣的时代，与汉代社会结构转型、官僚阶层的崛起密切相关。本着"事死如事生"的观念，汉代人将印章作为重要的随葬品埋入地下。由于管理严格，以官印为主体的随葬印只能选择专门制作的明器印。明器印虽然是对实用印的模仿，但无论是材质、形制还是印文等方面都与实用印有着较大差别，在印学的研究中如果不将其加以识别不仅会引起研究的混乱，更会淹没了其背后蕴含的社会文化信息。通过对考古发现的明器印进行系统整理，可以形成一套系统甄别明

---

① 阎步克：《从爵本位到官本位——秦汉官僚品位结构研究》，北京：三联书店，2017年。
② （汉）许慎：《说文解字》，北京：中华书局，1963年，第187页。
③ （清）孙星衍等辑，周天游点校：《汉官六种》，北京：中华书局，1990年，第188页。
④ （清）严可均辑：《全后汉文》，北京：商务印书馆，1999年，第516页。

器印与实用印的方法,不仅能为日后的发现与研究提供参照,亦可以增加对墓主身份进行判别的信息,并深入发掘无字印等印章背后的深厚意涵。印章的研究不仅仅是单纯的器物研究,更重要的则是透过印章对其背后社会群体与文化的探索。在考古工作如火如荼的大背景下,充分结合和利用考古资料,或可成为印学研究持续发展的又一门径。

南朝墓葬礼乐符号的建构

——再论"竹林七贤与荣启期"题材拼砌砖画

周 杨

厦门大学历史与文化遗产学院

一、引 言

"竹林七贤"是曹魏末至西晋时期的名士集团,这一集团的"集体式肖像"在历代被不断描绘,出现于各种文本与图像语汇之中,受到了广泛关注并一再为学界所讨论。追本溯源,"七贤"一词最早见于东晋孙盛撰《魏氏春秋》,《三国志·魏书·王粲传》附《嵇康传》,裴松之注引《魏氏春秋》云:

> 康寓居河内之山阳县,与之游者,未尝见其喜愠之色。与陈留阮籍、河内山涛、河南向秀、籍兄子咸、琅邪王戎、沛人刘伶相与友善,游于竹林,号为"七贤"①。

至南朝刘宋时,文献中始见"竹林"一词。颜延之《五君咏向常侍》注引《魏氏春秋》载:"康寓居河内之山阳县,与河内向秀相友善,游于竹林。"②又见刘义庆撰《世说新语》卷《任诞第二十三》载:

> 陈留阮籍、谯国嵇康、河内山涛三人年皆相比,康年少亚之。预此契者,沛国刘伶、陈留阮咸、河内向秀、琅邪王戎。七人常集于竹林之下,肆意酣畅,故世谓"竹林七贤"③。

可见,"竹林七贤"以阮籍、嵇康、山涛为核心,同游者共七人,恰好和孔子所说的"贤者七人"相合。对这一团体的书写,始于东晋,至刘宋时有所发展。对于"竹林"之名所指为何,自陈寅恪起至当代学者,皆有所论④。在文本转化为图像的过程中,"竹林"意象并

---

① (唐)陈寿撰:《三国志》,北京:中华书局,1982年,第606页。
② 刘志伟主编:《文选资料汇编·赋类卷》,北京:中华书局,2013年,第554页。
③ 徐震堮:《世说新语校笺》,北京:中华书局,1984年,第390页。
④ 陈寅恪在《魏晋南北朝史讲演录》中提出,竹林七贤之"竹林",是僧徒比附佛教经典"格义"的结果,视竹林为乌有,参见陈寅恪著,万绳楠整理:《魏晋南北朝史讲演录》,合肥:黄山书社,1987年,第48—64页。范寿康在《中国哲学史通论》第三编第二章中肯定了竹林的存在,但认为竹林并无一定的地点,参见范寿康:《中国哲学通论》,上海:生活·读书·新知三联书店,1983年,第175—213页。王晓毅认为不是佛经的"竹林说法"典故影响了"竹林七贤"名称的产生,可能是"竹林七贤"的典故影响了佛经翻,同时竹林应确实存在,参见:《"竹林七贤"考》,《历史研究》2001年第5期,第90—99页。此外,韩格平、卫绍生等人也就此问题进行了讨论,参见韩格平:《竹林七贤名义考辨》,《文学遗产》2003年第2期,第25—31页;卫绍生:《竹林七贤若干问题考辨》,《中州学刊》1999年第5期,第106—109页。

未被着意描绘,林中的"七贤"群像才是重点,自东晋至南朝的相关画作,见录于张彦远的《历代名画记》中。其中,东晋戴逵、史道硕作有《七贤》,戴逵本人亦作有《嵇、阮像》。顾恺之评价戴逵画中"惟嵇生一像欲佳,其余虽不妙合,以比前诸《竹林》之画,莫能及者"①,其本人亦作有《七贤》《荣启期》。刘宋时期陆探微绘有《竹林像》《荣启期》,宗炳绘有《嵇中散》白画,萧齐时期宗测绘有《阮籍遇孙登图》,毛惠远绘有《七贤图》。从中可见,"七贤"题材是东晋至南朝社会的流行题材,与之相关的"荣启期"题材亦为时人所好。在七贤中,画家们尤其喜绘嵇康,可见这一人物在其间的地位。

"竹林七贤"的形象无疑是一个文化符号,其流行自当与时代之风尚密切相关,故《历代名画记》言"宋、齐、梁、陈之君,雅有好尚"②。《南史》卷五《齐本纪》记载南齐永元三年(501年),废帝萧宝卷于大火之后又新建诸宫殿,"其玉寿(殿)中作飞仙帐,四面绣绮,窗间尽画神仙。又作七贤,皆以美女侍侧"③。可见"七贤"组合于时不仅具有某种意涵或指向,同时也开始成为一种上层流行的装饰题材。六朝以降,这种装饰题材依然具有生命力,唐代铜镜中仍可看到"竹林七贤"题材的装饰(图一,1)④。甚至到了明清及近代,在文房用器中,这一题材仍被反复描绘(图一,2)⑤。此外,在近代的民间祠堂建筑装饰中,也仍然能够看到"竹林七贤"这一题材(图一,3)⑥。从中可以看出,对于"七贤"形象的描绘,历代则各有不同,对于其形象标识的刻画也有所差异。

南朝墓葬中的"竹林七贤与荣启期"题材,当为目前可见"七贤"形象的最早出处(图二)⑦。其中辨识度最高的即为抚琴、奏阮的嵇康与阮咸,以及引手而啸的阮籍。通过音乐元素来塑造高士的形象,当以六朝为盛。那么,我们就会有疑问,在"竹林七贤与荣启期"题材拼砌的砖画中,为何以音乐元素对高士加以塑造,其中的音乐又作何理解?"七贤"群像与荣启期嫁接于一处是出于何种原因?这一题材缘何进入墓葬,在墓葬中又如何进行定位和理解?所有这些问题的共同基础,无疑是这些南朝墓葬的年代问题,因为墓葬的年代往往影响着其后的解释。自20世纪60年代南京西善桥宫山墓发现至今,出土同类题材的墓葬已超过9座,学界对其年代的讨论亦已取得了可观的成果。其间虽有分歧,但是始于南朝刘宋末至陈这一大的时代区间基本毋庸多言,"七贤"题材所表现出的制度指向亦已为学界共识。其中,耿朔系统梳理了此前诸家之观点,并从制作技术的角度对其年代序列进行了探讨,当为目前所论最为详尽者⑧,故本文于此不作赘述。在未出纪年题记的情况下,对于年代的讨论在理论上可以永无休止;与此同时,对于相关问题的讨论却

---

① (唐)张彦远著,俞剑华注释:《历代名画记》,上海:上海人民美术出版社,1964年,第107页。
② 同前揭《历代名画记》,第8页。
③ (唐)李延寿撰:《南史》,北京:中华书局点校本,1975年,第153页。
④ 图采自《中国青铜器全集》编辑委员会编:《中国青铜器全集16·铜镜》,北京:文物出版社,1998年,第163页。
⑤ 图采自李久芳主编:《中国美术全集·竹木骨牙角雕珐琅器》,合肥:黄山书社,2010年,第38页。
⑥ 笔者拍于珠海斗门镇赵公祠,祠堂建于民国时期。
⑦ 图采自《中国画像砖全集》编委会编:《中国美术分类全集·中国画像砖全集·全国其他地区画像砖》,成都:四川美术出版社,2006年,第1页。
⑧ 耿朔:《层累的图像——拼砌砖画与南朝艺术》,北京:人民美术出版社,2020年。

图一　装饰中的"竹林七贤"形象
1. 云南大理出土唐代"竹林七贤"铜镜　2. 故宫博物院藏清代"竹林七贤"笔筒
3. 广东珠海赵公祠阑额上端"竹林七贤图"

似乎难有更多余地。那么,在当前的基础之上,我们是否可以从一个新的视角对上述问题做出一些回应?

南北朝时期是中国古代传统礼制的新建期,自十六国以降,礼乐建设始终是南北诸政权的核心议题之一。对于这一时期具有制度意义的墓葬与具有多重指向的音乐而言,礼乐文化无疑都是一个重要的视角。文本中的"礼乐",更多的是一种抽象的秩序,但它在墓葬语境下却有着更为可视化的表现。邢义田提出,在物质文化领域,抽象的秩序往往通过有形的符号得以明确化和可视化[①]。"乐统同,礼辨异",由"礼"确立的等级阶序为墓葬的制度建设提供了理论依据,而音乐的政治、社会与娱乐功能则从不同的方面为墓葬的符号建构提供了现实来源。在此背景下,北方诸政权延续了战国秦汉以来的传统,在墓葬的符号系统中,以"出行+宴饮"为框架融入音乐元素,从而塑造出"鼓吹乐+燕乐"的组合形式。南朝诸政权则在该传统的基础上有所取舍,从而形成了兼顾传统但又有别于北方的

---

① 邢义田:《从制度的"可视性"谈汉代的印绶和鞶囊》,载于《多面的制度:跨学科视野下的制度研究》,上海:生活·读书·新知三联书店,2021年,第43—106页。

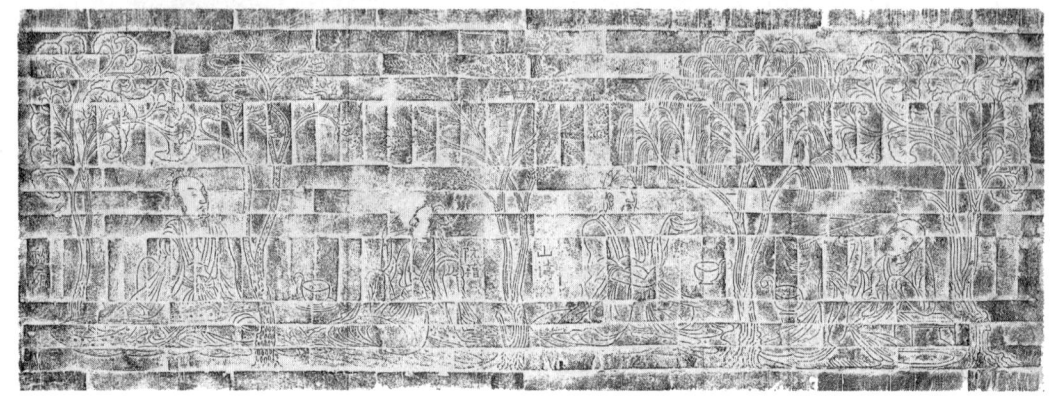

图二 南京西善桥宫山墓出土"竹林七贤与荣启期"拼砌砖画拓本

符号系统,"竹林七贤与荣启期"题材正是这一符号系统的组成部分。这些内容在墓葬中以程式化和制度化的形式,揭示出中古中国礼乐文化的诸多面相,故我们将其称为墓葬中的"礼乐符号"。

那么,南朝墓葬中的礼乐符号,其形成、发展与消亡是基于何种背景?其符号有何来源、如何组成,又有何意义与指向?其产生的动力与消亡原因又是什么?本文以下即对这些问题进行讨论,并由此对前文中的问题加以回应。

二、南北朝时期礼乐文化中的"雅俗分野"

欲理解南朝墓葬礼乐符号的形成,首先要对南北朝时期礼乐文化的基本脉络有所了解。整体来看,在隋唐帝国形成之前,墓葬中礼乐符号的塑造与构建经历了"自发期"与"自觉期"两个阶段。"自发期"即东汉末至北魏平城时期,这一时期又可以西晋灭亡为界分为前后两期。前一时期,随着礼乐观念与墓葬制度的变化,汉制传统文化因素在墓葬中呈现出惯性延续;后一时期,胡族政权被纳入华夏体系之内,其通过对汉制因素截取、嫁接,并与自身文化系统相协调,建立起了自身之正朔。"自觉期"即北魏洛阳时代以降的南北朝后期,这一时期内,伴随着南北文化的正统争夺,南北双方分别建立了形式不同的礼乐符号。其礼乐路线有所差别,但礼乐观念皆截取自《礼记·乐记》而来,礼乐制度的建立亦是以《周礼》所提供的框架为蓝本。在上述过程中,作为礼乐文化中的一环,"乐"在两个层面上表现出了时代性特点。其一,即在南北正统话语争夺与重建乐制的过程中,一改东汉时期"以俗为尚"的风气,出现了"乐"的"雅俗分野",由此形成了隋唐以降"雅乐"与"俗乐"的分立。其二,即在华夷双方碰撞与交融的过程中,胡乐因素被大量引入,出现了"乐"的"胡汉并流",由此形成了隋唐以降"胡乐"与"汉乐"的并举。其中,"乐"的"雅俗分野"虽由隋文帝明确提出①,但事实上这种格局自南北朝时期,即已随着南北对峙与礼乐新建而成为暗流。那么,我们该如何理解所谓的"雅俗分野"?

"雅俗"之于一个时代的本质,是对经典的重新解释与对话语权的重新支配。因此,如何划分雅俗之界,就关系到了礼乐建设的理论基础。无论是文献记载还是今人所言,"雅乐"都是一个高频词汇,然而"雅乐"这一概念却涉及两个不同的划分标准:一是作为审美标准,即常说的"雅郑"而言。二是作为音乐品名,"雅乐"指政权主导者用于祭祀、大型朝会等活动的礼仪性音乐。先秦两汉礼乐制度中的"雅乐",并非出于审美需要,而是植根于其礼乐观念之中,王畿之乐是雅乐的基本前提,其划分标准有着明确的地域差别。汉魏以降,"雅"成为了历代郊庙等仪式音乐的基本规范要求,其标准在于音乐的性质以及是否合乎古制,这种标准成为北方诸政权进行礼乐建设的圭臬。但是,魏晋时期,随着文学之风的转变与玄学的兴起,不同的名士集团相继登台,以审美为标准的"雅俗"观念随之出现,这种观念深刻地影响了东晋、南朝统治者的礼乐观念。符合名士集团所倡导的审美取向则为"雅",反之即为"俗"。由此,雅俗的建构由地域差别转向了人群的差别。因而,同样是对雅俗进行重新定义,东晋、南朝诸政权则是以审美取向与人群划分为标准,这种标准也成为其建构文化正统与等级界限的基础和来源,进而与政治立场相结合,构成了其礼乐路线形成的内在动力。

礼乐符号是礼乐观念的具象显现。若以审美取向与人群划分为标准来定义雅俗,那么就需要选择合适的人物群体加以塑造,因而出现符号化的高士群像就不难理解了。塑造高士自西汉以来即已有之,并形成了墓葬中描绘历史画的传统,通过"恶以诫世,善以示后"来体现和维护伦理秩序②。至东汉时期,墓葬中的高士形象往往融入了升仙的意味形成了高士题材的另一种指向。这两种指向构成了墓葬图像中的高士传统。魏晋以降,在墓葬中时常见到以壁(砖)画或器物纹样的形式表现高士的题材,这些高士形象往往会与音乐元素相结合。在此期间,在文本中有不少高士奏乐的形象在已有典故的基础上,被重

---

① 《新唐书·礼乐志》载:"自周、陈以上,雅郑淆杂而无别,隋文帝始分雅、俗二部,至唐更曰'部当'。"详(北宋)欧阳修:《新唐书》,北京:中华书局点校本,1975年,第473页。
② 杨泓:《谈历史画——中国历史画的源流及创作原则》,载所撰《束禾集——考古视角的艺术史》,北京:中国社会科学出版社,2018年,第24—56页。

新塑造。例如在《列子·汤问》中即有"瓠巴鼓琴"①与"伯牙抚琴、子期听琴"的故事②，都是在当时已有的人物故事基础上重新发展而成的。这些文本中的人物形象与物质性的图像传统相嫁接，形成了以高士奏乐为特征的新式图像组合（图三,1）③。不仅仅是这些回避政治的山林隐士，即使是功成身退的"商山四皓"（图三,2）④，以及作为神仙形象出现的王子乔、浮丘公等人（图三,3）⑤，其人物表现上也融入了音乐元素⑥。就像在墓葬图像传统的"出行+宴饮"题材中嫁接入音乐元素一样，不管是文本性还是物质性的材料，不同类别的高士形象中都融入了音乐元素。这种现象集中出现于魏晋至中唐以前，晚唐以降，以奏乐展现高士的形式较少出现，而转变为以"高士弈棋"为主流⑦。可见，"高士元素"与"音乐元素"的结合具有阶段性特点，同时也具备鲜明的时代性特征，它与南北朝礼乐文化的重建过程相一致，同时也成了南北朝墓葬礼乐符号建构的现实背景。礼乐重建是南北政权需要共同面对的议题，但是面对同样的经典，南北双方选择了不同的发展路径，这正是南北墓葬中礼乐符号的差异所揭示出的。造成这种差异的原因有很多，若以礼乐文化的视角观之，则需要进一步理解南朝礼乐重建的具体背景。

图三　高士形象与音乐元素的结合
1. 敦煌佛爷庙湾M37出土抚、听画像砖　2. 南昌火车站东晋墓出土"四皓"组合漆盘
3. 邓县学庄墓出土王子乔、浮丘公与吹笙引凤画像砖

---

① "瓠巴"最早见于《荀子·劝学篇》："昔者瓠巴鼓瑟，而沉鱼出听。"《列子·汤问》载："瓠巴鼓琴而鸟舞鱼跃。"参见杨伯峻：《列子集释》，北京：中华书局，2013年，第175页。《列子》一书前人学者多有讨论，盖为晋人伪作，已有明辨，其中所载多魏晋事。瓠巴所奏从"瑟"至"琴"，即可看出魏晋时期高士所奏乐器发生了变化，这与古琴的雅俗建构有所关联。
② "伯牙抚琴"最早见于《荀子·劝学篇》："伯牙鼓琴，而六马仰秣。"《列子·汤问》载："伯牙善鼓琴，子期善听琴。"参见前揭：《列子集释》，第178页。其中的知音故事沿袭《韩诗外传》及《汉书》而来，流行于汉晋。
③ 图采自罗世平主编：《中国美术全集·墓室壁画（一）》，合肥：黄山书社，2010年，第124页。
④ 图采自陈振裕、蒋迎春、胡德生主编：《中国美术全集·漆器家具（一）》，合肥：黄山书社，2010年，第231页。
⑤ 图采自河南省文化局文物工作队：《邓县彩色画像砖墓》，北京：文物出版社，1958年，图二七、图二八。
⑥ 《列仙传·王子乔》载："王子乔者，周灵王太子晋也。好吹笙作凤凰鸣。游伊、洛之间，道士浮丘公接以上嵩高山。三十余年后，求之于山上，见桓良，曰：'告我家，七月七日待我于缑氏山巅。'至时，果乘白鹤驻山头。望之不得到，举手谢时人，数日而去。亦立祠于缑氏山下，及嵩山首焉。"王子乔与浮丘公的组合即由此而来。参见王叔岷撰：《列仙传校笺》，北京：中华书局，2007年，第65页。
⑦ 周杨：《风云山水外、大道棋局中——日本正仓院藏琵琶捍拨画所见山水与高士主题》，《中国美术研究》2018年第2期，第120—125页。

三、南朝礼乐重建的背景

南朝的礼乐文化承自东晋而来,欲详之,则有必要对东晋以来的礼乐之风进行简要梳理。

《晋书》卷二十一《礼下》载:

> 咸康四年,成帝临轩,遣使拜太傅、太尉、司空。《仪注》,太乐宿悬于殿庭。门下奏,非祭祀宴飨,则无设乐之制。太常蔡谟议曰:"凡敬其事则备其礼,礼备则制有乐。乐者,所以敬事而明义,非为耳目之娱,故冠亦用之,不惟宴飨。宴飨之有乐,亦所以敬宾也……古者,天王飨下国之使,及命将帅,遣使臣,皆有乐……今命大使,拜辅相,比于下国之臣,轻重殊矣。轻诚有之,重亦宜然。故谓临轩遣使,宜有金石之乐。"议奏从焉①。

文献所载东晋太常蔡谟之论在于"礼备则制有乐",其出发点即在抑制音乐娱乐功能的前提下,强化音乐的政治功能。东晋咸康以前,除了祭祀、宴飨皆无设乐之制。晋室南渡之初,甚至一度推行"禁乐"政策,在此氛围下,蔡谟的主张能够通过,实则有着特定的历史背景。东晋咸康四年(338年),什翼犍建立代国,都于盛乐;李寿称帝,改"成"为"汉";燕、赵夹击段辽部,段氏灭亡。周边政治势力纷纷崛起,东晋面临着较为严峻的外部形势。因此,动员与巩固内部集团迫在眉睫。在旧有制度和现实形势面前,音乐充当了凝聚君臣的手段,开始跨越祭祀、宴飨这些局限的领域,进而在政治活动中发挥出标识性的作用,东晋的礼乐建设亦由此提上日程。

东晋成帝重兴礼乐,但朝堂之上对于用乐的取舍却争论不休②。其核心议题实际上涉及两个方面:其一是"乐"的"雅""俗"之争,直接要解决的便是对于代表世俗性与娱乐性的百戏诸伎的取舍问题。其二是南北对峙过程中,"文化正统"如何建立。换言之,即如何在保持礼乐衣冠的基础上,推行有别于北方政权的礼乐路线。这两方面的争论焦点分别集中在内外两个方面,它们共同奠定了其后南朝在礼乐文化上所推行的"简敬之风"。这种路线的确立,一方面是出于现实的权宜之计,另一方面也是江左政权对自身文化的一种定位,这种定位即是"七贤"组合进入墓葬礼乐符号的前提。

至南朝刘宋时,诸乐虽存,但礼乐文化并未具备其实,遑论制度的完善。《宋书》卷十九《乐一》载:"孝武大明中,以鞞、拂、杂舞合之钟石,施于殿庭。"③对此,顺帝升明二年(478年),尚书令王僧虔上表,指出"大明中,即以宫悬合和鞞、拂,节数虽会,虑乖雅体。将来知音,或讥圣世"。王氏指出,将宴飨杂舞合于庙祭钟磬之中,有失雅乐体制。由此可

---

① (唐)房玄龄等撰:《晋书》,北京:中华书局点校本,1974年,第652页。
② 《晋书》,第718—719页。
③ (南朝梁)沈约撰:《宋书》,北京:中华书局点校本,1974年,第552页。

知,南朝时期汉魏旧乐虽延,但礼乐之体已失,文化正统之位,名存实亡。针对这种情况,他给出的建议是:"宜命典司,务勤课习,缉理旧声,迭相开晓,凡所遗漏,悉使补拾。曲全者禄厚,艺敏者位优,利以动之,则人思自功,风以靡之,可不训自革,反本还源,庶可跂踵。"①对于王氏的表奏,顺帝诏曰:"僧虔表如此。夫钟鼓既陈,雅颂斯辨,所以憘感人祇,化动翔泳。顷自金籥弛韵,羽佾未凝,正俗移风,良在兹日。昔阮咸清识,王度昭奇,乐绪增修,异世同功矣。便可付外遵详。"②

王氏所谓"返本还原",其实质是借助礼乐衣冠以争夺文化正统之位。"利以动之"以求礼乐完备,其实是文化内在动力不足而欲盖弥彰之举。不过,从王氏之言可以看出,他将祭祀之乐视为"雅乐",而认为宴飨诸舞不能纳入雅乐体制中,因而不能以宫悬合之。此节决定了南朝政权在塑造礼乐符号时,有意识地将汉制中用于"宴飨"的燕乐组合排除于外。此二者的明确分离,其出发点是对音乐的政治功能和社会功能加以区分。顺帝肯定王僧虔之表的同时,还刻意指出"阮咸"之"清识"以凸显阮咸的音乐才能,则亦在一定程度上确定了其礼乐符号在形象塑造上的指向,即有意识地区别于北方汉魏传统之下的"鼓吹乐+燕乐",而追溯魏晋时期的"竹林高士"。

至齐、梁时期,礼乐建设得到了高度的重视,特别是在梁天监年间,梁武帝下达"兴乐"之诏③。这一诏书指明了其礼乐路线的实质:一方面要"移风易俗""明贵辨贱",在明确等级阶序的同时,整饬社会风尚;另一方面"作乐崇德""殷鉴上帝",禀明了其成就"钦明"之业的决心。前者截取《礼记·乐记》的礼乐观念而来,即利用音乐的政治与社会双重功能,后者则是出于自身的事功之心。其具体方式是选派诸生寻访编纂,新成一朝之乐。当时的现实是,众家"皆言乐之宜改,不言改乐之法"。梁武帝"详悉旧事,遂自制定礼乐",制"四通""十二笛"以重定钟律。由此可见,其路线的核心,在于述"汉制"之谬误而改之。换言之,他并不违背汉制的大方向,但又要对其加以修正。如此一来,则既延续了汉制的礼乐传统,又与北方政权形成了差别。其中,关于郊祭之乐的使用,魏晋时王肃主张"祀祭郊庙,备六代乐",至南朝宋、齐之世,沿用王肃之说,并在祭祀天地、宗庙时,尽用宫悬,以乐之重彰显礼之盛。梁武帝针对宋、齐之世进行礼乐改革时,则反其道而行之,主张音乐"事人礼缛,事神礼简",认为"祭尚于敬,无使乐繁礼黩"④。这一路线当与东晋礼乐文化的"简敬之风"内在贯通。可见,梁武帝的礼乐路线有着兼顾各方的全面考虑。

由此可知,南方自东晋至梁,在进行礼乐建设时,始终有意识地针对"汉制"以及北方政权。这种针对性既反映在现实的庙祭之中,同时也会作用于墓葬礼乐符号的塑造上,并在客观上提出了两种要求:其一,新构建的礼乐符号既要实现"乐"之于"礼"的双重功

---

① 《宋书》,第553—554页。
② 《宋书》,第554页。
③ (唐)魏征、令狐德棻撰:《隋书》,北京:中华书局点校本,1973年,第287—288页。
④ 《隋书》,第290—291页。

能,同时还要弱化音乐的形式化表达,用"简敬"的形式以表现出礼乐之内涵。其二,其物质文化表现形式应当与北方墓葬礼乐符号形成区别,在文化层面具有更明确的正统性。那么,针对这一客观要求,南朝的具体步骤如何呢?

四、南朝墓葬礼乐符号的形成

不同于文本的形成过程,物质文化的形成往往基于三个方面:一是知识传统,二是工匠传统,三是思想传统。知识传统是基于口述或者历史纪录所形成的文化传统,包括社会习俗与礼仪制度等内容;工匠传统是物质文化形成的技术手段,包括物质文化形成的材质、技艺、格套与粉本等内容;思想传统即物质性背后的观念,它渗透于前两个传统之中。对于南朝墓葬礼乐符号而言,其形成同样基于上述三个传统,既有源自知识传统的内容体现,又有源自工匠传统的形式来源,同样闪现着思想传统中的礼乐观念。三个传统的作用,主要体现在礼乐符号的组成与来源以及形成原因两个方面。

1. 南朝墓葬礼乐符号的组成与来源

从目前材料来看,南朝墓葬礼乐符号从刘宋晚期开始酝酿,至齐、梁时期确立。其基本形式是"高士雅音"组合与"鼓吹乐"组合相结合(图四)[①]。鼓吹乐组合是与北方相同的因素,但其在具体形式上呈现出了中央与地方之别:在政治核心区的高等级墓葬中,在"竹林七贤与荣启期"拼砌砖画之下,参照东汉晚期画像石图像中的鼓吹乐,刻画"黄门鼓吹"系统下的鼓吹乐组合(题为"家脩",形式即卤簿鼓吹);在非政治核心区内,将"短箫铙歌——鼓角横吹"下的鼓吹乐俑葬赐边将以显其军功(形式即军乐鼓吹)。从组合来看,"高士雅音"组合对北方地区的"燕乐组合"进行了替换,那么这种形式中的各种元素是从何而来的呢?

从前文提到的"高士雅音"传统中可以发现,高士形象在进行组合时,往往具备着一种数级的规律:即二人组合,如伯牙、子期组合,王子乔、浮丘公组合;四人组合,如"四皓"组合;八人组合,如"竹林七贤与荣启期"组合。这种偶数级的数级差与礼乐文化中建立等级阶序的逻辑相一致,其背后的等级差序也基本符合墓葬的规制。本文所论的"竹林七贤与荣启期"题材仅出现于南朝帝王一级的墓葬中,具有明确的等级标识意义,此节已为学界共识。

尽管八人在整体上作为"集体式肖像"存在,但其还可分为"竹林七贤"与"荣启期"两部分。其中,东汉至魏晋时期墓葬图像中常见的抚琴、奏阮组合与"竹林高士"相结合,嵇康与阮咸分别抚琴、奏阮,荣启期亦以抚琴的形象出现。虽然几座墓葬砖画中出现了人物

[①] 图中1采自前揭《中国美术分类全集·中国画像砖全集·全国其他地区画像砖》,第11页;2采自同书,第6页。

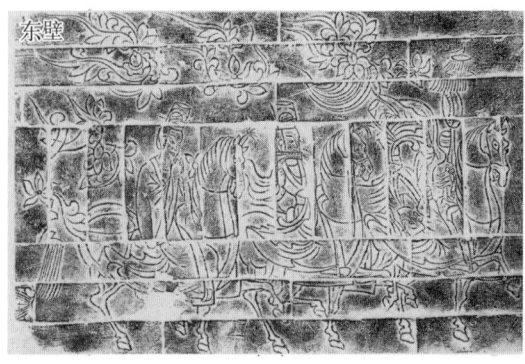

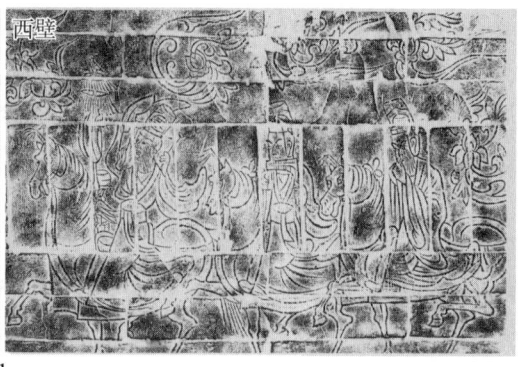

图四　南朝墓葬拼砌砖画中的二元式礼乐符号
1. 江苏丹阳金家村墓拼砌砖画中的"鼓吹乐"组合
2. 江苏丹阳吴家村墓拼砌砖画中的"竹林七贤与荣启期"组合

署名错讹的情形,但是其中人物形象的对应关系却始终是一致的[①]。其实,东晋以降,历代对"七贤"的描绘皆有不同,即便是南朝亦有不同的组合和构图。因而,以奏乐形式进入墓葬应有其特定指向,而个体人物形象中对乐器的选择,也应有具体的原因。关于组合中的两种乐器,其选择既以胡汉融合为背景,也以魏晋以来音乐中的"雅""俗"建构为依据。

作为乐器的"阮咸",其命名即源自阮咸其人。

《旧唐书》卷二十九《音乐二》载:

  阮咸,亦秦琵琶也,而项长过于今制,列十有三柱。武太后时,蜀人蒯朗于古墓中得之,晋《竹林七贤图》阮咸所弹与此类,因谓之阮咸。咸,晋世实以善琵琶知音律称[②]。

又《太平广记》卷二百三《乐一》引《出国史异纂》载:

  元行冲宾客为太常少卿时,有人于古墓中得铜物似琵琶而身正圆,莫有识者。元视之曰:"此阮咸所造乐也。"乃令匠人改以木。为声清雅,今呼为阮咸者是也[③]。

[①] 杨哲峰:《略谈七贤壁画与七贤名次的排列》,《考古学研究(二)》,北京:北京大学出版社,1994年,第201—205页。
[②] (后晋)刘昫等撰:《旧唐书》,北京:中华书局点校本,1975年,第1076页。
[③] (宋)李昉等编:《太平广记》,北京:中华书局,1961年,第1542页。

又《太平广记》卷二百三《乐一》引《卢氏杂说》载：

> 晋书称阮咸善弹琵琶。后有发咸墓者，得琵琶。以瓦为之，时人不识。以为于咸墓中所得，因名阮咸。近有能者不少，以琴合调，多同之出①。

从中可知，两晋绘画题材中已有《竹林七贤图》，应为墓葬图像的现实粉本。其中的阮咸即奏"秦琵琶"，唐代时可与琴合调而成为组合。唐代人们根据图像所示，方才将"秦琵琶"命名为"阮咸"，更有好事者称其为阮咸发明，这显然是附会。从前文所述中刘宋顺帝命王僧虔重建礼乐制度时追赞"阮咸之清识"，可见阮咸虽位于主导玄学的竹林名士之列，但在六朝礼乐文化建设中，也具有重要地位。事实上，作为乐器的阮咸是东汉以降胡乐本土化的产物，在东汉时期首先流行于皇室，魏晋时期流行于贵族阶层。其图像在吴晋时期的魂瓶中多以装饰形式加以塑造，在魏晋时期东北地区与河西地区的墓室壁画中，则常与卧箜篌构成组合（图五，1、2）②。

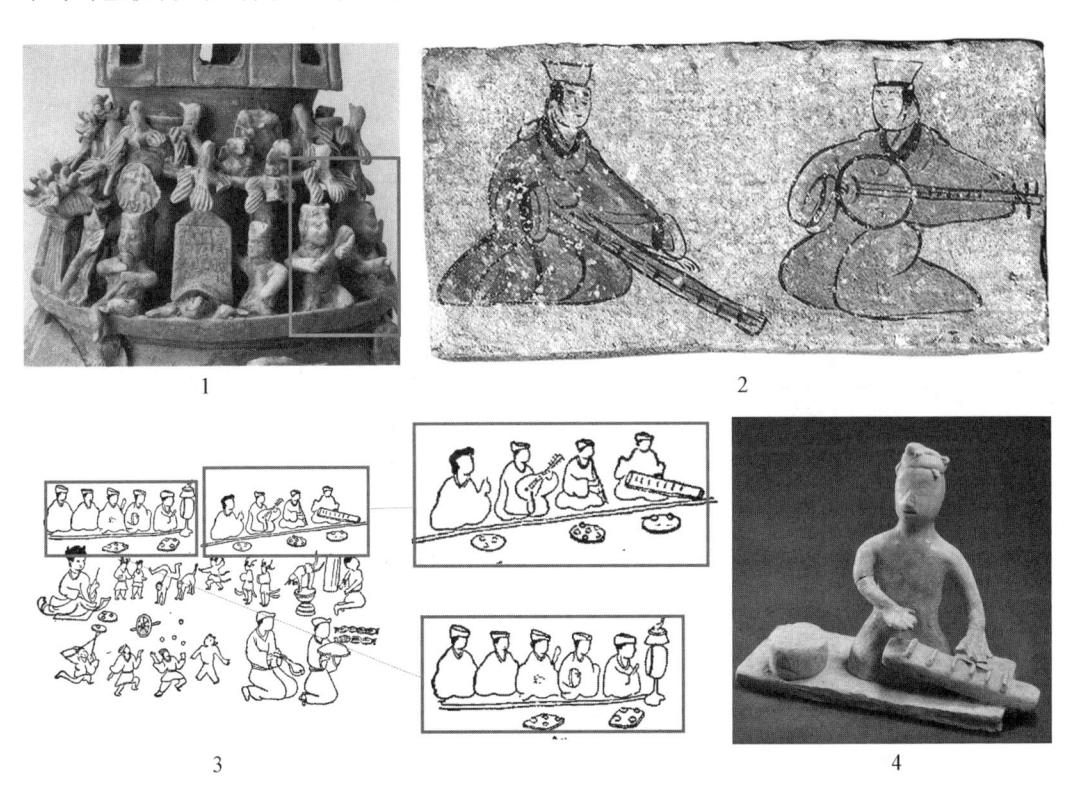

图五 魏晋时期墓葬图像中的阮咸与卧箜篌
1. 江苏吴县出土西晋魂瓶所见阮咸乐伎 2. 酒泉果园西沟村 M7 中室北壁壁画中的卧箜篌、阮咸乐伎组合
3. 辽宁辽阳棒台子 M1 壁画所见阮咸、卧箜篌与笛、鼓组合 4. 湖北鄂城 M2184 出土卧箜篌伎乐俑

---

① （宋）李昉等编：《太平广记》，北京：中华书局，1961年，第1542页。
② 图中 1 采自朱伯谦主编：《中国陶瓷全集·三国、两晋、南北朝卷》，上海：上海人民美术出版社，2000年，第82页；2 采自徐光冀主编：《中国出土壁画全集9·甘肃、宁夏、新疆卷》，北京：科学出版社，2012年，第18页。

卧箜篌与竖箜篌有别,东汉时流行于贵族阶层,《孔雀东南飞》中所谓"十五学箜篌"者即此类乐器(图五,3、4)①。这类乐器流行于吴晋时期,南北方皆习之,常与阮咸及笛、鼓类乐器构成组合。关于卧箜篌的起源,目前并未有统一的认识。但是其标志性的通品结构与阮咸相似,并非华夏传统,很可能源自胡中。尽管琴、瑟、筝与卧箜篌等乐器在外形上大致相似,在图像中较难辨识,但是其通品结构在魏晋时期的图像资料中常常被着意刻画②。至北魏平城时代中后期,随着北魏的华夏化进程,音乐组合中的卧箜篌被替换为形制相似的古琴,这一转化在北魏宋绍祖墓石椁图像中有所表现(图六)③。东晋时期开始出现的《竹林七贤图》中的卧箜篌亦被古琴所取代,也反映出了这种时代性变化。

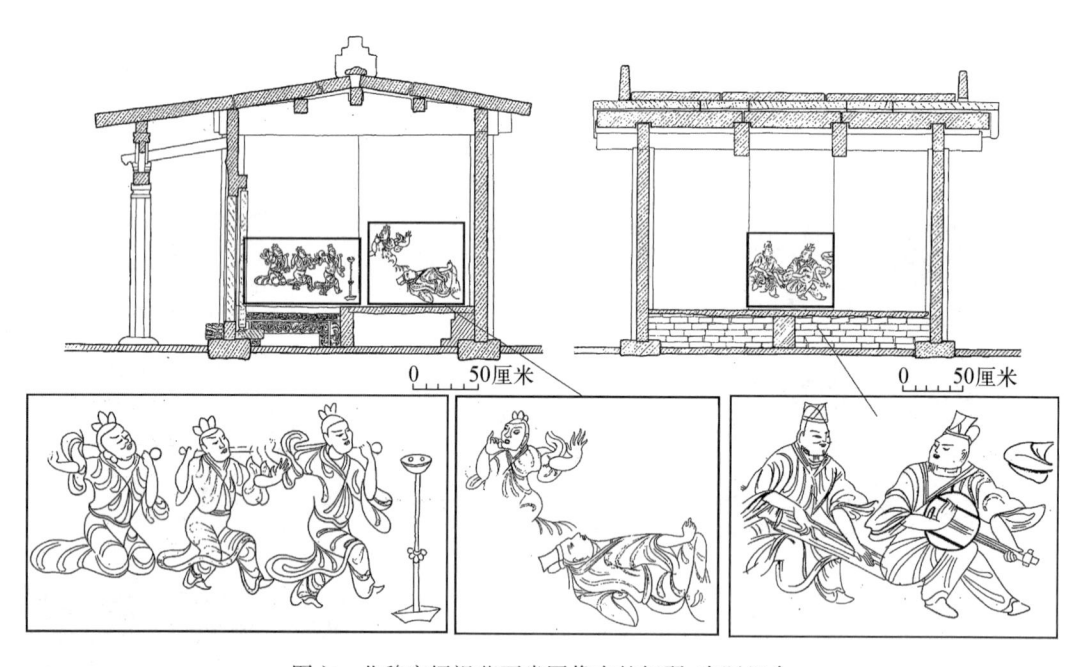

图六　北魏宋绍祖墓石堂图像中的抚琴、奏阮组合

那么,为何要将卧箜篌替换为古琴呢?其主要原因,恐怕是古琴在符号意义上,比卧箜篌更具备"正统"和"高雅"的意涵。不过,这种意涵并非古已有之,而是魏晋时期才初步建构完成的。从考古材料可知,汉魏以降的古琴与战国时期曾侯乙墓及汉初马王堆汉墓所出古琴,在形制上皆有不同,首先即体现在全箱与半箱之别(图七)④。先秦时期乐器的核心是钟、磬,琴类乐器不仅没有统一的规制,同时也并未占据礼乐的主导位置。正如《诗经》中"琴瑟友之"之言,古琴于时是民间流行文化的代表。

---

① 图中3采自采自李文信:《辽阳发现的三座壁画古墓》,《文物参考资料》1955年第5期,第17页,插图五;4采自王子初主编:《中国音乐文物大系·湖北卷》,郑州:大象出版社,1999年,第173页。
② 周杨:《关中地区十六国墓葬出土坐乐俑的时代与来源——十六国时期墓葬制度重建之管窥》,《西部考古》第14辑,北京:科学出版社,2017年,第119—135页。
③ 图采自大同市文物考古研究所、刘俊喜主编:《大同雁北师院北魏墓群》,北京:文物出版社,2008年,图六〇、六一,笔者据以改制。
④ 图中1、2分别采自前揭《中国美术全集·漆器家具(一)》,第47、186页。

图七 战国、秦汉时期的古琴
1. 曾侯乙墓出土"半箱式"十弦琴 2. 马王堆汉墓出土"半箱式"古琴

古琴的"正统""高雅"之意涵，恰恰是在东汉以降，随着礼乐重建过程中"乐"的"雅俗分野"而形成的。一方面，礼乐文化中对"古制"的偏执追求，使社会上层对这件古已有之且音响效果与金石相类的乐器有了新的偏爱，同时也使人们在形制上将其规制化。据传东晋画家顾恺之曾绘的《斫琴图》中（图八，1）[①]，古琴的形制与唐宋以降相近，亦与"竹林七贤与荣启期"拼砌砖画所见基本一致，可见，这种规制化完成于东晋至南朝时期，乐器形制的规制化与礼乐建设的进程是同步的。在南北对峙的背景下，古琴还作为"华夷之辨"过程中的一种话语而被赋予新的意义，于是"正统"的意涵也逐渐形成。另一方面，音乐审美中的"雅俗"往往由核心群体中的核心人物来引领，审美标准之上形成的"雅俗"观念反过来又会作用于乐器之上。因此，古琴所具备的"高雅"意涵，离不开魏晋时期士人集团的推动。特别是在曹魏后期，嵇康善弹古琴，并作《琴赋》而赋予古琴以特殊的人格属性[②]。这一时期文本中的伯牙、子期更是以高士形象赋予了古琴"雅"的特质。不仅是东晋、南朝，北朝社会的上层亦看重古琴。传为北齐杨子华所绘的《北齐校书图》中亦有抚琴人物[③]，其中的古琴与投壶，皆是北朝后期以来贵族生活的符号（图八，2）[④]。可见，自魏晋至南北朝，古琴分别在礼制和审美层面具备了正统和高雅的指向性。

古琴如此，阮咸亦是如此。阮咸的具体起源仍有待考察，但至少在魏晋时期已经完全本土化。因此，相比东晋十六国时期外来传入的四弦曲项琵琶与稍晚传入的五弦琵琶，时人更乐于将其描绘为本土之传统，并追溯至"秦汉"之渊源中。但究其实质，南北朝图像中的琴、阮组合，实则是对东汉至魏晋时期流行音乐组合的截取和替换。其"雅"的内涵，是在这一时期礼乐文化"雅俗分野"的背景下建构而成的，其图像表现亦是延续了东汉至魏晋以来的诸多表现传统。换言之，"竹林七贤与荣启期"题材的拼砌砖画中，"抚琴"与"奏阮"组合的出现，是基于知识传统与工匠传统的嫁接，二者与嵇康、阮咸两位人物密切相关，具备着一种标签式的符号意义。在此意义上，音乐的表现方式反而是次要的。例

---

① 图采自中国历代艺术编辑委员会编：《中国历代艺术·绘画编（上）》，北京：人民美术出版社，1994年，第124页，图111。
② （三国魏）嵇康：《琴赋》，刊于所撰、戴明扬校注：《嵇康集校注》，北京：中华书局，2014年，第139—193页。
③ 现存《北齐校书图》为北宋摹本残卷。据画卷题跋，其作者为北齐画家杨子华，唐代阎立本再稿，故本文在论其作者时使用"传北齐杨子华绘"。
④ 图采自前揭：《中国历代艺术·绘画编（上）》，第127页，图113。

如,宫山墓砖画图像中的嵇康形象因制作时未做镜像处理,使得古琴呈现出持反的错误表现,但这并不影响这一符号意义的整体表达。同样,奏阮的方式究竟是拨弹还是手弹,也并不影响图像意义的呈现。

图八 南北朝绘画中的古琴形象
1. 传东晋顾恺之绘《斫琴图(局部)》(宋摹本局部) 2. 传北齐杨子华绘《北齐校书图(局部)》(摹本)

以审美为标准的雅俗观念融入礼乐文化的范畴之内,使得南朝礼乐文化的雅俗建构具备了双重标准,这是图像中"琴阮"组合形成的重要契机。由此也不难理解,从最初的嫁接与替换,到后来作为礼乐符号的组成部分,这种内涵与形式的转化是如何形成的。那么,南朝构建墓葬礼乐符号时,为何要将选择"七贤",并将其与"荣启期"相组合呢?

2. 南朝墓葬礼乐符号的成因

南朝构建墓葬礼乐符号时,理应考虑其礼制意义,却何以选择这样一个"纵谈玄学"的团体?对此,以往学者有两种基本认识:一是这一群像体现了南朝的神仙化倾向[1];二是"七贤"的名士身份迎合了门阀士族的文化需求,这一群像也表现了南朝从汉代礼制秩序中解放出来[2],同时也体现了统治者试图建立与士族一致的文化认同[3]。上述认识都有其合理之处,只是讨论的面向有所不同。不过,从前文的论述可以看出,齐梁时期礼制秩序的重新建立,其实与汉制并不冲突。同时,南北朝时期的礼制重建是时代性和结构性的,不仅在于南朝内部,也在于南北双方动态的对峙与平衡。倪润安在分析南北朝时期墓葬文化的变迁时,即指出了南北文化正统争夺这一重要背景[4]。因此,对这些符号性图像的讨论,要着眼于整个时代与南北双方。

南朝墓葬的礼乐符号由两部分组成,与北方相一致的是鼓吹乐组合,以"功成作乐"

---

[1] 郑岩:《魏晋南北朝壁画墓研究(增订版)》,北京:文物出版社,2016年,第207页。
[2] 韦正:《地下的名士图——论竹林七贤与荣启期墓室壁画的性质》,《民族艺术》2005年第3期,第89—98页。
[3] 李若晴:《再谈"竹林七贤与荣启期"画像砖成因——以刘宋初期陵寝制度与立国形势为中心》,《艺术探索》2017年第1期,第20—30页。
[4] 倪润安:《南北朝墓葬文化的正统争夺》,《考古》2013年第12期,第71—83页。

的方式彰显音乐的政治功能。在齐梁时期的高等级墓葬中，以"家伎"呈现的鼓吹乐组合与"竹林七贤与荣启期"组合是同时出现的。宫山墓中未见鼓吹乐组合，且其年代究竟是早在刘宋晚期还是晚至陈，目前亦未有明确的答案，故不可对其盲目进行解释。不过，在齐梁时期，这套符号由上述二元化的组合形式出现是基本可以肯定的，这在丹阳金家村墓、吴家村墓以及南京狮子冲1号墓中都可以得到证实。对于南北朝时期礼乐符号建构的整体逻辑而言，"鼓吹乐"与"燕乐"组合分别指向音乐的政治和社会功能，那么在南朝墓葬中，"竹林七贤与荣启期组合"似乎就是对"燕乐"的替代，其内涵指向音乐的社会功能。

"竹林七贤"诸人在身为文化名士的同时，其整体亦是一个政治团体，嵇康、阮咸如此，其他人亦是如此。在砖画图像中，"嵇康抚琴""阮咸奏阮"表现出的，是其作为音乐家的形象。二人的音乐作为"七贤"群体的代表，在体现其文化审美取向的同时，也表明了其政治立场。嵇康精于音律，不仅作有《琴赋》，在理论层面还著有《声无哀乐论》[1]。前者表现了他的审美旨趣，而后者则不仅是一部音乐美学著作，更是一部个人的政治宣言。杨立华即将嵇康的《声无哀乐论》视作政治哲学文献，认为其根本指向在于否定音乐的政治功能。他指出，嵇康并不否认《礼记》所言音乐的社会功能，但认为"移风易俗必承衰敝之后"。真正能起到"移风易俗"作用的，是"君静于上，臣顺于下"的无为政治，他将这样理想的政治体称作"无声之乐"[2]。嵇康的"无声之乐"，既是东晋、南朝"简敬"礼乐观的重要来源，同时也是"七贤"题材作为礼乐符号的核心主旨。阮咸对于礼乐文化的塑造之功曾一再被提起，其子阮孚更是对东晋增修礼乐发挥了巨大作用，他们将嵇康的礼乐观念在一定程度上付以实践。因此，其玄学名士的身份与其对礼乐文化的塑造实践并不冲突，将经过选择、替换、重塑后的琴、阮组合嫁接于嵇康、阮咸之上，也不仅仅是简单的时代风尚，更有其内在礼乐观念的渗透与外在政治环境的依托。在嵇康的礼乐观念中，"无声之乐"在去除音乐政治功能的同时，仍保留着音乐的社会功能，这种观念与"七贤"题材立足音乐社会功能的基本指向是一致的。可见，同样是表现音乐的社会功能，以"七贤"为代表的"无声之乐"取代合于酒食的"燕乐"，是南朝礼乐符号建构的基本逻辑。

"七贤"组合不仅代表了时代的文化风尚，也植根于其时的礼乐观念之中，在现实的必要性与理论的可行性面前，该组合进入墓葬即不难理解。然而，为何又要将其与"荣启期"相组合？解决这一问题的关键，或应从当时的生死观念出发。

以往研究多将荣启期与神仙相联系，指出其在墓葬中所具有的升仙功能。这一观点有其立论依据，但是忽略了南北朝时期生死观念的时代性变革。从东汉到魏晋，精英阶层已逐渐认识到"升仙"与"长生"的不可能，并逐渐由"追求升仙"转向"追求养生"[3]。曹操有"神龟虽寿，犹有尽时；腾蛇乘雾，终为土灰"之名句[4]，深刻地认识到了升仙与长生的虚

---

[1] （三国魏）嵇康：《声无哀乐论》，载所撰、戴明扬校注：《嵇康集校注》，北京：中华书局，2014年，第345—401页。
[2] 杨立华：《时代的献祭》，《读书》2006年第7期，第124—131页。
[3] ［美］余英时著，侯旭东译：《东汉生死观》，上海：上海古籍出版社，2005年，第50—58页。
[4] （三国魏）曹操撰：《曹操集》，北京：中华书局，2012年，第11页。

妄。事实上,曹魏、西晋制定"薄葬"政策,其出发点之一即是出于对生死的务实态度。东晋时期,王羲之在《兰亭集序》中明言"固知一死生为虚诞,齐彭殇为妄作"①,揭示出了生命的本质与常态,将生死明确区分开来。因此,图像中人物形象的神仙化,更多的是一种文化因素的延续和现世的愿望,并不能反映时人的实际观念。

在这一前提下,我们再来审视荣启期这一形象的来源。关于荣启期的记载,见于《列子·天瑞》,杨伯峻对其史料来源进行了分析②。

《列子·天瑞》载:

> 孔子游于太山,见荣启期行乎郕之野,鹿裘带索,鼓琴而歌。孔子问曰:"先生所以乐,何也?"对曰:"吾乐甚多:天生万物,唯人为贵,而吾得为人,是一乐也。男女之别,男尊女卑,故以男为贵;吾既得为男矣,是二乐也。人生有不见日月、不免襁褓者,吾既已行年九十矣,是三乐也。贫者士之常也,死者人之终也,处常得终,当何忧哉?"孔子曰"善乎!能自宽者也。"③

文本中,荣启期以"鼓琴"的形象出现,这大概就是其图像中抚琴形象的来源。文中提到荣启期的"三乐",本质上都具有浓厚的现世色彩,并在一定程度上透露出了儒家的纲常观念。其中,荣启期言"贫者士之常也,死者人之终也",言下之意明显对升仙之虚妄有着清醒的认识,将持此种观念之人赋予升仙的内涵,实为背道而驰。不过,荣启期的"三乐",与儒家经典中的"乐"仍然有所差别,《孟子·尽心章句》所载君子亦有"三乐":"君子有三乐,而王天下不与存焉。父母俱在,兄弟无故,一乐也。仰不愧于天,俯不怍于人,二乐也。得天下英才而教育之,三乐也。君子有三乐,而王天下不与存焉。"④

相对于《孟子》所言"入世"之乐,荣启期之乐实则是一种被动消极的接受,故孔子评价其为"能自宽者",而"未许其深达至道"⑤。不过,荣启期的"三乐",既符合其时人们的生死观念,与王羲之一辈的生死观念可谓互文。同时,它也与儒家伦理秩序相一致,符合礼乐文化的基本要求。因而,荣启期这一形象实际上处于纵玄高士与儒家先圣的过渡位置,客观上成为联结两个集团的纽带。这样一种身份,也与南朝礼乐文化路线的折中需要相暗合。

除了生死观念的影响,作为墓葬图像的一部分,其设置还会受到墓葬制度的制约。作为墓葬礼乐符号,图像组合本身需要通过数量差级体现等级差序。"七贤"与"荣启期"组合,恰好构成八人组合,与高士系统中的"二人组合""四人组合"形成数级序列,在墓葬图像的设置上实现均衡的同时,也符合符号的阶序要求。

---

① 《晋书》,第 2099 页。
② 其中所载"荣启期答孔子问"之事,于《艺文类聚》中另有所引,又陶渊明《饮酒诗》中亦用其典,知其事迹记载不晚于东晋,可在一定程度上反映其时的思想观念。
③ 《列子集释》,第 22—24 页。
④ (清)阮元校刻:《十三经注疏·孟子注疏》卷十三上《尽心章句上》,北京:中华书局,2009 年,第 6019 页上栏。
⑤ 《列子集释》,第 24 页。

五、南朝墓葬礼乐符号的消亡与遗绪

用"鼓吹乐"反映音乐的政治功能,用"高士雅音"替代"燕乐"以反映音乐的社会功能,这一逻辑揭示出,齐、梁政权对于墓葬礼乐符号的塑造,仍是采用了折中的思路。然而,这种简单折中的思路,与嵇康为代表的竹林名士的礼乐观念,在本质上其实是冲突的。这种无法自洽的冲突,也伴随着南北政权政治、文化力量的消长,成为南朝墓葬礼乐符号消亡的内在原因。

"鼓吹乐"对于音声的强调,并不在于其旋律是否动人,而在于"乐"与"功"在符号意义上的转化,以应和"功成作乐"之义,由此显示出音乐的政治功能[1]。这种强调与重振皇权的诉求是相辅相成的。东晋至南朝初年"简敬"的礼乐路线背后,一方面是南北文化正统争夺的背景,另一方面也是出于平衡皇权与士族之考量。"七贤"组合所代表的"无声之乐",自然符合这一礼乐路线的题中之意。南朝墓葬图像中"鼓吹乐"组合的出现,从外在讲或来自北朝的刺激,从内在讲,与齐、梁时期皇权开始重振是联系在一起的。特别是梁武帝时期,在礼乐文化的建设上实行了诸多举措,在音律、雅乐、燕乐中皆有建树,还特制佛曲,促进了宗教与世俗音乐的融合。其中,天监七年(508年)的"鼓吹之议"尤应注意。

《隋书》卷十三《音乐上》载:

> 天监七年,将有事太庙。诏曰:"礼云'斋日不乐',今亲奉始出宫,振作鼓吹。外可详议。"八座丞郎参议,请舆驾始出,鼓吹从而不作,还宫如常仪。帝从之,遂以定制[2]。

对"斋日不乐"的传统进行修改,并以在皇帝出宫时振作鼓吹,很大程度上是以音声来营造皇权的气势。鼓吹"从而不作"自是一种妥协,却可以体现出此前礼乐路线的某种动摇。由此观之,在整个拼砌砖画的图像中,作为礼乐符号组成部分的鼓吹乐组合的有无,似乎可以从逻辑上为墓葬的年代提供一种指向。

陈朝的礼乐建设已无章法,杂取各家而成。陈太建元年(569年)进行的礼乐改革,确定了陈朝礼乐之基调,其主要内容是"祠用宋曲,宴准梁乐",鼓吹杂伎则"取晋、宋之旧,微更附益"。此外,陈朝还废除了旧元会中的一些舞伎,但是旋即复设,可见制度终究难以确立。至陈后主时,此前争夺正统性的南方本位则被完全放弃,后主甚至"遣宫女习北方箫鼓,谓之《代北》"[3]。如此一来,南朝政权则与东晋以来"简敬"的礼乐路线彻底背道而驰,并进一步纳入北方政权礼乐文化的主流之中。南北政权虽然礼乐路线殊途,对墓葬礼

---

[1] 周杨:《汉唐墓葬遗存中的鼓吹乐》,《考古学报》2022年第3期,第329—352页。
[2] 《隋书》,第305页。
[3] 《隋书》,第309页。

乐符号亦有不同的建构,但其本质上却有着相同的立足点:在用乐逻辑上,双方皆是截取《礼记·乐记》对音乐政治与社会双重功能的具象化。在墓葬制度层面,双方同样是对汉制因素进行了不同的截取,对传统因素进行了选择性的嫁接与重塑。这些相同点,决定了二者的礼乐文化建设最终走向同归。

作为礼乐符号的"竹林七贤与荣启期"组合,无疑具有制度约束和等级指向,但其中某些涉及音乐的元素,在政治核心区之外的墓葬中也有出现。例如,在福建南安的六朝墓葬中,同样是以砖画的形式表现出阮咸的乐器形象①。这件乐器可谓"七贤"中阮咸的化身,它在该地区墓葬中出现,一方面表明这件乐器在东晋、南朝全境内的风靡;另一方面也暗示了"七贤"组合图像使用的等级界限,即在墓主身份不允许的条件下,对奏阮人物的形象只能进行减省。因此,墓葬装饰中出现"阮咸"这一乐器并非偶然,也不仅仅是社会风尚使然。

随着南朝墓葬礼乐符号走向瓦解,作为其重要组成部分的"竹林七贤与荣启期"题材拼砌砖画,也逐渐走向式微。但是,其中的人物形象,则作为一种文化遗绪继续流传,同时也对其后的墓葬装饰和器物装饰产生着影响②。"竹林七贤与荣启期"在现实中应当是屏风画,这种绘画形式在山东临朐北齐崔芬墓中有所表现③。崔芬墓是一座斜坡墓道石砌墓。墓室呈3.58米见方,墓室东壁绘制有7曲屏风,除北端为一人牵马外,其余各曲皆绘制高士,其中即有高士抚琴、饮酒的形象(图九)④。崔芬起家郡功曹,官至威烈将军、台府长史(七品上),葬于北齐天保二年(551年)。其祖父曾在南朝刘宋为官,后仕北魏,因而其墓中出现高士题材屏风画并不难理解。崔芬本人官阶并不高,墓中出现高士题材屏风画,表明该题材的使用基于士族文化与审美取向,而不受北朝制度的约束。

唐代器物装饰中也常常见到"七贤"或"荣启期三问"题材之遗绪。例如,现藏日本正仓院的金银平文古琴是由唐廷传入的,其琴腹装饰中即刻画树下高士形象,分别抚琴、奏阮、饮酒,依稀可见"七贤"中嵇康、阮咸和刘伶的身影(图十,1)⑤。又如,唐代铜镜中可见一类"高士宴乐铜镜",其中描绘的高士奏阮形象,正是从"七贤"中的阮咸而来(图十,2)⑥。此外,唐代铜镜中还可见到"荣启期三问"题材图像,但是画面中仅出现孔子和荣启期两人,并且荣启期并非以抚琴的形象出现(图十,3)⑦。"七贤"与"荣启期"组合的分离,也使其失去了原来作为礼乐符号的制度意义,更多的只是作为装饰样式,传达着一种审美取向和时代风尚。

---

① 福建博物院、泉州市博物馆、南安市博物馆:《福建南安市皇冠山六朝墓群的发掘》,《考古》2014年第5期,第59页。
② 杨泓:《北朝"七贤"屏风壁画》,载于所撰《寻常的精致》,沈阳:辽宁教育出版社,1996年,第118—122页。
③ 山东省文物考古研究所、临朐县博物馆:《山东临朐北齐崔芬壁画墓》,《文物》2002年第4期,第4—26页。
④ 图中各图分别采自前揭:《魏晋南北朝壁画墓研究》,第111页插图;前揭:《山东临朐北齐崔芬墓壁画》图三四、三五,笔者据以改制。
⑤ 图采自前揭:《中国美术全集·漆器家具(一)》,第223页。
⑥ 图采自孙华主编:《中国美术全集·青铜器(四)》,合肥:黄山书社,2010年,第1146页。
⑦ 图采自前揭:《中国青铜器全集16·铜镜卷》,第165页。

图九　山东临朐北齐崔芬墓中的高士屏风画

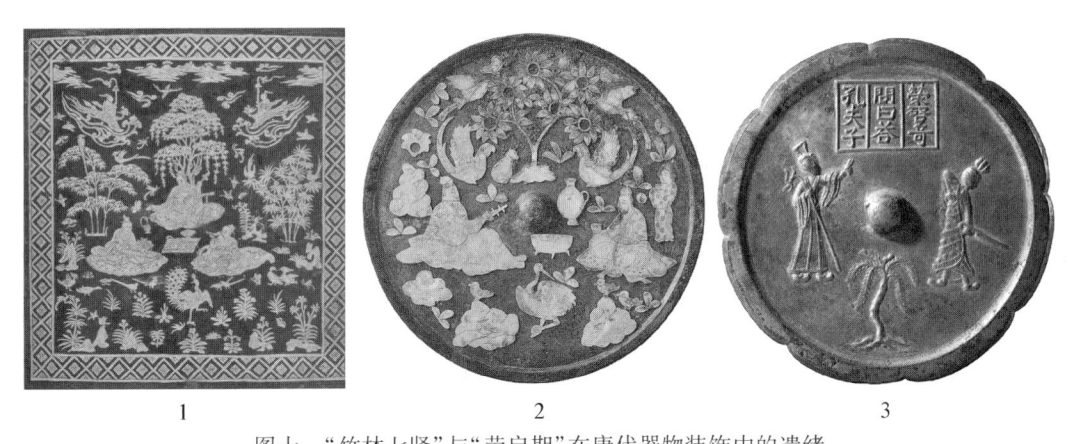

图十　"竹林七贤"与"荣启期"在唐代器物装饰中的遗绪
1. 日本正仓院藏唐代金银平文琴中的抚琴、奏阮、饮酒高士　2. 洛阳涧西出土唐代铜镜中的高士形象
3. 唐代"荣启期答问孔子葵花镜"

六、结　　语

综上所述,南朝墓葬拼砌砖画中的"竹林七贤与荣启期"题材,不仅体现了时代的风尚与南朝政权的文化取向。在礼乐文化的视角下,其出现于墓葬中,与南北朝时期礼制的重建与南朝政权的礼乐建设密切相关。作为墓葬音乐类图像"高士雅音"系统的代表,其与"鼓吹乐"组合相结合,共同构成了南朝墓葬的礼乐符号。"竹林七贤与荣启期"的经典图式并非凭空出现,它是汉魏以来的各种文化因素,在东晋、南朝特定的时空背景酝酿下而产生的。汉魏遗音与西晋名士相结合,在东晋形成了粉本,并在南朝进入墓葬中,形成了具有特定指向的符号,这一过程表现出知识传统、工匠传统与思想传统的相互缠绕与彼

此影响。

墓葬是现实生活的镜像,既映射出现实中制度与文化的轮廓或某些观念,但是又不能完全与之等同。墓葬中的音乐图像组合更是如此,它们是现实中制度、文化与观念的一种具象化、可视化的符号。这些内容体现着文化,渗透着观念,同时也揭示出音乐背后的制度指向。它们的变化,再现音乐组合形态的同时,也体现着现实礼乐建设的过程。礼乐符号的形成与消亡,取决于礼乐符号与礼乐文化的具体关系,其形成在于建构逻辑的自洽,其消亡则在于理念与实践的矛盾。

重庆忠县刘宋泰始五年
神道石柱探微*

耿 朔

中央美术学院人文学院

刘宋泰始五年（469年）神道石柱于2003年在重庆忠县乌阳镇将军村长江边被发现，系西南地区现存唯一的南朝神道柱，现藏于重庆中国三峡博物馆。2006年，孙华发表《重庆忠县泰始五年石柱》一文公布材料（以下简称"《石柱》"），并对铭文、年代和墓主身份等问题进行了考释，认为其系当地中古望族文氏家族墓地的遗存，该文附有石柱实测线图和石榜铭文拓片[①]。三峡博物馆近期出版的图录《巴蜀汉代雕塑》介绍了石柱的基本情况并刊布了照片[②]。

综合以上报道，可将忠县石柱形制方面的信息归纳如下：石柱通高2.66米，由整石雕成，柱身横截面呈长方形，也就是说并非圆柱体，而是较为扁平。柱身上段表面即两道横向辫索纹之间雕有12道外凸直棱纹，上有一横长方形石榜，刻有铭文，石榜正面下方两端各有一个托举状浮雕人物。柱身下段表面则刻有12道内凹直棱纹，无其他雕饰，多划痕。柱身上下两端雕出榫头，表明这段柱身是完整的，原先应配有基座和顶盖，但已遗失，推测整个石柱原高3米余（图一[③]）。

最近，笔者于三峡博物馆观摩实物，深感这件文物提供了若干重要的历史信息，但检索文献发现，自《石柱》发表以来未见其他针对性研究。究其原因，笔者猜测主要为这一发现在地域上远离南朝统治中心区，不易将其置于南朝帝王陵墓石刻已有的知识体系中进行讨论[④]。

图一 重庆忠县刘宋泰始五年神道石柱

---

* 本文系国家社科基金青年项目《魏晋南北朝陵墓制度新探》（项目编号：19CKG011）阶段性成果。
① 孙华：《重庆忠县泰始五年石柱》，《文物》2006年第5期。
② 重庆中国三峡博物馆：《重庆中国三峡博物馆藏文物选粹——巴蜀汉代雕塑》，成都：四川美术出版社，2021年，第18页。
③ 文中未标注图源的为作者自摄或自制的图片。
④ 一些学者在讨论中古墓地石刻时，曾表达过对于忠县石柱的看法，均较为简略，未见专论。如李星明指出该石柱上半截与现存两晋石柱上半截形制相同。（《佛法与皇权的象征——论唐代帝陵神道石柱》，《复旦学报（社会科学版）》2011年第1期）金弘翔认为"其形制与汉晋石柱相似而与梁朝神道石柱相异，且为孤例，地区又远离江苏南京地区，应该为汉晋习俗的滞后产物"。（《南朝神道石柱在墓葬体系中的功能和象征》，《考古学集刊》第二十集，北京：社会科学文献出版社，2017年，第166页）

不过,若以更广阔的视野来观察,忠县石柱恰恰能在时间和空间上连接诸多已知材料,成为探讨中古墓葬石刻传播路线的新线索。

本文在参考借鉴《石柱》的基础上,拟从铭文考释和造型风格来源两个方面做进一步的考证,并对南朝小型神道石刻的归属问题提出一点思考,希望引起学界更多的注意。

一、铭 文 考 释

石柱上的方形石榜长44厘米、高40.5厘米,正面刻有铭文,左起,共10行,满行9字,共85字,分为两段,第一段7行,59字;第二段3行,26字。铭文总体保存较好,仅有个别字较为漫漶,其余均能辨识(图二)。《石柱》释读并断句如下(□代表已剥蚀无法辨认的文字,(?)代表《石柱》不能确定的文字):

图二　忠县石柱铭文及拓本

晋故试守江州令、文卫
尉適孙、讳观(?)。长祖梁水
令讳晃,二祖平武令讳
圣(?),弟三祖讳轨(?),弟四祖
相(?)国府参军事讳桓,亡(?)
父试守江州令讳惠等
府君之神道。
泰始五年二月辛未朔
廿一日辛卯,江州(?)主簿
□之、□起、龙之并立

铭文大意不难理解,《石柱》对此做了言简意赅的概括:"第一段讲述该墓地主要成员的亲缘关系、担任官位和名讳,第二段则记录建立石柱的时间,以及主其事人员的官位和姓名。"

在柱身上段雕出石榜并刻铭标示墓葬归属,是汉至南朝神道柱的普遍做法,而有别于六朝以降流行的墓道华表。现存材料显示,石榜铭文的通行文例为"某某之神道",具体而言有两种写法:一种只书写朝代和官爵,语法结构简明[1],另一种写法则增加墓主籍贯信息[2],这两种柱铭写法差别不大,内容都限于墓主本人,篇幅不长,很少超过三十个字。如此设计至少有两方面的考虑:一是方便观者阅读文字,以现存梁代王侯神道柱为例,其高度多在五六米,保存最为完好的萧景墓西石柱通高达6.5米[3],石榜部分距地面在5米以上,再如萧宏墓西石柱缺失柱头圆盖,所剩部分通高5.52米[4],而石榜位于柱身最上方,高度也应在5米以上,因此如果字数多、字体小,加之处于露天环境又会受到光线等因素的干扰,很难看清和通读铭文;二是神道柱通常并非单独存在,而是与神道碑等其他石刻构成组合,制度至为明确的南朝帝王陵墓神道石刻,便包括兽、柱、碑三种,每种一对,观察现存的梁代神道碑可知,其碑额所书文字与神道柱铭文几乎一致,如萧秀墓两石碑碑额书"梁故散骑常侍、司空、安成康王之碑",与现存神道柱上的铭文只是"碑"与"神道"的差别,萧秀生平则记录在石碑正文中。

忠县石柱铭文篇幅是现存实物中最长的一例,且超出许多,文辞也有较大差异。为何如此?笔者拟对此略作分析:其一,忠县石柱体量较小,如前所述,高度在3米余,石榜距离地面的高度更低一点,虽然文字大小仅有2.5厘米左右,但笔者在现场是可以看得清的;其二,此石柱属于家族墓地的标志,而非属于单个墓主,所以内容较长,重在叙述该墓地安葬的家族成员情况;其三,在铭文中标榜某位先人的显要官职,似是门第不甚高的中古家族的"策略",忠县石柱铭文中列出的亡者生前均为巴郡及附近地区的下级地方官,他们的政治地位远低于担任过"卫尉"的先祖。与其相似的例子有晚清时期在巴县发现的东晋隆安三年(399年)杨阳神道石柱,现藏于故宫博物院,石榜铭文为"晋故巴郡察孝骑都尉枳杨府君之神道。君讳阳,字世明,涪陵太守之曾孙。隆安三年岁在己亥十月十一日立"(图三)。"察孝"为杨阳入仕途径,"骑都尉"为其生前最高官职,属州郡中下级武

---

[1] 梁武帝时代所立帝王陵墓石刻多循此例,如位于丹阳三城巷的武帝父萧顺之建陵神道柱铭文为"太祖文皇帝之神道"(6世纪初改葬),位于南京东北郊的武帝异母弟萧秀神道柱铭文为"梁故散骑常侍、司空、安成康王之神道"(518年),位于南京东北郊的武帝另一位异母弟萧宏墓神道柱铭文为"梁故假黄钺、侍中、大将军、扬州牧、临川靖惠王之神道"(526年),武帝堂弟萧景墓神道西石柱铭文为"梁故侍中、中抚将军、开府仪同三司、吴平忠侯萧公之神道"(523年),位于句容西北郊的武帝第四子萧绩墓神道柱铭文为"梁故侍中、中军将军、开府仪同三司、南康简王之神道"(529年),武帝异母弟南平元襄王萧伟西石柱残文"梁故侍中、中抚……"字(532年),武帝侄儿、萧憺之子萧暎墓西石柱铭文基本保存完整,缺字可以根据文献记载补全,全文为"故侍中、(仁威)将军、新渝宽(侯)之神道"(544年)。这种写法可以追溯到现存时代最早的神道柱即北京西郊出土的东汉秦君神道柱,其石榜铭文为"汉故幽州书佐秦君之神道"(推测为105年),只不过由于这些梁代神道柱铭文中的官职爵位指向明确,故不书逝者名讳。

[2] 两件时代为4世纪初的西晋中原地区神道柱即属此类,洛阳出土的名臣韩寿墓神道柱,铭文中间两行保存完好,而左右两行因石泐损,两行残字,据文意、笔画和相关文献可补全为"晋故散骑常侍、骠骑将军、南阳堵阳韩府君墓神道"(300年)。博爱出土的荀氏神道柱铭文为"晋故乐安相、河内荀府君神道"(311年),墓主被推测为《晋书》有传的荀晞或其族人。(刘习祥、张英昭:《博爱县出土的晋代石柱》,《中原文物》1981年第1期)

[3] 梁白泉主编:《南京的六朝石刻》,南京:南京出版社,1998年,第90页。

[4] 梁白泉主编:《南京的六朝石刻》,第90页。

官,显然不及其曾祖"涪陵太守"①。此外,墓砖上也偶见此类铭文,如1989年在浙江瑞安清理的一座南朝墓,在部分墓砖上印制如下文字:"梁天监九年太岁庚寅九月己亥朔十五日癸丑,晋安太守李四世孙沙阳建块孙峻等为母陈氏作此大塴"②,天监九年即公元510年,看来梁初人孙峻应为一介平民,而其高祖曾任晋安郡太守,当在东晋或刘宋时,虽然时间久远,仍是家族荣光(图四)。这样的行文绝不见于同时期的南朝帝王陵墓石刻。

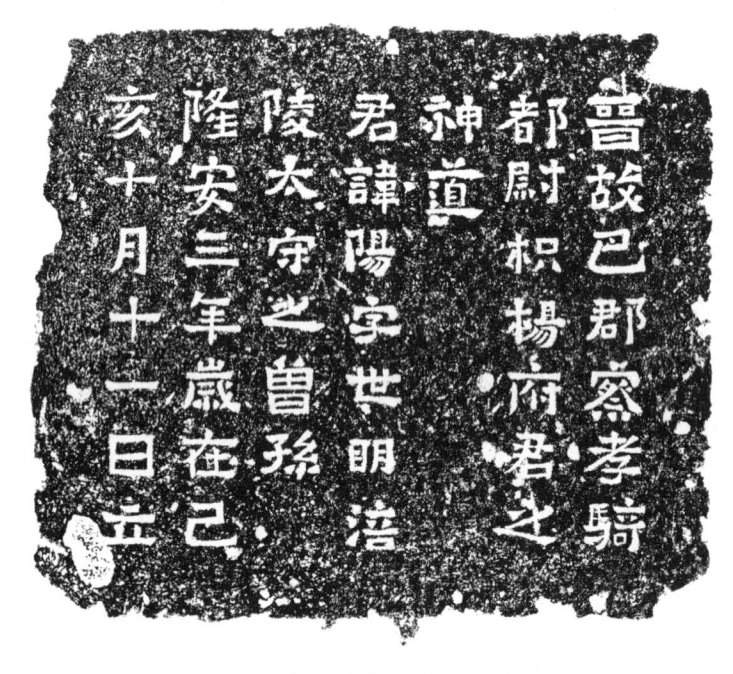

图三　杨阳神道石柱铭文拓本
(据郑珉中、胡国强主编:《故宫博物院藏文物珍品大系:铭刻与雕塑》,上海:上海科学技术出版社,2008年,第68页)

笔者基本接受《石柱》一文的考释意见,但由于部分文辞较为怪异,不循常例,笔者对于一些细节内容存在不同理解,进而对该篇铭文的总体认识与《石柱》也有一定差异。具体阐述如下:

1. "晋故试守江州令、文卫尉適孙、讳观"。

铭文首句涉及"试守江州令"和"卫尉"两个官职,据《通典·晋官品》,"诸县置令六百石者"为第七品,"诸县置令六百石者"为第八品,"江州"为两晋巴郡的首县,治今重庆市渝中区,其长官当为第七品。"试守"可以简单理解为处于试用期,由于汉晋时期没有唐代那样的散官作为官阶,因此"试守"的秩级、官品应与正职一样,"试守江州令"当属第

---

① 郑珉中、胡国强主编:《故宫博物院藏文物珍品大系:铭刻与雕塑》,上海:上海科学技术出版社,2008年,第68页。
② 潘知山:《浙江瑞安梁天监九年墓》,《文物》1993年第11期。

图四 浙江瑞安梁天监九年墓部分墓砖模印文字拓本
（据潘知山：《浙江瑞安梁天监九年墓》，《文物》1993年第11期，第25页）

七品，而卫尉为第三品的"诸卿尹"①之一，显然，地方基层长官与职掌宫禁警卫的中央高官两者级差之大，不啻天壤，绝无直接晋升的可能。由此可以断定铭文首句列出的这两个官职，不符合中古时期官员结衔规则。《石柱》已正确指出，"试守江州令"和"卫尉"不是同一人担任过的官职。

由此，对"卫尉"前一字的释读十分关键，该字笔画不甚清晰，《石柱》释作"文"，认为是姓氏，进而判定"文卫尉"三字应当连读。虽然姓氏加官职的称谓在中古文献很少见，但不宜轻易否定实际使用的可能性，而这一释读成为《石柱》理解整篇神道柱铭文的立足点，认为"文卫尉"便是晋武帝时担任过卫尉一职的忠县籍名士文立，事迹为《晋书·儒林传》②、常璩

---

① （唐）杜佑撰，王文锦等点校：《通典·职官十九》，北京：中华书局，2016年，第999—1000页。
② 《晋书·儒林传》："文立字广休，巴郡临江人也。蜀时游太学，专《毛诗》《三礼》，师事谯周，门人以立为颜回，陈寿、李虔为游夏，罗宪为子贡。仕至尚书。蜀平，举秀才，除郎中。泰始初，拜济阴太守，入为太子中庶子。……诏曰：'太子中庶子文立忠贞清实，有思理器干。……其以立为散骑常侍。'……迁卫尉。咸宁末，卒。所著章奏诗赋数十篇行于世。"（北京：中华书局点校本，1974年，第2347—2348页）

《华阳国志》中的《巴志》①和《后贤志》②等文献所载,进而判定这件石柱属于临江(即今忠县)文氏家族墓地的遗存。笔者认为,上述分析虽然只是将实物与文献进行简单联系,但考查史籍,未见晋宋时期有其他担任过卫尉一职的临江籍人物,而卫尉这种级别的官员不至于在地方文献中没有一点线索,因此《石柱》所做的推测较为合理。

关于"试守江州令",《石柱》指出这是铭文所讳"观"的生前官职,笔者赞同这一看法。文观便是试守江州令,如前所述,"试守"意为处于试用期的官员,西汉便有试守制度③,《石柱》以四川芦山出土的东汉建安十三年(208年)《赵仪碑》上所刻"试守汉嘉长蜀郡临邛张河字起南"④为例,说明西南地区确有地方长官在试用期内被称为"试守"的现象。六朝延续这一制度,仅正史中便屡见记载,试举几个与文观任职年代接近的例子:

> 胡毋辅之:辟别驾、太尉掾,并不就。以家贫,求试守繁昌令,始节酒自厉,甚有能名⑤。(西晋前期)
>
> 诸葛恢:弱冠知名,试守即丘长,转临沂令,为政和平⑥。(西晋后期)
>
> 江逌:征北将军蔡谟命为参军,何充复引为骠骑功曹。以家贫,求试守,为太末令⑦。(东晋早期)
>
> 全景文:宁朔将军、试守西阳太守吴兴全景文⑧。(刘宋后期)

据常理推断,"试守江州令"应是文观当过的最高官职,所以才记录于石柱之上,这说明他可能没有转正,或是死于任上。

《石柱》指出"试守江州令"文观即是西晋卫尉文立的嫡孙,且是此次家族安葬活动的远祖,后文提到的长祖文晃为其庶子,铭文首字"晋"代表了生活在刘宋时代的文氏后人"大概十分怀念在晋朝的时光",并认为"石表铭文首列曾担任晋卫尉的祖先,显然有标表门第的意思。"根据文意,笔者认为上述"试守江州令"为"文卫尉"嫡孙的判断可以成立,但是在攀附先世之风盛行的中古时期,这是否就是历史事实,需保持一定的警惕。此外,首字"晋"关联的不是"卫尉"而是"试守江州令"为官的朝代,准确地讲,应为东晋。结合下文的分析,笔者认为文观是此次家族安葬活动的主要对象,但非远祖,文观与文晃并非

---

① 《华阳国志·巴志》:"(巴郡)临江县……严、甘、文、杨、杜为大姓。晋初,文立实作常伯,纳言左右。"(任乃强:《华阳国志校补图注》,上海:上海古籍出版社,1987年,第30页)
② 《华阳国志·后贤志》:"文立,字广休,巴郡临江人也。少游蜀太学,治《毛诗》、《三礼》,兼通群书。州刺史费祎命为从事,入为尚书郎,复辟祎大将军东曹掾,稍迁尚书。蜀并于魏,梁州建,首为别驾从事。咸熙元年,举秀才,除郎中。晋武帝方欲怀纳梁、益,引登俊彦,泰始二年,拜立济阴太守。武帝立太子,……选立为中庶子。……十年,诏曰:'太子中庶子立,忠贞清实,有思理器干。……其以立为散骑常侍。'累辞,不许。……迁卫尉,犹兼都职。中朝服其贤雅,为时名卿。连上表:年老,乞求解替,还桑梓,帝不听。咸宁末卒。帝缘立有怀旧性,乃送葬于蜀,使者护丧事,郡县修坟茔。当时荣之。"(任乃强:《华阳国志校补图注》,第623—624页)
③ 平帝即位后有此举措,见《汉书·平帝纪》注引如淳曰:"诸官吏初除,皆试守一岁乃为真,食全俸。平帝即位故赐真。"(北京:中华书局点校本,1962年,第349页)
④ 关于赵仪碑,参见郭凤武:《芦山出土〈赵仪碑〉考释》,《中华文化论坛》2015年第8期。
⑤ 《晋书·胡毋辅之传》,第1379页。
⑥ 《晋书·诸葛恢传》,第2041页。
⑦ 《晋书·江逌传》,第2171页。
⑧ 《宋书·邓琬传》,北京:中华书局点校本二十四史修订本,2018年,第2354页。

父子关系,把"文卫尉適孙"一句放在"试守江州令"之后,或与并述多人的特殊文例有关,避免造成混淆及误解。

2. "长祖梁水令讳晃,二祖平武令讳圣(?),弟三祖讳轨(?),弟四祖相(?)国府参军事讳桓,亡(?)父试守江州令讳惠等府君之神道"。

铭文中所列的安葬对象有多人,表明这很可能是一次家族集中迁葬行为。《石柱》认为"长祖""二祖""三祖""四祖""亡父"为世代的标志,这里记录的是从高祖到父辈五世的官位和名讳,符合"五世迁宗"之说,"长祖"文晃是文观的庶子,并举《北史·周宣帝纪》"又不听人有高者大者之称,诸姓高者改为姜,九族称高祖者为长祖,曾为次长祖。官称名位,凡谓上及大者,改为长;有天者,亦改之"的记载,证明中古时期有尊称其高祖为长祖,曾祖为次长祖的现象。

《北史》的上述记载,源于《周书》①,结合上下文可知,两部史书的唐代作者们对北周宣帝擅改称谓一事明显持批评态度,认为这是毫无根据、荒唐一时的制度,而这也最多只能说明在北周末期(六世纪下半叶)短暂出现过这种反常的称呼,此时距离刘宋泰始五年相去一个世纪,不足为证。

实际上,在传世和出土的多方魏晋南北朝墓志中都有类似忠县石柱的行文,南京出土的《宋故员外散骑侍郎明府君墓志铭》墓主明昙憘卒于刘宋元徽二年(474年),志文开篇叙述明氏家族世系:"祖俨,州别驾,东海太守。……父歆之,州别驾,抚军,武陵王行参军,枪梧太守。……伯恬之,齐郡太守。……第三叔善盖,州秀才,奉朝请。……第四叔休之,员外郎,东安、东莞二郡太守。……长兄宁民早卒。……第二兄敬民给事中、宁朔将军、齐郡太守。……第三兄昙登员外郎。……第四兄昙欣积射将军。"②再如与北周宣帝擅改称谓一事时代接近的隋《范阳公故妻李氏志铭》,志主为卒于北周天和六年(571年)的崔仲方妻李丽仪,隋开皇五年(585年)改葬,志文叙述李氏家族世系:"夫人讳丽仪,其先赵国人也。……曾祖延,魏太保、恒朔十州诸军事、恒州刺史、赵郡公。……祖弼,太师、大司徒、雍州牧、赵国公。……父曜,使持节大将军、雍州牧、蒲山公。……第二叔,柱国、襄郢六州诸军事、襄州刺史、魏国公晖。第四叔,上大将军、敷豳陇介四州刺史、真乡公衍。长舅,柱国、荆安东南五十三州诸军事、荆州总管、荆州刺史、平原公顺。第二舅,柱国、太保、泾州刺史、梁国公崇。"③陈爽认为此类墓志书写格式的来源是中古时期的谱牒,但由于墓

---

① 《周书·宣帝纪》:"又不听人有高大之称,诸姓高者改为姜,九族称高祖者为长祖,曾祖为次长祖,官名凡称上及大者改为长,有天者亦改之。"(北京:中华书局点校本二十四史修订本,2022年,第133页)南宋洪迈曾专门论及此事,将其与北宋徽宗"政和中,禁中外不许以龙、天、君、玉、帝、上、圣、皇等为名字"一事相提并论。[(宋)洪迈撰,孔凡礼点校:《容斋随笔·续笔卷四·禁天高之称》,北京:中华书局,2005年,第269页]
② 南京市文物管理委员会:《南京太平门外刘宋明昙憘墓》,《考古》1976年第1期;赵超:《汉魏南北朝墓志汇编》,天津:天津古籍出版社,2008年,第22—23页。
③ 河北省文物考古研究所、平山县博物馆:《河北平山县西岳村隋唐崔氏墓》,《考古》2001年第2期;王其祎、周晓薇:《隋代墓志铭汇考》第1册,北京:线装书局,2007年,第142—146页;罗新、叶炜:《新出魏晋南北朝墓志疏证(修订本)》,北京:中华书局,2016年,第345—348页。

志的记述是以墓主为中心的,所以人物称谓一般经过了改写,增加了行辈称谓①。

据此,笔者认为这次家族安葬活动的对象是已故的祖辈、父辈两代人,而非五世,"长祖"等称呼不是世代的标志,前面四个称呼是指大祖父、二祖父、三祖父、四祖父,而最后一个称呼即文惠的身份不甚明确,这是因为"父"字前一字似为"亡",又似为"三",《石柱》释为"亡父",因此推定主持立柱者是文惠的儿子,那么和前文结合起来理解,可推知文观是这次安葬活动的主要对象,即主持立柱者的祖父,而文惠是他的父亲,长祖文晃至四祖文桓为文观的兄弟;如果释为"三父",那就是指主持立柱者的三叔父,而主持立柱者的父亲也就是文观的儿子尚存于世,所以没有出现在铭文中。两相比较,释为"亡父"要合理一些。

推定"长祖"等称呼代表两代人的另一个证据是,"长祖"文晃担任的"长水令"一职,据《宋书·州郡志》记载,设于东晋成帝在位时期(325至342年)②,距离立柱的宋泰始五年(469年)约一百三四十年,如果"长祖"是指高祖的话,那么按照20至25年一代往上推,文晃担任宁州梁水令应当在这一官职设立之初,这样的限制条件未免苛刻了。

此外,"国府"前一字,《石柱》释为"相",认为文桓生前官职为"相国府参军事",恐不准确,该字应释为"辅"。"辅国府参军事"即辅国将军府的参军事,更符合文氏家族成员多为地方下级官僚的情况。

3. "泰始五年二月辛未朔廿一日辛卯,江州(?)主簿□之、□起、龙之并立"。

《石柱》认为这句话的后半部分标明"主其事人员的官位和姓名",此说无误,但需进一步辨析。首先,"□之"之前有"主薄"一词,《石柱》推断"该家族立柱时,最后一个死者的官位是江州令,因此,该主簿可能是江州主簿。"言下之意是立柱的主持者是试守江州令文惠的属下,这一点难以成立,因为作为一个家族的迁葬和立柱活动,理应由文氏家族后人操办,加之铭文中有"亡父"这一表述,因此立柱者为文惠之子更符合常理,无须借故吏之手,而受刮痕影响,"主簿"前的两个字不能肯定就是"江州"。其次,州县通常只设"主薄"一人,而《石柱》断句"□之、□起、龙之",似以"主薄"一职统摄三人,不妥,笔者认为"□之、□起、龙之"不一定对应三个人名,"□之"与"龙之"应为同一辈的文氏后人,可能都是"亡父"文惠的儿子,"□州主簿"是"□之"的政治身份,而"□起"可能不是人名,而是"龙之"的某种身份(是否释为"起"也不能确定)。再次,末行倒数第二字观其字形,应该不是"并"字,而与第六行末字字形相近,应改释为"等"字,说明在这次迁葬活动中出钱出力的族人不少,而以"□之""龙之"主其事。

综上所述,石柱铭文记录的是刘宋泰始五年(469年)临江地方豪族文氏家族一次整

---

① 陈爽:《出土墓志所见中古谱牒研究》,上海:学林出版社,2015年,第122页。
② 《宋书》卷二十八《州郡四》:"梁水太守,晋成帝分兴古立。领县七。户四百三十一。去州水三千。去京都水一万六千。梁水令,与郡俱立。"(北京:中华书局点校本二十四史修订本,2018年,第1291页)

修墓地、迁葬立柱的行为，集中埋葬的对象为父祖两代已故的亲属，他们活动于东晋后期至刘宋，基本在西南地区担任地方下级官吏，均归葬故里。这件石柱应为该家族墓地的标志，按照中古时期神道柱对称设置的通例，推测当时还有一件与其夹神道而立的石柱，二者形制相同，从现存石柱文字内容完整这一点来看，那件业已消失的石柱上应该刻着一篇相同的铭文，区别在于，后者的文字很可能是从右往左刻写，从而互为镜像。

西晋卫尉文立于武帝时在洛阳去世，前述《华阳国志》载："帝缘立有怀旧性，乃送葬于蜀，使者护丧事，郡县修坟茔，当时荣之。"明确说明文立葬在忠县老家，因其政治地位的突出和官方元素的介入，文立的墓冢可能十分醒目，成为家族墓地的中心，对后世产生影响。神道柱所属的文氏家族进行迁葬活动的泰始五年，距离文立去世已有一个半世纪之久，笔者认为，他们应该与文立为同宗，但是否是直系后裔，不能确定。

二、造型来源分析

忠县石柱的造型和装饰特点表明其显然有所来源，可以与现存三类石柱材料进行比较。

（一）与本区域石刻比较。时代相近的材料仅有前述巴县东晋晚期的杨阳神道柱，该柱残存上半段，两者造型和装饰元素十分接近，反映出一定的区域性特点。但是，它们的来源并非本地传统，巴蜀地区留存至今的汉代墓地石刻数量较多，包括石阙、石碑、石兽等类别，不见石柱，参考文献和图像材料，也未见明确的有关神道柱的记载和形象，可见上述两例中古神道柱并非由巴蜀地区的汉代墓地石刻直接发展而来（图五）。

（二）与长江下游南京、丹阳、句容现存的南朝帝王陵墓神道石刻比较。相距悬远的两地神道柱外形上具有较多的相似点，如柱身分上下两段，上半段表面雕有外凸直棱纹，并附有石榜和横向辫索纹，下半段表面雕有内凹直棱纹而无其他装饰，柱身上下分别配有基座和顶盖。《石柱》认为"直到东晋以后，皇室墓葬在神道立石柱之风兴起，影响到四川盆地，豪强大姓家族墓地才开始在神道两侧设立石柱。"强调了长江下游与上游之间的联系。但应注意到，两地石柱形制不尽相同，如长江下游帝王陵墓现存的石柱实物均呈圆柱体，而忠县石柱较为扁平，规模体量更是相差甚远。更重要的是，前者都属于六世纪的梁代，时代比忠县石柱晚几十年，因此不宜认为长江下游对长江上游产生了单方面的直接影响（图六）。

（三）与中原地区汉晋神道石柱比较。中原北方地区东汉时期墓地石刻的设置较为普遍，现存两件明确的东汉石柱实物，即北京幽州书佐秦君神道柱（105年）（图七）和济南琅邪相刘君神道柱（推测为165年）（图八），它们的形制与忠县石柱有一定相似性，但区别也较为明显，秦君神道柱柱身下段刻内凹直棱纹，上半段柱身表面没有纹饰，刘君神道柱柱身现存部分均刻外凸直棱纹，环绕、承托石榜的不是人物，而是怪兽形象。

汉末丧乱，厚葬风习渐成往昔，建安十年（205年），曹操"以天下凋敝，下令不得厚葬，

图五　杨阳神道柱

（据郑珉中、胡国强主编：《故宫博物院藏文物珍品大系：铭刻与雕塑》，上海：上海科学技术出版社，2008年，第68页）

又禁立碑。"①魏晋政权继之推行"薄葬"，直接表现在中原地区墓地地表设施减省②。

曹魏、西晋两代，墓前石刻时禁时弛，从文献和实物两方面看，包括了碑、柱、兽三种类别，虽然未必已形成固定组合。关于石柱，西晋的情况较为明确，中原地区现存的三件魏晋神道柱实物，都在河南境内，即洛阳出土的西晋散骑常侍、骠骑将军韩寿神道柱（300年），博爱出土的西晋乐安相荀府君神道柱（311年）以及河南博物院收藏的一件隋代被改造为"道俗五百人造像柱"的神道柱，推测时代下限为西晋。荀府君神道柱和"道俗五百

---

① 《宋书·礼志二》，第440页。
② 魏高贵乡公甘露二年（257年），大将军司马昭参军王伦去世，其兄王俊为其作《表德论》，内云"祇畏王典，不得以铭，乃撰录行事，就刊于墓之阴云尔"，《宋书》对此评论"此则碑禁尚严也，此后复弛替"。司马氏代魏十多年后，重申了前朝禁令并且扩大禁断范围，即："晋武帝咸宁四年（278年），又诏曰：'此石兽碑表，既私褒美，兴长虚伪，伤财害人，莫大于此；一禁断之。其犯者虽会赦令，皆当毁坏。'"（《宋书·礼志二》，第440页）

图六　长江下游南朝帝王陵墓神道柱

自左向右：1. 南京梁吴平忠侯萧景墓神道柱（523年）　2. 梁安成康王萧秀墓神道柱（518年）
3. 南京梁临川靖惠王萧宏墓神道柱（526年）　4. 丹阳梁文帝萧顺之建陵神道柱（502年？）

图七　北京东汉幽州书佐秦君神道柱

图八　济南琅邪相刘君神道柱

人造像柱"的上半段均为外凸直棱纹,石榜上下各有一道横向辫索纹,下半段为内凹直棱纹,韩寿神道柱仅存局部,在其石榜上下的柱身部分也为外凸直棱纹,亦有两道横向辫索纹(图九)。此外,《水经注》详细描述了今安徽亳州西晋司马士会墓的地面设施:"冢前有碑,晋永嘉三年立。碑南二百许步,有两石柱。高丈余,半下为束竹交文,作制工巧。石榜云:晋故使持节、散骑常侍、都督扬州江州诸军事、安东大将军、谯定王河内温司马公墓之神道。"[①]杨守敬考证即为公元302年去世的谯定王司马随,从郦道元的记录看,其墓地两根神道石柱的外形特征和文法格式亦遵循魏晋常例。

上述魏晋神道柱与忠县石柱基本造型和装饰元素相当一致,时代都早于后者。笔者认为,从形制、时代、地域几方面综合考虑,忠县石柱的出现应是中原魏晋神道柱影响的结果,传播方式上存在两种可能:一种可能是在西晋洛阳为官的卫尉文立去世后归葬故里,

---

① (北魏)郦道元撰,(清)杨守敬、熊会贞疏,段熙仲点校,陈桥驿复校:《水经注疏·阴沟水》,南京:江苏古籍出版社,1989年,第1950—1951页。

墓葬·观念 · 185 ·

图九 中原魏晋神道柱
自左向右：1. 博爱西晋乐安相荀府君神道柱(311年) 2. 洛阳西晋散骑常侍、骠骑将军韩寿神道柱(300年) 3. "道俗五百人造像柱"(据王景荃主编：《河南佛教石刻造像》，大象出版社，2009年，第376页)

前文引述"使者护丧事，郡县修坟茔，当时荣之。"表明由官方负责丧葬事宜，或许此时就移植了来自首都地区的墓地设施，既是当时引人关注的行为，也对后世产生了影响；另一种可能是并非受到洛阳的直接影响，而是以南阳、襄阳地区为传播路线的中介，《南齐书》卷二十二《豫章文献王嶷传》有一段关于中古陵墓石刻传播的重要记载：

> （萧嶷）自以地位隆重，深怀退素，北宅旧有园田之美，乃盛修理之。（永明）七年，启求还第，上令世子子廉代镇东府。上数幸嶷第。宋长宁陵隧道出第前路，上曰："我便是入他冢墓内寻人。"乃徙其表、阙、骐驎于东岗上。骐驎及阙，形势甚巧，宋孝武于襄阳致之，后诸帝王陵皆模范而莫及也[①]。

笔者曾对这段文献做过分析，认为"表、阙、骐驎"就是南朝陵墓石刻标配——石碑、石柱和石兽，宋文帝长宁陵很可能是最早完整设置神道石刻的南朝陵墓。孝武帝刘骏之所以"于襄阳致之"，是因为襄阳和南阳地区自东汉以来便有发达的石刻工艺传统，并且应该与都城洛阳有联系，在西晋永嘉之乱引发的北人南迁浪潮中，中原和西北的部分大族及相当数量的流民寄居襄阳，不排除在襄阳一带保存了洛阳的传统，而刘骏做皇子时，于

---

① 《南齐书·豫章文献王嶷传》，北京：中华书局点校本二十四史修订本，2017年，第462页。

元嘉二十二年(445年)外调为雍州刺史,直至二十五年(448年)调离,应当是在任期间接触到了当地的石刻。刘骏即位后,亲自谋划扩建长宁陵,诏令襄阳方面制作石刻并运至建康,而且很可能吸纳了源于魏晋洛阳的碑、柱、兽组合,并将其制度化,提升为帝陵的标配,成为孝武朝政治和文化建设中的重要内容,也开启了南朝陵墓新制的一个重要方面。①

巴县、忠县这两个材料提示我们,长江中游南阳—襄阳的石刻传统不仅作用于长江下游,对长江上游至少峡江地区可能也有影响。荆襄与巴蜀联系密切,人员流动持续不断,见于史籍的汉末三国"东州兵""东州士"②即为一例。忠县地理上位于峡江腹心,晋时属巴郡,设临江县,梁武帝大同六年(540年),分巴郡置临江郡,领临江县,郡治临江县,隶属楚州,西魏以后长期为州治(临州、忠州)所在,清雍正年间升为直隶州,一直是峡江地区的中心城市,在丧葬习俗方面受到荆襄地区的影响应该不无可能。

不过,峡江地区晋宋神道柱并不是简单复制魏晋中原神道柱的结果,而是在借鉴后者基本形制的同时,融入了一些本地特色。除了前述忠县和巴县石柱铭文较长,与中原魏晋、江东南朝神道柱上一般只刻有"某某之神道"很不一样外,石榜下方有两个承托力士(图十),中原魏晋神道柱无此装饰,江东南朝神道柱中有少数带有畏兽,与此也不相同。但是这一装饰元素可以在本地墓阙上找到渊源,巴蜀地区的汉晋石阙普遍在阙顶下方四隅圆雕角神。忠县石柱的发现地点距离将军村墓群很近,据重庆市文物研究所《重庆市忠县将军村墓群汉墓的清理》一文介绍③,将军村墓群是峡江地区一处规模很大的墓葬群,位于乌杨镇将军村长江右岸的山梁上,由枞树包等10个墓地组成,时代集中在汉至六朝,经过多次考古发掘,发现数件墓地神道的石刻构件,包括著名的乌杨阙,两者的发现地点相距仅约500米,将军村墓地长江对岸的邓家沱遗址,也曾发现两组石阙构件,它们与忠县石柱一样现都藏于三峡博物馆,此外,现存于忠县县城白公祠内的丁房阙,据孙华研究,是宋代时从将军村一带的严永家族墓地搬迁至临江城文庙的④。乌杨双阙的角神均为裸体力士形象(图十一),邓家沱双阙的角神均为熊形异兽(图十二),反映了角神具体形象的多样性,丁房双阙的角神据研究为后世修补,但可以判定原先也设有角神⑤,对于泰始五年石柱的建造者来说,这些时代更早的石阙是举目可见的历史资源,虽然石柱上的两个承托力士头戴尖帽,形象与前述材料有别,依然可以认为石阙角神是石柱力士做法的直接来源。不同的是,石阙上设置的这些角神均托起枋头,具有观念上的建筑结构意义,刘敦桢曾论及石柱的造型来源,"疑其制导源于官署桓表,即旧日用以揭示政令者。殆因石柱接榫不易,四出之版,无由制作,遂成此状欤?"⑥根据北京秦君神道柱在石榜背面

---

① 耿朔:《"于襄阳致之":中古陵墓石刻传播路线之一瞥》,《美术研究》2019年第1期。
② 《三国志·刘二牧传》裴注引《英雄记》"先是,南阳、三辅人流入益州数万家,收以为兵,名曰东州兵。"(北京:中华书局点校本,1982年,第869页)《华阳国志》"时南阳、三辅民数万家避地入蜀,焉恣饶之,引为党与,号'东州士'。"(任乃强:《华阳国志校补图注》,第340页)
③ 重庆市文物研究所:《重庆市忠县将军村墓群汉墓的清理》,《考古》2011年第1期。
④ 孙华:《四川忠县丁房阙辩》,《文博》1990年第3期。
⑤ 张孜江、高文主编:《中国汉阙全集》,北京:中国建筑工业出版社,2017年,第382页。
⑥ 刘敦桢:《定兴县北齐石柱》,见《刘敦桢全集》第二卷,北京:中国建筑工业出版社,1984年,第59页。

图十　忠县石柱石榜下方承托力士细部

图十一　乌杨阙局部　　　　　　图十二　邓家沱阙局部

雕刻方套,而忠县石柱石榜背后则雕有一圈绳索纹的情况来看(图十三),石柱上的石榜原型应是拴在柱子上的附件,考虑到石柱的外凸直棱纹部分模仿的是束竹柱,估计石榜模仿的是木牌,质地轻便,并不需要承托,可见这一做法是对本地艺术传统的形式借鉴,或许与某种区域性信仰观念也有所关联。

如此,笔者认为忠县泰始五年神道石柱的造型特征融合了中原魏晋和本地汉晋传统,这一发现丰富了我们对于中古时代墓地石刻在南中国传播状况的认识。

图十三 忠县石柱石榜背面

三、余 论

　　一般认为,南朝神道石刻属于帝王级别特有的墓地设施,带有强烈的制度性,但在这些大型石刻之外,实际上还有相当数量的小型石刻实物存世。仅笔者有幸寓目的石柱材料,除忠县泰始五年神道石柱外,在江苏境内便有南京侯村佚名墓石柱、耿岗佚名墓石柱、丹阳三城巷新发现的两根石柱残件、六朝博物馆藏20世纪70年代江宁东善桥发现的石柱残件、江宁博物馆藏石柱残件(图十四),有数据可考的如侯村石柱现存高度仅有2.73米(顶盖已失)。石兽材料有南京狮子坝佚名墓石兽、侯村佚名墓一对石兽、甘家巷梁萧憺墓东石兽腹下放置的两只小石兽、丹阳烂石垅佚名墓石兽、水经山佚名墓石兽、南京博物院藏1984年燕子矶太平村出土的石兽、六朝博物馆藏2000年蒋王庙发现的石兽、江宁博物馆藏的石兽(图十五),它们的长度都在2米以下,高度基本不超过1.5米。这些材料比较零散,基础信息也不全,大多过去没有引起学界的重视,但忠县泰始五年神道石柱因其明确的建造背景和墓主信息,为我们探索这类小型石刻的归属问题提供了线索,隐约显示出帝王之外的阶层使用石刻的情况,将来若对这些材料进行系统性调查和整体性研究,无疑将会加深我们有关南朝丧葬文化的理解。

附记:本文在收集资料和写作的过程中,得到夏伙根、郭永秉、仇鹿鸣、熊长云、霍司佳等师支的帮助,在此一并致谢!

图十四 现存部分小型神道柱

自左向右：1. 丹阳三城巷新发现的两根石柱残件　2. 六朝博物馆藏20世纪70年代江宁东善桥发现的石柱残件　3. 江宁博物馆藏石柱残件

图十五 现存部分小型石兽

1. 南京博物院藏1984年燕子矶太平村出土的小型石兽　2. 六朝博物馆藏2000年蒋王庙发现的小型石兽
3. 江宁博物馆藏的小型石兽

达克玛与纳骨器：
考古学视野下的祆教丧葬观念研究

达吾力江·叶尔哈力克

中国人民大学

琐罗亚斯德教经典《阿维斯塔》记录该宗教主要实行天葬，死者遗体被送往高处曝尸场所，放置在应曝露给食肉动物的地点，待鸟兽啄食后的剩余遗骸，或原地放置，或收集放入纳骨器。葛乐耐（Frantz Grenet）等学者据宗教文献记录，整理了琐罗亚斯德教的主要丧葬环节[①]。其中，曝尸场所被称作"达克玛"（dakhma），关于达克玛的使用，《辟邪经》（Vendīdād）第六章第44—46节记载：

我们应该把尸体放到哪里？
放在高高的地方，这样啄食尸体的鸟兽就会容易发现他们[②]。

《辟邪经》第五章第13—14节，也提到了曝尸之所达克玛：

只要鸟儿开始飞翔，植物开始生长，暗流开始流淌，风儿吹干大地，则马兹达的信徒应该将尸体放在达克玛上，让他的眼睛向着太阳。

如果马兹达的信徒在一年之内没有这样做，没有将尸体放在达克玛上，让他的眼睛向着太阳，你应该为这一罪过规定如同谋杀信教者的惩罚；直到尸体被安置好，直到达克玛被建好，直到鸟儿吃光尸肉[③]。

对于逝者骨骸的处理，《辟邪经》第六章第49—51节续有规定：

我们应该将死者骨殖安放哪里？
马兹达的信徒应该建立一个建筑，以避开狗、狐狸、狼等野兽，并不让雨水积聚。

[①] Frantz Grenet, *Les Pratiques Funeraires dans l'Asie Centrale Sedentaire: De la Conquete Grecque a l'islamisation*, Paris: Édition du Centre National de la Recherche Scientifique, 1984, pp. 225 – 241.

[②] *The Zend-Avesta*, Part I, in Sacred Books of the East, vol. IV, translated by James Darmesteter, The Oxford University Press, 1882, pp. 72 – 73. 中文翻译主要采自张小贵：《达克玛与纳骨瓮：中古琐罗亚斯德教葬俗的传播与演变》一文，下同。见《丝绸之路考古》第4辑，北京：科学出版社，2020年，第85—98页。

[③] *The Zend-Avesta*, Part I, in Sacred Books of the East, vol. IV, translated by James Darmesteter, The Oxford University Press, 1882, pp. 52 – 53.

若条件许可,这些崇拜马兹达者就将其放于岩石或泥土上;反之,就让骨架呆在原地,或曝露在阳光下,接受光照①。

根据学者研究,《辟邪经》所规定的琐罗亚斯德教的相关葬俗在公元前 6 世纪阿契美尼德王朝刚建立时即已实行,包括印度及伊朗信仰琐罗亚斯德的教徒至今仍然使用达克玛作为曝尸场所,后期达克玛也被称作"寂静塔"(Tower of Silence)而广为人知②。中亚地区也有达克玛遗址,一般认为厄尔库尔干(Erkurgan)、切拉匹克(Chil'pyk)等即为用于曝尸的达克玛③。琐罗亚斯德教从伊朗地区进一步发展至中亚,融合了不同宗教信仰的表现形式,从而在丧葬习俗上表现出了较大不同,进而学界一般将中亚地区,尤其是以粟特人为主信仰的琐罗亚斯德宗教称为"祆教",而纳骨器也成了中亚祆教葬俗的重要标识。从伊朗到中亚,包括达克玛和纳骨器不仅表现了祆教的葬俗,其相关铭文与图像内容也传递了较为强烈的祆教丧葬观念。

一、达克玛与伊朗地区的丧葬铭文

一般而言,达克玛受"寂静塔"词义的影响,主要指祆教丧葬仪式中的曝尸场所。但在伊朗地区发现了较多与达克玛相关的铭文,可进一步对达克玛一词所指的丧葬空间作出解释和分析。伊朗法尔斯省发现的达克玛铭文,主要附写于沿山体开凿的洞窟中。这些洞窟形制较小,仅可容纳头骨及部分散乱骨骸,应是骨殖收纳之所。一些洞窟旁写有中古波斯文铭文,如"这个达克玛是由……为……而造,天堂是对(死者)灵魂的回报""灵魂前往天堂"等内容④。2012 年,伊朗—意大利考古队在纳克什—鲁斯塔姆陵墓东北约三公里的崖壁发现了几组洞窟墓葬,其旁附有竖写的中古波斯文铭文。学者们根据其字形特点及周围其他铭文判断其年代约为 7 世纪⑤。洞窟与铭文相对应,如 6 号铭文:"这是 Hordād 的儿子的达克玛……愿天堂……"

---

① *The Zend-Avesta*, Part I, in Sacred Books of the East, vol. IV, translated by James Darmesteter, The Oxford University Press, 1882, p. 73.

② P. O. Skjærvø, "The Videvdad: its Ritual-Mythical Significance," in Vesta Sarkhosh Curtis and Sarah Stewart eds., *The Age of the Parthians*, The Idea of Iran, Vol. II, London: I. B. Tauris, 2007, pp. 105 – 141. 转引自张小贵:《达克玛与纳骨瓮:中古琐罗亚斯德教葬俗的传播与演变》,《丝绸之路考古》第 4 辑,北京:科学出版社,2020 年,第 85—98 页。

③ Frantz Grenet, *Les Pratiques Funeraires Dans l'Asie Centrale Sedentaire: De La Conquete Grecque a L'islamisation*, Paris: Centre National De La Recherche Scientifique, 1984, pp. 228 – 231; Frantz Grenet, "Zoroastrian Funerary Practices in Sogdiana and Chorasmia and among Expatriate Sogdian Communities in China," in Sarah Stewart ed., *The Everlasting Flame: Zoroastrianism in History and Imagination*, London&New York: I. B. Tauris&Co Ltd, 2013, pp. 18 – 27.

④ Dietrich Huff, "Archaeological evidence of Zoroastrian funerary Practices," in Michael Stausberg et al, eds. *Zoroastrian rituals in context*, Leiden Boston: Brill, 2004, pp. 593 – 630; Philip Huyse, "Inscriptional Literature in Old and Middle Iranian Languages," in Emmerick E. E. & Macuch M. eds., *The Literature of Pre-Islamic Iran*, Companion Volume I, London&New York: I. B. Tauris&Co Ltd, pp. 72 – 115.

⑤ Carlo Giocanni Cereti and Sebastien Gondet, "The Funerary Landscape Between Naqš-e Rostam and Estahr (Persepolis Region). Discovery of a New Group of Late Sasanian Inscribed Rock-Cut Niches," *Iranica Antiqua*, vol. 50, 2015, pp. 367 – 378.

ZNE dhmkyh

'hynpnd

Y(hwldt'...m)

[whšt p](hl)[w]m

b[hl YHWWN't]

9号铭文:"这是Weh-Ohrmazddād之子Hordād-Gušnasp的达克玛,愿天堂是他最好的归宿"。

ZNE dhmkyh hwrdt-gwšnsp Y

Wyh'whrmzddt NPŠE (AY)T

whšt(')p'hlwm

bhl YHWWN't

可以看出,伊朗地区此类崖壁洞窟可被视为达克玛,并且部分洞窟或非曝尸场所可看作单独的墓葬空间。那么对于"达克玛"一词的含义及其相对应的丧葬空间可展开进一步的讨论。

达克玛一词可作"墓葬"之义理解,主要出现于琐罗亚斯德教文献中。如《辟邪经》第五章第13—14节所示:"马兹达的信徒应该将尸体放在达克玛上,让他的眼睛向着太阳。"[1]由《辟邪经》对达克玛的描述可知埋入达克玛的尸体不会变为灰尘,直至达克玛自身被毁坏,所以推倒达克玛的人可得到宽恕[2]。此前该词多被认为与词根 *dag* "燃烧"相关,但包括卡尔·胡福曼(Karl Hoffmann)等学者进一步追溯其源于印欧语 *dafma*,表"埋藏"之义[3]。洪巴赫(Helmut Humbach)根据文献记录,认为达克玛可表示墓葬,也可指放置尸体的地方,后期该词被纳入琐罗亚斯德教的丧葬用语,被用于曝尸场所的专业术语[4]。在提及伊朗所见的洞窟铭文时,亨宁(W. B. Henning)认为其中的达克玛一词即指墓葬,并总结其为基本固定的起始语"这是……之墓"[5]。博伊斯(Mary Boyce)则认为达克玛这个词汇应来源于埋葬之义,与地下灵魂安息之地相似[6]。十四世纪的文献 *Majmu*

---

[1] *The Zend-Avesta*, Part I, in Sacred Books of the East, vol. IV, translated by James Darmesteter, The Oxford University Press, 1882, pp. 73 – 74.

[2] *The Zend-Avesta*, Part I, in Sacred Books of the East, vol. IV, translated by James Darmesteter, The Oxford University Press, 1882, p. 86.

[3] Karl Hoffmann, "Av. Daxma-" *Zeitschrift für vergleichende Sprachforschung auf dem Gebiete der Indogermanischen Sprachen*, 79. Bd., 3./4. H. (1965), p. 238.

[4] Helmut Humbach, "Bestattungsformen Im Vidēvdāt," *Zeitschrift Für Vergleichende Sprachforschung Auf Dem Gebiete Der Indogermanischen Sprachen*, vol. 77, no. 1/2, 1961, pp. 99 – 105.

[5] W. B. Henning, "Mitteliranisch," in B. Spuler and H. Kees eds., *Handbuch der Orientalistik*, 1.4.1 Linguistik. Leiden/Köln: Brill, 1958, p. 47.

[6] Mary Boyce, *A History of Zoroastrianism: The Early Period*, vol. 1. Leiden/Köln: E. J. Brill, 1975, pp. 109 – 110.

'at al-Fors 则将达克玛一词解释为"埋葬的地方"①。可见,从表示墓葬空间到曝尸场所,达克玛所代表的丧葬空间和宗教意涵应有一定的转变。

表一 伊朗达克玛铭文

铭 文 内 容	来 源
这是……的(达克玛)	Rostam
这是 Mihr-的儿子 Mihr-xwarrah 的达克玛,愿……为他……	Rostam
这是达克玛……	Rostam
这是 Hordād 的儿子 Ahēn-pand 的达克玛,愿天堂……(是他最好的归宿)	Rostam
这是属于 Weh-Ohrmazd-dād 的儿子 Hordād-Gušnasp 的达克玛,愿天堂是他的归宿。	Rostam
这是 Farrukhmard 的达克玛,是……要求建立的	Istakar
此达克玛是伊嗣俟 33 年 3(Hordād)月 20(Wahrān)日,胡尔希德(Xwaršēd)之子 xx 命人为自己的灵魂而造。愿他的归宿是最美好的天堂。	Istakar
这个达克玛是在 23 年(?)11(Wahman)月,5(Spandarmad)日,Farroxdān,……之子,为其灵魂而要求建造的,愿他的归宿是最美好的天堂。	Istakar
这个坟墓是 Farruchdän,Mazdesnshnut 的儿子要求在 43 年的 Vohumanu 月和 Spendarmat 日为他的灵魂竖立起来的,天堂是回报。	Istakar
这座坟墓是为 Mihrensad 的女儿 Nekdad 的灵魂所建的,Yazdegird 93 年 Spendarmed 月,Den 日她去世了,愿他魂归天堂;Jimânguš nasp 的女儿 Burzîdag 在同一个墓,也愿她魂归天堂,在 Yazdegird 94 年,Hardad 月,Day-ped âdur 日她去世了。	Kazerun
这个安息之地,是……儿子……要求下建造的,愿他的归宿是天堂,在第 7 年(639 年)的时候,为了妻子,Karz 的女儿。	Kazerun
这个纳骨器的主人魂归天堂,Âbângyân,Farroxgyân 的女儿	Kazerun
这是 *Windd-Gušnasp 的儿子 *Farroxtan 的达克玛,伊嗣俟 204 年 11(Wahman)月……日…逝世…诸神…使…环绕…愿天堂是 Farroxtan 最好的归宿。	Qala-yi Işqakhr

有学者统计伊朗地区所见的丧葬铭文,也有语言学家进一步释读解析相关铭文的内容②。迪特里希则从考古学角度对铭文所写载体进行了分类研究,其中涉及对达克玛铭文所在丧葬空间的讨论,可知达克玛丧葬铭文主要见于岩壁洞窟、石板平台及石槽石棺等,年代集中于 7 世纪,基本以"此乃……之墓/达克玛"开启,明确部分铭文载体为达克

---

① Mojtaba Doroodi, Farrokh Hajiani, "A Clarification of the Terms Dakhma and Astodān on the Basis of Literary Records and Archeological Research in Fars Province", Journal of Persianate Studies, vol. 14, 2021, p. 32.

② Aleksander Engeskaug, "Quantifying Middle Persian Inscriptions: A New Approach to the Epigraphic Culture of Sasanian Iran," in I. B. Mæhle, P. B. Ravnå and E. H. Seland, eds., Methods and Models in Ancient History: Essays in Honor of Jørgen Christian Meyer. Athens: Norwegian Institute at Athens, 2020, pp. 173–202.

玛，记录死者姓名、去世时间等基本信息，结尾处则致以灵魂安息、魂归美好天堂的宗教祝福①。达克玛铭文的具体信息整理如表一所示②。根据伊朗地区的达克玛铭文，我们有以下认识：

第一，此阶段达克玛可指不同类型、不同载体的墓葬空间。如埃格利德铭文（Eqlid inscription）主要刻写于石槽侧壁（图一），内容写有"此达克玛是比沙普尔境守……命人为……之子 Āsūk 而造，王中之王在伊嗣俟 6 年 8（Ābān）月 11（Xwar）日去世；12（Māh）日，Āsūk 之身置于达克玛中。命人给予价值 200 银的财产作为报酬。"此类依托山体或单独开凿的石质棺槽结构在伊朗地区也多有发现，学者们也逐步认识到这些达克玛可泛指整个埋葬地点及其不同的组成部分③。

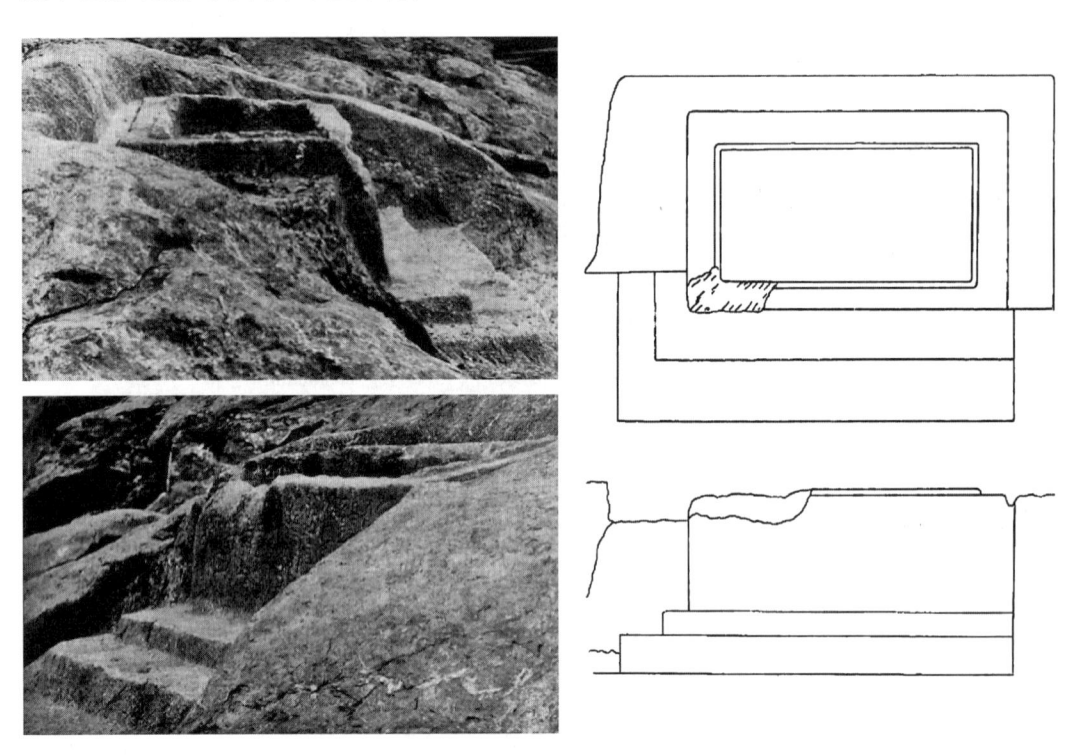

图一　埃格利德中古波斯文铭文石棺④

---

① Dietrich Huff, "Archaeological Evidence of Zoroastrian Funerary Practices," in Michael Stausberg ed., *Zoroastrian Rituals in Context*, Leiden · Boston: Brill, 2004, pp. 593 - 630.
② Carlo Giocanni Cereti and Sébastien Gondet, "The Funerary Landscape Between Naqš-e Rostam and Estaḫr (Persepolis Region). Discovery of a New Group of Late Sasanian Inscribed Rock-Cut Niches," *Iranica Antiqua*, Vol. 50, 2015, pp. 397 - 399; Gerd Gropp, "Einige neuentdeckte Inschriften aus sasanidischer Zeit," in Walther Hinz, ed., *Altiranische Funde und Forschungen*, Berlin: Walter de Gruyter & Co., 1969, pp. 258 - 262; Ahmad Ali Asadi, Carlo Giocanni Cereti, "Two New Pahlavi Inscriptions from Fars Province, Iran," in Maria Vittoria Fontana ed., *Quaderni di Vicino Oriente XIII: Istakhr (Iran), 2011 - 2016 Historical and Archaeological Essays*, 2018, pp. 92 - 95.
③ Mojtaba Doroodi, Farrokh Hajiani, "A Clarification of the Terms Dakhma and Astodān on the Basis of Literary Records and Archeological Research in Fars Province", *Journal of Persianate Studies*, vol. 14, 2021, pp. 39 - 40.
④ 图片采自 Gerd Gropp, "Einige neuentdeckte Inschriften aus sasanidischer Zeit," in Walther Hinz, ed., *Altiranische Funde und Forschungen*, Berlin: Walter de Gruyter & Co., 1969, pp. 238 - 239.

第二，根据铭文内容，无法完全判断该达克玛是用于尸体陈列还是骨殖收纳，根据现有发现，山体崖墓类的达克玛容量相对较小，或是骨殖收纳之所；部分在地面开凿的墓坑或者石槽，则可能是用于放置尸体的。

第三，根据铭文可知大部分达克玛是为一位墓主所置，但也有两个人名共同出现的情况。伊朗西南部卡泽伦 2 号铭文（Kazirun II）即提到墓葬属于两位女性，但这则铭文并没有明确使用达克玛的称呼，内容为"此墓（'špwl）是为 Mihrēnšād 之女灵魂不朽的 Nēkzād 而造。伊嗣俟 93 年 12（Spandarmad）月 24（Dēn）日，去世。愿天堂是其归宿。Jimāngušnasp 之女灵魂不朽的 Burzīdag 也在墓中。愿天堂是其归宿。伊嗣俟 94 年 3（Hordād）月 8（Day-pad-Ādur）日，去世。"也有学者指出伊朗地区所见开凿于同一岩壁区域的洞窟群或意味着同一家族聚集而葬的行为①。部分铭文也可说明达克玛是由死者的亲属或命专人建造的②。

二、穆格山出土契约文书所见达克玛交易

20 世纪 30 年代，塔吉克斯坦穆格山出土了大量粟特文文书，年代集中于 8 世纪上半叶，其中 B8 文书涉及达克玛契约问题，具体如下③：

（1）'LKŠNT 'YKZY ZKn βγtyk

（2）MLK' pncy MR'Y ck'yn cwr

（3）βyδk" ZKn pycw-tt BRY

（4）10 + 3 + 2 ŠNT "z m'xy zymtcy-h

（5）myδ 'sp'ntr-mt rwc KZNH ZY

（6）xr'yn m'xc ZY 'xšwmβntk

（7）ZNH 'sm'nc BRYN MN šyr

（8）βγc ZY 'st'psr'k cnn prnxw

（9）nt BRYN ZKw pyšxwδy-h ZK

（10）wy-h cγz r'γy-h nym'kw 'sks'

（11）kw ' M r'δw ' M prywr pr 20 + 3 + 2 δrxm

（12）δyn'rk'y-h ptw-y'nc 'sks'k

（13）pr KZNH yw'r ZYn nwkr m'xc ZY

（14）'xšwmβntk δnn pδ' myδ nym'kw

---

① Dietrich Huff, "Archaeological Evidence of Zoroastrian Funerary Practices," in Michael Stausberg ed., *Zoroastrian Rituals in Context*, Leiden·Boston: Brill, 2004, p. 597.
② 感谢上海社会科学院吴赟培老师对部分中古波斯文铭文的释读与校正。
③ 转写自 V. A. Livshits, *Sogdian Epigraphy of Central Asia and Semirech'e*. trans. Tom Stableford, ed. Nicholas Sims-Williams, Corpus Inscriptionum Iranicarum, Part II, Vol. III, Sogdian, London: School of Oriental and African Studies, 2015, pp. 37–44.

(15) 'sks'k mwr-t'kw 'wsty-'nt 'xšy

(16) wn kwn'nt（r）tn（'k）y nwkr m'xc

(17) ZY 'xšwmβntk ZYšn ZKw pδw pr（y）[m]

(18) 'yδ nym'kw 'sks'k 'nxwn't

(19) kt'r yxs't y'r ZY（p）cxwkh（kw）n（'）t

(20) rtšn šyr-βγc Z[Y 's]（t'）psr'[k]（δnn）

(21) pδ' 'pw[..]t' [4–5 letters]（x?）wyck' kw[n'n]

(22) t cn（n p）[twy]'n（c）'pw γ（y）δrpy

(23) rty 'wδ wm't wrk'n ZK βγtwrz

V

(1) BRY ZY nny-prn ZK βγw'rz

(2) BRY ZY š'（w）c ZK prny-'n

(3) BRY ZY tws'γ ZK zym BRY

(4) rty npxšt wn'y-n'k

该契约文书为皮革材质，长 18.8、宽 13 厘米，正面 23 行，背面 4 行（图二）。根据统治君主名称及内容可推测文书年代不晚于 708 年，应是目前所知穆格山文书中年代最早的，又因其内容涉及祆教丧葬及达克玛出售问题，其重要程度不言而喻①。里夫施茨（V. A. Livshits）释读该契约文书如下：

> 这是潘奇（Panch）首领瓦格德（Vaghd）国王，皮丘特（Bichu）之子查金（Chegin）·丘尔（Chūr）·维德卡（Bilgä）统治时期的第十五年，日姆蒂奇（Zhīmtīch）月，阿斯潘达玛特罗奇（Aspandarmat-rōch）日。阿斯马奇（Asmānch）之子玛奇（Mākhch）和赫舒姆万达（Khshumvandak），从法尔洪德（Farnkhund）之子什瓦格赫（Shirvaghch）和阿萨塔夫萨拉克（Asatafsarak）那里，以 25 迪纳尔—德拉克玛购买了在佩什赫瓦德（Peshkhwad?）的湿地（marsh）旁带有小路和栅栏/围墙的半个达克玛。
>
> 达克玛则需按照本契约的出售条件：玛奇、赫舒姆万达和他们的后代都可以在这半个达克玛里安放遗体，并举行哀悼仪式。如若有人搅扰玛奇、赫舒姆万达和他们的后代，或引发争吵、恶行，那么什瓦格赫、阿萨塔夫萨拉克和他们的子孙将立即解除他们（买方）对本契约的义务并侵害……
>
> 在场的（见证人）有：
>
> 维尔坎（Wirkān），（其乃）瓦格瓦尔兹（Vaghdwarz）之子；

---

① V. A. Livshits, *Sogdian Epigraphy of Central Asia and Semirech'e*. trans. Tom Stableford, ed. Nicholas Sims-Williams, Corpus Inscriptionum Iranicarum, Part II, Vol. III, Sogdian, London: School of Oriental and African Studies, 2015, pp. 37–44; Mirsadiq Iskhakov, Pavel Lurje, Alisher Ikramov et al, Catalogue of Sogdian Writings in Central Asia, Samarkand: International Institute for Central Asian Studies, 2022, pp. 160–162.

纳奈法恩(Nanaifarn),(其乃)瓦格华兹(Vaghwarz)之子;

肖奇(Shāwch),(其乃)法尼扬(Farnyān)之子;

托萨格(Tōsagh),(其乃)志明(Zhīm)之子。

(此契约)由瓦内纳克(Wanēnak)写成①。

图二　穆格山粟特语契约文书 B8②

这份契约文书主要说明 Asmānch 的儿子们 Mākhch 和 Khshumvandak,已经从 Farnkhund 的儿子们 Shirvaghch 和 Asatafsarak 手中买到了在 Peshkhwad 沼泽边的半个 'sks'k。最早对穆格山文书的整理研究将 'sks'k 翻译作"墓葬",被视为丧葬相关的建筑遗址。其后,洪巴赫认为其与 sqsy 相关,可表墓葬、墓穴之义③。里夫施茨、辛威廉进一步对

---

① V. A. Livshits, *Sogdian Epigraphy of Central Asia and Semirech'e*. tr. Tom Stableford, ed. Nicholas Sims-Williams, Corpus Inscriptionum Iranicarum, Part II, Vol. III. Sogdian, London: School of Oriental and African Studies, 2015, pp. 37-44. 此处参考《穆格山粟特语文书 B-8 解读》一文翻译,参见 https://mp.weixin.qq.com/s/cWw8nUtJaxuO0NDdY-P-Ng.

② 图片采自 V. A. Livshits, *Sogdian Epigraphy of Central Asia and Semirech'e*. tr. Tom Stableford, ed. Nicholas Sims-Williams, Corpus Inscriptionum Iranicarum, Part II, Vol. III. Sogdian, London: School of Oriental and African Studies, 2015, pp. 38-39.

③ 转引自 V. A. Livshits, *Sogdian Epigraphy of Central Asia and Semirech'e*. tr. Tom Stableford, ed. Nicholas Sims-Williams, Corpus Inscriptionum Iranicarum, Part II, Vol. III. Sogdian, London: School of Oriental and African Studies, 2015, pp. 37-44.

此文书注释,认为该词应指达克玛①。

如果此契约文书所指的丧葬建筑为达克玛,可见中亚地区达克玛的含义已发生了变化。伊朗地区的达克玛多为个人使用,但是契约中的达克玛更强调其家庭属性即供家庭成员共同使用,同时也说明了该达克玛的继承性,即家庭后代可持续使用达克玛。文书中特别提到,该半个达克玛的交易内容还包括其附属小路和围栏的使用权,总价为25第纳尔—德拉克马,可供购买者及其后代在这半个达克玛陈列尸体,举行哀悼仪式②。

那么文书中所指主要供家庭使用,并可继承予后代使用的达克玛,与伊朗所见作为墓葬使用的石质达克玛不同,也与目前所知如花剌子模地区所见到的大型公共达克玛不同。乌兹别克斯坦北部的切拉匹克(Chil'pyk)达克玛是花剌子模地区非常典型的达克玛,整体构造为圆形,建于靠近阿姆河的一座山顶,周围建有砖块垒砌的围墙,使用年代约在4—8世纪,应是该地区的公共曝尸丧葬场所(图三)③。但文书中提到的达克玛主要供家庭使用,也在一定程度上说明此类达克玛并不是所有家庭都能建造,或者负担得起相应的设施

图三 花剌子模切拉匹克达克玛

---

① Mirsadiq Iskhakov, Pavel Lurje, Alisher Ikramov et al, Catalogue of Sogdian Writings in Central Asia, Samarkand: International Institute for Central Asian Studies, 2022, p. 161. 有学者认为'sks'k可作纳吾斯理解,并以在片治肯特发掘到的双室纳吾斯作为证据,但也有学者认为未发现有在纳吾斯中进行哀悼仪式的记载,不应视为纳吾斯遗址。

② V. A. Livshits, *Sogdian Epigraphy of Central Asia and Semirech'e*. tr. Tom Stableford, ed. Nicholas Sims-Williams, Corpus Inscriptionum Iranicarum, Part II, Vol. III. Sogdian, London: School of Oriental and African Studies, 2015, pp. 37-44. 这里的第纳尔应指当地银币,显示交易价格较低。

③ Wu Xin, "Zoroastrians of Central Asia: Evidence from Archaeology Art", FEZANA Journal, Summer 2014, pp. 27-28.

及使用费用,所以才会有购买他人达克玛分半使用的情况。文书中称半个达克玛花费 25 第纳尔—德拉克马,应是使用当地银币支付,可以说是相对较低的价格,这从另一个角度也可说明以此等较低的价格并不是购买如切拉匹克般的大型公共达克玛,说明中亚供家庭使用的达克玛规模较小①。

文书中还提到了购买的达克玛包括小路与围栏。这里的小路或指通向达克玛的入口。死者的尸体在运送至达克玛时要经过标准丧葬程序,不仅有祭司念诵祷文,还要在不同的环节进行犬视。所以契约中专门提到达克玛包含附属小路,或与其中的葬俗仪式环节相关。此外,契约中提到达克玛可供买方及其后代在此陈列尸体并哀悼。撒马尔罕与片治肯特等地的壁画即有亲友为死者割耳劈面的哀悼场景,花剌子模托克卡拉(Tokkala)出土的 8 世纪纳骨器器身也绘制了哀悼场景的图像,画面正中呈现躺着的死者形象,周围围绕哀悼的亲友,背景部分绘有一门,门的上方是日月符号(图四)。葛乐耐认为这应是将死者送往达克玛之前的哀悼仪式,可印证和补充穆格山达克玛契约文书的相关记录②。

图四 托克卡拉 8 世纪彩绘纳骨器

---

① 如果契约中的达克玛作为家庭使用的小型曝尸场所而不是骨殖收敛之地,可知其并不需要常年长期使用,所以其低价的原因也可从这个角度思考。
② Frantz Grenet, "Zoroastrian Funerary Practices in Sogdiana and Chorasmia and among Expatriate Sogdian Communities in China," in Sarah Stewart ed., *The Everlasting Flame: Zoroastrianism in History and Imagination*, London&New York: I. B. Tauris&Co Ltd, 2013, p. 22.

三、纳骨器图像及祆教丧葬观念

纳骨器是中亚祆教丧葬中具有代表性的葬具,一般认为,在完成曝尸仪式后,死者的骨殖被收于纳骨器中,并将纳骨器放置于纳吾斯(naus)。根据现在所发现的中亚及新疆地区的纳骨器,可知其形制尺寸、外形特点、制作工艺及装饰均有所差别,虽可看出部分纳骨器应是批量化生产所得,但在不同区域、不同时段的纳骨器有其不同特点,并在发展中受彼此影响①。本文重点关注纳骨器图像及带有铭文的纳骨器②。

纳骨器的外部装饰大多采用浮雕式图像,结合刻划、贴塑等方式呈现。部分图像较为单一,表现植物、人物等形象;有的外饰图案则较为复杂,采用模块化图像形成组合型或连续性图案。其中祭司形象在纳骨器图像中较为典型,显示出较为强烈的祆教色彩。现藏于比什凯克博物馆,出土于吉尔吉斯斯坦 Krasnorechensk 墓地的纳骨器即反映了两个相对着站立的祭司向中间的火坛献祭的场景,年代约在 7—8 世纪③。撒马尔罕阿弗拉西阿卜博物馆所藏 Mulla-kurgan 纳骨器分为长方体器身与锥形器盖,器身用拱门的图案将相对的祭司与中间的火坛分隔在三个独立的单元,年代约为 7 世纪④。Yumalaktepe、Sivaz 发现的纳骨器图像组合则基本相似,或是相同主题纳骨器的批量生产,其图像中间偏下部也有戴着口罩、手拿火钳,站于供桌前的祭司形象(图五)⑤。这些祭司的形象或是在供奉圣火,在一定程度上也在进行护佑死者灵魂的相关仪式⑥。根据 Almut Hintze 对琐罗亚斯德教葬俗的研究,在丧葬仪式中祭司在各个环节均发挥重要作用,其诵念祷词献给斯劳沙,旨在帮助死者灵魂不受邪恶力量的侵害⑦。纳骨器作为死者骨殖的收纳场所,其上描绘祭司形象,应也是进一步表达保护死者灵魂、祈愿其魂归天堂的美好愿望。

葛乐耐在分析 Mulla-kurgan 纳骨器时,认为器盖部分所示两女子相对起舞的图像表

---

① L. V. Pavchinskaia, "Sogdian Ossuaries," *Bulletin of the Asia Institute*, vol. 8, 1994, pp. 209–225; G. A. Pugachenkova, "The Form and Style of Sogdian Ossuaries," *Bulletin of the Asia Institute*, vol. 8, 1994, pp. 227–245; Л. В. Павчинская, *Раннесредневековые оссуарии Согда как исторический источник*, Археология Центральной Азии: архивные материалы, Т. IV, Самарканд: МИЦАИ, 2019, p. 71.

② 笔者此前已有专文论述,参见达吾力江·叶尔哈力克:《中古入华胡人双语墓志书写与祆教丧葬文化》,《历史研究》2022 年第 6 期,第 103—116 页。

③ G. A. Pugachenkova, "The Form and Style of Sogdian Ossuaries," *Bulletin of the Asia Institute*, vol. 8, 1994, pp. 239–240.

④ G. A. Pugachenkova, "The Form and Style of Sogdian Ossuaries," *Bulletin of the Asia Institute*, vol. 8, 1994, p. 236.

⑤ Frantz Grenet, "Zoroastrianism in Central Asia", in Michael Stausberg, Yuhan Sohrab-Dinshaw Vevaina et al., eds., *The Wiley Blackwell Companion to Zoroastrianism*, 2015, pp. 136–144.

⑥ Frantz Grenet, "Zoroastrian Themes on Early Medieval Sogdian Ossuaries", in Pheroza. J. Godrej, F. P. Mistree eds., *A Zoroastrian Tapestry: Art, Religion and Culture*, Mapin Publishing Pvt. Ltd, 2002, pp. 92–93.

⑦ Almut Hintze, "Zoroastrian Afterlife Beliefs and Funerary Practices," in Christopher M. Moreman ed., *The Routledge Companion to Death and Dying*, London & New York: Routledge, Taylor & Francis Group, 2018, pp. 88–94.

图五　Yumalaktepe 发现纳骨器(6—7 世纪)①

示天堂的场景,那么此纳骨器图像自下至上可表示灵魂在祭司的保护下进入天堂的丧葬观念②。若该说法可行,则 Yumalaktepe、Sivaz 的两个纳骨器图像似乎亦可分为上下两个部分:下部有祭司、供桌还有祭奉所用的羊、马等动物形象,而上部则表现围绕有乐师的神祇形象,以及灵魂审判等图像,也可表示祆教相关的丧葬仪式及表达灵魂抵达天堂的丧葬观念③。乐舞与神祇的图像组合也是纳骨器图像的特点,除了上述纳骨器外,Khirmantepa 发现的 7 世纪纳骨器呈现出娜娜女神和得悉神的形象,而下部则描绘了演奏琵琶、箜篌的乐师形象,这也是采用乐舞图像呈现神界场景的方式④。神祇形象与乐舞场景的图像组合可反映"以乐祀神"的宗教意涵,乌兹别克斯坦撒马尔罕南部的卡菲尔—卡拉(Kafir-kala)遗址出土了一组装饰木构件,其中方形木板体现了供奉娜娜女神的场景。娜娜女神位于整体图像的中上部,其头戴日月冠,正面坐于狮子之上,两侧有两排手捧不

---

① 图片采自 Sarah Stewart ed., *The Everlasting Flame: Zoroastrianism in History and Imagination*, London · New York: I. B. Tauris & Co Ltd, 2013, p. 99.
② Frantz Grenet, "Zoroastrian Themes on Early Medieval Sogdian Ossuaries", in Pheroza. J. Godrej, F. P. Mistree eds., *A Zoroastrian Tapestry: Art, Religion and Culture*, Mapin Publishing Pvt. Ltd, 2002, pp. 92 – 94.
③ Frantz Grenet, "Zoroastrian Funerary Practices in Sogdiana and Chorasmia and among Expatriate Sogdian Communities in China," in Sarah Stewart ed., *The Everlasting Flame: Zoroastrianism in History and Imagination*, London · New York: I. B. Tauris & Co Ltd, 2013, pp. 18 – 27.
④ Frantz Grenet, "Zoroastrianism in Central Asia", in Michael Stausberg, Yuhan Sohrab-Dinshaw Vevaina et al., eds., *The Wiley Blackwell Companion to Zoroastrianism*, 2015, pp. 136 – 144.

同器物的供奉者,脚下横向分列两排人物,其中一排描绘的是奏乐的乐师形象,可知该木板呈现了祭祀娜娜女神的场景。乐师弹奏有琵琶、箜篌、角等乐器,与纳骨器所见神祇附近的乐师所弹奏的乐器组合相似①。

纳骨器的图像在表现神祇形象时,除了上述情况外,还会以拱廊结构分割不同神祇并排呈现,Biya-Nayman、Ishtikhan 发现的纳骨器均体现了这一特点,马尔沙克与葛乐耐对这些着装略有不同、手持不同器物的神祇进行了研究,其中葛乐耐认为 Biya-Nayman 表现了阿胡拉·马兹达的六位属神②。在纳骨器上表现神祇的形象,或也是表示灵魂归于天堂的祈愿。晚唐时期苏谅妻马氏墓墓志中有中古波斯文的铭文,其最后一句也显示了浓厚的祆教丧葬观念——"她的座位随同阿胡拉·马兹达及天使们光明天堂及最美好的生活祈愿安息"。与上述神灵相伴,灵魂安息于天堂的图像意涵相吻合③。

花剌子模托克卡拉墓地曾发现有大量纳骨器残片,部分表面撰写有花剌子模文字。通过托尔斯托夫(S. P. Tolstov)、里夫施茨(V. A. Livshits)、亨宁和卢湃沙(P. B. Lurje)等学者的调查与释读,可知其是丧葬铭文④。其中 25 号铭文较为完整,亨宁释读如下:"706 年,在第一个月的第 19 天,这个盒子(chest)为 Tiš-yān 的儿子 Sraw-yōk 灵魂所属,愿他们的灵魂能在永恒的天堂安息。"⑤此类带有丧葬铭文的纳骨器未在其他地区大量发现,或可说明在中亚地区,当达克玛作为公共曝尸场所存在后,纳骨器便成为其葬俗中的重要葬具,对于死者信息的记录及相关表达灵魂安息的宗教祝福语则书写于纳骨器之上,这样的丧葬形式及宗教观念与上节所提伊朗地区的达克玛丧葬铭文较为一致。

伊朗达克玛及中亚纳骨器是祆教重要的丧葬空间,相关丧葬铭文也可视为祆教丧葬文化的重要表达方式,其铭文格式相对统一,内容包含墓主信息、丧葬时间及宗教祝福语等信息,其中祝福语突出强调逝者安息、魂归天堂的祈愿。可以说,丧葬铭文的书写载体从达克玛向纳骨器转变,也说明其在不同区域丧葬仪式的变化,纳骨器的出现使得达克玛作为公共丧葬空间的作用增强,而更倾向于墓主个人表达的丧葬铭文进而转移至纳骨器这一载体。本文更多从考古学角度出发,以期将铭文所示达克玛、纳骨器与对应的典型遗

---

① Alisher Begmatov, "New Discoveries from Kafir-kala: Coins, Sealings, and Wooden Carvings," *Acta Asiatica*, vol. 119, 2020, pp. 1–20; Frantz Grenet, "The Wooden Panels from Kafir-kala: A Group Portrait of the Samarkand nāf (Civic Body)," *Acta Asiatica*, vol. 119, 2020, pp. 21–42.

② Frantz Grenet, "L'art Zoroastrien en Sogdiane: Études D'iconographie Funéraire," *Mesopotamia*, vol. 21, 1986, pp. 97–131; Boris I. Marshak, "On the Iconography of Ossuaries from Biya-Naiman," *Silk Road Art and Archaeology*, vol. 4, 1995–1996, pp. 299–322.

③ 张广达:《再读晚唐苏谅妻马氏双语墓志》,袁行霈主编:《国学研究》第 10 卷,北京:北京大学出版社,2002 年,第 1—22 页,收入《张广达文集·文本、图像与文化流传》,桂林:广西师范大学出版社,2008 年,第 250—273 页。

④ Толстов, С. П. Лившиц В. А. Датированные Надписи на Хорезмийских Оссуариях с Городища Ток-кала, *Советская Этнография*, 1964, No 2. С. 50–69; S. P. Tolstov, V. A. Livshits, Deciphernment and Interpretation of the Khwarezmian Inscriptions from Tok kala, *Acta Antiqua*, t. 12, 1964, pp. 231–251; W. B. Henning, "The Choresmian Documents," *Asia Major*, 1965, pp. 166–179; Лурье, П. Б. Несколько неизданных хорезмийских надписей из Ток-калы, *Scripta Antiqua*, Том. 3, Москва, 2013, С. 728–740.

⑤ W. B. Henning, "The Choresmian Documents," *Asia Major*, 1965, p. 179. 以亨宁对花剌子模纪年的研究,铭文中的"706 年"可对应公元 664 年。

址与出土遗物相结合,并根据相关遗址信息、图像材料探讨祆教葬具葬俗所反映的宗教意涵,并结合相应铭文与出土文书探讨其丧葬观念的发展与演变。该问题的讨论可对入华胡人的双语墓志的研究,尤其是胡语志文的内容表达与书写,及其与祆教宗教观念的关系提供一定的参考①。

---

① 达吾力江·叶尔哈力克:《中古入华胡人双语墓志书写与祆教丧葬文化》,《历史研究》2022年第6期,第95—116页。

城市·建筑

桓仁与集安地区高句丽山城防御体系的形成

赵俊杰　朱思棋

吉林大学考古学院

目前的考古发现与研究表明，辽宁桓仁、吉林集安一带为高句丽早、中期政治中心，区域内分布有数量众多的高句丽遗存，其中山城作为高句丽生产力与技术水平的代表之一而受到学界的广泛关注。郑元喆对于2010年以前高句丽山城的发现与研究已有较为详尽的总结，并形成了系统性认识①，此后辽、吉两省对高俭地山城②、城墙砬子山城、瓦房沟山城、北沟关隘遗址③、霸王朝山城④的调查、发掘，以及国内城与丸都山城近年来考古发掘资料的陆续公布⑤，为进一步研究桓仁、集安地区的高句丽山城创造了条件。

在此基础上，王飞峰探讨了丸都山城宫殿址的年代与性质⑥，王志刚从集安高句丽王陵阶坛石石材加工技术的发展演变出发，认为高句丽城垣建筑中楔形石的出现年代不早于4世纪末叶⑦；魏存成关注魏晋至隋唐时期中原地区都城规划布局的发展变化对高句丽都城的影响⑧；不少学者关于山城城内设施及相关遗迹的新探讨丰富了高句丽山城的内涵⑨；

---

① 郑元喆：《高句丽山城研究》，长春：吉林大学博士论文，2010年。
② 辽宁省文物考古研究所、本溪博物馆、桓仁县文物局：《桓仁县高俭地山城》，《中国考古学年鉴·2009》，北京：文物出版社，2010年。本溪博物馆、桓仁县文物局：《辽宁省桓仁县高俭地高句丽山城调查》，《东北史地》2011年第1期。辽宁省文物考古研究所：《2008—2009年辽宁桓仁县高俭地高句丽山城发掘简报》，《东北史地》2012年第3期。辽宁省文物考古研究院、本溪市博物馆、桓仁县文物局：《辽宁桓仁县三座高句丽山城及北沟关隘遗址调查报告》，《北方文物》2022年第4期。
③ 辽宁省文物考古研究院、本溪市博物馆、桓仁县文物局：《辽宁桓仁县三座高句丽山城及北沟关隘遗址调查报告》，《北方文物》2022年第4期。
④ 吉林省文物考古研究所：《集安市霸王朝高句丽山城》，《中国考古学年鉴·2017》，北京：文物出版社，2018年。吉林省文物考古研究所：《集安市霸王朝山城》，《中国考古学年鉴·2018》，北京：文物出版社，2020年。吉林省文物考古研究所、集安市博物馆：《吉林集安市霸王朝山城2015—2016年发掘简报》，《考古》2021年第11期。
⑤ 吉林省文物考古研究所、集安市博物馆：《集安国内城东、南城垣考古清理收获》，《边疆考古研究》第11辑，北京：科学出版社，2012年。王志刚、肖景慧、刘浩宇：《申遗以来吉林省高句丽考古工作的主要收获》，《北方文物》2015年第4期。
⑥ 王飞峰：《丸都山城宫殿址研究》，《考古》2014年第4期。
⑦ 王志刚：《高句丽王陵及相关遗存研究》，长春：吉林大学博士论文，2016年。
⑧ 魏存成：《魏晋至隋唐时期中原地区都城规划布局的发展变化及其对高句丽渤海的影响》，《边疆考古研究》第20辑，北京：科学出版社，2016年。
⑨ 魏存成：《高句丽国内城西墙外排水涵洞及相关遗迹考察》，《边疆考古研究》第10辑，北京：科学出版社，2011年。赵俊杰：《再论高句丽山城城墙内侧柱洞的功能》，《考古与文物》2012年第1期。周向永：《西丰城子山、铁岭催阵堡两山城中成卒营地的相关问题》，《东北史地》2011年第1期。

介绍、考证高句丽城址著作的出版①,也为研究提供了更多的便利。此外,韩国学者对高句丽早、中期都城也有不少研究新见②。

具体到桓仁、集安一带高句丽山城防御体系的考察,中国学者更多关注山城串联下的"南北道"问题③,韩国学者的研究成果则较为系统。郑元喆认为至 3 世纪中叶高句丽可能还未形成体系化的防御体制④,梁时恩则在探讨桓仁、集安地区高句丽城址防御体系的基础上⑤,对高句丽整体防御体系的建立进行了阶段性划分⑥。

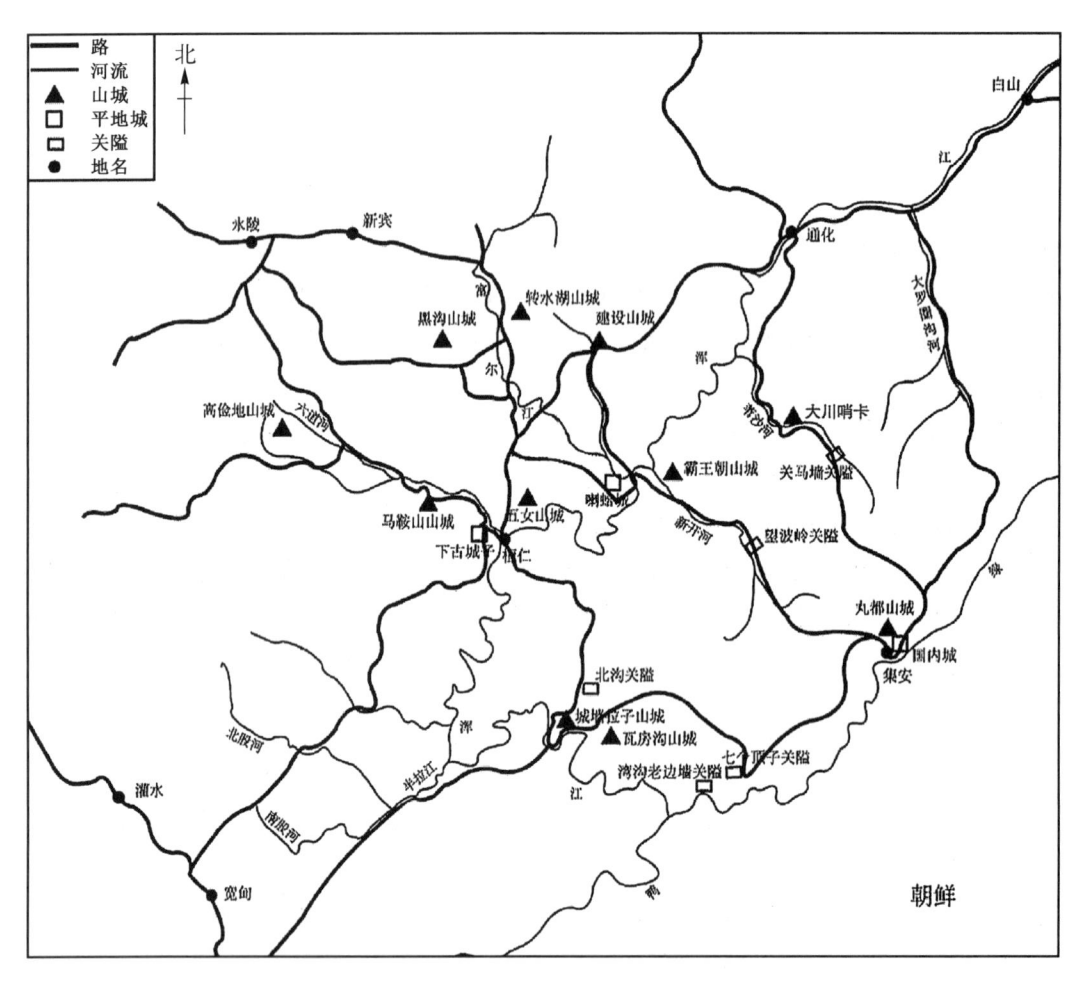

图一 桓仁与集安地区高句丽山城的分布情况⑦

---

① 张福有、孙仁杰、迟勇著:《高句丽古城考鉴》,长春:吉林文史出版社,2016 年。
② [韩]姜贤淑:《关于高句丽初期都城的几个考古学讨论》,《历史文化研究》第 56 辑,2015 年。[韩]梁时恩:《五女山城性质与年代研究》,《韩国考古学报》115,2020 年。
③ 魏存成:《高句丽南北道辨析》,《社会科学战线》2012 年第 9 期。王绵厚:《玄菟郡的"三迁"与高句丽的"南北二道"》,《东北史地》2016 年第 4 期。
④ 郑元喆:《高句丽山城研究》,长春:吉林大学博士论文,2010 年。
⑤ [韩]梁时恩:《桓仁及集安都邑期高句丽城和防御体系研究》,《岭南学》24,2013 年。
⑥ [韩]梁时恩:《高句丽城址防御体系变迁研究》,《韩国上古史学报》84,2014 年。
⑦ 参考郑元喆:《高句丽山城研究》,长春:吉林大学博士论文,2010 年。

综观以往研究,学界大多认可五女山城、丸都山城与国内城分别为早、中期王城,并以五女山城城墙的特点作为早期山城城墙的判定标准,从而推定桓仁、集安地区的其他高句丽山城也是同期建造①;也有学者认为现存五女山城城墙的修建年代较晚,但又提出早期以自然崖壁作为墙体的可能性,实际上依然承认五女山城为早期王城②。抛开五女山城的性质不谈,问题的焦点在于高句丽是否有早期山城,早期又是否存在山城防御体系。如果不存在,那么将实际修筑时间较晚的山城网络视作高句丽早期的防御体系显然是不合适的。基于此,本文将结合考古资料,从山城城墙的建造技术及工艺水平上分析桓仁与集安地区高句丽山城的始建年代,在此基础上进一步探讨这一地区山城防御体系的规划与完成过程。

一、桓仁与集安地区高句丽山城的建造年代

(1) 王城的建造年代

国内城与丸都山城作为高句丽中期王城的争议不大。两者现存大部分墙体的石材选用与修筑方式呈现出较高的一致性,城门、城垣转角等关键位置的形制和构筑方式亦然(图二),根据城墙墙面砌石的层位及石材加工程度的不同,至少可分为两类。

第一类,墙面砌石起建于沙层上,以形状不甚规整的块石垒砌,呈自下而上的斜坡内收状,如国内城南墙2号马面周边与马面外框砌石直接相连的墙体(图三)③。据简报,此类墙体墙面砌石下叠压了火候较高、表面有轮制痕迹的泥质红褐陶筒瓦,以及凸面印方格纹和席纹的板瓦残片等典型的高句丽时期遗物,且年代不早于公元3—4世纪,那么此类墙体很可能就是国内城始建时期的墙体,建造年代或不早于4世纪。有学者认为丸都山城西墙及西北角部分城垣的用材和性质特点与国内城此种墙体相似,故推测两者年代应接近④。

第二类,即国内城与丸都山城现存的大部分墙体,墙面砌石为经过加工的楔形石,大头朝外、小头朝内,与内部梭形石干插拉结,城墙表面规整,或垂直于地面或呈阶梯状内收

---

① 郑元喆《高句丽山城研究》,吉林大学博士论文,2010年。表4.1.2部分。
② [日]东潮、田中俊明:《高句丽的历史和遗迹》,东京:中央公论社,1995年。提出五女山城的开始使用时期与现存城墙的建造时期可能不一致,推测五女山城的始建年代在4世纪后半叶,早期可能未曾构筑过城壁。李新全:《高句丽的早期都城及迁徙》,《东北史地》2009年第6期。认为现存五女山城城墙并非高句丽建国初期所筑,而建造于魏晋时期。金旭东:《高句丽早中期都城年代的考古学考察——兼论"高句丽都邑区"的形成与发展》,《东北亚古代聚落与城市考古国际学术研讨会论文集》,2012年;王志刚:《高句丽王城及相关遗存研究》,长春:吉林大学博士论文,2016年。二人均指出五女山城的始建年代在4世纪末5世纪初。[韩]梁时恩:《五女山城性质与年代研究》,《韩国考古学报》115,2020年。认为五女山城城墙始建于国内城建成后。
③ 吉林省文物考古研究所、集安市博物馆:《集安国内城东、南城垣考古清理收获》,《边疆考古研究》第11辑,北京:科学出版社,2012年。
④ 王志刚:《高句丽王城及相关遗存研究》,长春:吉林大学博士论文,2016年。

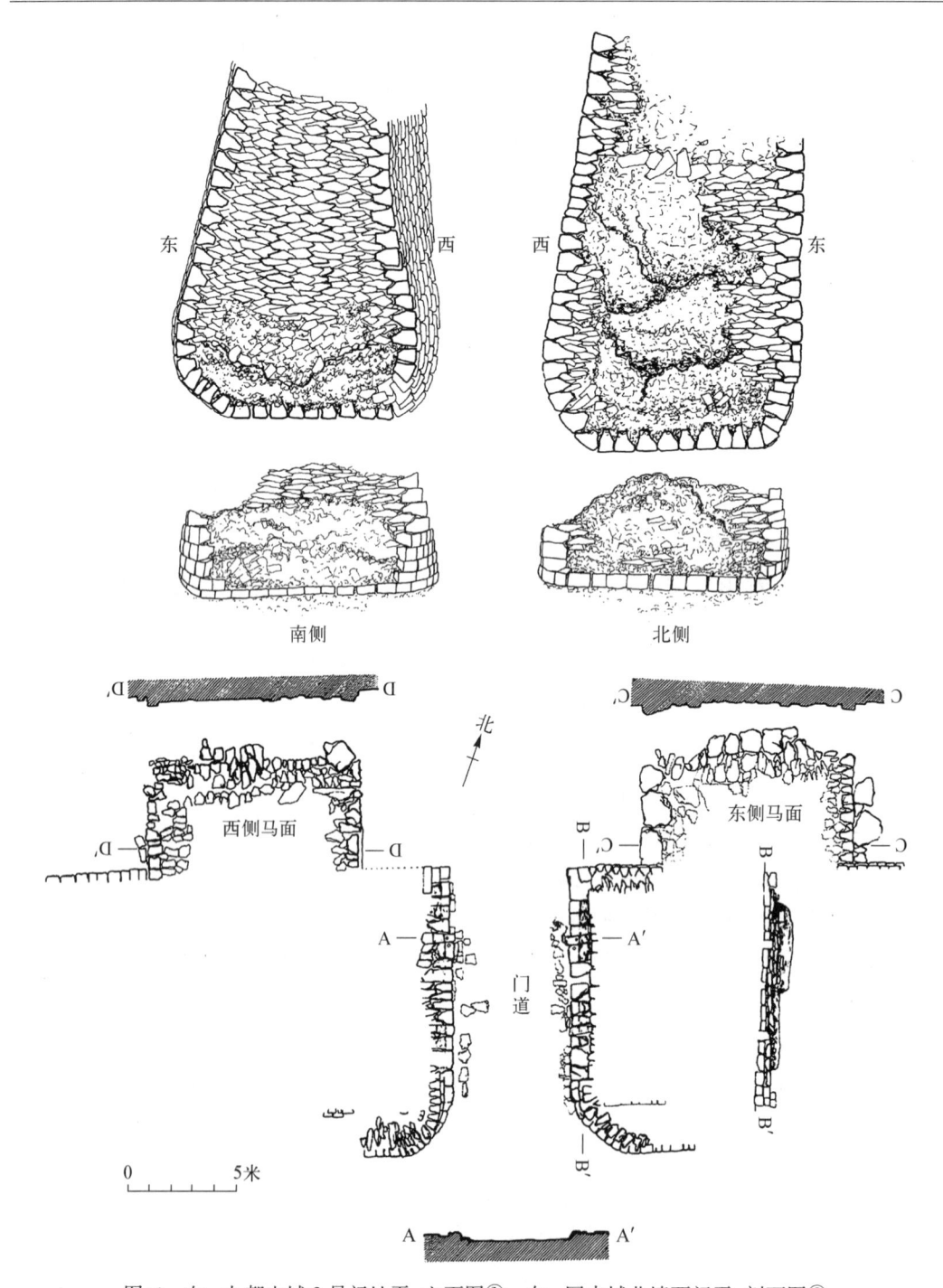

图二　左：丸都山城3号门址平、立面图①　右：国内城北墙西门平、剖面图②

---

① 吉林省文物考古研究所、集安市博物馆：《丸都山城——2001—2003年集安丸都山城调查试掘报告》，北京：文物出版社，2004年。
② 吉林省文物考古研究所、集安市博物馆：《国内城——2000—2003年集安国内城与民主遗址试掘报告》，北京：文物出版社，2004年。

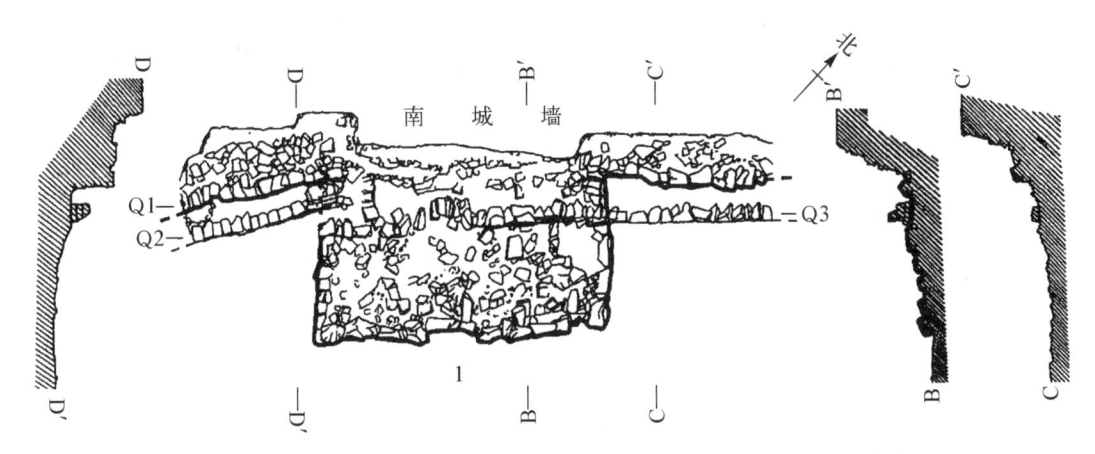

图三 国内城南墙2号马面及周边三道墙面砌石层位平、剖面图①

(图四)。国内城南墙2号马面的此类墙体从下至上呈内收的斜坡状包裹在第一类墙体外侧,两者之间用黄黏土掺少量碎石夯筑。在该类型的国内城墙体内发现有一定数量的与五女山城四期遗存、集安东台子建筑址在器形、纹饰特点上相似的陶器②。2014年对丸都

图四 国内城北墙平面和墙基结构③

---

① 吉林省文物考古研究所、集安市博物馆:《集安国内城东、南城垣考古清理收获》,《边疆考古研究》第11辑。
② 吉林省文物考古研究所、集安市博物馆:《国内城——2000—2003年集安国内城与民主遗址试掘报告》。
③ 集安县文物保管:《集安高句丽国内城址的调查与试掘》,《文物》1984年第1期。

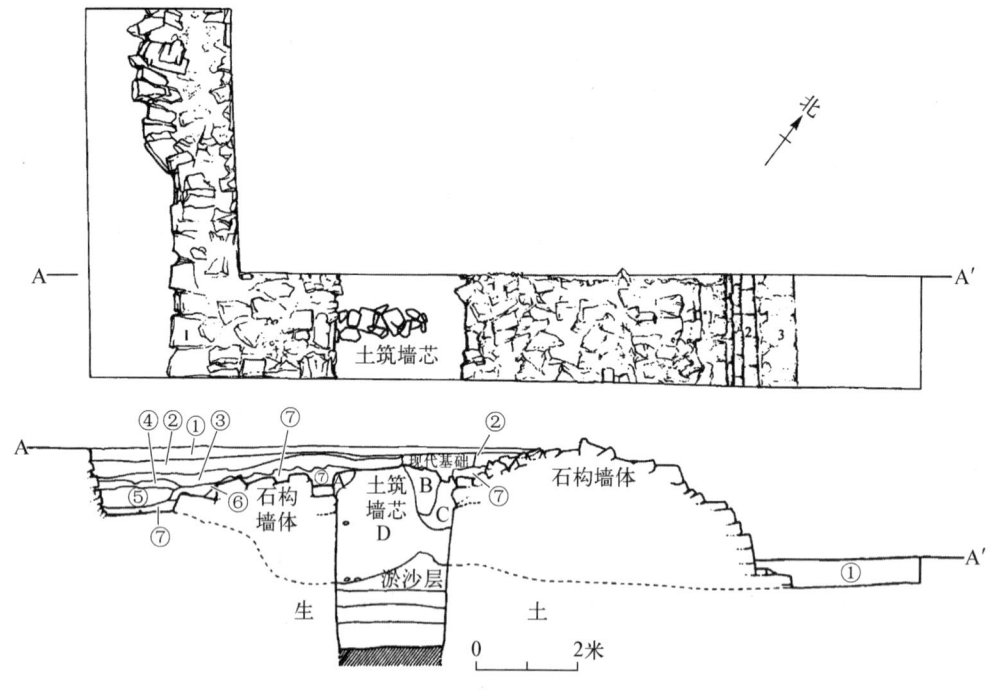

图五　国内城东墙解剖处平面及北壁剖面图①

图六　五女山城四期出土马镫(F42∶7)②

山城南墙的解剖,在石筑墙体内发现有土筑墙芯,这种构筑方式与国内城城垣一致③(图五)。丸都山城门址处出土的瓦件在质地、形制、纹饰等方面,也与东台子建筑址、梨树园南遗址、国内城中发现的同类遗物相似④。五女山城发掘报告认为其四期遗存的年代为4世纪末5世纪初⑤,但实际上遗物中还包含有北朝晚期的铁马镫(图六);东台子建筑址的年代被认为不早于5世纪末,下限可能晚至渤海⑥,还有研究指出东台子遗址中出土的玉璧也为渤海之物⑦,可见这类墙体的建造年代很可能晚至6世纪以后。

---

① 吉林省文物考古研究所、集安市博物馆:《集安国内城东、南城垣考古清理收获》,《边疆考古研究》第11辑,北京:科学出版社,2012年。
② 辽宁省文物考古研究所:《五女山城——1996—1999、2003年桓仁五女山城调查发掘报告》。
③ 王志刚:《高句丽王城及相关遗存研究》,长春:吉林大学博士论文,2016年。
④ 同上。
⑤ 辽宁省文物考古研究所:《五女山城——1996—1999、2003年桓仁五女山城调查发掘报告》。
⑥ [韩]姜贤淑:《中国吉林省集安东台子遗迹再考》,《韩国考古学报》75,2010年。
⑦ 彭善国、张欣怡:《集安东台子遗址出土玉璧的年代——鸭绿江流域渤海遗存辑录》,《边疆考古研究》第26辑,北京:科学出版社,2019年。

根据王志刚的研究,国内城可能还存在第三类墙体,包括国内城东南角楼、西南角楼、2009年南墙1号马面、2009年南墙3号马面和2011年东墙1号马面,为内部由河卵石和河沙混合填充的马面和角楼遗迹,内部填石与城墙墙体不仅用材不同,而且马面和角楼与城墙主体部分间存在一道隔墙分隔,很可能是后期补筑而成的[①]。

被认为是高句丽早期王城的五女山城现存绝大部分人工墙体与国内城、丸都山城第二类城墙在构筑方式、用材等方面有很多相似之处(图七),始建年代应当接近。具体而言,使用经过精细加工的楔形石作为面石包砌墙壁,内以梭形石相互拉结,使城墙的外部形态更加规整,内里更加坚固的修筑方法见于上述中期王城的第二类墙体,代表着较为先进的筑造方式。五女山城发掘当时城墙未作解剖,尽管不能排除有早期墙体的可能,但目前所见保存较好的部分修建于6世纪以后的概率较大。实际上,高句丽政权建立初期人口不多,似乎并没有修筑山城的能力,早期积石墓仅以山石垒砌的形制也反映出其并未掌握石材精细化加工的技术,无论是在物质层面还是技术层面都不具备修城的条件,以往学界对其生产力水平显然估计过高。另一方面,山城位于山顶,地势陡峭,根本不适合人类长期生活,防御意味浓厚。从上述结论出发,五女山城作为高句丽早期王城的立论基点已经岌岌可危,那么以其为基点再去附近探寻相应平地城的尝试自然也是徒劳无功了。

图七　左:五女山城西门北侧城墙[②]　右:丸都山城1号门址3、4号排水涵洞外侧[③]

(2)地方山城的建造年代

区域内目前经过调查发掘的其他高句丽山城有高俭地山城[④]、瓦房沟山城[⑤]、黑沟山城[⑥]、

---

① 王志刚:《高句丽王城及相关遗存研究》,长春:吉林大学博士论文,2016年。
② 辽宁省文物考古研究所:《五女山城——1996—1999、2003年桓仁五女山城调查发掘报告》。
③ 吉林省文物考古研究所、集安市博物馆:《丸都山城——2001—2003年集安丸都山城调查试掘报告》。
④ 辽宁省文物考古研究所:《2008—2009年辽宁桓仁县高俭地高句丽山城发掘简报》,《东北史地》2012年第3期。辽宁省文物考古研究院、本溪市博物馆、桓仁县文物局:《辽宁桓仁县三座高句丽山城及北沟关隘遗址调查报告》,《北方文物》2022年第4期。
⑤ 辽宁省文物考古研究院、本溪市博物馆、桓仁县文物局:《辽宁桓仁县三座高句丽山城及北沟关隘遗址调查报告》,《北方文物》2022年第4期。
⑥ 抚顺市博物馆、新宾县文化局:《辽宁省新宾县黑沟高句丽早期山城》,《文物》1985年第2期。

转水湖山城①、霸王朝山城②、城墙砬子山城③，城墙筑造方式大致可归纳为以下三类：

第一类墙体用石块简单垒砌，构筑方式粗糙，没有筑出光滑的墙表，此类城墙之下皆为陡壁，特殊的地理条件天然具备防御能力。较之连续的人工墙体，利用自然山体作为墙体很有可能是更晚时期筑墙认识提高的产物。

第二类墙体起建于基岩之上，城墙面石为经过加工的楔形石，与内部梭形石互相交错叠压，缝隙处以土石填充，城墙或垂直于地表或呈内收状（图八），部分城墙底部还铺就长条石基础，上述山城均存在此类墙体，城墙顶部多筑有女墙，靠近女墙处有石洞遗迹。此外黑沟山城还利用自然山脊，将峭壁作为城墙内壁，在峭壁之外挖土垫石，取平基础，然后

图八 左：高俭地山城北墙内立面④ 右：高俭地山城南墙墙芯⑤

图九 高俭地山城马道3现状⑥

屏依峭壁垒筑石墙，作成城墙外壁，内外壁石墙之间构筑条石，再填以碎石，这种单面筑城法属于更为因地制宜的便利方式。高俭地山城内还发现有用楔形石砌筑的与城墙同时修建的两处马道遗迹（图九）。

此类城墙的筑造方式见于上述王城的第二类城墙。霸王朝山城南、北两处城门址炭样的碳十四测年结果甚至表明两处城门的使用年代可晚到6世纪末至7世纪初，虽不能排除这两处城门址为后期修缮

---

① 抚顺市博物馆：《辽宁新宾县转水湖山城》，《北方文物》1991年第1期。
② 吉林省文物考古研究所、集安市博物馆：《吉林集安市霸王朝山城2015—2016年发掘简报》，《考古》2021年第11期。
③ 辽宁省文物考古研究院、本溪市博物馆、桓仁县文物局：《辽宁桓仁县三座高句丽山城及北沟关隘遗址调查报告》，《北方文物》2022年第4期。
④ 同上。
⑤ 同上。
⑥ 同上。

的可能,但考虑到城内出土波浪纹和弦纹为主的陶器纹饰和鼓腹罐的形制与五女山城四期文化较为接近,因此将霸王朝山城的始建年代上限推定为6世纪应该问题不大,那么其他发现此类墙体的山城的时代亦可以想见。

第三类墙体借助自然山脊,由山皮土堆筑而成,城墙砬子山城的部分墙体属于此类。这种城墙的砌筑方式见于高句丽晚期的抚顺高尔山城[1]。郑元喆指出6世纪中叶以前采用土筑方式的高句丽山城几乎不存在[2],城墙砬子山城仅有少部分墙体为这种砌筑方式,且该段墙体位于山城南部地势低缓的瞭望台遗迹附近,存在晚期修缮增筑的可能。

(3)关隘的建造年代

桓仁、集安一带高句丽关隘遗址的考古工作较少,仅北沟关隘进行过发掘。墙体的砌筑与上述第二类墙体的修筑方式大致相同,即立面由楔形石或条石错缝垒砌,墙芯由梭形石或碎石填充[3],故年代也应不早于6世纪。

除此之外,关马墙关隘、望波岭关隘、七个顶子关隘及湾沟"老边墙"关隘分布于中期王城外围,均扼守河谷,选址理念一致,修筑方式相似[4]。墙体均用自然山石或稍加修整的山石垒砌,墙外配置一道似起壕堑作用的副墙与墙上覆土等情况尤为雷同,始建年代应相去不远,很可能为同期规划建造的产物,后又经过增筑。这些关隘未经发掘,墙体砌石的特征近似于前述中期王城的第一类墙体,对于其年代的推断将在下文结合高句丽山城防御体系的规划来进行。

二、桓仁与集安地区山城防御体系的规划与建立

"筑城以卫君,造郭以守民",王所居住之城自然是防御的核心,一个国家或政权防御体系的规划与建设理应围绕王城展开。由上文的分析可知,除国内城与丸都山城存在部分较早时期修筑的墙体外,桓仁与集安地区的高句丽山城无论是城墙还是其他设施在建造方式上都差别不大,应是较晚时期统一规划的结果。实际上,目前经过考古发掘的高句丽山城年代都不早于4世纪,除国内城、丸都山城及其周边的关隘外,其余地方山城的建造年代较以往认识已明显露出越来越晚的趋势,甚至很难上提到6世纪以前,因此所谓的"高句丽早期山城"其实并不存在。五女山城虽然被普遍视作早期王城,但从本文的结论出发,其始建年代大概率晚于国内城与丸都山城,可见高句丽是以集安国内城与丸都山城的建设作为其筑城的发端,地方山城应当是在王城防御稳固的前提下才得以修建的,则整体防御体系的形成显然更晚。在这一认识的基础上,可将桓仁与集安地区的高句丽山

---

[1] 抚顺市博物馆、辽宁省博物馆:《辽宁抚顺高尔山城发掘简报》,《辽海文物学刊》1987年第2期。
[2] 郑元喆:《高句丽山城研究》,长春:吉林大学博士论文,2010年。
[3] 辽宁省文物考古研究院、本溪市博物馆、桓仁县文物局:《辽宁桓仁三座高句丽山城及北沟关隘遗址调查报告》,《北方文物》2022年第4期。
[4] 吉林省博物馆辑安考古队、辑安县文物管理所:《吉林辑安高句丽南道和北道上的关隘和城堡》,《考古》1964年第2期。吉林省地方志编纂委员会:《集安县文物志》,1984年。

城分为三个发展阶段。

(1) 第一阶段

年代不早于4世纪中叶,为高句丽建城的肇始,即国内城与丸都山城的始建时期,此阶段中期王城"山城+平地城"的组合防御体系形成。这一时期的城墙修筑、石材加工技术都较为粗糙,并无余力去建设其他山城,讨论高句丽山城的防御体系显然为时尚早。

这一阶段还涉及南北道问题。咸康七年(341年)慕容皝进攻高句丽,文献上对进攻路线的称呼发生了由"南陕"①、"北路"、"北置"②到《资治通鉴》中"北道"和"南道"③的变化。魏存成指出南道上的"南陕"和北道上的"北置"不是固定的地点名称,在以后高句

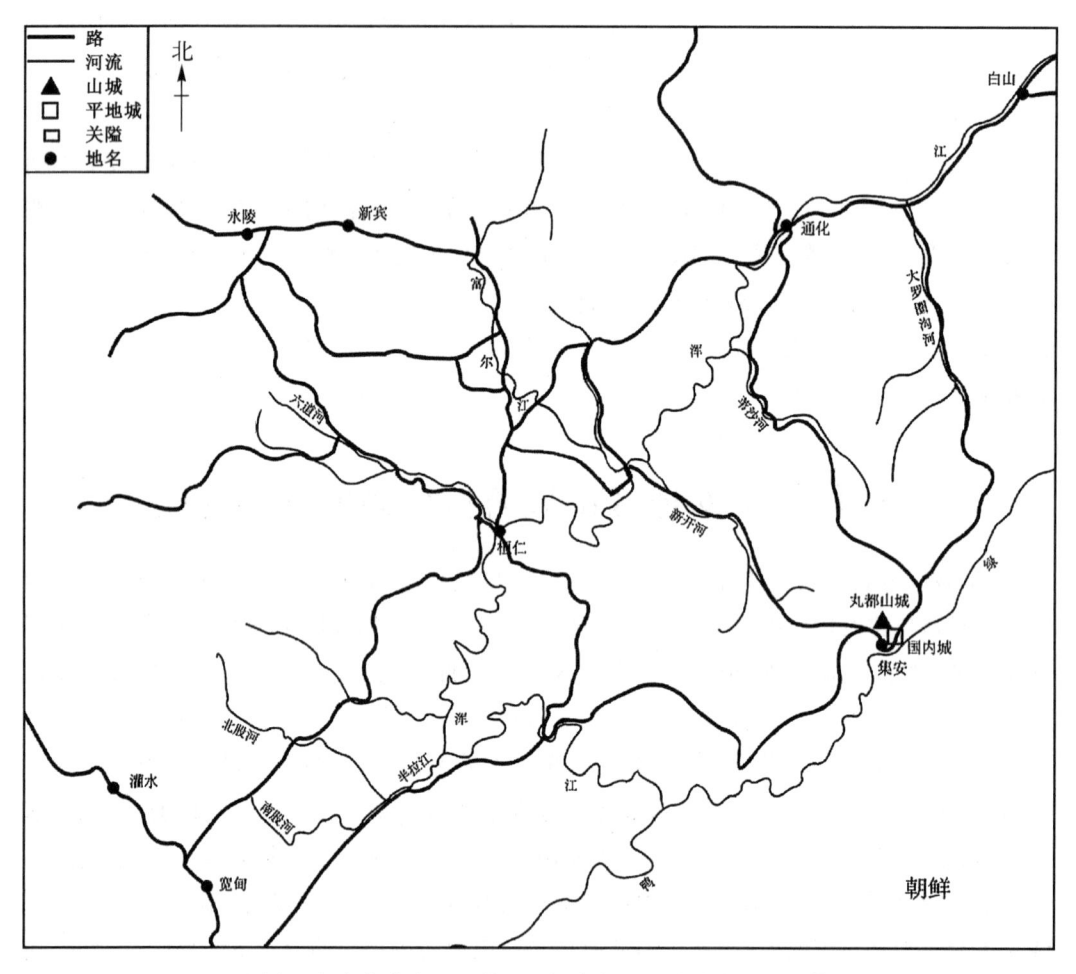

图十　桓仁与集安地区第一阶段高句丽山城分布示意图④

---

① 《魏书·高句丽传》,北京:中华书局,1974年,第2214页。
② 《晋书·慕容皝传》,北京:中华书局,1974年,第2822页。
③ 《资治通鉴·晋纪》,北京:中华书局,1956年,第3050页。
④ 参考郑元喆:《高句丽山城研究》,长春:吉林大学博士论文,2010年。

丽与中原的交往中也没有再出现,所谓南北道或只是慕容皝进攻高句丽可供选择的两条线路①。据上文所述,这一时期高句丽仅有修筑国内城与丸都山城的能力,尚无法修筑其他山城以形成防御体系,所以直至咸康七年(341年),文献所载的"北道"和"南道"上应该并没有山城,更不可能形成防御体系,部分学者认为的位于南道上起重要防御作用的霸王朝山城始建年代偏晚即是明证。但另一方面,山城不仅承担防御功能,也是交通道路上的重要节点,我们可以依据晚期修筑的山城去推知前期既有交通线的走向,详见下文。

(2) 第二阶段

这一阶段是集安"王畿"防御体系的建设期,在依托河谷通往王城的重要交通线上修建关隘,使王城的防御层次与纵深得到加强与拓展。关马墙关隘与望波岭关隘扼守由浑江通往集安的重要通道新开河与苇沙河,七个顶子关隘及湾沟"老边墙"关隘则位于浑江

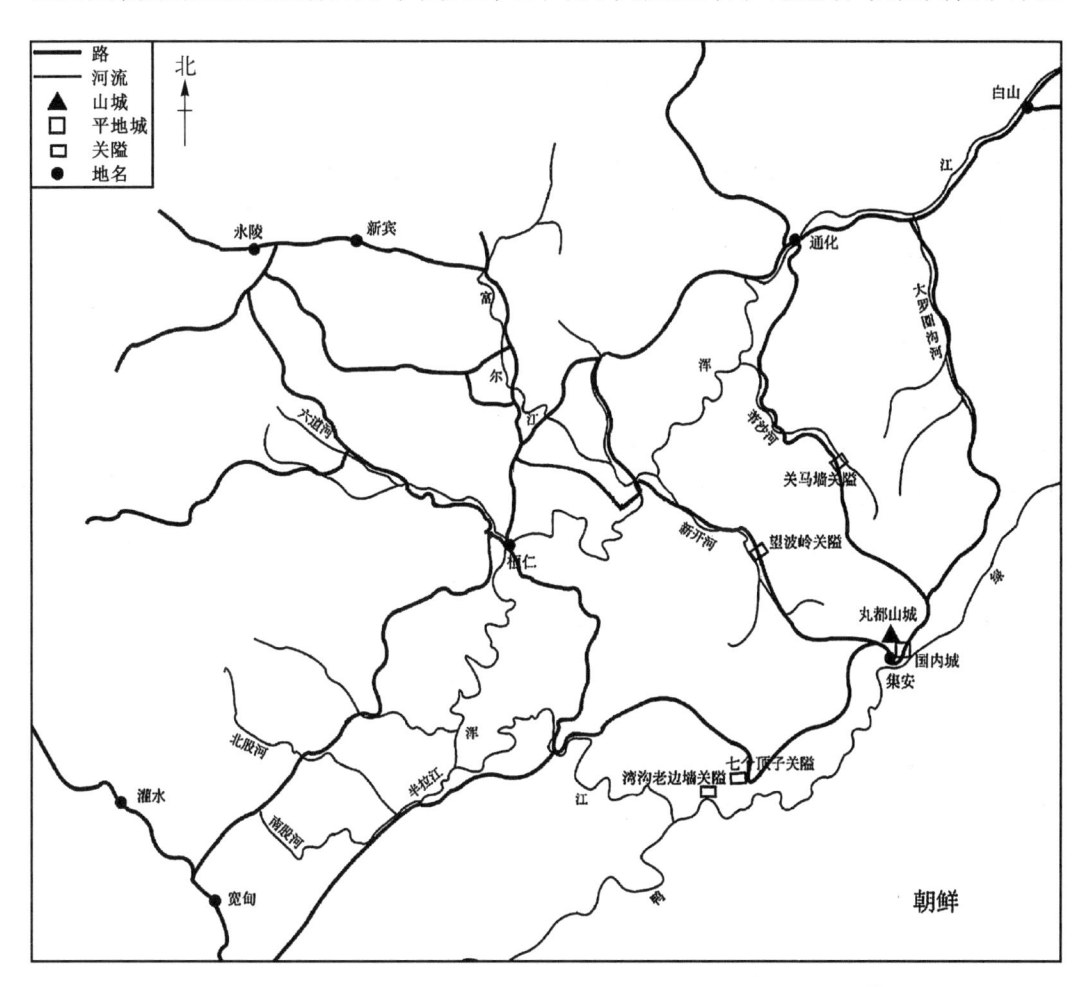

图十一　桓仁与集安地区第二阶段高句丽山城与关隘分布示意图②

---

① 魏存成:《高句丽南北道辨析》,《社会科学战线》2012年第9期。
② 参考郑元喆:《高句丽山城研究》,长春:吉林大学博士论文,2010年。

与鸭绿江交汇处,这里是向东通往集安的最后一道防线。这几座关隘墙体构筑简单,但地理位置却十分重要,成为中期王城的前哨站,其设立意味着高句丽关隘——王城的"王畿"防御体系初步形成,年代可能为5世纪。从另一个角度理解,关隘与集安中期王城的位置关系,以及五女山城周边未发现关隘的现实两相比较,也大体反映出五女山城的始建年代很可能偏晚。

（3）第三阶段

年代在6世纪以后,为山城防御体系整体规划与建设阶段。在平壤站稳脚跟,与北魏的朝贡关系正常化后,高句丽得以有时间规划实际控制区内的地方山城网络,桓仁与集安地区除国内城与丸都山城外,石材加工技术与构筑方式相近的其他山城都建成于本阶段。

这一阶段桓仁与集安地区山城交通与防御体系的规划与建设基本成型。如前所述,山城的建设与既有交通路线相关,因此下文将通过这一阶段山城的建设情况,对第一阶段所涉及的南北道这一交通路线的走向问题进行讨论。关于高句丽南北道的走向学界有不少争议[1],限于篇幅将不再展开论证。

高句丽实控区"多大山深谷",沿河谷行进自然成为交通线路的首选。浑江与鸭绿江是桓仁与集安地区两条重要的水系,支流众多,山城均选址于河流交汇处,地势条件利于监视和控制交通。山城防御体系以转水湖山城、黑沟山城与高俭地山城为第一道防线,三者一字排开,把控自第二玄菟郡沿富尔江与六道河进入浑江的道路,其中转水湖山城与黑沟山城分居富尔江两岸相互呼应,显示出这里可能是"北道"的必经之地。位于六道河与浑江交汇处的五女山城为"南道"上的重要节点,过高俭地山城、马鞍山山城后,若要沿浑江东北行,扼守在浑江北岸的五女山城将成为前进道路上的巨大阻碍;而霸王朝山城的战略意义在于其可能为南、北道的汇合点,从上述两条线路分别出发并到达霸王朝山城后,便可理解《资治通鉴·晋纪》中"其北道平阔,南道险陕"[2]的记述了。因此从本文的认识出发,南北道的起点为第二玄菟郡治——新宾永陵南城址,终点为霸王朝山城。

此外,学界在对南北道问题的讨论上还涉及了"木底"的问题[3]。有学者认为木底应为南道上的一座山城,其地望有五龙山城[5]和高俭地山城[6]两种观点。

实际上,文献并未明言木底为城,根据前文对山城始建年代的论证也可知慕容皝进攻丸都时高句丽尚未建设王城以外的其他山城,因此"木底"当以地名来解读较为稳妥。根据文献中"乘胜长驱,遂入丸都""翰与钊战于木底,大败之,乘胜遂入丸都"的记载还可以

---

[1] 魏存成:《高句丽南北道辨析》,《社会科学战线》2012年第9期。王绵厚:《玄菟郡的"三迁"与高句丽的"南北二道"》,《东北史地》2016年第4期。
[2] 《资治通鉴·晋纪》第3050页,北京:中华书局,1956年。
[3] 参考郑元喆:《高句丽山城研究》,长春:吉林大学博士论文,2010年。
[4] 《魏书·高句丽传》,第2214页。"建国四年,慕容元真率众伐之,入自南陕,战于木底,大破钊军,乘胜长驱,遂入丸都,钊单马奔窜。"《晋书·慕容皝传》,第2822页。"咸康七年,皝迁都龙城。率劲卒四万,入自南陕,以伐宇文、高句丽,又使翰及子垂为前锋,遣长史王寓等勒众万五千,从北置而进。高句丽王钊谓皝军之从北路也,乃遣其弟武统精锐五万距北置,射率弱卒以防南陕。翰与钊战于木底,大败之,乘胜遂入丸都,钊单马而遁。"
[5] 王绵厚:《玄菟郡的"三迁"与高句丽的"南北二道"》,《东北史地》2016年第4期。

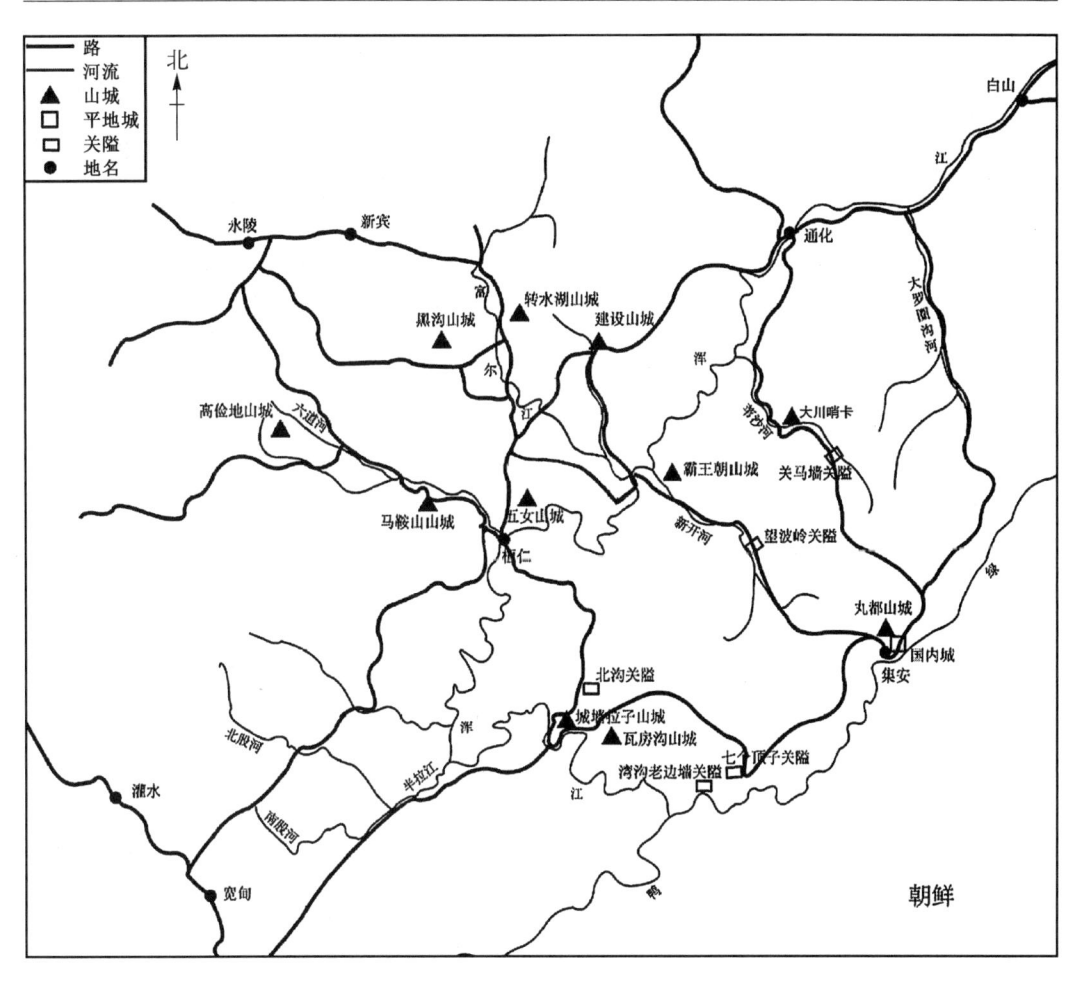

图十二　桓仁与集安地区第三阶段高句丽山城与关隘分布示意图①

推知,木底距离丸都山城应该不会太远,而五龙山城与高俭地山城皆距丸都山城超百公里,倘若由此向丸都山城攻进,则沿线山高路远与"长驱""遂入"的记载并不相符。因此本文认为,木底的位置如在新开河流域,更具备直入丸都的可能。

另外,集安以北的苇沙河上仅设有一处关马墙关隘及其外围的大川哨卡,表明这条路线的防御压力较小,非主要交通线路。而位于浑江下游的几座山城和关隘应当是与较晚时期新开辟的交通路线共生的产物,城墙砬子山城、瓦房沟山城和北沟关隘组成了经由浑江河道通往鸭绿江的防线,北沟关隘遗址封锁了城墙砬子山城和瓦房沟山城北侧的山谷通道,杜绝了通过绕行回避上述两座山城防御体系的可能性。瓦房沟山城偏于正面的拦截,城墙砬子山城侧重瞭望和固守,北沟关隘遗址则为两座山城提供北侧山谷的阻隔保障②,形成了较为复杂、严密的局部联动防御体系,凸显出了高句丽晚期防御重点与方向的变化。

---

① ［日］田中俊明:《从城郭设施看高句丽的防御体系》,《高句丽山城研究》,学研文化社,1999年。
② 辽宁省文物考古研究院、本溪市博物馆、桓仁县文物局:《辽宁桓仁县三座高句丽山城及北沟关隘遗址调查报告》,《北方文物》2022年第4期。

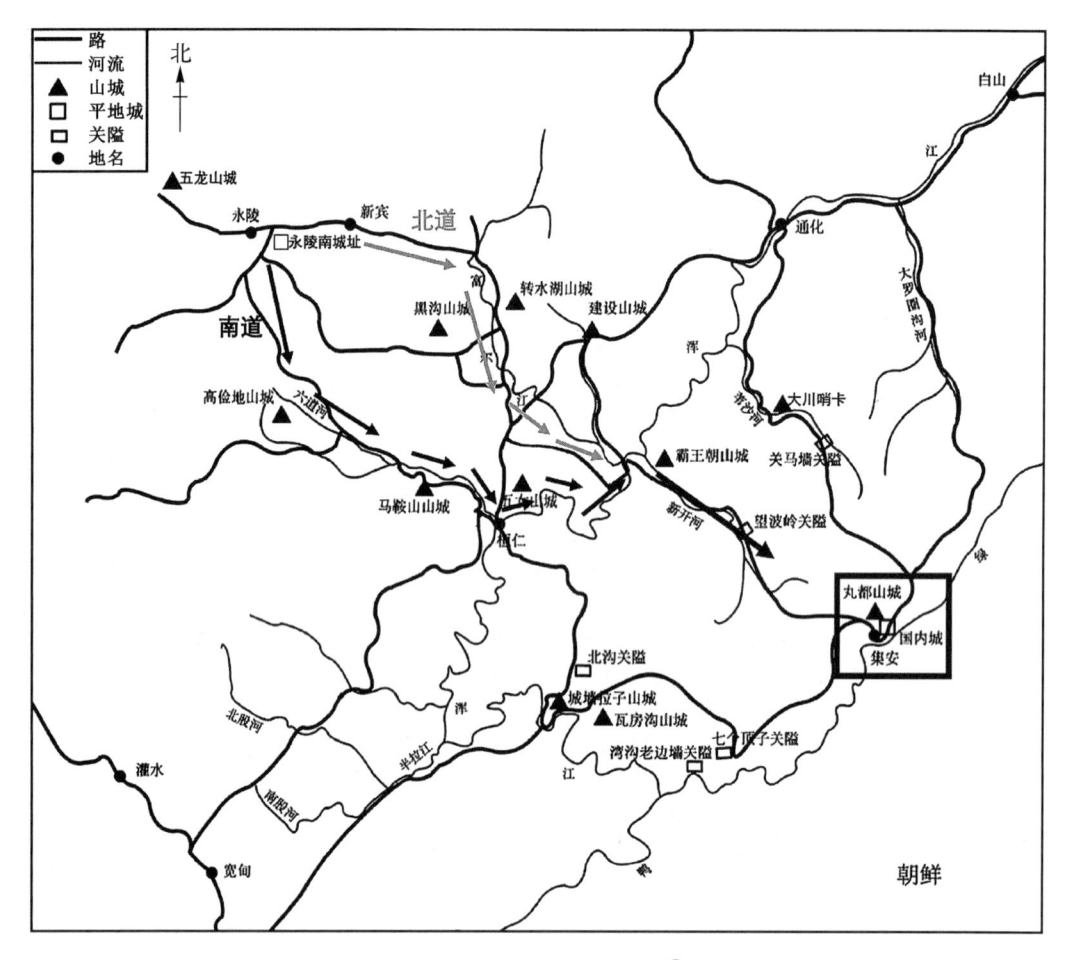

图十三　南北道走向示意图①

　　至这一阶段,桓仁与集安地区的山城防御体系已经完备,还兼顾了交通与地方治理职能。从霸王朝山城周边发现的北头东南冶铁遗址来看,霸王朝山城作为一个特殊的聚落形式存在,其在资源供给上应依附于周边分布的同时期的大小聚落,绝不是单纯意义上的军事防御城,其与周边同时期的采集点之间存在着较为悬殊的等级差别,应是区域内的军政中心②。城内发掘出的四级台基式建筑址与丸都山城、盖州青石岭山城异曲同工,表明该山城在高句丽晚期还承担重要的地方管理职能。反过来看,丸都山城内同类大型建筑址的始建年代也颇值得玩味。

三、结　语

　　以上本文对桓仁与集安地区的高句丽山城防御体系进行了梳理,需要再次强调的是,

---

① 参考郑元喆:《高句丽山城研究》,长春:吉林大学博士论文,2010年。
② 吉林省文物考古研究所:《集安市霸王朝山城》,《中国考古学年鉴·2018》,北京:文物出版社,2020年。

从现有材料出发,高句丽山城的修建不大可能早于4世纪,即桓仁与集安地区山城防御体系的建立并非始于高句丽建国之初,直至5世纪也只是巩固了"山城+平地城"的王城自

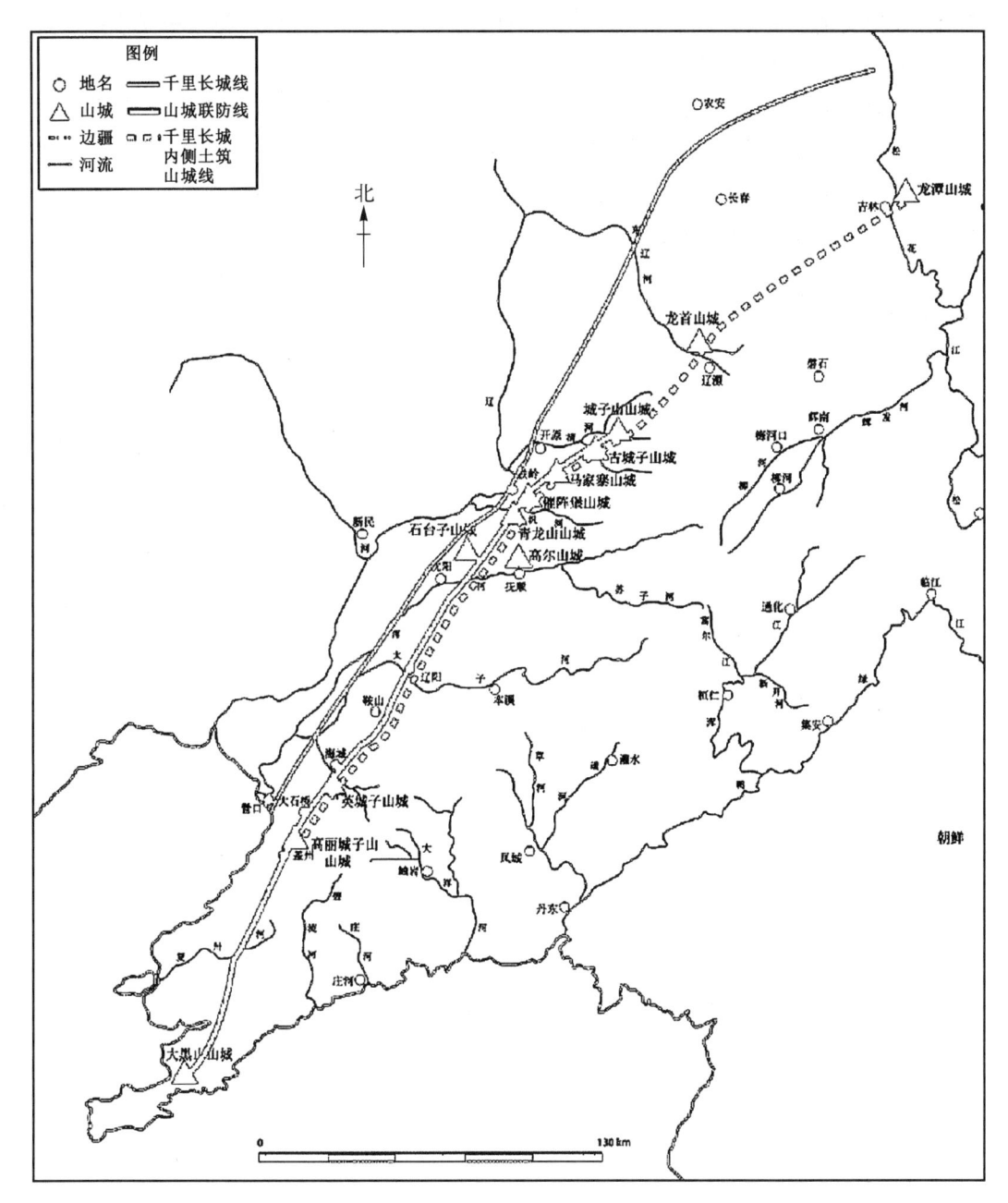

图十四 高句丽千里长城与山城联防线示意图①

---

① 郑元喆:《高句丽山城研究》,长春:吉林大学博士论文,2010年。从东北至西南方向依次有:辽源龙首山城、工农山城、城子山山城、开原古城子山城、马家寨山城、青龙山山城、抚顺高尔山城、沈阳塔山山城、海城英城子山城、盖州青石岭(高丽城山)山城等。

身防御体系,并在集安周边修建关隘,初步加强了防御体系的层次。6世纪之后,随着高句丽国力的提升、政局的稳定,山城交通、防御体系的规划和建造才提上日程并付诸实践,从桓仁及集安地区来看,山城多部署在重要的交通路线上,大小山城、关隘相互依托形成了层次分明的严密防御体系。

  从更大的范围看,鸭绿江以西高句丽山城防御体系的规划还应有第四个阶段,即7世纪千里长城的修建及其背后山城联防线的加密。由于高句丽与隋关系渐趋紧张,甚至主动挑衅而招致隋廷的斥责与军事打击[1],至631年唐太宗"诏收瘗隋时战亡骸骨,毁高丽所立京观",高句丽王"惧伐其国"[2],是其成为千里长城和山城联防线规划的直接原因。此阶段高句丽侧重于构筑与完善西线的防御链条,最终呈现的是有纵深的辽河—千里长城—山城联防线的三级防御体系。

---

[1] 《魏书》列传八十八,2013年。
[2] 《旧唐书·高丽传》第5321页,北京:中华书局,1975年。"五年,诏遣广州都督府司马长孙师往收瘗隋时战亡骸骨,毁高丽所立京观。建武惧伐其国,乃筑长城,东北自扶余城,西南至海,千有余里。"《三国史记·高句丽本纪》第251页,长春:吉林大学出版社,2015年。"十四年,唐遣广州司马长孙师,临瘗隋战士骸骨,祭之,毁当时所立京观。春二月,王动众筑长城,东北自扶余城,东南至海,千有余里,凡一十六年毕功。"

考古学视角下的唐代
庭州军政建置考述

任 冠

中国人民大学历史学院

贞观十四年(640年),唐置庭州于可汗浮图城,并置金满、蒲类二县,后增置轮台、西海,共领四县,在推行郡县制的同时,建立了包括军、守捉、镇戍、烽铺等在内的军事防御体系,逐步实现了唐朝中央政府对天山以北广袤地区的管辖。

作为唐代西北边陲重地,庭州长期以来受到了学界较多的关注,围绕庭州的军政建置,除西域史范畴的研究多有涉及外,孟凡人、薛宗正等均有丰富的著述,刘子凡的《瀚海天山——唐代伊、西、庭三州军政体制研究》中也对庭州军政体制进行了系统的梳理。但目前的成果多是基于文献史料特别是吐鲁番文书等开展的西域经营史、边政制度史方面的研究,对考古资料的梳理和研究略显不足。

庭州的地域范围大体上西至伊犁河谷、东接巴里坤草原、北括准噶尔盆地、南抵天山,按当今行政区划,主要包括新疆维吾尔自治区乌鲁木齐市和昌吉回族自治州。根据第二、三次全国文物普查结果,在该范围内共发现唐代城址33处,烽燧15处。其中,北庭故城遗址、唐朝墩古城遗址近年来均连续开展了主动性考古发掘;中国人民大学于2016年对玛纳斯古城遗址进行了考古调查和局部勘探,于2019年对吐虎玛克古城遗址进行了全面的考古勘探;2019年,笔者组织开展了庭州军政建置考古调查工作,对条件允许的20余处遗址进行了航拍和三维建模。

得益于考古工作的积累,目前可供研究使用的资料颇为丰富,在一定程度上弥补了文献史料匮乏的缺憾。故本文拟从考古学的视角出发,对诸如轮台县、西海县等尚存争议的建置地望、庭州军政体系的空间格局等问题进行考察。

一、行政建置考述

庭州领金满、蒲类、轮台、西海四县,各县的历史沿革学界已有丰富的讨论,下面重点

---

* 本文是国家社会科学基金青年项目"唐朝墩古城遗址考古资料的整理与研究"(项目编号:21CKG016)的阶段性成果。

结合遗址情况,对各处县治的地望和对应城址进行分析。

(一) 金 满 县

金满为庭州倚郭县,宝应元年(762年)改名后庭县,治今吉木萨尔县北庭故城遗址,该城址包括内外两重城墙,平面均近不规则长方形,外城南北长约1 666米,东西宽约959米,周长约5 000米,城门、城墙、马面、角楼、护城河等结构轮廓清晰[1]。根据考古发掘情况,内城主体为唐代所建,外城可能为后期庭州升北庭都护府时扩建。该城址为天山北麓规模最大的唐代城址,与中原地区唐代中等州府城址的规模相当,是唐经营天山北麓的中心所在。

(二) 蒲 类 县

蒲类县治今奇台县唐朝墩古城遗址,该城址平面近不规则方形,南北长约465米,东西宽约341米,周长约1 700米,城址修建于水磨河西侧的台地之上,城墙马面、角台等结构尚有保存[2]。考古发掘清理出东墙门址,推测南墙中部应该也建有一处城门,城址外围开凿有护城河。薛宗正在《唐蒲类诂名稽址》中考证唐朝墩古城遗址即蒲类县治所在[3],该观点已基本成为学界共识。近年来考古工作中在唐朝墩古城遗址内发现了包括大型院落遗址在内的大量唐代遗迹和遗物,碳十四测年结果也显示城址始建于公元7世纪前期,进一步印证了该城址确系蒲类县县治所在。

(三) 轮 台 县

轮台县所在目前学界尚存争议:主流观点认为是乌鲁木齐市乌拉泊古城遗址,林必成[4]、陈戈[5]、苏北海[6]、孟凡人[7]等均持此说;而薛宗正曾撰写多篇文章反驳乌拉泊古城说[8],并论证昌吉古城遗址方为轮台县所在;王有德早年曾提出轮台县位于米泉(今乌鲁木齐米东区)[9];李树辉在新发表的《丝绸之路"新北道"中段路线及唐轮台城考论》中提出阜北古城遗址为轮台县所在[10]。

以上几种观点中,米泉境内发现有下沙河古城遗址,城址周长约1 500米,作为县城而

---

[1] 新疆维吾尔自治区文物局编:《不可移动的文物——昌吉回族自治州卷(1)》,乌鲁木齐:新疆美术摄影出版社,2015年,第561页。
[2] 任冠、戎天佑:《新疆奇台县唐朝墩古城遗址考古收获与初步认识》,《西域研究》2019年第1期,第144页。
[3] 薛宗正:《唐蒲类诂名稽址——庭州领县考之二》,《新疆社会科学》1984年第2期。
[4] 林必成:《唐代"轮台"初探》,《新疆大学学报》1979年第4期。
[5] 陈戈:《唐轮台在哪里》,《新疆大学学报》1981年第3期。
[6] 苏北海:《唐轮台城位置考》,《中国历史地理论丛》1995年第4期。
[7] 孟凡人:《唐轮台方位考》,《北庭史地研究》,乌鲁木齐:新疆人民出版社,1985年。
[8] 薛宗正:《唐轮台名实核正》,《新疆社会科学》1983年第4期;薛宗正:《唐轮台县故址即今昌吉古城再考》,《昌吉学院学报》2011年第4期。
[9] 王有德:《岑参诗中的轮台及其他》,《文史哲》1978年第5期。
[10] 李树辉:《丝绸之路"新北道"中段路线及唐轮台城考论》,《中国边疆史地研究》2019年第3期。

言规模略小,而阜北古城遗址周长不足400米,更不可能是轮台县所在,故轮台县治所当在乌拉泊古城遗址或昌吉古城遗址之中。

乌拉泊古城遗址位于乌鲁木齐市天山区乌拉泊村(图一),城址平面近长方形,南北长约550米、东西宽约450米,周长约2 000米。城墙夯筑,夯层厚6—12厘米,四面墙体均修有马面,间距约50—60米,东、南、北三面开城门,并建有瓮城,西墙中部偏南有一处豁口,但并无瓮城痕迹,判断该豁口为晚期破坏形成,并非城门所在。根据拍摄的高程影像判断,城址外围应开凿有护城河。

图一 乌拉泊古城遗址航拍与高程渲染图

昌吉古城遗址位于昌吉市区东北(图二),由于邻近市区,破坏情况较为严重。据早年调查记载,城址平面近不规则长方形,南北长约1 100米,东西宽约600米,周长约3 190米,墙体夯筑,夯层厚5—7厘米,建有马面,间距约28—38米,东、西、北三面发现有城门,均建有瓮城。

根据《太平寰宇记》记载,金满县辖二乡,轮台县辖四乡,蒲类县辖三乡①,可知轮台县所辖户籍人口应为庭州三县最多。同时,轮台县于大历六年还增置了静塞军②。综合来看,轮台县应是庭州范围内除州治外最重要的军政建置所在。

乌拉泊古城遗址和昌吉古城遗址均始建于唐代,沿用至蒙元时期,比较两者的规模结构和地理位置,笔者认为昌吉古城遗址为轮台县治所的可信度更高,主要原因包括以下3个方面:

---

① (宋)乐史撰:《太平寰宇记》卷一百五十六《陇右道七》,北京:中华书局,2007年,第2997页。
② (宋)欧阳修、宋祁撰:《新唐书》卷四十《地理四》,北京:中华书局,1975年,第1047页。

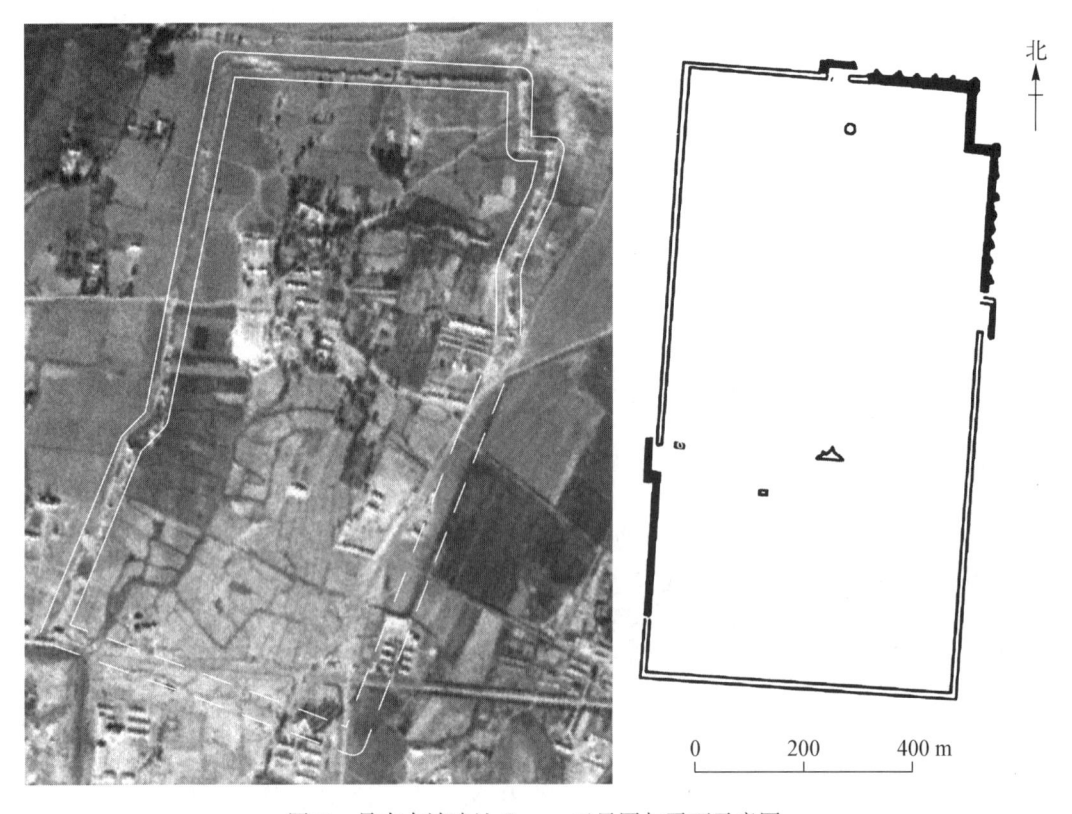

图二　昌吉古城遗址 Corona 卫星图与平面示意图

1. 自然环境。昌吉古城遗址营建于天山北麓的冲积平原之上,所在区域地势平坦、水源充足、土壤肥沃,适宜开展农牧业等生产活动,现在也是天山北麓重要的人口聚集地和农业生产区;而乌拉泊古城遗址营建于天山山谷地带,所在区域地势起伏较大,土壤盐碱化较严重,限制了农牧业生产的开展,目前也鲜有居民在此生产生活。作为庭州内第二重要的军政建置,轮台县选址于昌吉古城遗址所在区域,方能够满足所辖人口生产生活的需要(图三)。

2. 城址形制。昌吉古城遗址周长约 3 190 米,是庭州范围内除州治北庭故城遗址外最大的城址,从规模上看符合轮台县在庭州的军政地位。乌拉泊古城遗址周长 2 000 米,虽然也符合唐代一般县城的规制,但仍远小于昌吉古城遗址。认定乌拉泊古城遗址为轮台县所在的学者,多将昌吉古城遗址定为张堡守捉,若按此种观点,守捉城规模远大于置静塞军的轮台县城的规模,违背了唐代建城的等级制度,也与庭州范围内其他建置可考的城址所反映出的情况不符。故从城址规模的角度来看,昌吉古城遗址应为轮台县治所在。

3. 交通路线。《新唐书》载:"诏焉耆、龟兹、疏勒、于阗征西域贾,各食其征,由北道者轮台征之。"[1]昌吉古城遗址位于丝绸之路新北道的一处丁字岔口之上,西通碎叶,东

---

[1] (宋)欧阳修、宋祁撰:《新唐书》卷二百二十一上《西域上》,第 6230 页。

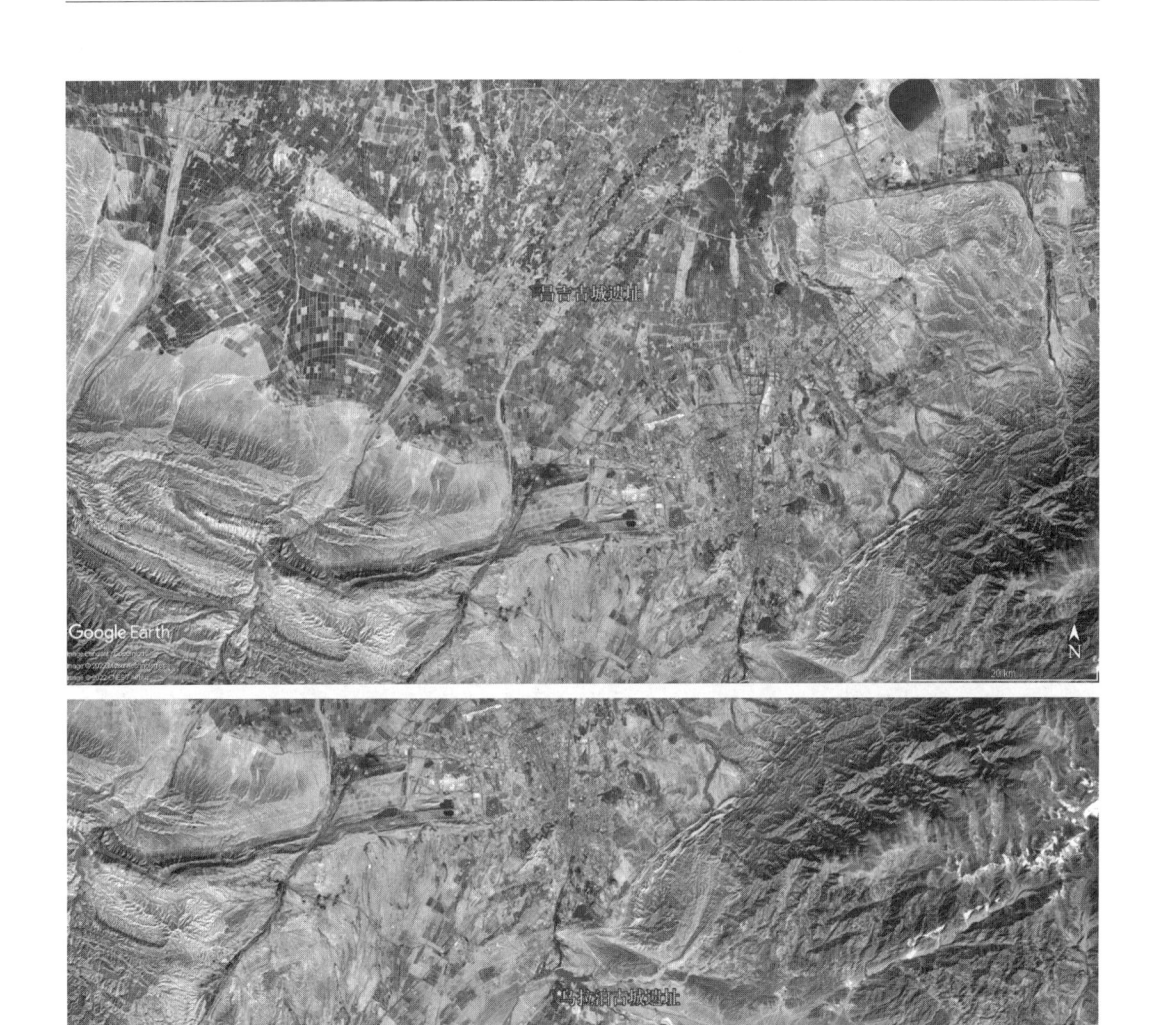

图三　昌吉古城遗址与乌拉泊古城遗址环境对比卫星图

接庭州,东南经白水涧道可至西州,正是东西商贾往来的必经之地,而乌拉泊古城遗址虽然控扼着庭州向南通西州的山口,但却无法管控庭州通碎叶的丝路主干道(图四)。昌吉古城遗址东、西、北三面开城门,便于东西交通往来,乌拉泊古城遗址则是南、北、东三面开城门,更多侧重于南北交通往来。故两者相较,昌吉古城遗址所处位置能够更有效地施行征收商税的责任。此外,《太平寰宇记》载"轮台县,(庭州)西四百二十里"①,"(交河郡)西北到北庭轮台县五百四十里"②。昌吉古城遗址至庭州(北庭故城遗址)路程约180公里,至交河郡(交河故城遗址)路程约220公里,乌拉泊古城遗址至两者的路程则分别约为195公里和180公里。唐代里程记载多采用小里,1里合300步约442米,依此测算,昌吉古城遗址至北庭故城遗址约407里,至交河故城遗址约498里,与文献记载基本吻合,而乌拉泊古城遗址则与之不符。故从城址所处位置来看,昌吉古城遗址也应为轮台县治所在。

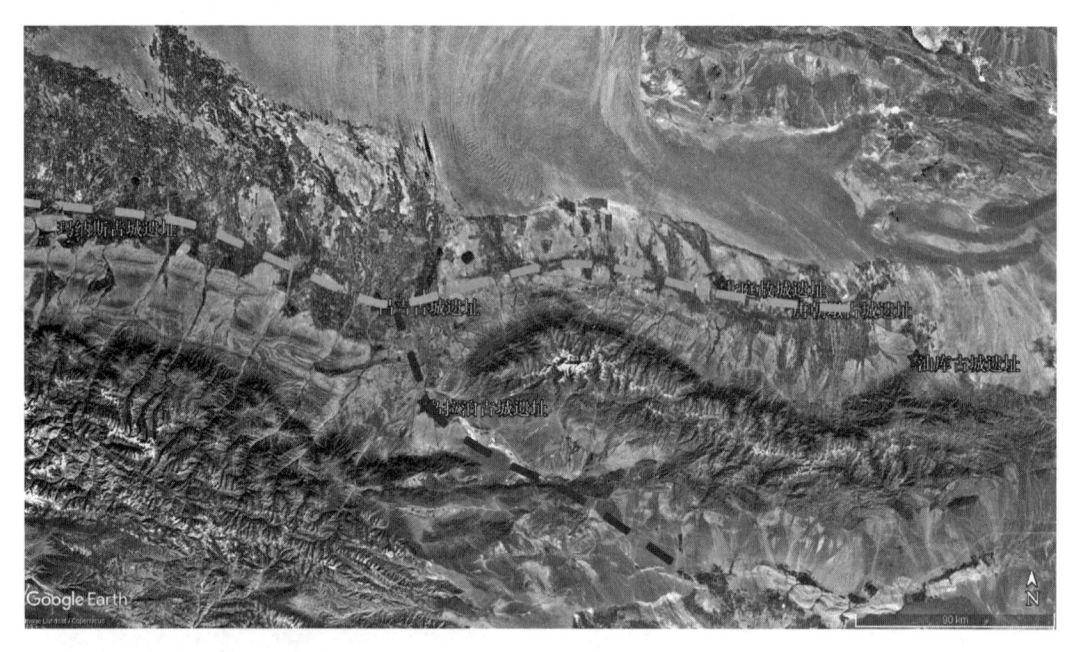

图四 昌吉古城遗址与乌拉泊古城遗址交通路线图

综合上述讨论,轮台县当在昌吉古城遗址,至于持"乌拉泊古城说"的学者常引用的岑参诗文等证据,薛宗正文中已有明确辩驳,本文不再进行讨论。

(四) 西 海 县

由于文献记载极为匮乏,导致西海县所在学界尚无定论。《新唐书》曰:"西海。下。宝应元年置。"③除此之外,仅吐鲁番出土文书《唐宝应元年五月节度使衙榜西州文》和《唐庭州西海县横管状为七德寺僧妄理人事》中涉及了西海县。目前围绕西海县的讨论多是根据上述史料所作的考证,归纳起来主要有以下观点:1. 乌鲁木齐东南说,吴震最早提出西海县位于乌鲁木齐东南盐湖破城子④,郭声波所著《中国行政区划通史·唐代卷》中提

---

① (宋)乐史撰:《太平寰宇记》卷一百五十六《陇右道七》,第2997页。
② (宋)乐史撰:《太平寰宇记》卷一百五十六《陇右道七》,第2994页。
③ (宋)欧阳修、宋祁撰:《新唐书》卷四十《地理四》,第1047页。
④ 吴震:《唐庭州西海县之建置与相关问题》,《新疆社会科学》1989年第2期。

出西海县治乌拉泊古城遗址①;2. 玛纳斯河流域说,王旭送考证西海县为清海军升格所置,位于玛纳斯河流域②;3. 额敏河北岸说,戴良佐同样认为西海县与清海军相关,但位置在额敏河北岸③;4. 伊吾军改置说,薛宗正提出西海县为伊吾军改置,位于巴里坤大河古城遗址④;5. 蒲类县改名说,刘子凡提出西海县为蒲类县在宝应元年(762年)前后改名而来⑤。

唐代县城周长多在2 000米左右,面积约等于一个坊⑥,庭州范围内符合县级规制的城址包括5处:昌吉古城遗址、玛纳斯古城遗址、油库古城遗址、乌拉泊古城遗址和唐朝墩古城遗址。结合上下文讨论,目前仅乌拉泊古城遗址无建置归属。

根据现有史料,可以确定西海县与西州距离较近、关系密切,以至于出土榜文中要求将西州部分寺观的家人奴婢释放从良充当西海县百姓,而乌拉泊古城遗址位于连通庭州与西州的山谷通道之中,正符合这一位置特征。西海县置于宝应元年(762年),此时正值安史之乱(755年)之后,安西和北庭地区兵力空虚,吐蕃趁机攻掠河陇州县,并侵扰西域,而乌拉泊古城的选址具有显著的军事考量,扼守往来天山南北的主要通道,加强了西州与庭州的联系,与当时的历史背景相吻合。

此外,乌拉泊古城遗址以东的盐湖也可应"西海"之名,因此,该城址最可能为西海县所在。

二、军事建置考述

"唐初,兵之戍边者,大曰军,小曰守捉、曰城、曰镇,而总之者曰道。"⑦由于地处边陲,承担着拱卫唐朝西北边疆的重任,庭州范围内安设了大量军事建置,其中见诸文献记载的包括军三:瀚海(烛龙)、清海、静塞;守捉十五:独山、沙钵、冯洛(凭洛)、耶勒、俱六、张堡、乌宰、叶河、黑水、东林、西林、轮台、神山(神仙)、东道、西北道;镇三:蒲类、郝遮、咸泉(盐泉);戍堡三:乾坑、石会汉、特罗堡;烽铺三:耶勒、乾坑、柽林⑧。

庭州范围内军事建置的方位,戴良佐⑨、孟凡人⑩、薛宗正⑪等均进行过考证,目前位置较明确的如下表所示(表一):

---

① 郭声波:《中国行政区划通史·唐代卷(下)》,上海:复旦大学出版社,2017年,第1062页。
② 王旭送:《唐代庭州西海县考》,《昌吉学院学报》2013年第6期。
③ 戴良佐:《唐庭州西海县方位初考》,《新疆文物》1995年第2期。
④ 薛宗正:《安西与北庭——唐代西陲边政研究》,哈尔滨:黑龙江教育出版社,1995年,第320页。
⑤ 刘子凡:《北庭西海县新考》,《新疆大学学报(哲学·人文社会科学版)》2020年第1期。
⑥ 宿白:《隋唐城址类型初探》,《考古学与博物馆学研究导引(上)》,南京:南京大学出版社,2011年,第380页。
⑦ (宋)欧阳修、宋祁撰:《新唐书》卷五十《兵志》,第1328页。
⑧ 根据《新唐书》《元和郡县图志》《唐代瀚海军文书》等资料统计。
⑨ 戴良佐:《唐代庭州守捉城略考》,《新疆文物》1989年第1期。
⑩ 孟凡人:《北庭史地研究》,乌鲁木齐:新疆人民出版社,1985年。
⑪ 薛宗正:《丝绸之路北庭研究》,乌鲁木齐:新疆人民出版社,2009年。

表一　庭州军事建置考订表①

建　　置	城　　址	位　　置	周长(米)
瀚海(烛龙)军	北庭故城遗址	吉木萨尔县北庭镇	约5 000
独山守捉	油库古城遗址	木垒县照壁山乡	约2 500
沙钵守捉	沙钵守捉遗址(上村城址)	吉木萨尔县庆阳湖乡	414
冯洛(凭洛)守捉	冯洛守捉遗址	吉木萨尔县三台镇	770
耶勒城守捉	北庄子古城遗址(滋泥泉城址)	阜康市滋泥泉镇	860
俱六城(俱六)守捉	六运古城遗址	阜康市九运街镇	1 360
郝遮镇	北道桥古城遗址	奇台县西地镇	638

考察各建置的方位,最主要的依据即《新唐书》关于碎叶道里程的记载:"(庭州)南有神山镇。自庭州西延城西六十里有沙钵城守捉,又有冯洛守捉,又八十里有耶勒城守捉,又八十里有俱六城守捉,又百里至轮台县,又百五十里有张堡城守捉,又渡里移得建河,七十里有乌宰守捉,又渡白杨河,七十里有清镇军城,又渡叶叶河,七十里有叶河守捉,又渡黑水,七十里有黑水守捉,又七十里有东林守捉,又七十里有西林守捉。"②下面结合遗址位置环境、自身形制结构等情况对地望尚存争议的建置进行辨析:

(一) 清 海 军

庭州内共设三军,其中瀚海军位于州治北庭故城遗址,静塞军位于轮台县昌吉古城遗址,两者为庭州范围内规模最大的两处城址,故清海军所处城址规模也应与其等级相符。

又根据碎叶道里程,清镇军城,即清海军东距轮台县290里,而轮台距庭州420里,故清海军距庭州州治约710里,与"(庭州)西七百里有清海军"③记载基本吻合。由于相距较远,该里程难免存在偏差,核算大体在今玛纳斯县至沙湾县一带。

玛纳斯古城遗址为该范围内规模最大的城址,在整个庭州范围内,也仅次于北庭故城遗址、昌吉古城遗址和油库古城遗址。从规模上看,应是庭州西部等级最高的城址,最有可能为清海军所在。

玛纳斯古城遗址位于玛纳斯县东北楼南村(图五),城址平面近方形,南北长约570米、东西宽约480米,周长约2 100米。根据实地调查和勘探,城址城墙夯筑,夯层厚约12

---

① 城址周长数据依据调查实测及卫星影像测量。
② (宋)欧阳修、宋祁撰:《新唐书》卷四十《地理四》,第1047页。
③ (宋)欧阳修、宋祁撰:《新唐书》卷四十《地理四》,第1047页。

厘米,东、西、南三面开城门,并建有瓮城,城墙马面、角台结构较清晰,西北角有一处高大土台与城墙相连,外围开凿有护城河,城外东南建有烽燧,城址的军事防御功能显著。

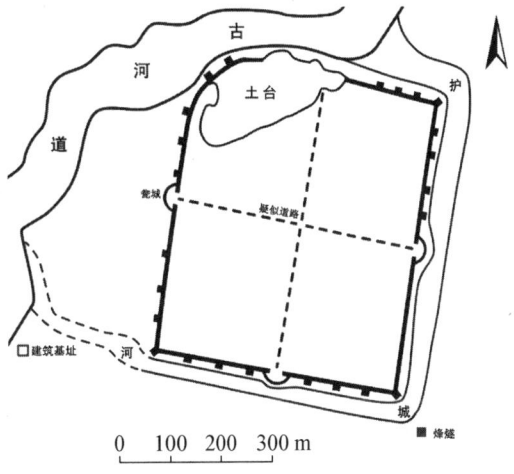

图五 玛纳斯古城遗址 Corona 卫星图与平面图

　　清海军是庭州西部防务的中心,就规模和结构而言,玛纳斯古城则是庭州西部最重要的城址,符合清海军在庭州军事防御体系中所处的地位。以往学者多根据里程考证此处为乌宰守捉。但辨析史料,除俱六守捉至轮台县为 100 里,轮台县至张堡守捉为 150 里外,各城之间的距离均在 60—80 里。唐代"凡三十里一驿"①,60—80 里的间距既符合两城间设一处驿站的唐制,也是一日行程所能抵达的距离。从军事防御的角度来看,若轮台县与张堡守捉之间距离过远,人员往来和信息传递均有不便,不利于防务的开展,而自轮台县向西,也并不存在不便建城的地形地貌,因此文献所载"百五十里"与"七百里"之数可能存在一定误差。玛纳斯古城遗址距昌吉古城遗址约 100 公里,合唐里约 226 里,若按轮台县与张堡守捉相距 60—80 里计算,玛纳斯古城遗址与清海军地望正相吻合。

　　因此,综合考量城址规模结构和地理位置,玛纳斯古城遗址可能为清海军所在。

(二)诸守捉城

　　除《新唐书》记载的守捉城外,吐鲁番出土文书中见有轮台、神山、东道、西北道等守捉②,合计共 15 处。其中独山至俱六等 5 处守捉所在的城址据考证已较为清晰,其余守捉或由于文献简略,或由于所在范围内目前并未发现相关城址,考证具有较大难度。下面仅对张堡、乌宰和轮台等 3 处守捉进行讨论。

　　1. 张堡、乌宰守捉,接前文对清海军的讨论,当在昌吉古城遗址与玛纳斯古城遗址之间。若按张堡守捉距轮台县 60—80 里计算,张堡守捉约位于呼图壁县,乌宰守捉约位于

---

① (宋)李林甫撰:《唐六典》卷五《尚书兵部》,北京:中华书局,1992 年,第 163 页。
② 孙继民:《唐代瀚海军文书研究》,兰州:甘肃文化出版社,2002 年,第 125 页。

玛纳斯县东部。

呼图壁县发现的唐代城址包括阿魏滩古城遗址和一——团破城子遗址2处,但根据遗址位置判断均非张堡守捉所在,而应是庭州下设的军事戍堡。阿魏滩古城遗址邻近天山,主要用以防卫南北沿河谷进出天山的通道;一——团破城子遗址位于准噶尔盆地南缘,应是庭州北部军事防御体系中的一环。以庭州守捉城一般的选址规律来看,张堡守捉可能位于今呼图壁县县城附近,但目前尚未发现有相关城址。

玛纳斯县东部发现有塔西河古堡遗址,从位置上看可能与乌宰守捉相关。该遗址位于玛纳斯县包家店镇,地处塔西河东岸,遗址面积约2.2万平方米,曾残存有城墙、马面、角台等结构,但目前破坏情况严重,仅保留有城内一处烽燧①。

以目前的资料只能初步推断,张堡守捉位于呼图壁县县城附近,里移得建河为呼图壁河,乌宰守捉位于玛纳斯县塔西河东岸,白杨河为塔西河。

2. 轮台守捉,名称见于吐鲁番出土文书,史籍中并未有其位置的记载。但根据其名称判断,应位于轮台县周边。

乌鲁木齐市米东区的下沙河古城遗址(图六),东距六运古城遗址约40公里,西距昌吉古城遗址约23公里,正处于俱六守捉与轮台县之间。该城址平面近曲尺形,南北长约315米、东西宽约240米,周长约1500米。城墙夯筑,夯层厚约6—10厘米,尚存角台、马面等结构,北墙中部有一处规模较大的凸出台基,与唐朝墩古城遗址形制相似,为一处敌楼,城址的军事防御功能较为突出。

图六　下沙河城址Google Earth卫星图与Corona卫星图

---

① 新疆维吾尔自治区文物局编:《不可移动的文物——昌吉回族自治州卷(1)》,乌鲁木齐:新疆美术摄影出版社,2015年,第392页。

根据城址的规模和形制判断，下沙河古城遗址应为庭州内一处较重要的建置。前文提到，俱六守捉至轮台县约100里，间距较长，若以下沙河古城遗址为轮台守捉，正可以弥补军事防御体系中的缺陷，向南又与乌拉泊古城遗址呈犄角之势，拱卫丝路北道与白水涧道两处交通要道。

因此，下沙河古城遗址很可能就是见于出土文书的轮台守捉所在。

（三）镇戍烽铺

蒲类县下设蒲类、郝遮、盐泉三镇和特罗堡子，其中咸泉（盐泉）镇和特罗堡子按文献记载位于蒲类县东北近百公里的沙漠之中，尚未发现有相关遗址。

《元和郡县图志》记载："蒲类镇，在蒲类县西。"①薛宗正先生认为蒲类镇为吐虎玛克古城遗址，但从位置而言，吐虎玛克古城遗址位于唐朝墩古城遗址东南约5公里处，与文献记载方位有所出入。另实地调查和勘探工作中，在吐虎玛克古城遗址内发现的遗物年代多为回鹘至蒙元时期，故初步判断该城址的始建年代可能晚于唐代，并非蒲类镇所在。

而唐朝墩古城遗址西南约19公里的头工古城遗址，位于吉木萨尔县二工乡，城址平面近方形，边长约240米，周长近1000米，整体保存情况较差，城墙早年被毁，现仅存西北角长约3米的一段墙体。该城址地处唐朝墩古城遗址和北庭故城遗址之间，与郝遮镇（北道桥古城遗址）一东北一西南环卫唐朝墩古城遗址，从所在位置和城址年代判断，头工遗址更可能为蒲类镇所在。

《新唐书》记载："自（交河）县北八十里有龙泉馆，又北入谷百三十里……经石会汉戍，至北庭都护府城。"②吉木萨尔县泉子街镇发现的东大龙口遗址，位于长山渠东岸的台地之上，地处出天山谷地的山前缓坡地带，平面近长方形，东西长约77米，南北宽约54米，残留有部分夯筑墙体，应是扼守自西州至庭州"他地道"的一处军事设置③。根据所处位置和规模，判断东大龙口遗址可能为石会汉戍所在。

其余镇戍烽铺类建置，文献中多仅记载其名称，故难以考察具体的方位所在。

三、空间布局

庭州范围内33处城址和15处烽燧的分布情况如下图所示（图七）。

根据规模和类型差异，可将48处遗址分为5类，各类城址由于不同的功能和性质，在空间布局和选址策略方面呈现出了不同的特点：

1. 大型城址，周长超过5000米，1处，即北庭故城遗址。作为庭州的军政中心，北庭故城遗址选址于天山北麓冲积扇的开阔地带，交通便利，益于农垦。

---

① （唐）李吉甫撰：《元和郡县图志》卷四十《陇右道下》，北京：中华书局，1983年，第1034页。
② （宋）欧阳修、宋祁撰：《新唐书》卷四十《地理四》，第1046—1047页。
③ 新疆维吾尔自治区文物局编：《不可移动的文物——昌吉回族自治州卷（1）》，第568页。

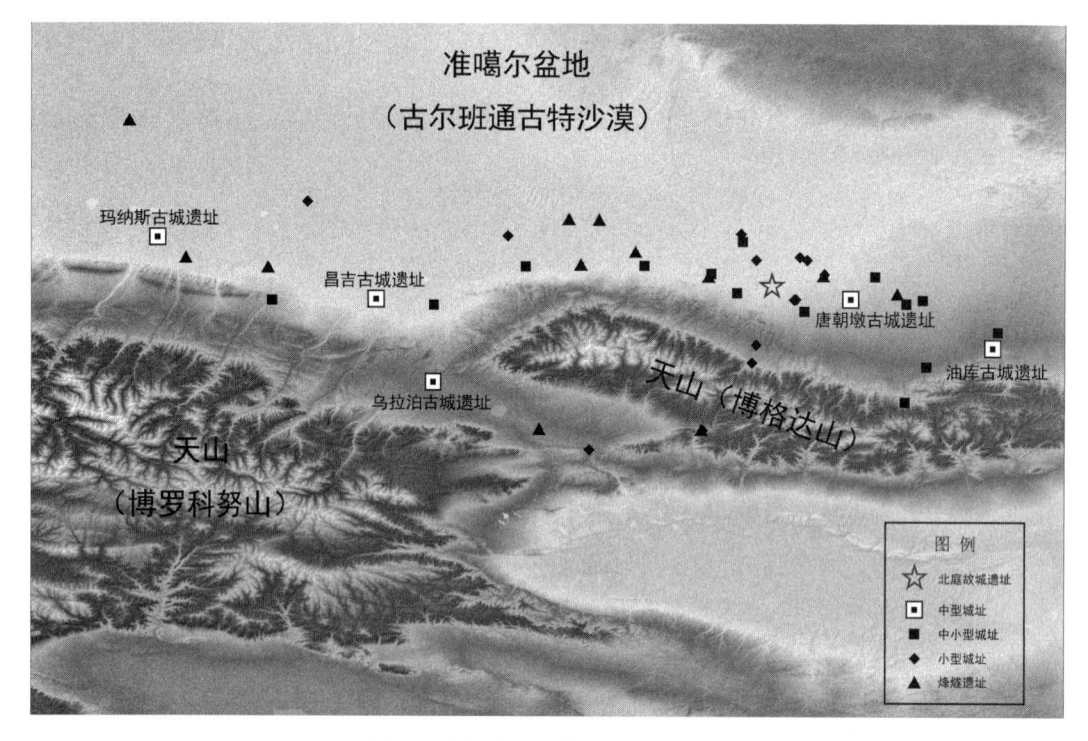

图七　庭州城址及烽燧分布示意图

2. 中型城址，周长1 600—5 000米，5处，按规模大小依次为昌吉古城遗址、油库古城遗址、玛纳斯古城遗址、乌拉泊古城遗址和唐朝墩古城遗址。其中军事建置2处，独山守捉（油库古城遗址）和清海军（玛纳斯古城遗址）一东一西拱卫庭州边防；行政建置3处，轮台县（昌吉古城遗址）和蒲类县（唐朝墩古城遗址）分列庭州左右，西海县（乌拉泊古城遗址）则扼守庭州通西州的山谷要道。

3. 中小型城址，周长400—1 600米，14处。此类城址多为守捉和镇，是庭州军事防御体系的主要构成，空间上多沿连接各大、中型城址的丝绸之路新北道均匀分布，形成了横贯东西的军事防御链。

4. 小型城址，周长400米以内，13处。此类城址主要为戍堡或驿馆，以准噶尔盆地南缘分布数量最多，另有部分临近天山，在庭州南北形成了两道军事屏障。

5. 烽燧遗址，周长60米以内，15处。作为规模最小的军事设施，烽燧多沿交通道路均匀分布。

得益于天山北麓的山地降水和冰雪融水，天山与准噶尔盆地之间形成了一道平坦开阔、气候较为优越的绿色廊道。地理环境直接影响了庭州城址的空间布局，呈现出了三条东西向的城址链：北部主要为镇戍、烽燧等军事设施，沿准噶尔盆地沙漠边缘分布；南部同样主要为镇戍、烽燧等军事设施，扼守各处天山山谷通道；中部为州县、守捉等建置，也是庭州人口的主要聚集地，沿廊道中心、即丝绸之路新北道分布。具体到单个城址，多选址于河流两岸的台地之上,一来水源充沛,二来也便于利用河流作为防御屏障。

结　　语

结合上文的梳理考证,可以勾勒出唐代庭州军政建置的基本框架:庭州治北庭故城遗址、蒲类县治唐朝墩古城遗址、轮台县治昌吉古城遗址,三处城址沿丝绸之路新北道横向排列,宝应元年前后,为加强庭州与西州间的交通往来与军事防御,置西海县于乌拉泊古城遗址,州县治所均选址要冲,交通便利、益于农垦。与此同时,置军、守捉、镇戍、烽铺,由北向南形成三条东西向的防御链,并以独山守捉(油库古城遗址)和清海军(玛纳斯古城遗址)一东一西扼守两端,瀚海军(北庭故城遗址)和静塞军(昌吉古城遗址)坐镇中心、相互呼应,构建起了庭州层次清晰的军政管理体系。

随着庭州的创置,唐朝在天山北麓建立城池、屯垦戍边,开发经营颇见成效,奠定了该区域城市和人口布局的基本框架,整体来看,更是新疆多民族大一统格局形成过程中最重要历史阶段之一。

燕都旧闻录二则

王子奇

一、《刑部题名第三之记》碑

此碑高225厘米、宽82厘米、厚21厘米,2004年9月天安门管理委员会在天安门城楼前地下电缆施工时发现,随即由北京石刻艺术博物馆组织人力、车辆连夜将该碑征集到该馆收藏。此碑具体出土于北京东城区天安门城楼前东观礼台后的小夹道地下深1.5米处,梯形素面方座,碑阳碑首线雕二龙戏珠,边框雕缠枝花纹,篆额"刑部题名第三之记",其下刊危素至正二十三年(1363年)记文[1],再下与碑阴为题名。出土时碑身与底座分离,左下角断裂,后经修复现在北京石刻艺术博物馆(五塔寺)展厅对外展出(以下简称此碑为刑部碑)[2]。

碑阳危素《刑部题名第三记》文云:"至正十有五年(1355年),余承乏工部,尝记刑部题名。……后九年,更砻新石,复来属记。……至正二十三年闰月甲午,通奉大夫、中书参知政事同知经筵事、提调四方献言详定使司事危素记,奉议大夫、詹事院经历潘遹书并题额。"按此类题名碑,元大都中书省、御史台、枢密院等处皆立,最为集中的记载见于《析津志》,如中书省即有《中书断事官厅题名记》《中书参议府题名记》《中书省左司题名记》《中书省左司省掾题名记》《后记》《中书省医厅壁题名记》《中书检校厅壁记》《中书省架阁库题名记》《中书省六政条要题名记》《中书省吏部考功堂记》《中书省户部题名记》《中书省礼部合化题名记》《中书省兵部题名记》《中书省刑部题名记》《续记》《中书省工部题名记》《中书省照算题名记》等[3]。其中,《中书省刑部题名记》至正二年(1342年)十二月揭傒斯撰文,《续记》至正十五年八月危素记。《续记》云:"至正二年,刑部题名,翰林侍讲学士揭文安公为之记。后十三年书名已满,复谋砻石。尚书、侍郎、郎中合谋,属素记之。"由此可知至正二年、十五年、二十三年的三通刑部题名碑相继而作,《第三记》应与《续记》相似,因碑石题名已满新立。

《析津志》作者熊自得,字梦祥,曾任大都路儒学提举、崇文监丞,因此既熟悉大都,

---

[1] 刑部碑录碑文请参看刘卫东:《〈刑部题名第三记碑〉考》,《北京文博文丛》第3辑,北京:北京燕山出版社,2014年,第38页。拓片请参见扬州中国大运河博物馆编:《大都:元代北京城》,南京:江苏凤凰文艺出版社,2023年。
[2] 闫霞:《美石美刻:北京石刻艺术博物馆导赏》,北京:华文出版社,2018年,第159—162页。
[3] 熊梦祥著,北京图书馆善本组辑:《析津志辑佚》,北京:北京古籍出版社,1983年,第10—32页。

图一　刑部题名第三之记碑

又能接触到不少资料，故《析津志》所记大都事颇详。以中书省各题名碑为例，如非实录，是不可能记录如此详细的。熊自得在京郊斋堂撰《析津志》，是在至正十七年（1357年）以前①。此后曾加增补，目前所知《析津志》收录最晚的资料是至正二十三年（癸卯，1363年）所录《大金西京武州山重修大石窟寺》碑文②。从现存《析津志》收录《刑部

---

① 徐苹芳整理：《永乐大典本顺天府志（残本）》收录《熊梦祥事迹辑录》，北京：北京联合出版社，2017年，第77页。并参宿白：《〈大金西京武州山重修大石窟寺碑〉的发现与研究——与日本长广敏雄教授讨论有关云冈石窟的某些问题》，《北京大学学报（哲学社会科学版）》1982年第2期，第29—49页。
② 或以为抄本《析津志》"学校"条下有关府学的一段文字迟至明洪武三年（1370年），是熊自得晚年增补，见赵其昌：《〈析津志〉及其著者熊梦祥》，《首都博物馆丛刊》第1辑，1982年，后收入氏著《京华集》，北京：北京燕山出版社，2014年，第204—233页；又参邱靖嘉：《天津图书馆藏抄本〈析津志〉的四库学考察》，《文献》2017年第4期，第58—74页。
对此，徐苹芳曾经予以辨析，指出此条为《北平图经志书》原文，并非《析津志》原文，参看徐苹芳整理：《永乐大典本顺天府志（残本）》书前校记，北京：北京联合出版公司，2017年；刘未：《永乐大典·顺天府》，收入氏著《鸡冠壶：历史考古札记》，上海：上海古籍出版社，2019年，第327—333页。

题名记》《续记》而不及收录《第三记》看,其主要材料的收录、编辑又在至正二十三年以前。

石碑出土后,刘卫东即已认识到刑部碑对于考订元代中书省和刑部位置提供了重要的线索,并参考徐苹芳的研究认为刑部碑出土地即为刑部和中书南省所在。此外,他着重研究了刑部碑的撰文、刻立及碑文内容、格式、题名等相关问题①。不过对于刑部碑反映的元大都中书省位置及其复原问题,仍有回顾的必要。

以往对于元大都刑部及中书省的复原意见主要表现在各类元大都复原图和相关研究文章中,其中与刑部碑出土位置有关的中书南省的复原意见,有代表性的主要有两种。其中赵正之在《元大都平面规划复原的研究》中将中书南省复原在通惠河以东、文明门内大街以西的区域,"约在今东安市场附近"(图二赵图中 61 处);赵先生将刑部复原在元大都顺承门内西侧(图二赵图中 63 处)②,认为"旧刑部街或即元代刑部之所在"。由此可知,赵先生将中书南省大致安排在宫城东南方位,而刑部则主要是参照了明代刑部即三法司的位置来复原的。

徐苹芳在《元大都中书省址考》一文中对元大都中书省的位置变化及中书北省、南省与尚书省、翰林院的关系问题做过比较细致的研究,认为中书省位置凡有四变,至顺二年(1331年)以北省为翰林院,南省为中书省后,直至元末未再改变。其中,徐先生将中书南省即原尚书省的位置复原在今劳动人民文化宫即明清太庙附近③。

对比赵正之、徐苹芳二先生的复原意见,可以看出除了中书南省复原方位的具体区别外,还包括刑部是否在中书省内这一问题。关于后一点,按刘卫东据刑部碑的发现对此做出的推测,认为元代中统间虽以吏、户、礼为左三部,兵、刑、工为右三部,但"左三部""右三部"的分别并不是指其在城内方位的区别,而是在中书省署中的东西之别④,这一推断应是有道理的。前一问题则涉及中书南省具体位置的复原,元代文献记中书南省、尚书省址在宫城的东南方位,如虞集《中书省检校官厅壁记》记"至顺二年,中书徙治宫城东南之省"⑤,《秘书监志》卷三"廨宇"记尚书省治"在宫城南之东辟"⑥。《析津志》记具体位置为:"五云坊东为尚书省"⑦,"中书省,在大内前东五云坊内","外仪门近丽正门东城下,

---

① 刘卫东:《〈刑部题名第三记碑〉考》,《北京文博文丛》第 3 辑,第 32—38 页。
② 赵正之:《元大都平面规划复原的研究》,《科技史文集(二)》,上海:上海科学技术出版社,1979 年,第 14—27 页。
③ 徐苹芳:《元大都中书省址考》,原载《中国文化研究所学报》新第六期(1997 年),后收入氏著《中国城市考古学论集》,上海:上海古籍出版社,2015 年,第 147—154 页。
④ 刘卫东:《〈刑部题名第三记碑〉考》《北京文博文丛》第 3 辑,第 33 页。刘卫东在此文中提出明清除刑部以外的五部,"仍处元中书省相应的位置而未变,即宫城之前,皇城正南门以内,左千步廊附近,中轴线以东";需要注意的是,明代六部所处的实际位置已与元代中书南省不同,相似的只是与宫城的相对位置关系。
⑤ 虞集:《雍虞先生道园类稿》(明初覆刊本)卷二十六《中书省检校官厅壁记》,收入《元人文集珍本丛刊》,台北:新文丰出版公司,1985 年,第 7 页 a—第 8 页 a。碑文也见于前引《析津志辑佚》第 18 页,此一句作"至顺二年中徙治宫城东南之省",脱一"书"字。
⑥ 王士点、商企翁编次,高荣盛点校:《秘书监志》,杭州:浙江古籍出版社,1992 年,第 53 页。
⑦ 熊梦祥著,北京图书馆善本组辑:《析津志辑佚》,第 9 页。

有'都省'二字牌匾"①。赵、徐二先生的复原基本都符合在宫城东南的方位,出现歧义或许是由于对中书南省与五云坊的关系和中书南省规模的理解与认识有所不同。

赵正之复原图

徐苹芳复原图

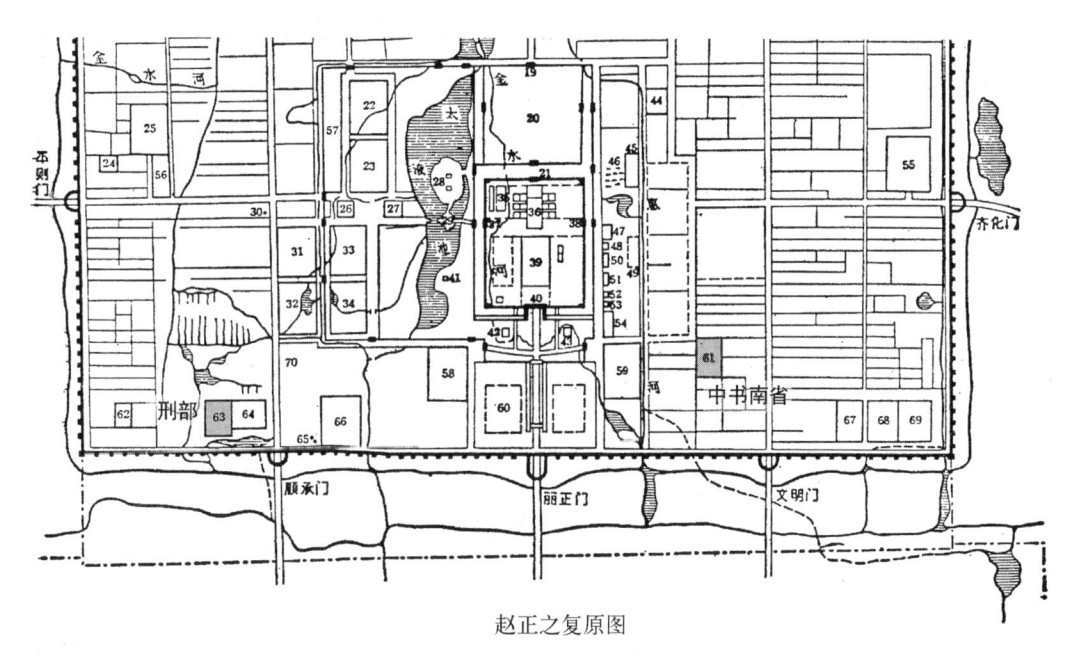

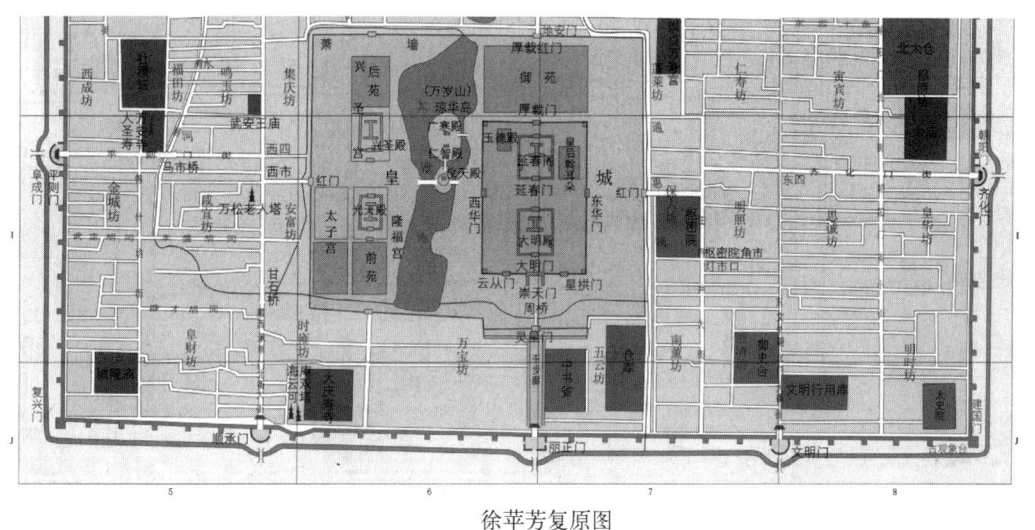

图二　赵正之、徐苹芳元大都复原图(南半局部)对比②

徐先生复原中书南省的思路,是首先根据文献厘清中书南省、北省的相对位置,明确了北省在凤池坊,南省在五云坊,其次再根据文献来考订五云坊的位置——即在劳动人民文化

---

① 熊梦祥著,北京图书馆善本组辑:《析津志辑佚》,第9页。
② 赵正之复原图采自《元大都平面规划复原的研究》,《科技史文集(二)》,第16页;徐苹芳复原图采自《中华人民共和国国家历史地图集(第1册)》,北京:中国社会科学出版社,2014年,第137页。

宫附近,由此再根据对元大都街道规划和建置等级及其占地规模的认识,推定中书南省占地南北二百五十步、东西二百步,从而得以在图中具体将中书省位置、规模都予以图示。

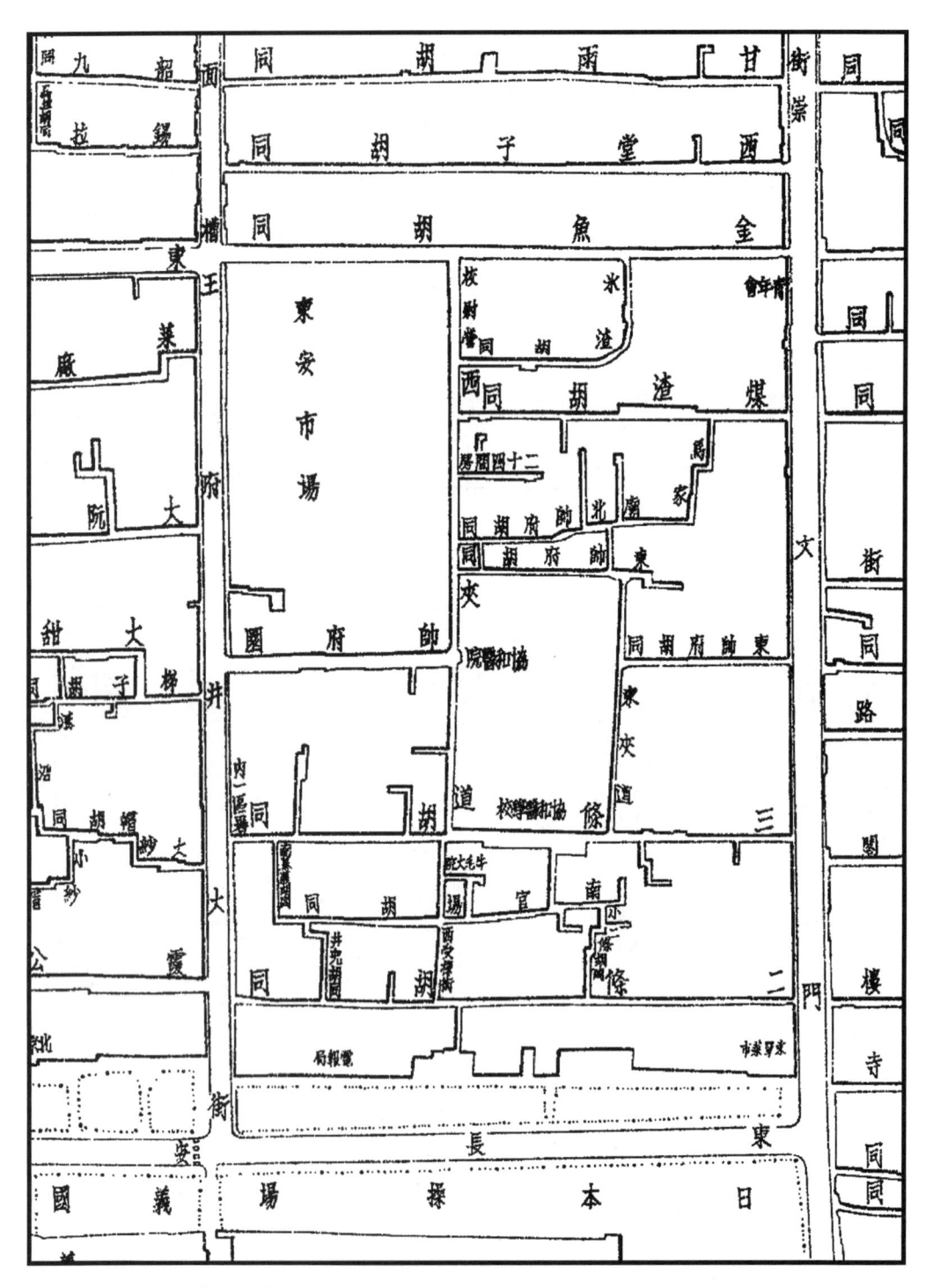

图三 东安市场一带街巷布局(采自1939年12月北京特别市工务局印制一比一万《北京市内外城》图局部)

这一元大都城内大型建置的复原研究方法徐先生自己曾经予以总结①，其核心包括元大都的街道规划布局和大型建置的等级与占地面积两个方面。这一核心问题最初由赵正之在《元大都平面规划复原的研究》一文中提出——即"元大都都市规划中的基本单位及其比例"，也就是元大都都市规划以步为基本单位，宫城、衙署的面积与其等级相关并以胡同的距离即五十步为单位规划，如赵先生认为中书北省、尚书省（中书南省）、太史院、大都路都总管府等应为占地南北四条胡同、东西三条胡同，即南北200步、东西150步，这样的面积是大都城内最大的衙署占地面积。而徐先生虽同意这一基本原则，但在建置具体规模上的认识有所不同，徐先生认为中书省、枢密院、御史台等中央一级建置其占地面积应该相同，都是南北长250步、东西宽200步，也就是南北五条胡同、东西四条胡同。

由此，比较赵、徐二先生的复原图就会发现，他们在大都城中复原中书南省的位置时，除了对于五云坊方位的考虑外，应该也受到了建置面积的约束。如赵正之考虑的今东安市场一带，如果从街道遗痕的角度考虑，以此地块容纳南北200步、东西150步（赵先生以0.308米合1尺，约为南北308米、东西231米；如以0.315米合1尺，约为南北315米、东西236.25米）的建置已嫌不足。如果按照徐先生的认识中书南省占地南北250步、东西200步（以0.315米合1尺，约为南北393.75米、东西315米），则赵先生考虑的这一区域就完全不能接受了。

通过以上的分析可以发现，如考虑赵、徐二先生关于中书南省复原的具体结论，根据新出土的刑部碑，我们基本可以肯定徐苹芳复原的中书南省的方位是正确的。但进一步到中书南省的占地规模，则仍有待进一步探讨。事实上，不论是赵正之还是徐苹芳，对于元大都城内礼制建筑、中央官署与地方衙署等大型建置占地面积的规律，都是在复原过程中总结的，有时又会根据这一认识来指导新的复原，如果对这一问题不能从方法论上予以解决，复原的科学性和准确性不免受到影响②。

二、"平则门"石额

石额高83厘米、宽127厘米，双钩楷书横题"平则门"三字，三字左侧小字竖题"洪武六年五月日立"。此石现存北京石刻艺术博物馆，据《北京石刻艺术博物馆馆藏石刻目》著录云系"北郊祁家豁子教育机构院内征集"③，《美石美刻：北京石刻艺术博物馆导赏》则云："1967年在拆除西直门明城墙时发现，征集于海淀区祁家豁子某教育机构内，1987年由北京文物研究所拨交。"④

---

① 请参看徐苹芳：《元大都枢密院址考》《元大都太史院址考》，收入氏著《中国城市考古学论集》，上海：上海古籍出版社，2015年，第141—146、162—169页。
② 可以说，这一问题已经是关系到元大都复原的核心问题，本文中难以展开，容另文研讨。
③ 刘之光主编：《馆藏石刻目·北京石刻艺术博物馆》，北京：今日中国出版社，1996年，第184页。
④ 闫霞：《美石美刻：北京石刻艺术博物馆导赏》，第163页。闫霞认为此匾书风具元代风格，当为元代所刻，年款则为明代所补。

图四 "平则门"石额

　　平则门为元大都城门旧名,即大都西垣南侧城门,其位置在今阜成门处。《日下旧闻考》卷三八"京城总纪"引明《工部志》记云:"永乐中定都北京,建筑京城,周围四十里。为九门:南曰丽正、文明、顺承;东曰齐化、东直;西曰平则、西直;北曰安定、德胜。正统初,更名丽正为正阳,文明为崇文,顺承为宣武,齐化为朝阳,平则为阜成,余四门仍旧。"按正统元年(1436年)十月英宗命修缮诸门①,二年二月修理濠堑完工②,十月门楼等工程完工③,改名当在此时④。

　　因知明初北京城诸门尚用元代旧名,洪武六年时"平则门"石额所记尚为当时北平府所通用门名。元代门名明清民间亦曾长期袭用,以至近代尚有人沿用。明蒋一葵《长安客话》卷一《皇都杂记》"北平"条云:"都城九门,正南曰正阳,南之左曰崇文,右曰宣武,北之东曰安定,西曰德胜,东之北曰东直,南曰朝阳,西之北曰西直,南曰阜成。今京师人呼崇文门曰海岱,宣武门曰顺承,朝阳门曰齐化,阜成门曰平则,皆元之旧名,相沿数百年,竟不

---

① 《明英宗实录》正统元年十月辛丑,"命太监阮安、都督同知沈清、少保工部尚书吴中率军夫数万人修建京师九门城楼。初,京城因元旧,永乐中虽略加改葺,然月城、楼铺之制多未备,至是始命修之"。此据赵其昌主编:《明实录北京史料》,北京:北京古籍出版社,1995年,第2册第38页。
② 《明英宗实录》正统二年二月丙戌,"都督沈清修理京城濠堑既完,请榜揭示,以禁居人污毁。从之"。此据赵其昌主编:《明实录北京史料》,第2册第44页。
③ 《明英宗实录》正统二年十月甲子,"以修京城门楼、角楼并各门桥毕工,遣官告谢司工之神及都城隍之神"。此据赵其昌主编:《明实录北京史料》,第2册第52页。
④ 《明英宗实录》正统二年十月丁卯,"行在户部奏:丽正等门已改作正阳等门,其各门宣课司等衙门仍冒旧名,宜改从今名。……从之"。此据赵其昌主编:《明实录北京史料》,北京:北京古籍出版社,1995年,第2册第52页。又按,实录记北京诸门,正统二年十月城门工程完工前用旧名,之后用新名。

能改。"①可见明代后期之情况。

又,《美石美刻》以为此石系拆除西直门明城墙时发现,疑或为误记。正统以后各门更名,原门额或弃置不用,但平则门距西直门即和义门尚远,并无特别挪至西直门之由。

附记:原定 2021 年在北大召开的第四届历史考古青年论坛因疫情原因一再推迟,最后在 2022 年岁杪线上召开。同样受到疫情影响,以往习以为常的外出考察也受到不少影响。近二年间,又因工作关系回到海淀,便多次去离临时居所不远处的五塔寺石刻艺术博物馆参观、散心,始得以仔细观摩馆中展出的一些以前多未措意的石刻材料。2022 年开会前后疫情愈发趋紧,困于斗室之中;又为筹备展览故翻检史料卧游元大都,其中有不少与大都石刻材料有关者,因此从中检出二则以应历史考古青年论坛文集征文之嘱。

---

① (明)蒋一葵:《长安客话》,北京:北京出版社,2018 年,第 2 页。

陕西凤翔雍城遗址出土铜制建筑构件补论

彭明浩　王凤歌

北京大学考古文博学院

引　言

1973年,陕西省宝鸡市凤翔县豆腐村村民,在村东南发现了铜质建筑构件窖穴,后考古队员介入,对出土窖藏的区域进行了调查和试掘,发现了雍城先秦建筑遗迹的一角及三个窖穴,出土铜制建筑构件共计64件。三窖穴均分布在建筑遗迹周围,其内建筑构件摆放整齐,为有意识地保存。这些建筑构件由青铜片制成,呈方形中空的筒状,部分构件筒腔内残留有木屑痕迹,根据构件形状、装饰面以及尺寸大小,报告将其分为了十个类型,其中大类构件49件,筒腔宽、高在12—16厘米,长40厘米以上,有三面、两面、一面设板,饰有蟠虺纹,其他面仅为框架,细分为阳角三面、阳角双面、阴角双面、双齿双面、单齿双面、双齿单面(筒状)、双齿单面(片状)、单齿单面8类;小类构件15件,尺度明显较小,筒腔宽度在5—8厘米,长30厘米左右,包括双面楔形中空、小拐头2类。其基本形式如表一所示[①]:

表一　铜制建筑构件类型

类型	类型	图示(同比例尺)	照片
大类构件	阳角三面		

---

* 本文受国家社科基金重大项目"秦汉三辅地区建筑研究与复原"(18ZDA181)资助,写作过程中得田亚岐、刘瑞、杭侃、徐怡涛、张剑葳、常怀颖等先生指教,谨此致谢!

① 凤翔县文化馆、陕西省文管会:《凤翔先秦宫殿试掘及其铜质建筑构件》,《考古》1976年第2期,第121—128页。

城市·建筑

续表

	类 型	图示（同比例尺）	照 片
大类构件	阳角双面		
	阴角双面		
	双齿双面		
	单齿双面		
	双齿单面（筒状）		
	双齿单面（片状）		
	单齿单面		

续表

	类　　型	图示(同比例尺)	照　　片
小类构件	楔形中空双面		
	小拐头		

杨鸿勋先生结合历史文献和早期建筑构造,对铜质建筑构件的性质和功能进行了分析(图一),将主体的大类构件归纳为内转角、外转角、尽端和中段四个类型,推认其当用于版筑墙内壁柱、壁带之上(图二),起到加固和装饰的作用,为文献所载的"金釭",并将这一做法的历史渊源做了贯通式的梳理,认为早期金属件的使用是出于加固的目的,后逐

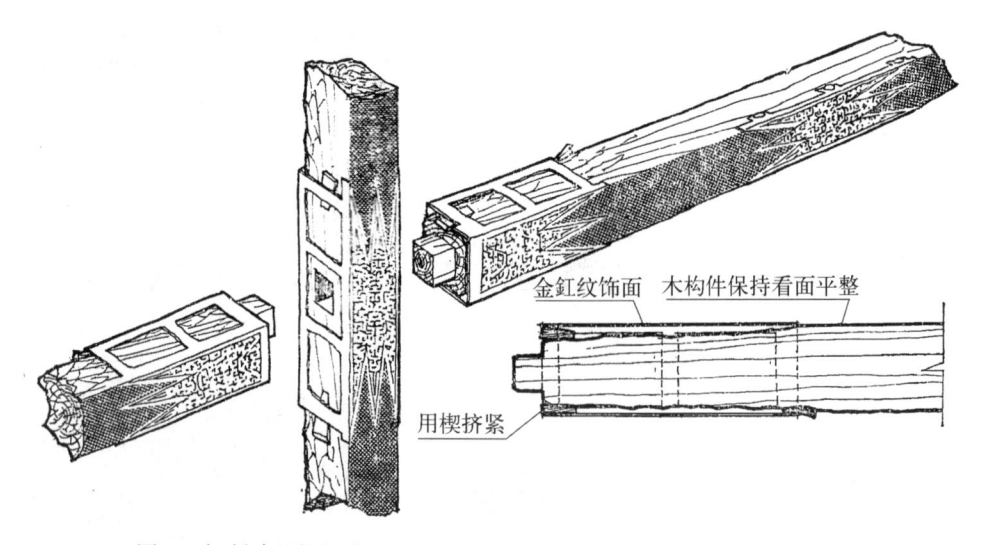

图一　铜制建筑构件安装示意图(杨鸿勋《凤翔出土春秋秦宫铜构——金釭》)

渐转化为装饰保存了下来,后代建筑彩画中"藻头""箍头"即由此演化而来,明清建筑门窗上的金饰,更加直接地反映了金釭的构造功能及装饰意匠[1]。其开阔的视野令人叹服,相关结论已基本成为学界共识[2]。

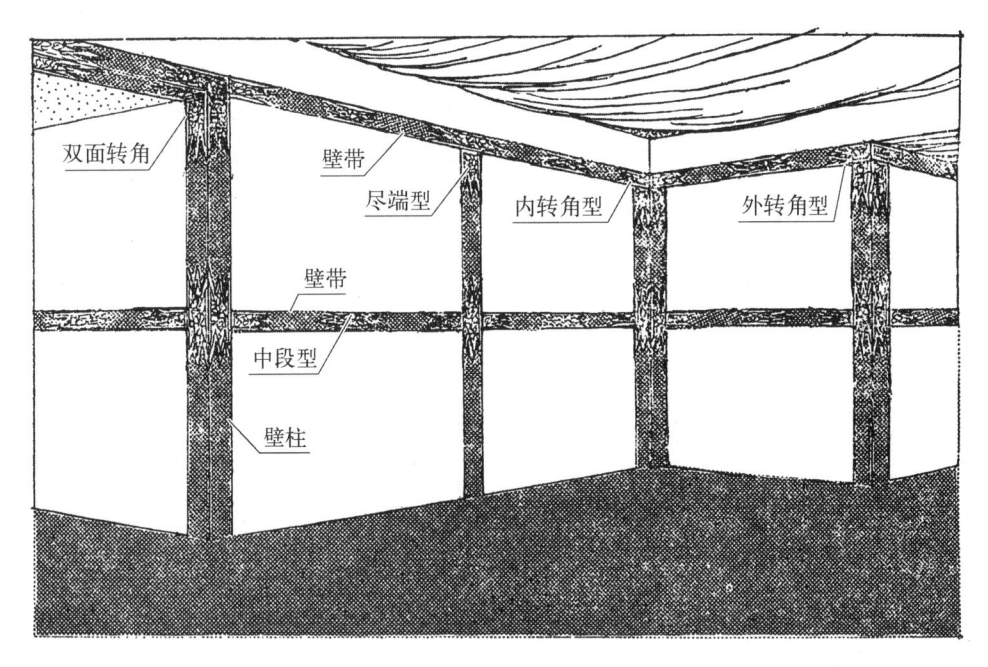

图二　杨鸿勋先生复原图(杨鸿勋《凤翔出土春秋秦宫铜构——金釭》)

2018年,笔者在雍城遗址参与建筑遗址发掘,地点就在豆腐村东侧,为了解当时的建筑做法,即特别留意同一区域出土的这批铜制建筑构件。同时,在陕西省历史博物馆、宝鸡市博物馆和凤翔县博物馆,还能一睹出土原物。熟悉相关考古材料的同时,回溯杨先生将考古学与建筑史学结合的研究思路,渐有了一点学习心得。本文尝试在杨先生研究的基础上,回到当时考古发掘的语境,辨清遗迹单位内不同类型建筑构件的数量比例关系和组合关系,考虑其具体的安装位置。

一、构件量比关系

发掘报告和杨鸿勋先生的研究论文,都对这批铜制构件采取了分类处理,并选取代表器物进行说明,这样行文简洁,便于直观掌握出土物的整体面貌,但侧重于类型样式,往往

---

[1] 杨鸿勋:《凤翔出土春秋秦宫铜构——金釭》,《考古》1976年2期,第103—108页。
[2] 80年代后出版的中国古代建筑史方面的通史著作,均引用杨鸿勋先生结论,见:中国科学院自然科学史研究所主编:《中国古代建筑技术史》,北京:科学出版社,1985年,第36页。刘叙杰主编:《中国古代建筑史》第一卷,北京:中国建筑工业出版社,2003年,第304页;傅熹年著:《中国科学技术史·建筑卷》,北京:科学出版社,2008年,第92页;萧默主编:《中国建筑艺术史(上)》,北京:中国建筑工业出版社,2017年,第93页。

让人不自觉地忽略掉了不同类型构件的数量比例,哪类构件多,哪类构件少,每一个窖穴中含有哪些不同类型的构件,并不容易引起注意。好在报告附表介绍了每件编号构件的形式、尺寸,并说明了每个窖穴出土构件的编号(表二),有助于我们了解各类构件的原始出土情况。

表二 各窖穴不同类型铜制建筑构件数量

	铜构类型	第一窖	第二窖	第三窖	计数
大类构件	阳角三面			3	3
	阳角双面	1		1	2
	阴角双面		2		2
	双齿双面	3	4		7
	单齿双面	7	8	12	27
	双齿单面(筒状)		1		1
	双齿单面(片状)		1		1
	单齿单面	2		1	3
	单齿双面,一面素面		2	1	3
小类构件	楔形中空双面	3	3	7	13
	小拐头			2	2
总计		16	21	27	64

构件主体集中于大类构件,其体方形中空,周边做板面和框架,板面饰蟠螭纹,加工精美,当意在外露,而框架粗糙,当暗藏于墙内,杨鸿勋先生也主要因为这一特殊的饰面设置,认定其用于版筑墙内的壁柱、壁带这类枋木上。按枋木在墙体的位置,则除转角部分的枋木需要套用双面的构件外,一般直墙上的枋木只露出一面,因此只需要使用单面铜构件,则双齿单面或单齿单面的比例当很高。

但由上表可见,上述三窖 49 个大类构件中,却只有 5 个单面构件,占大类构件的比值不到 10%。另有 3 个一面饰纹、一面素面的构件,素面不可能暗藏,否则没必要设板,其也应当用于转角位置,只是一面可能靠内,不易注意,才做素面处理。而双面、三面构件居多,共计 41 个,占比 84%,若计入 3 个一面饰纹一面素面的构件,共计 44 个,占比超过 90%。这种比例关系,在不同位置发现的各窖坑中也大体一致(双面以上构件在各窖坑中分别占比为 84.6%、88.9%、94.4%),说明其比值稳定,一定程度上反映了构件的原始使用情况,若用于建筑,当主要施用于空间的拐角处。杨鸿勋先生可能也意识到了这一问题,在其所绘的复原图中,即截取了建筑转角空间这一局部作为示例说明。同时,墙体内转角的位置,枋木也不可能两面外露,因此这批构件当大量用于墙体的外转角,符合这一空间位置关系的,只有建筑的门窗洞口和外墙四角,考虑到构件并非独立存在,而是通过枋木相互连接,则其集中于门窗洞口设置的可能性更高。

再从构件施工的角度看,若大类构件全结合夯土中的枋木使用,其箍套枋木于内(仅一个为片状的嵌套构件),则在夯土筑墙时就需提前安装,从属于建筑的基础结构工程。但大类构件中,单齿构件有33个,占比超过三分之二,枋木端头接此构件与其他枋木交接,并不能加强枋木交接点的结构性;其他个数计的双齿和拐角构件尚可言结构功能[①],但枋木即与夯土结合使用,以木为骨,以土为筋,夯土实也有稳固枋木交接的作用,因此,青铜构件的结构功能并不明显,且这组构件板面精细的装饰图案,有意识地结合露面安排,更说明其意在装饰。那么若这些主要起装饰作用的构件在建筑基础土木工程时,即已完成,后期上部施工、墙面装修都会对其有影响,其安设位置后期无法再调整,不同位置如何处理也很难事先周到地规划,这恐非合理的建筑施工次序。且如编号48、49、53的双面构件,一面饰纹、一面素面,特别是编号53的构件,长度还不及其他同类构件的一半[②],应该在安装时即明确了建筑空间划分、使用功能和主要的视线安排,即便其在初始基础结构工程时即安装,也更可能施用于建筑空间功能最明确的出入口。

二、构件组合关系

若整体把出土构件分为大类构件和小类构件两个组合单元,大类构件似为一个统一系统。但从使用角度看,铜制构件箍套的枋木相互交接,形成构架网络,则枋木截面尺寸当大体一致,那么套于其上的铜制建筑构件的筒腔宽、高也应该大体一致。大类构件虽普遍筒腔接口方16厘米左右,可以形成组合关系,但其中还有数个构件筒腔尺度明显较小,只有12×14厘米左右,它们连接的枋木无法套接接口方16厘米的铜制构件。这提示,这批铜制构件还可以按其筒腔接口尺寸大小进一步划分组合单元。

根据报告附表所列的构件尺度,将筒腔接口的高、宽,对应在横、纵坐标图上[③],则可以看到这批铜制构件明显分为五个组合单元(图三):

[①] 双齿构件若套于枋木中部,也无结构作用,且其中还有编号62这样报告单独划为一种类型的双齿单面片状构件,没有结构功能。杨鸿勋先生亦认为这种片状构件代表的"凤翔出土的这64件所谓'铜制建筑构件',正是金釭由实用到装饰转变阶段的标本"。
[②] 报告将其单独划为一式,但介绍有笔误,其与其他同类构件的差异不在筒腔高宽,而在长度。
[③] 楔形构件宽度上下不同,为方便制图,宽度值计为上下均宽。

1. 接口方16厘米左右；
2. 接口长方14×12厘米左右；
3. 接口楔形8.2-10.4×22.2厘米左右；
4. 接口楔形6.5-8.5×20.5厘米左右；
5. 小拐头接口方5厘米。

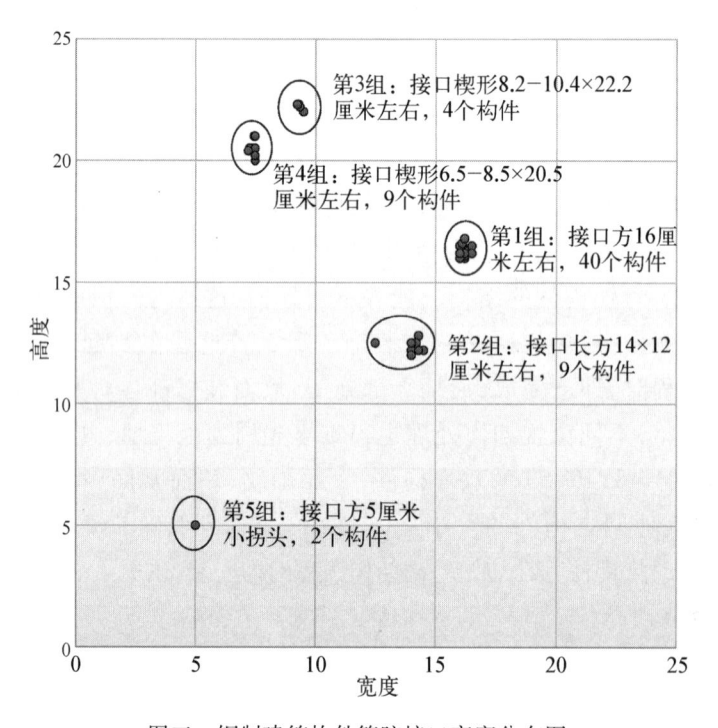

图三 铜制建筑构件筒腔接口高宽分布图

大类构件49个，包含第1、2两组构件：

第1组为接口16厘米见方的构件，共40件，占较大比例，包含除阳角三面构件外的七种类型的构件，它们之间可通过统一尺度的规整枋木连接，以单齿双面和双齿双面构件为主。

第2组接口在14×12厘米左右的构件，共9个①，包含3个阳角三面构件、3个双齿双面构件和3个单齿双面构件。其中阳角三面构件，是出土构件中唯一的三面俱有纹饰的构件②，只在第2组才有。

以上明确的分组，说明大类构件的使用并非指向一个单纯的系统，而可能存在一定的结构组合，且最特别的三面饰纹构件均为相对较小的长方形接口，具有一定的标志意

---

① 其中1个单齿双面构件，其筒腔12厘米见方，为图表中的离群点，其与14×12厘米接口的尺寸较接近，构件长度，也与14×12厘米接口构件相同，可能是这类构件测量或记录之误，也可能是其所接枋木与14×12厘米接口构件所接枋木垂直相接，共用12厘米宽度，但高度略小。总之，这一个构件不太可能独立存在，暂可归入这一组合构件中。
② 杨鸿勋先生所绘阳角三面构件的位置有误，按其图示，为阴角三面构件，这类构件未见于出土构件。

义,按其饰面分布,有两种可能的安装方式:一种与单齿双面构件形成组合,用于构造的外顶角位置;一种单独使用,用于门窗向外开合的角部位置(图四),可作为复原探讨的线索。

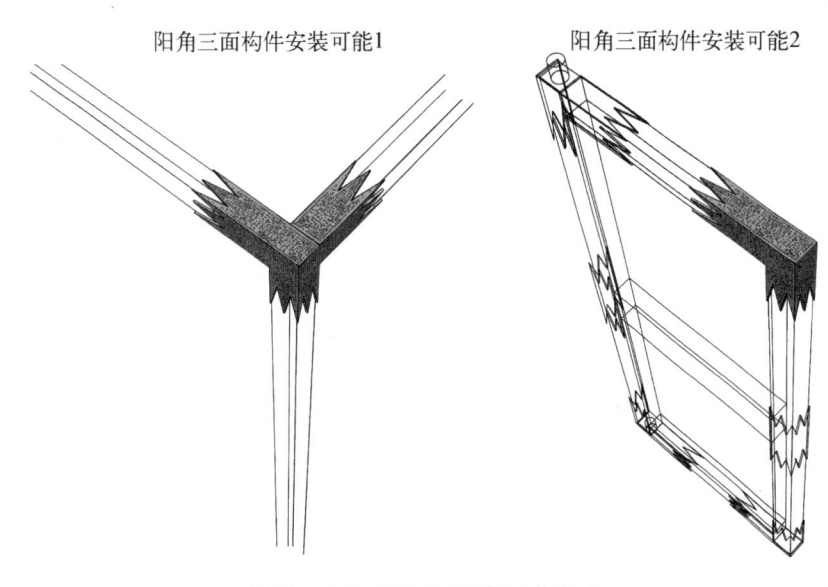

图四 阳角三面构件可能安装方式

三、复 原 探 讨

1. 建筑主体构件

首先以杨鸿勋先生所论为基础,考虑这批构件用作建筑主体构件,则如前文所论,大类构件当在建筑墙体的门窗洞口分布。其中阳面三角构件,若按第一种安装方式(图四-1),只能装于墙体外顶角,但当时的建筑还主要依靠夯土墙承重,墙直接承托屋顶结构,无法形成顶角空间。则第二种用作门扇边框角部的装饰构件的可能性更大(图四-2),门为板状,不需要与其垂直另接单齿双面构件,且背面部分在开关门时都不宜注意,不需特别装饰,可作框架结构,这就符合了阳角三面构件的饰面配置。晚期建筑的门窗面叶也采用类似的处理,仅施于门窗正面,连侧边也不做任何贴片装修(图五)[1]。

---

[1] 马炳坚:《中国古建筑木作营造技术》,北京:科学出版社,1991年,第291页;王一淼:《故宫古建筑外檐门窗样式与构造研究》,北京:北京建筑大学硕士学位论文,2016年,第54—55页。

图五　故宫保和殿门扇面叶

以阳面三角构件为线索，第2组构件当全部用于门扇，参考西周青铜方甗[1]（图六），建筑正面中央辟双扇门，门扉划分为上下两格，外观似版门，但四周边框均设枋木，又有后世格子门的特征，为叙述方便，暂借用《营造法式》术语将这些周边枋木称为"桯"[2]。铜制构件若用于边桯装饰，阳角三面构件用于角部，双齿双面用于两侧边桯中部，腰串横向垂

蹲兽方甗　　　　　　兽足方甗

图六　周代青铜器所反映的建筑门窗（刘叙杰《中国古代建筑史》第一卷）

---

[1] 带门窗装饰青铜器以两件方甗为代表，一件为陕西扶风庄白出土的刖人守门蹲兽方甗，现藏于周原博物馆，陕西周原考古队：《陕西扶风庄白一号西周青铜器窖藏发掘简报》，《文物》1978年第3期；中国青铜器全集编辑委员会：《中国青铜器全集》，北京：文物出版社，1998年。一件见于[日]林巳奈夫：《殷周青铜器综览》。刘叙杰先生曾收集相关资料，并图绘之，见刘叙杰：《中国古代建筑史》第一卷，北京：中国建筑工业出版社，2003年，第242页。

[2] 版门两侧有肘板，但在内侧，此类呈规则枋木边框的构件多用于格子门，称为边桯，李诫著、梁思成注释：《营造法式》卷七《小木作制度二》格子门条，《梁思成全集》第七卷，北京：中国建筑工业出版社，2001年，第191页。

直插入，其上可能置门锁，门轴位置的边桯需上下突出插入门砧旋转，角部无法使用阳角三面构件，则在门轴边桯与上下桯相交处，可施垂直相交的单齿双面构件①。整个门板四周交接部分都有铜制构件，其正侧两面都能看到，边桯厚12、宽14厘米，上中下铜制建筑构件饰面总长近1.4米，若为较疏朗的布局的话，则门高当在3米以上，宽在1.5米以上，具有很高的规格。

而第1组接口较大的构件，当主要用于建筑门窗洞口的转角位置，其占多数的单齿双面、双齿双面构件，当用于门框四周，而拐角用构件，分阳角、阴角两种饰面配置，分别对应有外转角和内转角空间，这一时期的建筑，墙体较厚②，门扇若置于洞口内侧，则门框、门洞侧面墙、门洞正面墙便形成了一既有外转角又有内转角的空间，这些空间角部接合处，当主要使用这批组合构件(图七、图八)。

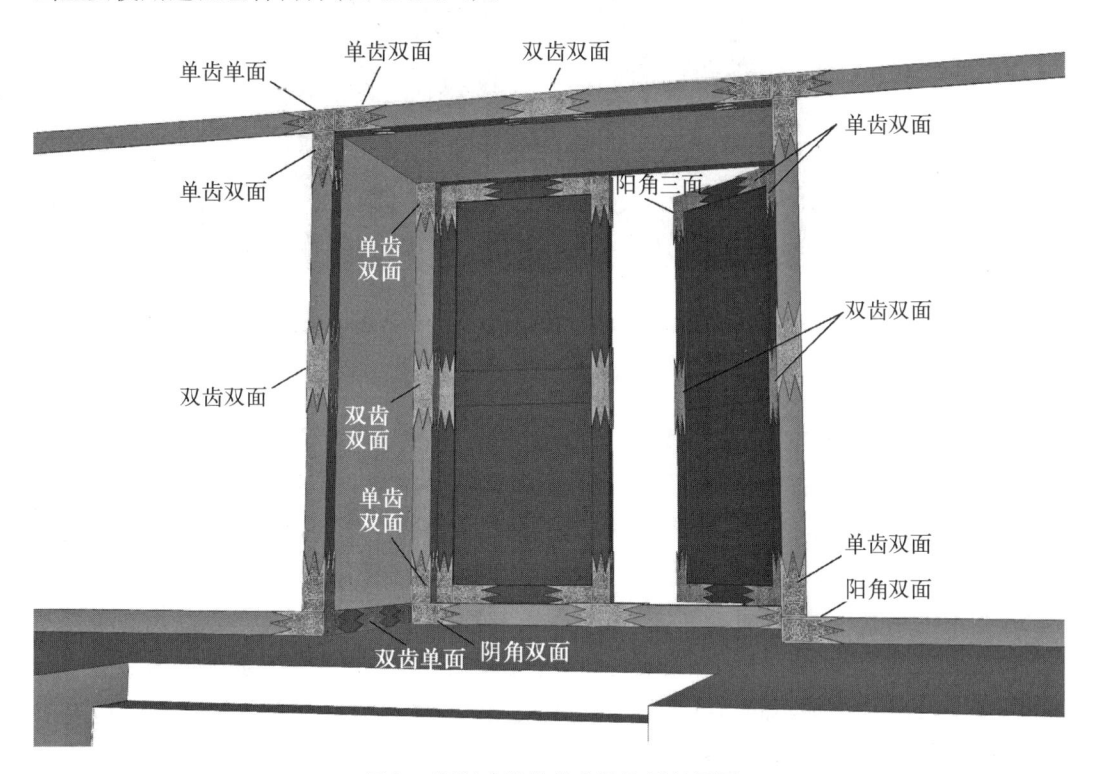

图七 铜制建筑构件安装位置复原图

除上述大类构件外，小类构件15个，包括较大的楔形接口构件4个，宽8.2—10.4、高22.2厘米左右；较小的楔形构件9个，宽6.5—8.5、高20.5厘米左右；小拐头2个，接口5

---

① 门轴边框宽度可能较小，则垂直边框宽度可能为12×12厘米，较为特殊的12×12厘米接口的单齿双面构件，可能用于此。

② 窖坑附近的建筑遗址，夯土墙残宽即在1—1.2米，凤翔县文化馆、陕西省文管会：《凤翔先秦宫殿试掘及其铜质建筑构件》，《考古》1976年第2期，第121—128页。另附近马家庄一号建筑群遗址，墙厚也多在1.1—1.3米，陕西省雍城考古队：《凤翔马家庄一号建筑群遗址发掘简报》，《文物》1985年第2期。

图八 门洞装修复原效果图

厘米见方。报告认为："小拐头从其较小的形制来看,应施作门窗装饰,但具体部位尚难推断。"①杨先生也曾推测："梯形截面两窄面各为 60 和 80 毫米。因此内插杆件与其说是枋木,毋宁说是板材,可知不是主要荷重的构件,或为门窗口之类的边框上使用的。现在还缺乏进一步讨论的材料。"②在上文基础上,门洞口边框、门板边框既有装饰,考虑其共存关系,那么其施之于窗口的可能性进一步提高。其可能的安装位置,还是以周代铜鬲所表现的窗扇为依据,窗口设较厚边框,中间有十字形窗扇棂格。考虑到双面楔形构件与小拐角所接木料的尺寸明显不同,其很可能分别对应于窗户的边框与棂格。边框枋木,适应于构件尺寸,当内宽外窄,呈楔形外收,构件分两个尺度规格,可能对应于不同规格大小的窗口,构件正面均有规则的圆形方孔,当接较大的固定用泡钉。而其上棂格的四边角,用小拐角构件嵌套,小拐角构件有两种样式,一种扣于棂格上,其正侧面有装饰,当用于转轴位置,另一种侧套于棂格拐角,正侧背面均有装饰,则当用于开启的一侧,这样窗户打开后背面的纹饰也能看到(图九)。

---

① 凤翔县文化馆、陕西省文管会:《凤翔先秦宫殿试掘及其铜质建筑构件》,《考古》1976 年第 2 期,第 121—128 页。
② 杨鸿勋:《凤翔出土春秋秦宫铜构——金釭》,《考古》1976 年第 2 期,第 103—108 页。

城市·建筑 · 255 ·

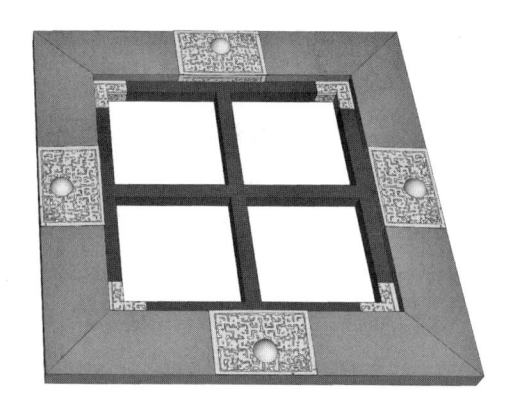

图九 窗上构件复原

郑州小双桥遗址即见有商代前期建筑所用的青铜构件①，论者也多认为其当与门框装饰相关②，秦都咸阳③也出土过铜铺首等门上装饰构件，类似的铜制铺首、门簪、泡钉、面叶等发现在秦汉以后屡见不鲜，反映了装饰门窗是中国建筑一脉相承的传统。

而关于这批铜构的名称，杨鸿勋先生考之为"金釭"，最早出自《汉书·赵皇后传》："皇后既立，后宠少衰，而弟绝幸，为昭仪。居昭阳舍，其中庭彤朱，而殿上髹漆，切皆铜沓（冒）黄金涂，白玉阶，壁带往往为黄金釭，函蓝田璧，明珠、翠羽饰之，自后宫未尝有焉。"师古注曰："切，门限也……沓，冒其头也。涂，以金涂铜上也。"④上述文献除记载壁带上的"金釭"外，还载有装饰门限的"铜沓"，而雍城出土的这批铜构件，按上述复原，也可以细分为墙体构件和门窗构件两类，或不能全冠之以"金釭"，后一类更与"铜沓"有对应关系。构件表面多有小的卯眼，当用于悬挂玉璧珠羽，《三辅黄图》载未央宫，亦言："黄金为壁带，间以和氏珍玉，风至，其声玲珑然。"⑤既然能随风而动，也说明这类构件当主要用于连通室外的门窗洞口装修⑥。

2. 其他建置构件

除上述复原外，在建筑内部，家具陈设往往具有独立的空间构造，存在较多的外转角，

---

① 河南省文物研究所：《郑州小双桥遗址的调查与试掘》，河南省文物研究所编：《郑州商城考古新发现与研究（1985—1992）》，郑州：中州古籍出版社，1993年，第242—271页。
② 宋国定：《商代前期青铜建筑饰件及相关问题》，河南省文物研究所编：《郑州商城考古新发现与研究（1985—1992）》，郑州：中州古籍出版社，1993年，第72—77页；郑杰祥：《关于小双桥遗址出土青铜建筑饰器功用的探讨》，《古代文明研究通讯》总第三十八期，2008年，第28—31页。
③ 陕西省社会科学院考古研究所渭水队：《秦都咸阳故城遗址的调查和试掘》，《考古》1962年第6期，第281—289页；陕西省博物馆、文管会勘查小组：《秦都咸阳故城遗址发现的窑址和铜器》，《考古》1974年第1期，第16—26页。陕西省考古研究所编著：《秦都咸阳考古报告》，北京：科学出版社，2004年，第150页。
④ 班固著，颜师古注：《汉书（点校本）》卷九十七下《外戚传》，北京：中华书局，1962年，第3989页。
⑤ 《三辅黄图》卷二"汉宫"条，何清谷：《三辅黄图校释》，北京：中华书局，2005年，第115页。
⑥ 另雍城这类构件，在建国前有盗掘出境的，为英国白金汉宫Lucy Maud Buckingham收藏，其构件纹饰相似，部分构件样式也相同，可能是附近另一处窖藏出土，但其双齿和单齿构件，还见有另一种较宽的尺寸规格，说明了这批构件，还有另外的组合单元，展览中亦作门框架构件拼合，可提供一定参考。见［日］梅原末治编：《欧米搜储支那古铜精华》（六）杂器部一：蟠螭纹饰金贝。The L. M. Buckingham Collection, The Art Institute of Chicago, 大阪：山中商会发行，1935年，三六号。

可作为铜构施用位置的一种可能性探讨。在这种情况下,三面阳角构件可与单齿双面构件组合,装饰于室内陈设的外顶角(图四-1)。

先秦时期的室内陈设现已难觅踪迹,但参考同时期的墓葬及图像材料可知当时室内跪坐,高规格的居所普遍下施床、榻,上施帷帐、几案,后置屏风①。在这些家具陈设的边缘,也见有铜构装饰,信阳楚墓一号墓中出土的漆案,"四隅各嵌一铜角",漆床的"每边床栏上隅附有铜质镶角"②,而帷帐、屏风所用铜构在这一时期就更是常见了,反映出高等级家具陈设在周代已形成了使用铜构装饰的制度。特别是殿内的床榻基座,是核心建置,体量较大,相应地,其构造用材也较大,可能会用到如雍城所出的大型铜构装饰。这样的传统一直延续,即便我国后来转为使用高足家具,中式宝座仍是以床和屏扆组合而成的,"并不是单纯的坐具,而是殿堂中之仪式性的设施"③,如故宫太和殿、保和殿内宝座,其下仍作床式基台,形成了重层结构,基台边缘均用铜构装饰,其上椅、屏也不例外(图十)。以铜构装饰殿内家具的传统也影响到了日本,由于日本至今尚保留跪坐传统,其室内陈设更能反映出我国的早期情况,在京都御所紫宸殿内,还存有天皇即位所用的高御座,座身类床,以枋木做成箱体,枋身及转角处多有铜构装饰,其虽为近代仿制,但原型可追溯至平安

图十 故宫保和殿宝座基台

---

① 孙机、杨泓:《文物丛谈》,北京:文物出版社,1991年,第267—273页。
② 河南省文物研究所:《信阳楚墓》,北京:文物出版社,1986年,第40—43页。
③ 孙机:《中国古代物质文化》,北京:中华书局,2014年,第168页。

时期,可作一定的参考①(图十一)。室内陈设类型多样,存在不同的结构组合,是造成雍城出土铜构分为多组的可能原因:其大类构件施用于床、榻的不同构造层,而小类构件则装饰于其上的帐构或屏风。

图十一 日本紫宸殿高御座

除此之外,蒙田亚岐先生见告,还需考虑铜构脱离于建筑、用于其他营造设施的可能性。根据近几年的雍城考古工作,对城市功能分区的认识进一步深入,普遍认为姚家岗、豆腐村一带,虽也有重要的建筑遗迹,但以高等级的手工业作坊为主,供其位于东马家庄区域的宫殿建设②。因此,遗址所见窖坑中的青铜构件,虽于其旁发现有建筑基址,但两者尚不能建立直接关系,窖坑里"各类构件排列整齐,为有意识保存下来的"③。报告又

---

① [日]表克枝:《中日宫殿空间艺术比较:太和殿和紫宸殿》,《建筑史论文集》(第16辑),北京:清华大学出版社,2002年,第268—276页。
② 陕西省考古研究院、宝鸡市考古研究所、凤翔县博物馆:《秦雍城豆腐村战国制陶作坊遗址》,北京:科学出版社,2013年;陕西省雍城考古队:《凤翔马家庄一号建筑群遗址发掘简报》,《文物》1985年第2期;尚志儒:《〈凤翔马家庄一号建筑群遗址发掘简报〉补正》,《文博》1986年第1期;陕西省雍城考古队:《陕西凤翔春秋秦国凌阴遗址发掘简报》,《文物》1978年第3期。根据现在对姚家岗区域的钻探,有学者认为,其很可能是由其他地方的宫殿拆除搬运而来,用于熔铸铜料,尚存争议。王元:《秦都雍城姚家岗"宫区"再认识》,《考古与文物》2016年第3期,第69—74页。
③ 凤翔县文化馆、陕西省文管会:《凤翔先秦宫殿试掘及其铜质建筑构件》,《考古》1976年第2期,第121—128页。

言:"所有铜质构件未见烧灼痕迹,绝大部分保存完好。"①则说明构件被拆除前,其所在建置并未遭遇天灾,而更可能是自然荒废或因某些历史事件影响而被拆除。而拆除工程仅把青铜构件集中窖藏,周边也未见其他构件痕迹,考虑到周边区域的手工业功能性质,窖坑中的构件也有从他地大型建置拆运而来、集中储存留作他用的可能性。

这类大型建置中,桥梁值得重点关注。雍城整体地势西北高、东南低,根据近年对城内外地理环境的考察,发现从北部雍山一带的水流通过白起河及多条河流穿城而过,城内河渠纵横,形成了"顺河而建,沿河而居"的"水中之城"格局,河上当架有众多桥梁沟通河道两岸②。而春秋战国时期,我国已经出现了大跨度的木构梁桥,并直接影响到了秦汉时期的桥梁建设③,参考汉代桥梁图像④(图十二),梁桥以木柱作桩,承托上方纵横叠全的

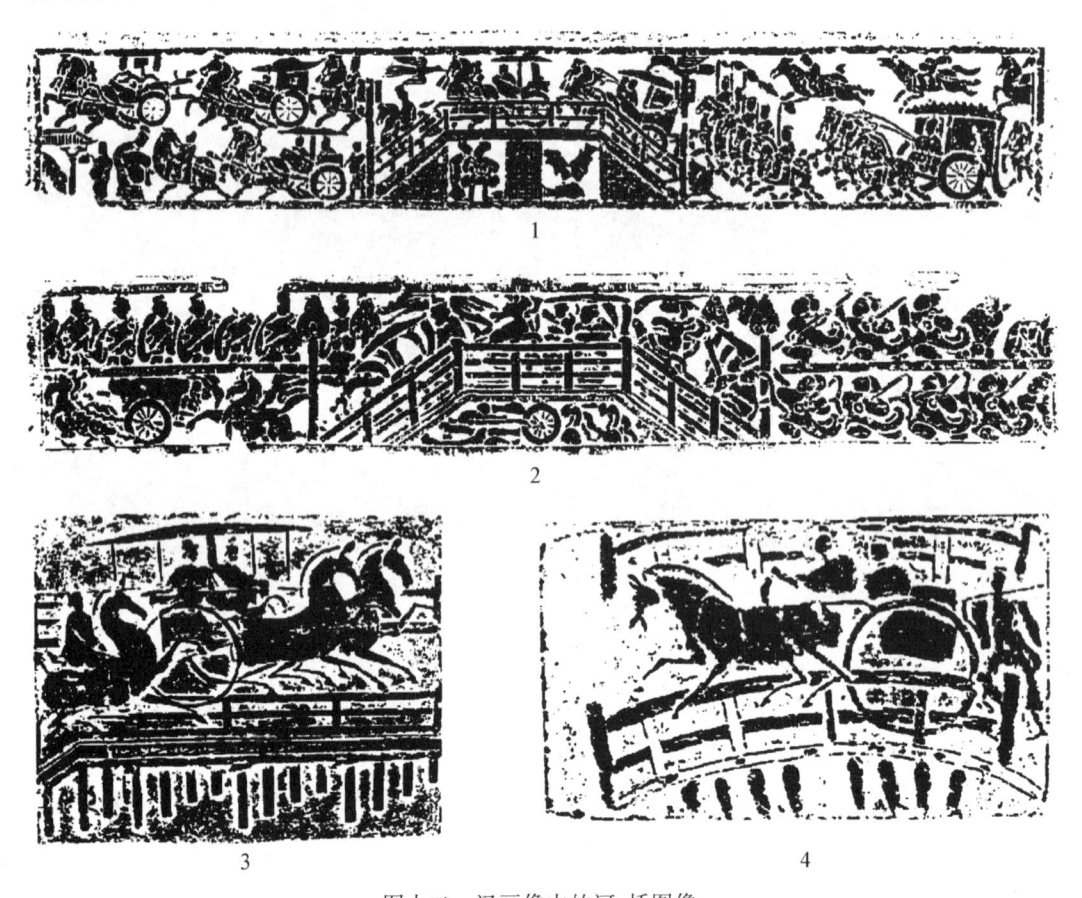

图十二 汉画像中的河、桥图像
1. 山东苍山兰陵镇出土画像石 2. 山东临沂白庄汉墓出土画像石
3. 四川省博物馆藏河桥车马出行画像砖 4. 四川新都出土河桥车马出行画像砖
(引自信立祥:《汉代画像石综合研究》,文物出版社,2000年,第331页)

① 凤翔县文化馆、陕西省文管会:《凤翔先秦宫殿试掘及其铜质建筑构件》,《考古》1976年第2期,第121—128页。
② 田亚岐:《秦都雍城布局研究》,《考古与文物》2013年第5期;田亚岐:《秦雍城遗址考古工作回顾与展望》,《秦始皇帝陵博物院院刊》总第二辑,西安:三秦出版社,2012年。
③ 茅以升主编:《中国古桥技术史》,北京:北京出版社,1986年,第5—32页。
④ 李亚利、滕铭予:《汉代桥梁图像的建筑学研究》,《南方文物》2014年2期,第181—185页。

木梁和木枋,大木相交和端头、枋身位置也可能使用到铜制构件装饰。

整体而言,雍城的这批铜构体量较大,自成系统。关中地区除雍城外,咸阳、临潼等秦遗址也偶有铜构发现①,但其尺度相对较小,筒腔断面不仅有方形,还有圆形或实心构件,端头多有卯口,周身纹饰或有或无。它们与雍城的这批铜构是否有承继关系,还是主要用作帐构、车马器等小型构造,需整合相关材料,做进一步探讨。

结　语

以上所论,旨在通过还原构件的出土状态,关注不同类型构件的数量比例与组合关系,并纳入建筑空间整体考察,加强出土构件的考古学背景研究。通过上述分析,可知雍城出土铜制构件的性质和功能有多种可能性。杨鸿勋先生所论为其中最有影响、可能性最大的一种,在此基础上,可进一步推论这批构件用于墙体中的门窗洞口,其名称除"金釭"外,也有"铜沓"的可能。除此之外,铜构用于建筑内部陈设或其他营造设施的可能性在现有资料的情况下尚不能忽略。

上述分析能够成行,均有赖于报告所公布的基础信息完整翔实,尤其是报告后所附的全部构件一览表,发表了所有出土资料,在此也向田野考古工作者详尽的发掘、整理与记录表达敬意。

---

① 陕西省考古研究所编著:《秦都咸阳考古报告》,北京:科学出版社,2004年,第148—151页;朱捷元、黑光:《陕西长安县小苏村出土的铜建筑构件》,《考古》1975年第2期,第109—110页;秦始皇考古队:《秦始皇陵西侧"丽山飤官"建筑遗址清理简报》,《文博》1987年第6期,第3—32页。

新疆米兰遗址穹顶建筑渊源略论

陈晓露

中国人民大学历史学院、"古文字与中华文明传承发展工程"协同攻关创新平台

米兰遗址坐落在新疆塔里木盆地东南的米兰绿洲上,由英国考古学家斯坦因于1906年发现。这里是古鄯善王国伊循城旧址,汉王朝曾在此屯田,汉晋时期是鄯善国的佛教活动中心区和政治活动区,后来为吐蕃所占领。整个遗址共编号15处遗迹,包括古城、佛寺、古建筑等,分别属于不同时期,其中最受关注的是M.Ⅲ和M.Ⅴ两座佛寺,因保留了大量古典艺术风格壁画而久享盛名[1]。事实上,除了壁画之外,这两座佛寺的建筑形制也颇值得注意。这两件佛寺均为外方内圆,中间为圆形佛塔,佛塔与佛寺内壁之间形成圆形回廊,佛寺顶部据斯坦因推测为穹顶。此外,斯坦因在这两处佛寺东南约1.5公里处还发现了一处穹顶建筑M.Ⅹ;M.Ⅱ佛寺也有一个外方内圆的小房间,其顶部可能也采用了穹顶。穹顶在该遗址如此集中出现,是一个值得注意的现象。本文尝试对这几处穹顶建筑的渊源进行初步讨论,求教于研究者。

一、米兰遗址穹顶建筑的形制与年代

米兰遗址共发现15处遗迹,以吐蕃时期戍堡M.Ⅰ为中心,分布在约12平方公里的范围内。其中M.Ⅲ、M.Ⅴ、M.Ⅱ和M.Ⅹ四处建筑发现了穹顶结构。

M.Ⅲ、M.Ⅴ两座佛寺,位于M.Ⅰ西北约1.5公里处,两者相距不到100米,均为土坯垒砌而成,土坯尺寸约为41×23×13厘米,各自建于一个方形基座之上,形制相似,均为外方内圆,外墙厚度都超过了2米,寺内中心为圆形平面佛塔、单层塔基。

M.Ⅲ规模略小,台基高约0.6米,外墙边长约9米,西面开门,东、南、北三面开窗,顶部推测为穹顶;中心佛塔平面圆形,残高约4米,以土坯顺砖错缝砌筑而成,塔基呈束腰状、直径约2.8米,塔身自下向上不断递收,顶部略呈圆锥状,佛塔表面覆盖灰泥,并装饰有浅浮雕的菩提树和三宝图案。佛塔四周为环形回廊道,宽约1.8米,廊壁装饰"有翼天使"等蛋彩壁画。

---

* 本文是国家社科基金项目"新疆吐鲁番胜金店墓地考古发掘资料整理与研究(批准号:22KG008)的阶段性成果。

[1] M. A. Stein, *Serindia: Detailed Report of Explorations in Central Asia and Westernmost China Carried out and Described under the Orders of H. M. India Government*, Vol. 1, Oxford: Clarendon Press, 1921, pp. 492-533.

图一 米兰 M.III 佛寺外观

M.V 在 M.III 西北约 55 米处，规模稍大，台基高约 1.4 米，外墙边长约 12 米，可能是东、西两面开门，地面亦用土坯铺成。中心佛塔残高 3 米多，塔基直径约 3.8 米。周围的环形回廊内发现有木质塔顶伞盖（Chattra）构件，回廊壁上绘有须大拏太子本生故事及花纲题材等壁画装饰。

这两座佛寺的壁画艺术表现出了强烈的古典艺术风格，结合出土物、佉卢文题记等信息，学术界一般认为这两座佛寺的年代约在公元 2 世纪末—3 世纪上半叶。

遗憾的是，斯坦因发现这两座佛寺建筑时，其顶部都已经坍塌，不知原貌如何。不过，他在 M.V 回廊中发现了很厚的顶部倒塌堆积，从其中一些建筑碎片判断，其顶部原来应该是穹顶，并推测其跨度超过 8 米。相较而言，M.III 中心佛塔保存得更多，覆钵之上原来也应该安装木质塔刹，推测该佛塔的总高与塔基直径的比例应该在 2∶1 以上，也就是说其原高应可以达到 5—6 米。同理，M.V 中心佛塔的高度应在 7 米以上。如果这一推测不误的话，这两座佛寺最初的顶部应该更高，外观呈现为尖锥状，下接方形墙体，不过方形墙体的高度已经无法推测。因佛寺采用外方内圆的形式，因此其内壁围合的空间为子弹头状，佛塔安置在其正中。M.III 三面开窗则是为了采光，而与建筑顶部受力结构无关，M.V 两面开门亦是同样情况。

米兰 M.II 佛寺坐落在遗址中心戍堡东北方约 2.4 公里处，亦以土坯砌成，但土坯尺寸不明。佛寺西南部为一长方形基坛，四角大致朝向正方向，残高 3.35 米，分上下两层：下层约 14×11 米，东北、东南面残存灰泥塑成的成排壁龛装饰，内有略比真人小的泥塑佛像；上层约 5.3×4.8 米，保存较差，紧靠下层的西侧。基坛的东北面有一条约 3 米宽的走廊，廊外墙内壁有一排共 8 尊禅定印大型坐佛像；走廊外紧邻一座长方形的建筑，仅存西南和东南两面墙壁，东南墙连着一间约 5.8 米见方、外方内圆的房间，内壁直径约 4 米；此

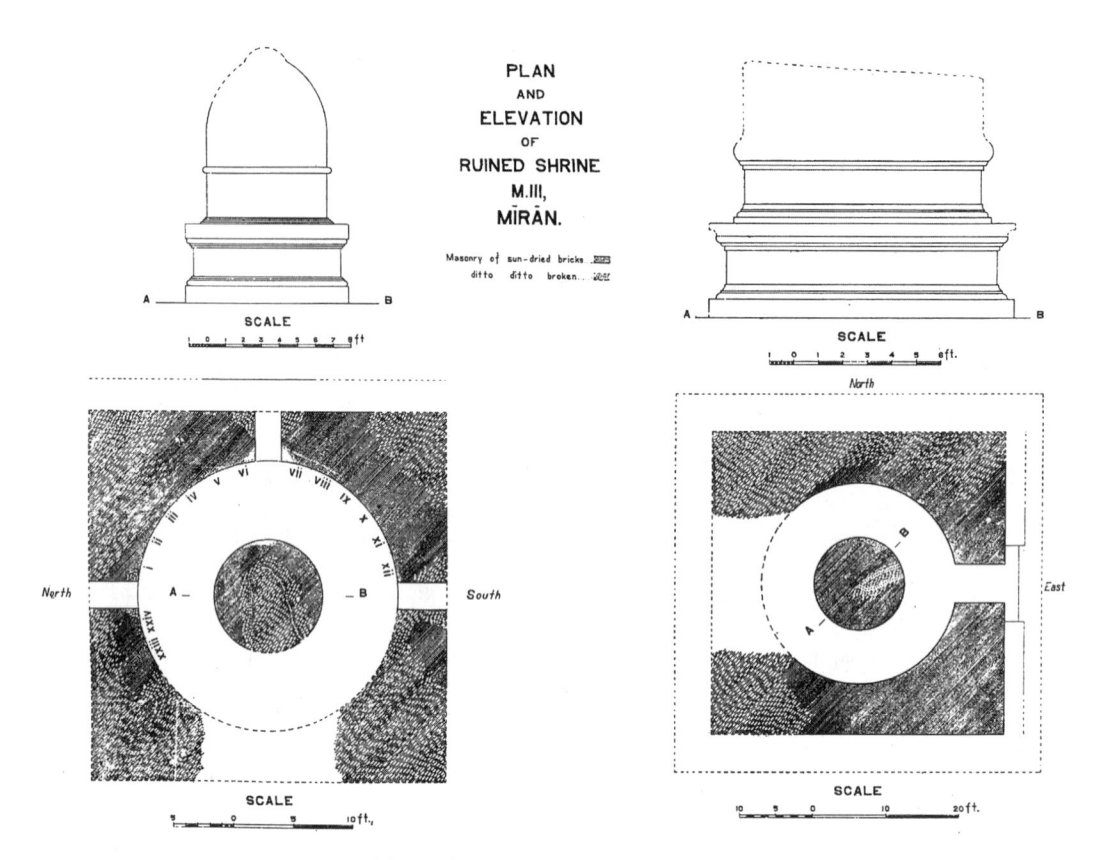

图二　米兰 M.Ⅲ、M.Ⅴ 佛寺平面图

外东北方 5.5 米处还有一座约 4 米见方的小佛殿。

该佛寺形制特殊,我们推测西南部长方形基坛可能用于供奉大型佛像,再结合其下层列龛装饰的形式与艺术风格,以及基座前出土的婆罗谜文书判断,该佛寺的年代大致在公元 5 世纪[①]。

值得注意的是佛寺东半部分的外方内圆的建筑。这座建筑现已不存,据斯坦因描述,他清理时外墙仍残高 1.5 米,但他所绘制的平面图并未表现出门户。这一点十分令人费解,结合犍陀罗地区的相关发现来看,我们认为该建筑可能是一座小祠堂,原入口可能位置较高,已完全损毁。

M.Ⅹ 建筑坐落于中心戍堡西南约 310 米处,损毁较为严重,约 2 米见方,残高约 3.7 米。该建筑最下部为高约 1.4 米的实心基础,以土坯垒砌,土坯规格为 41×20×12 厘米,间隔 15 厘米厚的黏土层,基座之上墙体高约 1.3 米,其上为半球体穹顶。墙体与穹顶连接处采用了突角拱(squinch)的做法,即以楔形砖在方形墙体的四角抹角砌成拱形,使得此处(墙体与穹顶连接部位)的平面呈现八边形。从斯坦因拍摄的照片来看,突角拱以上的穹顶仍是叠涩垒砌。

---

① 陈晓露:《鄯善佛寺分期初探》,《华夏考古》2013 年第 2 期,第 99—106 页。

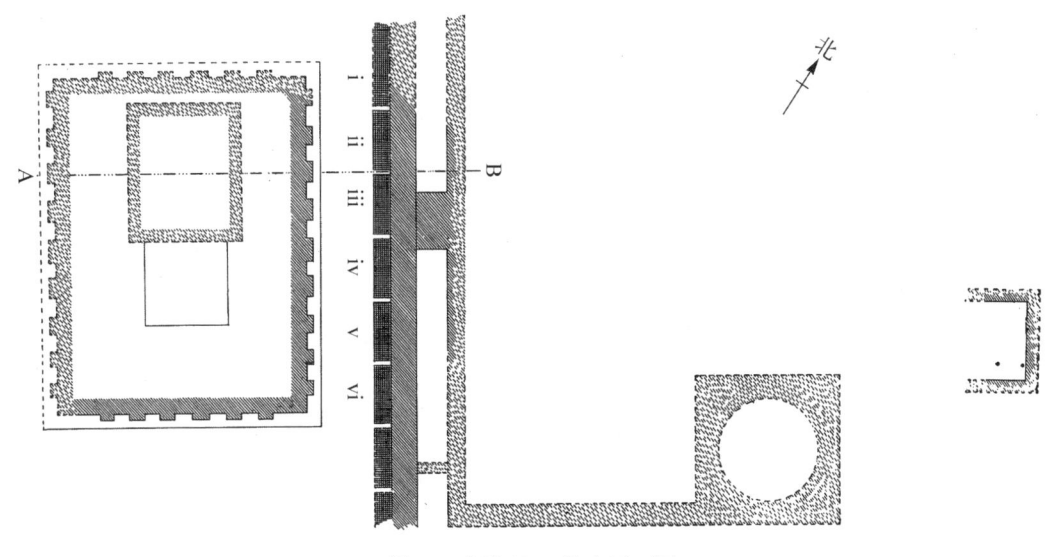

图三 米兰 M.II 佛寺平面图

值得注意的是，M.X 使用了两种建材，下部墙体使用土坯作为材料，而突角拱和穹顶则使用了烧砖。下部墙体的土坯尺寸也与 M.III、M.V 不同。

M.X 出土了一些毛纺织物和丝绸，此外没有出土可指示其年代线索的出土物。林立根据相对位置关系将米兰遗址分为两组，第一组为西南部，遗迹较为集中，第二组为东北部，遗迹较为分散，并认为两组遗迹在年代上存在差异，第一组的年代上限为公元 2 世纪末，第二组的年代上限为公元 4 世纪中叶，整个遗址的毁弃时间应在公元 5 世纪末或 6 世纪初。在这个分组中，M.X 被粗略地分到了第一组[1]。不过，从遗址分布图来看，M.X 事实上与第一组其他遗迹相距较远，较为孤立。考虑到目前所知最早的突角拱见于公元 3 世纪的萨珊早期建筑中，以及 M.X 所用土坯的尺寸有别于 M.III、M.V 两座佛寺，我们推

图四 米兰 M.X 建筑

---

[1] 林立：《米兰佛寺考》，《考古与文物》2003 年第 3 期，第 47—55 页。

测前者的年代应晚于后两者。

大体上,我们可将米兰遗址的四座穹顶建筑分为两类,一类为 M.III、M.V 和 M.II,特征为平面呈外方内圆形制;另一类为 M.X,整体规模较小,突出特征是使用了突角拱技术,这成为其文化渊源的特别指征。

在建筑学上,以砖材砌成(或可简称"砌体")的穹顶可以按照内部结构分为两种形式,一为拱壳,二为叠涩,它们分别对应着两种不同的建造技术。拱壳是逐层斜向砌砖,砖缝与水平面形成一定角度,利用砖材之间的相互推力形成拱顶;叠涩则是水平砌砖,以砖层层出跳的方式形成拱顶。相较而言,叠涩顶的压力由穹顶下的墙体承受,而拱壳顶的压力则是由起拱处之下的柱体来承受即可,因此叠涩结构的受力分配不如拱壳顶。但在施工上,叠涩顶的砌筑因不必考虑倾斜角度,比拱壳要方便得多,对砖材规格的要求也较少,而拱壳有时可能需要采用特殊形状的砖材①。因此,两种形式各有其长处。米兰遗址穹顶建筑主要采用的是叠涩的砌筑方式,惟突角拱的砖材采用的是拱壳式。

二、米兰遗址穹顶建筑中的伊朗文化元素

学术界一般认为,穹顶在波斯建筑中有着悠久的传统。因此,在探寻其渊源问题时,我们首先要考察米兰穹顶建筑中是否受到了伊朗文化的影响。

1. 米兰 M.III、M.V 的平面形制

很多研究者注意到了米兰 M.III、M.V 两座佛寺外方内圆的特殊平面形制,将其与帕提亚旧尼萨古城的圆厅(Round House)建筑并提。的确,从平面上看,后者亦为外方内圆,与米兰两座佛寺十分相似。

尼萨是帕提亚王朝的初期都城,位于土库曼斯坦阿什哈巴德西北 16 公里处,主要由南北两座城址构成。西北部城址被称为"新尼萨",是城市和居民生活区;东南部城址被称为"旧尼萨",城内发现了宫殿、皇陵、皇家仓库和多处礼仪性建筑,这些建筑经历了多次修建过程,其具体年代尚未完全弄清,但因出土陶文中称该城为"Mihrdatkirt",大多数学者赞同帕提亚君主米特拉达梯一世(公元前 171—前 138 年)时期该城进行了大规模兴建,几处礼仪性建筑应正是在这一时期修建或增筑的。被称为"圆厅"的建筑就属于诸多礼仪性建筑之一,位于城址西南部,形制为外方内圆,由泥砖修筑,西、北、南三面墙上各有一个入口,内殿直径达到 17 米,以本地特有的石膏涂抹并绘彩装饰,殿内还出土了大量陶塑人像,表明了该建筑的礼仪性质,但具体是一座神庙还是陵墓、英雄祠仍未确定。

该遗址最初由苏联考古队发掘,普加琴科娃(G. A. Pugachenkova)对其进行了复原,

---

① 中国科学院自然科学史研究所主编:《中国古代建筑技术史》,北京:科学出版社,2016 年,第 175—180 页。

图五　旧尼萨圆厅建筑①
1. 遗迹现状　2. 平面图　3. 脚手架柱洞　4. 三维复原

认为该建筑内部为圆柱状空间,类似罗马万神殿,顶部接木质穹顶。20世纪90年代,意大利考古队又对该建筑做了进一步发掘,清理出更多的塑像碎片,并重新对建筑的残存结构进行了详细研究,修正了早期的复原方案,认为建筑内墙壁并非垂直,而是向内弯曲,顶部亦由泥砖砌筑,因此墙壁与穹顶是连续修建的,中间并不存在单独的连接结构。发掘者在内殿底部生土上还发现了约100个柱洞,不规则地分布成同心圆状,通常两三个一组,内部填有石块,推测即在修筑顶部时作竖立脚手架之用②。从最新的复原图来看,该建筑的穹顶可能是叠涩垒砌的。

米兰M.Ⅲ、M.Ⅴ两座佛寺以及M.Ⅱ小祠堂,平面均为外方内圆的形制,与旧尼萨圆厅完全相同,但顶部均已不存,只能推测应为土坯修筑的穹顶,但它们的顶部究竟如何与墙壁连接已无法确知,从斯坦因对现场的描述推测,或许亦与旧尼萨圆厅一样为叠涩垒砌。那

---

① C. Lippolis, "Some Considerations on the Planning and Use of Colour in the Architecture of Parthian Nisa," *Topoi*, Vol. 17(2011), p. 211, fig. 2, p. 217, fig. 10; C. Lippolis, "Old Nisa: the Turkmen-Italian Archaeological Project," in: *Türkmenistanyn taryhy ýadygärlikleri*, Asgabat 2011, p. 289, 293.

② C. Lippolis, "Old Nisa: The Turkmen-Italian Archaeological Project," in: *Türkmenistanyn taryhy ýadygärlikleri*, Asgabat 2011, pp. 287–302.

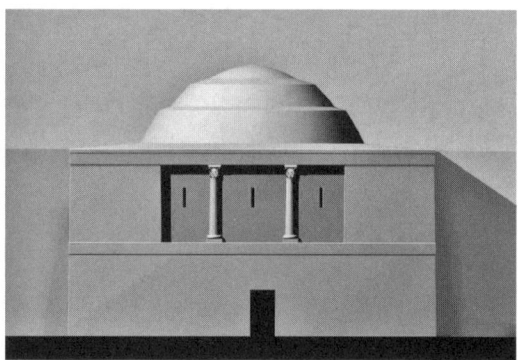

图六　旧尼萨圆厅建筑复原图①

么,两地建筑确应存在一定的渊源关系。但是,两者的年代、空间距离都相差太远,建筑的功能、性质也差距甚大,这种渊源显然并非直接的技术传播,而是通过一定的中转后实现的。

2. 米兰M.X的突角拱

一般认为,突角拱是典型的伊朗建筑技术,是伊朗先民为解决在方形建筑基础上连接圆形穹顶问题的杰出创造,即是通过在拐角处斜向砌筑圆拱,将下部建筑的四边形转变为八边形,从而实现方圆转换的目的。目前所知最早的突角拱见于萨珊波斯时期,典型代表是位于今伊朗法尔斯省的阿尔达希尔宫殿(Ardasir Palace)。该建筑是阿尔达希尔一世建造的新首都,年代为公元3世纪上半叶,其整体平面呈长方形,中间一排横向列置三个正方形大厅,其上均以突角拱连接圆形穹顶②。阿尔达希尔一世宫殿的突角拱形式已较为成熟,该技术的出现时间无疑应该更早。

不过,萨珊穹顶建筑整体与米兰穹顶建筑存在一定差别:前者多采用一种"查塔奇(chahar taq)"的形式,即波斯语"四个拱"之意,四个拱高高支撑起穹隆顶,突出顶下的高敞空间,穹顶的受力点为四角立柱。相较之下,米兰穹顶建筑的承重结构更为原始,以土坯叠涩砌筑穹顶,穹顶下以四面厚重墙体来承重。在受力原理上,米兰建筑更接近旧尼萨圆厅,即为平衡大跨度穹顶产生的巨大侧推力,不得不在穹顶下建造厚重的实墙。萨珊建筑创造的突角拱技术,能够通过这一过渡区域,将上部穹顶的荷载传递到四角的立柱上,从而较好地解决了承重问题,节省了建材,也留出了更多的下部空间。

由于保存下来的实物材料有限,就目前而言,我们尚不清楚突角拱的具体传播路线。但从受力结构上分析,米兰的穹顶建筑相较阿尔达希尔一世宫殿更为原始,前者的突角拱

---

① N. Masturzo, "L'architettura della Sala Rotonda di Nisa Vecchia," in A. Invernizzi & C. Lippolis ed., *Nisa Partica: Ricerche Nel Complesso Monumentale Arsacide 1990-2006*, Monograie di Mesopotamia IX, Firenze: Casa Editrice Le Lettere, 2008, pp. 66-67, pl. VI-VII.

② Morteza Djamali et. al., "On the Chronology and Use of Timber in the Palaces and Palace-like Structures of the Sasanian Empire in 'Persis' (SWIran)," *Journal of Archaeological Science: Reports*, Vol. 12 (2017), pp. 134-141.

图七　阿尔达希尔宫殿东侧穹顶及突角拱①

可能是在早于后者的时期通过中亚传播而来的。苏联学者普加琴科娃曾在乌兹别克斯坦的贵霜时期城址达尔维津·特佩(Dalverjin Tepe)中,发现过一座使用了突角拱技术的建筑,其下部也是由四面墙体来承重,或许代表着这一技术传播路线的中间环节。②

图八　达尔维津·特佩城址中使用了突角拱的建筑

---

① 图片来源:联合国教科文组织网站。https://whc.unesco.org/uploads/thumbs/site_1568_0014-1000-668-20180223115838.jpg.
② И. Т. Кругликова & В. И. Сарианиди, "Древняя Бактрия в свете новых археологических открытий," *Советская археология*, No. 4, 1971: 176.

三、从佛教建筑发展脉络看米兰穹顶建筑的渊源

总体来说,米兰遗址以佛教建筑为主,因此,几处穹顶建筑的直接来源,应该从佛教建筑的发展脉络中寻找。

1. 早期佛教建筑中的穹顶

穹顶结构在印度渊源有自。印度本土的草庐,因建材的属性,顶部自然穹拱。虽然草庐实物无法留存下来,但石刻艺术中可以见到大量草庐图像。如白沙瓦博物馆藏有一件佛传故事浮雕,表现的是佛陀拜访婆罗门修行者,婆罗门就坐在草庐中。

图九 白沙瓦博物馆藏犍陀罗石刻[①]

宿白先生曾推测云冈早期石窟的穹顶可能模仿自印度草庐,就是基于穹顶的自然形态。迄今所知最早的石窟之一,印度比哈尔邦的苏达玛(Sudama)石窟,是邪命外道(Ajivka,生活派)的修行之所,开凿于阿育王12年,平面呈倒U字形,分为前后两室,后室为圆形,前后室的交接部位将山体凿成茅屋顶状并出檐,显然是模仿草庐。

苏达玛石窟并非佛教石窟。对于早期佛寺来说,从实际功用的角度,佛寺的穹拱顶部也是出于容纳佛塔的需要。众所周知,早期佛教最重要的建筑是佛塔,将佛塔安置于建筑

---

① [日]栗田功:《ガンダーラ美術》I,东京:二玄社,1988年,第95页,图176。

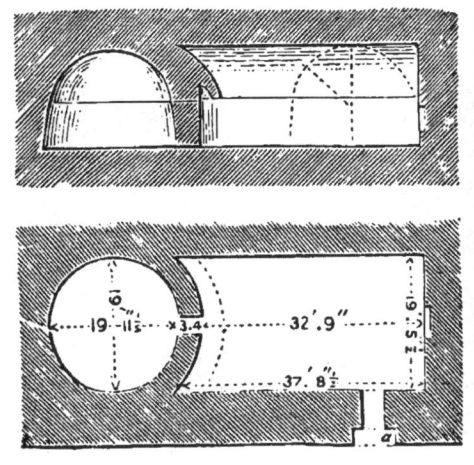

图十　苏达玛石窟平面图及前后室交界处[1]

之中供奉,即为佛寺。而早期佛塔脱胎于印度固有的窣堵波(stupa,意为坟冢)建筑,外观是圆形覆钵形制,因而安置佛塔的佛寺平面呈圆形、顶部为穹顶结构,以切合佛塔外观,这是十分合理而自然的。印度早期建筑以木质结构为主,用木材构造穹顶,在施工技术上也并不困难。木结构穹顶佛寺虽然未能留存下来,但在印度的早期石窟中可以见到大量仿木构建筑的穹顶。西印度郡纳尔地区的杜尔伽莱纳(Tuljalena)第3窟,据推测开窟年代为公元前1世纪中叶,平面为圆形,中央安置圆形佛塔,周围立有12根八角素面石柱,其上残留有彩绘装饰和安装木质构件的榫口,显然是模仿木结构佛寺而建,中央佛塔之上是高高拱起的穹顶,穹顶底部一周有榫口,原应安装有用于支撑的木构梁椽[2]。德干高原东南部的贡土帕利(Guntupalle)石窟,开凿于公元前1世纪,平面呈圆形,中心为圆形佛塔,

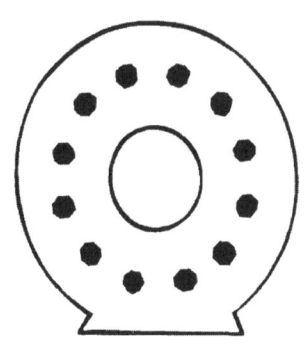

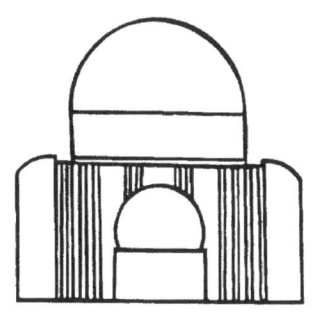

图十一　杜尔伽莱纳第3窟平面图与穹顶

---

[1] James Fergusson, *History of Indian and Eastern Architecture*, London: John Murray, 1891, fig. 42.
[2] Suresh Vasant, "Tulja Leni and Kondivte Caitya-grhas: A Structural Analysis," *Ars Orientalis*, supplement I (2000), pp. 23–32.

穹顶的仿木肋拱仍保存得相当清晰①。阿旃陀(Ajanta)第10窟、巴贾(Bhaja)第12窟等早期洞窟的穹顶也均可见到在岩体上雕出的仿木构檩椽。

图十二 贡土帕利石窟剖面图与穹顶②

石窟寺是模仿地面佛寺而建的。早期的木结构地面佛寺均已不存,从石窟形制推测,其穹顶之下的建筑主体应为圆形平面,木质穹顶与其下墙体的连接方式可能有两种形式,一是如贡土帕利石窟,穹顶架在圆柱状墙体之上,二是搭在墙体之外,形成出檐。

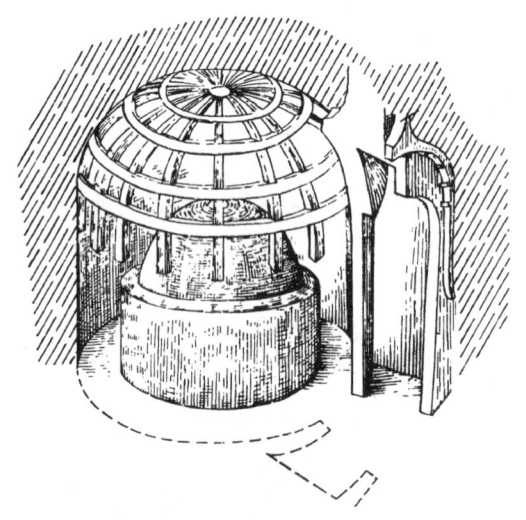

1. 贡土帕利石窟复原图③　　　　2. 巴尔胡特佛塔浮雕④

图十三

---

① 该石窟曾被认为是印度最古老的塔庙窟之一,后一度受到质疑,但通过对近年来考古发现的纪年铭文的分析,其开凿年代至少可以早至公元前1世纪晚期。参见李崇峰:《中印佛教石窟寺比较研究:以塔庙窟为中心》,新竹:觉风佛教艺术文化基金会,2002年,第73—74页,注释212;Akira Shimada, "Guntupalle: The Oldest Rock-cut Buddhist Monastery in the Eastern Deccan," in: P. Brancaccio ed., *Living Rock: Buddhist, Hindu and Jain Cave Temples in the Western Deccan*, Mumbai: Marg, 2013, pp. 61-75.

② André Bareau, "Le site bouddhique de Guntupalle," *Arts Asiatiques*, Vol. 23, 1971, p. 82, fig. 8.

③ Debala Mitra, *Buddhist Monuments*, Calcutta: Sahitya Samsad, 1971, p. 45, fig. 14.

④ Alexander Cunningham, *Stupa of Bharhut: A Buddhist Monument ornamented with Numerous Sculptures*, London: Wm H. Allen And Co., 1879, Plate XVI.

此外，地面佛寺可能还出现了一种重檐穹顶的形式，即在穹顶之下再多加一层出檐。巴尔胡特佛塔石刻表现了一座亭式建筑，就采用了重檐穹顶的形式，穹顶之下为列柱。

2. 犍陀罗斯瓦特地区的佛教穹顶建筑

目前所知最早的地面佛寺建筑实物，仅能在印度西北的犍陀罗地区见到。这一地区由于采用了石材作为主要建筑材料，大量早期的佛教建筑得以留存下来。其中，穹顶建筑主要见于斯瓦特地区，平面分为圆形和方形两种，即穹顶下的主体部分为圆柱状和方柱状。

圆形穹顶建筑包括贡巴特那（Gumbatuna）、坎加尔科特（Kanjar Kote）等几座佛殿。其中，贡巴特那佛殿是保存得最好的一座，以石块垒砌而成，砌筑方法是六面体石块夹杂不规则小石块，层层垒筑，每层之间夹筑一层薄石板。建筑平面呈圆形，下有基座，主体为圆筒状，直径4.375米，北侧开门，门口有台阶，墙体上方接穹顶，顶部呈圆锥状，有出檐，檐下有仿木构檐头[1]。穹顶部分保留较多，仅最顶部残毁，倾斜角较大，整体外观与"草庐"较为接近。此外，法国艺术史家富歇曾记录过一座佛殿，形制与贡巴特那几乎完全一致，周长5—6米，墙体保存较多，一侧开门，门两侧开有明窗。这处建筑的穹顶部分保留较少，可能与贡巴特那相似，富歇则根据一些石刻图像推测该佛殿也可能是双层重檐穹顶[2]。

1. 贡巴特那佛殿　　2. 富歇记录的佛殿　　3. 意大利考古队复原图

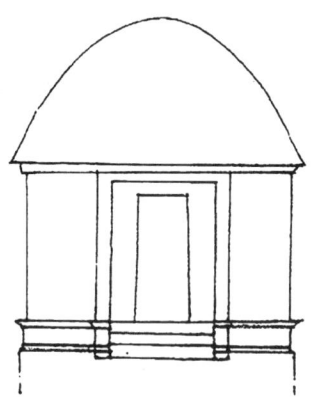

图十四　斯瓦特圆形穹顶建筑

方形穹顶建筑包括贡巴特（Gumbat）、阿巴萨赫布钦纳（Abbasahebchina，此处china意为河水）F两座佛殿。这两处建筑外观相似，均为双层重檐穹顶，下为方形主体建筑，但内部结构差异较大。

---

[1] Domenico Faccenna & Piero Spagnesi, *Buddhist architecture in the Swat Valley, Pakistan: Stupas, Viharas, A Dwelling Unit*, Lahore: Niaz Ahmad, 2014, pp. 521 – 523.
[2] A. Foucher, *L'art Gréco-bouddhique Du Gandhâra: Étude Sur Les Origines De L'influence Classique Dans L'art Bouddhique De L'inde Et De L'extrême-orient*, Vol. 1, Paris: Imprimerie Nationale, 1905, p. 116, fig. 38.

阿巴萨赫布钦纳是一处较大的遗址,包括佛塔、僧房、像殿等多种不同的建筑。其中,穹顶建筑F位于遗址西北侧,下有两重基座,主体平面呈方形,一侧塌毁,上部外观为重檐,内部为穹顶,穹顶与方形墙体之间以起拱石(springer)连接。研究者认为该建筑塌毁的一侧原来可能是敞开的,原貌可能与塔克提巴希(Takht bahi)的像殿(Image Shrine)类似。根据意大利考古队的复原图,该建筑的双层顶部中,上层为半球状、下层为四面弧状、连接处起棱,下为方形内殿,整体的正立面呈现为纵剖的平面[①]。

图十五 阿巴萨赫布钦纳遗址F建筑

图十六 塔克提巴希遗址像殿与阿巴萨赫布钦纳F建筑复原图

贡巴特遗址亦是一处佛教寺院,主要建筑有三座,以穹顶建筑为中心,两侧各有一座方形佛塔,此外三者之间还分布着许多小佛塔。该遗址的穹顶建筑是斯瓦特这类建筑中保存最为完好的,并且是整座寺院的核心,这种布局在整个犍陀罗地区都较为少见。这座穹顶建筑的外观与阿巴萨赫布钦纳F十分相似,但内部结构较之复杂得多。该建筑下部位于双层高台座之上,台座约8.9米见方,东侧有台阶;主体建筑平面为方形,高约6.4

---

① Domenico Faccenna & Piero Spagnesi, *op. cit.*, pp. 445–448.

图十七 贡巴特遗址平剖面图

米,其内还有一重方形墙体,构成回字形平面,两重墙体之间为回廊,回廊内的顶部为拱顶,外部呈四面弧顶,四面连接处起棱;建筑中心形成一个小方室,边长约3.5米;建筑上部外观略呈子弹头形,内部则是双层穹拱顶,下层穹顶与中心方室相连,四角有起拱石;双层顶部总高3.15米,两层顶部中心都有孔穴[①]。由于顶部是以石块层层垒筑而成,并非利用楔形石材起券,因此我们推测双层顶部原本没有安置拱心石,孔穴均为修筑时预留以为室内采光之用。另外,建筑主体的四面以及回廊内墙也均开有小窗,以便采光。从佛塔天窗和穹顶起拱拐角的木梁两处采集的木质标本,碳十四测年校正结果分别为公元110年和90—240年,发掘者认为这分别代表遗址的始建和重建时间。

需要指出的是,该建筑在处理下部方形墙体和穹顶的连接处时,是在墙体转角部位以木梁支撑,其上垫石,从而将四边形平面转为了八边形平面,之上再加筑穹顶。这与萨珊建筑使用突角拱达到的效果是一致的,但不如后者巧妙、美观,显然是更原始的形态。就

---

① Michael W. Meister & Luca M. Olivieri, "Conservation and Studies at Gumbat-Balo Kale Site (Tahsil Barikot, District Swat, Pakistan)," *Journal of Asian Civilizations*, Vol. 35, No. 2, December 2012, pp. 1-22.

目前材料而言,尚无法判断这是犍陀罗的原创还是两地间存在着技术交流。伊朗使用土坯作为建筑材料,砖材之间的摩擦力较大,且很早就掌握了起拱的技术,因而在面对穹顶建筑方圆转换的问题时,可能能够直接设计出斜向砌筑突角拱的做法。而犍陀罗地区使用石质建材,石块在规格的均匀程度上无法与土坯相比,当地石匠对起拱的力学原理的认识程度也不及伊朗深入,因此只能使用相对简单的抹角的方法将四边形转为八边形。

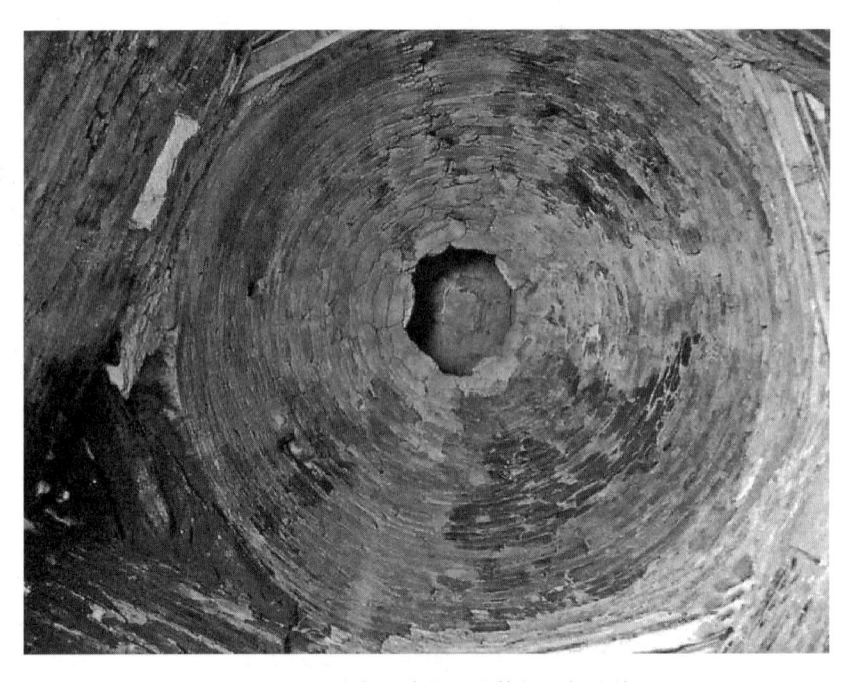

图十八　贡巴特穹顶建筑的墙体与顶部连接处

此外,贡巴特这类建筑的图像在犍陀罗石刻上有不少发现。意大利考古队将这类建筑称为"精舍(Vihara)"①。"精舍(Vihara)"一词在不同的佛教语境中含义存在差别,其原义应是指修行之所、区别于仅供生活起居的住所,但后来其使用范围扩大化,在很多情况下可与"僧伽蓝(Sangharma)"大体等同。意大利考古队的定义应是取其狭义,即具有宗教内涵的圣所,而并非仅供居住之用,一般来说其内部应放置有舍利、佛塔、佛像之类的神圣之物。拉合尔博物馆收藏的一件犍陀罗石刻,表现了这样一座坐落于高台座之上的重檐建筑,台座四角立有阿育王石柱,建筑旁侧还有双手合十崇拜的僧人形象。从整体布局来看,重檐建筑外围有栏楯、高台设有登临的台阶,建筑本身封闭、一侧开门窗,显然表明内部是安置圣物的神圣空间,其布局与内涵应与佛塔完全一致,同为僧人的礼拜对象。

犍陀罗佛教遗存的年代判断是一个学术难题。早期艺术史家多从作品的风格分析入手,但这种方式存在许多问题。英国考古学家马歇尔(John Marshall)通过对塔克西拉古

---

① [意]多米尼克·法切那、安娜·菲利真齐著,魏正中、王姝婧、王倩译:《犍陀罗石刻术语分类汇编》,上海:上海古籍出版社,2014年,第35页。

图十九 犍陀罗石刻上的"精舍"与佛塔建筑

城遗址的发掘,建立了一个基于地层的建筑类型学序列,受到了广泛的重视和认可[①]。特别是,该序列提供了清晰的石砌工艺的演变脉络,这对于建筑遗存的年代判断尤为重要。尽管有些学者认为,斯瓦特河谷的建筑自有传统,但塔克西拉的序列仍然可以提供一个参照[②]。根据这一序列,塔克西拉的石砌工艺经历了不规则毛石砌、层砌、琢石砌、小菱花砌、大菱花砌、半琢石砌等几个阶段。其中,斯瓦特的砌筑方式较为接近大菱花砌(large diaper),即以略加雕琢的大石头为主砌筑墙体,石头外侧面较为平整,外形也比较有规则,一般呈长方体,石块之间的空隙以较厚且平整的石片填塞,以达摩拉吉卡(Dharmarajika)遗址最为典型。斯瓦特的砌石小于塔克西拉的大菱花,研究者称之为中菱花砌(mediam diaper),认为是大菱花的一种变体,年代上限不早于公元2世纪上半叶。同时,犍陀罗石刻中的重檐精舍图像,也多集中在公元2—3世纪。

3. 米兰穹顶建筑的渊源

西域佛教直接来源于犍陀罗。从形制和年代两方面来看,米兰 M.III、M.V 两座建筑与斯瓦特的方形穹顶建筑较为接近,可能直接受到了后者的影响。前两者外方内圆,中心为圆形佛塔,佛殿内壁与佛塔之间留出了供信徒绕行的通道,这与贡巴特精舍建筑中的回廊一致,都源于对绕行佛塔这一功能的需求。这两座建筑的顶部残毁,墙体与穹顶如何连接已不清楚,但其下部墙体十分厚实,似乎较为原始,与穹顶的连接处可能会更接近贡巴特的做法。而 M.X 明确使用了突角拱,且突角拱是以砖材而非土坯砌筑,说明其年代必定晚于 M.III、M.V,是受到了来自中亚的突角拱技术影响后的结果。

---

① [巴基斯坦] 穆罕默德·瓦利乌拉·汗著,陆水林译:《犍陀罗:来自巴基斯坦的佛教文明》,北京:五洲传播出版社,2009年,第251—272页。
② M. Naeem Qazi & Nawaz-ud-Din, "An Analytical Study of the Balo-Kale Gumbat Vihara Kandak Valley (Swat): its nomenclature and style of Architecture," *Journal of Asian Civilizations*, Vol. 36, No. 2, December 2013, pp. 43–44.

小　结

　　穹顶在东西方不同文化中均有流传,其意涵也大体一致,即象征着苍穹、天空。在佛教建筑中,穹顶亦有着悠久的传统,从草庐、早期石窟中均可见到。佛教理论中关于宇宙苍穹的表述十分丰富,如"三十三天""忉利天"等概念。因此,佛教建筑以穹顶表达苍穹、天界应为渊源有自的做法。

　　米兰遗址的穹顶建筑是目前所知中国最早的穹顶佛教建筑,其直接来源于斯瓦特精舍建筑的影响,同时在发展过程中吸收了经中亚传播而来的伊朗建筑技术的元素。龟兹、须弥山等早期石窟建筑中,也存在着不少穹顶石窟,应为佛教以穹顶表现天界这一传统的延续,同时也体现了与伊朗系文化的交流与融合[1]。

---

[1] 陈悦新:《龟兹石窟与须弥山石窟中的穹隆顶窟》,《考古与文物》2004年第1期,第73—79页。

试析洪洞西孔村 M33 砖雕墓的形制年代

俞莉娜

北京大学中国考古学研究中心、北京大学考古文博学院

一、墓葬形制及既有认识

洪洞西孔村 M33 属洪洞县甘亭镇西孔村墓群,位于临汾市洪洞县甘亭镇西孔村北 300 米处,北距洪洞县城 9 千米,西南距临汾市中心 15 千米。该墓群由山西省文物考古研究院、洪洞县文化和旅游局于 2021 年联合发掘,共发现墓葬 40 座,其中早期墓葬 26 座,M33 为其中唯一的仿木构砖室墓。

M33 为八边形带耳室墓。墓门为券门形式,上方出斗栱承檐。斗栱共计 3 朵,为四铺作单杪形式,泥道做扶壁单栱,跳头仅出耍头而无令栱,耍头为蚂蚱头形式。墓门斗栱上方出屋檐,仅有方椽一层,上为筒板瓦。

主室边长 0.8—0.92 米,底部铺方砖,无棺床设置。每角砌倚柱,柱间做砖雕装饰。正壁砌假门一个,为版门做法,内做妇人启门砖雕,东北、西北壁装饰相同,壁面上部为假窗一个,为格子窗形式,格眼为斜串胜纹,窗下为一桌二椅砖雕。东西二壁出券门通耳室。东南、西南二壁均用贴面砖做浮雕装饰,均为花卉与立姿侍女像。主室柱上出普拍枋,其上为砖雕斗栱。每柱柱头置铺作一朵,每面柱间置补间斗栱各一朵。斗栱为单杪单昂五铺作形式,每角柱头斗栱跳头偷心,令栱位出翼型栱。每边补间铺作第一跳头出翼型栱,第二跳头为完整令栱,翼型栱栱臂较短并做三瓣,补间令栱短于泥道栱。扶壁做泥道单栱,相邻泥道栱呈连栱交隐。昂头为琴面起棱型,耍头为蚂蚱头形式(图一)。

M33 出土时于墓内发现陶罐、盆 44 个,其中装殓人骨 37 具,为一大型合葬墓。墓内出有买地券一块,上书"洪洞县东孔村祭郭珎姪郭大郭/名因为地震损坏累次祭祀不忍择/好日良时选就本村西北老祖茔攒堂/东至青龙西至白虎南至朱雀北至玄武上至青天/下至黄泉内方勾陈分擘四域丘承墓伯封部界畔/道路将军齐整阡陌致使万载葬殡/至正十一年岁次辛卯八月二十日丙申郭珎姪郭英廿/如月//不得干犯先有居者永避万里若违此约/安吉急急如/攒葬有余灵"。据此可知,该墓丧主为郭姓家族,因元大德七年的平阳地震祖茔

---

* 本文为国家自然科学基金青年项目(52208001)、国家社科基金重大项目(19ZDA199)的阶段性成果。

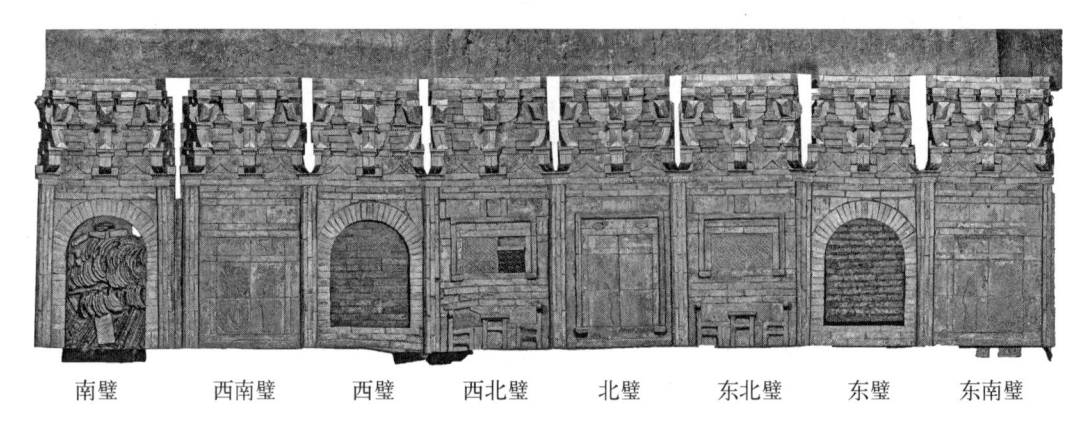

图一 洪洞西孔村 M33 壁面展开图(引自《山西洪洞西孔村元代地震纪年墓发掘简报》,《文物季刊》2022 年第 4 期,图八)

受损而迁葬,迁葬时间为至正十一年(1351 年)。

发掘单位于《文物季刊》2022 年第 4 期发表《山西洪洞西孔村元代地震纪年墓发掘简报》一文[1],披露了西孔村 M33 的形制、装饰、随葬品信息。简报判断买地券中所载至正十一年为该墓的共存纪年。但若综合考虑西孔村 M33 的仿木形制、装饰风格及迁葬背景,本文认为此年代结论尚值得商榷,以下将从墓葬装饰及组合、仿木构形制、墓葬营建及加工技法等角度,试析该墓的形制年代。

二、墓壁装饰及组合

洪洞县北宋及金代属平阳府,元代先属平阳路,大德地震后属晋宁路。洪洞县地处临汾盆地北端,与晋中地区相邻。从古代物质文化面貌上看,该地作为临界地区,应当同时受到了晋中及晋西南两个区域的影响。既有的宋元墓葬研究多将晋中与晋西南地区分开讨论,洪洞作为边界地带的特殊性未得到充分体现。有鉴于此,本文将西孔村 M33 同时与晋中[2]、晋西南宋元墓葬实例做形制排比,以期形成精度更高的年代判定结果(表一)。

晋西南地区发现的宋元墓葬数量丰富,大多集中于临汾盆地南部与运城盆地北部地区的侯马、稷山、闻喜、襄汾等地。该地区北宋至元代装饰墓以方形或长方形平面为绝对主流,墓壁装饰以砖雕为主,也见有砖雕与彩绘的装饰组合,仅有极少数墓葬采用壁画装饰[3]。

---

[1] 山西省文物考古研究所、洪洞县文化和旅游局:《山西洪洞西孔村元代地震纪年墓发掘简报》,《文物季刊》2022 年第 4 期,第 44—51 页。
[2] 现有墓葬考古研究成果多将晋中地区涵盖今太原市及辖区、晋中市及辖区、阳泉市及辖区以及汾阳、文水等吕梁市辖县。考虑到此区域地理范围较广,本文所举对照墓例主要考虑与洪洞地理、交通关系密切的晋中南部地区。
[3] 晋西南地区的壁画装饰墓见有闻喜下阳村金墓、侯马 59 壁画墓、曲沃安法师墓等。

表一 墓壁装饰形制排比表

墓葬	年代	装饰方式	平面	壁面装饰					
									通耳室券门	R花卉+R侍女
洪洞西孔村M33	嘉祐元年(1056年)	砖雕	8	墓门	R花卉+R侍女	通耳室券门	R花窗+R一桌二椅	R版门/R妇人启门	R花窗+R一桌二椅	通耳室券门	R花卉+R侍女
夏县上牛村墓	嘉祐元年(1056年)	砖雕壁画	4	墓门+M竹叶		R版门+R破子棂窗*2		R版门+M(不明)		已毁	
稷山南阳墓	崇宁四年(1105年)	砖雕壁画	4	墓门+M夫妇对坐		R版门/M启门+R破子棂窗*2+M人物图		R版门/M启门+R破子棂窗*2+M人物图		R版门/M启门+R破子棂窗*2+M人物图	
稷山化峪墓	崇宁年间	砖雕	4	墓门		R版门+R破子棂窗*2		R版门+R破子棂窗*2		R版门+R破子棂窗*2	
侯马牛村砖雕墓94H5M1	天德三年(1151年)	砖雕	4	墓门+R破子棂窗+R一桌二椅		R格子门*4		R版门/R墓主人坐像+R男女侍人		R格子门*2+R隔扇*2	
侯马董玘墓	大定十三年(1173年)	砖雕	4	墓门+R破子棂窗+R桌椅		R格子门*4		R版门/R妇人启门+R盆花*4		R格子门*4	
侯马大李墓	大定二十年(1180年)	砖雕彩绘	4	墓门+R隔扇*2		R格子门*6		R格子门*6		R格子门*6	
汾西郝家沟墓	大定二十二年(1182年)	砖雕壁画	8	墓门	R格子窗	R版门/M妇人启门	R格子门*2	M女主人坐像	M男主人坐像	R版门/M妇人启门	R格子窗
闻喜下阳村	明昌二年(1191年)	壁画砖雕	4	墓门+M孝行		R一桌二椅/M男女对坐		R一桌二椅/M男女对坐		R版门+R直棂窗*2+M孝行	R格子窗

续表

墓葬	年代	装饰方式	平面	壁面装饰		
襄汾侯村墓	明昌五年(1194年)	砖雕	4	墓门+R力士+R伎乐	R格子门*6	R版门/R妇人启门+R破子棂窗*2+R童子
						R格子门*6
侯马董海墓	明昌六年(1195年)	砖雕彩绘	4	前室墓门+R坐狮花卉	R格子门*6	R门楼+R孔雀花卉
				后室墓门+R直棂窗*2+R战斗		R格子门*6
侯马董玘坚墓	大安二年(1210年)	砖雕	4	墓门+R落地罩+R坐狮+R花卉	R骑马出行	R夫妇对坐+R隔扇*2
					R落地罩+R格子门*6	R戏楼/R伎乐
						R格子门*6
稷山五女坟墓M1	中统三年(1262年)	砖雕壁画	4	墓门+R盆巾+R灯架	R破子棂窗+M挂轴	R落地罩+R夫妇对坐+R屏风*2
侯马农业生产资料公司M2	至元十八年(1281年)	砖雕	4	墓门+R破子棂窗*2	R版门+R伎乐+R孝行	R格子门*2+R花卉
						R侍人+R孝行
新绛寨里村墓	至大四年(1311年)	砖雕彩绘	4	R飞天+R花砖	R花卉+R马球	R格子门*4
				墓门+R备食备饮+R伎乐		
侯马县城西北墓	延祐元年(1314年)	砖雕	4	墓门+R直棂窗+R乐舞	R花卉	R花卉

（壁面装饰主题：R 孝行）

城市·建筑

续表

墓葬	年代	装饰方式	平面	墓门	壁面装饰								
					R 格子门*4	R 直棂窗	R 版门	R 直棂窗	R 格子门+R 直棂窗
汾阳东龙观 M3	正隆六年(1161年)	砖雕	8	墓门					
汾阳东龙观 M5	明昌六年(1195年)	壁画	8	墓门	M 版门(妇人启门)	M 隔扇+直棂窗(线书库)	M 备食(香积厨)	M 夫妇并坐+M 隔扇	M 备茶备酒(茶酒位)	M 格子门*4	M 直棂窗+M 猫狗
孝义下吐京墓	承安三年(1198年)	砖雕彩绘	8	墓门	R 梳妆	R 侍奉+R 隔扇*2	R 饮酒	R 夫妇并坐+R 隔扇*2	R 备食	R 格子门*4/R 妇人启门	R 直棂窗+R 写字
孝义梁家庄墓	大德元年(1297年)	壁画	8	墓门	M 直棂窗	M 诗文	M 格子门*2	M 格子门*4	M 格子门*2	M 诗文	M 直棂窗
兴县红峪村墓	至大二年(1309年)	壁画	8	墓门	M 格子门 M 鞍马	M 备酒+M 孝行(挂轴)	M 花鸟	M 夫妇并坐+M 孝行(挂轴)	M 备茶+M 孝行(挂轴)	M 格子门+M 鞍马	墓门
交城裴家山墓	至正十六年(1356年)	线刻	8	墓门	M 花卉	M 孝行	M 备茶	M 夫妇并坐	M 备酒	M 孝行	M 花卉
孝义下吐京墓	元晚期	壁画	8	墓门+M 武士	M 花卉	M 花卉	M 茶具	M 夫妇并坐	M 酒具		M 花卉
文水北峪口墓	元晚期	壁画	8	墓门	M 花卉	M 出行	M 进酒	M 夫妇并坐	M 进茶	M 花卉	M 花卉

注：壁面装饰一栏中，"R"代表砖雕，"M"代表壁画，"+"代表无嵌套关系的装饰题材，"/"代表存在嵌套组合关系的装饰题材[1]。壁面顺序以墓门为起始，按照逆时针顺序描述，其中加深一列为正壁。

① 表中对于壁面装饰的标记方式部分参自袁泉《蒙元时期中原北方地方地区墓葬研究》一书。

北宋时期的装饰墓中,除墓门壁外均做一门二窗装饰,并见有妇人启门图像,至北宋晚期,墓门旁壁面出现了夫妇对坐的场景(图二,1)。进入金代之后的变化首先见于墓室正壁,主要表现为墓主人像及相关装饰体系的出现。大定时期以前仍见有正壁门窗与人物像组合的模式,大定以后门窗则全为夫妇对坐的固定模式所取代。而金墓侧壁则仍保留了北宋以来的假门模式,不同的是金代墓葬中格子门占据了主流,墓门所在的壁面也出现了"棂窗+桌椅"的装饰组合,似是北宋墓葬中夫妇对坐图像的延续。除上述壁面主体装饰外,晋西南金墓中呈现的另一明显变化是连续性人物、花卉、动物砖雕装饰带的逐渐出现与成熟,表现为在壁面主体装饰的上下方(如须弥座和柱间障日版等位置)或在主体装饰内部(如余白位置、格子门障水板等)放置,因此孝行、伎乐、社火、战斗等场景常在该地区金墓中叠加于主体装饰之上,一方面丰富了壁面构图,另一方面也增强了墓葬的装饰叙事(图二,2)。

袁泉将晋西南元墓的装饰格局演变分为金末元初调整期、元代前期恢复期、元代后期衰退期三个阶段①。整体上元墓中的装饰题材及图像明显继承了金代传统,但在布局上放弃了金代中期以后所形成的多层分栏的构图模式,转而采用只保留主体装饰的简约做法。元代以后正壁夫妇对坐的主题被放弃,转而形成了各壁假门与伎乐、孝行、花卉图像组合的模式,但假门与其他装饰无明显的组合意识,更像是元素的生硬拼凑(图二,3)。壁画装饰自元中期以后增加,到了元代末年,出现了完全放弃仿木构的壁画装饰墓。

晋中地区无可确认年代的北宋墓葬,该区金元墓葬以八边形和六边形为主流形制,装饰方式见有砖雕彩绘与壁画装饰两种形式。从金墓反映的面貌来看,大定时期以前仅见汾阳东龙观M3一座纪年墓,该墓正壁及其两侧形成一门二窗的装饰组合,墓门壁两侧则装饰有格子门,无其他人物及故事性题材装饰。而金代晚期的墓葬中人物场景明显增加,与假门窗组成的框架结合表现,特别是正壁出现了固定的夫妇并坐场景。如汾阳东龙观M5中,就表现出了备茶酒、备食、钱帛库等生活场景。晋中地区金墓墓壁自地面至柱头阑额以下为完整装饰画面,不见晋南地区多栏分隔式的装饰模式。

晋中地区元墓在金墓基础上呈现出了"守正与创新并存"②的特征,一方面以墓主并坐为中心、饮食备荐为辅的构图得以继承,另一方面引入了屏风字画的新元素。至元代中期以后,形成了以正壁夫妇并坐以示墓主之位为中心、辅以备茶酒、备食、伎乐、花鸟、出行等图像的纯壁画构图模式,而金墓中占据较大图像篇幅的假门窗则彻底消失(图三)。

遗憾的是,在已知晋西南、晋中地区的宋元装饰墓中,并无一例可与西孔村M33的墓壁装饰完全对照,我们只得将西孔村M33的墓壁装饰形制及其组合剥离来看。西孔村M33平面为八边形且壁面无分段构图与晋中地区墓葬更为接近,砖雕无彩绘及壁画的模式则更贴合晋西南地区墓葬的特点。该墓正壁版门、两侧花窗的组合则均流行于晋西南、晋中地区金代中期以前的墓葬中。若从更广的空间范围来看,一门二窗为轴的装饰模式实于中原砖雕装饰墓流行之初就已形成,各地后期墓葬多在此基础上出现变异。而上述

---

① 详见袁泉:《蒙元时期中原北方地区墓葬研究》,北京:文物出版社,2020年,第117—122页。
② 详见前揭袁泉文,第93页。

北

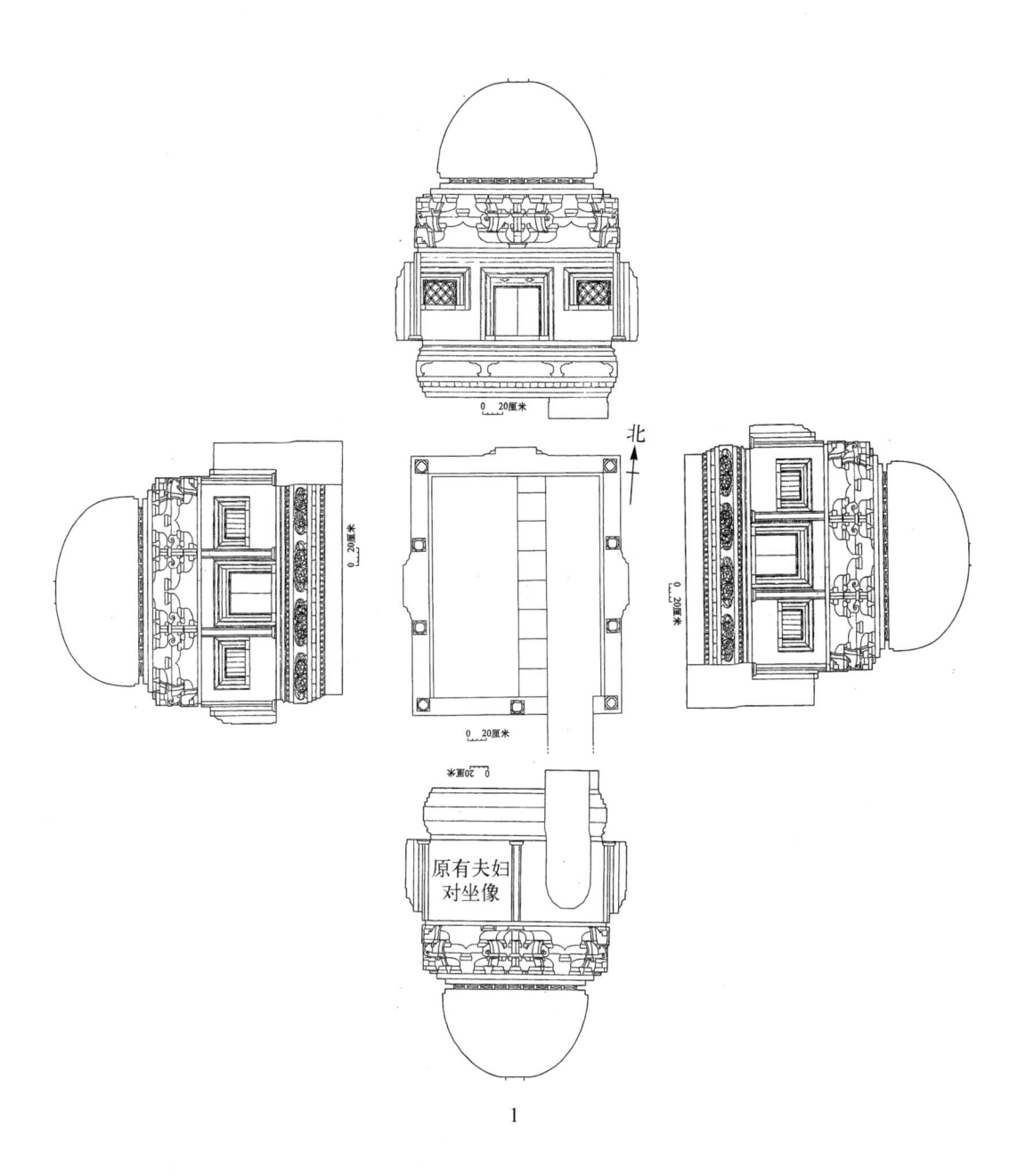

原有夫妇对坐像

1

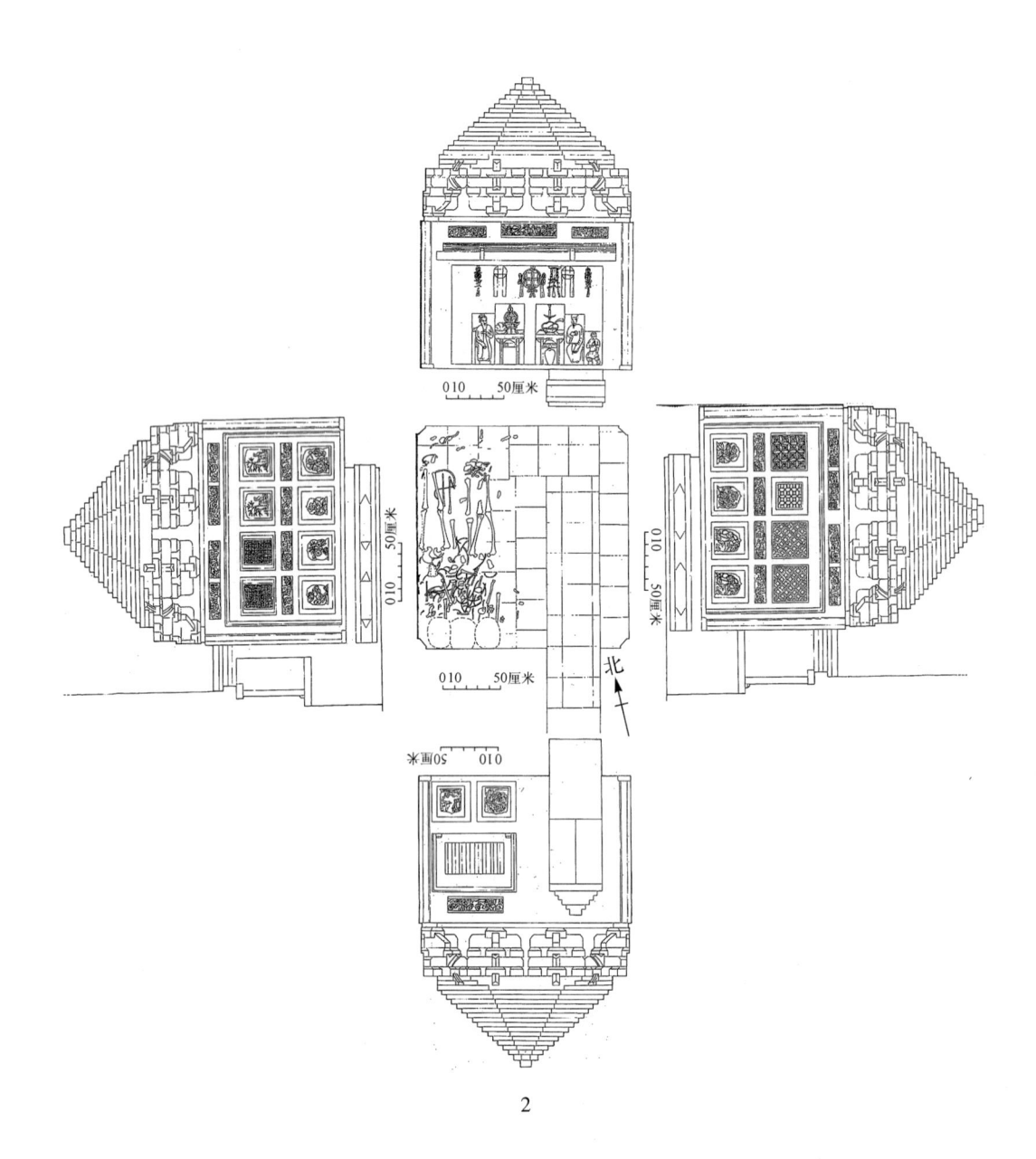

2

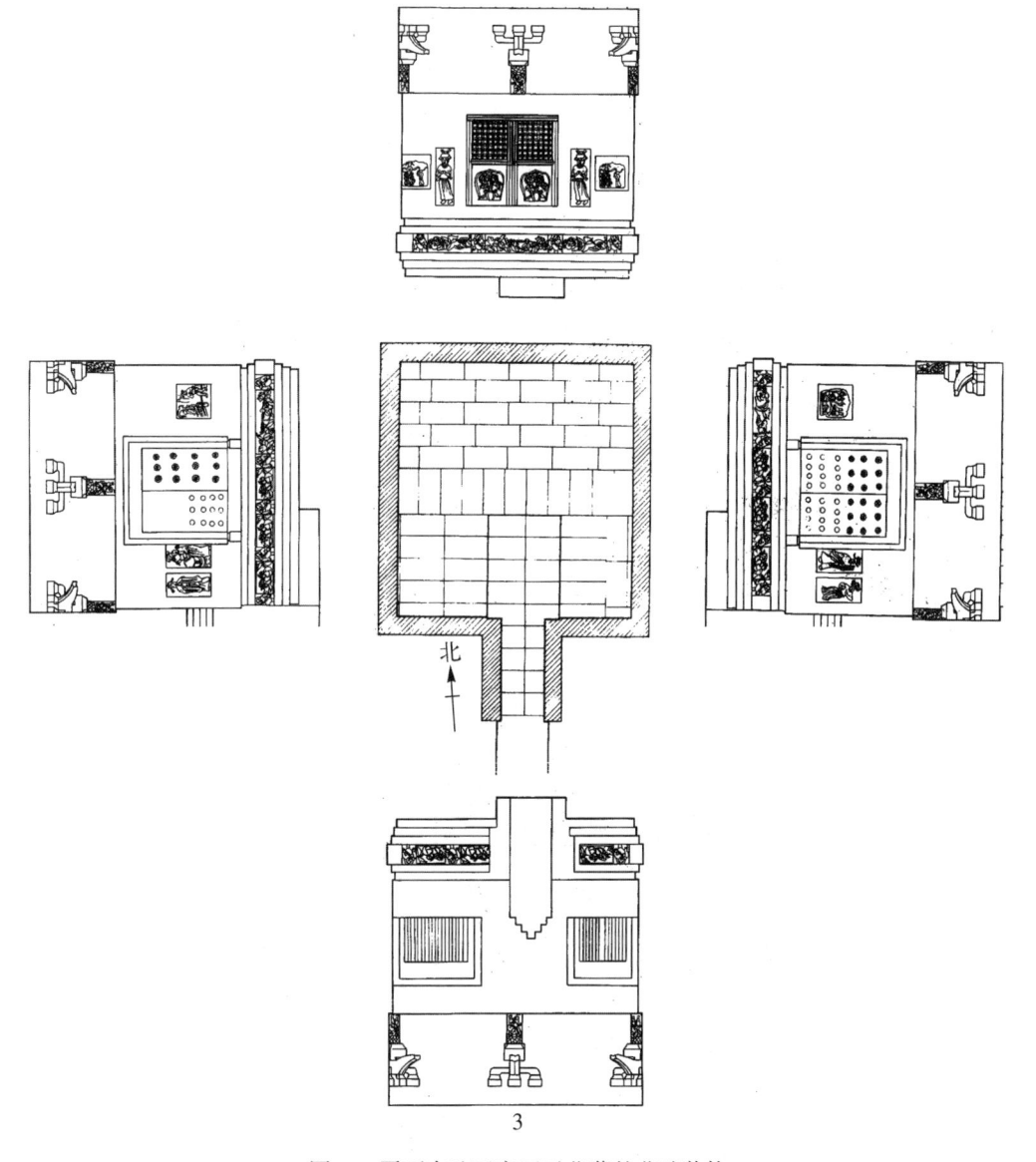

图二　晋西南地区宋至元墓葬的墓壁装饰

1. 稷山南阳村宋墓（引自《稷山南阳宋代纪年墓》，《三晋考古（第四辑）》，第 510—513 页，有改动）　2. 侯马乔村 M4309 金墓（引自《侯马乔村墓地 1959—1996》，图六三〇 A、C、D、E，有改动）
3. 侯马农业生产资料公司 M2 元墓（引自《侯马市区元代墓葬发掘简报》，《文物季刊》1996 年第 3 期，图一一五，有改动）

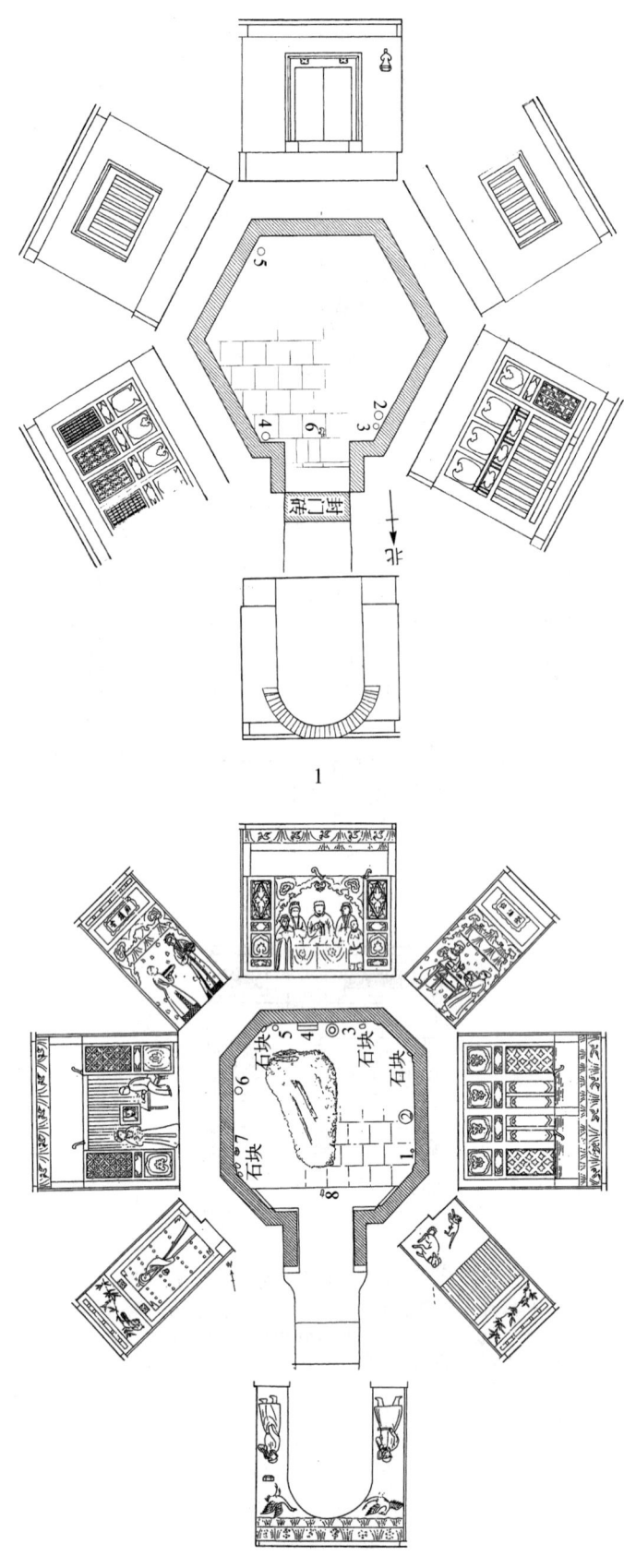

1

2

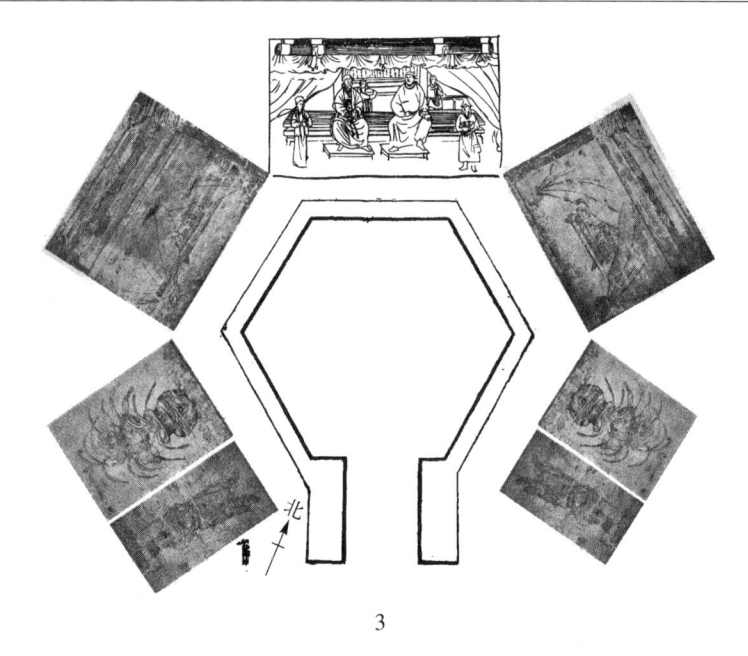

图三　晋中地区金元墓葬的墓壁装饰

1. 汾阳东龙观 M3（引自《汾阳东龙观宋金壁画墓》，图六二、六五，有改动）　2. 汾阳东龙观 M5（引自《汾阳东龙观宋金壁画墓》，图七一、七五，有改动）　3. 孝义下吐京元墓（引自《山西孝义下吐京和梁家庄金、元墓发掘简报》，《考古》1960 年第 7 期，图五、图版十、图版十一，有改动）

两区域元代墓葬中，一门二窗的组合均已消失不见，即便晋西南元墓中一部分恢复了假门为构图主体的装饰，但因缺失假窗而无法将此与西孔村 M33 的形制对应。该墓西北、东北二壁假窗下饰有砖雕一桌二椅，这一做法只在晋西南若干金墓中见到，如侯马牛村 M51。但晋西南墓中的窗下一桌二椅只见于墓门所在的壁面，所在位置与 M33 不同。而桌椅所代表的纯家具表现形式一般被认为是流行于夫妇对坐图像形成以前[1]，显然较晋西南、晋中地区金代中期以后流行正壁墓主像的现象更早。此外，该墓仅见三处砖雕人物，一是正壁半启门的妇人，其余二处是西南、东南壁面赏花的女性形象。考虑到其他墓葬中的相似图像，三处人物应当均为侍女身份，则进一步显示出了墓壁中墓主人的缺位。在晋西南、晋中地区的墓葬中，虽无已知墓例可与 M33 对应，但仅见配角（侍人、门吏等）不见主角的墓葬年代下限或在金大定时期。另一方面，M33 中完全不见孝行、伎乐、侍奉、社火、屏风挂轴等墓壁主体装饰以外的叙事元素，而这些在晋西南与晋中地区的元代墓葬中不可或缺。基于此，可认为 M33 的墓壁装饰不符合元墓的一般地区性特征。

因地域相邻，汾西郝家沟纪年金墓与西孔村 M33 的关系值得特别注意（图四）。两者在平面形式和墓壁构图上完全一致，仅郝家沟墓采用了砖雕壁画结合的装饰。郝家沟墓共存金大定二十二年（1182 年）纪年，正壁设格子门两扇，东北、西北二壁分别为夫妇坐像，男女墓主相向而坐于户外，身旁各绘侍人两名，背后有屏风与花木、假山等图像。东西

---

[1]　见张鹏：《勉世与娱情——宋金墓葬壁画中的一桌二椅到夫妇共坐》，《美术研究》2010 年第 4 期，第 55—64 页。

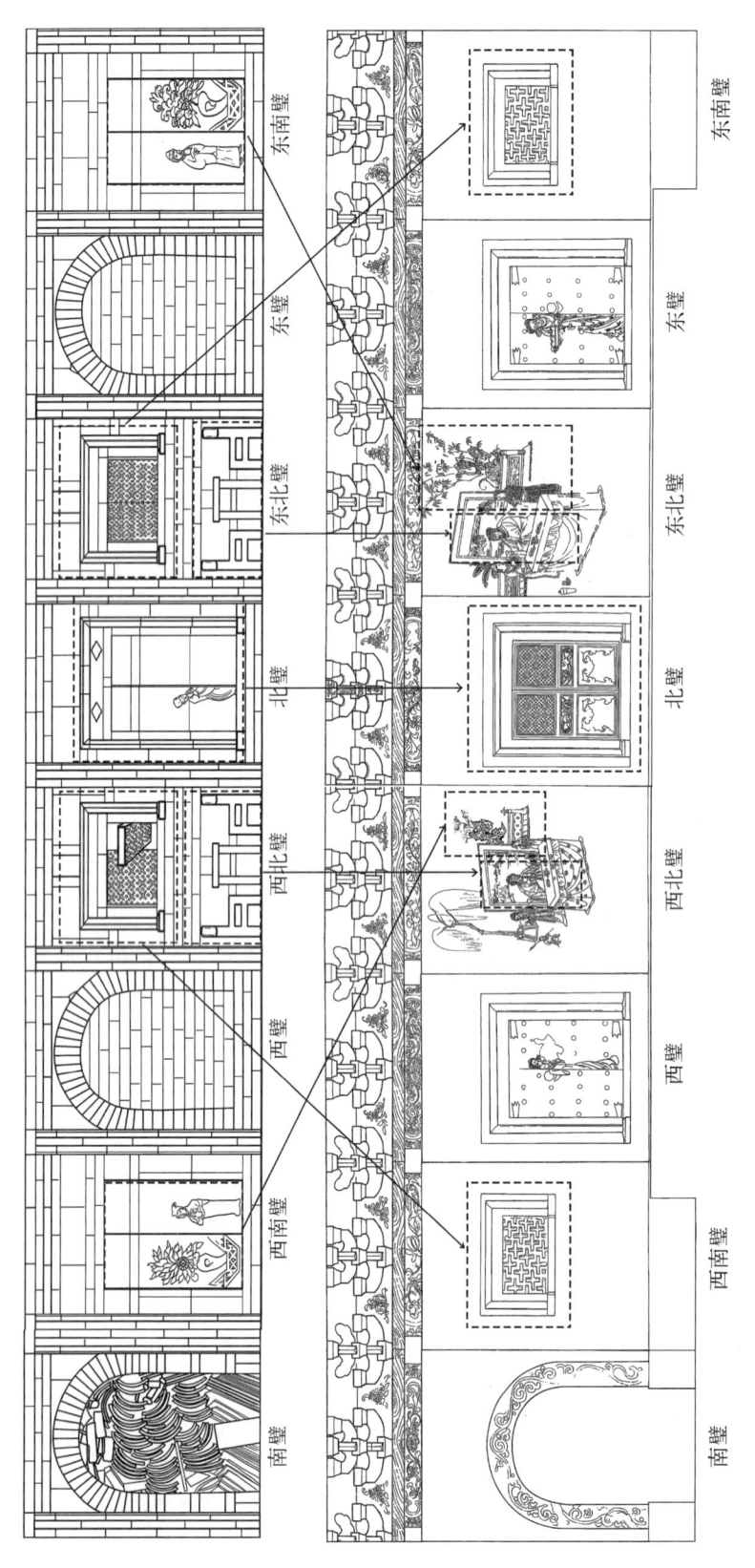

图四 西孔村 M33 与郝家沟墓的壁面装饰对比图（上：西孔村 M33 壁面展开图，引自《山西洪洞西孔村元代地震纪年墓发掘简报》，《文物季刊》2022 年第 4 期，图九；下：汾西郝家沟金墓壁面展开图，引自《山西汾西郝家沟金代纪年壁画墓发掘简报》，《文物》2018 年第 2 期，图三、四，有改动）

壁各出一版门，内绘妇人启门图像，东南、西南则各出仿木花窗一个。整体上郝家沟墓仍是以门窗为轴的装饰模式，所不同的是明确地出现了夫妇对坐的场景。考虑到西孔村M33在东北、西北二壁设置一桌二椅，可认为郝家沟墓的夫妇图像是将其场景化的结果。除此之外，夫妇像身后出现的栏杆、假山与花木的图像，亦与M33东南、西南二壁所见的砖雕花木形态相似，应当是庭院人造景观的表现，M33年代较郝家沟墓更早。

三、仿木构形制

除题材丰富的壁面装饰外，宋元时期的中原北方砖室墓也以呈现仿木结构为另一主要特征。既有研究已证实了仿木构形制对于墓葬断代的价值①，以下则将从这一角度对M33所见仿木结构展开分析（表二、图五）。

晋西南墓葬的仿木构大致可分为三个阶段，一是北宋徽宗以前，仿木构整体表现简单。仿木构斗栱仅见有四铺作、斗口跳、把头绞项造等简单形制。每壁分为三开间，每间出补间斗栱一朵。斗栱细节表现为令栱短于泥道栱，扶壁出泥道单栱承枋。耍头见有楂头等形制。翼型栱较短，栱臂做两瓣。仿木门窗中，假门仅见版门，假窗以破子棂窗为主。二是徽宗至金代末年，仿木构复杂化并呈现程式化的现象。仿木斗栱并存四铺作、五铺作形式，铺作用昂开始流行。补间斗栱开始增多，补间两朵成为主流。斗栱细节表现为令栱与泥道栱等长，扶壁泥道单栱。耍头开始流行内颛形制的蚂蚱头，昂头则以琴面起棱为主流形制，昂嘴呈八字形。翼型栱栱臂增长，栱端瓣数增多，金代晚期则发展为近花瓣样式。仿木门窗亦在这一阶段繁荣，格子门逐渐取代版门成为主流，格眼形式在宋末金初多为简单几何纹，金初至金中期流行复杂几何纹，金中期以后则进一步复杂化，以几何与花卉纹嵌套为主流形制。三是元代以后，仿木构明显衰落。一方面墓室仿木柱额不再完整表现，往往只表现上段倚柱，使得壁面装饰与仿木构上下脱离。另一方面仿木斗栱也明显衰退，不再做四铺作以上，补间也只出一朵或不出。细节上不再表现翼型栱，令栱长于泥道栱，出现耍头加宽的现象。墓室不再表现通间多扇的格子门，只见两扇格子门的做法，格眼表现也趋于简略。

晋中墓葬仿木构大致可分为前后两段，一是金代前期至元代中期，仿木斗栱在孝义、汾阳地区以四铺作单杪为主流，且多不做令栱，仅在跳头承替木出耍头，耍头多见批竹式和蚂蚱头式。而在太原、阳泉等地，斗栱见有四铺作与五铺作的并存，但构件多不做明显出跳，无令栱表现。仿木假门以格子门为主，格眼多见复杂几何纹，亦并存版门做法。二是元代中期至元末，仿木表现明显衰退甚至消失，柱额框架和晋西南元墓一样出现衰退，柱头几不再出现出跳斗栱，也不再做补间。仿木门窗也明显减少，大部分墓葬已不再表现仿木门窗。因墓壁装饰多为壁绘，一些墓葬中也用壁绘仿木构来代替砌筑仿木构。

---

① 详见拙著：《宋金时期河南中北部地区墓葬仿木构建筑史料研究》，《中国建筑史论刊》第十七辑，2019年，第65—89页。

表 2 墓葬仿木构形制排比表

墓葬	年代	角部倚柱	阑额	普拍枋	总铺作次序	铺作对称性	补间铺作[①]	扶壁栱	跳头横栱	令栱与泥道栱比[②]	翼型栱	昂头	要头	假门[③]	假窗	格眼形式
洪洞西孔村墓 M33		有	有	有	五铺作单杪单昂	柱头补间不对称	1	单	偷心/翼型栱	<	🜂	琴面起棱	蚂蚱头	版门	格子窗	复杂几何纹
洪洞范村墓		有	无	有	五铺作单杪单昂	柱头补间不对称	1	单	偷心	<	🜂	批竹起棱	蚂蚱头	版门/I型格子门	格子窗	复杂几何纹
夏县上牛村墓	嘉祐元年(1056年)	有	无	有	四铺作单杪把头绞项作	正侧壁不对称	1	单	—	<	—	—	楂头	版门	破子棂窗	—
稷山南阳墓	崇宁四年(1105年)	有	有	有	五铺作双昂/五铺作单杪单昂出斜栱	正侧壁不对称	1	重/隐刻	翼型栱	<	🜂	琴面起棱八字	蚂蚱头肉䫌	版门	破子棂窗/格子窗	简单几何纹
稷山化峪墓	崇宁年间	有	有	有	五铺作双昂	角部当心不对称	0	重/隐刻	翼型栱	=	🜂	琴面起棱八字	异型蚂蚱头肉䫌	版门	破子棂窗/花窗	简单几何纹
侯马牛村砖雕墓 94H5M1	天德三年(1151年)	有	有	厚	五铺作双昂	对称	2	单	计单	—	—	琴面起棱八字	蚂蚱头	版门/I型格子门	—	简单几何纹
侯马大定十三年墓	大定十三年(1173年)	有	有	有	四铺作单杪/四铺作单杪	角部当心不对称	2	单	—	=	—	琴面起棱八字	蚂蚱头肉䫌	版门/I型格子门/II型格子门	破子棂窗/格子窗	复杂几何纹
侯马大李墓	大定二十年(1180年)	有	有	厚	五铺作双昂/五铺作单杪单昂	角部当心不对称	2	单	计单	=	—	琴面起棱八字	蚂蚱头肉䫌	II型格子门	—	复杂几何纹+花井

续表

墓葬	年代	角部倚柱	阑额	普拍枋	总铺作次序	铺作对称性	补间铺作	扶壁栱	跳头横栱	令栱与泥道栱比	翼型栱	昂头	耍头	假门③	假窗	格眼形式
汾西郝家沟墓	大定二十二年(1182年)	有(下段壁绘)	有	有	四铺作单抄	柱头补间不对称	1	单	—	<	(图)	—	蚂蚱头	版门/I型格子门	格子棂窗	复杂几何纹
闻喜下阳村	明昌二年(1191年)	上段	有	有	四铺作单抄	对称	0	单	—	=	—	—	蚂蚱头	—	—	—
侯马董海墓	明昌六年(1195年)	有	有	有	五铺作双昂/五铺作双抄	角部当心不对称	2	单	计单	=/翼型栱	(图)	琴面起棱/八字	蚂蚱头内颇	II型格子门	直棂窗	复杂几何纹+花卉
侯马董坚墓	大安二年(1210年)	有	有	有	五铺作单抄单昂	对称	2	单	计单	翼型栱	(图)	琴面起棱/八字	蚂蚱头内颇	II型格子门	直棂窗	复杂几何纹+花卉
稷山五女坟墓M1	中统三年(1262年)	上段	无	无	斗口跳	对称	0	—	—	—	—	—	—	I型格子门	破子棂窗	—
侯马农业生产资料公司M2	至元十八年(1281年)	上段	无	无	把头绞项作	对称	1	—	—	—	—	琴面起棱/八字	蚂蚱头	版门/I型格子门	破子棂窗	简单几何纹
新绛寨里村墓	至大四年(1311年)	有	有	有	四铺作单昂	对称	1	重	—	>	—	琴面起棱/八字	蚂蚱头(加览)	I型格子门	—	简单几何纹
侯马县城北墓	延祐元年(1314年)	不明	有	有	四铺作单昂	对称	1	单	—	>	—	琴面起棱/八字	蚂蚱头内回	—	直棂窗	—
汾阳东龙观M3	正隆六年(1161年)	上段	有	有	四铺作单抄	角部当心不对称	1	单	—	—	—	—	批竹/蚂蚱头	版门/II型格子门	直棂窗	复杂几何纹

续表

墓葬	年代	角部偶柱	阑额	普拍枋	总铺作次序	铺作对称性	补间铺作	扶壁栱	跳头横栱	令栱与泥道栱比	翼型栱	昂头	耍头	假门③	假窗	格眼形式
太原义井村	大定十五年(1175年)	有	有	有	五铺作单抄单昂	对称	0	重	偷心	-	-	琴面起棱	异型	不明	不明	不明
汾阳东龙观M5	明昌六年(1195年)	有	有	有	四铺作单抄	角部当心不对称	1	单	-	-	-	-	批竹起棱楂头	Ⅱ型格子门	直棂窗	复杂几何纹
孝义下吐京墓	承安三年(1198年)	有	有	有	四铺作单抄	角部当心不对称	1	单	-	-	-	-	不明	Ⅱ型格子门	直棂窗	复杂几何纹
孝义梁家庄墓	大德元年(1297年)	有	有	有	四铺作单抄	对称	1	单	-	-	-	-	蚂蚱头	Ⅰ型格子门	简单几何纹	
兴县红峪村墓	至大二年(1309年)	无	有	有	一斗三升	对称	0	单	-	-	-	-	-	Ⅰ型格子门	复杂几何纹	
交城裴家山墓	至正十六年(1356年)	有	无	有	斗口跳	对称	0	-	-	-	-	-	-	-	-	-
孝义下吐京墓	元晚期	上段	有	有	单斗支替	对称	0	单	-	-	-	-	-	-	-	-
文水北峪口墓	元晚期	有	无	有	把头绞项作	对称	0	单	-	-	-	-	-	-	-	-

注：①"补间铺作"一栏以数字表示朵数
②"令栱与泥道栱比"一栏中，"<"表示令栱短于泥道栱，"="表示令栱与泥道栱等长，">"表示令栱长于泥道栱
③"假门"一栏中，"Ⅰ型格子门"表示格子门为两扇并列，外出门框的式样，"Ⅱ型格子门"表示通间格子门的式样

城市·建筑 ·293·

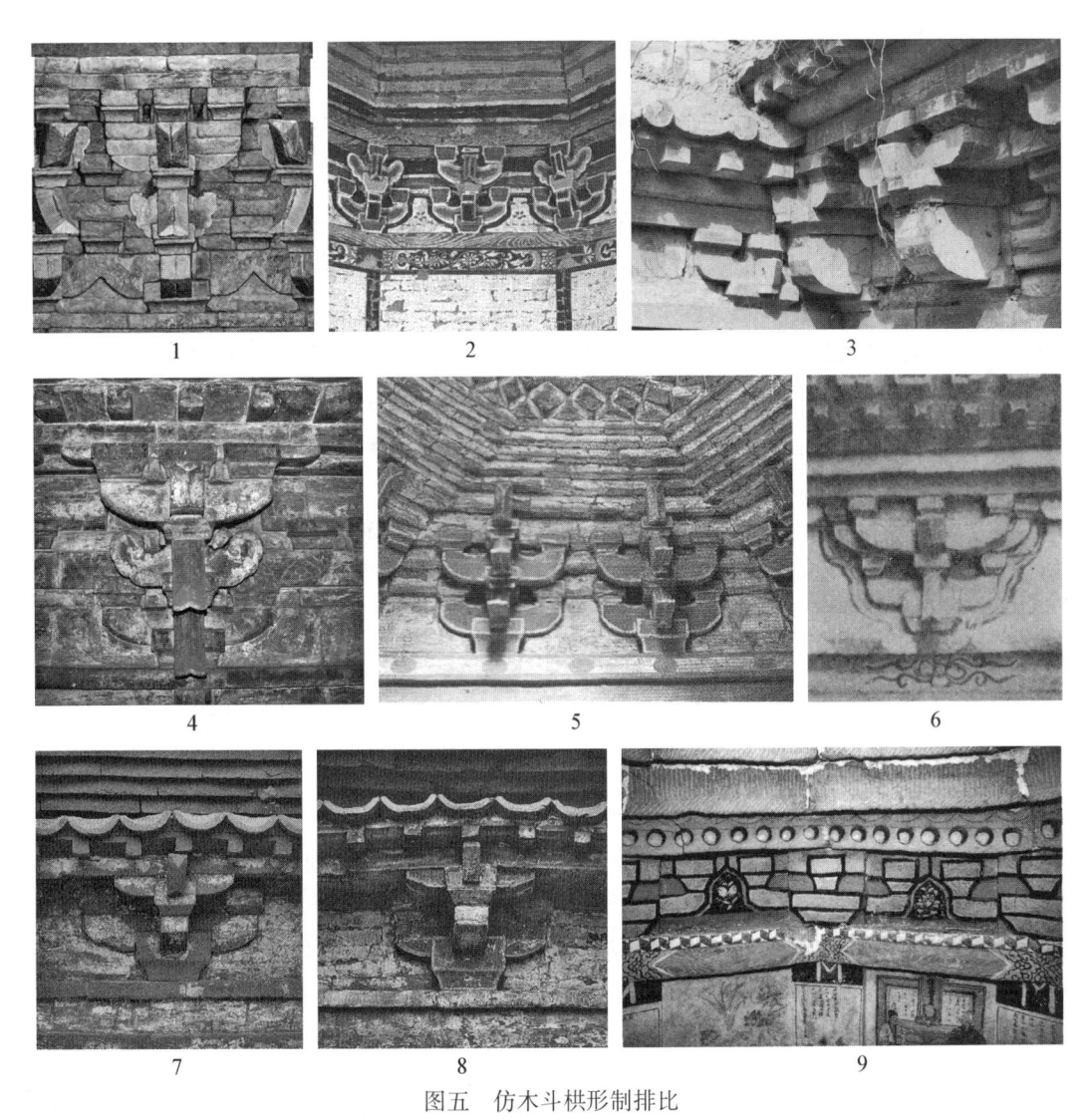

图五 仿木斗栱形制排比
1. 西孔村M33（引自《山西洪洞西孔村元代地震纪年墓发掘简报》，《文物季刊》2022年第4期，图八）
2. 汾西郝家沟金墓（引自《山西汾西郝家沟金代纪年壁画墓发掘简报》，《文物》2018年第2期，图六）
3. 夏县上牛村宋墓（引自《山西夏县宋金墓的发掘》，《考古》2014年第11期，图七） 4. 稷山南阳宋墓（摄于山西省金墓博物馆） 5. 侯马大李金墓（引自《侯马大李金代纪年墓》，《文物季刊》1999年第3期，彩版九） 6. 新绛寨里村元墓（引自《山西新绛寨里村元墓》，《考古》1966年第1期，图版八-3） 7. 汾阳东龙观M3金墓（引自《汾阳东龙观宋金壁画墓》，彩版八九） 8. 汾阳东龙观M5金墓（引自《汾阳东龙观宋金壁画墓》，彩版一一〇） 9. 兴县红峪村墓（引自《山西兴县红峪村元至大二年壁画墓》，《文物》2011年第2期，第41页图3）

两地区元墓仿木构的共性在于，一是不再有完整的柱额框架表现，墓室仿木构让位于墓壁装饰的叙事，仿木表现较金墓更加局部化。二是仿木斗栱明显衰退，基本不见五铺作斗栱，斗栱体量也明显缩小，补间铺作退化，斗栱表现也呈现单一化趋势。仅从这两点来看，西孔村M33的仿木构表现完全不符合元代墓葬的特征。墓中有意识地完整表现了柱、额、普拍枋、墓门、墓内斗栱都体现出了对地面斗栱较强的仿木意识，均是金代及以前墓葬的形制特征。

M33中体现的一些仿木细部形制有助于进一步的年代判断。一是令栱短于泥道栱反映的是一种早期形制，在晋西南的墓葬中，只有北宋时期的墓葬常见这种做法，但因标尺实例均为方形墓，M33在形成八边形时或考虑到了相邻令栱的避让关系。二是耍头与昂头形制。晋西南地区至金代之后流行内颤形制的蚂蚱头，但汾西郝家沟墓仍做标准蚂蚱头，与汾阳、孝义等地金墓的做法一致。晋西南墓葬中的昂头均做八字形昂嘴，M33中的琴面起棱昂或更接近晋中地区金代墓葬的一般形制。三是三瓣短翼型栱的形制，符合晋西南北宋晚期翼型栱的特点，郝家沟墓中的翼型栱已明显伸长，形制应晚于M33。

若结合仿木构门窗的形制来看，M33中只做版门而无格子门，而金中期以后晋中、晋西南地区的墓葬中以格子门为绝对主流。M33假窗格眼所用的复杂几何纹主要流行于北宋晚期至金代中期以前，与郝家沟墓所见的格眼样式接近。

基于上述认识，本文判断西孔村M33的仿木构形制应当早于汾西郝家沟墓，年代区间在北宋晚期至金代中期之间。

四、营建及加工技法

上文已论证西孔村M33的墓壁装饰和仿木构形制特征早于地区元墓的形制特点。但此墓是否如简报中所述是一种"复古"营造呢？本文认为，即便形制可以模仿，但建筑技法在出现年代断层后是难以模仿的，因此仍然需要从营建及加工技法角度再作考量。

因该墓的墓圹、墓道形制不明，且或存在后期扰动的问题，我们只得考虑砖室墓主体结构的营建技术。从简报中公布的信息来看，M33无壁面装饰的东西两耳室全用平砖顺砌。而主室壁面则为了容纳不同尺寸大小的装饰砖，在平砖顺砌的基础上出现了砌筑方式的变化，一个显著特点是条砖陡板面的灵活使用。在M33各壁装饰砖周边的余白部分，多见用条砖陡板面现加工出各种形状进行填充，可以减少过多砖缝所造成的视觉干扰。同时，这也暗示了M33在建造之初便无壁面地仗的设计，则即便M33是一座未完工的墓，其壁面也最多只设计了彩绘刷饰，无进一步的壁画装饰（图一）。

晋中、晋西南两地的元代墓葬基本以壁画装饰为主，壁面砌筑也多为简单的平砖顺砌，汾西郝家沟墓亦采用了全平砖顺砌的技法。而晋西南、晋中的金代墓葬中多见使用陡板面铺砌壁面的现象，典型实例有稷山马村段式墓、汾阳东龙观M2等（图六），但与这些实例相比，M33壁面上条砖与装饰砖的配合尚显稚嫩，应当反映了成熟砌法以前的更早期技术特征。

就加工技法来看，墓壁装饰元素的表现形式及制作方法、仿木结构的加工技法等可以纳入考量范围。壁面门窗边框、桌椅为条砖做简单线脚加工后拼合而成，而窗扇、花卉、人物等壁面装饰则采用了模印技术。值得注意的是，带有模印装饰的砖块全为方形，其边长

城市·建筑 ·295·

图六 晋西南、晋中金墓壁面砖雕铺砌方式示例
1. 稷山马村 M3 金墓   2. 汾阳东龙观 M2（引自《汾阳东龙观宋金壁画墓》，彩版七〇）

与条砖长边一致，当图案尺寸超出方砖尺度时，则采用多块方砖拼接的方式来完成完整构图，仿木斗栱也整体由条砖拼合而成（图五，1）。因此，M33 虽已使用了模印砖技术，但并未出现超出条砖尺寸的模件砖，这一点与汾西郝家沟墓的做法一致，两者甚至在假门的拼合方式等方面完全相同，表现了相似的营造技术（图七）。由于晋中、晋西南的装饰墓到金代中期以后普遍高度模件化，一方面壁面砖雕装饰所用模件砖的样式与尺寸表现得更为灵活，另一方面在斗栱塑造中也引入了模件做法。两地元墓的模件化装饰虽然呈现出明显衰退的迹象，但实例如侯马农业资料公司 M2（图二，3）等仍会少量使用金代晚期延续下来的模件化装饰，反映了金代中后期模具的延续。由此来看，M33 所示的砖雕装饰技术应是金代中期以前的特点。

图七 壁面装饰砖铺砌方式对照
1. 西孔村 M33 北壁（引自《山西洪洞西孔村元代地震纪年墓发掘简报》，《文物季刊》2022 年第 4 期，图八）
2. 汾阳郝家沟金墓东壁（引自《山西汾西郝家沟金代纪年壁画墓发掘简报》，《文物》2018 年第 2 期，图一一）

五、"再利用"的证据

仔细辨识简报中所附的买地券照片,可发现简报中对买地券的识读文字存在部分缺失。经辨识,买地券的前三列文字应为:"洪洞县东孔村祭主郭琜侄郭大郭二□□□/□□□名因为地震损坏累次祭祀不忍择□□□/好日良时选就本村西北老□□茔□攒堂□□毕。"简报认为根据此段文字,判定"由于地震所致郭氏祖茔受损,后人新筑此墓,原受损墓葬之遗骸迁葬于此墓,因此形成同族多人攒葬墓"。但若补足简报内缺失文字,或可有不同的解释。此次迁葬活动的起因确是元大德时期的平阳地震,导致郭氏祖茔损坏,但 M33 是否为新筑则需对买地券文字再做判断。"择□□□/好日良时选就本村西北老□□茔□攒堂□□毕"一句,或表示了 M33 原为东孔村西北一老墓,在郭氏家族此次迁葬活动中被用作攒堂,即临时安放尸骨的场所。买地券文末"攒葬有余灵"一句,也暗示了这只是一次临时安置遗骸的活动,也符合陶罐装满墓室、遗骸众多的这一现象。此外,西孔村墓地发现的 26 座早期墓葬中,M33 为所在墓地早期墓葬中唯一的砖室墓,与之相邻的土洞墓 M31 内也发现了密集排列的装有遗骸的陶罐,形制与 M33 的类似。且 M31 内还发现了放置于陶罐之上的朱书"高祖第一""次祖第二"字样的瓦片①,或是用来标记遗骸的所属及位次的,进一步说明了这一批遗骸为临时安置,而用于正式迁入的符合位次排序的墓葬最终未能建成。

此外,M33 的主室地面由方砖铺地,待室内陶罐清理完毕后,可发现主室中心部分铺地缺失,缺失部分接近长方形。距西孔村仅 10 公里的洪洞范村近年也出土了一座八边形砖室墓②,其主室中心部分发现有砖砌须弥座棺床,尺寸与形制同 M33 地面的缺失部分相近,推测该部分原也为一地台式棺床,而元代迁葬时为放置大量陶罐,将地台棺床拆除(图八)③。

六、结论——"边界地带"的再认识

综上可知,根据墓壁装饰及组合、仿木构形制和砖作营建加工技术等方面的分析,我们可判定洪洞西孔村 M33 砖雕墓的形制年代在北宋末期至金代中期以前的区间之内,而非元代至正年间的新建墓葬。再根据墓内买地券所述的信息、同墓地其他墓葬形制及墓内的改动痕迹,推断元至正年间郭氏家族迁葬祖茔时将村西北旧墓重新利用作攒堂,以临时安置祖先遗骸。但因种种原因正式迁葬墓地未能建成,使得这一原本为"临时过渡"的历史过

---

① 关于西孔村墓地及 M31 的信息见于"2021 年度山西考古新发现丨临汾洪洞西孔村宋元墓地"(山西省考古研究院"考古汇"公众号文章,2021 年 12 月 22 日),同时据此可知 M31 中也出土有三块朱书买地券,但具体文字信息未公布。待该墓信息发表后,或可对郭氏家族的迁葬过程有更深入的了解。

② 详见山西省考古研究所:《洪洞范村金墓发掘简报》,山西省考古研究所、山西省考古学会编:《三晋考古(第四辑)》,上海:上海古籍出版社,第 520—523 页。

③ M33 中原有棺床这一信息由张保卿博士见告,特表感谢。

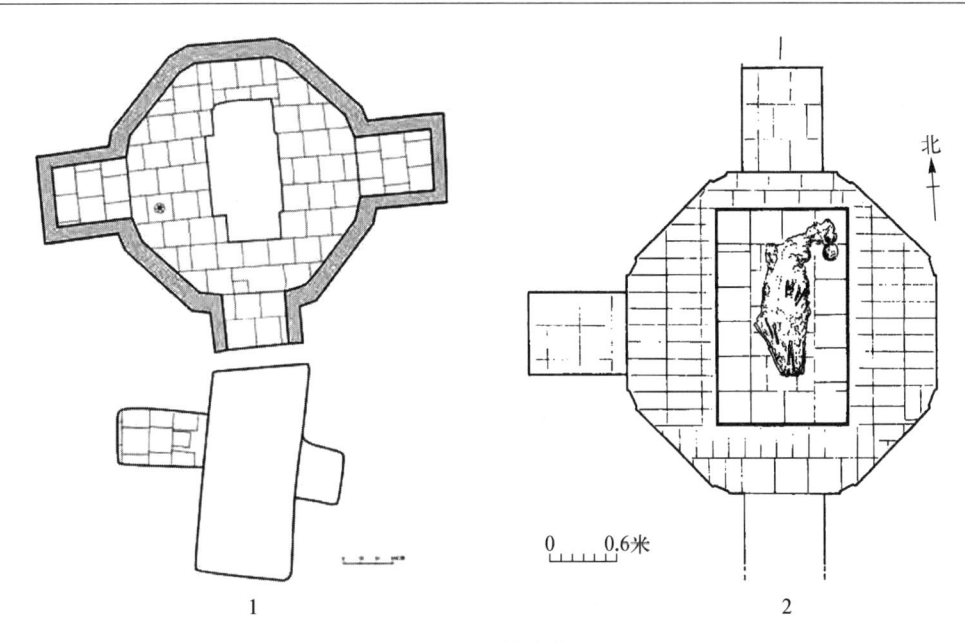

图八 地面棺床痕迹
1. 西孔村 M33 平面图（引自《山西洪洞西孔村元代地震纪年墓发掘简报》，《文物季刊》2022 年第 4 期，图二） 2. 范村砖雕壁画墓平面图（引自《洪洞范村金墓发掘简报》，《三晋考古（第四辑）》，图二）

程被定格至今，让我们能够看到如今墓葬被重新打开后，这一罕见的多人丛葬的局面。

前述洪洞范村砖雕壁画墓在平面形制、壁面布局与仿木斗栱、门窗形制上均与西孔村 M33 相近，推断两墓不仅年代相近，且应当属于同一个匠作系统。再结合汾西郝家沟墓与洪洞二墓的相似关系，我们可因此观察到此处作为地理单元和行政区划的边界地带，在文化面貌上的特征。通过上文的形制对比，可以看到洪洞、汾西地区虽长期隶属平阳府管辖，其墓葬平面、装饰题材及布局等基本形制则更接近汾阳、孝义等地区的做法，与临汾盆地南部的侯马、稷山、新绛等地差别较大，应是这一边界区域的本地传统。但洪洞、汾西金代墓葬中所示的仿木斗栱体现了较汾阳、孝义等地更高的技术水平，又因平阳府金代经济水平高于周边，洪洞、汾西金墓中的这一现象或是对平阳府中心地区模仿借鉴的结果。由此可以认识到，区域性墓葬文化面貌最初的形成往往超越了行政区划的框架，更多受到地理环境的影响，但行政区域的边缘地带仍然受到了来自该区域中心的影响辐射，使得边缘地带的文化面貌呈现出多因素融合的结果[1]。

洪洞西孔村 M33 不仅为元代平阳大地震提供了又一处重要的文字证据，也见证了已知墓葬资料中难得一见的旧墓再利用现象。同时，在对此墓形制年代做重新判断后，我们可从此墓中看到区域边界地带文化面貌的特征。

---

[1] 除洪洞、汾西三墓之外，反映出边界地带墓葬吸收多重文化因素的例子还有沁源、沁县、夏县、三门峡等地的宋金墓葬。此外已有诸多学者讨论了宋金元墓葬中的区域文化交流、边界地带文化特征等问题。详见郝军军：《金代墓葬的区域性及相关问题研究》，长春：吉林大学博士学位论文，2016 年；张保卿：《宋金时期中原北方地区砖室墓研究》，北京：北京大学博士学位论文，2019 年。

全真初兴：晋东南地区蒙元时期的道教宫观

陈 豪

清华大学人文学院写作与沟通教学中心

对于中国古代木构建筑而言，遗留至今的地面建筑大多都是寺观庙宇。但其中，在元代及以前的早期木构遗存中，道观的数量并不占优。与遗存数量不匹配的是，事实上，宋元两朝，皇家对道教都较为重视，屡有道观兴建。这种物质遗存与史料记载的巨大差别，致使在建筑史的研究中，难以勾勒宋元时期道观建筑的总体样貌，基本上只能关注个例，如芮城永乐宫、苏州玄妙观等，从而使我们对历史时期道观建筑的理解受到了一定制约。

具体到金元之际，从史料来看，宫观建设在全真教初兴的过程中曾扮演过重要角色。然而，遗留至今的相关道教建筑数量屈指可数。在这一情形下，晋东南地区留存的三座蒙元时期隶属于全真教的道教建筑：高平良户玉虚观、高平铁炉清梦观和武乡会仙观（图一），就显现出了特别的价值。前人已留意到这三座道观的史料价值，对其建筑年代、格局和壁画等进行了初步讨论[①]。从研究现状来看，除三座建筑的形制描述、年代判断等问题尚有进一步厘清的空间外，更重要的是，个案研究很难解决一个更加根本性的问题：这些属于新兴宗教势力的建筑，是如何被建设起来的？

回归于金元之际的历史情境，全真教在晋东南地区的道观建设面临着诸多难题：建筑建设活动本身需要大量的人力、物力，在金蒙鏖战以致人口锐减的区域，如何完成道观的建设工程？为了适应教派仪式的需求，主要建筑和总体格局是否有独特的设计和相应的规范？在寺庙林立的晋东南，如何选择道观建设的地点？这些问题直接影响了晋东南道观建筑的整体特征。想要回答这些问题，有必要充分发掘三座建筑遗存与晋东南地区同期道教石刻碑碣的组合价值，从整体性视角予以剖析。

本文拟精细分析建筑形制特征和碑刻史料信息，更新对遗存年代和早期格局的认识，在此基础之上，立足于整体性视角，分析三座建筑的共性与个性，以此为线索，管窥全真教的扩张策略。

[①] 李德文：《高平市良户玉虚观的建筑特色》，《文物世界》2017年第2期；叶建华：《对地方性道教建筑群选址特点的勘察研究——以山西武乡会仙观建筑群为例》，《四川建筑科学研究》2013年第5期；林源：《山西武乡会仙观》，《文物》2013年第9期；叶建华：《山西武乡会仙观建筑研究》，西安：西安建筑科技大学硕士学位论文，2008年。

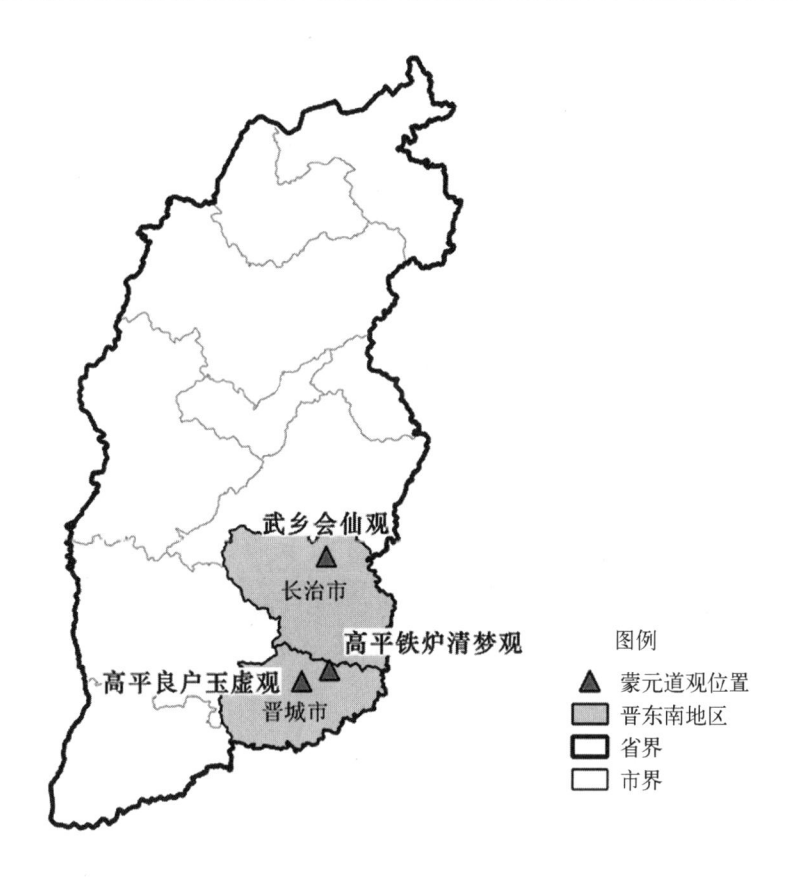

图一　晋东南地区蒙元道观遗存位置

一、金元之际全真道的兴起

金朝统治时,北部中国出现了由汉族士人创立的新的道教派别,以太一教、大道教、全真教三大派最为兴盛。到蒙元统治初期,在宽松的宗教政策氛围下,诸道派得以继续发展,三大教派中,尤以全真道的发展势头为猛烈[①]。

全真教由王喆创建于金大定年间。他东行山东传教,收马钰、谭处端、丘处机、王处一、刘处玄、郝大通、孙不二七大弟子,后称"七真"。起初,全真教通过组织信徒,建立宗教团体,扩大其在民间的影响。随着教团力量的发展,它逐渐引起了中央朝廷的注意。经过金朝皇帝的征召、短暂的限禁和之后的礼遇,教团的势力愈发强大,并借机购买朝廷出售的观额、度牒以修造宫观。金末战乱,苦难的生活使宗教需求日益

---

① 参见陈垣:《南宋初河北新道教考》,北京:中华书局,1962 年;[日]窪德忠著,萧坤华译:《道教史》,上海:上海译文出版社,1987 年;郑素春:《全真教与大蒙古国帝室》,台北:台湾学生书局,1976 年;任继愈主编,卿希泰、唐大潮:《道教史》,南京:江苏人民出版社,2006 年。

扩大，全真教救苦济难，帮助维护社会秩序。成吉思汗统治时期，在宋、金、蒙古三方政府同时召请的情况下，丘处机做出政治选择，万里西行，觐见成吉思汗。待他应召东归之时（1223年），成吉思汗命其掌管天下道教，诏免道门差役赋税。在蒙元帝室的支持下，丘处机带领全真教进入鼎盛阶段，"玄风大振"，全真道宫观遍布北方地区，道徒人数也日益增多。在尹志平和李志常执教时期，全真道延续了这种良好态势。丁酉（1237年）至甲辰（1244年）年间，道士宋德方按其师之愿，以平阳玄都观为总局，共设27局，率领徒众编纂《道藏》，待芮城纯阳万寿宫（今永乐宫）建成后，经版移藏于此。

由于全真道的强势发展侵占了佛教的原有领地，佛道两派人士于元宪宗五年（1255年）和宪宗八年（1258年）展开御前辩论，全真教败北，不得不焚毁伪经、归还佛寺。世祖至元十八年（1281年），佛教徒的再度攻击，使得道藏中除《道德经》之外的其余道书均入焚毁之列。元室对全真道政策从扶植到贬抑的变化，抑制了其原有的发展势头。这一境况到成宗即位方有所改变，全真教有所复兴，但无法与前期的鼎盛局面相比。元代中后期，诸道派合流，全真教逐渐成为北方道教发展的核心[①]。

二、晋东南地区蒙元时期全真宫观的建筑遗存

金元交际之时，蒙古军队南下，自贞祐二年（1214年）蒙军首次占领潞、泽、沁三州以来，两军对该地区反复拉锯，直至正大六年（1229年）沁州归属蒙古，正大七年（1230年）泽潞两州亦归入蒙古境内[②]。因此，自1230年起，晋东南就已归入蒙古国管辖，进入蒙元时期。

既有研究已大致阐明了这一时期全真教的基本历史，认为全真教在危机时期对维系中原文化做出了贡献，并仿照佛教戒律进行了一定程度的宗教改革，也对全真教与地方民间信仰间的关系和全真文学进行了讨论[③]。同时，学者也通过爬梳文献史料对宫观制度进行了梳理[④]，认识到全真宫观的建设是它们发展中的重要一环，指出"尽管一些新建立

[①] 以上金元时期全真道发展史，参见卿希泰主编：《中国道教史（第三卷）》，成都：四川人民出版社，1993年。

[②] 金蒙之间对河东的争夺持续时间较长，战况焦灼。已有学者考证：贞祐二年（1214年）蒙军首次攻克潞州、沁州、泽州，旋弃去；贞祐四年（1216年），泽州改隶潞州昭义军节度；兴定二年（1218年），蒙军再下潞州、沁州、泽州，复弃去；兴定四年（1220年），三州入上党公封域；兴定五年（1221年），泽、潞两州复归蒙；元光元年（1222年），金军复泽州，同年改隶孟州；元光二年（1223年），沁州升为义胜军节度、泽州升为忠昌军节度；正大元年（1224年），金复潞州，泽州又归金，同年金复之；正大四年（1227年），泽、潞又归金；正大六年（1229年），泽、潞复属金，沁州终属蒙古；正大七年（1230年），泽、潞终归蒙境。参见周振鹤主编，余蔚：《中国行政区划通史·辽金卷》，上海：复旦大学出版社，2012年。

[③] Goossaert Vincent, The Invention of an Order: Collective Identity in Thirteenth-Century Quanzhen Taoism. *Journal of Chinese Religions*, pp. 111-138, 2001(29). 参见张广保编，高万桑：《多重视野下的西方全真教研究》，济南：齐鲁书社，2013年。

[④] 如胡锐：《道教宫观文化概论》，成都：巴蜀书社，2008年；程越：《金元时期全真道宫观研究》，济南：齐鲁书社，2012年；景安宁：《道教全真派宫观、造像与祖师》，北京：中华书局，2012年；吴端涛：《蒙元时期山西地区全真教艺术研究》，北京：文物出版社，2019年。

的教团设法在部分州县建立了密集的庙宇网络体系,但是,只有全真教在整个北中国地区取得了深入的发展"。我们将逐一分析在中国北部晋东南地区,兴建于蒙元、保留至今的道观实例:

1. 良户玉虚观

良户玉虚观位于晋城高平市原村乡良户村中,平面现状为两进院落,第一进院落东南角为道观入口,西侧有一三开间小殿,院南为倒座,山门外倒座以东有一楼,院北为中殿;第二进院落北侧为后殿及紧贴后殿的东西朵殿;院落东西有廊庑①(图二)。

其中,中殿和后殿的建筑时代可上溯到元以前。中殿为面阔三间的悬山顶建筑,进深六架椽。建筑整体呈现的时代面貌复杂,并非"创建于蒙古宪宗五年(1255年)",而是历代维修的层累结果,其中后檐铺作、前檐角柱和内柱体现了较早的时代特征。中殿后檐仅设柱头铺作,补间隐刻异形栱,柱头铺作为五铺作计心重栱单杪单昂,扶壁单栱,所有横栱平直,琴面昂,昂嘴扁平,昂下隐刻饱满的双瓣华头子,里转第一跳华栱偷心,第二跳楂头承梁,当心间两柱头栌斗外檐瓜棱状,里转半圆形,为晋东南地区北宋宣和至金大定年间典型的斗栱形制②;中殿前檐东西两端的石柱为粗壮的瓜楞柱,雕刻忍冬纹样;殿内四根石柱与上部梁架没有直接的结构关系,其中北侧两石柱平面浅刻菱形格纹,弧线抹角处雕刻忍冬纹,这些石柱的形制与雕刻也符合当地金代石构的特征。后殿现为面阔五间的悬山顶建筑,进深亦为六椽,殿坐于石质台基之上,台基上枋雕刻忍冬纹,上枭雕刻莲瓣,隔身版柱上有已经风化的雕刻,束腰版上有"大定十八年四月十六日记石匠北赵庄赵琮赵进"的题记,雕有莲花化生图样,下有圭角,为金代遗存,可知至迟在金大定年间,后殿位置已有建筑(表一)。

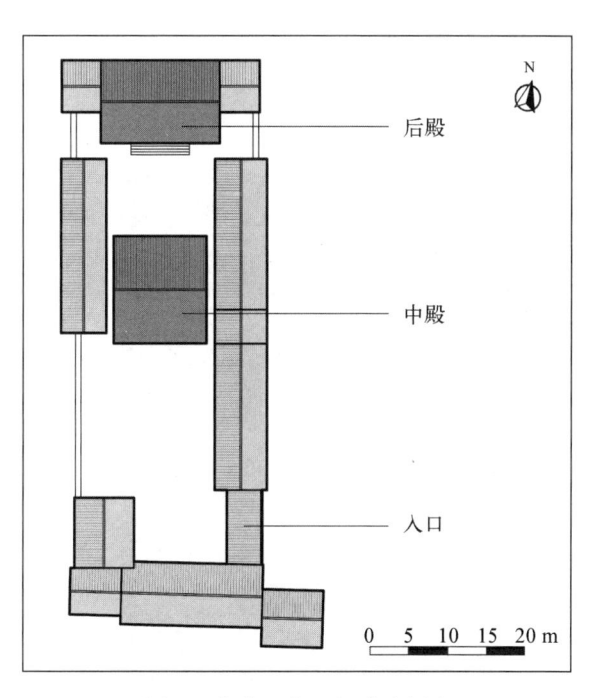

图二 良户玉虚观鸟瞰示意图

---

① 有研究称平面三进院,第一进院落"北侧正中有一道随墙门",第二进院仅中殿一座。现观内无墙,但中殿与西南侧殿间有少许高差。参见李德文:《高平市良户玉虚观的建筑特色》,《文物世界》2017年第2期。
② 关于该地区宋金时期建筑分期,见徐怡涛:《长治、晋城地区的五代、宋、金寺庙建筑》,北京:北京大学博士学位论文,2003年。

表一　玉虚观调研照片（彭明浩/摄）

中殿南立面	中殿北立面
中殿前檐东角柱	中殿后檐柱头铺作外跳
	中殿后檐柱头铺作里跳
中殿殿内石柱	后殿台基题记（大定）

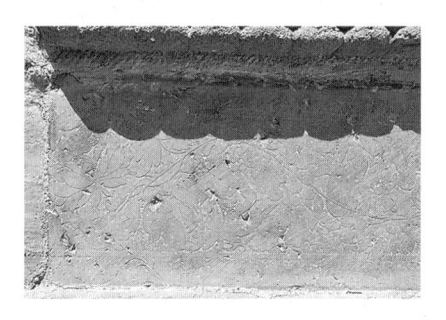

续表

| 后殿正立面 | 后殿脊槫下题记（嘉靖） |

观内现存最早的碑刻是由李俊民撰于蒙古乙卯年（1255年）的《新修玉虚观记》，碑圭首长方座，周边用减地平钑雕刻缠枝莲花，碑文记称全真门卜申志谨于本处"崇建灵宇，为正殿三间，塑三清圣像，为法众朝真之所；东西云堂各三楹，以延往来高士；前殿面势，一如正殿之仪；左右庑如云堂之制"，另在东部院落建有"斋厨挟室"供道士生活。则新修于蒙元时期的玉虚观平面至少两进，正殿供奉三清，面阔三间，前殿与正殿形制类似，两殿各设云堂。从现存建筑来看，后殿面阔五间，与"正殿三间"记载不符；现中殿仍为面阔三间的建筑。现后殿殿内梁架上有"嘉靖二年"的题记，殿下金代台基两侧外侧经斜抹外扩，平面呈五边形，在东西方向上有所扩大；两角柱的直径亦较小于当心四柱；且就台基规格来看，后殿高于现中殿。因此，五间面阔的现状可能是重修改建的结果，推测现后殿位置即蒙元时的"正殿"，中殿即碑中所记"前殿"。

尽管根据现存碑碣，道观由全真道士新修于蒙古年间，不过在观内现存的建筑中有不少早于碑刻时代的遗存，后殿台阶的题记和中殿斗栱、石柱遗存都表明，玉虚观内中轴线上的两座主要建筑在金代就已经存在了。碑文叙述中亦提及"遂易庵为观，额曰'玉虚'"。因此，良户玉虚观是申志谨修建、改建既存建筑而成[①]，并非平地起建的道观。

2. 铁炉清梦观

清梦观位于今高平铁炉村东，据碑记，当年该村名为石村。道观平面现为两进院落，坐北朝南，中轴线上自南向北依次为山门、中殿和后殿，后殿前有月台，东西设朵殿，整个院落东西两侧均有廊庑之设（图三）。

观内现存建筑中，中殿和后殿的时代均可上溯至蒙元。中殿为面阔三间，进深六椽的单檐歇山顶建筑，保留较多初建时的特征。殿内前后丁栿斜置于六椽栿上，现状为5-1分椽，叉手由两部分拼合而成，下半部不抵槫；每间各设一朵补间铺作，为四铺作单杪，柱

[①] 至于其是由佛寺改为道观，还是由旧有道庵改建而来，仍有讨论的空间。参见李德文：《高平市良户玉虚观的建筑特色》，《文物世界》2017年第2期；荣国庆、李素梅：《〈新修玉虚观记〉碑考释》，《中国道教》2018年第2期。

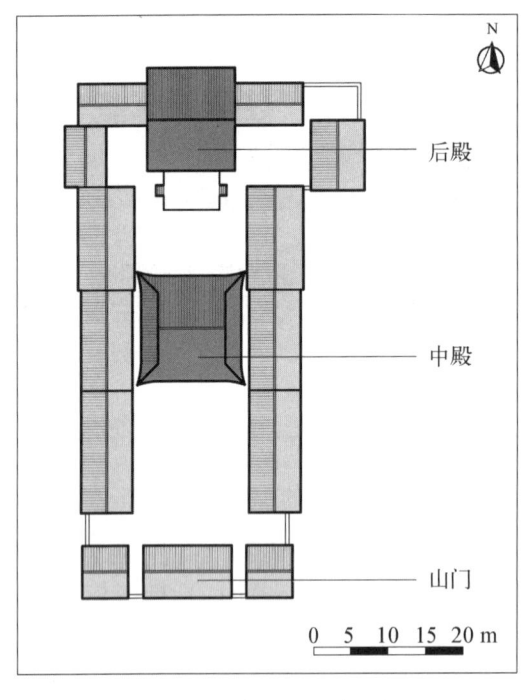

图三　铁炉清梦观鸟瞰示意图

头铺作为四铺作单昂;所有斗栱令栱抹斜,华栱不起棱,假华头子出尖,耍头呈爵头状;柱头铺作里转施华栱一跳,上用楂头承梁;尤其值得注意的是其转角铺作的45°昂嘴,两面各斜抹,使昂嘴前表面呈中央起棱状,这一样式亦见于创立于1247年的高平董峰万寿宫前殿转角铺作,当为蒙元初期的典型形制特征①。后殿为面阔三间、进深六椽的单檐悬山顶建筑,1-5-1分椽,前檐仅设柱头铺作,为四铺作单昂,令栱和散斗抹斜、替木不抹斜,耍头作昂形,昂下假华头子出尖,耍头下假华头子弧形;其中,昂形耍头的昂嘴前表面与前殿转角铺作的第二跳昂嘴形制类似,均为左右斜抹、中央起棱的样式,当同样为初建时的建筑构件;后殿台基做出束腰与隔身版柱,上下枭雕刻有莲瓣纹,台基上部两角安角兽;殿前月台尽管风化严重,依稀可见其束腰雕刻及剔地起突的隔身版柱,两台基时代亦较早。另,中殿前所立石构或为醮盆遗存②(表二)。

表二　清梦观及万寿宫调研照片

中殿室内梁架(吴煜楠/摄)

---

① 这一形制点所反映的时代特征由彭明浩老师见告,特此致谢。
② 清梦观的布局与始建于大朝丙申年(1236年),完成于中统二年(1261年)的长春观类似,两观兴建的时间亦相近。长春观碑在今泰安岱庙:"前有殿以□(奉?)圣真,后有堂以振礼诵,左有寮以酬接待,右有室以供庖厨,沉沉洞洞,轮奂一新,足以肃晨香□□,上祝圣寿无疆,下荐士民之福"。《长春观记》,见陈垣编纂,陈智超、曾庆瑛校补:《道家金石略》,北京:文物出版社,1988年。

续表

 中殿南立面	 中殿东南角转角铺作
 中殿内叉手	 高平董峰万寿宫东北角转角铺作（彭明浩/摄）
 后殿南立面	 后殿柱头铺作
 后殿台基及角兽	 中殿前石构

观内后殿前廊下东西各立一碑，东侧为中统元年（1261年）的《创建清梦观记》①，碑圆首长方座，碑首减地平钑龙纹，周刻缠枝卷草纹②。碑记全真道士姬志玄出家于贞祐南迁之末，后策杖归乡，"复造先人之庐……立正殿以奉高真，序堂厨以集清众"；碑阴又载"丙辰岁（1256年）建立后殿"，可知前后殿之创建当均在1256年之前。据后殿西山墙靠廊内一侧明万历四十年（1612年）《清梦观重修玉皇殿记》碣记载可知明万历庚辰年（1580年）重修中殿，壬子年（1612年）将后殿（明时已称"玉皇殿"）"去原柱之木，易之以石，石视木坚也；去石壁之圣，易之以砖，砖视圣精也。旧任质素，兹施以绘彩，又翠美而夺目也。且殿外筑台，创立一厦，庙貌更耸邃已"，可知后殿殿身石柱、砖墙与万历碑所载改建内容一致；其时创立之"厦"当即清碑所云"拜亭"，现已不存，很有可能搭建于月台之上。

从清梦观的建设过程、建筑布局和空间来看，最重要的殿是姬志玄在一开始创建的正殿，即位于院落中部的歇山顶中殿，其内供奉神像；稍晚建立的后殿设置月台和前廊，当为道教仪式举行的场所③。

3. 武乡会仙观

武乡会仙观位于今武乡县监漳镇监漳村西，同样创建于蒙元初年。道观坐北朝南，现平面三进院落，中轴线上自南向北依次为戏台、前殿、中殿、后殿。后殿东西两侧有朵殿，院落东西设廊庑（图四）。

从现存建筑的情况来看，院落最北侧后殿和中殿保留有早期建筑的特征。后殿为面阔三间、进深六椽、2－4分椽的单檐悬山顶建筑，另在其东、西、南三面加设屋檐，使其正立面呈现面阔五间、单檐歇山顶的面貌；檐下无补间铺作，柱头铺作为五铺作单杪单昂计心重栱，当心间另出斜栱，扶壁三重栱；横栱、替木均抹斜，昂嘴较薄，没有明显起棱，三瓣出尖华头子；转角铺作用圆栌斗，其余用方栌斗；柱础形制不一，但形制古朴；昂形耍头之上有与撩檐槫相交的梁头，

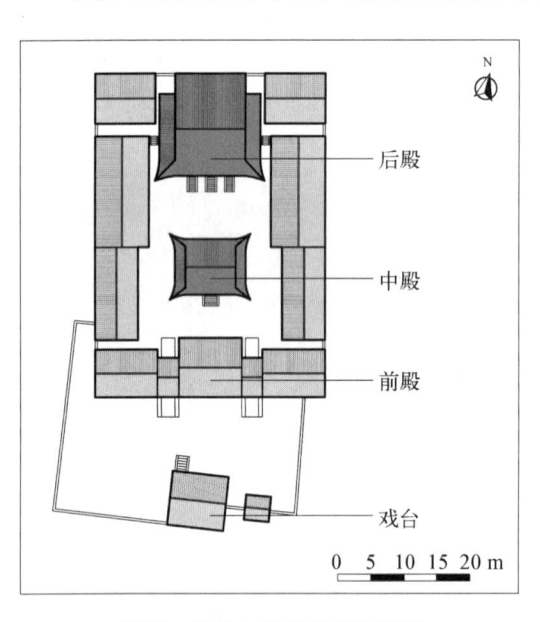

图四 武乡会仙观鸟瞰示意图

---

① 参见霍建瑜：《姬志真〈创建清梦观记〉碑文考》，《山西大学学报（哲学社会科学版）》2004年第2期。
② 西侧为清道光四年（1824年）《重修清梦观碑记》，记自嘉庆二十二年（1817年）至道光四年（1824年）间整修此观，"修堂厨以栖清众……补正殿以奉高真，他若太上老君殿、十帝阎君殿、三官殿、大王殿、钟鼓二楼、拜亭、禅室等处四十八楹……渐次理工"。
③ 刘仲宇认为，全真教从一开始就参加了传统的道教仪式，且将某些仪式成分纳入了自己的修行体系，列为制度，金元全真教的有关道法，以雨晴祈祷和济度亡灵为主，亦有驱蝗等仪式。刘仲宇：《早期全真教仪式初探》，见陈鼓应主编：《道教文化研究（第二十三辑）》，上海：生活·读书·新知三联书店，2008年。

做出蚂蚱头的形式,但并不在耍头分位,当为后代改修的遗存;南立面的斗栱下用大檐额,柱础与格子门的形制亦颇为古朴。总体而言,后殿的主要形制与创建碑所记建筑的始建年代吻合,为金末元初的建筑。中殿为面阔三间、进深四椽的单檐歇山顶建筑,亦无补间铺作,柱头铺作为五铺作双昂计心重栱,昂为假昂,当心间柱头铺作另出斜栱,横栱抹斜,昂嘴有一定厚度,华头子极浅,耍头呈爵头状或楂头状;前后檐扶壁三重栱;东西壁扶壁重栱,无斜栱;殿西南角转角铺作45°方向的第二跳昂嘴亦做斜抹,提示我们该殿的初建时间亦较早(表三)。

表三　武乡会仙观调研照片

 后殿南立面	 后殿梢间柱头铺作
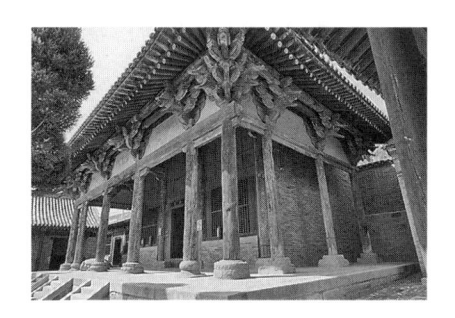 后殿东南角	 后殿当心间柱头铺作
 后殿南门	 中殿

| 中殿室内 | 中殿西南转角铺作 |

据元至元三年(1266年)《会仙观起本碑》①记载,该观初建时就用了较长的年月:"我大师贾公者,法讳志韬……至岁庚寅(1230年)……遂相其水北之故基……于是师乃化其观地……地既完矣,木既伐矣,师遂将修盖之事付弟贾志常主之……连年之间,殿宇多而成者,其严饰则未也,及师之出园也,睹诸位之荒凉,愧瞻依之无所。其塑像则颜色之,楹桷则丹腰之,圣位之阙者补之,寮居之坏者葺之,乃圣乃贤,曰堂曰宇,不侈不陋,焕乎一新。"起木碑在贾志韬登仙之后方立,其时为1266年,故道观兴建在1230—1266年这个时间区间以内。

另据明嘉靖七年(1528年)《重修会仙观记》和道光三十年(1859年)《重修会仙观碑记》载,"明嘉靖年更拓而增之",清朝历代重修,皆"因其旧制"。"今其庙外,南向为关圣殿,殿基筑高台约丈余,始与庙内院平。院正中为玉皇殿,由两角门再进为三清殿"②,可知会仙观在明嘉靖年间有一次较大规模的重修扩建,现平面上的前殿(关圣殿)或即于此时创建,中轴线上最南侧戏台的始建时代可能晚于道光。

这样看来,会仙观中轴线的建设顺序为自北向南依次进行。这样的工程方式很大程度上应也是地形决定的结果。"其地势后高前下",最北侧大殿依山而建,不仅能够减少平地起墙的工程量,更能减少歇山屋顶的结构和施工难度,在保证立面视觉不变的情况下,用悬山屋顶加三面披檐的方式完成建设。中殿是面阔三间的单檐歇山顶建筑,体量和用材都较北殿为小。因此,从建筑尺度和地势来看,推测会仙观初建之时,最先建设并且最重要的殿是北殿。

三、晋东南地区蒙元初期全真宫观建筑遗存空间

通过上述对晋东南地区现存蒙元初全真宫观建筑的整理,并阅读相关碑碣遗存,我们

---

① 现为残碑,立于后殿台基前。参见李玉明总主编,李树生主编:《三晋石刻大全·长治市武乡县卷》,太原:三晋出版社,2013年。
② 李玉明总主编,李树生主编:《三晋石刻大全·长治市武乡县卷》。碑文中关圣殿即今前殿,玉皇殿为中殿,三清殿为后殿。

可以对当时全真教及全真宫观在该地区推广的过程有初步的认识,理解全真宫观的建设工程在当时的历史背景下是如何开展的。

1. 主殿建筑分椽方式不一

从以上几例早期的道观遗存来看,院落中的主殿当供奉三清圣像,即主殿很可能就是"三清殿"。但此时的三清殿,在分椽方式上,似乎尚未形成一定的规制。目前该地区蒙元道观内尚保留早期梁架结构殿宇的分椽方式可整理如下(表四):

表四　晋东南蒙元道观早期主殿分椽方式

道　　观	早期主殿有无前廊	分椽方式	备　　注
高平清梦观	无	5　1	中殿
武乡会仙观	有	2-4	后殿
泽州辛壁太平观	有	2-4	前后两殿均如此
米山显圣观①	无	2-4	前后两殿均如此
高平圣姑庙②	无	4-2	前殿;至元二十七年(1290年)依附真大道教

2. 平面格局尚未规范

(1) 三清殿位置不一

三清殿是晋东南地区的现存早期道观遗存中最重要的主殿,但蒙元初年,其在院落中的位置却尚无一定之规,而是根据建筑基址和既有建筑的情况因地制宜的。高平良户玉虚观因既有建筑的建设,将基址较大的北殿作为正殿;高平铁炉清梦观的歇山顶"正殿"位于院落中央,"后殿"的建设时间更晚一些;武乡会仙观的"正殿"依山而建,位于院落最北,且有前廊之设。这种并无定规的建设也在一定程度上反映了当时道观建设之艰难,参与建设的道士和工程人员只能因陋就简,以创建具有最重要宗教功能的单体建筑为首要任务,逐步扩展院落规模。

在全真教发展的过程中,宫观制度是逐步完善的。以全真教东祖庭永乐宫为例③,平面南北向的轴线上排列着主要建筑,自南向北依次为宫门、无极门、三清殿、纯阳殿、重阳

---

① 承刘云聪见告,特此致谢。
② 参见曹飞:《万寿宫历史渊源考——金元真大道教宫观在山西的孤例》,《山西师大学报(社会科学版)》2004年第1期;赵世瑜:《圣姑庙:金元明变迁中的"异教"命运与晋东南社会的多样性》,《清华大学学报(哲学社会科学版)》2009年第4期;陈豪《金元之际高平圣姑庙的建筑空间与信仰》,《北方文物》2020年第1期。
③ 同时期的全真教重要宫观另有大都天长观和终南山重阳宫,但两观现已无早期建筑遗存,难知其时格局。

殿(除宫门为清代建筑之外,其余建筑的主要部分均为元代遗存,表五),最北有丘祖殿遗址,此外,纯阳殿两侧原有朵殿,现亦仅存遗址①。三清殿亦为主殿,体量为诸殿之冠,是面阔七间,进深八架椽的单檐庑殿顶建筑,殿前设有宽大的月台。殿前不设廊,室内减柱造,仅于当心三间设中柱,与后金柱围合神坛,坛上供奉三清圣像,前四椽下均不设柱,礼拜空间宽阔。三清殿后,纯阳殿为供奉吕洞宾的殿宇,重阳殿则供奉王重阳和他的七个弟子。王颚《大朝重建大纯阳万寿宫之碑》载:"壬子(1252年),真常奉旨祀五岳回驻于此……曰无极,以奉三清,曰混成,以奉纯阳,曰袭明,以奉七真。"可知永乐宫方建成之时,

表五 永乐宫(图自杜仙洲:《永乐宫的建筑》,《文物》1963年第8期)

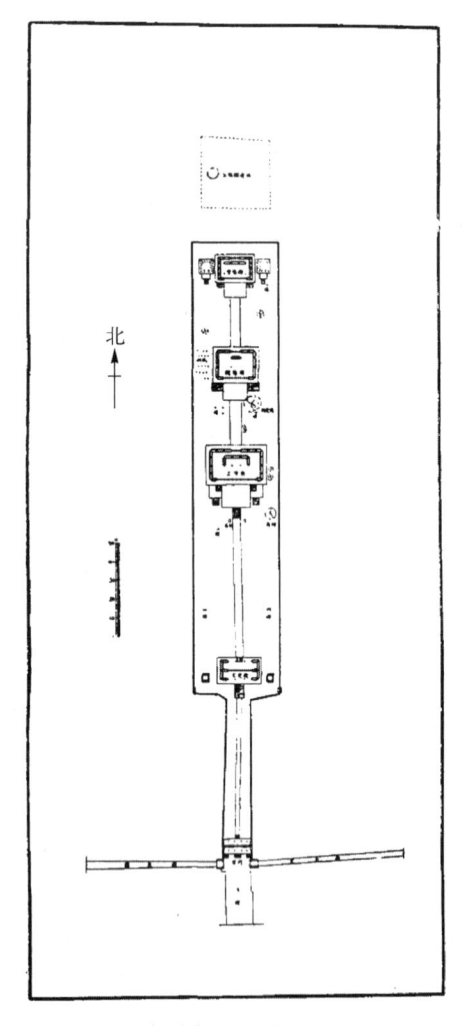

三清殿正立面

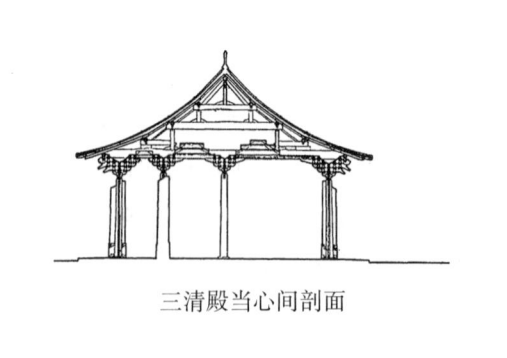

三清殿当心间剖面

永乐宫原址总平面

---

① 杜仙洲:《永乐宫的建筑》,《文物》1963年第8期。

殿名虽与今所习见者不同,但各殿所供奉的对象并未改变①。永乐宫的修葺几乎贯穿了整个元朝,建筑主体大致完成于元中统三年(1262年)②。因其改建自吕公祠,当地相传为吕洞宾之故乡,故有纯阳殿之设。而重阳殿内奉祀七真的做法,当即全真一派宫观的独创。

(2)七真堂或未设置

既有研究指出,全真道新创而有别于其他道派的建筑是"七真堂",一般位于三清殿后,堂内塑七真像,以示对祖师的强调和全真在道教内的正统地位。尹志平在掌教期间将对七真的尊崇纳入了全真宫观的万神殿:"长春师傅升遐日七月九日,于白鹤观芳桂堂设祖师七真位致祭。"③张广保认为这就是全真宫观祖真殿堂之滥觞。至元六年(1269年),应全真掌教宗师张志敬的请求,世祖颁诏书褒封五祖七真,赠五祖予真君号,七真予真人号,是七真越出教门,正式获得官方承认的标志④。查阅碑文,我们可以看到一些宫观中七真堂的设立早于永乐宫的兴建,如元至元十七年(1280年)唐埅的《圆明朗照真人功行之碑》记蒙元己亥年(1239年)事:"(戊午还故乡,越明年……)重修(栎阳)延寿宫……修殿者三,曰寥阳,曰通明,曰七真……"⑤还有庚子年(1240年)王粹的《(崞县)神清观记》所记"其宫宇则三清之殿、七真之堂"⑥。

不过,在晋东南地区,基于现存的蒙元时期道观建筑遗存和碑文记载,我们尚不能确定已出现七真堂⑦。这批遗存的始建时间不仅基本都早于李志常"规度营建,整治玄纲"⑧的蒙元宪宗二年(1252年),更是全部在至元六年(1269年)以前,我们推测,全真宫观内的七真堂当是在真常真人列永乐宫殿名,甚至是在获元世祖封号之后,才逐渐成为定制的。因此,这些道观初建之时未必有条件起建七真堂,也未必有规制必须建七真堂。如果后期不再新建专门的堂宇,已经完工的道观也可以通过调整建筑内部空间与像设,增设五祖七真像。

---

① 宿白认为,李真常列永乐宫殿名之事,当与其统一全真宫观之规度营建有关。宿白:《永乐宫创建史料编年——永乐宫札记之一》,《文物》1962年第Z1期。作为官方修葺的全真教祖庭(无极门有"少府监梓匠"书),永乐宫当为全真宫观规制之范例。
② 参见宿白:《永乐宫调查日记——附永乐宫大事年表》,《文物》1963年第8期。
③ (元)尹志平:《清和真人北游语录(卷一)》,见《道藏(第33册)》,北京:文物出版社,1988年。
④ 以上七真堂的发展历程,参见程越:《宫观的建筑规制》,见《金元时期全真道宫观研究》,济南:齐鲁书社,2012年;景安宁:《道教全真派宫观、造像与祖师》,北京:中华书局,2012年;张广保:《全真教的创立与历史传承》,北京:中华书局,2015年。
⑤ (清)王昶:《金石萃编未刻稿(卷上)》,见罗振玉编:《石刻史料新编:第一辑(第五册)》,台北:新文丰出版公司,1977年。
⑥ 《甘水仙源录(卷十)》,见(元)李道谦编:《道藏(第19册)》,北京:文物出版社,1988年。
⑦ 尽管明嘉靖七年(1528年)《重修会仙观记》载"殿后旧立五□(祖)七真像,移于置之□□"(李树生主编:《三晋石刻大全·长治市武乡县卷》,太原:三晋出版社,2013年),但其与起本碑间隔时间过远,起本碑中只记"塑像则颜色之",无法确知始建时是否有五祖七真像。
⑧ 《终南山祖庭仙真内传》卷下"真常真人",见(元)李道谦编:《道藏(第19册)》,北京:文物出版社,1988年。

3. 特定时空背景下的选址策略

在漫长的历史进程中,当地城市乡村中已经建设有若干道观①,且不少祠庙的信仰内容本身就带有道教特色,但作为新的道教教派,为了发展自己在当地的影响力,新道观的建设势在必行。这一时期,一方面,晋东南地区已经有大量的佛寺祠庙;另一方面,在金蒙来回拉锯后,该地区民生经济凋敝。面对四处林立的寺庙和荒无人烟的景象,初来乍到的新教派如何寻找立足之处开展建设、吸纳信众,是道士们需要解决的问题。

由于特殊的历史背景和宗教发展需求,蒙元初年新建、新修的道观在选址上与该地区的旧有寺庙有一点很大的不同:它们多位于村庄之内,或是紧邻村庄,而几乎没有择址于山野或其他远离村落的地方。这些位于村庄之中的道观和其他宗教性的庙宇一样,在聚落中属于等级较高、占地面积较大的建筑。基于建筑遗存和文字史料,可以知道,新道观在获取建设地块上,大致有"舍地为观""贴庙建观"和"改建已有建筑"三种方法。

所谓"舍地为观",是指当地居民施地而建,或是立观人将其祖居之地改建为观。如高平清梦观位于石村,"松岗下临故第,前依削壁,立观曰清梦。原自姬公先生之来而崇建焉,实祖居之地也"②;武乡昊天观的基地"于权沁州事武建暨当里工氏处化而得之"③;韩灯太清观由当地耆老"施里中社亭故基,以为观地"④;泽州遇真观同样是由耆德建议"馆之东有隙地焉,宽闲约十余亩,盍卜居于此乎"⑤;长子玉虚观由炼师李子荣"先大父无恙日,尝筑庵于居地之右",其后又"以暇日追述遗志,辟所居第,合为一道馆"⑥。

"贴庙建观"则是指道观选址贴近本地原有庙宇的情况。武乡会仙观得以兴建之前,"至岁庚寅(1230年),乡中监漳里众耆老直诣彼中请当里之垄神庙,师处之久,常自念言:神非道家之主,安可久于此乎?遂相其水北之故基,其地势后高前下,背风向日,三垄山朝其南,五垄神护其北,左则有禅宗之古寺,右则有神钟之圣迹,前流一水,自西涧而来"⑦,可知立观人贾志韬原处河道南侧神庙内⑧,新建的会仙观又位于禅宗寺院边⑨;新建辛壁

---

① 城内道观如阳城太清观:"按《图经》,县境内庙有四,寺有八,观独一焉。"参见(金)李俊民:《重修太清观记》,见(清)胡聘之:《山右石刻丛编》卷二十四,页三十至三十三。乡村道观如长治平顺王曲村龙祥观,"师本村人氏,法号可用,张其姓也。皇统间授业于潞城县东白鹤观……初隐于羊羔村崆峒山谷之石室十有余载……舍彼而居此,人皆以师之德,喜师之来。族人张闵,张管首谋胜事,于观音殿左施地盈亩……(大定三年)给今额曰'龙祥'……斋厨客馆,芝殿云堂,圣像仙坛,靡不完就",参见金大定二十五年(1185年)《黎城县平贤乡王曲村新修龙祥观记》,见(清)胡聘之:《山右石刻丛编》卷二十一,页四十四至四十六。
② 蒙元中统二年(1261年)《创建清梦观记》,现场调查。
③ 蒙元宪宗六年(1256年)昊天观张本碑。见《三晋石刻大全·长治市武乡县卷》,现场调查时碑已碎成残块。
④ 蒙元至元三年(1266年)《韩灯太清观起本记》,现场调查。
⑤ 元至元十七年(1280年)《遇真观记》,现场调查。
⑥ 元大德六年(1302年)《玉虚观记》,见李玉明、王雅安主编,申修福分册主编:《三晋石刻大全·长治市长子县卷》,太原:三晋出版社,2013年。碑文录自王天峰主编:《长子县志》,太原:山西古籍出版社,2007年。
⑦ 李玉明总编,李树生主编:《三晋石刻大全·长治市武乡县卷》。
⑧ "垄神庙",疑即龙神庙,即今武乡应感庙,敕封为宋末。现庙内仍存北宋敕牒碑,封东、西二位龙神。"西位龙神祠。在武乡县,徽宗宣和四年六月封广泽侯,赐额'应感'",见(清)徐松辑,刘琳等校点:《宋会要辑稿(礼二〇)》,上海:上海古籍出版社,2014年。
⑨ 会仙观中现存陀罗尼经幢,或即自寺院移来。按碑文叙述,此地原亦属民家所有:"水北之故基……于胡照、赵林、□□进而施得之,其余相连合用之地,诸人亦施之。"

太平观的基地的获得亦是因为"其主喜先愿舍施焉"①,但道观东侧并非民家,而是汤帝庙,且很有可能早于道观存在②。这种情况在金末就有出现,高平悟真观的建设属此类,"大金贞祐甲戌岁,国家以徵赋不给,道士李处静德方纳粟于官,敕赐二仙庙作悟真观……为其名位之乖也。其意若曰:以庙为观,则是无庙矣;以观为庙,则是无观矣……于是市庙东之隙地,为三清殿,为道院"③,经过一番纠结之后,建观于旧有庙宇之东。潞州灵显观建于灵显庙旁,且该庙本身就有吕洞宾相关的传说:"据里人传之,昔纯阳吕仙翁神游至此,于灵显庙壁间题诗云……累经劫火,且不泯绝……庙侧有观曰灵显,肇自牛公大师创构焉。"④

"改建已有建筑"的办法同样常见。新建道观改建的往往是宗教建筑,其占地与规制已经较为完备,但可能因为战争导致荒芜,择址于这类地方可以极大地减少工程量,迅速建立据点⑤。前文所举高平良户村玉虚观的建筑遗存最直接地反映了这种兴建策略,"易庵为观"的工程量是明显小于平地起建一座新道观的。此外,泽州修真观"按《图经》:修真观在东门内街南。宋大观戊子,陈迁孟新堂之故基也,值大金贞祐甲戌兵火而毁"⑥,张守微归本地起而复之;太平观新址未建之时,张志纯"初住村西南之旧道院,隘陋污近"⑦。

通过这些办法,全真道士们迅速在聚落中铺开道观的建设。因为战后人口急剧减少,而兴建工程需要相当的人力、物力,对迫于生计的幸存者而言,位置较远的建筑在人力组织和物资运输上都会需要更多成本,难以兴工,择址于聚落近旁可以更好地开展建设工作,同时,紧邻居民点的道观能够切实解决人们在战后心境中的宗教需求,道士们也可以因此快速吸收新的信众。直至今日,我们还可以从碑刻遗存中看到蒙元初期当地村落中的全真道观建设突然勃兴的盛况。

四、总　　结

在中国早期木构建筑的研究中,由于遗存数量的差别,建筑史领域对寺院、祠庙的讨

---

① 元大德九年(1305年)《创建太平观记》,现场调查。
② 明弘治十一年(1501年)《创建礼乐楼记》碑:"厥中古有成汤庙……左接民居……肇自金大定二十一年也。"见刘泽民、李玉明主编,王丽分册主编:《三晋石刻大全·晋城市泽州县卷》,太原:三晋出版社,2012年。从地理位置上,汤帝庙紧接民居,从建设逻辑上讲其创设也应先于太平观。
③ (金)李俊民《重修悟真观记》,见吴广隆编审,马甫平点校:《庄靖集(卷八)》,太原:山西古籍出版社,2006年。
④ 至元二十二年(1285年)《创修灵显观记》,见陈垣编纂,陈智超、曾庆瑛校补:《道家金石略》,北京:文物出版社,1988年。
⑤ 尽管在晋东南地区尚未见到明确的道观侵占佛寺的实例,但据(元)释祥迈《至元辨伪录》,甲寅年(1255年)全真道已挤占僧寺达四百八十二处,争夺寺观成为佛道矛盾的一个焦点,矛盾激化后,在1255—1281年间爆发了三次佛道之争。第一次争论失败后,全真道被朝廷判还佛寺三十七所,第二次被判还二百三十七所,参见程越:《金元时期全真道宫观研究》,济南:齐鲁书社,2012年。
⑥ (金)李俊民《重建修真观圣堂记》,见吴广隆编审、马甫平点校:《庄靖集(卷八)》,太原:山西古籍出版社,2006年。
⑦ 元大德九年(1305年)《创建太平观记》,现场调查。

论较多,对道观的关注则相对较少。多见基于道观个例的初步研究,少见对整体道观面貌的分析研讨。金元之际,河北地区新道教势力迅速扩张,尤以全真道的发展势头最为猛烈。晋东南地区保留至今的三座新建于蒙元时期、隶属于全真教的道观建筑(高平良户玉虚观、高平铁炉清梦观、武乡会仙观)和同期的道教碑碣遗存,有助于我们展开整体探讨,进一步分析道观的建筑特点和营建策略,理解特定历史情境下新道教的初创面貌。

和既有道观类似,全真宫观中依然以三清殿为最重要的主殿,但在晋东南地区蒙元时期的新设道观中,三清殿在平面中的位置并不固定,且其平面分隔方式亦各不相同。主要殿宇的分椽方式未有定制,有出前廊者,亦有不出前廊、内柱设于室内后部的布置。全真独有的五祖殿、七真堂等建筑并不见于1255年之前晋东南地区的新建或新修道观中。这当是初兴阶段的全真教道士们在战后疮痍之地筚路蓝缕的真实面貌,反映了全真宫观在特定时空背景下的发展状况。

蒙元初年,战后泽潞地区的新建道观通过"舍地为观""贴庙建观"和"改建已有建筑"三种方法获取建设地块,在已有众多信仰的晋东南区域划出了自己的版图。这些道观多位于村内或紧邻村庄,几乎没有远离聚落的选址,既便于建设工程的开展,又有利于吸纳信徒。这与当时此地战火方熄、人烟稀少的状况是相适应的。

当然,建筑遗存之外,碑碣文字还为我们理解其他全真教的发展策略提供了线索,留待今后的研究。

《圆明园内工则例》初释

赵雅婧

北京大学考古文博学院

张剑葳

北京大学中国考古学研究中心，北京大学考古文博学院（本文通讯作者）

张中华

北京市考古研究院

一、引　　言

《圆明园内工则例》是清代匠作则例中有关圆明园修建、营造并涉及清代社会许多方面的内工重要文献。此类文献由内务府缮录备用，与工部刊布的国家工程则例并置。

广义"匠作则例"的讨论孕育了学者对《圆明园内工则例》中"则例"的定义。目前在劳福尔、向达、王世襄、宋建昃、律鸿年、王铁男先生的六种观点[①]中，刘畅先生指出营造学社对"则例"的定义被国内学界普遍接受[②]。王世襄先生认为"匠作则例"就是把已经完成的建筑和已制成的器物，开列其整体或部件的名称规格，包括制作要求、尺寸大小、限用工时、耗料数量以及重量运费等，使它成为有案可查、有章可循的规则和定例。[③] 宋建昃先生进一步将王世襄对于建筑技术的定义扩展至一切土木工程，即与技术、材料和资金相关的一切工程定例，并将此介绍到国际学术界。[④]

若就《圆明园内工则例》的语境谈"则例"内涵，圆明园"则例"的实际范畴比律[⑤]、刘[⑥]二先生规定的"则例"更丰富，内涵与郭黛姮先生的认识更贴近。《圆明园内工则例》既指向"某作"狭义的工料则例，还包括查工簿、销算、丈尺（又名折尺定例）、税法、轻重（又名

---

* 本文受到考古学国家急需高层次人才培养专项计划支持。
[①] ［美］劳福尔、营造学社译：《建筑中国式宫殿之则例（一七二七至一七五〇年）》，《中国营造学社汇刊》1930第 2 期，第 1—12 页。觉明（向达）：《圆明园罹劫七十年纪念述闻》，《中国营造学社汇刊》1930 年第 1 期，第 6—21 页。王铁男：《清代"则例"与"匠作则例"之分析》，《明清论丛》2017 年第 1 期，第 496—507 页。
[②] 刘畅：《算房旧藏清代营造则例考查》，《建筑史论文集》2002 年第 2 期，第 46—51、290 页。
[③] 王世襄：《谈清代的匠作则例》，《文物》1963 年第 7 期，第 19 页。
[④] Jianze Song, Christine Moll-Murata. Notes on Qing Dynasty "Handicraft regulations and Precedents" (jiangzuozeli) with special on focus on regulations on materials, working time, prices and wages[J] Late Imperial China. 2002(2): 87.
[⑤] 律鸿年：《略谈清代营造业手抄本的内容和性质》，《科技史文集第七辑建筑史专辑三》，上海：上海科学技术出版社，1981 年，第 106—109 页。
[⑥] 刘畅：《清代宫廷内檐装修设计问题研究》，北京：清华大学博士论文，2002 年，第 193 页。

汇斤成两、物料斤两)的广义"则例"。回首过往,学界对《圆明园内工则例》的研究主要分为三个阶段:

早在民国时期,清史研究者王钟翰已经开始搜集《匠作则例》,燕京大学收集的524种则例中就包括《圆明园内工则例》。[①] 历史学家向达先生也注意到了这部文献,但他否认了该书的系统性。[②] 同期,营造学社以《中国营造学社汇刊》为阵地系统整理并介绍了清代相关则例。朱启钤先生最早指出了《圆明园内工则例》的性质,即基于特别营造宫殿的事件——圆明园编纂的现行案例。[③] 其中,以圆明园为对象,营造学社以点带面地展开了则例的系统研究,如刘敦桢[④]、王璞子[⑤]、王世襄[⑥]诸学者。此外,因为部分《圆明园内工则例》(Regulations for the Yuanmingyuan)由劳福尔(Berthod Laufer)收购流落海外的部分,营造学社还转译并评述了他的研究[⑦]。随后,卡罗尔(Carroll B. Malone)准确地指出了劳福尔的研究对象实为《大木作则例》,它仅涉及四函四十册《圆明园内工则例》中的前四册和二十六至三十册。她随后根据内容而非题名将整套古籍重新命名为《中国宫苑营造装修现行则例》。[⑧]

自1980年代开始,在全国古籍整理出版规划领导小组和全国高等院校古籍整理工作委员会的推动下,中国文物研究所会同清华大学科技史暨古文献研究所联合开展了相关校对出版工作,王世襄主编出版了《清代匠作则例》系列。世纪之交,文献史学家律鸿年[⑨]和科技史学家苏荣誉、华觉明[⑩]等先生集中阐释了《圆明园内工则例》的文献价值与研究现状。他们参与的前两届中国科技典籍国际会议奠定了21世纪国际讨论的基础。第三届国际会议"历史基础与新思想"由德国图宾根大学东方研究院傅汉思(Hans Hermannt Frankel)和莫克丽(Moll-Murata)主持,其承办的"北京的国家与匠作(1700—1900)"德国研究基金项目和《中国匠作则例:理论与实用》专题讨论会以及译作[⑪]等极大地推动了该议题的讨论。

---

① 王钟翰:《清代各部署则例经眼录》,《清史续考》,台北:华世出版社,1993年,第284页。
② 觉明(向达):《圆明园罹劫七十年纪念述闻》,《中国营造学社汇刊》1930年第1期,第6—21页。原文"余疑此书系后来修理圆明园时的一种清册,出于当时办工程差事人员之手,并非一种有系统之著作也。"
③ 朱启钤:《营造算例印行缘起》,《中国营造学社汇刊》1931年第1期,第54页。
④ 刘敦桢:《同治重修圆明园史料》,《中国营造学社汇刊》1933年第2期,第100—155页。
⑤ 王璞子:《从同治重修工程看圆明园建筑的地盘布局和间架结构》,《圆明园》学刊1983年第2期,第37—28页。
⑥ 王世襄:《谈清代的匠作则例》,《文物》1963年第7期,第19—25页。王世襄:《〈清代匠作则例汇编〉序言》,《清代匠作则例汇编》,北京:中国书店出版社,2008年,第1003—1009页。
⑦ [美]劳福尔,营造学社译:《建筑中国式宫殿之则例(一七二七至一七五〇年)》,《中国营造学社汇刊》1930第2期,第1—12页。
⑧ Malone Carroll B. Current Regulations for Building and Furnishing Chinese Imperial Palaces(1727 - 1750)[J]. Journal of the American Oriental Society. 1929(49): 234 - 243.
⑨ 律鸿年:《略谈清代营造业手抄本的内容和性质》,《科技史文集第七辑建筑史专辑三》,第106—109页。
⑩ 苏荣誉:《清代匠作则例的学术价值和研究现状》,《中国科技典籍研究》,郑州:大象出版社,1998年,第218—227页。
⑪ Moll-Murata, Christine, Jianze Song, and Hans Ulrich Vogel. Chinese Handicraft Regulations of Qing Dynasty: Chinese Handicraft Regulations of Qing Dynasty: Theory and Application / Theory and Applicaton[M]. München: Ludicium. 2005.

21世纪,学界对圆明园则例的讨论更具深度、广度。清华大学、天津大学与故宫博物院领衔展开了对《圆明园内工则例》的研究。郭黛姮先生的《〈圆明园内工则例〉评述》[1]是最具代表性的论著,该文经增补后被纳入《圆明园建筑园林研究与保护》系列出版。刘畅先生对样式房、算房的研究[2]及叶冠国的清代官式建筑制度研究[3]也聚焦了此议题,前者从系统论的角度聚焦其中的技术部门,后者则试图利用《圆明园内工则例》释读圆明园建筑。张淑娴[4]、王欢[5]等先生则以《圆明园内宫装修则例》一册为据探讨了装修作一门。此外,对于《圆明园营造则例》同类文本的讨论也很有价值,如王其亨先生[6]基于陵寝类文本对工程籍本的分类。王俪颖[7]、王铁男[8]、杨一凡[9]等文献史学家也加入了对匠作则例法律效力的讨论,其中,王铁男对则例日用或法律文本性质的讨论与建筑史主流认识有别。杨一凡将圆明园相关则例均归作嘉庆至清末刊印时期的文献举要,这一认识或许有待讨论。近年来,除了科学技术史、建筑史、文献史视角外,学者基于文本又开拓了社会史视角。宋建昃先生在总结《圆明园内工则例》特点的基础上[10]探索了北京大学藏同治十三年(1874年)《圆明园万寿山景山各工程物料轻重部例》和《内庭圆明园物料斤两价值》两部书。[11] 该研究以则例中的"价格"变化为线索,探究了清代社会经济的变迁[12]。

综上可见,学界对于《圆明园内工则例》的研究基础扎实,并且不断发展。该研究曾经是具有国际影响的议题,但仍有许多关键议题有待深入探讨。针对《圆明园内工则例》,郭黛姮等学者已有珠玉在前,而本文作者近年来持续开展圆明园考古工作,尤其对于石作、土作部分,作者能够观察到最新的一手资料,这对于更精确地理解和认识则例具有直接帮助。因此,本文作者不揣浅陋,在前贤基础上,首先依次梳理《圆明园内工则例》的各作内容;进而将圆明园考古所见的出土材料与文本进行对照释读与研究,以加深对《圆明园内工则例》若干具体做法的理解和认识,使其在建筑史研究中发挥更大作用,同时也为圆明园后续的田野考古工作提出需注意解剖、关注的重点。

---

[1] 郭黛姮:《〈圆明园内工则例〉评述》,《建筑史》2003年第2期,第128—144、264页。郭黛姮:《远逝的辉煌——圆明园建筑园林研究与保护》,上海:上海科学技术出版社,2018年,第138—181页。
[2] 刘畅:《清代宫廷内檐装修设计问题研究》,北京:清华大学博士论文,2002年,第163—177、190—195页。刘畅:《算房旧藏清代营造则例考查》,《建筑史论文集》2002第2期,第46—51、290页。刘畅:《样式房旧藏清代营造则例考查》,《建筑史论文集》2003年第3期,第25—29、274页。
[3] 叶冠国:《清代官式建筑制度研究——以圆明园内工则例为例》,北京:清华大学硕士学位论文,2005年,第37—56页。
[4] 张淑娴:《清代乾隆朝皇宫建筑内檐装修概述》,《中国紫禁城学会论文集第八辑上》,北京:故宫出版社,2014年,第382—417页。
[5] 王欢:《清代宫苑则例中的装修作制度研究》,北京:北京林业大学博士论文,2016年。
[6] 王其亨:《清代建筑工程籍本的研究利用》,《中国建筑史论汇刊》2014年第2期,第147—187页。
[7] 王俪颖:《存世清代工程则例概况及其价值初探》,《故宫学刊》2018年第1期,第263—273页。
[8] 王铁男:《清代"则例"与"匠作则例"之分析》,《明清论丛》2017年第1期,第496—507页。
[9] 杨一凡:《历代则例沿革考(下)》,《中国历史研究集刊》2021年第2期,第264—267页。
[10] 宋建昃:《关于清代匠作则例》,《古建园林技术》2001年第3期,第40—45、7页。
[11] Jianze Song, Christine Moll-Murata. Notes on Qing Dynasty "Handicraft regulations and Precedents" (jiangzuozeli) with special on focus on regulations on materials, working time, prices and wages[J] Late Imperial China. 2002(2): 112-113.
[12] 程婧:《〈物料价值则例〉和有关数据的分析》,北京:清华大学博士论文,2004年,第3—10页。

二、《圆明园内工则例》分作概述

《圆明园内工则例》是由内务府缮录备用的有关清代圆明园为代表的皇家园苑修建、营造的皇家工程文献。圆明园具有极高的政治文化地位,以圆明园为首的宫苑则例占整体清代匠作则例的四分之一,其体量之大使学界普遍承认《圆明园内工则例》是同类匠作则例之首。此外,其仅存抄本、写本的刊布形式又进一步强化了《圆明园内工则例》的稀缺性①。

《圆明园内工则例》有许多版本,各版本辗转传抄,内容略有差异。本文以书写体系最为完整的北大藏一函七册《圆明园内工则例》举例说明。该抄本规格高18.5厘米,宽11.8厘米。函套外有"粹雅"条记。全七册皆无板框、无界格。其中六册抄录规范,黄纸每半叶八行,每行二十二个正楷字。该版本无叶码,但是有最完整的序例,凡目涉二十六项。各作冠以圆明园命名的现行则例,书于各册封面,如《圆明园大木作现行条例》。各作单成一册,唯独土作例外,附于搭彩作一册文后,称《土作定例》。另有第七册《圆明园石作定例》误入该函套,该册每半页八行,每行二十三个扁楷字,与其他六册字体等均不符。成书不早于乾隆二十八年的一函七册《圆明园内工则例》凡目中列二十六项,在正文残本中仅见大木作、石作、瓦作、土作、装修作、内里装修、搭彩作七项。郭黛姮所见《画作》一册在此版本佚失,仅见存目②。现分作概述如下:

图一 《圆明园内工则例》书影

---

① Jianze Song, Christine Moll-Murata. Notes on Qing Dynasty "Handicraft regulations and Precedents" (jiangzuozeli) with special on focus on regulations on materials, working time, prices and wages[J] Late Imperial China. 2002(2): 112,114.
② 郭黛姮:《〈圆明园内工则例〉评述》,《建筑史》2003年第2期,第128—144、264页。

1. 大木作

第一册《圆明园大木作现行则例》依次介绍了柱、梁、枋、板、斗栱等建筑构件的功料信息，反映了清代木构建筑的特点。郭黛姮先生肯定了圆明园建筑用斗栱的可能性，其所涉的则例版本记录了九类斗栱的工料限额，但在一函七册《圆明园营造则例》中仅见八类，具体包括重翘重昂九踩、单翘重昂七踩、单翘单昂五踩、重昂五踩、单昂三踩、一斗二升交麻叶不出踩、三滴水栱字科平座斗科，以及牌楼斗科重翘三昂十一踩斗科。其中，单翘重昂七踩还不见于一函七册之前的版本。由此可以推断乾隆六年、乾隆二十八年、乾隆三十五年不同版本所记圆明园斗栱的做法可能不同。除了主体大木作部分，该册书还包括白塔永安寺山石、承光殿城上、拆卸旧大木等拆改建例。

2. 装修作

第二册《圆明园内工装修作现行则例》和第三册《圆明园内工内里装修作则例》均事装修一作。郭黛姮先生将装修作分为一般木装修和硬木装修，一般木装修用于外檐门窗栏杆而硬木装修用于内檐屏风隔罩之类。但是，则例所见外檐、内檐装修的书写逻辑迥然不同。外檐装修顺次描述装修部件，如框槛和窗扇、门板栏杆及炉坑楼梯等，后述多种雕饰题材，最后单列瀛台各工新式栏杆等项拟定则例，旧槛框楊板等项分补揎缝照新料工准给、白塔永安寺山式、雕作镟作则例、门神对子吊屏例。至于内檐装修则例则与石作相类，以木材种类为基本类型依据，但更强调雕饰题材的丰富性。杉木、椵木及松木、楠柏木、紫檀木花梨铁梨木以及竹类藤条为内檐装修的四大类用材。除了主体内容外，第三册主体内容后还含攒竹例、湘妃竹装修用料例、斗秤例。

3. 石作

第四册《圆明园内工石作现行则例》以石材开列汉白玉石、青白玉石、青砂石、花斑石、豆渣石、虎皮石六种，附水纹石、盆景小石子。不同性质的石材运用于不同的位置，比如豆渣石硬度高却粗糙，多做基础而无造型的雕饰，没有占斧与扁光的功限类型；虎皮石则全无修整步骤；花斑石质地细腻而润泽因此有洒沙磨光的条目，仅做铺地；青砂石因其易风化的特征而多做掩藏类结构性建筑构件；与此相反，汉白玉石与青白玉石则多做露明构件，并独见"安砌"一条。除主体内容外，该册还包含永安寺山式等大件石料例、柱顶灌桐油白灰约定例。

4. 瓦作

第五册《圆明园内工瓦作现行则例》是诸作中最特殊的部分，本文与郭黛姮先生根据《圆明园、万寿山、内廷三处汇同则例》归纳的认识差异较大。郭先生主要总结了瓦作则例的砖雕情况，并由此提出了圆明园追求装饰风气之胜，而相关内容全不见于此册例版本。在此版本的瓦作则例中,文本总结了砖、琉璃黑活及垫囊三个大部分,瓦土片板和草席两小类,并后附砖砍花匠工例。金砖、方砖、城砖、滚子砖(停滚砖、泥滚砖)划分为精、粗尺两类,并增加了砖瓦改砍定则。琉璃脊瓦分二样至九样八类三等,分别用于重檐博脊满面黄、承奉连砖博脊与三连砖连博脊,灰瓦则分三类布通脊和五类沟滴花边。除了主体内容,该册还包括外加砍砖錾花匠工例、山式加高、承光殿、井例、凡拆、总理处新例。

5. 搭彩作

第六册《圆明园内工搭彩作现行则例》包含十六项册的则例凡目中使用"搭材"一作,而至二十六项则更新为"搭彩作"。该作涉及殿宇房屋座、重覆檐上檐扎缚架子、旧琉璃瓦头停殿宇房座、旧布瓦殿宇搭齐檐架、高大驳岸山式大墙、油画作架子歇山亭座殿、牌楼天门等搭材功料。该册除正文外含山南德圣碑、井例、大木挑犁扶正、坛工销算过交面四残例、土作工价定例。

6. 土作

《土作工价定例》是第六册《圆明园内工搭彩作现行则例》中的最后一部分,未单独成册。土作定例不仅包括加法工程,如大小夯砣,垫高地面筑打土墙,在地脚、河身、房身、游廊、泊岸、桥身土墩下椿埋地丁,更包括一系列的减法工程,如刨深清理运远土方、河方、海方等。

三、《圆明园内工则例·石作》与考古资料对照

《圆明园内工则例》最大的特点是实用性,兼顾用过与拟定两个方面。郭黛姮先生曾概括现行案例的"用过"这一特点[1],"用过"一词在则例中又以现行、销算(过)、分晰定例等面貌出现。尽管则例的"用过"特点非常显著,但是"拟定"的条例也并非完全没有,如《内工装修现行则例》中的《瀛台各工新式栏杆等项拟定则例》。西方史学界一度曾认为则例无实物根据[2],而郭先生也推测部分《圆明园内工则例》只是抄录了宫殿则例,并非根据乾隆六年以前的圆明园建筑"奏销比拟"[3]。该结论是否成立,需待文献与考古资料条条核实,下文将以工程籍本中圆明园最具代表性的石作、土作、瓦作、木作条目为例讨论这一问题。

1. 须弥座

须弥座是"上下皆有枭之台基或坛座"[4],是石作中的一个条目(图二)。《圆明园内

---

[1] 郭黛姮:《〈圆明园内工则例〉评述》,《建筑史》2003 年第 2 期,第 128—144、264 页。
[2] [美]劳福尔,营造学社译:《建筑中国式宫殿之则例(一七二七至一七五〇年)》,《中国营造学社汇刊》1930 第 2 期,第 1—12 页。
[3] 郭黛姮:《〈圆明园内工则例〉评述》,《建筑史》2003 年第 2 期,第 128—144、264 页。
[4] 梁思成:《清式营造则例》,北京:中国建筑工业出版社,1981 年,第 82 页。

工石作现行则例》记载了三类不同形制、不同石材的须弥座。从石材来看,则例将"汉白青白"同列,与"青砂石"分列;汉白青白虽被列为一类,但在物料斤两一例中又可细分为白玉石、青白石。从做法来看,则例"汉白青白石"列目记录了一种陈设须弥座和三种台基须弥座的做法。

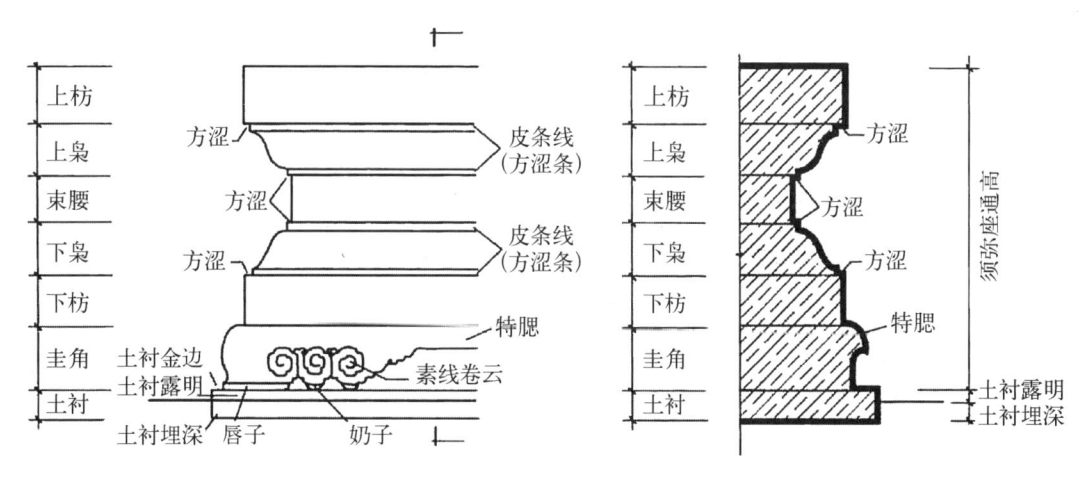

图二　石须弥座各部位名称(图片来源:刘全义:《中国古建筑瓦石构造》,第52页)

则例规定陈设须弥座要"凿做圭角奶子唇子、卷云卧蚕方色,束腰金刚柱子椀花结带,剔采沟文式夔龙,搭枕子海漫流云异绵,莲瓣巴达马,香草花草莲索地",考古发掘所见的两件陈设残件符合该规定①。

则例规定的三种须弥座台基分别是:一、"做圭角奶子唇子掏空堂,做卷云落持腮,做枭见落方色条,束腰凿做金刚柱子椀花结带",二、"莲瓣巴达马",三、"做圭角落方色,采莲瓣摇珠子束腰玛瑙柱子花草"。目前考古发掘所见的台基须弥座上下枭均做巴达马,而与须弥座的区别主要表现在束腰的做法。文献规定须弥座束腰要么做玛瑙柱子花草,要么做金刚柱子椀花结带。长春宫宫门遗址出土的白玉石件均符合则例规制,但是长春园含经堂青白石须弥座束腰用玛瑙柱子椀花结带②。通过与考古实例的对照,研究找到了合并书写条目中石材与做法的对应关系,即"汉白青白石"须弥座则例只规定了"汉白石"的用法,未及"青白石"的雕凿用法。此处通过文献与考古材料互校补充了青石须弥座的雕凿规制③。由此可见,考古发掘物质材料与文献材料互校能进一步细化对则例文献条目的理解。

---

① 北京市文物研究所:《圆明园长春园宫门区遗址发掘报告》,北京:科学出版社,2009年,第76、82页。
② 北京市文物研究所:《圆明园长春园宫门区遗址发掘报告》,第117页。
③ 青砂石一例还规定了须弥座基座的做法"做圭角落方色,凿做金刚柱子束腰花草,剔采莲瓣巴达马"。目前考古报告所见对石材的记载均为"青石",不见对青石是青白石花岗岩或青砂石砂岩的区分,后续的考古工作应进一步关照关注石材和做法的对应关系。

表一 圆明园须弥座遗物石质做法统计表

须弥座遗物	澹怀堂西配殿甬道台基座残件 T0315∶1	澹怀堂西南角台基残件 T0317∶1	澹怀堂东南角陈设残件 T0618∶2	澹怀堂东南角台基残件 T0618∶3	澹怀堂月台东侧台基残件 T0617∶3	澹怀堂牌楼门台基残件 T0512∶1	方壶胜境南侧石台基须弥座构件①	淳化轩月台东南角台基残件 T0614∶1
石质	白玉石	白玉石	白玉石	白玉石	白玉石	白玉石	白玉石	青白石
上枋	-	-	-	-	花草纹	-	-	-
上枭	-	巴达马	-	巴达马	巴达马	-	-	-
束腰	-	花草纹	-	花草纹	-	-	-	采莲瓣摇珠子束腰玛瑙柱子椀花结带
下枭	巴达马	巴达马	巴达马	巴达马	-	巴达马	-	-
下枋	椀花结带落方色条	花草落方色条	-	-	-	素面落方色条	-	-
圭角	-	-	-	-	-	卷云纹落持腮	卷云纹	如意云纹
土衬	-	-	-	-	-	素面露明	素面露明	-

注：出土遗物残件残缺部分用"-"表示。

2. 装板石

装板石一般顶铺于木桩地钉与掏当山石的顶部，是桩基础的一部分②，如下图。则例"豆渣石"条目规定地基可用装板石，大宫门东转角朝房用豆渣板石③即符合这一规定。但是，则例其他石材未见"装板石"一条，而考古实例可见其他石材用作装板石，如含经堂正殿④、长春园宫门⑤用红砂岩，淳化轩用虎皮毛石⑥，实例所见超出了则例的规定范围。

则例条目还规定"装板石水槽不灌浆，旱槽灌浆"。大宫门御河地基⑦、紫碧山房石桥

---

① 许沙沙：《圆明园可见遗址保存现状调查分析报告》，《三山五园区域文化认知与传播研究》，北京：九州出版社，2019年，第266页。
② 刘全义：《中国古建筑瓦石构造》，北京：中国建材工业出版社，2017年，第20页。
③ 孙勐：《2013—2015年圆明园大宫门区域考古发掘的主要收获和初步研究》，《中国园林》2018年第10期，第141页。
④ 北京市文物研究所：《圆明园长春园含经堂遗址发掘报告》，北京：文物出版社，2006年，第14页。
⑤ 北京市文物研究所：《圆明园长春园宫门区遗址发掘报告》，第21页。
⑥ 北京市文物研究所：《圆明园长春园含经堂遗址发掘报告》，第23页。
⑦ 孙勐：《2013—2015年圆明园大宫门区域考古发掘的主要收获和初步研究》，《中国园林》2018年第10期，第142页。

底装板石①的做法符合则例规定,装板石水槽无灌浆迹象。旱槽平铺装板石后灌浆可有效防潮,是桩基础做法中的一种。但是,除驳岸外,木桩地钉多已在近现代被破坏取出,因此考古发掘更难得见到地钉上部的装板石。紫碧山房的坐霄汉基槽底部铺垫碎石并以白灰封灌是早于装板石的早期地基做法,但是碎石未见桩木。

综上可见,在石作研究中,考古所见实例不仅能为则例作注,细化、具象化研究者对则例的理解;反过来,文献也为解剖考古遗迹现象提供了重要参照和线索,以往考古发掘中确有若干细节未加留意,今后可根据则例的提示加以考察,换言之,则例也为考古工作如何提取信息指明了方向。

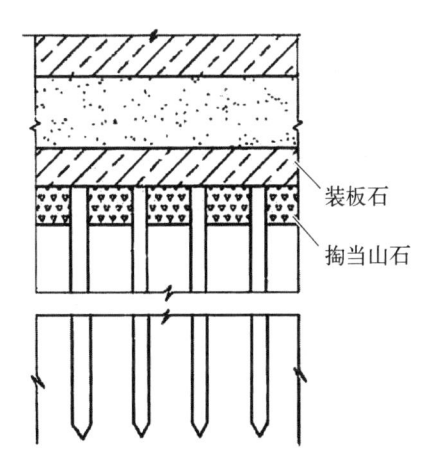

图三　桩基各部位名称(图片来源:刘全义:《中国古建筑瓦石构造》,第20页)

四、《圆明园内工则例·土作》与考古资料对照

在土作研究中,考古发掘的解剖沟能使土作系统的操作链呈现出更完整、更丰富的面貌。

1. 地基刨槽刨坑

地基是大地与建筑物基础直接接触的部分,地基需要承受建筑基础传导下来的压力,地基处理得好坏直接影响上部建筑、构筑物的稳定性。地基刨槽、刨坑是土作流程的第一步。则例规定了三种挖槽刨坑做法:一是用渣土平高垫低以平整土地,二是用于园林植物种植刨土坑,三是建筑构筑物刨槽。其中,建筑刨槽又根据其开挖的地形条件分为平地、山坡下和山坡上三种情况。

根据开挖深度,平高垫低类②渣土分四等厚度计工:一尺以内、二尺至三尺、三尺至四尺、四尺至十丈。在考古实例中,招凉榭地基与基础总高2.2米,上七层基础均为灰土,第八层厚0.5米的底层混石渣土填垫于经夯实的静水湖沼的原始沉积之上。③ 该地基厚度近一尺六寸,恰恰落于一尺与二尺之间。但是,这一厚度在文献中未做规定。

根据开挖深度,刨土坑又分为两等计工,分别是积高一二尺和深二尺外以及四五七八

---

① 北京市文物研究所:《圆明园紫碧山房考古发掘完工报告》,内部资料,2017年。
② 则例前文将平高垫低分写作两类:一是"起高垫低",一是"平垫地面",两者均未规定用土性质。根据如园待月台刨槽剖面暴露的山体结构可知,起高做土石山可用黄土层层夯筑。因此,一尺至十丈的厚度也应适用于此。
③ 宋大川:《一零一翻建项目考古发掘报告》,《北京考古工作报告(2000—2009)建筑遗址卷》,上海:上海古籍出版社,2011年,第66页。

尺。从考古实例来看第一等深度,二尺以内的古树遗迹坑形状多样,也有圆明园如园延清堂凉棚南较纯净的素土填于腹径为 0.35 米的花盆周边①,据花盆残高推测其深度约一二尺。第二等深度见于含经堂南区广场二尺至三尺余的古树遗迹,遗迹坑多为圆形,坑直径多为二尺五寸。② 此外,如园的竹林遗迹坑③深度也属于该范围。

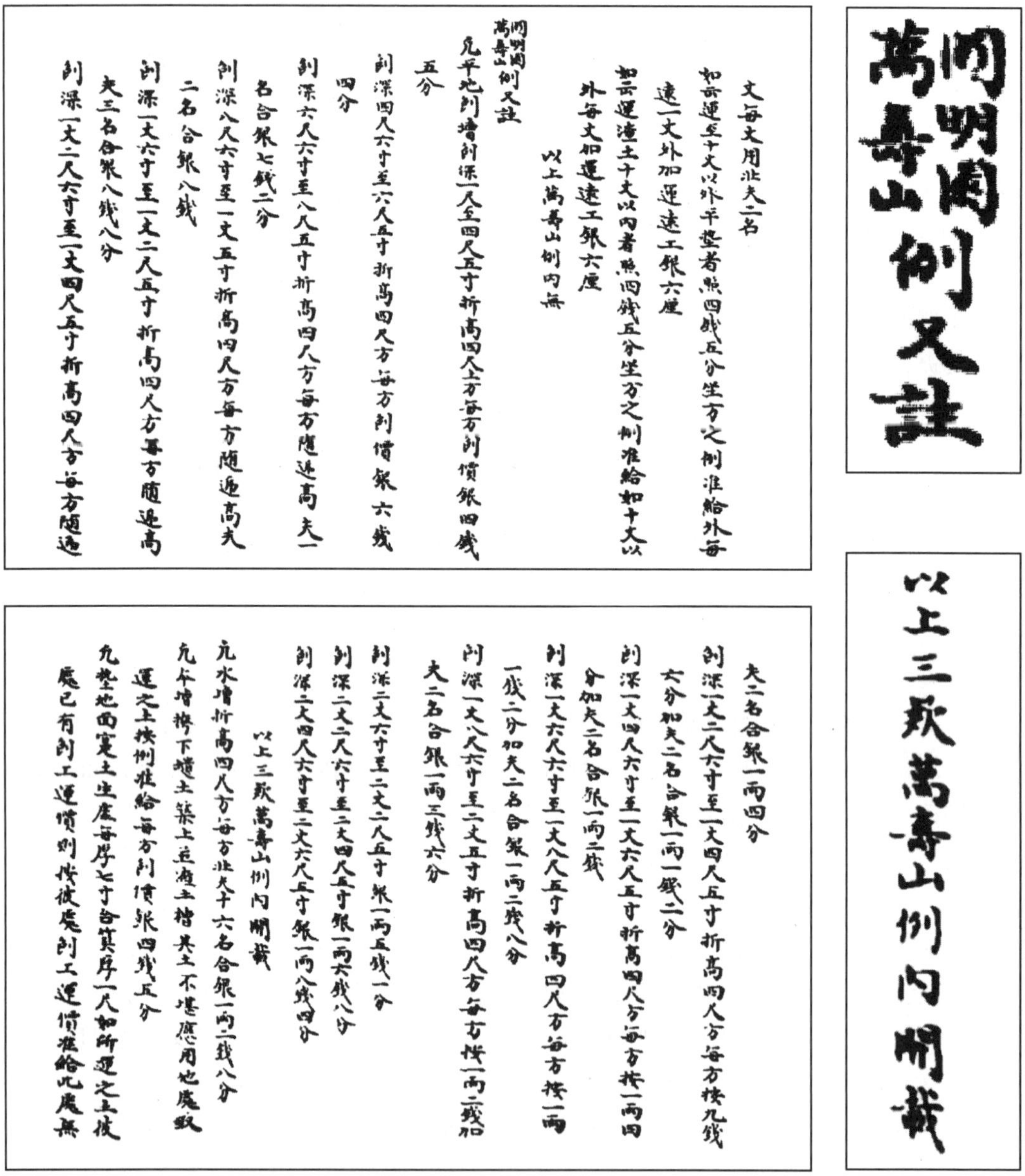

圓明園萬壽山例又註

丈每丈用此夫二名
如云運至十丈以外平坐者照四錢五分坐方之例准給外每
遠一丈外加運遠工銀六釐
如云運遠土十丈以內者照四錢五分坐方之例准給如十丈以
外每丈加運遠工銀六釐
以上萬壽山例內無
圓明園萬壽山例又註
凡平地刨槽刨深一尺至四尺五寸折高四尺上方每方刨債銀四錢
五分
刨深四尺六寸至六尺五寸折高四尺方每方刨債銀六錢
四分
刨深六尺六寸至八尺五寸折高四尺方每方隨运高夫一
名合銀七錢二分
刨深八尺六寸至一丈五寸折高四尺方每方隨運高夫
二名合銀八錢
刨深一丈六寸至一丈二尺五寸折高四尺方每方隨運高
夫三名合銀八錢八分
刨深一丈二尺六寸至一丈四尺五寸折高四尺方每方隨運

以上三欵萬壽山例內刪截

夫二名合銀一兩四分
刨深一丈二尺六寸至一丈四尺五寸折高四尺方每方按九錢
六分加夫二名合銀一兩一錢二分
刨深一丈四尺六寸至一丈六尺五寸折高四尺方每方按一兩四
分加夫二名合銀一兩二錢
刨深一丈六尺六寸至一丈八尺五寸折高四尺方每方按一兩
一錢二分加夫二名合銀一兩二錢八分
刨深一丈八尺六寸至二丈五寸折高四尺方每方按一兩二錢八
夫二名合銀一兩三錢六分
刨深二丈六寸至二丈二尺五寸銀一兩五錢一分
刨深二丈二尺六寸至二丈四尺五寸銀一兩六錢八分
刨深二丈四尺六寸至二丈六尺五寸銀一兩八錢四分
以上三欵萬壽山例內刪截
凡水槽折高四尺方每方此夫十六名合銀一兩二錢八分
凡夯槽拆下墻土築上並灘土糟其土不堪應用也應數
運之土按例准給每方刨債銀四錢五分
凡墊地面寬土坐底每厚七寸合算厚一尺如所運之土彼
處已有刨工運價則按彼處刨工運價准給此處無

图四 《圆明园、万寿山、内廷三处汇同则例》内页一览(图片来源:王世襄:《清代匠作则例第二卷》,第 321—322 页)

① 北京市文物研究所:《圆明园如园遗址二期考古发掘报告》,内部资料,2017 年。
② 北京市文物研究所:《圆明园长春园含经堂遗址发掘报告》,北京:文物出版社,2006 年,第 143—144 页。
③ 北京市文物研究所:《圆明园如园遗址二期考古发掘报告》,内部资料,2017 年。

在《圆明园、万寿山、内廷三处汇同则例·土作》中，建筑构造物刨槽的三种类型前后记载不一：该分类前述"圆明园、万寿山则例又注"中分为平地刨槽、山坡之下、山坡之上的刨槽情况，该分类后仅述"以上三处万寿山例内开载"，而未提圆明园①。哪条记录较为准确，应以考古所见实例加以检验。

根据开挖深度，《圆明园内工则例》规定平地、山坡下刨槽最浅为一尺至四尺五寸，最深为一丈八尺六寸至二丈五寸，共分八等，山坡上刨槽再加四个等级，最深达二丈六尺五寸。就平地刨槽的考古实例来说，如园翠微亭基槽深0.4米合一尺三寸，如园宫门基槽深0.72米合二尺三寸②，如园延清堂大殿及撷秀亭槽深约1.35米合四尺二寸③，以上均属第一等级；淳化轩大殿槽深约1.85米合五尺八寸④属第二等级；含经堂正殿槽2.15米深合六尺七寸⑤属第三等级；澹怀堂3.25米合一丈余深槽⑥属第四等级。目前考古解剖沟所见平地刨槽的深度暂未及更深的四个等级，这可能与圆明园营造之初的地貌相关——1—3米的黏土层下便是河漫滩砾石层⑦。

山坡之下的地基做法较特殊，可见三种：一是顺山势开阶梯状基槽。以紫碧山房殿与F3为例，绵延的建筑地基因坡就势，殿西F3开槽深度较紫碧山房殿更小。紫碧山房及含余清开槽深度约为1.05米。第二种做法是整体开挖基槽，灰土填厢其上再砌山石与基础，基槽填厢可做满堂红。仍以紫碧山房为例，开槽深度总共为九层深1.91米合六尺（属第二等级）。该区域普遍开槽深度约0.86米，紫碧山房殿与含余清基槽上再开槽深1.05米。第三种做法是不连续刨槽，如紫碧山房丰乐轩基槽深1.2米合三尺八，基槽铺石上部的基础厚度因山势增减。上述三种山坡之下的地基做法深度详见表二。

山坡之上建筑地基的两种做法与山坡下建筑地基的后两种一样：一是堆土山后整体挖浅槽填厢，如地势微坚的如园观丰榭遗址槽深仅0.65米合二尺⑧，建于山体之上的坐霄汉灰土垫高至少0.93米近三尺。二是在考古揭露的深度之内，多不见地基向下整体刨槽，而见地基以上的基础垫土环以山石或砖砌拦土基槽，即"起高垫地面"。但是从基础厚度推测地基深度应不比山坡下建筑的地基刨槽浅。举例来说，紫碧山房横云堂未见整体基槽，但基础厚4.05米合一丈二尺，景晖楼前后两朝筑基各五层，总厚度约5.5米合一丈七尺⑨，基槽刨槽深度是否随之增长，有待后续考古发掘揭示。因此，就目前考古发掘的结果来看，山坡之上地势坚硬基槽刨槽深度也仅限于第一等级。

---

① 王世襄：《清代匠作则例第二卷圆明园、万寿山、内廷三处汇同则例》，郑州：大象出版社，2000年，第321—322页。
② 宋大川：《圆明园正觉寺天王殿考古发掘报告》，《北京考古工作报告（2000—2009）建筑遗址卷》，上海：上海古籍出版社，2011年，第61页。
③ 北京市文物研究所：《圆明园如园遗址二期考古发掘报告》，内部资料，2017年。
④ 北京市文物研究所：《圆明园长春园含经堂遗址发掘报告》，第22页。
⑤ 北京市文物研究所：《圆明园长春园含经堂遗址发掘报告》，第14页。
⑥ 北京市文物研究所：《圆明园长春园宫门区遗址发掘报告》，北京：科学出版社，2009年，第49页。
⑦ 马悦婷：《圆明园宫门区古环境研究》，《华夏考古》2018年第2期，第93—99、123页。
⑧ 北京市文物研究所：《圆明园如园遗址二期考古发掘报告》，内部资料，2017年。
⑨ 北京市文物研究所：《圆明园紫碧山房遗址二期考古发掘完工报告》，内部资料，2019年。

总的来说,《圆明园、万寿山、内廷三处汇同则例·土作》记录的三种地基刨槽做法均见于圆明园考古实例,但在目前的考古实例中尚没有遍及文献记载的所有刨槽深度。虽然还存在文献记载未被考古发现的可能,但也有较大概率说明:则例的规定既有用过条目,可能也有拟定未用条目。

表二 地基挖土刨槽文献与实物对照表

深度/基槽分类	考古实例	渣土平高垫低	刨土坑	平地刨槽	山坡之下地势微坚	山坡之上地势坚硬
一尺以内	一二尺	/	各形状古树遗迹坑	-	-	-
一尺至四尺五寸	二尺至三尺	/	含经堂南区广场二尺五寸圆形古树遗迹坑 如园竹林遗迹坑	如园翠微亭 如园宫门 如园延清堂大殿	如园挹霞亭 紫碧山房丰乐轩	如园观丰榭 紫碧山房坐霄汉
	三尺至四尺	/				
四尺六寸至六尺五寸	四尺至八尺	/		淳化轩大殿	紫碧山房殿,含余清	/
六尺六寸至八尺五寸				含经堂正殿	/	/
八尺六寸至一丈五寸		-	-	澹怀堂	/	/
一丈六寸至一丈二尺五寸		-	-	/	/	/
一丈二尺六寸至一丈四尺五寸		-	-	/	/	/
一丈四尺六寸至一丈六尺五寸		-	-	/	/	/
一丈六尺六寸至一丈八尺五寸		-	-	/	/	/
一丈八尺六寸至二丈五寸		-	-	/	/	/
二丈六寸至二丈二尺五分		-	-	/	/	/
二丈二尺六寸至二丈四尺五寸		-	-	/	/	/
二丈四尺六寸至二丈六尺五寸		-	-	/	/	/

注:则例未记录部分用"-"表示,考古遗址暂未见实例用"/"。

2. 地钉木桩

继刨槽挖坑后,下"地钉"的工程步骤随其后。地钉木桩的使用情况也可见实例的复杂性,它上承雍正清工部《工程做法》地钉疏密的规定,不再临期酌定。《圆明园内工则例》规定柏木竖桩分作旱槽(地脚刨槽)144根/平方丈和水槽(河身水槽)196根/平方丈。《圆明园内工则例》还规定了柏木竖桩下长分为五尺、七尺、八尺、一丈四类下桩深度。

一般情况下,考古发掘统计木桩间距、桩径及木桩长度,多忽略则例规定的两个重要

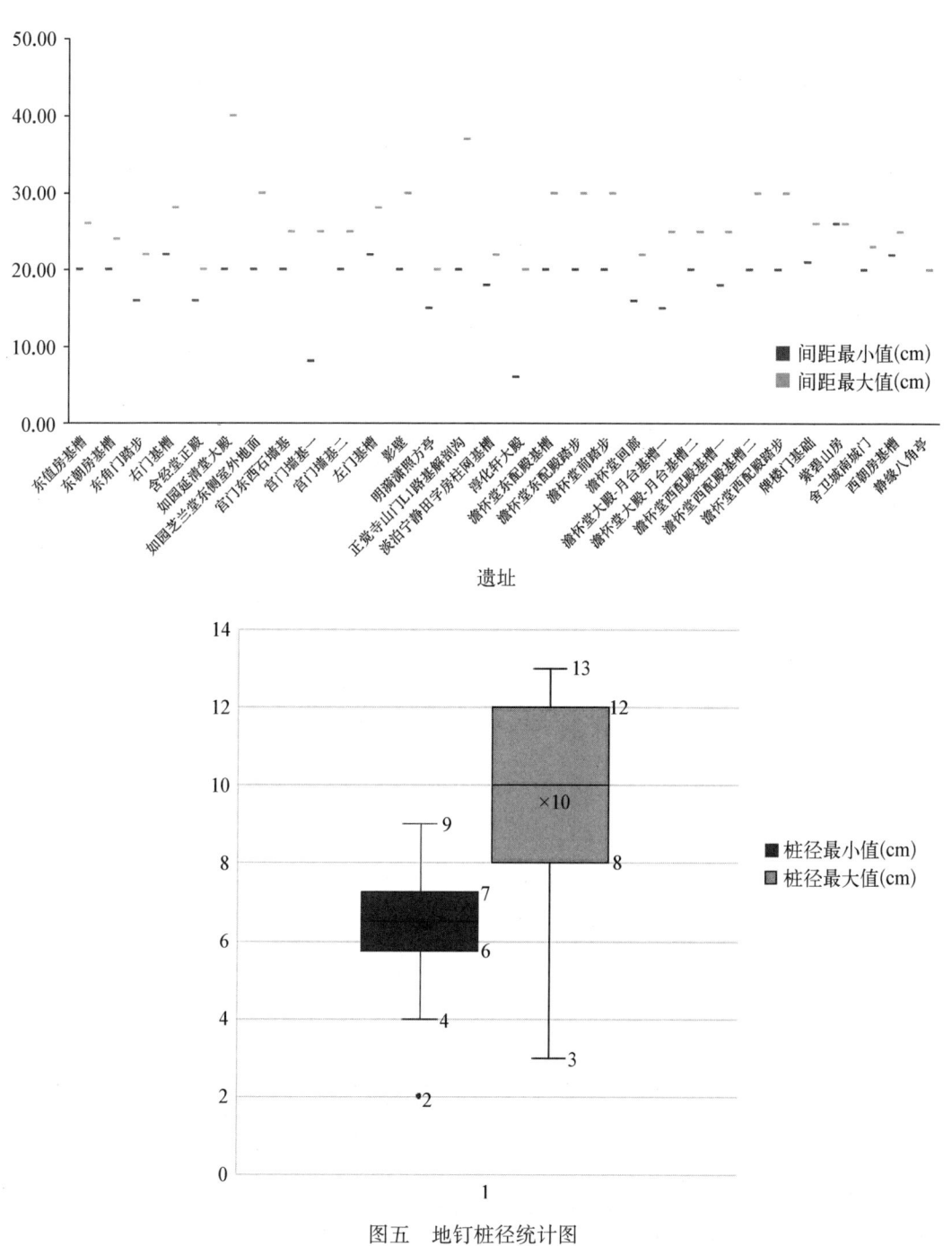

图五 地钉桩径统计图

指标——密度与下桩深度。就柏木地钉下桩深度而言,目前考古发掘的木桩下桩深度最长为1.9米近六尺,未及则例规定的后三类。多数建筑木桩长四尺至六尺,下桩深度自然不能超过桩长。根据实例可以推断实际下桩深度更应在三尺五至六尺之间,如澹怀堂回廊木桩全部没于地下①,澹怀堂西配殿基槽②和东配殿踏步③木桩露明10厘米合三寸,澹泊宁静田子房地钉④出露地面16厘米约五寸的实例。建筑踏步等附属结构所用木桩更短,其下桩深度更浅。22组数据显示,木桩径集中分布于6—10厘米,考古实例补充了文献未做规定的部分。此外,则例规定木桩材质用柏木或椿木,但目前考古报告仅涉及柏木而未见使用椿木(大椿),有待考古工作者未来加以识别。

我们通过四处考古发掘统计了地钉的密度分布。除了澹怀堂西配殿旱槽⑤密度为9个/平方米,略小于则例规定,营建于乾隆十年至十六年的澹怀堂大殿月台基槽⑥、西朝房基槽⑦、宫门墙基⑧都基本符合则例规定,接近14根/平方米。遗址所见排桩、棋盘桩式的木桩密度也可转换为间距数据,30组间距数集中分布在19—26厘米,实例所得间距数据大多略小于文献规定(亦即实例密度略大于则例)。

表三　旱槽柏木竖桩文献与实物对照表

则例与实例	密度（根/平方米）	间距(厘米)	桩径(厘米)	木桩长度(厘米)	下桩深度(厘米)
《圆明园内工则例》旱槽	144根/方丈 14根/平方米	若桩间等距折合26.7	—	—	五尺折合160
					七尺折合224
					八尺折合256
					一丈折合320
澹怀堂大殿—月台基槽	1 128/88.3=15	15—25	7—12	200—205	—
		20—25	8—10	70残	
宫门墙基	322/43.88=16	8—25	7—12	—	—
		20—25	7—10	135—148	

① 北京市文物研究所:《圆明园长春园含经堂遗址发掘报告》,第66页。
② 北京市文物研究所:《圆明园长春园含经堂遗址发掘报告》,第62页。
③ 北京市文物研究所:《圆明园长春园含经堂遗址发掘报告》,第58页。
④ 北京市文物研究所:《圆明园淡泊宁静遗址二期考古发掘报告》,内部资料,2022年。
⑤ 北京市文物研究所:《圆明园长春园宫门区遗址发掘报告》,第59、63页。
⑥ 北京市文物研究所:《圆明园长春园宫门区遗址发掘报告》,第49、54页。
⑦ 北京市文物研究所:《圆明园长春园宫门区遗址发掘报告》,第35页。
⑧ 北京市文物研究所:《圆明园长春园宫门遗址发掘报告》,第23页。

续表

则 例 与 实 例	密度 （根/平方米）	间距（厘米）	桩径（厘米）	木桩长度 （厘米）	下桩深度 （厘米）
澹怀堂西配殿基槽	318/89 = 9	18—25	7—12	–	–
		20—30	4—8	200—210	190
西朝房基槽	312/55.2 = 15	22—25	8—11	170—185	–

注：考古发掘或文献没有记录的参数用"–"表示。

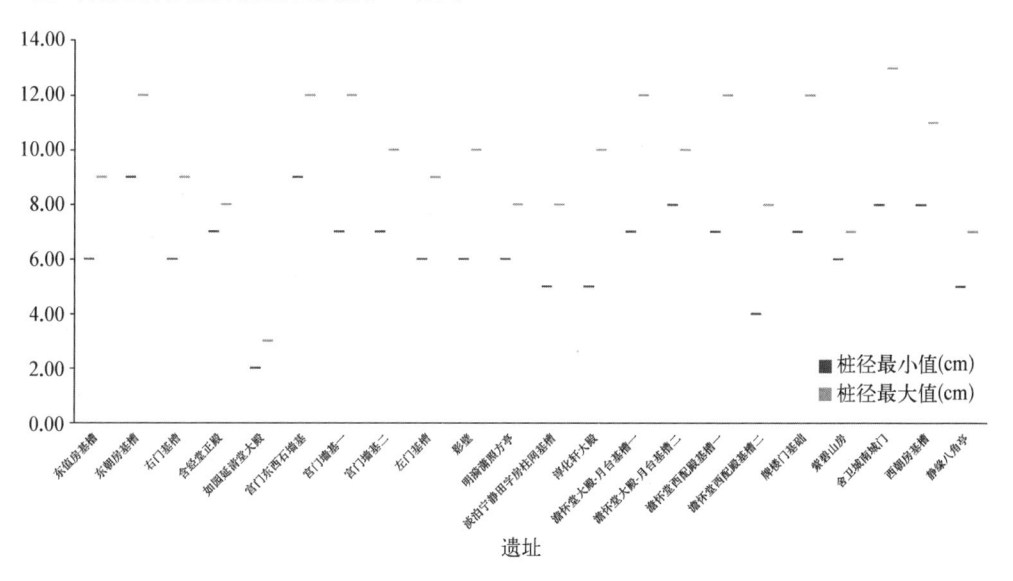

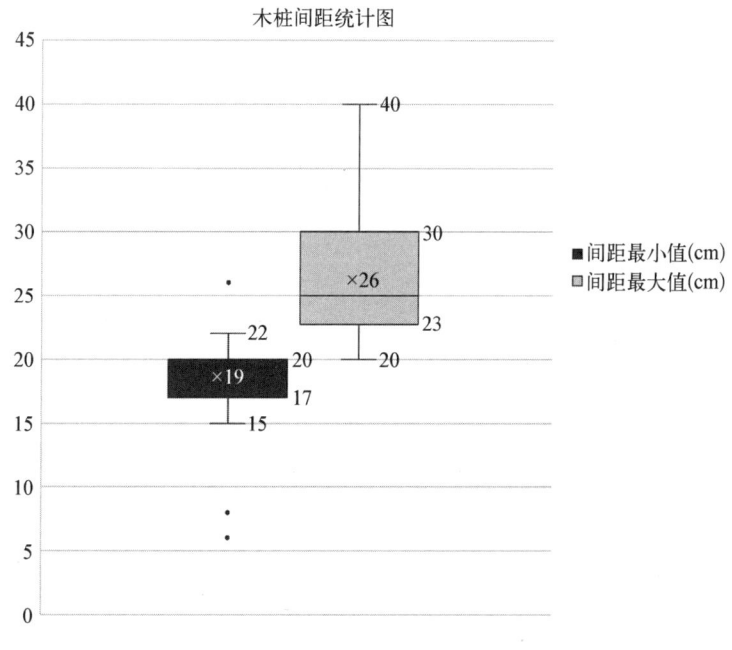

图六 地钉木桩间距统计图

由图可知,澹怀堂西配殿旱槽选用的木桩长度和地钉密度均显著低于标准;圆明园延清堂无论是间距还是木桩直径均不在分布范围内,这可能与改增建相关。建于乾隆十年至十六年的宫门遗址与乾隆三十五年的淳化轩大殿桩基密度超过了则例的规定,应与其建筑等级或重要性相关。正觉寺山门L1路基只在低洼地打桩,高处平坦处则只夯不打,该使用场景特殊,因此间距数据不在该范围内情有可原[1]。此外,郭黛姮先生所述濂溪乐处中的芰荷深处、香雪廊、荷香亭等房身桩、游廊桩木桩桩径达20—30厘米,埋深406厘米。这组数据极为特殊,留待后续考古报告出版以后再加检验[2]。

水槽地钉的使用情况:仅存的一例木桩深度规格小于五尺规定。木桩的间距情况也更为多样:对于早期兴修的水槽地基来说,地钉间距基本符合圆明园水槽的规定,如清代水闸遗址水道护堤[3]、西南1号木桥并桩桥基[4];后来水槽与旱槽间距略同,如西南1号木桥基址驳岸[5]、如园芝兰堂驳岸[6];再到后来同治年间整修大宫门御河驳岸的地钉间距为0.45—0.6米[7],护堤岸的石堤内侧[8]亦有后期整修痕迹。由此可见实例在应用则例规则时,随着时间的流转逐渐迟滞。

表四 水槽柏木竖桩文献与实物对照表

实例与则例	密度（根/方米）	间距(厘米)	桩径(厘米)	木桩长度（厘米）	下桩深度（厘米）
水槽	196根/方丈 19根/平方米	若桩间等距 折合22.8	—	—	五尺折合160 七尺折合224 八尺折合256 一丈折合320
水道柏木桩南、北段	—	15—22	8—10	—	—
护堤柏木桩东、西侧	—	10—20×10—15 10—25×15—20	8—10	—	—

---

[1] 宋大川:《地铁四号线19标段圆明园站考古发掘报告》,《北京考古工作报告(2000—2009)建筑遗址卷》,上海:上海古籍出版社,2011年,第148页。
[2] 郭黛姮:《远逝的辉煌——圆明园建筑园林研究与保护》,第286页。
[3] 宋大川:《一零一中学基建项目音美艺术楼工程施工区清代水闸遗址考古发掘报告》,《北京考古工作报告(2000—2009)建筑遗址卷》,上海:上海古籍出版社,2011年,第90页。
[4] 北京市文物研究所:《圆明园长春园含经堂遗址发掘报告》,第64—65页。
[5] 北京市文物研究所:《圆明园长春园含经堂遗址发掘报告》,第63—64页。
[6] 北京市文物研究所:《圆明园如园遗址二期考古发掘报告》,内部资料,2017年。
[7] 孙勐:《2013—2015年圆明园大宫门区域考古发掘的主要收获和初步研究》,《中国园林》2018年第10期,第141页。
[8] 宋大川:《一零一中小学翻建项目考古发掘报告》,《北京考古工作报告(2000—2009)建筑遗址卷》,上海:上海古籍出版社,2011年,第63页。

续表

实例与则例	密度（根/方米）	间距(厘米)	桩径(厘米)	木桩长度（厘米）	下桩深度（厘米）
西南1号木桥并桩桥基	-	19—25	-	-	-
西南1号木桥基址驳岸	-	12—30	5—10	85—120	-
如园芝兰堂驳岸	-	25—30	5—10	-	-
护堤岸石堤内侧	-	40—60	8—10	-	110
大宫门御河驳岸	-	45—60	-	-	-

注：考古发掘或文献没有记录的参数用"-"表示，因水槽木桩桩间距并不均等，本表暂不将桩间距转换为密度。

  郭黛姮先生认为土作定例已经在圆明园的考古发掘中得到实证①，本文通过文献材料与考古实物对照，认识到圆明园的实际做法更加丰富。此外，《圆明园内工则例》规定建筑基础的用土分为灰土、黄土，但以如园为例，科技考古显示地基用土为三合土②而非灰土③。除了最常见的黄土、灰土分步叠厢，实例中还可见黑褐粉沙质黏土——黏土——黏土质粉砂。黑褐土未记载于则例之中，如大宫门遗址及东西朝房④、澹怀堂东西配殿填土⑤、紫碧山房东顺山房东墙则直接坐于黑褐生土⑥之上等，基础工程可利用原生褐土直接铺垫房基或作为地基运用。则例还规定在灰土地基夯筑中，小夯碥灰土、大夯碥灰土、灰土填厢三者的石灰用量成倍增加。通过阅读则例，研究者可以按图索骥开展更有针对性的科技考古分析，以提取更多有效信息。

五、《圆明园内工则例·瓦作》与考古资料对照

  砖是重要的建筑用材，砖料广泛应用于铺地、墙体、殿座、建筑基础、地坑等。清工部《工程做法》中未列砖作，砌柱墩、基墙、硬山山尖、墀头等工程均入瓦作，《圆明园内工则例》延续《工程做法》，亦将砖列入瓦作。用砖类型对于建筑考古复原至关重要，它是区分大式小式做法的重要依据，比如大式墁地多用七尺方砖，而小式墁地多用二尺方砖。⑦根

---

① 郭黛姮：《〈圆明园内工则例〉评述》，《建筑史》2003年第2期，第133页。
② 杨菊：《圆明园大宫门河道遗址和如园遗址土样初步分析》，《文博》2015年第3期，第104—109页。
③ 刘全义：《中国古建筑瓦石构造》，北京：中国建材工业出版社，2017年，第12页。
④ 孙勐：《2013—2015年圆明园大宫门区域考古发掘的主要收获和初步研究》，《中国园林》2018年第10期，第141页。
⑤ 北京市文物研究所：《圆明园长春园宫门区遗址发掘报告》，第57页。
⑥ 北京市文物研究所：《圆明园紫碧山房遗址二期考古发掘完工报告》，内部资料，2019年。
⑦ 刘全义：《中国古建筑瓦石构造》，第218页。

据孙勐的统计,圆明园档案文献记录了十余种砖的类型①。而则例则只记录了金砖、方砖、城砖、滚子砖(停泥滚砖、沙滚砖)四种。其中,金砖分二尺、尺七两类,后三种则根据其制作分为精、粗两类。

具体就方砖来说,则例规定了细、糙不同尺寸的六类方砖(表五)。本文统计了考古所见六类方砖的实际用尺,方砖遗物尺寸虽然与则例的规定不完全一致,但是大量数据显示单个砖料的系统性误差仅在20毫米左右。因此可以说,砖料实例的尺寸基本符合《圆明园内工则例》的规定。考古实例补充了砖的厚度信息,这是则例未记载的;但则例提供了砖的重量信息,这是考古报告一般未公布的。

表五 方砖文献与实物对照表

砖 类	圆明园内工则例规格(毫米)	重量(斤)	考 古 实 例	实物尺寸(毫米)
细尺七方砖	见方一尺六寸折合512	五十五	含经堂待月楼铺地 含经堂涵光室铺地 含经堂云容水态铺地 含经堂霞霭楼东买卖街铺地一 含经堂霞霭楼东买卖街铺地二 如园月台墁地 如园观丰榭	485×485×70 500×490×70 490×490×70 506×506×75 480×480×70 480×480×60 500×500
细尺四方砖	见方一尺三寸折合416	三十一	如园芝兰室东南排水顶铺方砖 藻园贮清书屋殿内铺砖 如园新赏室 藻园林渊锦境室内铺地 紫碧山房山门散水铺地	400×400×80 400×400 400×400 400×400×50 400×400
细二尺方砖	见方一尺一寸折合352	二十	含经堂买卖街东井亭北库房F2墙体 含经堂霞霭楼东买卖街铺地 含经堂库房F5地点 藻园林渊锦境前甬道道中三列铺地 藻园东厢回廊铺地 藻园林渊锦境前檐廊铺地	330×330×50 335×325×55 320×320×50 330×330×50 350×350×50 350×350×50
糙尺七方砖	见方一尺七寸折合544	六十	如园芝兰室西二曲廊铺地 如园芝兰室西五房曲廊铺地 如园芝兰室月台铺地	540×540×80 540×540×45 540×540×80
糙尺四方砖	见方一尺四寸折合448	三十三	含经堂霞霭楼东买卖街第一层铺地	460×485×75

---

① 孙勐:《圆明园用砖简述》,《北京文物与考古(第六辑)》,北京:民族出版社,2004年,第97—101页。该文陈述了挂落方砖、城砖、金砖、东安花砖、东安石砖、沙滚子砖、沙板砖、方砖、花砖、花斑石砖、三色石砖、大小开条砖、津砖、瓷砖、琴砖。其中天然石材磨制仿方砖铺地的包括东安花砖、东安石砖、花斑石砖、三色石砖,应属于石作。而挂落方砖则是描述了方砖的使用场景,应仍属方砖类。

续表

砖 类	圆明园内工则例规格(毫米)	重量(斤)	考古实例	实物尺寸(毫米)
糙尺二方砖	见方一尺二寸 折合384	二十二	藻园屡吉斋、自远斋室内铺地 澹泊宁静室内铺地 含经堂北值房地面 含经堂买卖街东F3铺地 含经堂西北值房 含经堂霞翥楼铺地	400×400×50 (370—390)²×(50—55) 380×365×60 390×390×55 390×380×57 380×380×55

考古发掘还发现了六种尺寸外的方砖,如含经堂正殿铺地用600毫米见方的方砖,如园芝兰室用630—640毫米见方的方砖,霞翥楼东侧买卖街连地坑所用经过砍削的方砖仅195毫米见方。建筑用砖尺寸不仅可为建筑的等级划分提供参考,还可以为单体建筑内的空间划分提供依据。单体建筑内不同位置的用砖类型常有不同,例如:如园部分建筑内部的心间、次间,以及月台等空间的用砖类型或尺寸均有分别,详见表六[1]。

表六 单体建筑不同位置方砖尺寸表

建筑实例	建筑位置	尺寸(cm)	建筑位置	尺寸(cm)	建筑位置	尺寸(cm)	建筑位置	尺寸(cm)
藻园贮清书屋	殿内用砖	40×40方砖	前檐廊柱用砖	35×40方砖				
如园延清堂	前檐柱廊用砖	70×64金砖	当心间、次间用砖	64×64金砖	第二进稍间	40×40瓷砖	南/北月台	48×48方砖/金砖
如园引胜轩	殿内中路一趟	65×65金砖	殿内其他用砖	40×40不明				
如园芝兰室	殿内用砖	64×64方砖	月台中路一趟	70×65	月台用砖	54×54方砖		
藻园林渊锦境	室内用砖	40×40方砖	前檐柱廊用砖	35×35方砖				

在敕建的圆明园工程中,标有"圆明园"款识的砖专供圆明园宫苑使用的砖。[2] 部分《工程做法》用砖作算料[3]与则例列目砖类的尺寸有区别。由表可知,圆明园城砖、滚子砖用料尺寸普遍小于《工程做法》的规定。

---

[1] 北京市文物研究所:《圆明园如园遗址二期考古发掘报告》,内部资料,2017年。
[2] 蔡青:《明代北京城砖的职责制度、制造技艺与检验标准》,《装饰》2015年第12期,第90—91页。
[3] 王璞子:《工程做法注释》,北京:中国建筑工业出版社,1995年,第285页。

表七　城砖、滚子砖《工程做法》与《圆明园内工则例》对照表

砖　类	《工程做法》	《圆明园内工则例》
新样城砖	原制长一尺五寸宽七寸五分厚四寸,坎净长一尺四寸宽七尺厚三寸三分,如灰四缝厚三寸六分	长一尺三寸宽六寸五分厚三寸
旧样城砖	原制长一尺五寸宽七寸五分厚四寸,砍细假干摆净长一尺四寸宽七寸三寸五分	长一尺三寸五分宽六寸五分厚三寸二分
滚子砖	原制长九寸五分宽四寸七分厚二寸,坎净长八寸五分四寸厚一寸八分	长八寸宽四寸厚二寸

不同类别的金砖、方砖可由尺寸区分开来,但是城砖和滚子砖尺寸相近或相等,需要用重量来区分,而考古报告又未提供砖的重量信息。具体来说,则例指出细旧样城砖尺寸与新样城砖例同,因此,区分糙旧样城砖与细新样城砖应该注重粗、细做法之别。根据则例文献的规定,有两个指标可供参考:一是根据是否有"砖坎匠"功限验证遗物的剖面形状——砖长身平面、侧面呈梯形或丁头形状说明有砍斫痕迹;二是根据则例规定的白灰用量判断遗迹单位内用灰多寡的情况。从遗物砍斫痕迹来看,贮清书屋殿西南沿围墙腰线使用的磨砖是细新样城砖,藻园林渊锦境石墩砖座用细滚子砖①。从遗物出土的遗迹背景来看,长春园宫门右门青砖灰缝残迹说明用细滚子砖②。而糙砖多用于不露明的建筑位置,如藻园凝眺楼北临水支撑砖墙③、含经堂霞蔚楼东侧买卖街地坑火道④。但是,目前考古数据尚不支持细停滚子砖和细沙子砖的分类,须待考古报告公布砖类的材质信息。

表八　《圆明园内工则例》城砖、滚子砖规定列表

砖　类	尺寸(毫米)	重　量	铺砌用料	用工类型
糙旧样城砖	长一尺三寸宽六寸五分厚三寸 折合 416×210×96	二十七斤	每三千个糙旧样城砖用白灰一斤,一百八十个用黄土一方,灰砌用白灰三斤不用黄土	瓦匠、壮夫
细新样城砖	长一尺三寸五分宽六寸五分厚三寸二分 折合 432×210×102	三十六斤十二两	每九个细新样城砖用白灰一斤	砍砖匠、瓦匠、壮夫
细停滚子砖	长八寸宽四寸厚二寸 折合 260×130×60	五斤十二两	每一百个用白灰一斤八两	砍砖匠、瓦匠、壮夫

---

① 王有泉:《圆明园之藻园遗址考古发掘报告》,《北京文博》1999 年第 1 期,第 39—56 页。
② 北京市文物研究所:《圆明园长春园宫门区遗址发掘报告》,北京:科学出版社,2009 年,第 26 页。
③ 王有泉:《圆明园之藻园遗址考古发掘报告》,《北京文博》1999 年第 1 期,第 39—56 页。
④ 孙勐:《圆明园用砖简述》,《北京文物与考古(第六辑)》,北京:民族出版社,2004 年,第 97—101 页。

砖 类	尺寸(毫米)	重 量	铺砌用料	用工类型
细沙滚子砖	长八寸宽四寸厚二寸折合 260×130×60	四斤五两	每一百个用白灰一斤	砍砖匠、瓦匠、壮夫
糙沙滚子砖	长八寸宽四寸厚二寸折合 260×130×60	五斤	每两万四千个用白灰八两，每八百个用黄土一方	瓦匠、壮夫

综上可见：首先，考古所见实物体现了则例规定与实际造砖用料之间的误差；其次，文献对用砖的等级分类可为建筑等级的划分提供参考；此外，文献与实物的对照研究提示了今后考古发掘仍需要识别的遗迹现象，以及在考古报告中需要公布的数据，比如除了糙细之外，文献还描述了剔补、点致、淌白、挑墁、改砍等功限，以及砖的质量，这些均可在未来的考古研究中加以留意。

六、《圆明园内工则例·大木作》

考古遗存的埋藏环境使木构遗存很难保存，笔者尚无法直接展开大木作文献与实物的对照研究。但是，则例提供的信息对圆明园建筑考古复原研究仍有重要意义。

柱高柱径是建筑立面的关键参数，对比发现则例与道光同治档案所记檐柱尺寸比例差别不大：道光同治档案所记柱高柱径比范围是 10：1—16.67：1，符合《圆明园内工则例》9.44：1—17：1 的比例规定。虽然比例关系相近，但是乾隆时期《圆明园内工则例》所记建筑用材的绝对尺寸比道同时期用材绝对值更大。

表九　清宫工程档案文献檐柱尺寸统计表

文献材料	檐柱柱高(尺)	檐柱柱径(尺)	柱高/柱径比	柱径/柱高比
工程做法则例	17.64—6.4	1.8—0.7	11：1	
道光同治档案	15—8	1.5—0.7	10—16.67：1	6%—10%
圆明园则例	15—7	1.1—0.5	9.44—17：1	6.9%—10.6%

注：郭黛姮先生采取"柱径/柱高比"而非"柱高/柱径比"，为方便比较，本文两者均列出。

如果笼统来看，《圆明园内工则例》规定的柱高/柱径比为 9.44—17：1，似乎较《工程做法》规定的一般建筑更为纤细，体现了园林建筑的活泼造型，郭黛姮先生即持此说①。但实际《圆明园内工则例》分类记述檐柱共 5 档（表十），需要分类观察检验。本文将其分

---

① 郭黛姮：《〈圆明园内工则例〉评述》，《建筑史》2003 年第 2 期，第 131 页。

为"高柱——大径",以及"低柱——小径"两类,其中:高柱——大径类檐柱(柱高八尺五寸至一丈二尺五寸)的柱高/柱径比与《工程做法》标准的大式比例 11∶1 符合,而低柱——小径类檐柱(柱高七尺至八尺五寸)的柱高/柱径比例更为纤细。因此我们认为,圆明园中的大体量建筑是符合清官式建筑一般比例的,而中小规模的建筑才重在表现园林空间的自由与活泼,两者不宜一概而论。

表十　《圆明园内工则例》檐柱尺寸统计表

檐柱柱高范围	檐柱柱径	柱高/柱径比	柱径/柱高比	本文分类
一丈二尺五寸—一丈五尺	一尺—一尺一寸	11.36—10.5∶1	8.8%—9.5%	高檐柱——大柱径
一丈五尺—八尺五寸	九寸	11.67—9.44∶1	8.6%—10.6%	高檐柱——大柱径
一丈五尺—八尺五寸	八寸	13.125—10.625∶1	9.4%—7.6%	高檐柱——大柱径
八尺五寸—七尺	六寸	14.17—11.67∶1	8.6%—7%	低檐柱——小柱径
八尺五寸—七尺	五寸	17—14∶1	6.9%—7%	低檐柱——小柱径

要之,《圆明园内工则例》所记大木作尺度数据尤其对乾隆时期圆明园建筑的考古复原研究有参考价值。虽然大木作遗存在圆明园遗址中已难见,学者仍可根据考古所见大木作以外的资料如《圆明园四十景图》,间接地推进实物与文献的对照研究,由此精进对则例文本和清官式大木作制度的理解。

七、结　　语

本文在回溯《圆明园内工则例》研究史的基础上,首先以北大藏一函七册《圆明园内工则例》概述了则例正文残本中的大木作、石作、瓦作、土作、装修作、内里装修、搭彩作七项。通过对照石作、土作、瓦作三作则例文献与考古所见实物,分析则例所见大木形制特点,可知文献与实例在大部分情况下可对应印证。理解《圆明园内工则例》,需要运用文献与考古材料互较的研读方法,这也对今后考古工作中的信息提取与公布提出了建议。

对考古学来说,则例文献所见之匠作技艺和分类体系可为逆向发掘的考古工作提供正向的流程记录和理解框架,它是开展建筑考古的重要参照系,也为复原研究提供了做法依据。对建筑史学而言,考古资料则可细化则例文献的使用场景,例如石材与形制的对照关系;考古所见资料也扩充了则例的等级分类,例如则例记六类方砖尺寸而实例至少存在八类;实物遗存与则例记录也常有不同,例如考古所见不同于则例地基刨槽做法。总之,无论实物与文献互证或相悖,都有助于我们继续系统、深入地研究清官式建筑制度。

《圆明园内工则例》是足资征引的一手文献资料。[①] 营造学社曾以对清官式建筑则例的研究开启了对中国古建筑"文法"的解读，通过请教匠师及与实例印证，研究者开始读懂了中国古代建筑。我们通过考古工作，已经获知了大大多于前辈学者的实例现象和信息，但营造学社前贤开创的研究方法在今天仍具有积极意义，尤其对于历史时期考古来说是行之有效、应当坚持的方法。

[①] 宋建昃：《关于清代匠作则例》，《古建园林技术》2001年第3期，第40—45、7页。刘志雄：《内庭圆明园内工诸作现行则例简介》，《清代匠作则例第一卷》，郑州：大象出版社，2000年，第1—2页。

陶瓷・社会

从考古发现看明代晚期御用瓷器生产的"官搭民烧"制度

高宪平

北京大学考古文博学院

吴闻达

故宫博物院考古部

"官搭民烧"是指景德镇御器(窑)厂委派民间窑场烧造御用瓷器,它既是官作系统仍然存在下的一种另类御瓷生产形式,也是官、民窑发展到特殊阶段的产物。嘉靖三十九年江西按察使王宗沐所撰《江西省大志》卷七《陶书》首次提到了官搭民烧这种生产形式,"鱼缸御器,细腻脆薄,最为难成,管匠因循,管厂之官乃以散之民窑,历岁相仍"[1]。万历时期,陆万垓增补的《陶书》也提到,"旧规本厂凡遇部限瓷器照常烧造,不预散窑,惟钦限瓷器数多限逼,一时凑办不及,则分派散窑,择其堪用者凑解,固一时之权法也"[2]。由此可见,官搭民烧最初实行的目的是缓解御器厂巨大的御用瓷器烧造任务[3]与其自身烧造能力日渐衰弱之间的矛盾,但久行之下,搭烧民窑这种一时的"权法"逐渐演化成为了惯用的"制度"[4]。

明代晚期,官搭民烧从权法走向制度体现了两方面的变化,一是嘉靖、万历时期御窑瓷器烧造量大,而御器厂本身的烧造能力有限[5];二是民间窑场在这一时期得到了迅猛的

---

* 本研究得到国家社会科学基金一般项目"云南建水窑考古发掘报告整理与研究"(项目批准号:22BKG031)的资助。

[1] (明)嘉靖三十九年王宗沐著,黄长椿、左行培、许怀林点校:《江西省大志》卷七《陶书》"设官"条,北京:中华书局,2018年,第369页。下文简称嘉靖《陶书》。

[2] (明)王宗沐纂修,陆万垓增修:《江西省大志》(明万历二十五年刊本)卷七《陶书》"窑制"条,《中国方志丛书·华中地方·第七七九号》,台北:成文出版社,1989年,第847—848页。下文简称万历《陶书》。

[3] 嘉靖、万历皇帝享祚久长,御用瓷器烧造极盛,据《陶书》所附嘉靖一朝不全年份的烧造瓷器总数,已达644 724件。其中嘉靖二十五、二十六、三十三年烧造的瓷器均在10万件以上,岁费巨то,如"嘉靖二十五年,烧造数倍十百,加派阖省随粮带征银一十二万两,专备烧造,节年支尽。嘉靖三十三年,又加派银二万两,亦烧造支尽"。参见嘉靖《陶书》"料价"条,前揭注,第377页。

[4] 嘉靖《陶书》"窑制"条载"今遇烧造,官窑户辄布置民窑,而民窑且不克事也,斯官匠独习惯其制",前揭注,第371页。

[5] 嘉靖、万历朝是明代历朝烧造官窑瓷器品种最多的,从陈有年的《烧造艰难恳乞圣明轸念特免十分难成瓷器以苏困苦事疏》,以及万历《陶书》中提到的"青窑数少,将龙缸大窑改砌青窑十六座"等事例来看,嘉万时期的景德镇御器厂处于供不应求的高负荷状态。有学者对此进行过细致的推算,得出的结论是御厂的烧造能力有限,在承接了钦限瓷器的任务后不得不借助民窑之力。参见王光尧:《嘉靖万历时期御窑制度的变化及御窑瓷器年谱》,香港中文大学文物馆:《机暇明道——怀海堂藏明代中晚期官窑瓷器》,香港:香港中文大学出版社,2012年,第62—70页。

发展，成了景德镇制瓷业的中坚力量。对此，以往有一些学者已经进行过讨论①，近年来御窑厂和民窑遗址的考古新发现进一步加深了这种认识。2014 年御窑厂遗址的考古发现表明，从嘉靖时期开始御器厂生产进入了转变期，较之明中期在今御窑厂范围内普遍分布的官窑生产作坊，这一时期大大萎缩了，许多官窑作坊都转为生产民窑器物②。另从一件写有"大明万历二十二年四月吉日御器厂造"铭，但却有着民窑风格的青花瓷盘上也略得窥见(图一)③。反观民窑，2012 年落马桥遗址考古发掘出土的第四期(嘉靖早期至崇祯时期)遗物十分丰富，瓷器种类、造型、装饰激增，同样的情况在御窑厂周边遗址的发掘中也可以见到，表明此阶段景德镇民窑进入了生产的高峰期④，这与这一时期传世所见大量瓷器的情况是一致的。

图一 明万历二十二年"御器厂造"铭青花对凤牡丹纹盘

目前在景德镇古代镇区范围内进行过正式考古发掘的民窑遗址不多，主要有镇区北部的观音阁窑址和镇区南部的落马桥窑址，幸运的是，在这两处遗址均有官搭民烧的实物

---

① 王钰欣：《清代前期景德镇瓷业中官窑地位的考察》，《中国史研究》1980 年第 3 期，第 129—143 页；梁淼泰：《明清景德镇城市经济研究》，南昌：江西人民出版社，2004 年，第 49—63 页；赵宏：《"官搭民烧"考》，《故宫博物院院刊》1996 年第 1 期，第 81—85 页；[日] 佐久间重男：《景德镇窑业史研究》，梅田：第一书房，1999 年，第 46—50 页；[日] 金泽阳：《明代窑业史研究——官民窑业的构造与展开》，东京：中央公论美术出版，2010 年，第 101—112 页。

② 秦大树、钟燕娣、李慧：《景德镇御窑厂遗址 2014 年发掘收获与相关问题研究》，《文物》2017 年第 8 期，第 69—88 页。

③ 盘内绘对凤牡丹纹，外壁绘狮子戏球纹，具有比较明显的民窑瓷器风格特征。底部铭文为"石城县坊郭里熊门陈氏，石中里白茅塘陈玉爵公之女也，配汝公，生子三：长曰塈，仪宾；次曰兆祯，廪生；幼曰兆泰，令史。寿盘万年不替耳。大明万历二十二年四月吉日，御器厂造"。见 Cohen & Cohen, *The Elephant in the Room*, Antwerp, 2019, pp. 6—9, no. 2；另见 2023 年 1 月 24 日，美国纽约邦瀚斯"Cohen & Cohen, 50 Years of Chinese Export Porcelain(中国外销瓷器五十年)"拍卖图录，https://www.bonhams.com/zh-cn/auction/28289/lot/20/a-rare-documentary-blue-and-white-phoenix-saucer-dish-dated-the-22nd-year-of-wanlis-reign-ad-1594-and-of-the-period/.

④ 景德镇市陶瓷考古研究所、北京大学考古文博学院、江西省文物考古研究所：《江西景德镇落马桥红光瓷厂窑址明清遗存发掘简报》，《文物》2020 年第 11 期，第 4—36 页；秦大树、高宪平、翁彦俊：《落马桥窑址明清遗存发掘的收获及相关问题》，《文物》2020 年第 11 期，第 79—96 页；高宪平：《明清景德镇民营制瓷手工业考古学研究——以落马桥窑址发掘为基础》，北京：北京大学博士学位论文，2021 年，第 335—341 页。

发现。由此,相关研究也得以从单纯依赖史料推进到史料与实物相结合的层面。下文对两次考古发掘出土资料进行介绍,并对几点重要问题进行讨论。

一、明代晚期官搭民烧的考古发现

观音阁窑址位于景德镇老城区的北郊,是古代镇区"十三里窑场"①最北的一处窑场。2007年,北京大学考古文博学院、江西省文物考古研究所、景德镇市陶瓷考古研究所联合对该窑址进行了主动性考古发掘,遗存的时代主要集中在明代中晚期。其中在第三期(嘉靖时期)地层中出土了一件刻有"□□嘉□□制"款的白釉盘(图二)和一件青花五爪龙纹碗的残片,这两件标本的胎、釉、青花色泽俱佳,因为书有官款或绘有官样,所以被认为与官搭民烧制度有关②。

图二 明嘉靖刻款白釉盘残片(景德镇观音阁窑址出土)

更为重要的考古发现来自落马桥窑址。2012—2013年,景德镇市陶瓷考古研究所、北京大学考古文博学院等单位对该窑址进行了主动性考古发掘,清理了北宋后期至清末的遗存,是目前在镇区范围内发掘的遗存时代跨度最长、出土遗物最为丰富的一处民窑遗址。尤其是明清时期地层连续,遗迹、遗物丰富,填补了此前发现的多项空白,对于了解镇区内民间窑场的发展脉络具有十分重要的意义。此次发掘共出土了152件(片)嘉靖时期

---

① 嘉靖《江西省大志·陶书》载:"今议编民匠,查浮梁县在厂答应十三里内窑座,除见厂役官匠窑座外,诸几军民新旧窑座核实占数署册,窑三座共编一名,不论前项编役诸色户名,窑存匠存,窑去匠去。"嘉靖《陶书》"匠役"条,前揭注,第372页。又《景德镇陶录》载:"景德镇,属浮梁之兴西乡,去城二十五里,在昌江之南,故称昌南镇,其自观音阁江南雄镇坊至小港嘴,前后街计十三里,故又有陶阳十三里之称。"(清)蓝浦著,郑廷桂增补:《景德镇陶录》(嘉庆二十年翼经堂刻同治九年重刻本)卷一"图说",续修四库全书编委会编:《续修四库全书·子部·谱录类》1111册,上海:上海古籍出版社,2002年,第348页。
② 北京大学考古文博学院、江西省文物考古研究所、景德镇市陶瓷考古研究所:《江西景德镇观音阁明代窑址发掘简报》,《文物》2009年第12期,第39—58页。

的彩釉瓷半成品,主要出土于第四期(嘉靖至崇祯时期)地层中①。这些半成品的器类有碗、盘、杯三种(图三、图四),器身均素胎,器底以钴料书年号款,再经施釉后高温烧成。特征方面,器形周正,胎质细腻且有油质感,白釉莹润光亮,青花发色幽蓝,款识工整,整体而言制作精工,非一般的民窑瓷器可比,而与御窑厂遗址出土的嘉靖官窑瓷器相近(图五)②。根据一些器物上带有粘渣、缩釉(图三:左)、塌底、生烧(图六)、火石红等缺陷,加之这些器物数量较多,分别出土于有一定距离的数个探方和不同时期的地层中,表明它们不是从外面带来的,应是在本区域内烧造的。另根据同组地层出土的 4 片形制、款识相同的黄釉瓷盘、杯(图七)可知,这些半成品应为黄釉瓷的半成品。此外,通过对半成品与黄釉瓷的胎、釉、钴料进行科技检测,可知两者成分基本一致,由此也进一步确认了这些半成品的性质。

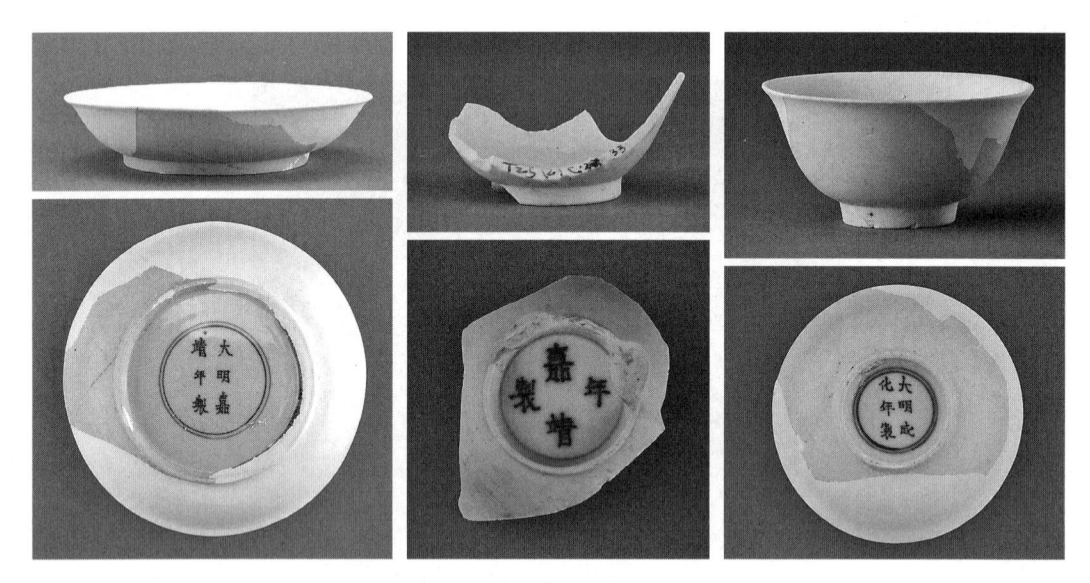

图三 明嘉靖黄釉瓷半成品(景德镇落马桥窑址出土)

出土黄釉瓷及其半成品的落款内容和方式不同,落款内容多为"大明嘉靖年制"(图三:左),少数为"嘉靖年制"(图三:中)。此外,半成品中还见有"大明成化年制"款(图三:右),器物的造型及胎、釉、料特征均与嘉靖款器物相同,可知为嘉靖仿成化款。落款方式有双行六字楷书款与钱币式四字楷书款两种,前者是常见的标准年号款(图八)③;后者则较为少见,香港怀海堂收藏的一件青花缠枝花卉寿字纹罐,底部落款方式与此相同(图九)④。

---

① 少数标本出自晚期地层,当为扰动所致。出土这些瓷片的地层或遗迹中也出土了一般的民窑瓷片,可见在埋藏方式上并无特别之处。
② 景德镇市陶瓷考古研究所、北京大学考古文博学院等:《江西景德镇明清御窑厂遗址 2014 年发掘简报》,《文物》2017 年第 8 期,第 4—42 页。
③ 故宫博物院古陶瓷研究中心:《故宫博物院藏古陶瓷资料选萃(第 2 册)》,北京:紫禁城出版社,2005 年,第 195 页,图 169。
④ 香港中文大学文物馆:《机暇明道:怀海堂藏明代中晚期官窑瓷器》,香港:香港中文大学出版社,2012 年,第 110—111 页。

陶瓷·社会

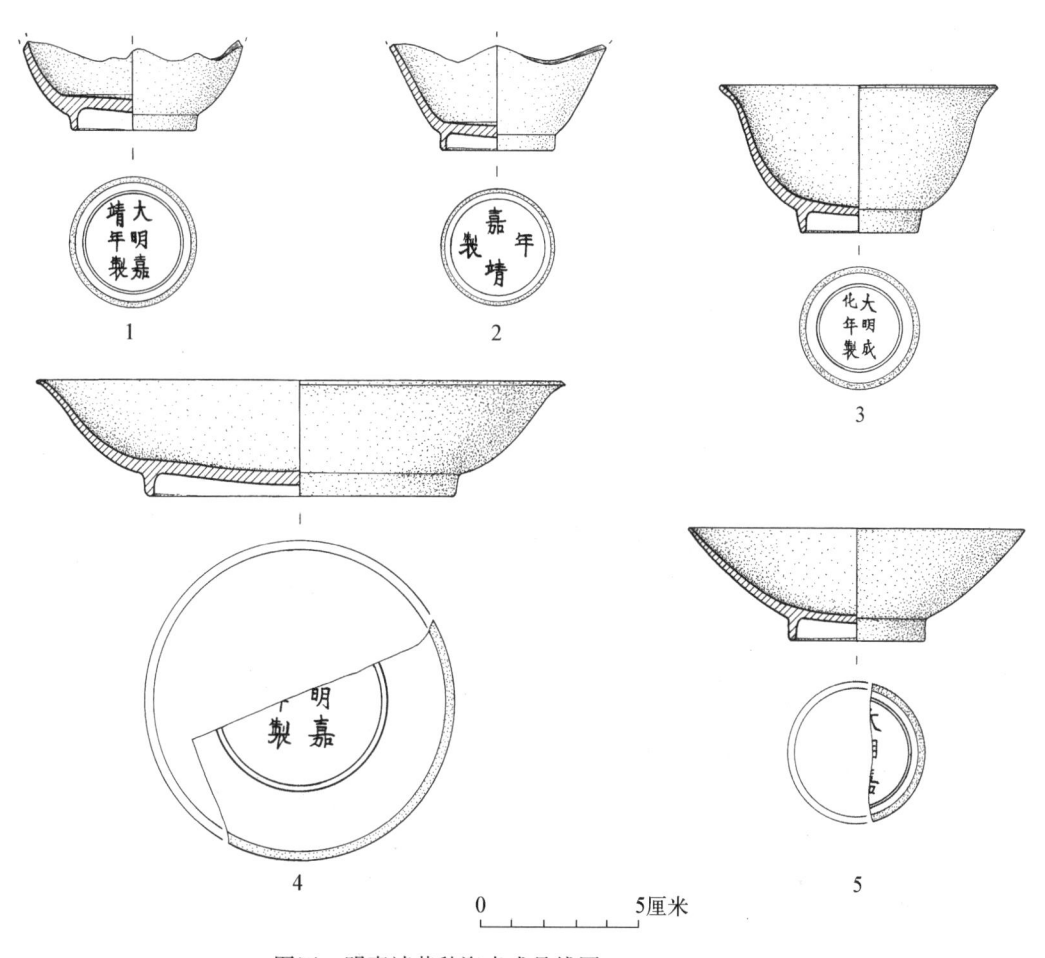

图四　明嘉靖黄釉瓷半成品线图（落马桥窑址出土）

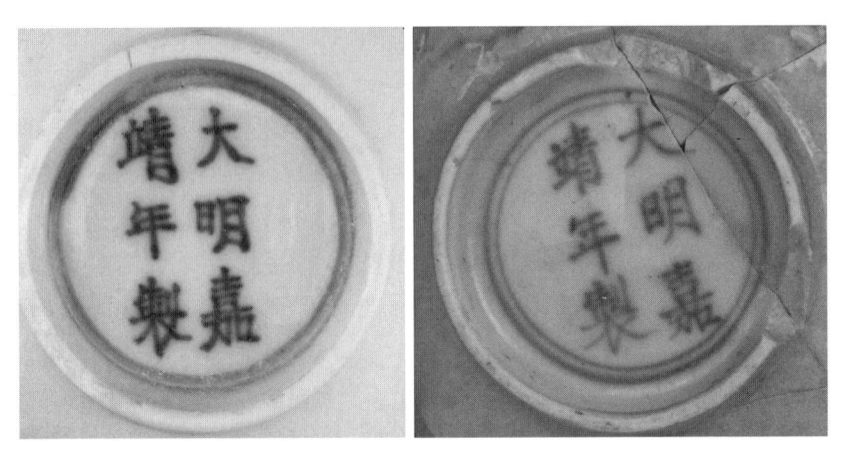

图五　落马桥与御窑厂遗址出土嘉靖款瓷器对比(左：落马桥窑址出土；右：2014年御窑厂遗址出土)

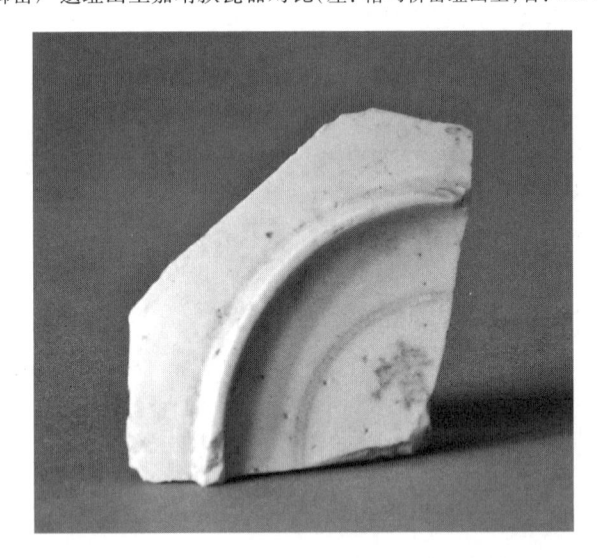

图六　落马桥窑址出土生烧的半成品标本

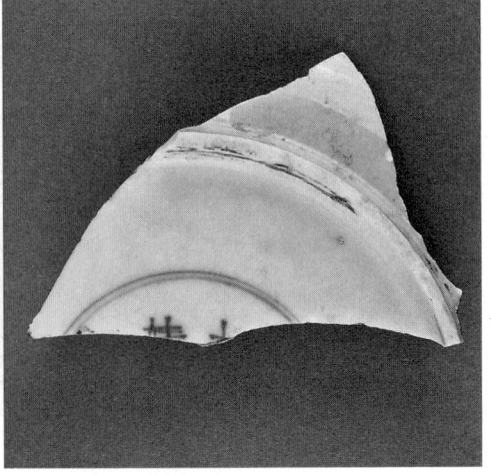

图七　嘉靖款黄釉瓷(落马桥窑址出土)

图八 "大明嘉靖年制"款黄釉瓷碗(故宫博物院藏)

图九 "嘉靖年制"款青花缠枝花卉寿字纹罐(香港怀海堂藏)

二、出土标本所反映的相关问题

1. 印证了文献中关于官搭民烧选用对象的记载

万历《陶书》"窑制"条载:"分派烧造,宜于本厂(御器厂)附近里仁、镇市及长乡三都。"[①]

---

① 万历《陶书》"窑制"条,前揭注,第847—848页。

对照《浮梁县志》"景德镇图"(图十)①可知,此三都分布在昌江的两岸,即今天景德镇的老城区,其中里仁和镇市都在昌江东岸,长乡都在西岸。里仁和镇市都也是古代景德镇的位置所在②,里仁都下辖五图③,其范围北至观音阁、第三中学一带,今天景德镇还有"四图里"的地名;南至十八桥一带,观音阁窑址就位于古代的里仁都。2018年景德镇唐英学社"藩府佳器——明代正统、景泰、天顺三朝景德镇窑业特展"曾展出一件三朝青花缠枝莲

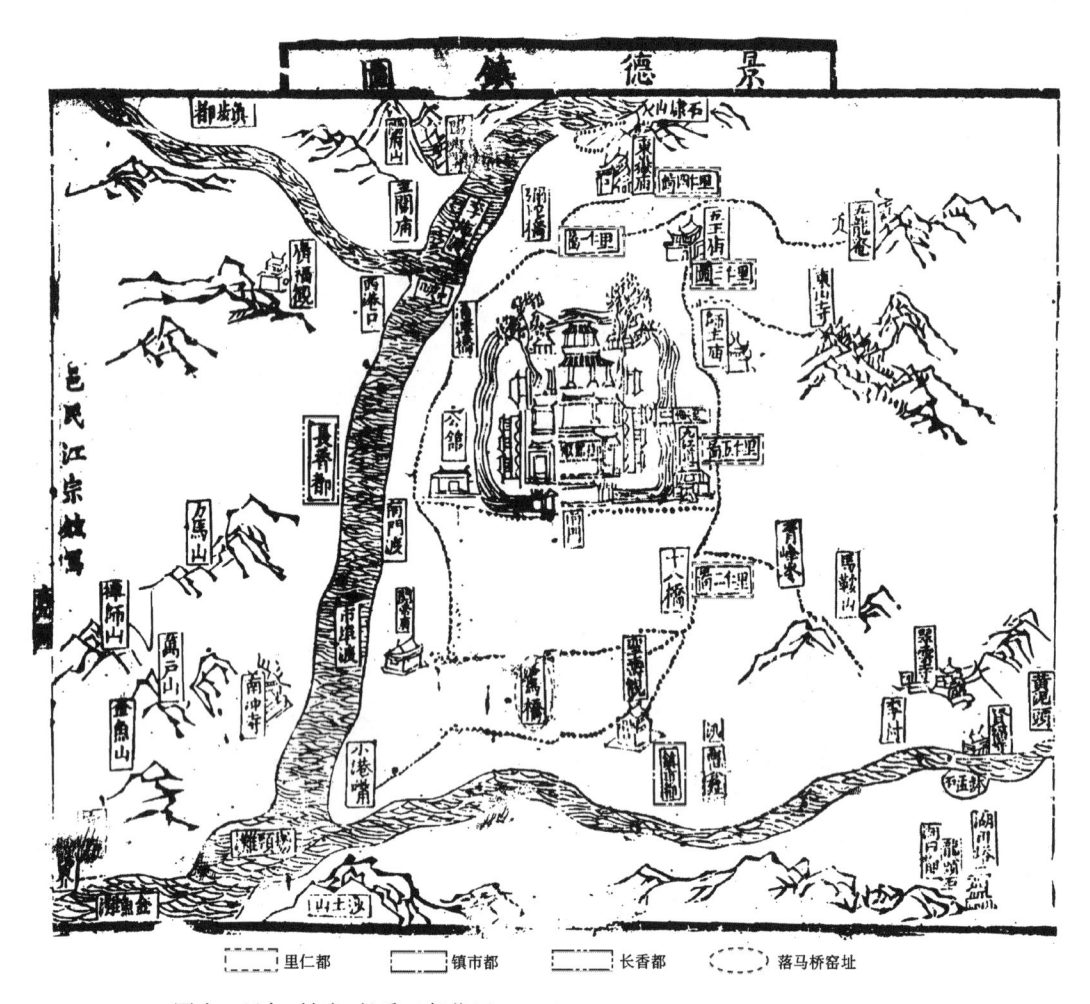

图十 里仁、镇市、长香三都位置(采自康熙二十一年版《浮梁县志》"景德镇图")

---

① (清)王临元等修,曹鼎元等撰:《浮梁县志》(清康熙二十一年刊本)卷一"沿革",《中国方志丛书·华中地方·第八三五号》,台北:成文出版社,1989年,第110—111页。
② (明)陈策纂修:《饶州府志》(正德六年刻本)卷一"乡镇"条将"景德镇"列于兴西乡的里仁、镇市二都之间,"里仁五都(去县二十五里,四图),景德镇(即陶器□所,肇于唐而备于宋,国朝设局以司之),镇市六都(去县二十五里,一图)",《天一阁藏明代方志选刊续编·四四·正德饶州府志(江西)、嘉靖南康县志(江西)》,上海:上海书店,2014年,第50—51页。另《浮梁县志》卷一"舆地·隅乡""兴西乡"条载"景德镇(在里仁、镇市二都)",前揭注,第190页。
③ 都图制起源于南宋,是江南一些地区的乡里基层组织。明朝建立后,始将都图制推向全国,成为州县的基层行政区划组织,其统属关系是县辖乡、乡辖都、都辖图。参见徐茂明:《明清时期江南社会基层组织演变述论》,《社会科学》2003年第4期,第91—99页。

托杂宝纹净水碗的残片,外壁口沿与腹部纹饰间横书铭文,残见"(浮)梁县里仁都兴西乡□□□"(图十一)。镇市都北接里仁二图,南至南河,2012年发掘的落马桥遗址就位于古代的镇市都①。综上,两处窑址的考古发现印证了文献的记载。

图十一 明正统至天顺时期青花缠枝莲托杂宝纹净水碗
(笔者摄于"藩府佳器"展览)

从实际情况看,将里仁、镇市、长香三都选作官搭民烧瓷器的生产地当有如下考虑:首先,拥有地利之便。这三处区域内的诸多民窑户就拱绕在御器厂周围,近者仅咫尺之隔,远者也不过三五里,便于御器厂官员进行及时的沟通和监督。同时也便于民窑户从厂内获取原料、素坯以及运回烧成的瓷器。其次,拥有大量可供使用的生产设备,特别是烧造环节最为重要的窑炉。再次,人员、技术辐辏。该区域是景德镇民窑生产的核心区,拥有大量的从业人员,掌握着先进的制瓷技术,有不少人员本身就是在厂应役或被雇佣的匠人,对于厂内外的情况都十分熟悉。

至于作为景德镇早期窑业(五代至元代)生产中心的湖田窑,在明代已经处于衰落的状态了,而且距离御器厂也有一段距离,文献中称之为"远乡窑户",因此未被选作官搭民烧的对象。但有技术的匠人仍然可以为官所用,以招募的形式赴厂帮工②。由此也可见,官搭民烧的实质是充分占用民窑的生产资料,包括来自周边民窑户的生产设备以及大批有技术的人员,以完成在厂内无法完成的大量御用瓷器的烧造任务。

2. 嘉靖时期民窑制瓷水平很高,在烧造御用瓷器时尤为精心

落马桥窑址出土的黄釉瓷及其半成品,无论是制胎、成型、施釉、写款都一丝不苟,与御器厂烧造的同时期官窑瓷器相比较,在质量方面可以说是有过之而无不及,这反映出嘉

---

① 《浮梁县志》卷之三《建置·津梁》载"镇市都拱辰桥(正统里人刘士护建),落马桥",前揭注,第272页。
② 嘉靖《陶书》"匠役"条载"陶有匠,官匠凡三百余而复募,盖工致之匠少而绘事尤难也……曰雇役(本厂选召白徒高手烧造及色匠)",前揭注,第372页。

靖时期景德镇民窑拥有很高的制瓷水平。结合史料来看,明代晚期民窑与官窑之间的差异主要是由于烧造瓷器性质的不同所带来的生产方式的不同,而不存在技术上的鸿沟。比如嘉靖《陶书》比较了两者在烧成环节的差异,其中满(码)窑方面,民窑充分利用窑内的空间,按瓷器质量的优劣满窑,最好的瓷器放在窑炉的中部,前后放粗制的瓷器,不浪费任何的窑位;而官窑为了保证烧出的瓷器质量一致,只选取最好的窑位烧瓷,对于民窑而言尚可用来装烧粗瓷的前部窑位,官窑则仅放空匣钵障火,所以"官窑之器淳,民窑之器杂,制䍐异也"①。但当民窑户的窑炉用来装烧御用瓷器时,必定会占据最好的窑位,以保证所造瓷器的质量。

　　从理化数据来看,落马桥的匠人在生产这批御用瓷器时也使用了不同于一般民用瓷器的原料。在检测的 3 件黄釉瓷和 17 件半成品中,瓷胎中 Al_2O_3 的平均含量高达 25.3%,这与同时期的一般民窑和官窑制品的差异都很大。我们抽选了落马桥窑址出土的明清各时期青花瓷残片 113 片,进行了胎、釉、料方面的科技检测,结果是瓷胎中的氧化铝含量均未超过 23%;在时代为明代晚期的 13 片标本中,胎中氧化铝的平均含量仅为 17%。御窑厂遗址出土的同时期官窑瓷器,瓷胎中 Al_2O_3 的含量也基本不超过 22%。由此可见,落马桥窑场在生产这批御用黄釉瓷器时,使用了经过特殊配比的原料,制胎时使用的高岭土约占比 30%—40%②。

　　由此推断,这批黄釉瓷器可能有着特殊的用途,或者是官搭民烧初期阶段的制品,对瓷器质量的要求和掌控均十分严格。对比一些民窑遗址发现的万历时期书写官款、绘有龙纹的瓷器,多书款不正,绘画也略显草率,明显有应付之嫌,甚至难以确认其作为御用瓷器的性质。万历《陶书》也记载管厂官员的抱怨"民窑狡诈,人百其心,乘限期紧并多以歪斜浅淡瓷器塞责"③。

3. 丰富了对官搭民烧瓷器品种及生产形式的认识

　　观音阁、落马桥窑址出土的官搭民烧瓷器标本使我们了解到,嘉靖时期的民窑户除了能为宫廷烧造青花瓷,也有黄釉一类工艺相对复杂的颜色釉瓷器。明代黄釉瓷器以弘治朝所造最佳,被称为"娇黄",然而不能忽视的是,嘉靖一朝也生产了许多高质量的黄釉瓷器。故宫博物院收藏的黄釉太尊、牺尊、著尊等祭器,就因为釉色匀净而长期被判定为弘治朝的制品,然而新近发现的文献和考古资料表明,这些祭器的烧造年代不早于嘉靖九年,是嘉靖定立四郊后烧造的祭器④。虽然我们还不清楚民窑场在这一时期是否也承担了烧造用于皇家祭祀的颜色釉瓷,但落马桥窑址出土的黄釉瓷及其半成品确切表明,嘉靖

---

① 嘉靖《陶书》"窑制"条载"民窑烧器,自人窑门始九行,前一行皆粗器障火,三行间有好器杂火中间,前四、中五、后四皆好器,后三后二皆粗,视前行。官窑烧造者重器一色,前以空匣障火。官窑之器淳,民窑之器杂,制䍐异也",前揭注,第 371 页。
② 实验样品检测与分析支持来自北京大学考古文博学院崔剑锋副教授课题组的马仁杰,谨致谢忱。
③ 万历《陶书》"窑制"条,前揭注,第 848 页。
④ 高宪平:《明嘉靖时期祭祀用瓷新探》,《文物》2020 年第 11 期,第 67—78 页。

时期黄釉瓷的生产已经不限于御器厂之内了。

关于官搭民烧生产活动中民窑所承担的工序,以往通过对史料的研读,并不能完全确认民窑户除了烧成环节,也参与瓷器的制作。比如《陶书》中提到的瓷器烧造"分派散窑"和"布置民窑",这里的"烧造"可以理解为只是"烧"及"烧"加制作两种情况。落马桥窑址出土标本则提供了实物证据,成品与半成品同时发现,表明该窑场除了高温烧制的环节,至少还承担了施黄釉和二次低温烧成。结合对器物胎、釉、钴料的科技检测数据推测,落马桥窑场很有可能独自完成了这批瓷器从成型、施釉到烧成的完整工序。由此可以证实在明代晚期的官搭民烧瓷器生产中,除了"包烧",还有"包作包烧"的形式,而不是像清代的官搭民烧那样,瓷器主要在厂内完成制作,再送到民窑户那里进行烧成[①]。

三、结　　语

本文以发掘资料为基础,结合史料,对官搭民烧制度的一些问题进行了讨论。落马桥窑址出土的数量较多的黄釉瓷及其半成品使我们看到,嘉靖时期镇区的民窑场具有很高的制瓷水平,这也是这一时期开始实行官搭民烧的重要原因。落马桥的工匠在制作这批黄釉瓷器时,使用了新的配方来制胎,制作精工,这也从侧面反映出了这批瓷器不同寻常的意义。成品与半成品同时出土,也让我们了解到此时的民窑场也参与了御用瓷器的制作,而不仅仅是负责烧成的环节。观音阁、落马桥两处窑址的相关考古发现在一定程度上填补了文献的空白,然而我们需要清楚的是,目前的相关发现还很有限,许多问题还难以解决,比如如何从大量传世的嘉万时期官样瓷器中辨认出一些官搭民烧的瓷器,这有赖于未来开展更多的考古与研究工作。

---

① （清）唐英：《陶冶图编次》"成坯入窑","瓷坯既成,装以匣钵,送至窑户家",张发颖主编：《唐英全集》第四册,北京：学苑出版社,2008年,第1168页。（清）龚鉽：《景德镇陶歌》载"坯就搭烧民户领",景德镇陶瓷学院、中国陶瓷文化研究所编,陈雨前、余志华主编：《中国古代陶瓷文献影印辑刊》（第二十六辑）,广州：世界图书出版广东有限公司,2012年,第8137页。

景德镇早期瓷业生产札记三题
——"饶州尝贡瓷器""景德元年置""瓷窑博易务"

丁 雨

北京大学中国考古学研究中心

北京大学考古文博学院

景德镇瓷业的起源和早期瓷业生产,是陶瓷史研究中的热点课题之一。唐宋时期瓷业文献相对匮乏,一些涉及景德镇早期瓷业生产的资料和线索值得反复推敲。本文即拟探讨其中一些较受关注、常被引用的条目,以期有引玉之效。

一、"饶州尝贡瓷器"

柳宗元(773—819年)《代人进瓷器状》中"饶州尝贡瓷器"及"元和八年"等句常为研究者引用,以证明饶州区域制瓷或贡瓷可追溯至中晚唐时期。此处摘引全文如下(小字为注文):

"代人进瓷器状○瓷。才资切。陶器之致坚者。公集有元饶州书。在元和八年。饶州尝贡瓷器。此必为元作也。

瓷器若干事。一无此句。右见瓷器等。并艺精埏埴。埏。和土也。埴。黏土也。老子。埏埴以为器。○埏。式延切。制合规模。禀至德之陶蒸。自无苦窳。音愈。病也。舜河滨器不苦窳。合大和以融结。克保坚贞。且无瓦釜之鸣。贾谊赋。黄钟毁弃。瓦釜雷鸣。是称土铏之德。土铏。瓦器也,以盛羹。韩非子曰。尧舜饭土塯。啜土铏。又司马迁传。尧舜饭土簋。歠土铏。○铏。音邢。器斳瑚琏。力展切。瑚琏。祭宗庙之器。夏曰瑚。殷曰琏。贡异砮丹。书。砺砥砮丹。○砮。音奴。既尚质而为先。礼记。器用陶匏。尚质也。亦当无而有用。老子。当其无有器之。谨遣某官某乙随状封进。谨奏。"①

"饶州尝贡瓷器"一句,出于《代人进瓷器状》标题下的注文。这一注文并非柳宗元所

---

* 本文为国家社会科学基金一般项目"景德镇落马桥窑址考古发掘报告整理与相关问题研究"(项目批准号21BKG028)成果之一。

① 全文摘自(唐)柳宗元:《柳河东集》,第六二七页,上海:上海人民出版社(据原中华书局版重印),1974年。此本据南宋著名刻本世绥堂刻本《河东先生集》断句、排印、增补。

作,而是后人所加。柳宗元文集的成书过程表明,北宋各本均为白文本,无注释①。南宋时期才形成了对柳集的注释,因此,注文的作者当不会早于南宋。换句话说,注文所涉瓷器产地及奏状所代之人均为南宋注者所言。南宋人关于"饶州尝贡瓷器"的说法,究竟是来源于当时可见的唐代文献,还是来源于北宋时期景德镇贡瓷的固有印象,不易辨明。细读柳宗元的原文,内容主要在赞扬瓷器质量上佳,并未明确显示其所描述瓷器的产地。而"饶州""元和八年"乃至当事人"元饶州"等地点、空间、人物这些关键信息,皆出于注,是注者随标题而衍生的叙述与推测。"在元和八年"一句,夹于"公集有元饶州书"②和"饶州尝贡瓷器"两句之间,其究竟想说明哪一事件,令人疑虑。尽管柳文无一字涉饶州,但宋人信息来源的可靠程度如何,不宜轻下定论。

据《元和郡县图志》,当时饶州管县四:鄱阳、余干、乐平、浮梁。所贡之物未提及瓷器,论及乐平、浮梁时,特意提到乐平出银,浮梁产茶③。可见当时两地更受瞩目的产业是银与茶。目前古代饶州区域已发掘的唐代窑址主要有乐平南窑和景德镇兰田窑。乐平南窑的生产年代大致在 800—900 年之间④,兰田窑第一期的年代为 9 世纪前半叶⑤;2014 年北京大学等单位联合进行的景德镇早期窑址调查仅发现晚唐时期窑址 3 处⑥。从南窑、兰田窑的产品情况来看,其整体质量和当时明确用于贡御的越窑秘色瓷、邢窑白瓷似尚有一定差距。综合以上信息来看,柳宗元所描述之瓷器,未必便产自饶州。

宋注中的"元饶州",今人常指认其姓名为"元崔"。这一说法源自傅振伦⑦。傅振伦据另一篇柳文《与崔饶州论石钟乳书》推测"元饶州"与"崔饶州"为同一人,名为元崔。后傅振伦据《新唐书》纠正观点,认为"元饶州"指元洪较为合理⑧。《柳河东集》中《答元饶州论政理书》题下有注:"考新旧史。元姓不见其为饶州者。新史年表。有元洪者。尝为饶州刺史。而时不可考。"至于"崔饶州",《柳河东集》注文中提到"饶。当作连。饶州讳简。字子敬,公之姊夫。先刺连州,后移永。未上而卒于元和七年"。

岑仲勉对"元饶州"考证甚详。其利用《元和姓纂》和唐人文集,推测以时间、官职论,有三人或较符合,分别为元谊、元洪、元彛。岑氏特举《元氏长庆集》"敕饶州刺史元彛等……以彛之理课甄明"之句,结合柳氏与元饶州论政理,似偏于元彛⑨。"元饶州"具体

---

① 王永波:《〈柳河东集〉在宋代的编集与刊刻》,《青海师范大学学报(哲学社会科学版)》2016 年第 38 卷第 2 期,第 93—99 页。
② 据岑仲勉考证,柳宗元《答元饶州论春秋书》《答元饶州论政理书》两书"作于元和七至九年顷",参见岑仲勉:《唐人行第录(外三种)·唐集质疑》,"元饶州"条,第四〇八—四〇九页,上海:上海古籍出版社,1962 年。
③ (唐)李吉甫:《元和郡县图志》卷二十八,"江南道四",第六七一—六七二页,北京:中华书局,1983 年。
④ 张文江:《景德镇南窑遗址考古发掘的重要收获》,《东方博物》2014 年第 2 期,第 78—86 页。
⑤ 秦大树、刘静、江小民、李颖翀:《景德镇早期窑业的探索——兰田窑发掘的主要收获》,《南方文物》2015 年第 2 期,第 128—137 页。
⑥ 李颖翀:《景德镇早期窑业研究——以湘湖地区 9—11 世纪窑业遗存为中心》,北京:北京大学硕士学位论文,2015 年,第 142 页。
⑦ 傅振伦:《中国伟大的发明——瓷器》,上海:三联书店,1955 年,第 28 页。
⑧ 傅振伦:《柳宗元赞美饶州瓷器》,《河北陶瓷》1991 年第 8 期,第 48 页。
⑨ 岑仲勉:《唐人行第录(外三种)·唐集质疑》,"元饶州"条,上海:上海古籍出版社,1962 年,第四〇八—四〇九页。

人物的明确,对于未来进一步厘清元和年间饶州的情况,或有助力。

二、"景德元年置""瓷器库"

清乾隆年间朱琰所撰《陶说》载:"饶州府浮梁县西兴乡景德镇,水土宜陶。镇设自宋景德中,因名。置监镇,奉御董造,饶州窑自此始。"①乾隆《浮梁县志》亦用此说,此后蓝浦的《景德镇陶录》沿袭此说:"至宋景德年始置镇,奉御董造,因改名'景德镇'。"这一说法影响很大,多被一些陶瓷研究者引为景德镇早期贡御或受命烧造的证据。《陶说》《景德镇陶录》的叙事,隐含着以年号为名置镇与"奉御董造"之间的因果关系。基于此,也就衍生出了"景德镇镇名是御赐之名"等种种说法,进而被广为宣传。

关于《陶说》的这条记录,看上去是包含因果关系的同一件事,但这个事件实际上包含了四部分内容,分别是置镇、镇以年号为名、置监镇、"奉御董造"。

此清人说法,当追溯至《宋会要辑稿》。《宋会要辑稿》载:"江东东路饶州浮梁县景德镇,景德元年置",并未将景德镇的得名与贡御相联系;迟至明代晚期,《江西省大志》尚用《宋会要辑稿》之说,"宋景德中,始置镇,因名。置监镇一员",仅提到景德镇因景德年号得名,增加"监镇",未涉"奉御董造"事。因此,景德镇设镇、得名和"奉御董造"并不必然相关。既然如此,为何置镇? 特殊镇名是否别有意味?

宋代置镇,"民聚不成县而有税课者,则为镇,或以官监之"②,景德镇之设,当循此例。北宋早期工商业发展,是草市镇发展的重要阶段,置镇相当普遍③。此时景德镇虽未必"奉御董造",但瓷业迅速发展却是事实。据考古调查结果可知,进入五代之后,景德镇窑址数量明显增多④,故"民聚"、税课之情形与景德镇瓷业的发展应有密切关联。北宋时期景德镇瓷业持续迅速发展,至熙宁年间,在饶州地区,景德镇商税已然不低⑤。但如放眼全国,其商税额或尚未至于一流⑥。

以年号为镇名,易让人产生多种联想。翻检《宋会要辑稿》及相关文献可知,与年号有关的镇名,在北宋不乏其例,尤以北宋早期为多。如淳化镇、咸平镇⑦、景德镇,均是在

---

① (清)朱琰撰,傅振伦译注:《〈陶说〉译注》,北京:轻工业出版社,1984年,第105页。
② (宋)高承:《事物纪原》,卷七,第二五一页,北京:中华书局,1989年。
③ 据傅宗文列表统计可知,太祖至真宗三朝,置镇74处,约占北宋总数226处的30%,参见傅宗文:《宋代草市镇研究》,福州:福建人民出版社,1989年,第91页。
④ 李颖翀:《景德镇早期窑业研究——以湘湖地区9—11世纪窑业遗存为中心》,北京:北京大学硕士学位论文,2015年,第142页。
⑤ 熙宁十年,景德镇商税额为三千三百余贯,浮梁县为五千四百余贯,参见(清)徐松辑:《宋会要辑稿》,食货一六之一〇,北京:中华书局,1957年,第五〇七页。刘新园对此问题已有论证,参见刘新园:《宋元时代的景德镇税收入与其相关制度考察——蒋祈〈陶记〉著于南宋之新证》,《景德镇方志》1991年第3期。
⑥ 傅宗文据《宋会要辑稿·食货》对各经济区巨镇熙宁十年的税额进行了统计,结果显示草市镇在总税额中所占比重很大,税额达万贯以上的巨镇数量不少,如京东路赵岩口镇、傅家岸镇,税额可到二三万贯。参见傅宗文:《宋代草市镇研究》,福州:福建人民出版社,1989年,第102页。
⑦ (清)徐松辑:《宋会要辑稿》方域一二之一三,"咸平六年,改崔村为咸平镇",北京:中华书局,1957年,第七五二六页。

相关年号使用期间设立的,另有乾德镇、天禧镇、嘉祐镇,不知其设立年代,镇名也与年号重合。而淳化、景德又是很受"欢迎"的年号,不止一处镇市设立时以之命名。如景德镇,除饶州浮梁景德镇外,尚有郓州东阿县景德镇[1];淳化五年,青州博兴县[2]、江宁府上元县[3]均置淳化镇。草市镇的命名是由中央统一规划,还是地方自拟上报,缺少记录。但结合镇的行政级别、镇的形成过程以及镇名重复的普遍程度[4]等情况综合来看,草市镇的名称并不像是中央统一规划的结果。

除以年号为名之外,监镇官员的设置也易引人遐想。置镇则应征税,但是否设置监镇官员,宋人仅言"或以官监之"。明人沿袭宋代文献时增加了"置监镇一员"一句。监镇官员的设置未必与置镇同步,但如设监镇官员,也在情理之中。"监镇"有征税之责[5],无督陶义务[6]。在宋代,特别是北宋时期,监镇这样的监当官地位很低,一向为官场所轻贱。宋监当官与明清时期督窑官的亲信地位不可同日而语。故监镇官员的设置与否,并不构成是否"奉御董造"的关键证据。

总体而言,比对之后,宋—明—清三代文献显现出层累形成文本的意味。从《宋会要辑稿》等文献来看,仅可知景德元年(1004年)景德镇置镇,并以年号为名,无法建立这一事件与"奉御董造"瓷器之间的关联。

至于景德镇向官府乃至宫廷进贡瓷器,《宋会要辑稿·食货》有一条更重要也更明确的文献,一向为研究者所重:

"瓷器库,在建隆坊。掌受明、越、饶州、定州、青州白瓷器及漆器以给用。以京朝官三班内侍二人监库。宋太宗淳化元年七月,诏瓷器库纳诸州瓷器,拣出缺瑿数目等第科罪。不及一厘特与除破;二厘免决,勒陪却给破者;三厘笞四十;四厘笞五十;五厘杖六十;六厘杖七十;七厘已上不计多少杖八十。真宗景德四年九月,诏瓷器库除拣封桩供进外,余者令本库将样赴三司行人估价出卖。其漆器架阁收管品配供应准备供进及榷场博易之用。神宗熙宁三年三月,诏并瓷器库入杂物库管勾。"[7]

由此可知,瓷器库的设置不晚于淳化元年(990年),其存续至熙宁三年(1070年)。因此,文中所列的明、越、饶、定等州[8],在此时段应有贡瓷。越窑、定窑自北宋初期便有贡

---

[1] (清)徐松辑:《宋会要辑稿》方域一二之一三,第七五二六页,"郓州东阿县利仁镇,太平兴国五年置,后废;平阴县宁乡镇,至道年置;景德镇,景祐二年置;翔鸾镇、迎鸾镇并大中祥符元年置;寿张县竹口镇,天圣三年置;阳谷县安乐镇,元祐元年,后废";从前后行文来看,似是以州为单位,依置镇年代顺序介绍各市镇,故疑"景祐二年"为"景德二年"之误。

[2] (清)徐松辑:《宋会要辑稿》方域一二之一三,第七五二六页,"青州博兴县淳化镇,淳化元年置"。

[3] (宋)周应合纂:《景定建康志》卷六,疆域志二·镇市,"淳化镇在上元县东四十五里凤城乡,淳化五年置",香港:成文出版社,1983年。

[4] 如板桥镇、太平镇、永和镇、龙泉镇等名,不止见于一地。

[5] (清)徐松辑:《宋会要辑稿》,职官四八之九二,"诸镇监官,掌擎逻盗窃及烟火之禁,兼征税榷酤,则掌其出纳会计"。

[6] 王光尧:《"监瓷窑务"官考辨》,《考古与文物》2005年第1期,第78—86页。

[7] (清)徐松辑:《宋会要辑稿》食货五二之三七。

[8] 关于"青州"瓷器,当下无考古发现可对应,或为衍字笔误,参见秦彧:《"青州窑"考》,《东南文化》2001年第7期,第71—73页。

御,这一情况早有共识。行文中,饶州虽与明州、越州、定州并列,但贡瓷时间却未必完全同步。结合辽墓、宋墓、景德镇窑址等诸多考古发现和分期研究成果①来看,景德镇在北宋早期(960—1022年)尚处于青绿釉瓷和青白瓷的转换期,其至北宋中期才步入青白瓷生产繁盛阶段。景德镇青白瓷质量很高,远胜其早期生产的青绿釉瓷。以青白瓷的生产盛期和生产质量来看,饶州贡瓷始于北宋中期或在北宋中期常态化的可能性更大。

无论是从文献记载还是考古材料来看,景德镇至迟于北宋中期应已开始贡瓷。但值得注意的是,如果将"奉御董造"理解为奉皇命监督烧造之意的话,那么"瓷器库纳诸州瓷器"并不能等同于"奉御董造"。"景德元年置""瓷器库在建隆坊"等宋代文献及当前的考古发现均无法证实北宋早中期景德镇窑群的瓷业生产已经有"奉御董造"的部分。

三、"瓷窑博易务"

关于景德镇"瓷窑博易务"的设置,《续资治通鉴长编》《东坡志林》《宋史·食货志》中的几条文献构成了互为印证、较为完整的一组事件,也勾勒出了这一机构的轮廓。此处列举如下:

《续资治通鉴长编》载:"元丰五年……饶州景德镇置瓷窑博易务。从宣义郎、都提举市易司勾当公事余尧臣请也。"②

"元丰六年……承事郎监饶州商税茶务余舜臣言,臣兄尧臣献饶州景德镇瓷窑博易务,蒙朝廷付以使事,推行其法,方且就绪,以勤官而死,乞委臣勾当。诏令赴阙,中书审其人材可否以闻,已而舜臣至,乞上殿,乃复诏令归本任。"③

《东坡志林》载:"近者,余安道孙献策,榷饶州陶器,自监榷,得提举,死焉。偶读太平广记,贞元五年,李白子伯禽为嘉兴乍浦下籴监官,侮慢庙神以死。以此知不肖子代不乏人也。"④

《宋史·食货志》载:"市易之设,本汉平准,将以制物之低昂而均通之……五年……八月,置饶州景德镇瓷窑博易务。"⑤

"瓷窑博易务"名称少见,相对特殊,文献所载不甚详细,由此易引发了研究者们对其职能的疑问。学界已有的一些研究,多认为瓷窑博易务与征税、专卖有关。细察相关研究的叙事脉络,可知其多以《陶记》研究为基点,将"瓷窑博易务"与《宋会要辑稿》《陶记》所

---

① 裴亚静:《景德镇青白瓷分期研究》,北京:北京大学硕士学位论文,1996年;彭善国:《辽代青白瓷器初探》,《考古》2002年第12期,第64—74页;江西省文物考古研究所、景德镇民窑博物馆:《景德镇湖田窑址——1988—1999年考古发掘报告》,北京:文物出版社,2007年,第467页;孙琳:《宋代纪年墓葬出土青白瓷器的类型与分期》,长春:吉林大学硕士学位论文,2007年;黄义军:《宋代青白瓷的历史地理研究》,北京:文物出版社,2010年,136—141页;宋东林:《景德镇窑五代宋元时期青白釉瓷器研究》,北京:北京大学博士学位论文,2014年,第159—171页。
② (宋)李焘:《续资治通鉴长编》卷三百二十九,北京:中华书局,1992年,第七九一六页。
③ (宋)李焘:《续资治通鉴长编》卷三百四十,第八一七八页。
④ (宋)苏轼:《东坡志林》卷五,"扬州芍药"条,明万历商濬稗海本(十二卷本)。余安道应为北宋名臣余靖。
⑤ (元)脱脱等撰:《宋史》《食货下八》,北京:中华书局,1977年,第四五四七—四五五六页。

载的税制内容结合,强调景德镇瓷业税制及管理上的特殊性,由此展现出以景德镇为出发点、为中心的研究视角①。假如切换视角,景德镇瓷窑博易务的设置或可带给我们一些其他的信息。

"博易"为贸易之意,此无大疑义。故博易务应为一管理贸易的机构。但贸易所涉方面很多,博易务的具体执掌尚难从名称中获知。想要探究景德镇瓷窑博易务的职能,可有两条路径,一是检寻文献中的类似机构进行对比,二是利用现有文献互为补充。

(一)

除景德镇瓷窑博易务之外,"博易"与机构相关联的情况可见如下几例:

五代十国时期,曾有博易务,"是时江淮不通,吴越钱镠使者常泛海以至中国,而滨海诸州皆置博易务,与民贸易。民负失期者,务吏擅自摄治,置刑狱,不关州县,而前为吏者,利其厚赂,从之不问,民颇为苦"②,从上下文来看,博易务应是设于中原王朝的滨海诸州,为"与民贸易"的机构。由于前文提到了吴越的泛海贸易,推测这一机构的业务范围应当包含了涉外贸易③。

北宋中晚期王辟之所撰《渑水燕谈录》载,"朝廷初平孟氏,蜀之帑藏,尽归京师,其后言利者,争述功利。置博易务,禁私市,商贾不行,蜀民不足"④。可知宋初在蜀地设立的博易务,是具有垄断性质的官营贸易机构,由于其造成"蜀民不足"的后果,因此王辟之认为这是激发王小波、李顺起义的原因之一。

元丰四年,知沅州谢麟,出于安抚地方的需要,"乞置博易务,拘收息钱"。沅州地处山区,神宗时期局势复杂,设置博易务为管理地方的举措之一。关于设立意图,谢麟说得也很清楚,"四寨民性顽犷,幸各安居,已晓谕赴所属寄纳刀弩,欲官为买之。并溪江所产麸金,欲募人淘采中卖,以业游手之民"⑤,表面为官府参与贸易,实质是通过贸易起到安抚、分化当地民众的作用。

南宋文献《岭外代答》载,广西地区的邕州横山寨、永平寨及钦州,均设有"博易场"。根据《岭外代答》的描述,可知这些博易场是与"蛮"、交阯人等贸易的市场。博易场中有负责官员,"诸商之事既毕,官乃抽解,并收税钱"⑥。从博易场的功能和官员的职责来看,

---

① 瓷窑博易务的相关研究多与《陶记》密切相关。在景德镇陶瓷的研究历史中,《陶记》的写作年代曾引发热议。这场学术交锋影响很大。而由于《陶记》中有"博易之务废矣"的语句,故"瓷窑博易务"常被作为注解、研究《陶记》的一条辅助文献。尽管《陶记》年代存在争论,但其对景德镇制瓷情况的叙述相当系统。由于《陶记》本身的重要性和相关研究的广泛影响,不少对"瓷窑博易务"的研究和解读以《陶记》内容为判断基准,并受到了《陶记》叙述重点的影响。
② (宋)欧阳修撰:《新五代史》卷三十,北京:中华书局,1974年,第335—336页。
③ 有研究者认为博易务是吴越国的市舶机构,应非如此,相关辨析参见:何勇强:《吴越国对外贸易机构考索》,《海交史研究》2003年第1期,第106—111页;丁雨:《晚唐至宋初明州城市的发展与对外陶瓷贸易刍议》,《故宫博物院院刊》2014年第6期,第33—45页。
④ (宋)王辟之:《渑水燕谈录》卷八,"蜀虽阻剑州之险"条,涵芬楼藏本。
⑤ (宋)李焘:《续资治通鉴长编》卷三百十二,北京:中华书局,1992年,第七五六〇页。
⑥ (宋)周去非撰、杨武泉校注:《岭外代答校注》,北京:中华书局,1999年,第193—198页。

广西地区的这些博易场近似于管理对外贸易的市舶机构。

另外,《长编》在哲宗部分还提到一处"便钱博易务",前后行文中未见解释这一机构的线索。

以上所列例子大致包含了设置博易务的几种情形。其中的共同点在于官方参与贸易,但设置的目的和相应的功能存在差别。有些强调"官管",有些强调"官营";而在一些强调"官营"的情境中,还会有"禁私市"的政策举措。因此,"瓷窑博易务"的功能侧重,还当参酌具体情况。

(二)

围绕景德镇瓷窑博易务的几条文献,本身包含了有价值的信息。

首先,《宋史·食货志》中,景德镇瓷窑博易务的记录在"市易"条下,表明瓷窑博易务是王安石变法中市易法实施过程中的产物。而实施市易法时所设的专门机构绝大多数称"市易务"或"市易司"。请置瓷窑博易务的余尧臣,也是市易机构官员。市易法的发展变化和市易务(司)的功能,无疑为探讨"瓷窑博易务"的功能和作用提供了背景、框架和线索。

其次,苏轼在谈及"瓷窑博易务"时,以嘲讽的态度谈到了余尧臣献策建务的实质,即"榷饶州陶器",而余尧臣的目的则在"自监榷,得提举"。这表明增设瓷窑博易务的核心在于"榷饶州陶器",即实施饶州瓷器专卖。

第三,余尧臣死后,余舜臣奏请将博易务事宜"委臣勾当",但是"中书审其人材可否以闻"之后,"乃复诏令归本任"。这一情况耐人寻味。余舜臣乞其事,表明余氏兄弟很清楚处理瓷窑博易务是一条升迁之途,"中书审其人材"并最终驳回,表明朝廷对瓷窑博易务相当重视。这就从上与下两个角度,印证了设置瓷窑博易务这件事情包含的现实价值。

(三)

理解瓷窑博易务的设置,有必要将其置于市易法实施的整体背景之中。

关于王安石实施市易法的理念、市易法的内涵和变化、市易务的功能等问题,除《宋史》有明确的表达之外,漆侠[1]、邓广铭[2]、梁庚尧[3]、王曾瑜[4]等研究者均有详尽论述。简言之,市易法实施之初,在于通过设置官方机构参与贸易,平物价、抑兼并,并稍笼商贾之利,"货贿通流而国用饶",其中包含着复杂的政治经济目标。由于市易务所获之利的多寡,为相关官员的升黜标准,因此在实施过程中,市易务的职能范围不断扩大,以求获利。

---

[1] 漆侠:《王安石变法》,石家庄:河北人民出版社,2001年,第150—156页。
[2] 邓广铭:《北宋政治改革家王安石》,上海:三联书店,2017年,第175—183页。
[3] 梁庚尧:《市易法述》,引自氏著:《宋代社会经济史集》,台北:允晨文化,1997年,第104—260页。
[4] 王曾瑜:《从市易法看中国古代的官府商业和借贷资本》,引自氏著:《锱铢编》,保定:河北大学出版社,2006年,第71—90页。

而市易机构参与市场,买低卖高的操作,因为背后有政府权力加持,因此很容易将原本市场中的巨商垄断更替为官府垄断。因此,尽管从理财角度来看,市易务所获财利颇丰,但其实施期间不断遭到诟病。值得重视的是,尽管王安石早年在榷茶法的讨论中极力反对政府专卖,但早在京师市易务设置的同一年(熙宁五年),榷货务便被并入了市易务,这是市易务职能扩张至政府专卖领域的重要证据。王安石主持变法期间,尚持"以义理财"的理念;至元丰年间,宋神宗亲自主持变法,因存有用兵西北的雄心,更竭力利用市易法扩大财源,增加收入。正因如此,以增设市易务、扩大获利而获得嘉奖、升迁的官员,不乏其例。这些正构成了余尧臣请设景德镇瓷窑博易务的背景。

景德年间,景德镇设镇,表明早在北宋早期,此地经济活动产生的税收就已经被纳入了官方视野,故元丰五年所置瓷窑博易务,虽不能排除其对税务管理的参与,但设置此机构的重点当如苏轼所言,在于"榷",即景德镇的陶瓷专卖。而朝廷如此重视景德镇的陶瓷专卖,可能暗示了上下两面的情形。一是朝廷因军事而产生的财政压力已经十分急迫,有必要进一步开源取利。余尧臣之所请恰在北宋筑永乐城、与西夏开战在即之前,而元丰五年至六年(1082—1083年),北宋在广西地区亦有战事。国家此种情势,势必造成财政方面的紧张。二是景德镇瓷业发展迅猛,专卖之利足以诱人。余氏兄弟先后之请,朝廷对于相关官员选任的谨慎,说明陶瓷专卖隐含的利润很大,除覆盖设置博易务产生的吏禄及其他成本之外,上可助朝廷之用,下可助相关官吏升迁。

(四)

景德镇瓷窑博易务为一孤例,围绕这一机构存有很多问题,但文献资料不足。我们可循已有线索暂作一些推测。

文献中未见其他地区的瓷窑博易务,但或不能完全排除其他地点也设有瓷窑博易务的可能。假如余尧臣"勤官而死"是事实,而非余尧臣本身身体不佳所致,或仅是余舜臣言及家兄时的虚饰,则这一细节或许暗示着"瓷窑博易务"并非常设,少有先例可循,故对于余尧臣这样的市易机构专业人员来讲,在机构设置及业务开展层面仍具有一定的探索难度。假定如此,则景德镇瓷窑博易务有可能是陶瓷专卖的一个早期试点,是朝廷为聚敛更多财富,在市易法框架下对开源方法的进一步探索。而之所以选择这一地点进行探索,除景德镇本身瓷业发展态势较好,所纳商税较高之外,或与"监饶州商税茶务"的弟弟余舜臣也有关系。余尧臣应当很容易从余舜臣处获得景德镇瓷业情况的具体信息。

尽管余尧臣身死,但成书于13世纪的《陶记》在文中对博易务仍有提及,表明瓷窑博易务的设置应当曾给景德镇带来比较大的影响。元祐更化,新法尽废,市易法亦不例外,博易务应亦受冲击;绍圣之后,新法又复,市易法亦在其中,特别是元符二年(1099年)后,市镇的市易抵当都获准恢复,推测至此时熙宁元丰年间的市易法内容均已被恢复[①],景德

---

① 梁庚尧:《市易法述》,引自氏著:《宋代社会经济史论集》,台北:允晨文化,1997年,第214—215页。

镇瓷窑博易务或也可在恢复之列。

市易法造成的国家垄断对当时社会经济影响究竟如何,研究界并无定论。仅就景德镇而言,诸多考古证据表明,北宋中晚期是景德镇瓷业发展的繁荣时段:窑址数量多、生产规模大、瓷器质量高、产品流布广、影响范围大。因此,假如元符二年之后,景德镇瓷窑博易务复置,则政府专卖政策的实施,在景德镇陶瓷手工业方面,似并未如诸多旧党人士所描述的那样,对相关经济的繁荣造成过很大的负面影响。

(五)

总体而言,瓷窑博易务的设置反映出了彼时景德镇陶瓷经济的繁荣。值得强调的是,尽管瓷窑博易务是一个官营机构,但其设置的重点应在于专卖之利,而不在生产之器,其主要职能并不在于参与管理景德镇的瓷器生产。朝廷重视得利,而非景德镇瓷器质量如何;博易务设置的核心在于钱,而非陶瓷产品本身。这与陶瓷贡御、"奉御董造"或官窑、御窑的建设实属不同的层次。从宏观层面来看,景德镇瓷窑博易务作为一个基层"专项"个案,或能印证元丰年间朝廷在获取财利方面的迫切,和随之而来市易法等相关政策深入"毛细血管"的程度。

结　语

三组文献叙事和当前的考古发现情况较为吻合。从文献叙事来看,唐代柳宗元所作瓷器之文显然远不及越瓷、邢瓷的相关记录明确。景德元年景德镇置镇,表明北宋早期景德镇地方经济迅速发展,相关税收已经引起了官方的注意。瓷器库的存续,将景德镇开始贡御的时间卡在了990—1070年之间。瓷窑博易务兴废,说明景德镇陶瓷专卖的利润已经引起了很高的关注度,这是彼时陶瓷经济繁荣的重要证据。置镇、置瓷窑博易务,这些行政方面的设计和变化,更多的是突出表现了景德镇地方经济的迅速发展。这与北宋时期草市镇经济占有重要地位的整体情况相吻合。

景德镇分期研究的成果显示,晚唐时期,景德镇地区已有瓷业生产,南窑、兰田窑的产品以青绿釉瓷器为主,质量不及青瓷一流名品越窑秘色,应多供应附近市场。五代至北宋早期瓷业发展迅猛,窑址数量增多,青白瓷呈现比例上升的趋势,影响力扩大。北宋中晚期,景德镇瓷业进入繁荣期,产品质量提升、影响扩大、流布广泛。这些分期成果所展现的文化面貌和产品质量变迁,将文献中景德镇陶瓷贡御的时段线索进一步细化。

辨析时人文献,将之与考古分期成果相互印证,或可促使我们对景德镇早期瓷业的发展历程、置镇的意义和内涵、开始贡御的具体时段、中央政策的地方效应等问题有更深切的体会。

(本文撰写过程中得到何天白博士指正,谨致谢忱!)

后 记

　　历史考古青年论坛始于2015年,每两年举办一届,以青年学者报告、资深学者点评的形式发表历史考古领域的前沿成果和佳作,已成为历史考古领域具有较高学术影响力的阵地。论坛先后以"文物、文献与文化""芳林新叶""春山可望"为题,出版了三辑论集,本辑论集是"第四届历史考古青年论坛"的成果。

　　2022年12月3日、4日,由北京大学考古文博学院主办的"第四届历史考古青年论坛"在线上召开。来自四川大学、吉林大学、中国人民大学、山东大学、中山大学、厦门大学、北京师范大学、郑州大学、中央美术学院、清华大学、中国社会科学院古代史研究所、中国社会科学院考古研究所、北京大学等单位的29位青年学者参加了此次论坛。中国社会科学院考古研究所白云翔研究员、中国人民大学历史学院魏坚教授、陕西省考古研究院张建林研究员、四川大学历史文化学院霍巍教授、北京大学考古文博学院秦大树教授五位考古学家受邀作为点评专家参会。

　　论坛遴选了22篇论文结集出版,时代自周至清,分为"陵墓·制度""墓葬·观念""城市·建筑""陶瓷·社会"四个主题,多维度呈现历史时期考古的学术进展。论集收录了北京大学考古文博学院院长沈睿文教授的开幕致辞作为全书之序。沈睿文教授向与会青年学者提出担当建设中国考古学、将中国考古学融入为世界考古学的中坚骨干之殷切期许:既要放眼学科内外、放眼全世界,探索研究方法、技术手段上的多样性;也要扎根田野,守住田野工作这一考古学的源头活水和学科基础。

　　秦大树教授指出,论坛为青年学者们展示新材料、新成果提供了宝贵的机会,也打破了考古学内不同专业领域的壁垒,碰撞出精彩的火花。

　　霍巍教授归纳了历史时期考古在当下阶段呈现出的四个特点:资料扩充、空间拓展、方法多元、代际转换。他认为:在新阶段中,青年学者们应当着力紧跟中国历史和世界历史中本源性问题的新进展;同时加大研究深度,开创历史考古学的新格局、新天地、新气象。

　　白云翔教授建议青年学者需用世界的眼光考察主攻方向、扩大学术视野,了解、借鉴、应用相关领域的新成果,继续用考古学书写文明史。

　　张建林教授认为本届论坛的特点有二:一是将物质与形而上的制度、文化、思想相关联;二是研究视野扩大了,在中西文化交流议题上发出了更多来自中国视角的声音。张建林教授建议,论坛可以将参与人员由考古进一步扩展至历史地理、历史学、民族学等领域,建设历史考古的学术共同体。

　　魏坚教授认为,本次论坛汇聚了最新的考古发现、最新的研究成果和最前沿的认识,反映出历史考古学研究的深度和广度都有所拓展。论坛已经发挥建设学术共同体的作用,由王煜、陈晓露、赵俊杰三位青年学者发起,他们代表的一批青年才俊均已成长为中国考古学的骨干和中坚力量。

　　感谢白云翔、魏坚、张建林、霍巍和秦大树五位先生的倾力支持,青年学者自博士毕业走上独立开展研究的学术之路,能以专论获得前辈学者当面指点的机会反而不如在读期间。因此每届论坛都激励青年学者呈交高质量的新成果,展现学术风采、聆听前辈点拨。这也是历史考古青年论坛交流思想、传承学术的意义所在。

　　最后,感谢参加论坛会务的郭重言、赵雅婧、王凤歌、缴婧然、施梦尧、侯祎琳等同学。感谢本书责任编辑宋佳老师、余念姿老师的悉心编校。

　　青阳瑞木,涓涓始流,期待历史考古青年论坛继续传递,以青年气象激荡学术新风。

张剑葳、彭明浩
2023年立冬于燕园

图书在版编目(CIP)数据

青阳瑞木:历史考古青年论集.第四辑/张剑葳,彭明浩主编.—上海:上海古籍出版社,2023.11
ISBN 978-7-5732-0945-0

Ⅰ.①青… Ⅱ.①张…②彭… Ⅲ.①考古学—中国—文集 Ⅳ.①K870.4-53

中国国家版本馆 CIP 数据核字(2023)第 214675 号

青阳瑞木
——历史考古青年论集
(第四辑)
张剑葳 彭明浩 主编
上海古籍出版社出版发行
(上海市闵行区号景路 159 弄 1-5 号 A 座 5F 邮政编码 201101)
(1) 网址:www.guji.com.cn
(2) E-mail:guji1@guji.com.cn
(3) 易文网网址:www.ewen.co
浙江临安曙光印务有限公司印刷
开本 787×1092 1/16 印张 23 插页 2 字数 490,000
2023 年 11 月第 1 版 2023 年 11 月第 1 次印刷
ISBN 978-7-5732-0945-0
K·3507 定价:138.00 元
如有质量问题,请与承印公司联系